中国古代名著全本译注丛书

墨子

译注

[战国] 墨　翟　著

张永祥　肖　霞　译注

图书在版编目(CIP)数据

墨子译注／(战国)墨翟著;张永祥,肖霞译注.
—上海:上海古籍出版社,2016.7
(中国古代名著全本译注丛书)
ISBN 978-7-5325-8152-8

Ⅰ.①墨… Ⅱ.①墨… ②张… ③肖… Ⅲ.①墨家②
《墨子》—译文③《墨子》—注释 Ⅳ.①B224

中国版本图书馆 CIP 数据核字(2016)第 149581 号

中国古代名著全本译注丛书
墨子译注
[战国]墨翟 著
张永祥 肖霞 译注
上海世纪出版股份有限公司
上海 古 籍 出 版 社 出版
(上海瑞金二路 272 号 邮政编码 200020)
(1)网址:www.guji.com.cn
(2)E-mail:guji1@guji.com.cn
(3)易文网网址:www.ewen.co
上海世纪出版股份有限公司发行中心发行经销
江阴金马印刷有限公司印刷
开本 890×1240 1/32 印张 19.625 插页 5 字数 703,000
2016 年 7 月第 1 版 2016 年 7 月第 1 次印刷
印数 1—4,100
ISBN 978-7-5325-8152-8
B·954 定价:46.00 元
如有质量问题,请与承印公司联系

前　言

一

　　墨子，名翟，姓墨氏，生卒年不可详考。生当战国初期，约与孔子之孙子思同时而稍晚（孙诒让考证认为墨子不及见孔子）；卒年在孟子出生之前，年寿当超过八十岁。元代伊世珍的《琅嬛记》中引《贾子说林》称墨非其姓，墨子姓翟名乌。现代学者钱穆则进一步认为，墨子因受过墨刑才称墨子。还有一种观点认为墨子是一名木匠，常引绳墨以治木，故称墨子。之所以在墨子的基本信息上会出现这么大的认识偏差，主要是由于墨学的平民立场以及墨家组织为后世统治者所不喜，甚至遭受出于忌惮的排斥和打压，故墨家学者秦汉间已凋零殆尽，以至于到司马迁之时，已不可得知墨子生平之详，仅于《史记·孟子荀卿列传》末尾粗略提到："盖墨翟，宋之大夫，善守御，为节用。或曰并孔子时，或曰在其后。"

　　墨子的籍贯问题同样是一个棘手的问题，学界对此众说纷纭，意见也很难统一。目前主要有三种说法：

　　一、宋国说（今河南商丘）

　　这种说法出现最早，影响也最大。《史记》、《汉书·艺文志》和《隋书·经籍志》中都说墨子是"宋大夫"，虽然没有明确指出墨子是宋国人，但却明显暗示了墨子为宋国人的可能性。最早明确指认墨子为"宋人"的古籍是东晋葛洪的《神仙传》与唐代林宝的《元和姓纂》。

　　二、鲁国说（今山东滕州）

　　东汉末年学者高诱在《吕氏春秋》的注文中最早提出墨子为鲁国人的说法。清末学者孙诒让在《墨子间诂》附文《墨子传略》中更是明确指出：墨子"生于鲁而长于宋"。据孙诒让考证，墨子先祖是宋襄公的哥哥目夷（一作墨夷），而目夷的封国在今天山东滕州境内，这个地方在墨子生活的时代为小邾娄国，是鲁国的附庸国，故墨子当为鲁国人。20世纪70年代在山东省滕州市木石镇出土的"目夷戈"也间接支持了这种说法。

三、楚国说（今河南鲁山）

清乾隆四十八年（1783），陕西巡抚毕沅撰《墨子注序》，将高诱所说的"鲁人"解释为鲁阳人（即今天河南省鲁山县人），理由是《墨子》书中许多墨子和鲁阳文君的对话。与毕沅同时的学者武亿在鲁山任县令期间曾总纂《鲁山县志》，其所著《跋墨子》一文持相同观点。

一般认为，墨子为宋国人。《史记》、《汉书》虽然没有明确说明墨子的出生地，但考虑到战国时期贵族身份仍以世袭制为主，没落贵族家庭出身的优秀士子仍比一般人更容易跻身贵族阶层，实际上司马迁仍然可能暗示了墨子就是宋国人。尽管也有人说墨子为"布衣之士"（《吕氏春秋·博志》），但这与墨子曾为宋国大夫的事实之间并不必然矛盾，这一点颇可以拿孔子进行比较。孔子也是宋国贵族后裔，但家道中落，早年丧父，生而贫贱，长而多才，所以仍然得以跻身鲁国贵族之列。孔子然，墨子何必不然？更何况，从《墨子》全书来看，墨子在宋国的活动较多，与宋国的关系最为密切，而且对宋国的感情也最深厚，这一点从墨子"止楚攻宋"的史实中不难看出端倪。梁启超曾以"归而过宋"为理由否定墨子为宋国人，但仔细想来，这个理由颇为牵强。墨子"归而过宋"，只能说明墨子当时没有居住在宋国，但并不能作为他不是宋人的充要条件。而孙诒让关于墨子"生于鲁而长于宋"的说法也颇有值得推敲之处，墨子先祖封地在山东滕州，但这并不能说明墨子就一定出生在滕州，这和孔子先祖是宋国人但孔子本人却出生于鲁国是一样的道理。至于墨子为楚国人的说法，孙诒让已经驳之甚详（见《墨子间诂·非儒》），此不赘述。要之，墨子籍贯当以宋国说为妥。

墨子虽为名门之后，但却自称"北方之鄙人"（《吕氏春秋·爱类》），可见其出身贫寒。他同时也是一位技艺出众的手工业者，先秦名家学派大师惠子曾盛赞"墨子大巧"。《韩非子·外储说》更有一则史料，记载他曾做过一只能在天上飞一整天的木鸢，可见墨子的技艺已经达到了何等高妙的程度。当然，墨子并不满足于成为一名能工巧匠，他是一个有思想的实干家，他能够将自己的政治理想与手工技能巧妙结合起来，从木工成长为一名军械设计专家和军事战略学专家。一方面，墨子积极宣扬自己"兼爱"、"非攻"的政治理想，全身心投入到自己思想学说的推行上来；一方面，他又能够组织起一个庞大的手工业者团队，奇迹般地将一种原本用以谋生的手艺演绎成一种保家卫国的强大手段。在守城器械方面卓有成效的发明设计使墨子拥有了巨大的影响力，使他能够傲视诸侯，宣扬和维护自己的思想主张，甚至能够影响到诸侯国之间的政治格局。《公输》篇详细记载了他和大匠公输般之间的一场针锋相对的较量：公输般发明了攻城利器云梯，楚王正好想攻打宋国，墨子千里迢迢赶往楚国阻止战争的发生。在一场类似今天兵棋推演性质的模拟战争中，墨子彻底瓦解了公输般云梯的进攻优势，迫使楚国放弃攻打宋国的计划，成功阻止了一场即将到来的不义战争。战国著名历史人物鲁仲连将"墨翟之守"与"孙膑、吴起之兵"相提并论（《战国策·齐策六》），足见"墨守"的美誉确实名不虚传。

墨子不但是一个有思想、有领袖才能的能工巧匠和军事专家，也是一个具有悲天悯人情怀的伟大哲人。墨子师出儒门，早年"学儒者之业，受孔子之术"（《淮南子·要略》），他对自身的道德要求甚至达到了比孔子还严苛的程度。墨子早年最为叹赏那种具备严格道德自律精神并终身行之而不辍的人，所以他在早期的文章中强调修身要做到"畅之四支，接之肌肤，华发隳颠，而犹弗舍"（《修身》）。而随着墨子思想逐渐摆脱儒家思想的影响，他对道德自律的要求也更为严苛。他盛赞大禹当年治理洪水的时候，"亲自操橐耜而九杂天下之川。腓无胈，胫无毛，沐甚雨，栉疾风，置万国。禹大圣也，而形劳天下也如此"。所以他不但用大禹的标准严格要求自己，更要求墨家弟子都要做到"以裘褐为衣，以跂蹻为服，日夜不休，以自苦为极"。他还声称："不能如此，非禹之道也，不足谓墨。"（《庄子·天下》）所以，庄子尽管批评墨子的这种做法难以为继，但也不得不承认："墨子真天下之好也，将求之不得也，虽枯槁不舍也，才士也夫！"墨子学主兼爱，行取非攻，"以绳墨自矫，而备世之急"，其严苛的自律精神已经超越了儒家的伦理层面而达到了宗教的教义层面。尽管墨家不是宗教组织，但其行为颇有几分英国清教徒的虔诚信仰意味。《四库全书总目提要》中的评价认为："墨家者流，史罕著录。盖以孟子所辟，无人肯居其名。然佛氏之教，其清净取诸老，其慈悲则取诸墨。"四库馆臣于墨学虽然仍持否定态度，但仅其"慈悲"二字的精当评价，便堪为墨子知音矣。

二

众所周知，墨子的思想学说源于孔子，但最终超脱了孔子。正如《韩非子·显学》篇谈到的那样："世之显学，儒、墨也。儒之所至，孔丘也。墨之所至，墨翟也。"墨子之所以能够青出于蓝，首先得益于他的大胆怀疑精神和敢于走自己道路的大无畏勇气，韩非所谓"孔子、墨子俱道尧、舜，而取舍不同"者，是也。另一方面，墨子的平民出身和手工业者的立场也是他走出孔子思想笼罩的一大因素。墨子认为，孔子之术"其礼烦扰而不说，厚葬靡财而贫民，服伤生而害事，故背周道而用夏政"（《淮南子·要略》）。孔子毕生醉心西周以来周公建立起来的礼乐文化，明确表示"郁郁乎文哉，吾从周"（《论语·八佾》）。他一生的志业正在于传播和弘扬西周的礼乐文化传统，而在礼乐文化的背后，是他"君君、臣臣、父父、子子"的伦理道德学说。墨子思想也恰巧在这两个方面摆脱了孔子思想的束缚，前文所引《淮南子》对墨子思想的批评总结已经能够看出这种端倪，而《汉书·艺文志》的评论则更为明白中肯。《艺文志》云：墨学之弊在于"见俭之利，因以非礼；推兼爱之意，而不知别亲疏"。这个评价要从两方面来看，一方面墨子贵质，故从夏政；孔子贵文，故用周礼。周礼的繁文缛节、厚葬陋习与服丧服过程中对人肉体与精神方面的戕害，都是墨子反对周礼的强烈动机和重要原因，如此一来，质直俭朴的夏礼就成了取代周礼的必然选择。另一方面，"墨子贵兼，孔子贵仁"（《吕氏春秋·不二》）。兼爱与仁爱是墨家与儒家产生冲突的理论焦点。儒家学者认为，兼爱之所以大逆不道，主要是因为兼爱容易消解儒家思想赖以立足的伦理基础，所以孟子言辟杨、墨的重点就放在了对墨子兼爱学说的阻击上。明白了这一点，孟子大骂墨子是泯灭父子人伦的禽兽的话就不难理解了。当然，墨家提倡兼爱，并不是不讲孝道；儒家提倡礼乐，也不是不知道节俭。就儒、墨两家争论的本质而言，其实是两种不同社会阶层之间所站立场的冲突。从这种意义上说，墨子思想学说对孔子思想学说的突破，毋宁说是墨子对平民阶层的一次思想启蒙，墨子是中国历史上第一位代表平民阶层立场的思想家。

墨子思想学说的核心是"俭"和"兼"，这与他所秉持的社会立场是有密切联系的。但同时我们也不能不看到，墨子是一位有着实际领导能力的实干家，所以他的思想学说比起"迂远而阔于事情"的儒家来更多了一分灵活与实用，用墨子自己的话说就是"择务而从事"。《鲁问》篇难得地记载了墨子对自己思想学说的一次整体说明，当弟子魏越问墨子准备如何游说四方诸侯时，墨子回答说："凡入国，必择务而从事焉。国家昏乱，则语之尚贤、尚同；国家贫，则语之节用、节葬；国家憙音湛湎，则语之非乐、非命；国家淫僻无礼，则语之尊天、事鬼；国家务夺侵凌，即语之兼爱、非攻。"也就是说，墨子从兼爱、节用的核心观点中延伸出来的一系列思想观点，其实是为了切于世用、拯救艰难时世而发的。

墨子生活的时代是一个比孔子生活的春秋时代更糟糕的历史时期。尽管春秋时期也是一个礼崩乐坏的乱世，但至少春秋霸主们还知道礼敬周王室，弱小国家还能在霸主国的庇护下苟延残喘；而到了战国时期，国与国之间已经只剩下赤裸裸、血淋淋的弱肉强食关系了。在这样的时代背景下，墨家思想想要得到诸侯们的认可与推行，就必须做到在坚持基本理念的前提下的灵活与实用。显然，墨子的谈话表明，他清醒地认识到了这一点，也希望努力去做到这一点。遗憾的是，墨子的社会立场内在地决定了他的思想学说与统治阶级的主客观要求之间的不可调和性，而墨子依靠强势风格与杰出领导才能建立起具有宗教与准军事性质的学派更是受到各国诸侯的忌惮与打压。由此看来，墨子过宋遇雨却被宋国人拒之门外，恐怕并非仅仅是个偶然事件。

更深一层来看，墨子的思想学说与老子、孔子一样，都是从天人合一的思维模式出发，借助高高在上的天道演绎自己的思想学说。当然，中国最早的天人合一方式是"神道设教"，即依靠巫术建立人与神之间的联系。到了春秋时期，"天"开始摆脱神的阴影，具备了抽象的哲学意义。老子是第一个从抽象的哲学角度展开天人关系探讨的思想家，他把与"人"相对应的"天"分为"地"、"天"、"道"三个理论层次，极大开拓了"天"的理论内涵。老子所谓"人法地，地法天，天法道，道法自然"（《老子》第二十五章）。"自然"非自然环境，而是指"自然而然"，也就是"无为"。孔子在教育弟子的过程中很少言及天，但从他偶然提及的话语里不难看出他的天道观受老子思想的深刻影响。子曰："天何言哉？四时行焉，百物生焉，天何言哉？"（《论语·阳货》）天无言而四季运行、万物生长，也就是他所说"无为而物成，是天道也"的意思。（《礼记·哀公问》）

在天人合一的问题上，墨子既没有如老子般故作高深，也没有孔子的讳莫如深，而是斩钉截铁地提出"莫若法天"的口号。法的根源在天，"天之行广而无私，其施厚而不德，其明久而不衰，故圣王法之。"天是至善的象征，又是一个具备完美运行规律的系统，因而只有向拥有完美品质的天学习，才能保证人间之法的道德性和有效性。法的根源既是至善之天，而"天必欲人之相爱相利，而不欲人之相恶相贼也"（《法仪》）。至此，墨子法的精神也就呼之欲出了："兼相爱，交相利。"

不同于孔、老的是，墨子在天人合一的问题上走得更远，似乎又从哲学走进了宗教神学的领域。因为墨子一反"子不语怪力乱神"的审慎态度，不仅提倡"法天"，更主张"明鬼"。乍一看，墨子"法天"、"明鬼"的思想主张在整个墨学体系中显得有些突兀，但若细细揣摩，不难发现墨子的做法显然是有狐假虎威的良苦用心的。一个较为恰当的例证为，西方大哲学家康德在哲学的根本问题上同样不得不向宗教进行妥协。康德承认，无论从经验上还是理性上，我们都无法证明上帝的存在。而为了维护道德的缘故，我们必须假设上帝与灵魂的存在。

当然，我们承认墨子思想学说能够摆脱孔子思想的局限的确了得，承认墨子拥有兵家的霹雳手段、兼爱的菩萨心肠之难能可贵，也承认墨子思想学说的平民立场在先秦思想家中确实独树一帜，但无可否认，墨子的思想学说也是有缺陷的。荀子在《非十二子》篇中批评墨子说："不知壹天下、建国家之权称，上功用，大俭约而僈差等，曾不足以容辨异、县君臣。"荀子的批评可谓直击墨子要害，一统天下、维持国家的正常运转不是像维持一个学派那样简单，在当时的社会条件下，儒家全力维护的"权称"（法度）依然是维持国家有效运转的基本社会结构，而墨子提倡的"节用"和"兼爱"学说却只有解构而缺乏建构。换句话说，按照墨子的思想理论，无法建立起一个有效运转的新的社会秩序。更何况墨子的思想学说本身也是有特定的立场，本身就存在从一个极端走向另一个极端的可能。尽管墨子站在平民立场上批评统治阶级的奢华风气、厚葬风俗、礼乐文化等等不无道理，但因噎废食的想法却是要不得的。荀子在《解蔽》篇中一语道破玄机："蔽于用而不知文。"人类文明发展到如此高度，必然需要用文化来彰显自身的存在和特色，而文化又必须借助某些物质和礼仪性的东西方能得以彰显，仅仅维持最低限度的生活需求对于人类文明的发展是不利的。从这种意义上说，墨子的立场和理论主张难以得到统治阶级的青睐，墨家组织湮灭在历史的长河中自是不难理解的。

三

《墨子》是先秦学术史上一部百科全书式的著作，内容涵盖了哲学、伦理学、政治学、军事学、逻辑学、天文学、数学、几何学、光学、力学、工程学等多学科相关知识，是研究墨子及墨家后学思想的重要史料。按照《墨子》一书的客观内容，我们大致可以把全书分为思想类、科学类和军事类三个部分。

第一部分是思想类，主要包括三个方面的内容。一是反映墨子早期思想的作品，包括《亲士》、《修身》、《所染》、《法仪》、《七患》、《辞过》、《三辩》七篇。由于这些作品中反映的墨子思想尚未跳出儒家学说的牢笼，所以颇受近现代学者的质疑。梁启超认为，这七篇作品混杂有百家之说，不应归属于墨家之学。比如《亲士》篇的"铦者必先挫，错者必先靡"、"甘井先竭，招木先伐"、"太盛难守"等等，皆出于道家之语；《修身》篇几乎可以看作儒家之言；《所染》篇的"染苍则苍，染黄则黄"疑是出于名家之说；《法仪》篇疑是法家之言，等等。诸如此类种种质疑，相关篇目后面的评析部分有详细分析，此不赘述。二是墨子思想学说的核心部分，这些作品全面呈现了墨子的哲学和政治思想，部分篇章已具备专论体的规模特征。这方面的文章包括《尚贤》上中下篇，《非攻》上中下篇，《兼爱》上中下篇，《节用》上中篇，《非乐》上篇，《明鬼》下篇，《尚同》上中下篇，《非命》上中下篇，《天志》上中下篇，《节葬》下篇，《非儒》下篇，共计二十四篇。除了《非攻》上篇、《非儒》下篇之外，各篇皆有"子墨子曰"字样，可以认定是墨子门下弟子根据各自听课记录整理而成的墨子之言。三是墨子弟子记载墨子言行事迹的零散史料部分，体裁为语录体，当是墨子弟子模仿《论语》对墨子生平事迹的一种追记，带有史学性质。此类文章包括《耕柱》、《贵义》、《公孟》、《鲁问》、《公输》五篇。

第二部分是科学类，后世称之为《墨辩》或《墨经》。内容包括《经》上下篇、《经说》上下篇、《大取》、《小取》等六篇文章。此六篇文章向以难通难译著称。由于长期缺乏整理，书中文字脱讹倒错现象十分严重，再加上书中古字僻字较多，且辩理深奥，学科跨度大，诸如天文学、光学、力学和数学等自然科学理论，伦理学、逻辑学等社会科学理论，实在让人望而生畏。但也正因为如此，更能见出《墨经》之难能可贵。梁启超认为这六篇是墨翟自著，而孙诒让则认为是墨家后学所著。今天多数学者认为《经》上下篇为墨子自著，《经说》上下篇、《大取》、《小取》为墨家后学的踵事增加。

第三部分是军事类作品，为墨家兵法。内容包括《备城门》、《备蛾傅》、《备梯》、《备突》、《旗帜》、《杂守》、《备高临》、《迎敌祠》、《备水》、《备穴》、《号令》等十一篇文章。墨子反对不义的战争，思想上提倡非攻，故兵法内容以守御为主，十一篇兵法皆以守城为主题。一般认为，墨子兵法是墨子传授心法，由后学者记录增益而成。

《墨子》在西汉中期以前是以单篇或以学科门类为单位流传的，比如《墨经》、《墨子兵法》等，最后由西汉刘向合并整理成书。据《汉书·艺文志》载，《墨子》共七十一篇。时光荏苒，六朝以后，《墨子》一书逐渐开始亡佚，至宋代时尚存六十篇。明代正统十年（1445），第四十三代天师张宇初及其弟张宇清奉诏主持编修的《道藏》工程最终完成，《墨子》一书得以收录，可惜只剩下五十三篇。在亡佚的十八篇当中，有篇目可查的有《节用》下篇、《节葬》上中篇、《明鬼》上中篇、《非乐》中下篇、《非儒》上篇等八篇，此外十篇连篇目并皆亡佚。清代学者毕沅、汪中、孙诒让等人的墨学研究整理工作就是在《道藏》本基础上展开的。

尽管《墨子》一书幸运地流传了下来，但由于墨家思想在历史上长期受到统治者的冷落，所以从汉代至清中叶将近两千年间《墨子》始终没有得到认真的研究整理，其间的墨学研究成果仅有西晋鲁胜的《墨辩注》与唐代乐台的《墨子注》两部选注作品，墨学之寂寥由此可见一斑。墨学的春天直到清代中叶才算姗姗来迟。清乾隆四十八年（1783），毕沅刊布了他的《墨子注》。该书以明《道藏》本为底本，参校了几种明刻本以及传注、类书的引文，同时还参考了卢文弨、孙星衍等学者的相关研究成果，并加以简要注释，是中国墨学史上第一部全面整理《墨子》的著作。梁启超指出："盖自此书出，然后《墨子》人人可读。现代墨学复活，全由此书导之。"（《中国近三百年学术史》）毕沅之后，清末学者孙诒让把《墨子》的校注工作推向了一个新的高峰。他在毕沅研究的基础之上，广泛吸收晚清诸儒的墨学研究成果，"覃思十年"，最终完成了十四卷墨学巨著《墨子间诂》。俞越为是书作序称："自有《墨子》以来，未有此书。"民国时期，现代学者吴毓江在充分吸收清代墨学研究成果的基础上撰成《墨子校注》一书。是书在校勘方面几乎穷尽了多种版本的《墨子》以及古类书、古注书中的《墨子》异文内容，是迄今为止搜罗资料最为详尽的《墨子》注本；注释方面，他不但广泛汇集各家之说，还提出许多新的见解，堪称继孙诒让《墨子间诂》之后最重要的注本。

此次承蒙上海古籍出版社的邀请重新为《墨子》一书作全面的评注工作，深感肩头责任之重。惶恐之余，唯有以勤勉补之。本书的文本校勘是以孙诒让的《墨子间诂》为底本，同时用毕沅的灵严山馆刻本《墨子注》和吴毓江的上海古籍出版社本《墨子校注》进行比勘；注释方面，除了前文提到的三家注本之外，还参考了许多现当代学者的研究成果，文中在引用时仅标姓名，其研究成果在书末附录中详细开列了参考书目的一应信息，方便读者自行检核，在此一并谢过。本书的全部工作由我和我的爱人肖霞同志共同完成，其中肖霞同志承担《墨子》全文的校勘比对以及全部文稿的通稿与校对工作，我则负责题解、注文与评析部分内容的撰写工作。限于本人的才力学识，书中自难免疏漏错误之处，尚请广大读者及博物君子不吝指正。谨谢！

张永祥

2015 年 11 月

目　录

亲　士

【题解】

　　《亲士》是《墨子》一书的开篇，主旨在于论证统治者应该多亲近贤士，只有胸怀广阔、亲近和任用贤士，才能治理好国家，甚至成就霸业。在墨子看来，任用贤人更重要的是要能够以宽容的态度对待他们，允许他们直言进谏，能够听得进去逆耳的忠言，只有这样才能广开言路，否则偏听偏信、受人蒙蔽，最终只会招致杀身亡国之祸。值得注意的是，本文意脉起伏不定，章节之间不够连贯，颇有难以理解之处。后世学者对此多有诟病，认为本篇如果不是文有缺失，就是后人连缀残章而成。至于文章所论主旨，则与《尚贤》篇有较为密切的联系。

　　1.1 入国而不存其士[1]，则亡国矣。见贤而不急，则缓其君矣[2]。非贤无急，非士无与虑国[3]。缓贤忘士，而能以其国存者，未曾有也。

【注释】

　　[1] 存：体恤，慰问。
　　[2] 缓：怠慢。
　　[3] 虑：谋划。

【译文】

　　主政一国而不去恤问国之贤士，就会导致亡国。发现贤能的人而不急于任用，就会逐渐怠慢国君。没有比任用贤人更急迫的事情了，没有士人就没有可以商讨国家大事的对象。怠慢贤者、轻视士人，而能够长保国家社稷，这样的事情是从来没有过的。

1.2 昔者文公出走而正天下[1]，桓公去国而霸诸侯[2]，越王勾践遇吴王之丑[3]，而尚摄中国之贤君[4]。三子之能达名成功于天下也，皆于其国抑而大丑也[5]。太上无败，其次败而有以成，此之谓用民。

【注释】

〔1〕文公：指晋文公重耳。他曾被迫逃亡国外十九年，后回国即位，成为继齐桓公之后的第二位春秋霸主。 正，长，为诸侯之长，指称霸天下。

〔2〕桓公：指齐桓公小白。他曾被迫离开自己的国家，后回国即位，重用管仲，成为春秋时期的第一位霸主。

〔3〕勾践：春秋末年越国国君，曾为吴国国君夫差所败，后卧薪尝胆，终于灭吴，成为春秋时期最后一位霸主。 丑：羞辱。

〔4〕摄：通"慑"，慑服，敬畏。 中国：中原地区的国家。

〔5〕抑：压抑，遭遇困境。

【译文】

从前，晋文公出逃避难却最终成为诸侯之长，齐桓公逃离国家而最终称霸诸侯，越王勾践遭受吴王夫差的羞辱，却最终成为威慑中原各国的贤能之君。这三人之所以能够取得成功而扬名于天下，都是因为他们的国家曾遭遇困境、个人曾蒙受奇耻大辱的缘故。最好是从不失败，其次是失败后仍能有所成就，这就叫善于用人。

1.3 吾闻之曰："非无安居也，我无安心也；非无足财也，我无足心也。"是故君子自难而易彼[1]，众人自易而难彼。君子进不败其志，内究其情，虽杂庸民，终无怨心，彼有自信者也[2]。是故为其所难者，必得其所欲焉；未闻为其所欲，而免其所恶者也〔3〕。是故偪臣伤君〔4〕，谄下伤上。君必有弗弗之臣〔5〕，上必有詻詻之下〔6〕。分议者延延〔7〕，而支苟者詻詻〔8〕，焉可以长生保国〔9〕。臣下重其爵位而不言，近臣则喑〔10〕，远臣则唫〔11〕，怨结于民心，谄谀在侧，善议障塞，则国危矣。桀纣不以其无天下之士邪？杀其身而丧天下。故曰：归国宝，不若献贤而进士〔12〕。

【注释】

〔1〕自难而易彼：自己承担困难的事情，而把容易的事情留给别人。与孔子"躬自厚而薄责于人"（《论语·卫灵公》）的精神一致。

〔2〕从整句话中，我们不仅可以看到墨子与孔子思想的相通之处，也能看到他与孟子的思想渊源："无恒产而有恒心者，惟士为能"（《孟子·滕文公上》），"达则兼济天下，穷则独善其身"（《孟子·尽心上》）。

〔3〕所恶：与上文"所欲"相对，指不希望看到的结果。

〔4〕偪臣：权臣。

〔5〕弗：通"拂"，违背，这里指敢于净谏的大臣。

〔6〕詻：同"谔"，直言争辩貌。

〔7〕分议者：指持不同意见并能做到不苟同的大臣。 延延：指长时间论辩。

〔8〕支苟：此处文字有误。支当作"交"，苟当作"敬"，通"儆"。交儆，即相互儆戒。

〔9〕焉：同"乃"。

〔10〕喑：同"瘖"，不能言。

〔11〕唫：同"噤"，闭口不言。

〔12〕归：通"馈"，赠送。

【译文】

我听说："并非没有安适的居处，而是我的心不安定；并非没有足够的财富，而是我的心不知足。"所以，君子乐于承担困难的事情，而把容易做的事情留给别人；一般人却是自己做容易的事情，而把困难的事情留给别人。君子进则不会中途放弃自己的志向，退而详细考察失利的原因，即使混迹于寻常百姓之中，也终无怨恨之心，他们是有自信心的人。所以，勇于承担困难的人，一定能达到自己的目的；从没听说过拈轻怕重的人，能够避免他所厌恶的结果。所以，权臣会危及国君，奸佞小人会有害于官长。国君必须要有敢于诤谏的臣子，官上必须要有直言争辩的下属。持不同意见者敢于坚持到底，立场不同的人也敢于直言不讳。只有这样，君主才可以长养生民并保全国家。如果大臣都以爵位为重而不敢直言进谏，左右近臣就会缄默不语，远处的臣子也会闭口不言，百姓心生怨恨，身边又全是诐谀之人，好的建议被阻塞，国家就会陷入危局。桀纣不就是因为身边没有贤人辅佐而招致杀身之祸，最终失去天下了吗？所以说：与其赠送给国家宝物，不如推荐贤能之士。

1.4 今有五锥，此其铦[1]，铦者必先挫[2]。有五刀，此其错[3]，错者必先靡[4]。是以甘井近竭，招木近伐[5]，灵龟近灼，神蛇近暴[6]。是故比干之殪[7]，其抗也；孟贲之杀[8]，其勇也；西施之沉，其美也；吴起之裂[9]，其事也[10]。故彼人者，寡不死其所长。故曰：太盛难守也。

【注释】

〔1〕铦：锋利。

〔2〕挫：折断。

〔3〕错：磨。

〔4〕靡：销蚀。

〔5〕招木：指乔木。

〔6〕神蛇：传说中一种会兴云作雨的蛇，古人暴晒它以祈雨。 暴：通"曝"，晒。

〔7〕比干：商纣王的叔父，因屡次进谏被纣王剖心而死。 殪：死。

〔8〕孟贲：战国时期卫国的勇士，一说齐国人。能力拔牛角，后为秦武王所杀。

〔9〕吴起：战国时期著名的军事家、改革家，后因在楚国推行改革触

犯楚国贵族的利益，被车裂而死。

〔10〕事：功业。

【译文】

　　现在有五把锥子，其中一把最锋利，那么这把一定最先折断。有五把刀，其中一把磨得最快，那么这把刀必定最先损坏。所以，甘甜的水井最先干涸，挺拔的乔木最先被砍伐，灵龟之甲最容易被灼烧用以占卜，神蛇最容易被暴晒用以求雨。所以，比干之死，是因为他的刚直不屈；孟贲被杀，是因为他的勇力；西施被沉江，是因为她的美貌；吴起被车裂，是因为他的功业。可见，这些人罕有不死于他们的过人之处。所以说：极盛之后难以为继。

　　1.5 故虽有贤君，不爱无功之臣；虽有慈父，不爱无益之子。是故不胜其任而处其位〔1〕，非此位之人也；不胜其爵而处其禄，非此禄之主也。良弓难张，然可以及高入深；良马难乘，然可以任重致远；良才难令，然可以致君见尊〔2〕。是故江河不恶小谷之满己也，故能大。圣人者，事无辞也，物无违也，故能为天下器〔3〕。是故江河之水，非一源之水也；千镒之裘〔4〕，非一狐之白也〔5〕。夫恶有同方取不取同而已者乎？盖非兼王之道也。是故天地不昭昭〔6〕，大水不潦潦〔7〕，大火不燎燎〔8〕，王德不尧尧者〔9〕，乃千人之长也。其直如矢，其平如砥〔10〕，不足以覆万物。是故溪陕者速涸〔11〕，逝浅者速竭〔12〕，境埆者其地不育〔13〕。王者淳泽〔14〕，不出宫中，则不能流国矣〔15〕。

【注释】

　　〔1〕处：这里有强行占有的意思。

〔2〕致，使达到。 见：被。

〔3〕天下器：这里指经天纬地之才。

〔4〕镒：古代质量单位，二十两或二十四两黄金为一镒。 裘：皮衣。

〔5〕一狐之白：狐狸腋下的皮，洁白轻软，但因面积过小，故而狐皮裘十分难得。

〔6〕昭昭：明亮的样子。

〔7〕潦潦：水势盛大的样子。

〔8〕燎燎：火盛的样子。

〔9〕尧尧：高貌，这里形容道德高尚。

〔10〕砥：磨刀石。语出《诗·小雅·大东》："周道如砥，其直如矢。"

〔11〕陕：通"狭"，狭隘。

〔12〕逝：指水流。

〔13〕墝埆：土地坚硬而贫瘠。

〔14〕淳：厚。 泽：恩泽。

〔15〕流：流布，引申为恩泽广被。

【译文】

因此，即便是贤明的君主，也不会喜欢没有功劳的臣子；即使是慈爱的父亲，也不会喜欢没有作为的儿子。所以，才能无法胜任工作，即使占据了职位也不算这个位置上的人；德行担当不起爵位，即使领取那个爵位的俸禄也称不上是这些俸禄的主人。良弓难于拉开，但可以射得高、射得深；好马难以驾驭，但可以负重赶远路；贤才难以驱使，但可以使君主受到人们的尊敬。因此，江河不满足于小河的注入，所以能够逐渐阔大。圣人遇事不辞繁难，遇物不背常理，所以能成为经天纬地般的大人物。因此，江河之水绝非只有一个源头，价值千金的狐裘也不是一只狐狸腋下的皮毛就能做成。哪有不用同道之人，而任用苟同自己意见的人呢！那不是兼爱天下的君王应有的做法。所以，以天地之昭昭、大水之潦潦、大火之燎燎、王德之尧尧，在他面前都黯然失色，这样的人才是天下真正的统治者。如箭一样笔直，如磨刀石一样平坦，这样不足以包容万物。所以，狭窄的小溪很快会干涸，浅的水流很快会枯竭，坚硬贫瘠的土地不能繁衍万物。君王淳厚的恩泽如果只限于宫廷之内，就不能广被天下。

【评析】

在中国历史上，战国时期是一个战火连绵、动荡不安的乱世。然而，这段艰难时世给中国历史造成的影响是无与伦比的，我们甚至可以说这段历史是中国文明的质变期。中华文明经历了这段血与火的洗礼才真正完成蜕变，这种变化一方面表现为对旧的礼乐文明框架下的社会制度和社会生活方式的彻底颠覆，传统的封邦建国的国家管理方式为大一统帝国的郡县制所替代，旧式贵族那种受到中央政府承认和保护的独立采邑经济制度也成了明日黄花。另一方面，这种蜕变表现为人类理性的觉醒，人们开始突破传统礼乐文化和道德观念的束缚，慢腾腾的礼乐节奏已经不再适应新的时代发展，崇高的道德口号已经难以约束人们日益膨胀的贪欲，话语权再也不是紧握在王朝精英手中的达摩克利斯之剑，而是各个思想流派相互争鸣的利器，理性之花终于在人间遍地绽放。而随着旧有社会体制被打破，社会群体开始出现分化，"士"这一特殊群体开始登上历史舞台。作为文明传承与创新的主体，"士"阶层由中下层贵族的失势者和社会底层的优秀人才组成，他们有才有德却没有政治地位。随着时代的发展，"士"的重要性日渐凸显。《亲士》正是这种时代背景下的产物。

在墨子看来，一国治乱的根本首先在于国君个人的胸怀和眼界，"江河不恶小谷之满己也，故能大。"驾驭人才的本领也是国君治理好国家的必要条件，"其直如矢，其平如砥，不足以覆万物。"在此基础之上，是否拥有人才，尤其是拥有能够运筹帷幄、决胜千里的智谋之士，便成为制胜的关键。故墨子曰："归国宝，不若献贤而进士。"有了贤能之士的拥戴，国家强盛、开疆拓土才会有强有力的保障。

对于人才，除了具备经纶天下的才能之外，墨子特别指出两点：一是对人才道德修养方面的要求，"君子自难而易彼"；面对变幻莫测的社会环境，要能够做到"君子进不败其志，内究其情，虽杂庸民，终无怨心"。二是对人才过刚易折、"太盛难守"的行为方式问题提出严正警告，指出人"寡不死其所长"，所以要时刻提醒自己，不要炫才扬己、徒惹怨望。

在中国思想史上，墨子是第一个集中论述"礼贤下士"重要性的思想家。"非贤无急，非士无与虑国。"这种理论主张充分彰显了墨子敢为天下风气之先的勇气和自信。正因为墨子的这份勇气和自信，才会有他以"国宝"自任的大担当，才会有他"腓无胈，胫无毛，沐甚雨，栉疾风，置万国"，"虽枯槁不舍"的大毅力。即便退避如庄子，亦对墨子的这份担当和毅力赞不绝口，认为墨子是真正的天下"才士"（《庄子·天下》）。

然而遗憾的是，不少学者从这篇文章的瑕疵出发，对其是否为墨子思想提出了种种质疑。对于种种问难，这里皆不予采信。理由并不复杂：首先，墨子师出儒门，有这样的理论主张并不奇怪。其次，从本文的思想内容和写作技巧来看，此文的思想观点尚未跳出儒家思想的局限，而且文章论点分散，论据指向模糊，写作水平远不如《兼爱》、《非攻》等文逻辑严谨、结构完整。但这些问题与其说是否定的理由，还不如说是出自墨子早年手笔更具逻辑上的可能性。第三，整体而言，墨子本文的思想源出孔子和老子，如"君子自难而易彼"思想明显源出孔子，"江河不恶小谷之满己也，故能大"的思想也明显可以看出老子思想的痕迹。墨子出孔老之后，远在诸子之前，其思想源出孔老，又能下启孟庄，从思想史的角度看，这种特征更符合墨子所处的时代和身份。

修　身

【题解】

　　本篇重点论述士君子立身处世的根本在于修身养性，这不仅有助于个人的全面发展，同时也是达到近者亲而远者来的治国理想的前提条件。墨子明确指出，个人修养达到极致，就是圣人的境界，具体表现为"贫则见廉，富则见义，生则见爱，死则见哀"。如何渐次达至修身的最高境界呢，墨子提出"慧者心辩而不繁说，多力而不伐功"、"言无务多而务为智，无务为文而务为察"等切实可行的修身标准，只有不因"思利"而"忘名"，"善主于心"而"以身戴行"，才能不立虚名，成为"名誉扬天下"的"天下士"。

　　2.1 君子战虽有陈[1]，而勇为本焉；丧虽有礼，而哀为本焉；士虽有学，而行为本焉。是故置本不安者[2]，无务丰末[3]；近者不亲，无务来远；亲戚不附，无务外交；事无终始，无务多业；举物而闇[4]，无务博闻。是故先王之治天下也，必察迩来远。君子察迩而迩修者也。见不修行，见毁，而反之身者也，此以怨省而行修矣[5]。谮慝之言[6]，无入之耳；批扞之声[7]，无出之口；杀伤人之孩[8]，无存之心，虽有诋讦之民[9]，无所依矣。故君子力事日彊[10]，愿欲日逾，设壮日盛[11]。

【注释】

　　〔1〕陈：同"阵"，阵列、队列。

〔2〕置：通"植"，立。

〔3〕务：追求。

〔4〕闇：指不明就里。

〔5〕省：减少。

〔6〕谮慝之言：诽谤别人的坏话。

〔7〕批扞之言：诋毁别人的言论。

〔8〕孩：通"荄"，草根。这里指心中的执念。一说孩即孩童。

〔9〕訾讦：攻击、揭露别人的隐私。

〔10〕力事：努力从事。彊，同"强"。

〔11〕设，大也。设壮日盛，谓君子之道大壮而日益盛强也。（此处从吴毓江说）

【译文】

君子作战时虽然有阵列，但勇气才是根本；守丧虽有礼节，但哀伤才是根本；士人虽有才学，但德行才是根本。因此，根基都立不牢固，就不要指望枝叶繁茂；近处的人都不亲近你，就不要指望招徕远方的贤者；亲戚都不能依附你，就不要指望从事外交事务；本职工作都不能做到善始善终，就不要指望开展更多的事业；举一件事物都不能深明就里，就不要指望能够博学多闻。所以，先王治理天下，必定会明察左右以招徕远方的贤者。君子明察左右的人以提高自己的修养。发现自己的修养不够，被人诋毁，就反省自己，这样在减少别人怨言的同时也提高了自己的修养。诽谤人的话不入耳，诋毁人的话不说出口，杀人伤人的念头不存于心，即使有喜欢诋毁别人的人，也无计可施了。所以，君子每天勤勉地做事，志向就会日益远大，修养也会日益完善。

2.2 君子之道也，贫则见廉〔1〕，富则见义，生则见爱，死则见哀，四行者不可虚假，反之身者也。藏于心者无以竭爱〔2〕，动于身者无以竭恭，出于口者无以竭驯〔3〕。畅之四支，接之肌肤〔4〕，华发隳颠〔5〕，而犹弗舍者，其唯圣人乎！

【注释】

〔1〕见：同"现"。

〔2〕无以，没有谁。竭，尽，这里指缺乏。

〔3〕驯：通"训"，谓典雅之言。

〔4〕接：达。

〔5〕隳颠：指秃顶。

【译文】

君子的处事原则，贫穷的时候能够表现出清廉，富裕的时候能够表现出道义，对生者能够表现出仁爱，对死者能够表现哀悼，这四种品行不能虚伪，而是要发自内心。只有铭记于心中才不会缺乏仁爱，一举一动之中才不会缺乏恭敬，谈吐之间才不会缺乏雅驯之言。能够让这些原则流贯于四肢，外达于肌肤，直到发白头秃也绝不放弃，这样的人恐怕只有圣人才能够做到吧。

2.3 志不强者智不达，言不信者行不果。据财不能以分人者〔1〕，不足与友；守道不笃、徧物不博〔2〕、辩是非不察者〔3〕，不足与游。本不固者末必几〔4〕，雄而不修者其后必惰〔5〕，原浊者流不清，行不信者名必耗〔6〕。名不徒生，而誉不自长，功成名遂，名誉不可虚假，反之身者也。务言而缓行，虽辩必不听；多力而伐功〔7〕，虽劳必不图。慧者心辩而不繁说，多力而不伐功，此以名誉扬天下。言无务为多而务为智，无务为文而务为察。故彼智无察，在身而情〔8〕，反其路者也。善无主于心者不留，行莫辩于身者不立。名不可简而成也〔9〕，誉不可巧而立也〔10〕，君子以身戴行者也〔11〕。思利寻焉〔12〕，忘名忽焉〔13〕，可以为士于天下者，未尝有也。

【注释】

〔1〕据：拥有。

〔2〕徧：通"辨"，辨识。

〔3〕辩：通"辨"，辨别。

〔4〕几：危殆。

〔5〕雄：勇。修：长。惰：疑当作"堕"。

〔6〕耗：衰减，败坏。

〔7〕伐：夸耀。

〔8〕情：当为"惰"之误（从孙诒让说）。

〔9〕简：怠慢，傲惰。

〔10〕巧：投机取巧，伪诈。

〔11〕戴：载。

〔12〕寻：重。

〔13〕忽：倏忽，这里指轻易而迅速。

【译文】

意志不坚强的人思想不会明达，言而无信的人行为不会有善果。有钱财而不愿分给别人的人不值得与他结交；遵守道义不能专一，辨别事物不能从大处着眼，辨别是非不清楚的人，不值得与他交往。根基不牢固必然危及枝节，有勇力而不注重自我修养的人最终必然会失败，源头混浊的河流必然不会清澈，做事不讲信用的人名声必然受损。名声不会无端获得，信誉也不会自行生长。功成之后名声自来，名誉不可以做伪，而要向自身去寻求。只会夸夸其谈却不重实践，即使能言善辩也没人理会。出力很多却喜欢夸耀，即使辛劳也无所可取。聪明的人心里明白却不多说，出力虽多却不自我夸耀，因此才会名扬天下。话不在多而在于有道理，不求文采而求能明察事理。因此，有智慧又能明察的人如果十分懒惰，那就会背离正道。内心如果不是善在起主导作用，就不能长久保持美德；明察事理如果不能从自身言行中体现出来，就不能立足社会。名声是不会轻易形成的，声誉也不能靠取巧而获得，君子之人需要身体力行。追求利欲之心过重，忘记名节操守却轻而易举，这样的人能够成为天下之贤士，是从来没有过的。

【评析】

不同于西方哲学专注于对世界本源的终极关切，中国传统哲学深深扎根于现实土壤，把目光从深邃的天空转向人本身，专注于礼乐文明普照下的人文关怀。中国传统文化似乎对道德怀有根深蒂固的依恋情结，历史上的知识精英们对个人修养更是设定了种种近乎苛刻的道德规范。这一点早在我们的文化原典《诗经》、《尚书》等许多篇章中已经有了明确的表现。儒家著名的修身纲领"修齐治平"理论，正是从《诗经·大雅·思齐》篇"刑于寡妻，至于兄弟，以御于家邦"中发展而来的。

墨子学出儒家，他的修身论具有浓郁的儒家思想色彩。儒家思想学说强调修身，这是从儒家创始人孔子开始就形成的优良传统，他曾明确提出"修身以道，修道以仁"的思想主张。（《礼记·中庸》）修身要有明确的哲学思想为指导，这种哲学思想在孔子而言就是"仁"。"君子无终食之间违仁，造次必于是，颠沛必于是。"（《论语·里仁》）他是这样说的，也是这样做的，《论语·乡党》篇就是孔子行动的实录。孔子曾经感叹说："事君尽礼，人以为谄也。"（《论语·八佾》）在那个礼崩乐坏的时代，孔子严格恪守礼乐文化规范的行为反而更像是一种谄媚，这对那个时代而言无疑是一种反讽，但对孔子而言却是一种境界的显现，是孔子崇高的学术理想与严格的道德自律的物化与外化。墨子更是把儒家的修身论发展到一个极端的境界，他提倡大禹之道，"使后世之墨者，多以裘褐为衣，以跂蹻为服，日夜不休，以自苦为极，曰：'不能如此，非禹之道也，不足谓墨。'"（《庄子·天下》）尽管庄子对墨子极端的修身主张不以为然，但仍然盛赞墨子是"真天下之好也"的"才士"。可见，墨子笃定地践行了得自儒家的修身理论，并得到了世人的一致认可。

墨子的修身论是在对学与行、身与政之间关系的探讨上展开的。墨子认为，修身必须依靠学，但学只是手段，不是目的，学的根本和目的所在是行，"士虽有学，而行为本焉"，"君子以身戴行者也"。"士既为道的承担者，则士之进退出处亦不可不慎。"（余英时《士与中国文化》）所以墨子遵循了儒家式的边学边行边反思的修身模式，"见不修行，见毁，而反之身者也，此以怨省而行修矣。"强调每一位社会成员，尤其是有志于道的君子们必须具备"求诸己"的反省精神。另一方面，墨子对修身与政治之间关系的思考依然没有跳出儒家治国平天下的致思路径。墨子接过孔子"近者悦，远者来"的治国方略，提出"察迩来远"的具体主张："是故先王之治天下也，必察迩来远。君子察迩而迩修者也。"这里"察迩"的"迩"不是指别人，而是自我的修养和缺陷，只有清楚地了解自身的修养水平和不足之处，才能"日日新，又日新"，最终达到"贫则见廉，富则见义，生则见爱，死则见哀”的境界。至于“来远”，自然便如东风吹拂下的百草，望风而靡。

总体而言，修身论并不是墨子关注的理论重点，甚至在这方面还未能跳出儒家思想的窠臼，所以我们可以认为它是墨子早期思想未成熟之前的作品。从这篇文章中，我们不但看不到任何“非儒”的思想倾向，反而有向儒家圣者孔子致敬的痕迹。因为墨子最为叹赏的是那种对道德严格自律并终身行之而不辍的人，那种“畅之四支，接之肌肤，华发隳颠，而犹弗舍”的人，而这种人我们只有从墨子师门圣人孔子身上才能看到。众所周知，孔子“十有五而志于学，三十而立，四十而不惑，五十而知天命，六十而耳顺，七十而从心所欲不逾矩”（《论语·为政》）。他“温良恭俭让”；他“好学不厌，诲人不倦”；他“发愤忘食，乐以忘忧，不知老之将至”；他宣称“不义而富且贵，于我如浮云”。正是在这种意义上，我们不妨把这篇文章看作是儒墨相揖别之前墨子对一代圣人的致敬之词。

所　染

【题解】

　　本篇试图通过探讨人性善恶之源，为人类社会走向繁荣有序开出一剂良方。开篇以染丝为喻，因见丝之"染于苍则苍，染于黄则黄"，从而得出"染不可不慎"的结论，为下文对人性善恶的探讨设下伏笔，颇得《诗经》比兴笔法的神髓。然后，从"丝有染"生发开来，通过列举历史上各色人物的例子，引出人性之善恶在于"所染"的命题，经过层层演绎"国亦有染"、"士亦有染"的命题，从而令人信服地得出士"必谨所堪"的结论。全文以比喻论证开场，正反论证相结合，详细论证了慎其所染的益处和不慎其所染的坏处，结构严谨，推论缜密，具有极为强烈的感染力和说服力。

　　3.1 子墨子言见染丝者而叹曰[1]：染于苍则苍[2]，染于黄则黄，所入者变，其色亦变，五入必[3]，而已则为五色矣！故染不可不慎也！

【注释】

　　〔1〕子墨子：墨子的弟子对老师的尊称。　言：疑为衍文。
　　〔2〕苍：青色。
　　〔3〕必：同"毕"。

【译文】

　　墨子看到染丝的人感叹道：丝用青色染就变为青色，用黄色染就变成黄色，所用的颜料不同，丝的颜色也就变了，五种颜色投放完毕，丝就被染成了五色。所以染色不能不慎重啊。

3.2 非独染丝然也，国亦有染[1]。舜染于许由、伯阳[2]，禹染于皋陶、伯益[3]，汤染于伊尹、仲虺[4]，武王染于太公、周公[5]。此四王者所染当，故王天下[6]，立为天子，功名蔽天地[7]。举天下之仁义显人，必称此四王者。夏桀染于干辛、推哆[8]，殷纣染于崇侯、恶来[9]，厉王染于厉公长父、荣夷终[10]，幽王染于傅公夷、蔡公穀[11]。此四王者，所染不当，故国残身死，为天下僇[12]。举天下不义辱人，必称此四王者。

【注释】

〔1〕染：这里指受到影响。

〔2〕许由：唐尧时的隐士，以品德高尚闻名于世。 伯阳：传说是舜的七友之一，贤人。

〔3〕皋陶：东夷部落首领，舜时为士师，禹时被聘为掌管刑狱的大理之官，是禹手下不可多得的能臣。 伯益：曾助禹治水有功，是禹的贤臣。

〔4〕伊尹：汤最受重用的能臣。 仲虺：汤时的贤臣。

〔5〕太公：即姜尚，年老后才遇到文王，后辅佐武王伐纣，封于齐。

〔6〕王：称王。

〔7〕蔽：遮，挡。

〔8〕干辛：又作"羊辛"，桀时的邪臣。 推哆：又作"推侈"、"雅侈"，桀时的暴臣。

〔9〕崇侯：名虎，商纣王的谀臣。 恶来：也是商纣王的谀臣。

〔10〕厉王：周厉王姬胡，贪财好利，统治手段暴虐，被国人赶出国都，死于彘地。 厉公长父：不详。 荣夷终：周厉王亲信的卿士。

〔11〕幽王：周幽王姬宫涅，西周末代昏君，身死骊山。 傅公夷：不详。 蔡公穀：不详。

〔12〕僇：辱。

【译文】

　　并非只有染丝如此，治国也会受染。舜受到许由、伯阳的感染，禹受到皋陶、伯益的感染，汤受到伊尹、仲虺的感染，武王受到太公、周公的感染，这四位帝王所受到的感染是恰当的，所以能够称王天下，被拥立为天子，他们的功业名声盖过天地。如果要列举天下仁义之名最显赫的人，必定会称举这四位帝王。夏桀受到干辛、推哆的感染，殷纣受到崇侯、恶来的感染，厉王受到厉公长父、荣夷终的感染，幽王受到傅公夷、蔡公穀的感染。这四位帝王受到的感染是不恰当的，所以国破身亡，被天下人所耻笑。如果要列举天下不仁义而受世人羞辱的人，必然会提到这四位帝王。

　　3.3 齐桓染于管仲、鲍叔〔1〕，晋文染于舅犯、高偃〔2〕，楚庄染于孙叔、沈尹〔3〕，吴阖闾染于伍员、文义〔4〕，越勾践染于范蠡、大夫种〔5〕。此五君者所染当，故霸诸侯，功名传于后世。范吉射染于长柳朔、王胜〔6〕，中行寅染于籍秦、高强〔7〕，吴夫差染于王孙雒、太宰嚭〔8〕，知伯摇染于智国、张武〔9〕，中山尚染于魏义、偃长〔10〕，宋康染于唐鞅、佃不礼〔11〕。此六君者所染不当，故国家残亡，身为刑戮，宗庙破灭，绝无后类〔12〕，君臣离散，民人流亡。举天下之贪暴苛扰者，必称此六君也。

【注释】

　　〔1〕管仲：名夷吾，齐桓公的贤相，帮助桓公取得诸侯霸主地位。　鲍叔：鲍叔牙，齐国贤大夫，曾推举管仲为相。

　　〔2〕舅犯：狐偃，字子犯，晋文公之舅，晋文公的得力大臣。　高偃：即卜偃，晋国大夫。

　　〔3〕楚庄：楚庄王熊侣，为春秋五霸之一。　孙叔：孙叔敖，楚国令尹，历史上有名的贤相。　沈尹：名茎，楚国大夫。

　　〔4〕阖闾：春秋末期吴国国君。　伍员：字子胥，吴国大夫。　文义：吴国大夫。

〔5〕范蠡：字少伯，越国大夫，曾助越王勾践灭吴。 大夫种：即文种，字子禽，越国大夫。

〔6〕范吉射：即范昭子，春秋末年晋卿范献子士鞅之子，在晋国内讧中败于赵简子，被灭。 长柳朔、王胜：范吉射的家臣。

〔7〕中行寅：即荀文子，春秋末年晋卿中行穆子之子，在晋国内讧中败于赵简子，被灭。 籍秦、高强：中行寅的家臣。

〔8〕夫差：吴国国君阖闾之子，曾败越，后为越王勾践所败，自杀。 王孙雒：吴国大夫。 太宰嚭：即伯嚭。太宰是官名。

〔9〕知伯摇：即智襄子，又称智伯，晋国六卿中势力最大的一方。 智国：智伯家臣。 张武：即长武子，智伯家臣。

〔10〕中山尚：战国初期中山国国君。 魏义、偃长：皆不详。

〔11〕宋康：即宋康王，名偃。宋国末代国君。 唐鞅：宋康王的相国。 佃不礼：又作田不礼，宋康王臣子。

〔12〕绝无后类：断绝后代。类，种，指后嗣。

【译文】

齐桓公受到管仲、鲍叔的感染，晋文公受到舅犯、高偃的感染，楚庄王受到孙叔、沈尹的感染，吴王阖闾受到伍员、文义的感染，越王勾践受到范蠡、大夫种的感染。这五位国君，所受的感染是恰当的，所以能够称霸诸侯，功名流传于后世。范吉射受到长柳朔、王胜的感染，中行寅受到籍秦、高强的感染，吴王夫差受到王孙雒、太宰嚭的感染，智伯摇受到智国、张武的感染，中山王尚受到魏义、偃长的感染，宋康王受到唐鞅、佃不礼的感染。这六位君主，所受的感染是不恰当的，所以国家残破，自身遭受刑戮，宗庙被毁，后世子孙断绝，君臣分离失散，百姓流离逃亡。如果要列举天下贪婪残暴苛刻侵扰人民的人，必定会提到这六位君主。

3.4 凡君之所以安者何也？以其行理也，行理性于染当[1]。故善为君者，劳于论人[2]，而佚于治官[3]。不能为君者，伤形费神，愁心劳意，然国逾危，身逾辱。此六君者，非不重其国爱其身也，以不知要故也[4]。不知要者，所染不当也。

【注释】

〔1〕性：同"生"，源于。

〔2〕论：这里指选择。

〔3〕佚：通"逸"。

〔4〕要：要领。

【译文】

国君保持国家安定的原因何在？因为他做事合乎道循乎理，做事合道循理源于其受到的熏染恰当。所以，善于做国君的人，辛劳于选拔人才，而安逸于处理政务。不善于做国君的人，伤身费神，心烦意乱，国家反而更加倾危，自身所受的耻辱也更多。这六位君主，不是不重视自己的国家，也不是不爱惜自己的身体，只是不知道治理国家的要领罢了。而不知道要领，正是因为他们所受到的感染不恰当。

3.5 非独国有染也，士亦有染。其友皆好仁义，淳谨畏令，则家日益、身日安、名日荣，处官得其理矣，则段干木、禽子、傅说之徒是也〔1〕。其友皆好矜奋〔2〕，创作比周〔3〕，则家日损、身日危、名日辱，处官失其理矣，则子西、易牙、竖刀之徒是也〔4〕。《诗》曰"必择所堪，必谨所堪"者〔5〕，此之谓也。

【注释】

〔1〕段干木：复姓段干，名木。子夏弟子，魏文侯之师。 禽子：墨子的弟子禽滑釐。 傅说：殷高宗武丁的贤臣。出身于版筑的奴隶，后被武丁发现并举为相。

〔2〕矜：骄傲自大。 奋：这里指为人轻浮，容易冲动。

〔3〕创作：这里指胡作非为，寻衅滋事。 比周：结党营私。

〔4〕子西：春秋时楚国令尹斗宜申。 易牙、竖刀：皆齐桓公宠信的
佞臣。

〔5〕堪：当作"湛"，浸渍。此句不见于今本《诗经》，当为逸诗。

【译文】

不仅国君会受到感染，士人也会受到感染。如果他的朋友都喜
好仁义，淳朴谨慎，敬畏法令，那么他的家业就会日益兴旺，身体
就会日益安康，名声就会日益显荣，为官深得其理，就像段干木、
禽子、傅说这些人一样。如果他的朋友都喜好骄矜狂妄，结党营
私，那么他的家业就会日益减损，身体就会日益危殆，名声就会日
益败坏，为官不符正道，就像子西、易牙、竖刀这些人一样。《诗
经》说："必须慎重选择染料，必须慎重对待所染。"说的就是这个
道理。

【评析】

墨子的行文风格一向以冷峻严苛、不事雕琢著称，而《所染》这篇文
章却罕有地显露出打动人心的艺术力量，这种艺术力量不仅来自作者真挚
而浓烈的人文关怀，也源于"墨子悲丝"的深沉意象。这一意象在中国传
统文化中有着广泛而深远的影响，后世以此为题材创作的古琴曲，其琴意
正取自墨子有鉴于"染于苍则苍，染于黄则黄"的现象而发出的人世之叹：
"染不可不慎也。"

从内容上看，本篇与前面的《亲士》、《修身》二篇有其内在一致性。
《亲士》讲士的重要性，《修身》谈士的人格与修养，本篇则是谈士人的社
会交往。或许这些话题与儒家思想重合度较高的缘故，这三篇一直被认
为是儒家后学的伪作。然而，墨子所言皆士君子修行的必由之路，由自身
修养渐至于兼爱、非攻、节用、备战等种种社会话题，亦是中国传统文化
的固有思维模式，并非儒家的不传之秘。需要着重指出的是，墨子谈论人
的社会交往的目的其实是在探讨人性，只不过把对人性的探讨限定在其与
人的社会关系领域。他实质上是接过了孔子"性相近也，习相远也"（《论
语·阳货》）的话题，深入探讨了人性与社会环境之间的关系。染丝的颜色
同于其所入之色，或苍或黄，皆由外界强加；然而一旦受到浸染，便再也无
法转变回原来的颜色。这种生活经验在某种程度上与人性之善恶、贤不肖
暗通。人之出生如同一张未经格式化的硬盘，人生活于其中的环境对其思

维的格式化和思想的走向有着决定性影响。在墨子看来，正如染丝之色来源于外在影响一样，本性的善恶、个人的贤良与否、命运的起伏都是受我们身处的整个社会环境的种种影响，尤其是人际交往的影响。因此，选择良好的社会生活环境、结交正直善良的朋友都是修养本性的良方，而本性的修行又反过来影响到人的命运。大到朝代国家的兴衰、王朝的更替，中到诸侯国之间的称霸与灭亡，小到普通士人的家族成败，都源于是否结交到良师益友。更深入一层看：个人的命运，乃至于国家的前途，是可以通过人的主观选择和努力奋斗去改变的。"染不可不慎"的深层含义就在于人可以发挥主观能动性。这种主观能动性的发现，正是墨子超脱孔子"性相近也，习相远也"理论的地方，也是给荀子"人定胜天"思想以启迪的地方。

当然，墨子对人性的探讨不应该作为一个孤立的个案来看待。我们至少应该注意到，与墨子同时稍早的子思已经开始深入探讨人性的话题了，他的传世之作《中庸》实际上就是在用新兴的心性之学重新诠释孔子的中庸思想，这种做法实可谓开风气之先。20 世纪 90 年代出土的《郭店楚简》中的文章产生年代大约与墨子生活时代相仿，其中甚至出现了专门探讨人性的篇章《性自命出》。《礼记·乐记》与《中庸》机杼同出，用当时流行的人性论重新解释孔子的礼乐思想。所有这一切都说明，墨子对人性的关注有其时代必然性。只不过，墨子对人性论探讨的焦点集中在人性与社会环境的关系上。有趣的是，这一话题似乎既能上接孔子的损益之友理论，（"子曰：益者三友，损者三友。友直，友谅，友多闻，益矣。友便辟，友善柔，友便佞，损矣。"《论语·季氏》）下亦可为孟母三迁的行为提供理论支持。

法 仪

【题解】

仪是一个多义词，既有法度的含义，也有典范、表率的意思。从整体上看，本文讨论的重点是法的根源（莫若法天），故当取典范之意。所谓法仪，就是法度的典范，意在为自己的思想主张寻找合法性的基础。墨子认为，人类社会必须遵循法度，但人类不能以自我为根源，法度的根源或者说取法的对象必然是、也只能是天。墨子的立论基础是上天"行广而无私，施厚而不德，明久而不衰"；其推论是"既以天为法，动作有为，必度于天"；其结论是"天必欲人之相爱相利，而不欲人之相贼害"。从而推导出自己"兼爱"的思想观点。

4.1 子墨子曰：天下从事者，不可以无法仪[1]。无法仪而其事能成者，无有也。虽至士之为将相者皆有法，虽至百工从事者亦皆有法[2]。百工为方以矩[3]，为圆以规[4]，直以绳[5]，正以县[6]。无巧工不巧工，皆以此五者为法。巧者能中之[7]，不巧者虽不能中，放依以从事[8]，犹逾己。故百工从事，皆有法所度。今大者治天下，其次治大国，而无法所度，此不若百工辩也[9]。

【注释】

〔1〕仪：指典范，表率。法仪就是指法度的典范。
〔2〕百工：各种行业。

〔3〕以：用。 矩：直角尺，古代画方形用的工具。

〔4〕规：圆规，古代用来画圆形用的工具。

〔5〕绳：绳墨，木工用来画直线用的工具。

〔6〕县：通"悬"，以绳悬重物，用以测定垂直度的工具。

〔7〕中：符合。

〔8〕放：通"仿"，仿效，模仿。 依：遵照。

〔9〕辩：通"辨"，分明，事实清楚。

【译文】

墨子说："天下所有做事的人，都不能没有法度的典范。没有法度的典范而能够把事情做好，这种情况是没有的。即使做了将相的士人，做事情也是有法度的；即使是从事各种行业的人，做事也都是要讲法度的。百工用矩来画方，用规来画圆，以绳墨来画直线，以绳悬重物来测定物体的垂直与否。不论巧匠还是一般工匠，都要以这些为法度。巧匠能够符合这些标准，一般的工匠即使不能符合这些标准，只要遵照着去做，还是要胜过自己原来的水平。所以百工做事，都有法度可以衡量。如今大到治理天下，其次治理大国，反而没有法度去衡量，这显然不如百工有法度可以遵循的好。

4.2 然则奚以为治法而可？当皆法其父母奚若〔1〕？天下之为父母者众，而仁者寡，若皆法其父母，此法不仁也。法不仁，不可以为法。当皆法其学奚若〔2〕？天下之为学者众，而仁者寡，若皆法其学，此法不仁也。法不仁，不可以为法。当皆法其君奚若？天下之为君者众，而仁者寡，若皆法其君，此法不仁也。法不仁，不可以为法。故父母、学、君三者，莫可以为治法。

【注释】

〔1〕当：通"倘"，倘若，假如。 奚若：如何，怎么样。

〔2〕学：指自己的师长。

【译文】

　　那么以什么作为衡量万事的法度才好呢？如果都效法自己的父母会怎样呢？天下为人父母的人很多，但仁义的人很少。如果都效法他们的父母，就是效法不仁之人。效法不仁之人，是不能作为法度的。如果都效法自己的老师会怎样呢？天下为人师长的人很多，但仁义的人很少。如果都效法自己的老师，那么就是效法不仁之人。效法不仁之人，是不能作为法度的。如果都效法自己的国君会怎样呢？天下国君很多，但仁义的国君很少。如果都效法自己的国君，就是效法不仁之人。效法不仁之人，是不能作为法度的。所以，父母、老师和国君这三种人，都不能作为衡量万事的法度。

　　4.3 然则奚以为治法而可？故曰：莫若法天。天之行广而无私[1]，其施厚而不德[2]，其明久而不衰，故圣王法之。既以天为法，动作有为必度于天[3]，天之所欲则为之，天所不欲则止。然而天何欲何恶者也？天必欲人之相爱相利，而不欲人之相恶相贼也[4]。奚以知天之欲人之相爱相利，而不欲人之相恶相贼也？以其兼而爱之、兼而利之也。奚以知天兼而爱之、兼而利之也？以其兼而有之、兼而食之也。今天下无大小国，皆天之邑也；人无幼长贵贱，皆天之臣也。此以莫不犓羊[5]、豢犬猪[6]，絜为酒醴粢盛[7]，以敬事天，此不为兼而有之、兼而食之邪？天苟兼而有食之，夫奚说以不欲人之相爱相利也[8]？故曰：爱人利人者，天必福之；恶人贼人者，天必祸之。曰：杀不辜者，得不祥焉。夫奚说人为其相杀而天与祸乎？是以知天欲人相爱相利，而不欲人相恶相贼也。

【注释】

〔1〕行：道。

〔2〕不德：不认为自己有功劳。

〔3〕度：取法。

〔4〕贼：残害。

〔5〕犓：用草料饲养牲口。

〔6〕豢：以谷物喂养牲口。

〔7〕絜：通"洁"。醴：甜酒。粢盛：古代盛在祭器内供祭祀的谷物。

〔8〕也：通"邪"。

【译文】

那么以什么作为衡量万事的法度才好呢？所以说：不如效法天。天道广大无私，它施与的恩泽深厚却从不自以为有功，它的光明长存而不衰竭，所以圣人会效法它。既然以天作为法度，其所作所为就必须都以天的标准去衡量。天所认可的就做，天不认可的就不做。那么上天认可的是什么、不认可的又有哪些呢？上天一定希望人们互爱互利，而不希望人们相互憎恶、自相残害。如何知道上天希望人们互爱互利，而不希望人们相互憎恶、自相残害呢？因为上天兼爱所有的人，也兼利所有的人。如何知道上天兼爱所有的人，兼利所有的人呢？因为上天兼有天下，供养万民。如今天下无论大国小国，都是上天的城邑；人不论年幼年长高贵低贱，都是上天的子民。因此天下人无不饲养牛羊，喂养猪狗，置备好洁净的甜酒和谷物，恭敬地祭祀上天。这不正说明上天兼有天下，供养万民吗？如果上天真的兼有天下，供养万民，又怎么能说他不希望人们之间互爱互利呢？所以说：爱人利人的人，上天必然赐福给他；憎恶人残害人的人，上天必然降灾祸给他。所以说：杀害无辜的人会招致不祥。否则又怎么会说人们如果相互残害，上天就会降灾祸给他呢？因此可知上天希望人们互爱互利，而不希望人们相互憎恶、相互残害。

4.4 昔之圣王禹汤文武，兼爱天下之百姓，率以尊天事鬼，其利人多，故天福之，使立为天子，天下诸侯皆宾事之[1]。暴王桀纣幽厉，兼恶天下之百姓，率以诟天侮鬼[2]，其贼人多，故天祸之，使遂失其国家[3]，身死为僇于天下，后世子孙毁之，至今不息。故为不善以得祸者，桀纣幽厉是也；爱人利人以得福者，禹汤文武是也。爱人利人以得福者有矣，恶人贼人以得祸者亦有矣。

【注释】
　〔1〕宾：敬。
　〔2〕诟：辱骂。
　〔3〕遂：通"坠"。

【译文】
　　古时的圣王大禹、商汤、文王、武王，兼爱天下的百姓，带领百姓尊奉上天、敬事鬼神，给百姓带来的利益多，所以上天赐福给他们，让他们成为天子，天下的诸侯都恭敬地侍奉他们。残暴的帝王夏桀、商纣、周幽王、周厉王，憎恨天下的百姓，带领臣民辱骂上天、侮辱鬼神，他们残害的人很多，所以上天降灾难给他们，使他们失去自己的国家，死后还要受刑戮以示众于天下，后世子孙批评他们，直到现在也没停止。所以做了恶事而招致灾祸的人，是夏桀、商纣、周幽王和周厉王他们；爱人利人而得到赐福的人，就像大禹、汤、文王和武王他们。爱人利人而得到赐福的人不乏其人，憎恶人贼害人而招来灾祸的人也不乏其人。

【评析】
　　墨子的这篇文章从天人之间的关系处入手，经过层层推演，得出"兼而爱，兼而利"的著名论断，为自己的思想理论打下了牢固的根基。因此，这里也是我们阅读《法仪》这篇文章时需要引起足够重视的地方。从天人关系的角度看待问题是中国人的思维惯性或者说是一种思维定式，这种思维模式最早可以追溯到上古巫术时代，只不过那时的天是神灵的代名词。那时，人们认为人通过某种巫术仪式可以沟通上天或某种神灵的意志，然后用神喻引领族群行动或指导个人行为。后来民智渐开，到少皞时，"九黎

乱德，民神杂糅"，"家为巫史，无有要质"（《国语·楚语下》），颛顼起而
矫巫风泛滥之弊，"乃命重黎，绝地天通，罔有降格"（《尚书·吕刑》）。中
国社会从此进入政教合一的时代，但天人合一的思维模式并未改变，天依
然是神的代名词。直到春秋时期，"天"才开始摆脱神的阴影，具备抽象的
哲学意义。老子的哲学思路依然是从人与天的关系角度展开的，只是他把
与"人"相对应的"天"分为"地"、"天"、"道"三个理论层次，所谓"人
法地，地法天，天法道，道法自然。"（《老子》第二十五章）"自然"非自然
环境，而是指"自然而然"，也就是"无为"。孔子在教育弟子的过程中很少
言及天，但从他偶然提及的话语里不难看出他的天道观受老子思想的深刻
影响。子曰："天何言哉？四时行焉，百物生焉，天何言哉？"（《论语·阳
货》）天无言而四时行、百物生，也就是他所说"无为而物成，是天道也"
的意思。（《礼记·哀公问》）从中自不难看出孔子虽很少言及天，但仍然遵
循天人二分、天道无为的哲学思路。

众所周知，墨子一反孔子不语"怪力乱神"的谨慎态度，而是大谈鬼
神，甚至专门开辟《明鬼》一篇，力证鬼神的存在。但正如墨子自己所言，
他论证鬼神的存在并非为了自神其说或出于宗教神学考虑，而是拥有明确
的理性目的："今天下之王公大人、士君子，中实将欲求兴天下之利，除天
下之害，当若鬼神之有也，将不可不尊明也，圣王之道也。"事实上，墨子
的这种做法更像康德对待上帝的态度。在宗教问题上，康德承认无论是从
经验上还是理性上，都无法证明上帝的存在。但康德又提出，为了维护道
德的缘故，我们必须假设上帝与灵魂的存在。明白了墨子的苦心孤诣，我
们再看《法仪》就能更好地领会墨子的精神，即他从天人合一的角度出发，
积极探寻法的根源和精神。

在天人合一的问题上，墨子既没有如老子般故作高深，也没有孔子的
讳莫如深，而是斩钉截铁地提出"莫若法天"的口号。法的根源在天，是因
为："天之行广而无私，其施厚而不德，其明久而不衰，故圣王法之。"只有
天才具有最纯粹、最无私、最睿智的优秀品质，也只有天才是至善的象征，
同时天又是一个完美运行着的系统，因而只有向拥有完美品质的天学习，才
能保证人间之法的道德性和有效性。法的根源既是至善之天，则"天必欲
人之相爱相利，而不欲人之相恶相贼也"。至此，法的精神也就呼之欲出了：
"兼相爱，交相利。"尽管墨子的思想体系中有挥之不去的宗教情愫，但我
们并不能因此而否定了他思想中的理性精神，毕竟，我们阅读墨子的文章，
感受更多的是理性的思考，而不是宗教情怀的郁结。更何况，连两千年后
的康德在这个问题上也必须借助假设才能完成他的道德体系论证。

七　患

【题解】

　　此文开篇讲"国有七患"，但七患并不是文章议论的重点，甚至也不是行文的脉络，而只是一个引入话题的切入点，真正重点是在谈事关国家安全的"备"。威胁到国家安全的祸患虽多，但最根本的只有一点："五谷"。五谷乃国之根本，为"民之所仰也，君之所以为养也"。所以，只有"固本"才是治国的重中之重，所有圣明的君主都深明此理，固"其力时急，而自养俭也"。可是农业生产只是解决问题的一个方面，更重要的是要有"备"，"故备者，国之重也。"这个备不仅是粮食储备，也指武备和守备，食可以养兵，兵可以守城，兵精粮足城固，国家安全就有了根本的保障。"国备"完善，意味着上下一心，国富民强，"七患"迎刃而解。

　　5.1 子墨子曰：国有七患。七患者何？城郭沟池不可守，而治宫室，一患也。边国至境[1]，四邻莫救，二患也。先尽民力无用之功，赏赐无能之人，民力尽于无用，财宝虚于待客，三患也。仕者持禄，游者爱佼[2]，君修法讨臣[3]，臣慑而不敢拂[4]，四患也。君自以为圣智而不问事，自以为安强而无守备，四邻谋之不知戒，五患也。所信者不忠，所忠者不信，六患也。畜种菽粟不足以食之[5]，大臣不足以事之[6]，赏赐不能喜，诛罚不能威，七患也。以七患居国，必无社稷[7]；以七患守城，敌至国倾。七患之所当[8]，国必有殃。

【注释】

〔1〕边：当为"适"之误，"适"通"敌"。

〔2〕佼：同"交"。

〔3〕讨：声讨，诛罚。

〔4〕拂：违背。

〔5〕菽：豆类的总称。　粟：小米。

〔6〕事：侍奉，这里指胜任。

〔7〕社稷：本指土神和谷神，后来成为国家政权的象征和代称。

〔8〕当：正对着，这里指存在、出现。

【译文】

墨子说：国家有七种祸患。都哪七种呢？城池残破不足以据守，还要修建宫室，这是一患。敌军压境，四周邻国却无人前来救援，这是二患。耗尽民力做没有价值的事情，赏赐没有才能的人，民力因为无意义的事情而消耗殆尽，财物因为待客而耗费一空，这是三患。为官者只求保住俸禄，游谈者只顾结交朋友，君主制定法令诛罚臣子，臣子畏惧而不敢稍有违背，这是四患。君王自以为圣明而有智慧，所以遇事不询问臣子的意见；自以为国家安定而强大，所以从不考虑国防战备，被邻国阴谋侵略而不知道戒备，这是五患。所信任的人不忠诚，忠诚的人反而得不到信任，这是六患。种植和储备的粮食不够食用，大臣不堪重用，赏赐不能使人感到欢喜，诛罚也不能使人感到威慑，这是七患。治国如果有这七种祸患，必定会政权倾覆；守城如果有这七种祸患，敌人一到就会国破家亡。这七种祸患出现的地方，那个国家必定会有祸殃。

5.2 凡五谷者，民之所仰也〔1〕，君之所以为养也。故民无仰则君无养，民无食则不可事〔2〕。故食不可不务也，地不可不力也，用不可不节也。五谷尽收，则五味尽御于主〔3〕，不尽收则不尽御。一谷不收谓之馑，二谷不收谓之旱〔4〕，三谷不收谓之凶，四谷不收谓之馈〔5〕，五谷不收谓之饥。岁馑，则仕者大夫以下皆损禄五分之一〔6〕；旱，则损五分之二；凶，则损五分之三；馈，则损五分之四；饥，则尽无禄，禀食而已矣〔7〕。故凶饥存乎国，人君彻鼎食五分之五〔8〕，大夫彻县〔9〕，士不入学，君朝之衣不革制〔10〕；诸侯之客，四邻之使，雍食而不盛〔11〕；彻骖騑〔12〕，涂不芸〔13〕，马不食粟，婢妾不衣帛。此告不足之至也。

【注释】

〔1〕仰：仰仗，依赖。
〔2〕事：当作"使"（从于省吾说）。
〔3〕御：指享用饮食。
〔4〕旱：疑为"罕"，稀少（从俞樾说）。
〔5〕馈：通"匮"，缺乏，贫乏。
〔6〕损：减少。
〔7〕禀食：公家供给口粮。
〔8〕彻：同"撤"，去掉。
〔9〕县：通"悬"，指悬挂的乐器。
〔10〕革：改，这里指重新。
〔11〕雍食：当作"饔飧"（从王念孙说），指饭菜。 盛：丰盛。
〔12〕骖騑：古代四匹马驾车，中间的两匹马叫服马，服马左侧的叫骖，服马右侧的叫騑。
〔13〕涂：道路。 芸：锄草，这里指平整道路。

【译文】

五谷是百姓赖以生存的东西，也是君王赖以获得供养的东西。所以，百姓如果失去赖以生存的五谷，君王同样无法得到供养；百姓如果没有食物，就无法指挥他去做事。所以粮食不能不引起重视，土地不能不努力耕种，用度不能不俭省节约。如果五谷全部获得丰收，国君就可以享用各种美味；如果五谷没有全部获得丰收，国君就不能尽享各种食物。一种谷物无收叫做馑，二种谷物无收叫做旱，三种谷物无收叫做凶，四种谷物无收叫做馈，五种谷物无收叫做饥。遇到谨年，那么大夫以下的官员都要减去五分之一的俸禄；遇到旱年，就要减去五分之二的俸禄；遇到凶年，就要减去五分之三的俸禄；遇到馈年，就要减去五分之四的俸禄；遇到饥年，就完全没有俸禄，只是供给饮食罢了。所以国家中有凶饥的时候，君主就会撤去鼎食，大夫就会停止欣赏音乐，读书人就会不入学读书，君主的朝服不再更换新制；诸侯的宾客，邻国的使者，不以丰盛的饭菜来款待，四匹马驾的车子减去旁边的两匹马，道路不加以修整，马匹不以谷物喂养，婢妾不穿丝绸的衣服。这些都是用来表明粮食的短缺已经严重到了极点。

　　5.3 今有负其子而汲者[1]，队其子于井中[2]，其母必从而道之[3]。今岁凶、民饥、道饿[4]，重其子此疚于队[5]，其可无察邪？故时年岁善[6]，则民仁且良；时年岁凶，则民吝且恶。夫民何常此之有[7]？为者疾[8]，食者众，则岁无丰。故曰：财不足则反之时[9]，食不足则反之用。故先民以时生财[10]，固本而用财[11]，则财足。

【注释】
〔1〕负：背。　汲：从井里打水。
〔2〕队：当为"坠"。
〔3〕道：当为"导"，引救。
〔4〕道饿：指路上有饿死的人。
〔5〕疚：忧苦，内心痛苦。
〔6〕善：相对于"凶"而言，指年成好。
〔7〕此：指上文民之"仁且良"或"吝且恶"。
〔8〕疾：当作"寡"（俞樾说），少。
〔9〕反：反省。　时：农时。
〔10〕先：导。
〔11〕本：基础。古代以农业为本。

【译文】

现在有人背着孩子去井里打水，不慎把孩子掉进井里，他的母亲必定会想办法把他从井里救出来。现在遇到凶年，人民饥饿，道路上有饿死的人，这比把孩子掉进井里更为严重，怎么可以毫无察觉呢？所以当年岁好的时候，人民就仁义而且贤良；当年成不好的时候，那么人民就会吝啬而凶恶。人民仁良或吝恶的品性怎么会是固定的呢？耕作的人少，而食用的人多，那么就不会有丰收。所以说：财用不足的时候就要反省是否抓住了农时，食物不足的时候就要反省是否注意了节俭。所以古代的贤君引导百姓按时令进行生产，创造财富，巩固作为根本的农业生产，并且节约地使用财物，那么财用就会充足了。

5.4 故虽上世之圣王，岂能使五谷常收，而旱水不至哉[1]？然而无冻饿之民者何也？其力时急[2]，而自养俭也。故《夏书》曰[3]"禹七年水"，《殷书》曰"汤五年旱"。此其离凶饿甚矣[4]，然而民不冻饿者，何也？其生财密，其用之节也。故仓无备粟，不可以待凶饥；库无备兵[5]，虽有义不能征无义。城郭不备全，不可以自守；心无备虑，不可以应卒[6]。是若庆忌无去之心[7]，不能轻出。夫桀无待汤之备[8]，故放[9]；纣无待武之备，故杀。桀、纣贵为天子，富有天下，然而皆灭亡于百里之君者何也[10]？有富贵而不为备也。故备者，国之重也；食者，国之宝也；兵者，国之爪也；城者，所以自守也。此三者，国之具也。

【注释】

〔1〕旱水：指水旱自然灾害。
〔2〕力：指耕作。 时：农时。

〔3〕《夏书》：夏代历史文献汇编，与下文《殷书》一样，都是《尚书》的组成部分。

〔4〕离：通"罹"，遭受。

〔5〕兵：兵器。

〔6〕卒：通"猝"，突然，这里指突发事件。

〔7〕是：这。 庆忌：吴王僚之子。阖闾篡位，庆忌出奔卫，后被阖闾派出的刺客要离刺杀。

〔8〕待：抵御，防范。

〔9〕放：驱逐，流放。

〔10〕百里之君：指小国的国君。

【译文】

因此，即使是上古的圣明君王，又怎么能保证五谷经常丰收，并且旱灾和水灾都不发生呢？然而当时却没有受冻挨饿的百姓，为何？这是因为圣王能抓紧农时耕作，并且自己十分节俭。所以《夏书》上说"大禹在位时连续七年发大水"，《殷书》上说"汤在位时连续五年大旱"。他们遭受的凶年饥荒十分严重，但百姓却没有受冻挨饿，这是为什么呢？他们生产的财物很多，而使用却十分节俭啊。所以说，粮仓中没有粮食储备，就不能抵御凶年饥荒；兵库中没有储备的兵器，即使出于正义的目的也无法讨伐不义之国。城墙修筑得不完好，就不能保全自己；心中没有周到的考虑，就无法应付突发事件。这就好像庆忌不该失去戒备之心，轻易外出一样。夏桀没有抵御商汤的准备，所以被流放；商纣没有防范周武王的准备，所以被杀。桀、纣贵为天子，富有天下，然而都被只有方圆百里的小国之君所灭，这是为何？因为他们富有尊贵却不知道防范。所以说，做好战备是国家的工作重点，粮食是国家的财宝，兵器是国家的爪牙，城池是国家用以自守的东西，这三样东西是国家战备工作所必须具备的工具。

5.5 故曰：以其极赏〔1〕，以赐无功；虚其府库，以备车马衣裘奇怪〔2〕；苦其役徒，以治宫室观乐；死又厚为棺椁，多为衣裘。生时治台榭，死又修坟墓，故民苦于

外，府库单于内[3]，上不厌其乐，下不堪其苦。故国离
寇敌则伤，民见凶饥则亡[4]，此皆备不具之罪也。且夫
食者，圣人之所宝也。故《周书》曰："国无三年之食
者，国非其国也；家无三年之食者，子非其子也。"[5]
此之谓国备。

【注释】
　　[1] 极赏：指最高赏赐。
　　[2] 奇怪：指珍稀的玩物。
　　[3] 单：通"殚"，竭尽。
　　[4] 见：遭受。
　　[5] 此处引文今本《周书》不载，略见于《逸周书》之《文传》和
《籴匡》两篇。

【译文】
　　所以说：把最高的奖赏赐予没有功劳的人，耗尽国库去置备车
马、衣服和珍稀的玩物，劳苦役卒修筑宫室和游玩场所，死后花费
大量钱财置备棺椁和衣物。生前修建楼台水榭，死后又修造坟墓，
所以外有百姓受苦受难，内则国库财物耗尽，君上不满足于享乐，
臣民不堪忍受折磨。所以国家只要遇到敌人和寇乱就会有所损伤，
人民遇到凶年饥荒就会大量死亡，这都是储备不足的缘故啊。况
且粮食是圣人最为珍惜的东西。所以《周书》上说："国中没有储
备够用三年的粮食，国就不能称其为合格的国；家中没有储备够
用三年的粮食，子孙就不能称其为合格的子孙。"这就叫国家的根
本储备。

【评析】
　　墨子生活的战国时代是一段比春秋时代更糟糕的历史时期。尽管春秋
时期也是一个礼崩乐坏的乱世，但至少春秋霸主们还知道礼敬周王室，弱
小国家还能在霸主国的庇护下苟延残喘。而到了战国时期，国与国之间已经
只剩下赤裸裸、血淋淋的弱肉强食关系了。在那个时代，"国之大事，在祀

与戎。"祭祀主要涉及两方面的内容，一是政权的合法性，二是对农业稳定的渴求与期盼；至于军队，则事关国家的生死存亡，在弱肉强食的时代里，更是必不可少的暴力工具。作为一代学术宗师，墨子自然有着常人难以企及的眼光和抱负，对天下大势的关注自是题中应有之意。本篇就是阐述他在国家安全观方面的看法，其中也涉及诸如社会、政治、历史、哲学、军事等多方面的知识。

此篇名为《七患》，但"七患"并不是文章议论的聚焦点，而只是引入话题的切入点。墨子在这里真正关注的重点是事关国家安全的"备"，这个"备"，首先是指关系到国本的粮食储备；其次是指"武之备"，即兵备；再次是指"城郭之备"，即守备。其中暗含的逻辑思路为：食可以养兵，兵可以守城；粮足、兵精、城固，国家安全才会有根本保障。然而这些只是所要达到的目标，仍然属于显在的理论层次，更核心的问题还在"人"，即如何让老百姓能够安心从事生产，让士兵能够众志成城，这才是问题的本质，也是墨子着力思考并解答的关键所在。

墨子首先从中国是一个传统农业社会的现实出发，强调了农业在国计民生中的支配地位，如果农业生产遇到天灾而歉收的情况，包括最高统治者在内的整个统治阶级都要节约用度以应对国家困难。我们不能把这种做法仅仅看作是一种俯就民意的姿态，而应是一种有实际理论内涵的格调。在墨子看来，这种格调的意义首先在于真诚，要求统治者能够积极主动地去体察民情，要真正做到以百姓之心为心，对于百姓深陷水深火热的生活状态要能够感同身受。一个母亲，如果自己的儿子不慎坠入井中，母亲毫无疑问会全力以赴营救儿子，作为一国之君，如果遇到"岁凶、民饥、道饿"，"重其子此疚于队，其可无察邪？"其次，作为最高统治者，仅有同情心是不够的，他既要知其然，又要知其所以然，在知民情的基础上能够察民性。民性是什么？民性是管子所说的"仓廪实而知礼节，衣食足而知荣辱"（《管子·牧民》），是孟子所说的"若民，则无恒产，因无恒心。苟无恒心，放辟邪侈，无不为已"，"无恒产而有恒心者，惟士为能"（《孟子·梁惠王上》）。民性只有在老百姓最基本的物质需要得到满足之后才会接受统治者礼仪教化的熏陶和塑造："故时年岁善，则民仁且良；时年岁凶，则民吝且恶。"第三，统治者在深刻洞察民性的基础上，还要能够做到自律而通达。在生产力极其低下的既定历史条件下，人类根本无力抵挡无常的天灾，"虽上世之圣王，岂能使五谷常收，而旱水不至哉？然而无冻饿之民者何也？"这才是问题的关键，对这个问题的反思，形成了墨子的救世之方："其力时急，而自养俭也。""其生财密，其用之节也。"在重视农业生产、合理规划国家用度的基础上，积极进行国家粮食储备，教化、练兵、城防等一系列问题就有了可靠的现实基础。

　　墨子这种"备"的战略思想得到了后人的高度认可和广泛运用。明朝建国之前，朱元璋就曾采纳朱升"高筑墙，广积粮，缓称王"的建议，从而奠定了统一天下的基础。20 世纪 60 年代，为应对当时严峻的国际国内形势，毛泽东同志提出"备战、备荒、为人民"的战略方针。1972 年，他又进一步提出"深挖洞、广积粮、不称霸"的指示，将这一战略方针进一步具体化。事实表明，人类智慧的光芒一定会在不同历史条件下重演，而历史一再重复的地方一定有真理在闪光。我相信，墨子的这篇《七患》，即使在今天的社会条件下，依然有值得我们思考和借鉴的地方。

辞　过

【题解】

　　由于《辞过》篇与《节用》上篇和中篇的内容较为接近，有研究者主张将此篇并入《节用》的下篇。本篇名为《辞过》，内容以立意为主，"过"非"错"，"错"是质的差别，而"过"只是量的方面超过了应有的限度，"辞过"就是要求把各项用度控制在合理的范围之内。为此，墨子从宫室、衣服、饮食、舟船和蓄私等与人类生活高度相关的五个方面来论证控制度的合理性和必要性。因为如果国君追求过度的奢华享受，那么臣子就会争相效仿，这样必将加重百姓的负担。墨子认为，当老百姓的生活还不能得到有效保障的时候，国家应该提倡"节俭"，国君和士大夫需要带头节制自己的欲望，否则"淫佚"必然导致亡国。

　　6.1 子墨子曰：古之民未知为宫室时，就陵阜而居[1]，穴而处。下润湿伤民，故圣王作为宫室。为宫室之法，曰："室高足以辟润湿[2]，边足以圉风寒[3]，上足以待雪霜雨露[4]，宫墙之高足以别男女之礼，谨此则止[5]。"凡费财劳力不加利者，不为也。役，修其城郭，则民劳而不伤；以其常正，收其租税，则民费而不病。民所苦者非此也，苦于厚作敛于百姓。是故圣王作为宫室，便于生，不以为观乐也；作为衣服带履，便于身，不以为辟怪也[6]。故节于身，诲于民，是以天下之民可得而治，财用可得而足。当今之主，其为宫室则与此异矣。必厚作敛于百姓，暴夺民衣食之财以为宫室台榭曲直之望〔7〕、青黄刻镂之饰。为宫室若此，故左右皆法象之〔8〕。是以其财不足以待凶饥，振孤寡〔9〕，故国贫而民难治也。君实欲天下之治而恶其乱也，当为宫室不可不节〔10〕。

【注释】

〔1〕就：依傍。

〔2〕辟：通“避”，避开。

〔3〕边：四周。 圉：通“御”，抵御，阻挡。

〔4〕待：抵御，承受。

〔5〕谨："仅"的假借字。

〔6〕辟怪：特异的爱好。

〔7〕望：景观。

〔8〕法象：效法、模仿。

〔9〕振：通“赈”，救济。

〔10〕当：同“则”（王引之说）。

【译文】

墨子说：上古人民还不懂得建筑房屋的时候，依傍山陵而居，住在洞穴里。地上的湿气会损害人的身体，所以圣明的君王开始建造房子。建造房子的原则是："地基的高度足以避免潮湿，墙壁足以抵挡风寒，屋顶足以抵挡雪霜雨露，房子的高度足以符合男女有别的礼节，仅仅如此就够了。"凡是劳民伤财又没有更多好处的事是不去做的。按照常规征发劳役，修筑城郭，那么百姓虽然劳累却不会伤及根本；按照常规征收租税，那么百姓虽然有所耗费却不会因此而困苦。人民感到困苦的不是这些，而是苦于横征暴敛。因此，圣王建造房屋，只是为了便于居住，不是为了观赏和玩乐。制作衣带鞋履，是为了保护身体，而不是用来满足特殊的癖好。所以圣明的君主自己很节俭，并且也这样教导人民，是为了治理好天下的百姓，财物用度丰裕充足。现在的君主，他们建造宫室和以前不同，必定要向百姓横征暴敛，强夺人民的衣食财用，来修建曲折回环的宫室和亭台楼阁景观，以及各种色彩的雕刻装饰。君王如此修建宫室，所以身边近臣都效法他。因此，国家的财物不够用来应付饥荒，救济孤儿寡妇，所以才会国家贫困而人民难以管理。如果国君真希望天下大治，而憎恶天下混乱，那么建造宫室就不能不节俭。

6.2 古之民未知为衣服时，衣皮带茭[1]，冬则不轻而温，夏则不轻而清[2]。圣王以为不中人之情，故作诲妇人治丝麻，梱布绢[3]，以为民衣。为衣服之法：冬则练帛之中[4]，足以为轻且暖；夏则絺绤之中[5]，足以为轻且清。谨此则止。故圣人之为衣服，适身体，和肌肤而足矣，非荣耳目而观愚民也[6]。当是之时，坚车良马不知贵也，刻镂文采不知喜也。何则？其所道之然。故民衣食之财，家足以待旱水凶饥者何也？得其所以自养之情，而不感于外也[7]。是以其民俭而易治，其君用财节而易赡也[8]。府库实满，足以待不然[9]；兵革不顿[10]，士民不劳，足以征不服。故霸王之业可行于天下矣。当今之主，其为衣服，则与此异矣。冬则轻暖，夏则轻清，皆已具矣，必厚作敛于百姓，暴夺民衣食之财，以为锦绣文采靡曼之衣[11]，铸金以为钩[12]，珠玉以为珮[13]，女工作文采[14]，男工作刻镂[15]，以为身服。此非云益煗之情也[16]，单财劳力毕归之于无用也[17]。以此观之，其为衣服，非为身体，皆为观好[18]。是以其民淫僻而难治，其君奢侈而难谏也。夫以奢侈之君御好淫僻之民，欲国无乱不可得也。君实欲天下之治而恶其乱，当为衣服不可不节。

【注释】

〔1〕茭：草绳。

〔2〕清：秋凉。

〔3〕梱：当为稇（毕沅说），织。 绢：当为绡（孙诒让说）。

〔4〕练：白色的熟绢。 中：中衣，贴身穿的衣服。

〔5〕絺：细葛。 绤：粗葛布。

〔6〕荣耳目：指赏心悦目、满足虚荣心。 观：被观看。

〔7〕感：当为惑（孙诒让说）。

〔8〕赡：富足，充足。

〔9〕不然：这里指突发事件或无法预料的变故。

〔10〕顿：损坏。

〔11〕靡：纤细。 曼：柔美。

〔12〕钩：带钩。

〔13〕珮：系在衣带上作装饰用的玉。

〔14〕文采：这里指刺绣之类的女红。

〔15〕刻镂：雕刻。

〔16〕云：《尔雅·释诂》：“云，有也。” 益：更加。 煖：通“暖”。 情：事实。

〔17〕单：通“殚”，尽。 毕：全。

〔18〕观：外观。 好：美好，漂亮。

【译文】

　　古时的人还不懂得做衣服的时候，穿兽皮系草绳，冬天既不轻便也不暖和，夏天既不轻便也不凉快。圣人认为这不符合人的本性，所以教妇女生产丝麻，纺织布帛，制成百姓穿的衣服。做衣服的原则为：冬天穿丝质的内衣，非常轻便暖和；夏天穿细葛布缝制的内衣，非常轻便凉快。谨守这个原则。所以圣人制定穿衣的原则，只是让身体舒适、肌肤暖和就足够了，并不是为了满足虚荣心而展示给百姓们看的。在那个时候，人们不知道坚固的马车和驯良的马匹的珍贵，雕饰和文采也不懂得欣喜。为什么会这样呢？因为他们所受的教导就是如此。所以百姓的衣食财用，家家都足以应付水旱之灾和凶年饥荒，为什么呢？因为百姓懂得所以自给自足的道理，因而不受外物的困扰。所以当时的百姓节俭因而容易管理，君王的用度节俭因而容易富足。国库充实，足以应付非常的变故；兵甲没有损坏，士民不劳苦，足以征讨不顺从的国家。所以能够成就天下王霸之业。当今的君主，裁制衣服与此大不相同。冬天的衣服轻便暖和，夏天的衣服轻便凉快，这些都具备了。必定还要向百姓征收很重的赋税，强夺百姓用于衣食的财物，好用来缝制华美柔软的锦绣衣服，用贵重的金属铸造带钩，用珠宝玉器来做佩饰；让女工刺绣成文采，让男工雕刻做装饰，来做身上的衣服。这样做并不是为了更加暖和。耗尽人力财力，全用在了毫无实际用处的事情上。照这样来看，他们裁制衣服，并非为了身体舒适，而是为了外观的华美。所以他的百姓邪僻而难以治理，国君奢侈而难以规谏。以这样奢侈的国君来管理这样邪僻的百姓，想要国家不发生混乱，是不可能做到的。如果国君真的希望天下得到治理而厌恶混乱，那么裁制衣服就不能不节俭。

6.3 古之民未知为饮食时，素食而分处[1]，故圣人作，诲男耕稼树艺，以为民食。其为食也，足以增气充虚，强体适腹而已矣。故其用财节，其自养俭，民富国治。今则不然，厚作敛于百姓，以为美食刍豢[2]，蒸炙鱼鳖，大国累百器[3]，小国累十器，前方丈，目不能偏视，手不能偏操[4]，口不能偏味，冬则冻冰，夏则饰饐[5]。人君为饮食如此，故左右象之，是以富贵者奢侈，孤寡者冻馁[6]，虽欲无乱，不可得也。君实欲天下治而恶其乱，当为食饮不可不节。

【注释】

〔1〕素：疏的假借字，疏同蔬。素食即采摘草木果实为食。

〔2〕刍豢：指牛羊猪狗等家畜。草食类家畜称刍，谷食类家畜称豢。

〔3〕累：累计。 器：盛食物的器皿。

〔4〕操：持，拿在手中。

〔5〕饰饐：指食物变质。饰，疑当为"餲"，《尔雅·释诂》："食饐谓之餲。"饐，《说文》："饭伤湿也。"

〔6〕馁：饥。

【译文】

上古百姓还不懂得加工饮食的时候，采摘草木果实为食，分散于各处居住，所以圣人教导男子耕耘种植，作为百姓的食物。制作饮食的原则是：只要能够益气补虚，强身果腹就行了。所以国君节约财用，自我节俭，就会民富国治。现在却不是这样，国君对百姓征收很重的赋税，用牛羊猪狗制作各种美食，蒸烤鱼鳖，大国之君面前盛食物的器皿多至上百，小国也有数十器，摆放在面前一丈见方的地方，眼睛不能都看遍，手不能都拿遍，嘴不能都尝遍。这么多美食冬天会结成冰，夏天会腐败变质。国君这样追求饮食，左右的人都模仿他，所以富贵的人奢侈，孤寡无依的人挨饿受冻。想要天下不混乱，这是不可能的。国君如果的确厌恶混乱而想要天下得到治理，那么饮食方面就不能不节制。

6.4 古之民未知为舟车时，重任不移，远道不至，故圣王作为舟车，以便民之事。其为舟车也，全固轻利〔1〕，可以任重致远，其为用财少，而为利多，是以民乐而利之。法令不急而行，民不劳而上足用，故民归之。当今之主，其为舟车与此异矣。全固轻利皆已具，必厚作敛于百姓，以饰舟车，饰车以文采，饰舟以刻镂。女子废其纺织而修文采，故民寒。男子离其耕稼而修刻镂，故民饥。人君为舟车若此，故左右象之，是以其民饥寒并至，故为奸衺〔2〕。奸衺多则刑罚深，刑罚深则国乱。君实欲天下之治而恶其乱，当为舟车不可不节。

【注释】

〔1〕全：同"完"，完整。

〔2〕衰：通"邪"。

【译文】

　　上古百姓还不懂得制造车船的时候，沉重的东西无法搬运，遥远的地方不能到达，所以圣明的君王发明了车船，方便百姓做事。他们制造车船，完整坚固而且轻巧便利，可以用来搬运沉重的东西，到达遥远的地方。利用车船做事花费的财物少，而获得的利益多，所以百姓快乐并认为它们确实便利。君王制定的法令不急迫却顺利推行，百姓不辛劳而国君的财用充足，所以百姓都依附他。现在的君主，他们制造车船和上述情况不同。完整坚固轻巧便利都已经具备了，一定还要向百姓征收很重的赋税，用来装饰车船，用彩色纹饰装饰车子，用精美雕刻装饰船只。女子荒废纺织去描绘彩纹，所以人民寒冷；男子荒废耕作去雕刻修饰，所以百姓饥饿。国君像这样制造车船，所以左右的人都效法他，因此百姓才饥寒交迫，自然就会为非作歹。为非作歹的人多刑罚就会严苛，刑罚严苛国家就会混乱。国君如果厌恶混乱而想要天下得到治理，制造车船就不能不节制。

　　6.5　凡回于天地之间〔1〕，包于四海之内，天壤之情〔2〕，阴阳之和〔3〕，莫不有也，虽至圣不能更也。何以知其然？圣人有传〔4〕：天地也，则曰上下；四时也，则曰阴阳；人情也〔5〕，则曰男女；禽兽也，则曰牝牡雄雌也〔6〕。真天壤之情，虽有先王不能更也。虽上世至圣，必蓄私不以伤行〔7〕，故民无怨；宫无拘女〔8〕，故天下无寡夫〔9〕。内无拘女，外无寡夫，故天下之民众。当今之君，其蓄私也，大国拘女累千，小国累百，是以天下之男多寡无妻，女多拘无夫，男女失时〔10〕，故民少。君实欲民之众而恶其寡，当蓄私不可不节。

【注释】

〔1〕回：旋转，这里指活动。

〔2〕天壤：天地。

〔3〕阴阳：古代哲学中概括事物两个对立面的范畴。 和：调和。

〔4〕传：书传。

〔5〕人情：这里指人的性别。

〔6〕牡牝：兽类中公称"牡"，母称"牝"。 雄雌：鸟类中公称"雄"，母称"雌"。

〔7〕蓄私：指蓄养妾妇。 行：品行。

〔8〕拘女：指长期滞留宫中的宫女。

〔9〕寡夫：指没有妻子的男子。

〔10〕失时：指错过婚嫁时机。

【译文】

凡是活动在天地之间、包容于四海之内，天地万物的禀性，阴阳的调和，无不是自然而然，即使是最伟大的圣人也不能更改。怎么知道是这样的呢？圣人有书传记载：天地，称之为上下；四时，称之为阴阳；人，称之为男女；禽兽，称之为牡牝、雄雌。天地间的真实情况的确如此，即使先王也不能改变。即使是前代最伟大的圣人，也会蓄养妻妾，但不会因此而损伤他们的品行，所以百姓没有怨言。宫中没有被长期滞留的宫女，所以天下没有娶不到妻子的男子。宫里没有被长期滞留的宫女，民间没有无妻的男子，所以天下的人口就多了。现在的国君，蓄养的妻妾，大国多至上千，小国也有上百，所以天下的男子很多没有妻子，女子多被长期滞留宫中而没有丈夫。男女错过婚嫁的时机，所以人口就减少了。国君实在想要人口多而厌恶人口少，蓄养妻妾就不能不节制。

6.6 凡此五者，圣人之所俭节也，小人之所淫佚也〔1〕；俭节则昌，淫佚则亡，此五者不可不节。夫妇节而天地和，风雨节而五谷孰[2]，衣服节而肌肤和。

【注释】

　　〔1〕小人：指道德低下的人。 淫：过度。 佚：放荡。
　　〔2〕孰：通"熟"。

【译文】

　　上述这五件事，是圣人注意节俭而小人容易奢侈放纵的。节俭就会兴盛，奢侈放纵就会灭亡，在这五件事上不可不进行节制。男女婚嫁调和则天地和泰，风调雨顺则五谷丰登，衣服节俭则身体舒适。

【评析】

　　不少学者认为，《辞过》与《节用》主题高度一致，都是在强调节约用度，所以会把《辞过》看作已经亡佚的《节用》下篇。但细观两篇文章的主旨和论证方式，还是存在不小的差异的。《节用》的主旨在"去无用之费"，"诸加费不加民利者，圣王弗为"。其论证也以正面立论为主。《节用上》云："圣人为政一国，一国可倍也；大之为政天下，天下可倍也。其倍之非外取地也，因其国家，去其无用之费，足以倍之。"开篇提出中心论点，然后从衣裳、宫室、甲盾、舟车、人民几个方面分而论之，指出"去无用之费"乃"圣王之道，天下之大利"。《节用中》则是正面提出古时圣王制为"节用之法"、"饮食之法"、"衣服之法"、"剑甲舟车之法"、"节葬之法"、"为宫室之法"，逐一详为论说，并反复点名主旨："诸加费不加民利者，圣王弗为。"反观《辞过》，题目即主旨，文章通篇采用对比论证的方法，详细列举古今国君在对待宫室、衣服、饮食、舟车、男女等方面的态度异同，以古律今的用意十分明显，虽通篇无"辞过"的字眼，但要求国君"辞过"的用心充斥于字里行间。客观地说，《辞过》无论文章主旨还是论证方式都比较含蓄，像一位民间学者在著书立说，含蓄地指出统治者的过失，希望统治者能够听到自己的声音；而《节用》更像一位德高望重的重量级思想家在告诫统治者应该怎样治理国家。这其中的差别看似细微，却有差之毫厘、失之千里的可能，种种微妙，不容不辩。

　　墨子"辞过"的理论主张系针对上层统治者者而发，是建立在他的平民立场之上的。他认为的社会生产力范围内，社会的总资源十分有限，因而不论贵贱都只能以满足必要的社会需求为准，不奢侈浪费，这样才能保证社会成员都能得到自己分内的东西。从这种理论立场出发，墨子尤其反对统治阶级的奢华风气，包括厚葬风俗、礼乐文化等等，都一概之斥为徒耗钱财的无用之物。显然，墨子的理论主张有其合理性，但也存在从一个极端走向了另一个极端的弊病。荀子在《解蔽》中一语道破墨子的理论缺陷："蔽于用而不知文。"人类社会必然需要用文化彰显自身的存在和特色，而文化又必须借助某些礼仪方能彰显，仅仅维持最低限度的生活需求于社会文化的发展是不利的。但我们若考虑到墨子生活时代的社会发展状况，我们便不得不承认墨子的理论主张无疑道出了社会底层劳动人民的心声，有其出现的现实依据和合理诉求成分在内。当然，这样的思想立场和理论主张难以受到统治阶级的青睐，墨家思想在后世成为绝响自是不难想见。

总而言之，在我的印象中，《墨子》的文章风格有点类似鲁迅，冷言冷语但热血热肠，不追求华丽的文学色彩，却颇能切中时弊，一切以实用为主，一切以民生为念，生前富贵身后名，浮云尔。

三　辩

【题解】
　　本篇名为《三辩》，但对话双方仅有两次往复问难，显系残文，又因内容与墨子的"非乐"思想一致，故有学者认为本篇是《非乐》篇的残文。文中通过墨子和程繁之间的对话，讨论音乐与政治的关系。程繁的观点带有较为浓郁的儒家思想色彩，而墨子则认为音乐无益于政治，音乐越繁复，治理天下的成效就越少。这种观点虽然比较偏颇，但墨子的音乐观主要是针对当时统治者极度地追求声乐享乐的现实情况而发，是其思想体系的自然延伸，因而具有一定的合理性。

　　7.1 程繁问于子墨子曰[1]："夫子曰：'圣王不为乐。'昔诸侯倦于听治，息于钟鼓之乐；士大夫倦于听治，息于竽瑟之乐[2]；农夫春耕夏耘，秋敛冬藏，息于聆缶之乐[3]。今夫子曰：'圣王不为乐。'此譬之犹马驾而不税[4]，弓张而不弛，无乃非有血气者之所不能至邪[5]？"

【注释】
　　[1]程繁：一位兼治儒墨的学者。
　　[2]竽：一种像笙的乐器。　瑟：一种弦乐器，有二十五弦。
　　[3]聆：同"瓴"，容器，形如瓶瓮，可以做打击乐器。　缶：瓦盆，也可以做打击乐器。
　　[4]税：通"脱"，指卸车。
　　[5]有血气者：指有生命的人。

【译文】

程繁问墨子："夫子说：'圣明的君王不设置音乐。'从前诸侯处理政务疲倦了，就以听钟鼓之乐的方式休息；士大夫处理政务疲倦了，就以听竽瑟之乐的方式休息；农民春天播种夏天耕耘，秋天收获冬天储藏，就以听瓦盆土器之乐的方式休息。现在夫子却说：'圣明的君王不设置音乐。'这就好比以马驾车而不许卸车休息，张开弓弦而不许松弛，这不是凡是有血气的人都做不到的吗？"

7.2 子墨子曰："昔者尧舜有茅茨者〔1〕，且以为礼，且以为乐；汤放桀于大水〔2〕，环天下自立以为王〔3〕，事成功立，无大后患，因先王之乐，又自作乐，命曰《护》〔4〕，又修《九招》；武王胜殷杀纣，环天下自立以为王，事成功立，无大后患，因先王之乐，又自作乐，命曰《象》；周成王因先王之乐，又自作乐，命曰《驺虞》。周成王之治天下也，不若武王；武王之治天下也，不若成汤；成汤之治天下也，不若尧舜。故其乐逾繁者，其治逾寡。自此观之，乐非所以治天下也。"

【注释】

〔1〕茅茨：用茅草盖的屋顶，这里指茅屋。一作"第期"，人名，尧舜时代作乐之人；也有人认为"第期"是"大章"的音转，《大章》是尧时的乐曲之名。

〔2〕大水：地名，即泰洞（王闿运说）。

〔3〕环天下：指经营天下。

〔4〕《护》：汤时的乐名。下文《九招》、《象》、《驺虞》，皆为古乐之名。

【译文】

墨子说："从前尧舜住在茅草修葺的屋子里面，一边制定礼仪，一边创制音乐。汤把桀放逐到大水，统一天下并自立为王，功业皆有所成，没有什么大的后患，于是沿袭先王的音乐，并自己创制新的音乐，命名为《护》，又重新修订了《九招》。武王打败了殷商，杀了纣王，统一天下并自立为王，功业皆有所成，没有什么大的后患，于是沿袭先王的音乐，并自己创制新的音乐，命名为《象》。周成王同样沿袭了先王的音乐，并自己创制音乐，命名为《驺虞》。周成王治理天下，比不上武王；武王治理天下，比不上成汤；成汤治理天下，比不上尧舜。所以创制的音乐越是繁复的人，治理天下的功绩就越少。由此看来，音乐不是用来治理天下的。"

7.3 程繁曰："子曰[1]:'圣王无乐。'此亦乐已，若之何其谓圣王无乐也?"子墨子曰："圣王之命也[2]，多寡之。食之利也，以知饥而食之者智也，因为无智矣[3]。今圣有乐而少，此亦无也。"

【注释】

〔1〕据上文，"子"上疑脱"夫"字，当称"夫子"。
〔2〕命：这里指发布的教令。
〔3〕因：当作"固"（孙诒让说）。

【译文】

程繁又说："夫子说：'圣明的君王没有音乐。'上面所说的都是音乐，为什么说圣明的君王没有音乐呢？"墨子说："圣明君王发布的教令，是在对繁杂的礼乐进行删减。吃饭是有利于人的，如果认为感到饿了就去吃饭是有智慧的，那么这种智慧其实等于无知。现在圣明的君王虽然有音乐但是很少去听，就如同没有音乐一样。"

【评析】

《三辩》篇记述了程繁与墨子两人关于音乐与政治之间关系的一场对话。程繁不同意墨子"圣王不为乐"的观点，认为音乐是繁重工作之余的一种很好的调剂，只有工作而没有音乐，就如同"马驾而不税，弓张而不弛"，与儒家的音乐观较为一致。孔子认为："张而不弛，文武弗能也；弛而不张，文武弗为也；一张一弛，文武之道也。"（《礼记·杂记》）孔子对礼乐的看法较为全面，他认为完全不要礼乐，这不是周文王、周武王的治国思想；而沉溺于礼乐之中忘记治国的责任，同样不是文王、武王的治国之道；文王、武王的治国之道是张弛有度、治国与礼乐并行不悖。孔子把音乐与政治之间的关系和特点理解得比较透彻，这显然是一种较为通达的观点，程繁运用这种儒家观念反驳墨子的"圣王不为乐"观点也在情理之中（并不能因此说明程繁并非墨家学者）。墨子则不然，他对音乐的态度显然是和自己的政治立场和理论体系联系在一起的，有着通盘的考虑。他认为音乐虽然悦耳，但是上有害于国家的治理，下不利于民众的福祉，因此主张"圣王不为乐"。这种认识尽管有客观现实依据，但显然是经验性的，在学理层面很难自圆其说。面对程繁的质疑，墨子的策略是混淆音乐与政治之间的学科界限，并举汤、武王、成王一个比一个热衷于创作新乐，音乐虽然越来越繁复动听，但实际的政绩却一个比一个逊色的例子，来说明"其乐逾繁者，其治逾寡"，并进而得出"乐，非所以治天下也"的结论。

诚然，我们今天可以轻而易举地认识到"乐"与"治"之间并没有必然的联系，墨子移花接木的策略的确属于诡辩论的范畴。其实，庄子早已对墨家"毁古之礼乐"，"去王也远矣"（《庄子·天下》）的态度提出批评，荀子更是指责"墨子之非乐也则使天下乱"（《荀子·富国》）。然而我们在对墨子因理论立场问题而出现的纰漏提出批评之前，还是应该把墨子的论述理解全面。墨子在最后说："食之利也，以知饥而食之者智也，因为无智矣。今圣有乐而少，此亦无也。"他认为当今圣明的君王并不是没有音乐，而是应该尽量减少音乐，这样就和没有音乐没什么两样。可见，墨子的真正目的并非彻底否定音乐的功能与作用，而是出于对当时统治者过分沉迷音乐享乐的社会现实的义愤。因此，墨子"非乐"的背后是对当时统治阶级的批判，他们是把自己的享乐建立在人民的痛苦之上。我们应该从他看似偏颇的"非乐"理论中看到墨子愤世嫉俗的正义感和不畏权贵的凛然风骨，尽管这种风骨中包含有矫枉过正的激愤与无奈。

尚贤上

【题解】

《尚贤》,《汉书·艺文志》作《上贤》,即以贤者为上。此篇主旨在论述"尚贤"乃"为政之本"。所谓贤者,就是指那些"厚乎德行,辩乎言谈,博乎道术"的德才兼备之士,墨子认为贤者是"国家之珍而社稷之佐"。国家强盛的根本在于广纳贤才,而吸引贤才的最好办法莫过于给他们富贵、尊敬和荣誉。墨子还提出"尚贤"不能有任何条件限制,"虽在农与工肆之人,有能则举之";还要有完备的官员考核制度,"有能则举之,无能则下之",社会地位的尊贵或低贱不能永远不变。

8.1 子墨子言曰:今者王公大人为政于国家者,皆欲国家之富,人民之众,刑政之治,然而不得富而得贫,不得众而得寡,不得治而得乱,则是本失其所欲[1],得其所恶。是其故何也?子墨子言曰:是在王公大人为政于国家者,不能以尚贤事能为政也[2]。是故国有贤良之士众[3],则国家之治厚[4];贤良之士寡,则国家之治薄[5]。故大人之务,将在于众贤而已[6]。

【注释】

〔1〕本:完全。

〔2〕事:任用。

〔3〕贤良之士:德才兼备的人。

〔4〕治厚：治理的功绩大，统治基础深厚。
〔5〕治薄：治理的功绩小，统治基础薄弱。
〔6〕众贤：使贤者众，这里指广纳贤才。

【译文】

　　墨子问道：现在王公大臣治理国家，都希望国家富裕，人口众多，刑法和政治秩序井然。然而国家没有得到富裕却得到了贫困，人口没有增加反而减少，社会没有得到安定却得到了混乱，完全就是失去他们所希望的，得到他们所厌恶的。这是什么原因呢？墨子回答道：这是因为王公大臣治理国家的时候，不善于崇尚贤者、任用能者的缘故。所以，国家德才兼备的人众多，统治基础就深厚；德才兼备的人稀少，统治的基础就薄弱。所以掌权者的当务之急，就在于广纳贤才。

　　8.2 曰〔1〕：然则众贤之术将奈何哉〔2〕？子墨子言曰：譬若欲众其国之善射御之士者，必将富之、贵之、敬之、誉之，然后国之善射御之士，将可得而众也。况又有贤良之士厚乎德行，辩乎言谈，博乎道术者乎〔3〕！此固国家之珍，而社稷之佐也〔4〕。亦必且富之、贵之、敬之、誉之，然后国之良士，亦将可得而众也。

【注释】

　　〔1〕曰：这里指有人发问。
　　〔2〕奈何：怎么办。
　　〔3〕道术：学术，这里指治国的道理和方法。
　　〔4〕佐：辅助。与"珍"对文，皆指国家栋梁之才。

【译文】

　　有人问道：那么增加贤良之士的具体办法是什么呢？墨子答道：这就像想要增加国中善于射箭、骑马的人，就必须使他们富足、显贵，给他们尊敬、荣誉，然后国中善于射箭、骑马的人，就可以逐渐多起来。更何况那些道德品行淳厚，言谈辞令精辩，通晓治理国家的方法的贤良之士啊！这些人本来就是国家的珍宝、社稷的辅佐，一定也要使他们富足、显贵，给他们尊敬、荣誉，然后国中的贤良之士，就可以逐渐增多了。

8.3 是故古者圣王之为政也，言曰：不义不富，不义不贵，不义不亲，不义不近。是以国之富贵人闻之，皆退而谋曰：始我所恃者，富贵也，今上举义不辟贫贱[1]，然则我不可不为义。亲者闻之，亦退而谋曰：始我所恃者亲也，今上举义不辟疏，然则我不可不为义。近者闻之，亦退而谋曰：始我所恃者近也，今上举义不辟远，然则我不可不为义。远者闻之，亦退而谋曰：我始以远为无恃，今上举义不辟远，然则我不可不为义。逮至远鄙郊外之臣[2]、门庭庶子[3]、国中之众、四鄙之萌人闻之[4]，皆竞为义。是其故何也？曰：上之所以使下者，一物也[5]；下之所以事上者，一术也[6]。譬之富者有高墙深宫，墙立既谨，上为凿一门[7]，有盗人入，阖其自入而求之[8]，盗其无自出。是其故何也？则上得要也。

【注释】
〔1〕举义：选拔义士。辟：通"避"。
〔2〕逮：等到，及。鄙：郊远之地。郊：周制，城外百里内为郊。
〔3〕门庭庶子：庶子与嫡子相对，指诸侯卿大夫侧室所生的儿子。庶子一般为诸侯卿大夫的侍从之臣，有御庶子、中庶子、少庶子等名称，亦称门庭庶子。
〔4〕萌人：指人民。萌，通"氓"。
〔5〕一物：指"尚贤"这一种方法。
〔6〕一术：指"为义"这一条途径。
〔7〕孙诒让认为此处疑当为"宫墙既立，谨止为凿一门"，可备作一说。

〔8〕阖：关闭。

【译文】

　　因此，古时候圣王治理天下的至理名言说：不义的人不使他们富有，不给他们尊贵，不用他们亲信，不和他们接近。于是，国中的富贵之人听说后，都回去深入思考道：当初我所凭仗的是富贵，现在朝中选拔义士不嫌弃贫贱的人，那么我就不能不做仁义之事。国君的亲信之人听说后，也回去深入思考道：当初我所凭仗的是亲信，现在朝中选拔义士不嫌弃关系疏远的人，那么我就不能不做仁义之事。国君身边的近臣听说之后，也回去深入思考道：当初我所凭仗的是接近，现在朝中选拔义士不嫌弃身在远地的人，那么我就不能不做仁义之事。远离国君的人听说后，也回去深入思考道：当初我以为远离国君而没有凭仗，现在朝中选拔义士不嫌弃身在远方的人，那么我就不能不做仁义之事。直至边远郊野的臣子、宫室内廷的侍卫、城内的百姓、四方边境的人民听说后，都争着做仁义之事。这是什么原因呢？答道：国君用来统御下属的手段，不过"尚贤"这一种方法；下属用来报效国君的方式，不过"为义"这一条途径。就像富贵人家，有高墙深屋，墙修得严实，上面只开凿一扇门。有盗贼闯入，就关闭他所进入墙内的那扇门，然后抓他，盗贼就无法逃出。这是什么原因呢？这是主上掌握了要领啊。

　　8.4 故古者圣王之为政，列德而尚贤〔1〕，虽在农与工肆之人〔2〕，有能则举之，高予之爵，重予之禄，任之以事，断予之令〔3〕。曰：爵位不高，则民弗敬；蓄禄不厚，则民不信；政令不断，则民不畏。举三者授之贤者，非为贤赐也，欲其事之成。故当是时，以德就列，以官服事，以劳殿赏〔4〕，量功而分禄。故官无常贵，而民无终贱，有能则举之，无能则下之，举公义，辟私怨，此若言之谓也〔5〕。故古者尧举舜于服泽之阳〔6〕，授之政，天下平；禹举益于阴方之中〔7〕，授之政，九州成；汤举伊尹于庖厨之中〔8〕，授之政，其谋得；文王举闳夭泰颠于罝罔之中〔9〕，授之政，西土服。故当是时，虽在于厚禄尊位之臣，莫不敬惧而施〔10〕；虽在农与工肆之人，莫不竞劝而尚意。

【注释】

〔1〕列：行列，位次。列德指根据道德修养决定官员的爵位职务。

〔2〕肆：作坊。

〔3〕断予之令：即予之断令，授予他行政决断的权力。

〔4〕殿：同"定"（王闿运说）。

〔5〕此：即"若"，为古人复语（王念孙说）。

〔6〕服泽：古地名，不详。 阳：山的南面、水的北面谓之阳。

〔7〕益：即伯益，相传他擅长畜牧和狩猎，被舜任为虞。后又为禹所重用，助禹治水有功，被选为继承人。 阴方：古地名，不详。

〔8〕伊尹：商汤时名臣，名伊，尹是官名。传说伊尹为厨师出身，后助汤灭夏建国。 庖厨：厨房。

〔9〕闳夭、泰颠：皆为文王的大臣。 罝罔：捕兽用的叫罝，捕鱼用的称网。"罔"同"网"。

〔10〕施：当为"惕"（孙诒让说）。

【译文】

所以古时候圣王治理国家，任用有德的人并且崇尚贤能的人。即使是农夫或工匠，有才能就选拔他，授予他非常高的爵位和丰厚的俸禄，任用他做行政事务，给予他决断行政的权限。说：如果爵位不高，百姓就不会尊敬他；俸禄不丰厚，百姓就不会信任他；政令无决断，百姓就不会畏惧他。把这三样东西授给贤者，不是因为贤能而赏赐他们，而是希望他们能办成事情。因此在当时，按照道德高低决定爵位官职，按照职责权限行事，按照功劳确定赏赐，根据功绩发放俸禄。所以官员不是终生尊贵，百姓也不是永远低贱。有能力就选拔他，没有能力就罢免他。出于公心，去除私怨，说的就是这个意思。

所以古时候尧提拔舜于服泽之阳，授予他国政，天下太平。禹选拔伯益于阴方之中，授予他国政，天下统一。汤选拔伊尹于厨房之内，授予他国政，灭夏建国的理想得以实现。文王选拔闳夭、泰颠于渔猎之中，授予他们国政，西方诸侯得以归顺。因此在那个时候，即使是享受高官厚禄的大臣，也无不心存敬畏而兢兢业业地处理政务；即使是在农田和工肆的百姓，也无不争相勉励而推崇道德。

8.5 故士者所以为辅相承嗣也〔1〕。故得士则谋不困，体不劳，名立而功成，美章而恶不生〔2〕，则由得士也。是故子墨子言曰：得意贤士不可不举，不得意贤士不可不举。尚欲祖述尧舜禹汤之道，将不可以不尚贤。夫尚贤者，政之本也。

【注释】

〔1〕章：通"彰"，显著。

〔2〕尚：倘若，如果。

【译文】

因此，贤良之士是国家选拔出来用以辅佐继承人的。所以拥有贤能之士谋事就不会困难，身体不致劳顿，声名立而功业成，美好事物彰显而丑恶事物不生，这些都是由于得到贤能之士的缘故。因此墨子说：国家安定的时候不能不选拔贤能之士，国家不安定的时候也不能不选拔贤能之士。倘若想要遵循尧、舜、禹、汤的治国之方，就不能不崇尚贤能。崇尚贤能的人，是国家政权的根本。

【评析】

墨子是中国历史上最早系统提出"尚贤"理论主张的人，可问题是对贤能之士的推崇和渴求历朝历代都有，不独墨子为然。舜之于尧、禹之于舜、伯益之于禹、伊尹之于汤、姜尚之于文王、管仲之于齐桓公无不如此；东西二周甚至也不缺乏系统的人才选拔和培养机制，如《礼记·王制》云：

"命乡论秀士升之司徒，曰选士；司徒论选士之秀者而升之学，曰俊士。升於司徒者不征於乡，升於学者不征於司徒，曰造士。"我们今天很难评估这种人才选拔机制在当时的实行情况，但至少从理论上看，这种由地方到中央层层选拔的人才机制还是相当不错的。既然如此，为什么墨子还对"尚贤"有这么强烈的理论诉求呢？

答案自然需要到墨子生活的时代去追寻。如果说孔子生活的春秋时期诸侯国不把周王室放在心上的话，墨子生活的战国时期的诸侯国就更不把周王室放在眼里，家国利益高于天下利益，大者求兼并，小者求自保，因此才会有后来养士之风的盛行和纵横家的大行其道。墨子所谓的"贤"，从身份上说一般指"士"阶层，他们要么是中下级官吏，如《墨子·尚同中》所云："今天下之王公大人士君子，请将欲富其国家，众其人民，治其刑政，定其社稷……"要么是指知识分子，如《墨子·天志上》载："今天下士君子之书不可胜载，言语不可尽计，上说诸侯，下说列士，其于仁义，则大相远也。"从个人能力上说，"贤"则指有道德、善言辞并具备具体从政经验，即"厚乎德行，辩乎言谈，博乎道术"。正如《说文解字》所讲："贤，多才也。"问题在于，春秋时期周王室的社会文化体系尚未完全崩溃之时，士阶层虽处身上层社会底层，但衣食无忧；而到了战国时期，大量士阶层甚至是君子阶层的人才从社会上层沦落到社会底层，他们有知识有修养却无法发挥自己的才能。这样，一方面是各诸侯国急需人才以实现富国强兵，一方面是沦落到社会底层的士君子无出头之日。墨子恰好生活在这样一个旧的社会体系崩溃、人才流通渠道不畅的时代，得时代风气之先，其"尚贤"的理论主张正逢其时。

既然明确了"尚贤"的必要性和重要性，墨子自然就会进一步讨论如何招纳贤能之士的途径和方法。首先，墨子提出广纳贤才要摒弃身份偏见，"虽在农与工肆之人，有能则举之"，为沉沦社会底层的有识之士改变人生命运、施展自身才华打开了方便之门。其二，彻底打破旧的社会身份制度，建立新的用人制度，"有能则举之，无能则下之"，辟除那些尸位素餐的贵族们"不义不富，不义不贵，不义不亲，不义不近"，最终建立起"官无常贵，而民无终贱"的人才流通机制。梁启超先生曾说："盖墨子尚贤主义，实取旧社会阶级之习翻根本而摧破之也。"（《子墨子学说》）细看墨子的"尚贤"之策，的确与"亲亲"、"尊尊"的传统社会颇有抵牾之处，故不见容于旧贵族统治者。然而，墨子的这种思想实有与儒家政治理想相通之处。在儒家政治理想当中，尧舜禅让是圣人政治的典范，而依照墨子的理论，"尚贤"的终点，是"选天下之贤可者，立以为天子"，正与儒家推崇的禅让制款曲暗通。也正是在这种意义上，吕思勉先生指出"尚贤之说，与尚同相表里"（《先秦学术概论》）。

尚贤中

【题解】

　　《尚贤》上篇为理论总纲，而中篇则是从上位者的角度出发，要求国家统治者要能够为贤者提供发挥其聪明才智的充要条件。墨子开篇就提醒统治者要知道尚贤乃为政之本，进而提出进贤使能的原则，也就是"置三本"，即："高予之爵，重予之禄，任之以事，断予之令。"只有高爵、重禄和不受掣肘的行政权力，才会使天下的民众相信君主"尚贤"的态度是真诚的，才会有贤能之士前来依附，才能得到贤士们的竭诚效力。然而，现实并不能令墨子满意，当今的王公大人，任人唯亲唯貌，"明小物而不明大物"，不察尚贤乃为政之本。全文不仅现实针对性强，理论色彩浓郁，而且颇具思想家语重心长的特有意味。

　　9.1 子墨子言曰：今王公大人之君人民[1]，主社稷，治国家，欲修保而勿失[2]，故不察尚贤为政之本也[3]！何以知尚贤之为政本也？曰：自贵且智者[4]，为政乎愚且贱者，则治；自愚贱者[5]，为政乎贵且智者，则乱。是以知尚贤之为政本也。

【注释】

　　〔1〕君：统治。
　　〔2〕修：长。
　　〔3〕故：一作"胡"，为什么（毕沅说）。 也：通"耶"。
　　〔4〕自：由，让。

〔5〕愚贱：依上文当为"愚且贱"（孙诒让说）。

【译文】

墨子说：如今王公大人统治百姓，主持政权，治理国家，希望能够长久地保持而不失去，为什么不知道尊重贤才是为政的根本呢！为什么说尊重贤才是为政的根本呢？答道：让高贵而有智慧的人去统治愚蠢而且低下的人，国家就会得到治理；让愚蠢而且低下的人去统治高贵而且有智慧的人，国家就会混乱。因此就能知道尊重贤才是为政的根本。

9.2 故古者圣王甚尊尚贤而任使能，不党父兄〔1〕，不偏贵富，不嬖颜色〔2〕。贤者举而上之，富而贵之，以为官长；不肖者抑而废之〔3〕，贫而贱之，以为徒役〔4〕。是以民皆劝其赏，畏其罚，相率而为贤者。以贤者众，而不肖者寡，此谓进贤。然后圣人听其言，迹其行〔5〕，察其所能，而慎予官，此谓事能。故可使治国者，使治国；可使长官者，使长官；可使治邑者，使治邑。凡所使治国家、官府、邑里，此皆国之贤者也。

【注释】

〔1〕党：偏袒。
〔2〕嬖：宠爱。 颜色：指美貌的女子。
〔3〕不肖：品行不好或没有才能。
〔4〕徒：被罚服劳役的人。 役：奴仆，供人役使的人。
〔5〕迹：观察。

【译文】

因此古代圣明的君王非常尊重并任用贤能的人，不偏袒父亲兄长，不偏向富贵的人，不宠爱娇妻美妾。贤能的人就推举选拔上来，使他富裕而且尊贵，让他做官长；没有才能的人就冷落甚至罢免他，使他贫穷而且低贱，让他做奴役。所以人民都因为赏赐得到勉励，因为惩罚而感到畏惧，争先恐后去做贤能的人。这样贤能的人就会增多，而不贤的人就会减少，这就叫进贤。然后圣人就听他的言论，观察他的行为，考察他的能力，慎重地授予他官职，这就叫事能。所以能够治理国家的人，就让他治理国家；能够胜任官长的人，就让他做官长；能够管理邑里的人，就让他管理邑里。凡是能够治理国家、主持官府、管理邑里的人，这些都是国家的贤人。

9.3 贤者之治国也，蚤朝晏退[1]，听狱治政[2]，是以国家治而刑法正。贤者之长官也，夜寝夙兴[3]，收敛关市、山林、泽梁之利，以实官府，是以官府实而财不散。贤者之治邑也，蚤出莫入[4]，耕稼、树艺、聚菽粟，是以菽粟多而民足乎食[5]。故国家治则刑法正，官府实则万民富。上有以絜为酒醴粢盛[6]，以祭祀天鬼；外有以为皮币[7]，与四邻诸侯交接；内有以食饥息劳，将养其万民；外有以怀天下之贤人[8]。是故上者天鬼富之，外者诸侯与之，内者万民亲之，贤人归之。以此谋事则得，举事则成，入守则固，出诛则强。故唯昔三代圣王尧、舜、禹、汤、文、武之所以王天下、正诸侯者，此亦其法已。

【注释】

〔1〕蚤：通"早"。 晏：晚。

〔2〕听：处理，判决。 狱：诉讼，官司。

〔3〕夙：早晨。 兴：起，起来。

〔4〕莫：通"暮"，黄昏。

〔5〕乎：于。

〔6〕上：指对上天鬼神。 絜：即"洁"，洁净。

96人

〔7〕皮：皮毛。 币：古人用作礼物的丝织品。
〔8〕怀：怀柔，安抚。

【译文】

　　贤能的人治理国家，上朝早而退朝晚，听审案件并处理政务，所以国家得到治理，刑法得以端正。贤能的人做官，睡得晚起得早，征收关市、山林、泽梁的税利，用以充实国库，所以国库充实而财产不再流失。贤能的人管理邑里，早出晚归，耕作种植，囤聚豆类和小米，所以豆米丰收而百姓食物充足。所以国家大治刑法就会公正，国库充足百姓就会富裕。对上有洁净的酒食做祭品，用来祭祀上天鬼神；对外能够置备皮毛和丝织品，与周围的诸侯国交往；对内能够使饥饿的人得到食物，使疲劳的人得到休息，使万民得到休养生息；对外能安抚天下有才能的人。所以上有天帝鬼神使他富裕，外有诸侯给予帮助，内有万民亲附，贤人归顺。有这些有利条件，谋事能达到目的，行事能够成功，在内防守能够稳固，对外讨伐就会强大。所以从前三代圣明的君王尧、舜、禹、汤、文、武能称王于天下，成为诸侯之首，这也正是他们的法则。

　　9.4 既曰若法〔1〕，未知所以行之术，则事犹若未成，是以必为置三本〔2〕。何谓三本？曰：爵位不高则民不敬也，蓄禄不厚则民不信也，政令不断则民不畏也。故古圣王高予之爵，重予之禄，任之以事，断予之令。夫岂为其臣赐哉，欲其事之成也。《诗》曰："告女忧恤，诲女予爵。孰能执热，鲜不用濯。"〔3〕则此语古者国君诸侯之不可以不执善承嗣辅佐也。〔4〕譬之犹执热之有濯也〔5〕，将休其手焉。古者圣王，唯毋得贤人而使之，般爵以贵之〔6〕，裂地以封之，终身不厌。贤人唯毋得明君而事之，竭四肢之力以任君之事，终身不倦。若有美善则归之上，是以美善在上而所怨谤在下，宁乐在君，忧慼在臣。故古者圣王之为政若此。

【注释】

〔1〕曰：当为"有"之坏字（王念孙说）。 若：此。

〔2〕三本：三项根本措施。

〔3〕今本《诗经·桑柔》作"告尔忧恤，诲尔序爵。孰能执热，逝不以濯。"

〔4〕执：这里指亲近。

〔5〕有：据上文疑为"用"字。

〔6〕般：读"颁"（吴汝纶说），颁发。

【译文】

既然有了这样的法则，但还不知道实行的方法，那么事情仍然做不成，因此必须确定三项根本的措施。什么是三项根本措施呢？答道：爵位不高百姓就不会敬重，俸禄不优厚百姓就不会信任，政令不果断百姓就不会畏惧。所以古代的圣王给予贤人很高的爵位，优厚的俸禄，把政事交给他，给予他决断的权利。这难道是因为是自己的臣子就给予赏赐吗？是为了让他做成事情罢了。《诗经》说："告诉你要体恤别人，教导你要按次序授予爵禄。谁能拿着热的东西，而不放到冷水里去浸洗呢？"这几句话的意思是说：古代的国君和诸侯不可不以亲近的态度对待继承人和辅佐的臣子。这就好比拿过热的东西，需要先把手放在冷水里浸洗一下一样，是为了让手得到缓冲的机会。古代圣明的君王，一定要得到贤能的人，并且任用他，授予爵位来使他尊贵，划分土地来封赏他，终身对他不感到厌倦。贤能的人只希望遇到圣明的君王并且侍奉他，竭尽全力为君王办事，终身不感到倦怠。如果有美名善誉就归功于主上。因此，美名善誉归功于主上，而百姓的怨言由臣下承担；安乐由主上享受，忧患由臣下承担。因此古代的君王就是像这样处理政务的。

9.5 今王公大人亦欲效人以尚贤使能为政，高予之爵，而禄不从也。夫高爵而无禄，民不信也。曰："此非中实爱我也〔1〕，假藉而用我也〔2〕。"夫假藉之民，将岂能亲其上哉！故先王言曰："贪于政者不能分人以事〔3〕，厚于货者不能分人以禄。"事则不与，禄则不分，请问天下之贤人将何自至乎王公大人之侧哉？若苟贤者不至乎王公大人之侧〔4〕，则此不肖者在左右也。不肖者在左右，则其所誉不当贤，而所罚不当暴，王公大人尊此以为政乎国家〔5〕，则赏亦必不当贤，而罚亦必不当暴。若苟赏不当贤而罚不当暴，则是为贤者不劝而为暴者不沮矣〔6〕。是以入则不慈孝父母，出则不长弟乡里〔7〕，居处无节，出入无度，男女无别。使治官府则盗窃，守城则倍畔〔8〕，君有难则不死，出亡则不从，使断狱则不中〔9〕，分财则不均，与谋事不得，举事不成，入守不固，出诛不强。故虽昔者三代暴王桀纣幽厉之所以失措其国家〔10〕，倾覆其社稷者，已此故也〔11〕。何则？皆以明小物而不明大物也。

【注释】

〔1〕实：真正，确实。

〔2〕藉：通"借"。

〔3〕政：这里指权势。

〔4〕苟：姑且，暂且。

〔5〕尊：同"遵"，遵循。

〔6〕沮：同"阻"（尹桐阳说），阻止，终止。

〔7〕弟：敬顺兄长。

〔8〕倍畔：即"背叛"。

〔9〕中：中的，恰好符合。

〔10〕虽：即"唯"（王引之说）。

〔11〕已：同"以"。

【译文】

　　现在的王公大人也想效仿古代圣人，用贤能的人来治理国家，给予他们很高的爵位，但却不给相应的俸禄。高爵位而没有俸禄，百姓就不会相信这是真的崇尚贤能。他们会说："这不是真正爱我，只是假装用我来作个样子。"既然是假用贤人来谋虚名，百姓又怎么能亲近王公大人们呢？所以先王说："贪婪权势的人，不会把政务分给别人；对财货很看重的人，不会把俸禄分给别人。"政务不让别人参与，俸禄不与别人分享，请问天下的贤能之士怎么会心甘情愿到王公大人们的身边呢？如果贤能之士不来到王公大人们的身边，那么不贤之人就会聚集在王公大人们的周围。不贤的人在王公大人周围，那么他们所称赞的人就不会是真正的贤能之士，所惩罚的也不是真正的丑恶之人。王公大人们如果以此来治理国家，那么奖赏的就一定不是贤能之士，惩罚的也不是丑恶之人。如果赏的不是贤人，罚的不是恶人，那么贤人就不会受到勉励而恶人也不会得到制止。这样百姓在家就不会孝顺父母，在外不会尊重乡里的人。生活没有节制，出入没有法度，男女没有界限区别。这样，让他治理官府就会抢劫偷窃，让他守护城池就会投降叛变，君主有危难也不会舍身救主，君主外出逃亡也不会冒死跟从。让他断案不会公正，让他分配财物不会平均，与他谋事达不到目的，与他行事不会取得成功，在内防守不能稳固，对外征讨也不会强盛。从前三代残暴的君王桀、纣、幽、厉之所以失去他们的国家，倾覆他们的社稷，都是这个缘故。为什么会这样呢？都是因为他们只懂得小道而不明白大道啊！

　　9.6　今王公大人，有一衣裳不能制也，必藉良工；有一牛羊不能杀也，必藉良宰。故当若之二物者[1]，王公大人未知以尚贤使能为政也。逮至其国家之乱[2]，社稷之危，则不知使能以治之，亲戚则使之，无故富贵[3]、面目佼好则使之[4]。夫无故富贵、面目佼好则使之，岂必智且有慧哉！若使之治国家，则此使不智慧者治国家也，国家之乱既可得而知已。

【注释】

〔1〕之：此，这，指良工、良宰两件事情。

〔2〕逮：及，等到。

〔3〕故：理由，这里指功劳。

〔4〕佼：通"姣"，美丽。

【译文】

现在的王公大人，有一件衣服不能缝制，必定会借助于高明的裁缝；有一头牛羊不能宰杀，必定会借助于高明的屠夫。所以像这两件事情，王公大人们未尝不知道用尚贤使能的办法去处理。等到国家发生动乱，社稷面临危险的时候，却不知道任用贤能之士去治理，而是凡亲戚就任用，没有功劳却得到富贵、容貌长得好看的人被任用。没有功劳却得到富贵，容貌长得好看就被任用，难道这些人一定有智慧吗？如果用他们来治理国家，那么就是让没有智慧的人治理国家。国家发生动乱是可以预知的。

9.7 且夫王公大人有所爱其色而使〔1〕，其心不察其知而与其爱〔2〕。是故不能治百人者，使处乎千人之官；不能治千人者，使处乎万人之官。此其故何也？曰：处若官者爵高而禄厚〔3〕，故爱其色而使之焉。夫不能治千人者，使处乎万人之官，则此官什倍也〔4〕。夫治之法将日至者也，日以治之，日不什修〔5〕，知以治之〔6〕，知不什益，而予官什倍，则此治一而弃其九矣。虽日夜相接以治若官，官犹若不治。此其故何也？则王公大人不明乎以尚贤使能为政也。故以尚贤使能为政而治者，夫若言之谓也；以下贤为政而乱者〔7〕，若吾言之谓也。今王公大人中实将欲治其国家，欲修保而勿失，胡不察尚贤为政之本也？

【注释】

〔1〕且夫：连词，表递进。

〔2〕心：疑为"必"之误（陶鸿庆说）。

〔3〕若：此。

〔4〕什：十。

〔5〕修：长。

〔6〕知：通"智"。

〔7〕下：这里指废弃不用。

【译文】

况且王公大人们是因为宠爱他而任用他，必定不会考察他的智慧就给予他宠爱。因此不能管理百人的人，却让他去管理千人；不能管理千人的人，却让他去管理万人。这是什么原因呢？答道：担任这种官职的人，爵位高而且俸禄丰厚，是因为喜爱他外貌而任用他。不能治理千人的人，让他做管理万人的官，那么他做的官就是他能力的十倍。治国的方法，应该是每天都要处理政务，每天都处理政务，但每天的时间并没有延长十倍，用智慧去治理，但智慧不能增加十倍，却给予超出他能力十倍的官职，这是政务处理了一成而抛弃了九成啊！即使夜以继日地处理政务，政务仍然不会得到治理。这是什么原因呢？这是因为王公大人们不知道尊崇贤能之士来处理政务啊！所以因为任用贤能之士而政务得到治理，就是这些话所说的意思；不任用贤能之士而使国家发生动乱的，就是我的这些话所说的意思。现在王公大人，如果真的希望治理好他的国家，想要长久地保持政权而不丧失，为什么不去考察尚贤是为政的根本呢？

9.8 且以尚贤为政之本者，亦岂独子墨子之言哉！此圣王之道，先王之书《距年》之言也〔1〕。《传》曰："求圣君哲人，以裨辅而身〔2〕。"《汤誓》曰〔3〕："聿求元圣〔4〕，与之戮力同心〔5〕，以治天下。"则此言圣之不失以尚贤使能为政也。故古者圣王唯能审以尚贤使能为政〔6〕，无异物杂焉〔7〕，天下皆得其利。

【注释】

〔1〕《距年》：古书名（吴汝纶说）。

〔2〕裨：增添，助益。

〔3〕《汤誓》：《尚书》篇名。但今本《尚书》无此内容。

〔4〕聿：句首语气词。　元：首，这里指伟大。

〔5〕戮力：并力，合力。

〔6〕审：审慎，慎重。

〔7〕异物：别的事情。

【译文】

况且，把崇尚贤作为政务的根本，难道只是墨子一家之言吗？这是王的大道，是先王之书《距年》中的记载。《传》书上说："寻求圣贤的君子和智慧卓越的人来辅佐你。"《汤誓》上说："寻求伟大的圣人，和他同心协力来治理天下。"这就是说圣人不放弃用崇尚贤人作为政治的根本。所以古代圣明的君王能够审慎地用尚贤作为政治的根本，不受外物的干扰，天下都从中受益。

9.9 古者舜耕历山，陶河滨，渔雷泽〔1〕，尧得之服泽之阳，举以为天子，与接天下之政〔2〕，治天下之民。伊挚，有莘氏女之私臣〔3〕，亲为庖人。汤得之，举以为己相，与接天下之政，治天下之民。傅说被褐带索〔4〕，庸筑乎傅岩〔5〕，武丁得之，举以为三公，与接天下之政，治天下之民。此何故始贱卒而贵，始贫卒而富？则王公大人明乎以尚贤使能为政。是以民无饥而不得食，寒而不得衣，劳而不得息，乱而不得治者。

【注释】

〔1〕陶：制作陶器。　河：黄河。　历山、雷泽：古地名，无考。

〔2〕与接：这里指"掌管"。

〔3〕有莘：古国名，姒姓，夏禹之后。汤娶有莘之女。　私臣：陪嫁

的随从。

〔4〕被：披。 褐：粗布衣服。 索：粗绳子。

〔5〕庸：通"佣"。 筑：筑墙。 傅岩：亦称"傅险"，古地名。相传商代贤士傅说为奴隶时版筑于此，故称。

【译文】

古时候舜在历山耕种，在黄河边制作陶器，在雷泽捕鱼，尧在服泽北岸得到了他，推举他做天子，让他接管天下政务，让他管理天下的百姓。伊挚，是有莘氏女陪嫁的随从，曾经做过厨师，汤得到了他，推举他做自己的相国，让他管理天下政务，管理天下的百姓。傅说穿着粗布衣服，腰里系着绳子，在傅岩筑墙。武丁得到了他，推举他做国相，让他掌管天下政治，管理天下的百姓。这些人为什么开始卑贱而最后显贵，开始贫穷而最后富裕呢？那是因为王公大人明白用崇尚贤能之士来治理天下的道理，所以百姓不会饥饿而得不到食物，不会寒冷而得不到衣服，不会疲劳而得不到休息，也不会混乱而得不到治理。

9.10 故古圣王以审以尚贤使能为政〔1〕，而取法于天。虽天亦不辩贫富、贵贱、远迩、亲疏〔2〕，贤者举而尚之，不肖者抑而废之。然则富贵为贤，以得其赏者谁也？曰：若昔者三代圣王尧、舜、禹、汤、文、武者是也。所以得其赏何也？曰：其为政乎天下也，兼而爱之，从而利之，又率天下之万民以尚尊天、事鬼、爱利万民。是故天鬼赏之，立为天子，以为民父母，万民从而誉之曰"圣王"，至今不已。则此富贵为贤，以得其赏者也。

【注释】

〔1〕以：前"以"字当为"能"之误（陶鸿庆说）。

〔2〕虽：仅仅，只有。

【译文】

　　所以古代圣王能够审慎地用崇尚贤能的原则来治理天下，而取法于天。只有天不分贫贱富贵、亲疏远近，只要是贤能的人就推举并任用他，不肖的人就压制并罢免他。既然这样，那么处身富贵又自身贤能，因而得到奖赏的人都谁呢？答道：像以前三代时的圣王尧、舜、禹、汤、文王、武王就是这样。他们得到赏赐的原因是什么呢？答道：他们治理天下，兼爱天下人，因而受利，又带领天下万民尊崇上天、侍奉鬼神，爱民利民。所以天帝鬼神奖赏他们，立他们为天子，让他们做百姓的父母，万民亲附他们并且称赞他们为"圣王"，到现在也没有停止。这就是身处富贵又自身贤能，因而得到赏赐的人啊！

　　9.11 然则富贵为暴，以得其罚者谁也？曰：若昔者三代暴王桀、纣、幽、厉者是也。何以知其然也？曰：其为政乎天下也，兼而憎之，从而贼之〔1〕，又率天下之民以诟天侮鬼〔2〕，贼傲万民，是故天鬼罚之，使身死而为刑戮，子孙离散，室家丧灭，绝无后嗣，万民从而非之曰"暴王"，至今不已。则此富贵为暴，而以得其罚者也〔3〕。

【注释】

　　〔1〕贼：害。
　　〔2〕诟：骂。　侮：轻慢，怠慢。
　　〔3〕而：疑为衍字。

【译文】

　　既然这样，那么那些处身富贵却行为残暴而受到惩罚的又是些什么人呢？答道：像以前三代残暴的君王桀、纣、周幽王、周厉王就是这样的人。为什么知道是这样的呢？答道：他们治理天下，使天下人互相憎恨，互相残害，又带领天下的百姓诅咒天帝，侮辱鬼神，残害百姓。所以天帝鬼神惩罚他们，让他们遭受刑法而被杀，子孙离散，家室破灭，后嗣断绝，万民于是非难他们，称之为"暴王"，至今也没停止。这就是身处富贵而行为残暴，因而得到惩罚的人啊！

9.12 然则亲而不善，以得其罚者谁也？曰：若昔者伯鲧[1]，帝之元子[2]，废帝之德庸[3]，既乃刑之于羽之郊[4]，乃热照无有及也[5]，帝亦不爱。则此亲而不善以得其罚者也。

【注释】

〔1〕伯鲧：传说为中国原始社会时期的部落首领，曾奉尧帝之命治水，失败被杀。

〔2〕帝：指颛顼。 元子，指长子。

〔3〕庸：功劳。

〔4〕既：不久。 羽，古地名，失考。

〔5〕乃热照无有及：言幽囚之日月所不照（孙诒让说）。

【译文】

既然这样，那么那些亲近但是办事不力而受到惩罚的人，又是什么样的人呢？答道：像以前颛顼帝的长子伯鲧，败坏了颛顼帝的功德，于是在羽山的郊野被杀，那里是日月之光照不到的地方，帝也不再爱他。这就是亲近而办事不力，因此得到惩罚的人啊！

9.13 然则天之所使能者，谁也？曰：若昔者禹、稷、皋陶是也[1]。何以知其然也？先王之书《吕刑》道之曰[2]："皇帝清问下民[3]，有辞有苗[4]。曰：'群后之肆在下[5]，明明不常[6]，鳏寡不盖[7]，德威维威，德明维明。'乃名三后[8]，恤功于民[9]。伯夷降典[10]，哲民维刑。禹平水土，主名山川。稷隆播种[11]，农殖嘉谷[12]。

三后成功，维假于民[13]。"则此言三圣人者，谨其言，慎其行，精其思虑，索天下之隐事遗利，以上事天，则天乡其德[14]；下施之万民，万民被其利，终身无已。故先王之言曰："此道也，大用之天下则不窕[15]，小用之则不困，修用之则万民被其利，终身无已。"《周颂》道之曰[16]："圣人之德，若天之高，若地之普，其有昭于天下也。若地之固，若山之承[17]，不坼不崩[18]。若日之光，若月之明，与天地同常[19]。"则此言圣人之德，章明、博大、埴固以修久也[20]。故圣人之德盖总乎天地者也。

【注释】

〔1〕稷：即后稷，周朝王族的始祖，尧舜时的农官，善耕种。 皋陶：东夷部落首领，舜帝掌管刑法的"理官"，以正直闻名，被奉为中国司法的鼻祖。

〔2〕《吕刑》：《尚书》中的篇名。

〔3〕清问：明审详问。

〔4〕辞：诉讼。《说文》："辞，讼也。"有苗：古族名，也称三苗。

〔5〕肆：当为"逮"（孙诒让说），及。

〔6〕明明：指有明德之人（孙诒让说）。

〔7〕鳏：老而无妻的人。 寡：老而无夫的人。

〔8〕名：通"命"。《说文》："名，自命也。"

〔9〕恤：忧虑，体恤。 功：工作，事情。

〔10〕伯夷：此处的伯夷指舜帝的臣子。 降：指制定。

〔11〕隆：通"降"（王念孙说）。

〔12〕农：《广雅·释诂》："勉也。"

〔13〕假：通"嘏"（孙诒让说），《尔雅·释诂》："嘏，大也。"

〔14〕乡：通"享"。

〔15〕窕：《尔雅》："窕，间也。"有空隙，不充实。

〔16〕《周颂》：今本《周颂》无此诗句，疑为佚诗。

〔17〕若山之承：言如山之高也（孙诒让说）。

〔18〕坼：分裂，裂开。 崩：倒塌，崩裂。

〔19〕常：犹言"保守"（孙诒让说）。

〔20〕埴：制作陶器用的黏土。

【译文】

　　既然这样，那么天所使用的有才能的人，又是谁呢？答道：像以前禹、后稷、皋陶就是这样的人。为什么知道是这样的呢？先王在《尚书》中的《吕刑》篇中说："尧帝详细询问百姓，百姓们纷纷谴责有苗氏。尧帝说道：'各位诸侯以及在下做事的大人们，不拘常规任用有明德的贤能之士，即使是鳏夫寡妇也不会被埋没。只有用高尚的品德建立起来的威严才是真正的威严，只有以高尚的品德为根本的明察才是真正的明察。'于是命令三位君王，体恤人民，勤劳民事。伯益制定法令，让他们效法贤人；大禹治理水土，主管命名山川；后稷推行播种，勉励农民种好庄稼。三人的成功，给人民带来了巨大而长远的利益。"那么就是说这三位圣人，谨言慎行，深思熟虑，寻求天下未曾显露的事情和遗漏的利益，以上奉皇天，那么皇天享用他们的德行；对下施恩于万民，万民蒙受他们的恩惠，终身不曾停止。所以先王说道："这种道术，广泛地运用于天下不会有疏漏，小范围地使用也不会有困塞，长期使用就会使百姓都广受恩惠，终身不要停止。"《周颂》说："圣人的德行，像天一样高，像地一样广，他的光辉普照天下。像大地一样稳固，像高山一样耸立，不会断裂不会崩塌；像太阳的光辉，像月亮的明亮，与天地共存。"那么，这就是说圣人的德行，光明而博大，坚韧而稳固，所以能够长久。因此，圣人的美德，总合了天地间的一切美德。

　　9.14 今王公大人欲王天下，正诸侯，夫无德义将何以哉？其说将必挟震威强〔1〕。今王公大人将焉取挟震威强哉？倾者民之死也〔2〕。民生为甚欲，死为甚憎，所欲不得而所憎屡至，自古及今未尝能有以此王天下、正诸侯者也。今大人欲王天下，正诸侯，将欲使意得乎天下，名成乎后世，故不察尚贤为政之本也〔3〕。此圣人之厚行也。

【注释】

〔1〕挟：倚仗，仗恃。

〔2〕倾者：当作"倾诸"（孙诒让说）。

〔3〕故：通"胡"，为什么。

【译文】

现在王公大人想要称王天下，匡正诸侯，没有德行仁义该怎么办呢？他们的言论必定会挟威势和强权来使人震服。现在的王公大人将从挟强权和威势来使人震服的做法中得到什么呢？必将覆灭于那些面临死亡威胁的百姓。生存是百姓最大的欲望，死亡是他们最大的憎恨，所希望得到的得不到，所憎恶的却不断到来，从古到今从没有能凭借这些而称王天下、匡正诸侯的。现在王公大人想要称王天下、匡正诸侯，想要使自己称王天下的愿望得以实现，名声在后世得以成就，为什么不察知尚贤是为政的根本呢？这是圣人崇高的德行啊！

【评析】

在《礼记·礼运》篇中，孔子为我们描述了一个"天下为公"的大同社会，在这样一个理想国中，国家机器运转有序，社会道德得到人们的普遍遵循，人人安居乐业，天下安宁祥和。这自然是一个人人向往的理想社会，问题是孔子并没有提出如何解决令国家机器有序运转、道德风尚无限普及的有效途径，因而我们只能把他的大同社会归为理想国。事实上，墨子的《尚贤》篇正是接着孔子"选贤与能，讲信修睦"的话题，力图解决如何令国家机器有序运转的实际问题。

墨子认为，"尚贤"是走向理想社会状态的必然途径，而如何"尚贤"则是必须正视的现实理论问题。首先，墨子指出，统治者必须完全摆脱主观好恶和出身血统，这是尚贤使能的前提条件。"尊尚贤而任使能，不党父兄，不偏贵富，不嬖颜色。"真正的尚贤使能就要做到不任人唯亲，不祖护富贵之人，不以貌取人，这其实是问题的一体两面。其次，要建立起通畅的人才流通机制，切实做到"贤者举而上之，富而贵之，以为官长；不肖者抑而废之，贫而贱之，以为徒役"。赏罚分明，这是落实尚贤政策的基础条件。再次，还要建立起科学的人才考察制度，根据个人才能的不同量能授官，也就是墨子所谓的"听其言，迹其行，察其所能，而慎予官，此谓事能。故可使治国者，使治国；可使长官者，使长官；可使治邑者，使治邑"。复次，要想建立起长效的用人机制，就要为人才提供宽松的执政环境，让他们能够不受任何干扰、没有任何后顾之忧地尽情发挥自己的专长，也就是墨子提出的"三本论"，即"爵位高"、"蓄禄厚"、"政令断"。爵位高给予贤才的是尊重，蓄禄厚给予人才的是生活待遇，政令断给予贤才的是信任，这三种措施是建立起长效用人机制的根本保证。最后，墨子将尚贤的理论基础归之于天，"故古圣王以审以尚贤使能为政，而取法于天。虽天亦不辩贫富、贵贱、远迩、亲疏，贤者举而尚之，不肖者抑而废之"。后王法先王，先王法天，仍然是儒家天人合一式的思维模式。

众所周知，实践是检验真理的唯一标准。一种理论的提出，具不具备现实可行性，首先要看他的现实针对性够不够客观全面。在正面提出自己的理论主张之后，墨子话锋一转，将批判的矛头直指荒谬的社会现实，让人们清醒地认识到理想和现实之间的差距，为统治者提供了极具现实意义的客观理论背景。墨子指出，现实当中的统治者分两种情况，一种是完全不知"尚贤使能为政"重要性的无能之辈。他们平时或浑浑噩噩，或醉生梦死，等到国家有难、社稷倾危的时候"则不知使能以治之，亲戚则使之，无故富贵、面目佼好则使之"，这种统治者的悲惨下场是可想而知的。另一种统治者是思欲有所为，也知道尚贤使能为政的重要性，但却不明就里，更不懂得如何有效利用人才，他们的做法往往是"高予之爵，而禄不从也"。要想国富民强，只知道尊重贤才是远远不够的，还必须给他们足够发挥其聪明才智的平台和丰厚的生活条件，这是墨子对人性的深刻了解和客观运用。当然，墨子对自己和弟子们的要求比这要严苛得多，他们是一群真正的理想主义者和严苛的实干家，为了践行自己的理论可以不惜一切代价。孟子曰："墨子兼爱，摩顶放踵利天下，为之。"（《孟子·尽心上》）庄子夸奖说："墨子真天下之好也，将求之不得也，虽枯槁不舍也，才士也夫！"（《庄子·天下》）

在我看来，墨子更像一位坚定的共产主义者。

尚贤下

【题解】

本篇文辞错乱难通之处较前两篇为多，然其大体仍接续前文之余绪，通过对古、今为政者的做法进行对比，来说明只有真正任用贤能之人，才能得到更多贤能之士的诚心归附，从而走向国家大治、百姓康乐。墨子认为，如今的士人君子"皆明于小而不明于大"，在小事情上知道任用贤人，而在治理国家的大事上却任人唯亲任富，这是有悖先王之道的。所以，墨子反复劝诚，希望能引起统治者足够的重视，切实推行"尚贤"的根本为政措施。

10.1 子墨子言曰：天下之王公大人皆欲其国家之富也，人民之众也，刑法之治也，然而不识以尚贤为政其国家百姓，王公大人本失尚贤为政之本也。若苟王公大人本失尚贤为政之本也，则不能毋举物示之乎？今若有一诸侯于此，为政其国家也，曰："凡我国能射御之士，我将赏贵之；不能射御之士，我将罪贱之。"问于若国之士[1]，孰喜孰惧？我以为必能射御之士喜，不能射御之士惧。我赏因而诱之矣[2]，曰："凡我国之忠信之士，我将赏贵之；不忠信之士，我将罪贱之。"问于若国之士，孰喜孰惧？我以为必忠信之士喜，不忠不信之士惧。

【注释】

〔1〕若：此，这。

〔2〕赏：当为"尝"（孙诒让说），尝试。

【译文】

墨子说：天下的王公大人都想让他们的国家富裕，人口众多，刑法清明。但却不知道用尚贤的策略去治理国家和百姓，王公大人丧失了尚贤这一治理政务的根本方法。如果王公大人丧失了尚贤这一治理政务的根本方法，那么，就不能不举例子来向他们说明啊！现在这里如果有一个诸侯，在他的国家治理政务，说："凡是我的国家里能射箭驾车的人，我将要重重地奖赏并使他富贵；不能射箭驾车的人，我将要重重地责罚并使他贫贱。"询问这个国家的人，谁会高兴谁会畏惧呢？我认为一定是能射箭驾车的人高兴，不能射箭驾车的人畏惧。我尝试诱导他说："凡是我的国家中忠诚守信的人，我必定奖赏并且使他富贵；不忠诚没有信用的人，我必定责罚并且使他贫贱。"询问国中的人，谁会高兴谁会畏惧呢？我以为一定是忠诚有信用的人高兴，不忠诚没有信用的人畏惧。

10.2 今惟毋以尚贤为政其国家百姓，使国为善者劝，为暴者沮〔1〕，大以为政于天下〔2〕，使天下之为善者劝，为暴者沮。然昔吾所以贵尧舜禹汤文武之道者，何故以哉？以其唯毋临众发政而治民，使天下之为善者可而劝也〔3〕，为暴者可而沮也。然则此尚贤者也，与尧舜禹汤文武之道同矣。

【注释】

〔1〕沮：阻止。

〔2〕大：指扩大而言。

〔3〕可而：犹"可以"（王念孙说）。

【译文】

现在如果用尚贤的原则去治理国家和百姓，就会使国中做善事的人得到鼓励，使做恶的人受到阻止。进一步用尚贤的原则去治理天下，就可以使天下做善事的人得到鼓励，使做恶的人受到阻止。那么以前我推崇尧舜禹汤文王武王之道，是什么缘故呢？因为他们当众发布政令来治理百姓，使天下做善事的人可以得到鼓励，使做恶的人可以受到阻止。既然这样，那么这里的尚贤原则和尧舜禹汤文王武王之道是相同的。

10.3 而今天下之士君子，居处言语皆尚贤，逮至其临众发政而治民，莫知尚贤而使能，我以此知天下之士君子，明于小而不明于大也。何以知其然乎？今王公大人，有一牛羊之财不能杀，必索良宰；有一衣裳之财不能制，必索良工。当王公大人之于此也，虽有骨肉之亲、无故富贵、面目美好者，实知其不能也，不使之也。是何故？恐其败财也。当王公大人之于此也，则不失尚贤而使能。王公大人有一罢马不能治[1]，必索良医；有一危弓不能张，必索良工。当王公大人之于此也，虽有骨肉之亲、无故富贵、面目美好者，实知其不能也，必不使。是何故？恐其败财也。当王公大人之于此也，则不失尚贤而使能。逮至其国家则不然，王公大人骨肉之亲、无故富贵、面目美好者，则举之，则王公大人之亲其国家也，不若亲其一危弓、罢马、衣裳、牛羊之财与？我以此知天下之士君子皆明于小，而不明于大也。此譬犹瘖者而使为行人[2]，聋者而使为乐师。

【注释】

〔1〕罢：通"疲"，疲劳。这里指瘦弱不能任用。

〔2〕瘖：即哑，不能说话。 行人：指外交使者。

【译文】

　　然而现在天下的士人君子，行为处事言谈话语都知道尚贤，等到他们面对民众发布政令去治理百姓的时候，却没人知道尚贤使能。我因此知道天下的士人君子，只明白小道而不懂得大道。为什么知道是这样的呢？现在的王公大人，有一头牛或一只羊不能杀，必定会寻求高明的屠夫；有一件衣服不能缝制，必定寻求高明的裁缝。当王公大人遇到这样的问题的时候，即使是自己的骨肉血亲，没有功劳而富贵的人或者面貌长得好看的人，确实知道他们没有这方面的才能，就不会使用他们。是什么缘故呢？恐怕他们会损坏自己的财产。当王公大人面对这种情况的时候，则不失为一个尚贤使能的人。王公大人有一匹疲弊的马不能医治，必定寻找高明的兽医；有一张弓坏了不能张开，必定寻找高明的工匠。当王公大人遇到这种问题的时候，即使是自己的骨肉血亲，没有功劳而富贵的人或者面貌长得好看的人，确实知道他们没有这方面的才能，一定不会使用他们。是什么缘故呢？恐怕他们会损坏自己的财产。当王公大人面对这种情况的时候，则不失为一个尚贤使能的人。但等到面对他的国家的时候就不是这样了，只要是王公大人的骨肉血亲，没有功劳而富贵的人、面貌长得好看的人，就会任用他。那么王公大人喜爱他的国家，还比不上喜欢他的一张危弓、一匹疲马、一件衣服、牛羊这些财物吗？我因此知道天下的士人君子，都明白小道而不懂得大道。这就好比让一个哑巴去担任外交使者，让一个聋子去担任乐师。

　　10.4 是故古之圣王之治天下也，其所富，其所贵，未必王公大人骨肉之亲、无故富贵、面目美好者也。是故昔者舜耕于历山，陶于河濒，渔于雷泽，灰于常阳〔1〕，尧得之服泽之阳，立为天子，使接天下之政，而治天下之民。昔伊尹为莘氏女师仆[2]，使为庖人，汤得而举之，立为三公，使接天下之政，治天下之民。昔者傅说居北海之洲，圜土之上[3]，衣褐带索，庸筑于傅岩之城，武丁得而举之，立为三公，使之接天下之政，而治天下之民。是故昔者尧之举舜也，汤之举伊尹也，武丁之举傅说也，岂以为骨肉之亲、无故富贵、面目美好者哉？惟法其言[4]，用其谋，行其道，上可而利天，中可而利鬼，下可而利人，是故推而上之。

【注释】
〔1〕灰：指烧制石灰。俞樾认为乃"反"之误，"反"为"贩"之假借字。
〔2〕师：当为"私"（俞樾说）。仆：犹臣（俞樾说）。
〔3〕圜土：牢狱。《释名·释宫室》："狱又谓之圜土，言筑土表墙，其刑圜也。"
〔4〕惟：句首语气词。

【译文】
　　所以古代圣王治理天下，他们所富的人，他们所贵的人，不一定是王公大人的骨肉血亲、没有功劳却富贵的人或面貌长得好看的人。所以从前舜在历山下耕作，在黄河边制作陶器，在雷泽捕鱼，在常阳烧制石灰，尧在服泽北岸发现了他，立他为天子，使他掌管天下的政务，治理天下的百姓。从前伊尹是有莘氏女的仆人，让他做厨师，汤发现并举用了他，立他为相，使他掌管天下的政务，治理天下的百姓。从前傅说住在北海里的小洲上，牢狱之中，身穿粗布衣服，腰扎绳索，身为奴役在傅岩筑墙，武丁发现并举用了他，立他为相，使他掌管天下的政务，治理天下的百姓。所以从前尧举用舜，汤举用伊尹，武丁举用傅说，难道因为是骨肉血亲，没有功劳却富贵的人或者面貌长得好看的人吗？只是遵循他们的言论，采用他们的谋略，推行他们的道术，上可利天，中可利鬼，下可有利于百姓，所以把他们推举提拔上来。

10.5古者圣王既审尚贤欲以为政，故书之竹帛，琢之
槃盂〔1〕，传以遗后世子孙。于先王之书《吕刑》之书然，
王曰："於〔2〕！来！有国有土〔3〕，告女讼刑〔4〕。在今而安
百姓〔5〕，女何择言人〔6〕？何敬不刑〔7〕？何度不及〔8〕？"
能择人而敬为刑，尧、舜、禹、汤、文、武之道可及也。
是何也？则以尚贤及之。于先王之书、竖年之言然〔9〕，
曰："晞夫圣、武、知人〔10〕，以屏辅而身〔11〕。"此言先王
之治天下也，必选择贤者以为其群属辅佐。曰：今也天
下之士君子，皆欲富贵而恶贫贱。曰：然女何为而得富
贵而辟贫贱〔12〕？莫若为贤。为贤之道将奈何？曰：有
力者疾以助人〔13〕，有财者勉以分人，有道者劝以教人。
若此则饥者得食，寒者得衣，乱者得治。若饥则得食，
寒则得衣，乱则得治，此安生生〔14〕。

【注释】

〔1〕琢：铭刻。 槃：盛水之盘。 盂：食器。
〔2〕於：叹词。
〔3〕有国：指拥有国家的诸侯国君。 有土：指拥有封地的卿士。
〔4〕女：通"汝"。 颂刑：即"公刑"。
〔5〕而：通"尔"，你。
〔6〕言：当为"否"（王引之说）。
〔7〕敬：严肃，慎重。
〔8〕度：考虑。
〔9〕竖年：指老年人。竖，"距"字假音（毕沅说）。距，通"巨"，大。
〔10〕晞：当为"希"（吴汝纶说），希求。
〔11〕屏辅：裨辅，辅佐。
〔12〕辟：通"避"。

〔13〕疾：急，赶快。

〔14〕安：犹"乃"（王引之说）。 生生：指众生。

【译文】

　　古代圣王既然慎重地以尚贤为原则来治理天下，所以写在竹帛上，刻在盘盂上，传给后世子孙。在先王之书《吕刑》篇中，先王说："嗯，来！有国有土的诸侯卿士们，我来告诉你们公正的刑法。现在要安抚百姓，你不选择贤人，还要选择什么呢？不重视刑法，还要重视什么呢？还有什么是思考不能达到的呢？"能够选择贤人并且重视刑法，尧、舜、禹、汤、文王、武王之道就可以达到。这是为什么呢？那是因为尚贤而达到的。在先王之书和老年人的话里有这样的说法："希望那些圣明、勇武、智慧的人来辅佐你。"这就是说先王治理天下，一定选择贤能的人来做自己的臣子和辅佐。现在天下的士人君子，都想得到富贵而厌恶贫贱。那么你怎样才能得到富贵而避免贫贱呢？不如成为一个贤人。成为贤能之人的方法是怎样的呢？答道：有力气的赶紧去帮助别人，有财物的努力分给别人，有道术的尽力教导别人。像这样，那么饥饿的人就可以得到食物，寒冷的人就可以得到衣服，混乱的社会就可以得到治理。如果饥饿的人得到食物，寒冷的人得到衣服，混乱的社会得到治理，这样才能安定众生。

　　10.6　今王公大人其所富，其所贵，皆王公大人骨肉之亲，无故富贵、面目美好者也。今王公大人骨肉之亲，无故富贵、面目美好者，焉故必知哉！若不知，使治其国家，则其国家之乱可得而知也。今天下之士君子皆欲富贵而恶贫贱，然女何为而得富贵，而辟贫贱哉？曰：莫若为王公大人骨肉之亲，无故富贵、面目美好者。王公大人骨肉之亲，无故富贵、面目美好者，此非可学能者也〔1〕。使不知辩〔2〕，德行之厚若禹、汤、文、武，不加得也；王公大人骨肉之亲，躄、瘖、聋〔3〕，暴为桀、纣，不加失也〔4〕。是故以赏不当贤，罚不当暴，其所赏者已无故矣，其所罚者亦无罪。是以使百姓皆攸心解体〔5〕，沮以为善，垂其股肱之力而不相劳来也〔6〕，腐臭余财，而不相分资也，隐匿良道而不相教诲也。若此，则饥者不得食，寒者不得衣，乱者不得治。推而上之以。〔7〕

【注释】

〔1〕学：下当脱"而"（王念孙说）。

〔2〕使：假使。 辩：通"辨"，辨别。

〔3〕躄：跛脚。 瘖：同"喑"，哑。

〔4〕失：指抛弃。

〔5〕攸心：攸当作散，攸心即心攸，心散。

〔6〕垂：当作"舍"（孙诒让说）。 劳来：《尔雅·释诂》："劳来，勤也。"

〔7〕此五字疑为衍文（王念孙说）。

【译文】

现在的王公大人，他们所给予富贵的人，都是王公大人的骨肉血亲，没有功劳而得到富贵和容貌长得好看的人。现在的王公大人的骨肉血亲，没有功劳而得到富贵和容貌长得好看的人，难道一定有智慧吗？如果没有智慧，让他们治理国家，那么他们国家的混乱就可想而知了。现在天下的士人君子都希望富贵而厌恶贫贱，可是你怎样才能得到富贵而避免贫贱呢？答道：不如去做王公大人的骨肉血亲，没有功劳而得到富贵和面貌长得好看的人。王公大人的骨肉血亲，没有功劳而得到富贵和面貌长得好看的人，这些不是通过学习就能得到的。假如不懂得分辨，就算德行深厚如禹、汤、文王、武王一样，也不会得到任用；王公大人的骨肉血亲，即使是跛子、哑巴、聋子，而且像桀、纣一样暴虐，也不会被舍弃。所以奖赏轮不到贤人，惩罚也到不了真正有罪的人。他所奖赏的已经是没有功劳的人了，所惩罚的也是没有罪过的人。因此让百姓人心涣散，不愿积极做善事，宁愿舍弃体力不用也不愿勤劳协作；宁愿让多余的财物腐烂发臭，也不愿意分给别人；宁愿隐藏自己的经世之学，也不愿意教给别人。都像这样，那么饥饿的人就得不到食物，寒冷的人就得不到衣服，混乱就得不到治理。推举而提拔贤能的人。

10.7 是故昔者尧有舜，舜有禹，禹有皋陶，汤有小臣[1]，武王有闳夭、泰颠、南宫括、散宜生[2]，而天下和，庶民阜，是以近者安之，远者归之。日月之所照，舟车之所及，雨露之所渐[3]，粒食之所养，得此莫不劝誉。且今天下之王公大人士君子，中实将欲为仁义，求为上士[4]，上欲中圣王之道，下欲中国家百姓之利，故尚贤之为说，而不可不察此者也。尚贤者，天鬼百姓之利，而政事之本也。

【注释】

〔1〕小臣：指伊尹。

〔2〕闳夭、泰颠、南宫括、散宜生：据《尚书·君奭》载，此四人原为周文王之臣。

〔3〕渐：浸润。

〔4〕上士：指道德高尚的人。

【译文】

因此从前尧有舜，舜有禹，禹有皋陶，汤有伊尹，武王有闳夭、泰颠、南宫括、散宜生，故而天下祥和，百姓富足，所以附近的人得以安乐，远方的人前来归附。太阳月亮所能照到的地方，车船所能达到的地方，雨露所能滋润到的地方，粮食所能供养的地方，得到这样的贤人，无不勤勉并受到称赞。而且现在天下的王公大人士人君子，心中如果真的想行仁义之事，希望做高尚的人，对上希望符合圣王之道，对下想要符合百姓的利益，那么尚贤的原则就不能不考虑了。崇尚贤能，符合天帝、鬼神和百姓的利益，是政务的根本。

【评析】

在《尚贤》三篇中，本篇的重点在于揭示当今统治者的失误所在，为他们提供可以知得失的鉴戒，为天下所有人指出向上一途。正如墨子所说，当今天下执政者并非不想让国家富裕、人口繁衍、社会秩序井井有条，只是他们要么不懂得尚贤乃为政之本，要么是不懂得尚贤为政的关键所在，因而才会出现南辕北辙的状况：社会民生凋敝，国家弊端丛生、危难重重。"若苟王公大人本失尚贤为政之本也，则不能毋举物示之乎？"正是本着这种"先天下之忧而忧"的担当精神，墨子才不厌其烦地反复讲解"明于小而不明于大"的道理，讲这种问题的严重性和危害性。人们都懂得这样的道理，"有一牛羊之财不能杀，必索良宰，有一衣裳之财不能制，必索良工"。但在治理国家方面却往往会不加考察地径直任用"骨肉之亲，无故富贵，面目美好者"。道理并不复杂，但人们往往因习焉不察而习以为常。墨子在指出问题所在的同时，语重心长地反问道："则王公大人之亲其国家也，不若亲其一危弓、罢马、衣裳、牛羊之财与？"可悲可叹！

孔子说"为政在人"（《礼记·中庸》），用人是治理国家的头等大事。但由于先王流传下来的贵族世袭制仍然是治理国家的基本框架模式，统治者的用人范围只能局限在狭小的贵族阶级内部，这是客观事实。马克思主义者认为，人们只能在既定的条件下创造历史，这是客观真理。墨子认为王公大人的用人方式是"赏不当贤，罚不当暴"，赏罚无当会让百姓寒心，"任人唯亲"的结果仍会是一潭死水，这就是墨子为国家忧心忡忡的原因所在。要打破这种死气沉沉的社会局面，必然要打破贵族统治的社会结构，所以近人方授楚才会得出这样的结论：墨子的根本精神，"一言以蔽之，则平等是已"（《墨学源流》）。墨子愤而指出："王公大人骨肉之亲，无故富贵，面目美好者，此非可学能者也。使不知辩，德行之厚若禹汤文武，不加得也；王公大人骨肉之亲，躄瘖聋暴为桀纣，不加失也。"一种不平之气如宝刀匣中自鸣。如此愤愤不平，无非是为不公平的贵族世袭制压制下的社会贤才讨一个公道，要求取消身份限制。龚自珍云："我劝天公重抖擞，不拘一格降人才。"墨子可以当之无愧地看作是龚氏的理论先声。

墨家学派是一个有着严密组织的学术团体，招收弟子不问身份的高低贵贱，但内部管理却是严格而清苦，人人平等，其弟子"皆可使赴火蹈刃，死不还踵"（《淮南子·泰族训》）。墨子的这种做法似乎和柏拉图建立的理想国有异曲同工之妙，不论他们的动机是对现实的绝望还是积极主动的社会实验，但最起码他们都是真实而坚定的理想主义者。

尚同上

【题解】

《尚同》分为上、中、下三篇，主旨是强调是非善恶要有统一的评判标准，标准的制订权和解释权要统一于天子，这样才能避免纠纷，使天下得到治理。本文开篇虚拟上古始有人民之时，人各是其所是，非其所非，所以天下纷扰，不能和睦共处。这是尚同理论的逻辑起点，从这里出发，才有了正长、诸侯、天子逐级向上统一话语权的必要。墨子最后指出，即使人们的思想都统一于天子，仍不免会受到自然灾害的侵扰，这是因为人们的思想未能同一于天，因此受到上天的惩罚。天人合一的理论模式依然是墨子思考问题的出发点和归宿。

11.1　子墨子言曰：古者民始生，未有刑政之时，盖其语，人异义。是以一人则一义，二人则二义，十人则十义，其人兹众[1]，其所谓义者亦兹众。是以人是其义，以非人之义，故交相非也。是以内者父子兄弟作怨恶[2]，离散不能相和合。天下之百姓，皆以水火毒药相亏害，至有余力不能以相劳[3]，腐朽余财不以相分[4]，隐匿良道不以相教，天下之乱，若禽兽然。

【注释】
　〔1〕兹：通"滋"，愈益，更加。
　〔2〕作：始（王念孙说）。

〔3〕相劳：指相互帮助。
〔4〕殙：腐臭。

【译文】

　　墨子说：古时候人类刚刚产生，还没有刑法和行政管理的时候，他们所说的话，意思因人而异。所以一个人就是一种道理，两个人就是两种道理，十个人就是十种道理，人越多，所谓的道理也就越多。所以每个人都肯定自己的道理，而否定别人的道理，故而互相非难。所以在家庭内部，父子兄弟之间互相抱怨憎恶，分别离散，以至不能再次和睦相处。天下的百姓，都用水火毒药相互损害，以至于有多余的力量而不能互相帮助，有多余的财物到腐烂也不拿来分给别人，隐藏经世良方而不传授给别人，天下的混乱，如同禽兽一样。

　　11.2 夫明虖天下之所以乱者〔1〕，生于无政长〔2〕。是故选天下之贤可者，立以为天子。天子立，以其力为未足，又选择天下之贤可者，置立之以为三公〔3〕。天子三公既以立〔4〕，以天下为博大，远国异土之民，是非利害之辩〔5〕，不可一二而明知〔6〕，故画分万国〔7〕，立诸侯国君。诸侯国君既已立，以其力为未足，又选择其国之贤可者，置立之以为正长〔8〕。

【注释】

　　〔1〕虖：假借字，同"乎"（孙诒让说）。
　　〔2〕政长：行政长官。"政"当为"正"（毕沅说）。
　　〔3〕三公：古代辅助天子最高级别的行政官员。
　　〔4〕以：通"已"。
　　〔5〕辩：通"辨"。
　　〔6〕一二：疑为"一一"之误。
　　〔7〕画：同"划"。

〔8〕正：同"政"（孙诒让说）。

【译文】

　　明白天下混乱的原因在于没有行政长官，所以选拔天下贤能并可任用的人，拥立他做天子。天子确立以后，因为个人精力有限，又选拔天下贤能并可任用的人，立他们作三公。天子、三公确立以后，因为天下幅员辽阔，远方国家以及异地人民各自是非利害的区别无法一一辨别清楚，所以把天下划分为许多诸侯国，设立诸侯国君。诸侯国的国君确立以后，又因为他们的精力有限，所以又选择他们国家中有才能并可任用的人，置立为各级行政长官。

　　11.3 正长既已具，天子发政于天下之百姓，言曰："闻善而不善〔1〕，皆以告其上。上之所是必皆是之，所非必皆非之。上有过则规谏之，下有善则傍荐之〔2〕。上同而不下比者，此上之所赏，而下之所誉也。意若闻善而不善〔3〕，不以告其上，上之所是，弗能是，上之所非，弗能非，上有过弗规谏，下有善弗傍荐，下比不能上同者，此上之所罚，而百姓所毁也。"上以此为赏罚，甚明察以审信。

【注释】

　　〔1〕而：同"与"（王引之说）。
　　〔2〕傍：同"访"（孙诒让说）。
　　〔3〕意若：假如，如果。

【译文】

　　行政长官具备之后，天子对天下的百姓发布政令，政令上说："听到好的事或不好的事情，都要来报告上级。上级认为对的一定都要加以肯定；上面认为不对的一定都要加以否定。上级有过错就

要规劝进谏，下面有善行就查访推荐。服从上级而不在下面勾结，
这才是上级所以奖赏而下面所以称赞的原因啊。假如听到好的或不
好的事情，都不告诉上级，上级认为是对的不能加以肯定，上级认
为是不对的不能加以否定，上级有了过错而不进行规劝进谏，下面
有了善行而不查访推荐，在下面勾结而不服从上级，这就是上面所
以惩罚而百姓所以毁谤的原因啊。"上级根据这个原则进行奖赏或
惩罚，就必然会明察而详审可信。

11.4 是故里长者〔1〕，里之仁人也。里长发政里之百
姓，言曰："闻善而不善，必以告其乡长〔2〕。乡长之
所是，必皆是之；乡长之所非，必皆非之。去若不善
言〔3〕，学乡长之善言；去若不善行，学乡长之善行。"
则乡何说以乱哉？察乡之所治者，何也？乡长唯能壹同
乡之义，是以乡治也。

【注释】

〔1〕里长：先秦时期以二十五家为一里，里有里长。
〔2〕乡长：先秦时期以一万二千五百家为一乡，乡有乡长。
〔3〕去：除去，改正。 若：你，你的。

【译文】

所以里长是一里之中的仁人。里长对里中的百姓发布政令，政
令上说："听到好或不好的事情，一定要报告给乡长。乡长认为是
对的，一定都要加以肯定；乡长认为不对的，一定都要加以否定。
改正你们不好的言论，学习乡长好的言论；改正你们不好的行为，
学习乡长好的行为。"那么乡里怎么会混乱呢？考察那些治理好的
乡里，是什么缘故呢？乡长能够统一全乡的标准，所以乡里能够治
理好。

11.5 乡长者，乡之仁人也。乡长发政乡之百姓，言

曰："闻善而不善者[1]，必以告国君。国君之所是，必皆是之；国君之所非，必皆非之。去若不善言，学国君之善言；去若不善行，学国君之善行。"则国何说以乱哉？察国之所以治者，何也？国君唯能壹同国之义，是以国治也。

【注释】

〔1〕据上下文，此处"者"字疑为衍文。

【译文】

乡长是一乡之中的仁人。乡长对一乡的百姓发布政令，政令上说："听到好或不好的事情，一定要上报给国君。国君认为是对的，一定都要加以肯定；国君认为不对的，一定都要加以否定。改正你们不好的言论，学习国君好的言论；改正你们不好的行为，学习国君好的行为。"那么国家怎么会混乱呢？考察那些治理好的国家，是什么缘故呢？国君能够统一全国的标准，所以国家能够治理好。

11.6 国君者，国之仁人也。国君发政国之百姓，言曰："闻善而不善，必以告天子。天子之所是，皆是之；天子之所非，皆非之。去若不善言，学天子之善言；去若不善行，学天子之善行。"则天下何说以乱哉？察天下之所以治者，何也？天子唯能壹同天下之义，是以天下治也。天下之百姓皆上同于天子，而不上同于天，则菑犹未去也。今若天飘风苦雨[1]，溱溱而至者[2]，此天之所以罚百姓之不上同于天者也。是故子墨子言曰：古者圣王为五刑[3]，请以治其民[4]。譬若丝缕之有纪[5]，罔罟之有纲[6]，所连收天下之百姓不尚同其上者也[7]。

【注释】

〔1〕飘风：旋风，大风。 苦雨：指久下不停的霖雨。

〔2〕溙溙：风雨盛的样子。

〔3〕五刑：指古代五种刑罚，即墨、劓、剕、宫、大辟。

〔4〕请：通"诚"（孙诒让说），确实，的确。

〔5〕纪：丝的头绪。

〔6〕罔罟：渔网。 纲：渔网的总绳。

〔7〕所：下脱"以"字（俞樾说）。

【译文】

　　国君是一国的仁人。国君对全国的百姓发布政令，政令上说："听到好或不好的事情，一定要上报给天子。天子认为是对的，一定都要加以肯定；天子认为是不对的，一定都要加以否定。改正你们不好的言论，学习天子好的言论；改正你们不好的行为，学习天子好的行为。"那么天下怎么会混乱呢？考察天下能够治理好，是什么缘故呢？天子能够统一全国的标准，所以天下能够治理好。天下的百姓都对上服从于天子，而不是服从于上天，那么灾难仍然无法免除。现在如果天上暴风霖雨汹涌而来，这就是上天用来惩罚百姓不服从于上天啊。所以墨子说：古时的圣王制定了五种刑罚，确实是用来治理百姓的。就好比丝、线有头绪，渔网有总绳，是用来约束天下那些不服从于上面统治的百姓的。

【评析】

　　对天人关系的思考实质上意味着人类文明的进步和理性精神的觉醒，因为这其中暗含着一个如何治理人类社会、建立人类社会秩序的伟大命题。中国先秦历史上对天人关系的思考经历过几次大的理论调整，最早的一次大思考以"绝地天通"为标志，这次思想调整的结果是把人从神的笼罩下解放了出来，开启了人类独立思考人类自身命运的"文化苦旅"。《国语·楚语下》记载："及少皞之衰也，九黎乱德，民神杂糅，不可方物。夫人作享，家为巫史，无有要质。……颛顼受之，乃命南正重司天以属神，命火正黎司地以属民，使复旧常，无相侵渎，是谓绝地天通。"《书·吕刑》："乃命重黎，绝地天通，罔有降格。"孔传云："重即羲，黎即和。尧命羲和世掌天地四时之官，使人神不扰，各得其序，是谓绝地天通。言天神无有降地，地祇不至於天,明不相干。"从这两次"绝地天通"的史料记载看,这次人神关系的混乱与调整大致发生在颛顼和尧执政期间,源于人类理性精神的觉醒和对神灵的质疑,调整的结果是神灵向人的妥协,即"人神不扰,各得其序"。第二次大思考发生在春秋末、战国初期,主要以老子的"道法自然"观为代表,即人类的理性思考自觉向天道规律汲取智慧,天已经从神的范畴开始向哲学本体论的范畴转化。第三次大思考发生在战国末期,以荀子的"人定胜天"思想为代表,人类思想已经完全跨越神灵的障碍,人的理性精神实现了真正意义上的觉醒。

墨子的"尚同"思想处于第二次天人关系大思考的关键时期。老子"道法自然"的思想尽管为这次天人关系的思考奠定了哲学基础,但并未系统提出如何利用天道秩序建立人类社会秩序的理论。墨子则是结合"绝地天通"和"道法自然"的智慧,立足于当时的社会发展状况,系统提出了自己对建立新的社会秩序的理论。墨子认为:"古者民始生,未有刑政之时,盖其语,人异义。是以一人则一义,二人则二义,十人则十义,其人兹众,其所谓义者亦兹众。是以人是其义,以非人之义,故交相非也。"人类社会动乱的根源在于"无正长"!墨子从这一理论基础出发,将"尚贤"思想发挥到极致,"是故选天下之贤可者,立以为天子。"天子既贤且可,并按照自身条件挑选贤且可的三公、诸侯、正长,以自己为中心建立起一个理想的同心圆领导结构,把社会治理的话语权和标准制订权牢牢把握在手中,就能实现建立起理想人类社会秩序的梦想。"天子唯能壹同天下之义,是以天下治也。"然而,这仍然不够,因为这种理论还缺乏合法性,缺乏一个哲学基础或理论前提,所以墨子指出:"天下之百姓皆上同于天子,而不上同于天,则蕾犹未去也。"只有把"天"作为自己理论的前提,才真正具备理论上的权威性和道义上的合法性。

墨子不但是一位思想家,还是一位有着伟大献身精神的实干家。他不但遍行天下推广自己的理论,沐雨栉风,不辞劳苦,还有意识地在自己的弟子中间实践自己的理论主张,在学派内部建立起严格的组织制度。尚同就是其组织原则,主要有两点:一是精英主义原则,大才大用,小才小用。二是集体主义原则,下级服从上级;下级可以提意见,但在大的原则上必须服从集体,"上之所是,必皆是之"。墨子提倡"兼爱"、"非攻"、"尚贤"以补救时弊,而"尚同"理论就是通向其梦想世界的必由之路。

尚同中

【题解】

　　本篇与前篇的主旨大致相同，内容既有所重叠又有所发展。前篇说到"天下百姓皆上同于天子，而不上同于天"，所以仍然会遭受暑热严寒、风霜雨露的灾害，其理论范围主要在阐发人道。本篇在此基础上前进一步，对天道与人道的关系做了重点观照和阐述。由于在天子之上还有更权威的"天"的存在，因而真正能够同一人的思想，成为人类社会行为和评判标准的必然是"天"的意志及好恶。古代圣王明于此理，所以带领百姓敬天奉鬼，任用贤才，百姓也就能够以上之善恶为准绳，上天鬼神因而赐福于民，百姓也会更加顺服，从而使天下得以安宁。而当今君主不明就里，反其道而行之，故上下离心，天下混乱不堪。墨子因此得出结论，只有上同于"天"才是治国安邦的根本之道。

　　12.1 子墨子曰：方今之时，复古之民始生[1]，未有正长之时，盖其语曰："天下之人异义。"是以一人一义，十人十义，百人百义，其人数兹众，其所谓义者亦兹众。是以人是其义，而非人之义，故相交非也[2]。内之父子兄弟作怨仇，皆有离散之心，不能相和合。至乎舍余力不以相劳[3]，隐匿良道不以相教，腐朽余财不以相分，天下之乱也，至如禽兽然，无君臣上下长幼之节，父子兄弟之礼，是以天下乱焉。

【注释】

〔1〕复：回溯，回顾。

〔2〕相交非也：即"交相非也"。

〔3〕至乎：至于。

【译文】

墨子说：今天，回顾上古人类刚刚产生，还没有行政长官的时候，恐怕当时的言论是天下的人各有其不同的道理。所以一个人有一个人的道理，十个人有十个人的道理，一百个人有一百个人的道理，人数越多，他们所谓的道理也就越多。所以每个人都肯定自己的道理，而非难别人的道理，所以大家互相非难。在家里，父子兄弟之间互相抱怨仇恨，都有离散的心思，不能和睦相处。以至于宁愿舍弃多余的力量也不愿意相互帮助，隐瞒治世良方而不愿教导别人，宁愿让多余的财物腐烂也不肯拿来分给别人，天下混乱，以至于像禽兽一样，没有君臣、上下、长幼之间的礼节，没有父子、兄弟之间的礼仪，所以天下乱象丛生。

12.2 明乎民之无正长以一同天下之义，而天下乱也。是故选择天下贤良、圣知、辩慧之人，立以为天子，使从事乎一同天下之义。天子既以立矣[1]，以为唯其耳目之请[2]，不能独一同天下之义，是故选择天下赞阅、贤良、圣知、辩慧之人[3]，置以为三公，与从事乎一同天下之义。天子三公既已立矣，以为天下博大，山林远土之民，不可得而一也，是故靡分天下[4]，设以为万诸侯国君，使从事乎一同其国之义。国君既已立矣，又以为唯其耳目之请，不能一同其国之义，是故择其国之贤者，置以为左右将军大夫[5]，以远至乎乡里之长与从事乎一同其国之义[6]。

【注释】

〔1〕以：通"已"。

〔2〕请：当为"情"。

〔3〕赞阅：二字疑为衍文（王焕镳说）。

〔4〕靡分：分散。

〔5〕将军大夫：即卿大夫。《周礼·夏官》："军将皆命卿。"

〔6〕远：繁体字为"遠"，与"逯"形似而误（孙诒让说）。

【译文】

　　明白了百姓如果没有行政长官的管理就无法天下一统的道理，天下就会大乱。所以选择天下贤良、圣明、能言善辩的人，拥立他做天子，让他从事于统一天下的道义。天子确立之后，认为仅凭他个人的耳目无法独自统一天下的道义，所以又选择天下贤良、圣明、能言善辩的人，设置三公，让他们参与统一天下道义的大业。天子三公都确立之后，因为天下的广阔博大，山林深处和远方人民的道义无法统一，所以分割天下，设立众多的诸侯国，让他们从事于统一自己国家中的道义。国君确立之后，又认为仅凭他个人的耳目，无法统一他的国家中的道义，所以选择国中的贤良之士，设立他们做左右将军和大夫，以至于乡里的长官，让他们参与到统一他们国家道义的事业中来。

　　12.3 天子诸侯之君，民之正长，既已定矣，天子为发政施教曰："凡闻见善者，必以告其上；闻见不善者，亦必以告其上。上之所是，必亦是之；上之所非，必亦非之。己有善〔1〕，傍荐之；上有过，规谏之。尚同义其上〔2〕，而毋有下比之心。上得则赏之，万民闻则誉之。意若闻见善，不以告其上；闻见不善，亦不以告其上。上之所是不能是，上之所非不能非，己有善不能傍荐之，上有过不能规谏之。下比而非其上者，上得则诛罚之，万民闻则非毁之。"故古者圣王之为刑政赏誉也，甚明察以审信。是以举天下之人，皆欲得上之赏誉，而畏上之毁罚。

【注释】

〔1〕己：指臣下。

〔2〕义：当作"乎"（孙诒让说）。

【译文】

　　天子、诸侯国的国君，万民的各级行政长官，都已经确定之后，天子开始发布政令，施行教化，政令上说："凡是听到、看到好的事情，一定要报告给上级；听到、看到不好的事情，也一定要报告给上级。上级认为是对的，也一定要加以肯定；上面认为是不对的，也一定要加以否定。自己有好的建议，就及时献给上级；上级有了过错，就加以规劝进谏。与上级保持一致，不要有勾结下级的想法。上级知道了就会赏赐他，百姓听到了就会称赞他。如果听到、看到好的事情，不报告给上级；听到、看到不好的事情，也不报告给上级。上级认为是对的不能认同，上面认为是不对的也不能否定。自己有好的建议不能及时献给上级，上级有了过错而不能加以规劝进谏。勾结下级去非难上级的人，上级知道了就会责罚诛灭他，百姓听说了就会非难诋毁他。"所以古代的圣王设立刑法赏誉，都是十分明察和确实可信的。所以全天下的人，都想要得到上级的奖赏赞誉，而害怕上级的惩罚和责难。

　　12.4 是故里长顺天子政，而一同其里之义。里长既同其里之义，率其里之万民，以尚同乎乡长，曰："凡里之万民，皆尚同乎乡长，而不敢下比。乡长之所是，必亦是之；乡长之所非，必亦非之。去而不善言，学乡长之善言；去而不善行，学乡长之善行。"乡长固乡之贤者也，举乡人以法乡长，夫乡何说而不治哉？察乡长之所以治乡者，何故之以也？曰：唯以其能一同其乡之义，是以乡治。

【译文】

因此里长顺应天子的政令，去统一他里中的道义。里长统一了里中的道义之后，率领里中的百姓向乡长的道义看齐，说："凡是里中的百姓，都要和乡长一致，而不敢勾结下面。乡长认为是对的，必定也认为是对的；乡长认为是不对的，也一定认为是不对的。改正你不好的言论，学习乡长好的言论；改正你不好的行为，学习乡长好的行为。"乡长本来就是乡里的贤人，全乡的人都效法乡长，乡里怎么会治理不好呢？'考察乡长之所以能治理好一乡，是什么缘故呢？答道：就是因为他能统一乡的道义，所以乡里得到治理。

12.5 乡长治其乡，而乡既已治矣，有率其乡万民[1]，以尚同乎国君，曰："凡乡之万民，皆上同乎国君，而不敢下比。国君之所是，必亦是之；国君之所非，必亦非之。去而不善言，学国君之善言；去而不善行，学国君之善行。"国君固国之贤者也，举国人以法国君，夫国何说而不治哉？察国君之所以治国，而国治者，何故之以也？曰唯以其能一同其国之义，是以国治。

【注释】

〔1〕有：音义同"又"。

【译文】

乡长治理乡里，乡里已经治理好了，又率领他乡里的百姓向国君的道义看齐，说："凡是乡里的百姓，都要和国君一致，而不敢勾结下面。国君认为是对的，必定也认为是对的；国君认为是不对的，必定也认为是不对的。改正你不好的言论，学习国君好的言论；改正你不好的行为，学习国君好的行为。"国君本来就是一国的贤人，全国的人都效法国君，国家怎么会治理不好呢？考察国君之所以能够把国家治理得好，是什么缘故呢？答道：只因为他能统一全国的道义，所以国家得到治理。

12.6 国君治其国，而国既已治矣，有率其国之万民，以尚同乎天子，曰："凡国之万民上同乎天子，而不敢下比。天子之所是，必亦是之；天子之所非，必亦非之。去而不善言，学天子之善言；去而不善行，学天子之善行。"天子者，固天下之仁人也，举天下之万民以法天子，夫天下何说而不治哉？察天子之所以治天下者，何故之以也？曰：唯以其能一同天下之义，是以天下治。夫既尚同乎天子，而未上同乎天者，则天菑将犹未止也。故当若天降寒热不节〔1〕，雪霜雨露不时，五谷不孰，六畜不遂〔2〕，疾菑戾疫，飘风苦雨，荐臻而至者〔3〕，此天之降罚也，将以罚下人之不尚同乎天者也。

【注释】
〔1〕当若：如果。
〔2〕遂：顺利，这里指顺利成长。
〔3〕荐臻：接二连三。

【译文】
国君治理国家，国家已经治理好了，又率领他国中的百姓向天子的道义看齐，说："凡是国中的百姓，都要和天子一致，而不敢勾结下面。天子认为是对的，必定也认为是对的；天子认为是不对的，必定也认为是不对的。改正你们不好的言论，学习天子好的言论；改正你们不好的行为，学习天子好的行为。"天子本来就是天

下的仁人，全天下的人都效法天子，天下怎么会得不到治理呢？'
考察天子之所以能够把天下治理得好，是什么缘故呢？答道：只因
为他能统一天下的道义，所以天下得到治理。天下的百姓的道义都
统一于天子以后，却没有同一道理于上天，那么上天降下的灾难就
不会停止。所以如果天下的寒冷和暑热不合时节，雪霜雨露不合时
令，五谷不成熟，六畜不能顺利地生长，疾病瘟疫泛滥成灾，暴风
霖雨频繁到来，这是上天降下的惩罚，想要以此来惩罚不能同一道
义于上天的人。

12.7 故古者圣王，明天鬼之所欲，而避天鬼之所憎，
以求兴天下之害[1]。是以率天下之万民，齐戒沐浴[2]，
洁为酒醴粢盛，以祭祀天鬼。其事鬼神也，酒醴粢盛不
敢不蠲洁[3]，牺牲不敢不腯肥[4]，珪璧币帛不敢不中度
量[5]，春秋祭祀不敢失时几[6]，听狱不敢不中，分财不
敢不均，居处不敢怠慢。曰：其为正长若此，是故上者
天鬼有厚乎其为政长也，下者万民有便利乎其为政长也。
天鬼之所深厚而能强从事焉，则天鬼之福可得也。万民
之所便利而能强从事焉，则万民之亲可得也。其为政若
此，是以谋事得，举事成，入守固，出诛胜者，何故之
以也？曰：唯以尚同为政者也。故古者圣王之为政若此。

【注释】

〔1〕此句有误，当为"以求兴天下之利，除天下之害"。
〔2〕齐：同"斋"。
〔3〕蠲：干净，清洁。
〔4〕腯：肥。
〔5〕珪：同"圭"，上尖下方的玉器。 璧：平而圆，中心有孔的
玉。 币：用作礼物的丝织品。
〔6〕几：期（俞樾说）。

尚同中

99

【译文】

因此古时的圣王，明白上天和鬼神所希望的事情，而避开上天和鬼神所憎恶的事情，以此来追求在天下范围内兴利除害。所以他们率领天下的百姓，斋戒沐浴，准备好洁净的酒食祭品，拿来祭祀天地鬼神。他们侍奉鬼神，酒食祭品不敢不洁净，牛羊牺牲不敢不肥硕，圭、璧、币、帛不敢不合标准，春秋两季的祭祀不敢错过日期，审查案情不敢不公正，分配财物不敢不平均，日常生活起居不敢有所怠慢。说道：做行政长官都像古圣王这样的话，上有天地鬼神厚待行政长官，下有万民因他做行政长官而得到便利。有天地鬼神的厚待而又能努力从事，那么天地鬼神的赐福就可以得到。万民皆受其便利而又能努力从事，那么百姓的亲近爱戴就可以得到。像他这样处理政务，所以谋事就能实现，行事就能成功，在内防守就会稳固，对外诛伐就能胜利，是什么缘故导致出现这种情况呢？答道：只是因为用尚同的方法去处理政务。所以古代圣王处理政务是这样的。

12.8今天下之人曰：方今之时，天下之正长犹未废乎天下也，而天下之所以乱者，何故之以也？子墨子曰：方今之时之以正长[1]，则本与古者异矣，譬之若有苗之以五刑然[2]。昔者圣王制为五刑，以治天下；逮至有苗之制五刑[3]，以乱天下。则此岂刑不善哉？用刑则不善也。是以先王之书《吕刑》之道曰："苗民否用练[4]，折则刑[5]，唯作五杀之刑，曰法。"则此言善用刑者以治民，不善用刑者以为五杀，则此岂刑不善哉？用刑则不善，故遂以为五杀。是以先王之书《术令》之道曰[6]："唯口出好兴戎[7]。"则此言善用口者出好，不善用口者以为谗贼寇戎，则此岂口不善哉？用口则不善也，故遂以为谗贼寇戎。

【注释】

〔1〕以：犹"为"。

〔2〕以：这里指制定。

〔3〕五刑：指墨、劓、剕、宫、大辟，五种刑法。

〔4〕否用练："练"通"令"（钱大昕说），否用令即不服从命令。

〔5〕折：通"制"。

〔6〕《术令》：完本《尚书》之篇名（吴汝纶说）。

〔7〕出：产生，发生。

【译文】

现在天下的人都说：当今之世，天下的行政长官并没有放弃天下，而天下混乱又是什么原因呢？墨子说：如今的行政长官，和古代有很大差异，比如有苗制定了五种刑法。以前圣王制定五种刑法，用来治理天下；等到有苗制定五刑，反而使天下变得混乱。那么，这难道是刑法制定的不好吗？是刑法用得不好啊！所以先王之书《吕刑》中说道："苗民不服从命令，擅自制定刑法，制定出五种杀人的刑法，称为法令。"那么这就是说善于用刑法可以治理百姓，不善于用刑法就变成了五种杀人的方法。这难道是刑法不好吗？是刑法用得不好，所以就成为五种杀人的方法。所以先王之书《术令》说道："只有口舌既能产生好事，也会引起争斗。"这就是说善于运用口舌的会产生好事，不善于运用口舌的就会导致谗言、残杀、敌对和战争。这难道是口舌不好吗？是不善于运用口舌啊！所以导致了谗言、残杀、敌对和战争。

12.9 故古者之置正长也，将以治民也。譬之若丝缕之有纪，而罔罟之有纲也。将以运役天下淫暴，而一同其义也。是以先王之书《相年》之道曰〔1〕："夫建国设都，乃作后王君公〔2〕，否用泰也〔3〕。轻大夫师长〔4〕，否用佚也〔5〕。维辩使治天均〔6〕。"则此语古者上帝鬼神之建设国都，立正长也，非高其爵，厚其禄，富贵佚而错之也[7]。将以为万民兴利除害，富贵贫寡，安危治乱也。故古者圣王之为若此。

【注释】

〔1〕《相年》：古书名，不详。
〔2〕作：设立。
〔3〕否：非（王引之说）。 泰：骄傲纵恣。
〔4〕轻：当作"卿"（毕沅说）。
〔5〕佚：放荡。
〔6〕辩：通"辨"，分也。 均：平也。
〔7〕富贵佚：当为"富贵游佚"（王念孙说）。 错：同"措"，安置。

【译文】

　　所以古时候设立行政长官，是用来治理百姓的。就好比丝线有头绪，渔网有总绳一样。准备用来约束天下荒淫残暴之人，并统一天下的道义。所以先王之书《相年》中说道："建立国家设置都城，然后设立天子诸侯，这并非是让他们骄纵的；设立卿大夫和各级官长，并非是让他们放荡的。这是让他们去量才授职、公平治理天下。"这就是说古时上帝鬼神建立国家及都城，设立行政长官，不是为了提高他们的爵位，增加他们的俸禄，让他们过富贵游佚的生活，而是为了让他们为万民兴利除害，使贫寡者富贵，使危者安定，使乱者治理。所以古代圣王的作为都是这样的。

　　12.10 今王公大人之为刑政则反此。政以为便譬[1]，宗于父兄故旧，以为左右，置以为正长。民知上置正长之非正以治民也，是以皆比周隐匿[2]，而莫肯尚同其上。是故上下不同义。若苟上下不同义，赏誉不足以劝善，而刑罚不足以沮暴。何以知其然也？曰：上唯毋立而为政乎国家[3]，为民正长，曰："人可赏，吾将赏之。"若苟上下不同义，上之所赏，则众之所非。曰：人众与处，于众得非。则是虽使得上之赏，未足以劝乎！上唯毋立而为政乎国家，为民正长，曰："人可罚，吾将罚之。"若苟上下不同义，上之所罚，则众之所誉。曰：人众与处，于众得誉。则是虽使得上之罚，未足以沮乎！若立而为政乎国家，为民正长，赏誉不足以劝善，而刑罚不沮暴，则是不与乡吾本言民"始生未有正长之时"同乎[4]？若有正长与无正长之时同，则此非所以治民一众之道。

【注释】

〔1〕便譬：即"便辟"，逢迎谄媚。
〔2〕比：结党营私。
〔3〕毋：语气词（孙诒让说）。
〔4〕乡：通"向"，从前。

【译文】

如今王公大人处理刑法政务却正好与此相反，为政喜欢任用善于逢迎的人，任用宗族、父兄和故人旧友为左右亲信，任命他们为行政长官。百姓知道上面设立行政长官并不是为了治理百姓，所以大家都纷纷结党营私、互相隐瞒，而没有人愿意与上面相一致，所以上下思想不统一。只要上下思想不统一，那么奖赏和荣誉就不足以劝人为善，而刑罚也不足以阻止暴乱。怎么知道是这样的呢？答道：上面确立了政权而管理国家、做百姓的行政长官，发令说："可以得到奖赏的人，我将奖赏他。"如果上下思想不统一，上面所给予赏赐的人，众人反而非议他。就是说：此人与众人相处，在众人中受到非议。那么即使此人得到上面的奖赏，也不足以起到鼓励众人的作用啊。上面确立了政权而管理国家、做百姓的行政长官，发令说："应该得到惩罚的人，我将惩罚他。"如果上下思想不统一，上面所惩罚的人，反而受到众人称赞。就是说：此人与众人相处，在众人中受到称赞。那么即使此人得到上面的惩罚，也不足以起到阻止作用啊。如果确立政权管理国家，成为百姓的行政长官，奖赏荣誉不能劝人行善，刑罚无法阻止作恶，那不是和我刚才所说"人类刚刚产生还没有行政长官的时候"一样吗？如果有行政长官和没有行政长官的时候一样，那么这种为政的方法就不是用来治理百姓、统一民众的方法了。

12.11 故古者圣王唯而审以尚同[1]，以为正长，是故上下情请为通[2]。上有隐事遗利，下得而利之；下有蓄怨积害，上得而除之。是以数千万里之外，有为善者，其室人未遍知，乡里未遍闻，天子得而赏之。数千万里之外，有为不善者，其室人未遍知，乡里未遍闻，天子得而罚之。是以举天下之人皆恐惧振动惕慄[3]，不敢为淫暴，曰："天子之视听也神！"先王之言曰："非神也。夫唯能使人之耳目助己视听，使人之吻助己言谈，使人之心助己思虑，使人之股肱助己动作。"助之视听者众，则其所闻见者远矣；助之言谈者众，则其德音之所抚循者博矣[4]；助之思虑者众，则其谈谋度速得矣；助之动作者众，即其举事速成矣。故古者圣人之所以济事成功，垂名于后世者，无他故异物焉，曰：唯能以尚同为政者也。

【注释】
〔1〕而：当为"能"。
〔2〕请，当为"诚"。
〔3〕慄：同"栗"，（因恐惧）发抖。
〔4〕德音：指善言善政。

【译文】
　　故而古代圣王正是能够审慎地任用尚同之人为行政长官，所以上下之间真实情况的传递才能保持畅通。上面有没有注意到的事和遗漏的利益，下面的人注意到并因而得到利益；下面有积蓄的怨恨和祸害，上面知道了就会将它除去。所以哪怕几千万里之外有人行善，他的家人还没有全都知道，他的乡人也没有全部听说，天子就知道并奖赏了他。几千万里之外有人做恶，他的家人还没有全都知道，他的乡人也还没有全部听说，天子就知道并惩罚了他。所以全天下的人都为之恐惧震动并惴惴不安，不敢做荒淫暴虐的事，都说："天子的耳目真是神奇啊！"先王有言说："不是神奇，不过是能让别人的耳目来帮助自己看和听，让别人的嘴巴帮助自己说话，让别人的心帮助自己思考，让别人的四肢帮助自己行动。"帮助自己听和看的人多，那么听到和看到的东西就远了；帮助自己说话的人多，那么善言善政所安抚的人就多了；帮助自己思考的人多，那么所做计划的速度就快了；帮助自己行动的人多，那么所做的事就成功得快了。所以古代圣王之所以做事成功并名垂于后世，没有其他什么特殊的原因，只不过能够以尚同处理政务罢了。

12.12 是以先王之书《周颂》之道之曰[1]："载来见彼王[2]，聿求厥章[3]。"则此语古者国君诸侯之以春秋来朝聘天子之廷[4]，受天子之严教，退而治国，政之所加，莫敢不宾[5]。当此之时，本无有敢纷天子之教者[6]。《诗》曰："我马维骆[7]，六辔沃若[8]。载驰载驱[9]，周爰咨度[10]。"又曰："我马维骐，六辔若丝[11]。载驰载驱，周爰咨谋。"即此语也。古者国君诸侯之闻见善与不善也，皆驰驱以告天子，是以赏当贤，罚当暴，不杀不辜，不失有罪，则此尚同之功也。是故子墨子曰：今天下之王公大人士君子，请将欲富其国家[12]，众其人民，治其刑政，定其社稷，当若尚同之不可不察，此之本也[13]。

【注释】

〔1〕《周颂》:《诗经》"三颂"之一，共三十一篇，是西周统治者用于祭祀的诗歌。

〔2〕载:开始，最初。

〔3〕聿:通"曰"，句首语气词。

〔4〕朝聘:古代诸侯定期朝见天子。

〔5〕宾:服。

〔6〕纷:乱。

〔7〕骆:有黑色鬃毛的白马。

〔8〕沃若:色泽鲜润的样子。

〔9〕载:动词词头。

〔10〕周:周遍，周及。 爰:句首语气词。

〔11〕骐:毛色青黑的马。 若丝:毛传云:"言调忍也。"

〔12〕请:即"诚"字（王念孙说），真心，的确。

〔13〕之:通"其"（王焕镳说）。

【译文】

　　所以先王之书《周颂》上说:"初来见那君王，求取礼乐典章。"那么这句话是说古代的国君和诸侯，在春秋吉日到朝廷朝觐天子，受到天子的严正教导，回去后治理国家。政令所能到达的地方，没有人敢不服从。在那个时候，根本就没有人敢扰乱天子的教令。《诗》上说:"我的马毛白鬓黑，缰绳色泽柔润，驾着车四处奔走，广泛地把意见征求。"又说:"我的马毛色青黑，缰绳坚韧柔软，驾着车四处奔走，广泛地把谋略征求。"就是这样的话。古时候的国君诸侯听到好的或不好的事，都要驾着车告知天子，所以奖赏的一定是好人，惩罚的必定是坏人，不杀无辜的人，不让有罪的人逃脱。那么这就是尚同的功效啊! 所以墨子说:"现在天下的王公大人士人君子，如果的确想要使他的国家富强，让他的人民众多，让刑法政治得到治理，让社稷安定，那么'尚同'不能不明察，这是为政的根本啊!

【评析】

　　荀子曾从孔子"正名"的理论角度批评墨子知"尚同"而"不知壹天

下、建国家之权称"(《荀子·非十二子》),这实在是有党同伐异的偏见在其中的。其实,墨子的"尚同"主张与儒家"春秋大一统"的思想观念实属异曲同工。当今之世天下大乱,是因为"一人一义","人是其义而非人之义",没有圣人代表上天统一天下,设立正长以管理百姓。墨子指出:"明乎民之无正长以一同天下之义,而天下乱也。是故选择天下贤良、圣知、辩慧之人,立以为天子,使从事乎一同天下之义。"今天下大乱的根源并不是各诸侯国无正长,而是周王室失去了管理天下的能力,导致诸侯国割裂天下。不难看出,墨子实际上是支持儒家"大一统"的思想理念的,而他提出的根本解决办法就是选择贤良圣知之人立为天子,以上天的名义选贤任能,建立各级管理机构。这种看法不仅与孔子"正名"理论不相违背,更暗合了儒家的"大一统"观念和"禅让"精神,只不过比起儒家的这些思想观念,墨子的理论更系统,更彻底,也更具可操作性。

从具体的社会实践来看,墨家"日夜不休,以自苦为极"的高度严密的组织制度有些极端;从理论基础看,墨子从小生产者的立场出发,要求以"兼爱"的精神打破贵族和平民之间的阶级壁垒,同样有些异端色彩;但他提出"尚同"的理论方案,其中却包含有民主和集中并行而不悖的意思,更何况他的出发点不仅是要推广自己的学说,还包括实现国家高度统一的目的。目的先不去说,且看民主集中:"上之所是,必亦是之;上之所非,必亦非之。"这是集中。"天子为发政施教曰:凡闻见善者,必以告其上;闻见不善者,亦必以告其上。"这是民主。为了保证"尚同"制度的有效运转,墨子还提出"尚贤"理论以弥补其不足。"是故选择天下贤良、圣知、辩慧之人,立以为天子,使从事乎一同天下之义。"天子以自身为标准,选拔贤能之士担任三公、诸侯、正长,以管理天下,这是"尚同"不走向集权和独裁的必要条件。不仅如此,为了保证天子的理论权威,同时也是为了限制天子的权力,墨子又提出"天鬼"理论,"故古者圣王,明天鬼之所欲,而避天鬼之所憎,以求兴天下之害。"天子不能独裁,是因为在天子之上还有"天鬼",这又与墨子"明鬼"思想互相牵涉。天子如果不能尚同乎天,不能令鬼神满意,也会受到天鬼的惩罚。而天的意志,在墨子的理论体系中,与人民的意志是毫无二致的。

然而,乱世浮沉,物论纷纭,尽管墨子"尚同"的理论主张不失为一种较为合理的思想主张,但由于这种理论过于理想化,对统一主张的前提要求过于严苛(择人严,要求高),致使这种理论只能令人心生感叹,哪怕在一个学派内部的实践都难以尽如人意,更遑论向天下诸侯国推广普及了。

尚同下

【题解】

　　本篇与前两篇主旨相同，旨在说明为政者要用"尚同"的方法来统一人们的思想，处理政务，管理国家。文章首先提出，要治理好国家，就一定要"得下之情"，只有真正了解百姓生活的真实情况，并且切实做到惩恶赏善，"则国必治"。而"得下之情"的关键是要能够以"尚同一义为政"，文章进而以历史经验为依据论证自己的观点，为了了解天下百姓的实情，古代圣王设立了天子、三公、诸侯、卿宰、乡长、家君等各级行政长官，以他们为耳目，就能全面掌握天下百姓的所做所为，并及时奖赏行善事的百姓，惩罚做恶事的百姓。这样，从下而上，家君能够同一家中的是非标准，国君才能够同一国中的是非标准，天子最终能够同一全天下的是非标准。整篇文章由小至大，层层推进，思路明晰，说服力强。

　　13.1 子墨子言曰：知者之事[1]，必计国家百姓所以治者而为之，必计国家百姓之所以乱者而辟之。然计国家百姓之所以治者何也？上之为政，得下之情则治，不得下之情则乱。何以知其然也？上之为政，得下之情，则是明于民之善非也。若苟明于民之善非也，则得善人而赏之，得暴人而罚之也。善人赏而暴人罚，则国必治。上之为政也，不得下之情，则是不明于民之善非也。若苟不明于民之善非，则是不得善人而赏之，不得暴人而罚之。善人不赏而暴人不罚，为政若此，国众必乱[2]。

故赏不得下之情，而不可不察者也。

【注释】

〔1〕知：通"智"。

〔2〕众：当为"家"（于省吾说）。

【译文】

墨子说：智慧之人做事，一定会优先考虑去做那些能够让国家百姓得到安定的事情，一定会首先考虑去避免那些让国家百姓发生混乱的事情。然而国家百姓得到治理的原因是什么呢？上级处理政务，了解下面的实情就能治理好，不了解下面的实情就会出现混乱。怎么知道是这样的呢？上级处理政务，了解下面的实情，就是了解百姓的善恶是非。只要明白百姓的善恶是非，就能发现行善的人而给予奖赏，就能发现暴虐的人而给予惩罚。行善的人得到奖赏、做恶的人受到惩罚，国家就一定能得到治理。上级处理政务，不了解下面的实情，那么就是不了解百姓的善恶是非。只要不明白百姓的善恶是非，就不能发现行善的人而给予奖赏，就不能发现暴虐的人而给予惩罚。行善的人得不到奖赏、做恶的人得不到惩罚，处理政务都像这样，国家一定会出现混乱。所以说如果奖赏而不了解下面的实情，就不能不加以明察。

13.2 然计得下之情将奈何可？故子墨子曰：唯能以尚同一义为政，然后可矣。何以知尚同一义之可而为政于天下也〔1〕？然胡不审稽古之治为政之说乎〔2〕？古者，天之始生民，未有正长也，百姓为人〔3〕。若苟百姓为人，是一人一义，十人十义，百人百义，千人千义，逮至人之众不可胜计也，则其所谓义者，亦不可胜计。此皆是其义，而非人之义，是以厚者有斗，而薄者有争。是故天下之欲同一天下之义也，是故选择贤者，立为天子。

天子以其知力为未足独治天下，是以选择其次立为三公。三公又以其知力为未足独左右天子也[4]，是以分国建诸侯[5]。诸侯又以其知力为未足独治其四境之内也，是以选择其次立为卿之宰[6]。卿之宰又以其知力为未足独左右其君也，是以选择其次立而为乡长家君[7]。是故古者天子之立三公、诸侯、卿之宰、乡长家君，非特富贵游佚而择之也[8]，将使助治乱刑政也。故古者建国设都，乃立后王君公，奉以卿士师长，此非欲用说也[9]，唯辩而使助治天明也[10]。

【注释】

〔1〕可而：犹"可以"（孙诒让说）。
〔2〕治：当为"始"（俞樾说）。
〔3〕人：疑当为"主"，意即"各为其主"（王焕镳说）。
〔4〕左右：辅助（尹桐阳说）。
〔5〕分国：指分封诸侯国。
〔6〕之：犹"与"（孙诒让说）。
〔7〕家君：大夫封地的总管称为"家君"。
〔8〕择：当为"措"（孙诒让说）。
〔9〕说：通"悦"，高兴。
〔10〕天明：当为"天民"（高亨说）。

【译文】

　　然而怎样做才能得到下面的实情呢？所以墨子说：只有用尚同的方法为政，然后才能做到。怎么知道用尚同的方法可以来处理天下政务呢？然则为何不考察古代为政的方法呢？古时候，刚开始有黎民百姓，没有行政长官，百姓人人各自为主。只要百姓人人各自为主，那么一个人就有一种道理，十个人就有十种道理，百个人就有百种道理，千个人就有千种道理。等到人多得数不清楚了，那么他们所说的道理也就数不胜数。这是因为大家都认为自己的道理是对的，而非难别人的道理，所以分歧大的就会有争斗，分歧小的也有争论。所以天下人都希望能够同一天下的道理，所以选择贤能的人，让他做天子。天子认为凭借自己的力量和智慧不足以治理天下，所以选择次于天子的贤人，让他做三公。三公又认为凭借他们的力量和智慧不足以辅佐天子，所以分封诸侯国。诸侯国的国君知道凭借他的力量和智慧，不足以治理国家全境，所以选择次于自己的贤人，让他们做卿宰。卿宰知道他们的力量和智慧，不足以辅佐他们的主上，于是选择再次的贤人，让他们做乡长和家君。所以古代天子设立三公、诸侯、卿宰、乡长和家君，不仅仅是为了让他们富贵安逸游乐而选择他们，而是要让他们帮助处理政务和刑法。所以古代设立国家都城，然后设立天子王公，设立卿士师长，这不是要取悦他们，只是分授职责，让他们帮助上天治理百姓。

13.3 今此何为人上而不能治其下，为人下而不能事其上，则是上下相贼也。何故以然？则义不同也。若苟义不同者有党，上以若人为善，将赏之，若人唯使得上之赏[1]，而辟百姓之毁，是以为善者，必未可使劝，见有赏也。上以若人为暴，将罚之，若人唯使得上之罚，而怀百姓之誉[2]，是以为暴者，必未可使沮，见有罚也。故计上之赏誉，不足以劝善；计其毁罚，不足以沮暴。此何故以然？则义不同也。

【注释】
〔1〕唯：通"虽"（孙诒让说）。
〔2〕怀：（人心）归向。

【译文】
如今为什么身处人上却不能治理下面？为什么位处人下却不能侍奉上面？那是因为上下相互贼害啊。为何会是这样呢？那是因为道义不同。如果道义不同而各有偏袒，上级认为此人行善要奖赏他，此人虽然得到上级的奖赏，却无法避免百姓的诋毁。所以行善的人，未必会使善行得到劝勉，尽管看到了善行受赏。上级认为此人为恶，将要惩罚他，此人虽然得到上级的惩罚，却受到百姓的赞誉，所以行恶的人，虽然受到惩罚，也未必会使恶行得到遏止，尽管看到了为恶受罚。所以上级的赞誉和奖赏，不足以劝勉善行；个人受的诋毁和惩罚，不足以遏止恶行。这是为什么呢？那是由于道义不同啊。

13.4 然则欲同一天下之义，将奈何可？故子墨子言曰：然胡不赏使家君试用家君发宪布令其家[1]，曰："若见爱利家者必以告，若见恶贼家者亦必以告。若见爱利家以告，亦犹爱利家者也，上得且赏之，众闻则誉之；若见恶贼家不以告，亦犹恶贼家者也，上得且罚之，众闻则非之。"是以遍若家之人，皆欲得其长上之赏誉，辟其毁罚。是以善言之，不善言之。家君得善人而赏之，得暴人而罚之。善人之赏，而暴人之罚，则家必治矣。然计若家之所以治者何也？唯以尚同一义为政故也。

【注释】

〔1〕赏：当为"尝"（王念孙说），尝试。

【译文】

虽然如此，那么要统一天下的道义，该怎么办呢？所以墨子说：那么为什么不尝试用家君发布政令来命令他的家人，说："如果看到爱家利家的人，一定要报告上来；如果看到贼家害家的人，也一定要报告上来。如果看到爱家利家的人来报告，也像爱家利家的人一样，上面发现了就会奖赏他，众人听说了就会赞扬他；如果看到贼家害家的人而不报告，也像贼家害家的人一样，上面发现了就会惩罚他，众人听说了就会非议他。"所以全家的人，都想要得到家君的奖赏和赞誉，避免非议和惩罚。所以善事要报告，不善的事也要报告。家君发现善人要奖赏，发现恶人要惩罚。善人得到奖赏，恶人得到惩罚，那么家里一定会得到治理。然而家里得到治理的原因是什么呢？只是用尚同一义的方法去处理政务罢了。

13.5 家既已治，国之道尽此已邪？则未也。国之为家数也甚多，此皆是其家，而非人之家，是以厚者有乱，而薄者有争，故又使家君总其家之义，以尚同于国君。国君亦为发宪布令于国之众，曰："若见爱利国者必以告，若见恶贼国者亦必以告。若见爱利国以告者，亦犹爱利国者也，上得且赏之，众闻则誉之；若见恶贼国不以告者，亦犹恶贼国者也，上得且罚之，众闻则非之。"是以遍若国之人，皆欲得其长上之赏誉，避其毁罚。是以民见善者言之，见不善者言之。国君得善人而赏之，得暴人而罚之。善人赏而暴人罚，则国必治矣。然计若国之所以治者何也？唯能以尚同一义为政故也。

【译文】

家已经得到治理，那么治国的方法穷尽了吗？还不尽然。国中的家很多，都认可自己的家，而非难别人的家，所以严重的就会发生混乱，轻微的也会有争论。所以又让家君统一全家的道义，向上同于国君。国君也发布政令对国中民众说："如果看到爱国利国的人一定要报告上来，如果看到贼害国家的人也一定要报告上来。如果看到爱国利国的人来报告，也像爱国利国的人一样，上面发现了就会奖赏他，众人听说了就会赞扬他；如果看到贼害国家的人而不报告，也像贼害国家的人一样，上面发现了就会惩罚他，众人听说了就会非议他。"所以全国的人，都想要得到国君的奖赏和赞誉，避免非议和惩罚。所以百姓看到善事要报告，看到不善的事也要报告。国君发现善人要奖赏，发现恶人要惩罚。善人得到奖赏，恶人得到惩罚，那么国家一定会得到治理。然而国家得到治理的原因是什么呢？只是用尚同一义的方法去处理政务罢了。

13.6 国既已治矣，天下之道尽此已邪？则未也。天下之为国数也甚多，此皆是其国，而非人之国，是以厚者有战，而薄者有争。故又使国君选其国之义〔1〕，以尚同于天子。天子亦为发宪布令于天下之众，曰："若见爱利天下者，必以告；若见恶贼天下者，亦以告。若见爱利天下以告者，亦犹爱利天下者也，上得则赏之，众闻则誉之；若见恶贼天下不以告者，亦犹恶贼天下者也，上得且罚之，众闻则非之。"是以遍天下之人，皆欲得其长上之赏誉，避其毁罚，是以见善不善者告之。天子得善人而赏之，得暴人而罚之，善人赏而暴人罚，天下必治矣。然计天下之所以治者何也？唯而以尚同一义为政故也〔2〕。

【注释】
〔1〕选：据上文此处当为"总"。
〔2〕而：据上文此处当为"能"。

【译文】
国家已经得到治理，那么治理天下的方法穷尽了吗？还不尽然。天下的国家很多，都认可自己的国家，而非议别人的国家，所以严重的就会发生混乱，轻微的也会有争论。所以又让国君统一全国的道义，向上同一于天子。天子也发布政令对天下的民众说："如果看到爱天下利天下的人一定要报告上来，如果看到贼害天下的人也一定要报告上来。如果看到爱天下利天下的人来报告，也像爱天下利天下的人一样，上面发现了就会奖赏他，众人听说了就会赞扬他；如果看到贼害天下的人而不报告，也像贼害天下的人一样，上面发现了就会惩罚他，众人听说了就会非议他。"所以全天下的人，都想要得到天子的奖赏和赞誉，避免非议和惩罚。所以看到善事和不善的事都要报告。天子发现善人要奖赏，发现恶人要惩罚，善人得到奖赏，恶人得到惩罚，那么天下一定会得到治理。然而天下得到治理的原因是什么呢？只是用尚同一义的方法去处理政务罢了。

13.7 天下既已治，天子又总天下之义，以尚同于天。故当尚同之为说也[1]，尚用之天子，可以治天下矣；中用之诸侯，可而治其国矣；小用之家君，可而治其家矣。是故大用之治天下不窕[2]，小用之治一国一家而不横者[3]，若道之谓也。故曰：治天下之国若治一家，使天下之民若使一夫。意独子墨子有此[4]，而先王无此其有邪？则亦然也。圣王皆以尚同为政，故天下治。何以知其然也？于先王之书也。《大誓》之言然[5]，曰："小人见奸巧乃闻，不言也，发罪钧。"此言见淫辟不以告者，其罪亦犹淫辟者也。

【注释】

〔1〕说：学说，主张。

〔2〕不窕：不满（王念孙说）。窕，《尔雅》："窕，间也。"即间隙。

〔3〕横：充塞。

〔4〕意：通"抑"，表示选择，或者。

〔5〕《大誓》：即《泰誓》，《尚书》中的一篇。

【译文】

天下已经得到治理，天子又统一天下的道义，向上同一于天。

所以说尚同的思想学说，上用于天子，可以治理好天下；中用于诸侯，可以治理好国家；下用于家君，可以治理好家庭。所以广泛地运用于治理天下不嫌其小，小范围运用于治理一国一家不会嫌其大，说的就是这个道理。所以说治理天下之国就像治理国之一家，指挥天下万民就像指挥一个人。抑或只有墨子有这种主张，而先王没有这种主张吗？先王也是如此。圣王都用尚同去处理政务，所以天下得到治理。怎么知道是这样的呢？先王之书《泰誓》中这样说道："小人看到奸佞巧诈的人却不说，与奸佞巧诈的人罪过相当。"这就是说看到淫邪的人而不报告，他的罪恶和淫邪的人相当。

13.8 故古之圣王治天下也，其所差论以自左右羽翼者皆良[1]，外为之人，助之视听者众。故与人谋事，先人得之；与人举事，先人成之；光誉令闻[2]，先人发之。唯信身而从事，故利若此。古者有语焉，曰："一目之视也，不若二目之视也。一耳之听也，不若二耳之听也。一手之操也，不若二手之强也。"夫唯能信身而从事，故利若此。是故古之圣王之治天下也，千里之外有贤人焉，其乡里之人皆未之均闻见也，圣王得而赏之；千里之内有暴人焉[3]，其乡里未之均闻见也，圣王得而罚之。故唯毋以圣王为聪耳明目与？岂能一视而通见千里之外哉！一听而通闻千里之外哉！圣王不往而视也，不就而听也，然而使天下之为寇乱盗贼者，周流天下无所重足者[4]，何也？其以尚同为政善也[5]。

【注释】

〔1〕差论：两字都是选择的意思（王念孙说）。
〔2〕光：通"广"（俞樾说）。令：善，美好。
〔3〕内：据上文当为"外"（陶鸿庆说）。

〔4〕重：重叠，重复。
〔5〕善：当作"故"（蒋礼鸿说）。

【译文】

因此古时圣王治理天下，他们选择到身边来辅佐自己的人都是贤良之人，在外围做事的官员，帮他观察和探听的人也很多。所以与人谋划事情，总是先于别人知道；与人办事，总是先于别人成功；荣誉和美名，总是先于别人传扬。只因为他们立身于诚信而后去做事，才能得到这样的利益。古语有话说得好："一只眼睛看东西，不如两只眼睛看得清楚；一只耳朵听声音，不如两只耳朵听得清晰；一只手拿东西，不如两只手的力气大。"只有立身于诚信而后去做事，才能获得这样的利益。所以古时的圣王治理天下，千里之外有贤能的人，贤人乡里的人还没有全部听到或看到，圣王已经知道并奖赏了他。千里之外有行恶的人，恶人乡里的人还没有全部听到或看到，圣王已经知道并惩罚了他。所以就认为圣王是耳聪目明的吗？哪能一眼就看到千里之外呢？哪能一听就听到千里之外呢？圣王不亲临就能看到，不靠近就能听到。然而却让天下那些做贼寇乱臣盗贼的人，走遍天下也没有立足之地，这是为何？这是因为他用尚同的方法来处理政务的结果啊！

13.9 是故子墨子曰：凡使民尚同者，爱民不疾〔1〕，民无可使。曰：必疾爱而使之，致信而持之〔2〕，富贵以道其前〔3〕，明罚以率其后〔4〕。为政若此，唯欲毋与我同，将不可得也。

【注释】

〔1〕疾：快，急速。
〔2〕致：传达，表达。 持：掌握，控制。
〔3〕道：同"导"，引导。
〔4〕率：读为"律"，规范，督促。

【译文】

因此墨子说：凡是想要百姓同一于上面，爱民之心如果不急迫，百姓就无法驱使。又说道：一定要迫切地去爱民才能驱使他们，表达自己的诚心才能拥有他们，用富贵在前面引导，用严明的惩罚在后面督促。如此处理政务，想要人民不和我同一，也是不可能的。

13.10 是以子墨子曰：今天下王公大人士君子，中情将欲为仁义[1]，求为上士，上欲中圣王之道，下欲中国家百姓之利，故当尚同之说而不可不察，尚同为政之本而治要也。

【注释】

〔1〕情：同"诚"（王念孙说）。

【译文】

所以墨子说：如今天下的王公大人和士人君子，心中的确想要奉行仁义，追求做高尚的贤士，对上希望符合圣王之道，对下希望符合国家百姓的利益，所以对尚同的主张不能不明察，尚同是为政的根本和治国的要领。

【评析】

战国时代是中国历史上一段真正的乱世，"礼崩乐坏"已不足以形容当时的天下乱象。在这样一个天下混乱、统一无方、和平渺茫的艰难时世里，但凡有识之士，皆以平天下之乱、救百姓之困、一天下之舆图为己任。墨子作为急天下公义之所急的"才士"，自不会无动于衷。其所提出的"尚同"思想，从"同一天下之义"的角度出发（即建立一个统一的标准），渐次达到统一天下人心和版图的目的。从墨子的论述来看，这个标准至少包含了思想动机、道德评价、行政赏罚等几个理论层面的要求。墨子的"尚同"理论与孔子的"正名"思想一样，看似大而无当，实则删繁就简，直指问题的根本，不但可以摆脱"一人一义，十人十义，百人百义，千人千义"

的不可控局面，还能收到凝聚人心、吸引贤才、富国强兵、统一天下的实际效果。

在墨子的"尚同"理论中，重点设计是必须依靠"正长"的力量，从天子、三公、诸侯至乡长家君的一整套行政系统建立起来之后，才能达到儒家所谓"垂拱而治"的理想治理状态，墨子称之为："圣王不往而视也，不就而听也，然而使天下之为寇乱盗贼者，周流天下无所重足者。"只是在这一套理论设计中，墨子强调了"尚贤"的重要性，完全摆脱了儒家"君君、臣臣、父父、子子"的家天下统治模式，对儒家思想而言，这种理论设计是颠覆性的，因而遭到了儒家学者的严厉批评，孟子甚至骂墨子是"无君无父"的"禽兽"。

就客观效果而言，墨子"尚同"理论体系与儒家"家天下"的模式也有相似之处，即他们的设计对上位者的确更为有利。在墨子的理论体系中，正长与百姓都要依据同一个标准各自做好自己的分内之事，上位者发布政令、赏善罚恶，下位者提供信息和合理化建议，同时引导舆论，掌控民情，以达到上下通情的良好效果。墨子以为，这样的治理模式足以令天子做出正确的决策和公正的赏罚，却没有预料到，天子集权之后整个体系的标准会向统治者一方严重倾斜，天长日久，必然会出现集权甚至独裁的流弊，纵有天鬼的制约，终究因虚幻而缺乏约束力。后代学者多批评墨子"尚同"学说独裁专制，其目的是在为统治者"画治安策"（郭沫若《墨子的思想》），这实在有失公允。

墨子提出"尚同"主张的初衷以及他后来的社会实践都说明，墨子不能接受这样的指责。这是因为：首先，"尚同"的目的在于"治乱"，为混乱而毫无希望的社会开出济世良方，动机和出发点无可挑剔；其次，墨子在自己的学派内部积极实践自己的理论主张，自己更是以身作则，"以自苦为极"，用实际行动捍卫了自己的思想学说；再次，墨子的"尚贤"学说在某种程度上说，与"尚同"思想是相辅相成是，如果得到严格执行，会在很大程度上避免这种弊病。当然，墨子的"尚同"之法并非完美无瑕，仍然残留着浓厚的理想主义色彩。譬如作为"尚同"理论前提的"尚贤"思想和作为重要保障的"天鬼"思想，在具体的社会实践中都存在着巨大的理论隐患；而"尚同"的"同"作为"放之四海而皆准"的真理，要求上至天子下至庶民都要遵循，但这个作为唯一标准的"同"是什么？该由谁制定？能不能得到全天下人的认可？如果找不到这样一个举世公认的"同"的标准，墨子辛辛苦苦的理论设计岂不是要付诸东流了吗？

兼爱上

【题解】

　　兼爱是墨子的核心思想之一，他将天下大乱的根源归之于人性，极具理论深度。墨子的"兼爱"思想要求人们以爱自己的心态去爱别人，以对待自己的态度去对待别人，如果人们能够做到"兼相爱"，"则天下治"。这篇文章层次清晰，论点鲜明，论证有力。墨子首先提出，要想治理天下混乱的状况，就要了解发生混乱的原因，就如同医生要想给病人治好病，就需要先找准病根，然后才能对症下药。其次，他提出天下混乱的真正根源在于人们的"不相爱"，人人自爱而不爱他人，必然亏人以自利，小至抢劫偷窃，大至诸侯互相攻伐，因利忘义，丧失原则底线。最后，墨子指出，补救的办法就是大家要"兼相爱"，这样就会天下太平，"君臣父子皆能孝慈"，因此，治理天下根本是"兼爱"。

　　14.1 圣人以治天下为事者也，必知乱之所自起，焉能治之[1]；不知乱之所自起，则不能治。譬之如医之攻人之疾者然[2]，必知疾之所自起，焉能攻之；不知疾之所自起，则弗能攻。治乱者何独不然，必知乱之所自起，焉能治之；不知乱之所自起，则弗能治。

【注释】

　　[1]焉：同"乃"（孙诒让说）。
　　[2]攻：治疗。

【译文】

圣人以治理天下为自己的事业，必须知道混乱是由什么引起的，才能把天下治理好；不知道混乱是由什么引起的，就不能治理好天下。比如说医生治疗人的疾病，必须要知道疾病是由什么引起的，才能治好它；不知道疾病是由什么引起的，就不能治好疾病。治理混乱的人为什么不是这样的呢？必须知道混乱是由什么引起的，才能治理好；不知道混乱由什么引起，就不能治理好。

14.2 圣人以治天下为事者也，不可不察乱之所自起。当察乱何自起〔1〕？起不相爱。臣子之不孝君父，所谓乱也。子自爱，不爱父，故亏父而自利〔2〕；弟自爱，不爱兄，故亏兄而自利；臣自爱，不爱君，故亏君而自利，此所谓乱也。虽父之不慈子，兄之不慈弟，君之不慈臣，此亦天下之所谓乱也。父自爱，也不爱子，故亏子而自利；兄自爱也不爱弟，故亏弟而自利；君自爱也不爱臣，故亏臣而自利。是何也？皆起不相爱。虽至天下之为盗贼者，亦然。盗爱其室不爱其异室〔3〕，故窃异室以利其室；贼爱其身不爱人，故贼人以利其身。此何也？皆起不相爱。虽至大夫之相乱家〔4〕、诸侯之相攻国者，亦然。大夫各爱其家，不爱异家，故乱异家以利其家；诸侯各爱其国，不爱异国，故攻异国以利其国。天下之乱物，具此而已矣。察此何自起？皆起不相爱。

【注释】

〔1〕当：读为"尝"（孙诒让说）。
〔2〕亏：损害。
〔3〕其异室："其"当为衍字（王念孙说）。
〔4〕家：指大夫的封邑。

【译文】

圣人以治理天下为自己的事业，不能不考察混乱从何而起。尝试考察混乱从何而起？起源于人与人不相爱。臣子不孝顺君王和父亲，这就是所谓的混乱。儿子只爱自己而不爱父亲，所以损害父亲而使自己得利；弟弟只爱自己而不爱兄长，所以损害兄长而使自己得利；臣下只爱自己而不爱君王，所以损害君王而使自己得利，这就是所谓的混乱。反之，父亲对儿子不慈爱，兄长对弟弟不友爱，君王对臣下不慈爱，这也是天下人所谓的混乱。父亲只爱自己而不爱儿子，所以损害儿子而使自己得利；兄长只爱自己而不爱弟弟，所以损害弟弟而使自己得利；君王只爱自己而不爱臣下，所以损害臣下而使自己得利，这是为什么呢？全都源于人与人不相爱。即使是天下的盗贼也是如此：小偷爱自己的家而不爱别人的家，所以偷窃别人的家以使自家得利；强盗爱惜自身而不爱惜别人，所以抢劫别人以使自身得利。这是为什么呢？全都源于人与人不相爱。至于大夫之间相互侵扰别人的封邑，诸侯之间相互攻占别人的国家，也是如此。大夫各自爱他们自己的封邑，而不爱别人的封邑，所以侵扰别人的封邑以使自己的封邑得利；诸侯各自爱他们自己的国家，而不爱别人的国家，所以攻打别的国家以使自己的国家得利。天下混乱的根源，全在于此。考察这些因何而起？全都源于人和人不相爱。

14.3 若使天下兼相爱[1]，爱人若爱其身，犹有不孝者乎？视父兄与君若其身，恶施不孝[2]？犹有不慈者乎？视弟子与臣若其身，恶施不慈？故不孝不慈亡有。犹有盗贼乎？故视人之室若其室，谁窃？视人身若其身，谁贼？故盗贼亡有。犹有大夫之相乱家、诸侯之相攻国者乎？视人家若其家，谁乱？视人国若其国，谁攻？故大夫之相乱家、诸侯之相攻国者亡有。若使天下兼相爱，国与国不相攻，家与家不相乱，盗贼无有，君臣父子皆能孝慈，若此则天下治。故圣人以治天下为事者，恶得

不禁恶而劝爱？故天下兼相爱则治，交相恶则乱。故子
墨子曰：不可以不劝爱人者，此也。

【注释】

〔1〕兼相爱：谓全部相亲相爱。

〔2〕恶：疑问代词，怎么。

【译文】

如果让天下人全都彼此相爱，爱别人就像爱自身，还会有不孝的人吗？看待父亲兄长和君王就像看待自身，又怎么会做不孝的事呢？还会有不慈爱的人吗？看待弟子和臣下就像看待自身，又怎么会做不慈爱的事情呢？所以不孝不慈的事情就不会有。这样还会有盗贼吗？所以看待别人的家就像看待自己的家，谁还会去偷窃？看待别人的身体就像自己的身体，谁还会去伤害别人？所以盗贼就不会有。这样还会有大夫之间相互侵扰封邑、诸侯之间相互攻打国家吗？看待别人的封邑就像自己的封邑，谁还会制造混乱？看待别人的国家就像自己的国家，谁还会去攻打它呢？所以大夫相互侵扰封邑、诸侯相互攻打国家的事就不会有了。如果让天下的人全都彼此相爱，国家和国家之间不相互攻打，封邑和封邑之间不相互侵扰，没有盗贼，君臣父子之间都能孝顺慈爱，像这样天下就能得到治理。所以圣人以治理天下为自己的事业，怎么能不禁止相互厌恶而劝人相互爱护呢？所以天下彼此相爱就会得到治理，相互厌恶就会变得混乱，所以墨子说：不能不劝人彼此相爱，就是这个道理。

【评析】

"兼爱"是墨子思想体系的核心，其根本精神是强调"爱无差等"，人与人之间在完全平等基础上的互敬互爱。墨子的兼爱思想尽管更接近宗教的博爱精神，但与儒家"君君、臣臣、父父、子子"的"差等之爱"构成了严重的对立和冲突，因此也受到来自儒家的严厉批评和排斥。孟子的批评最有代表性、也最为激烈，他说："圣王不作，诸侯放恣，处士横议，杨朱、墨翟之言盈天下，天下之言不归杨则归墨。杨氏为我，是无君也；墨氏兼爱，是无父也，无父无君，是禽兽也。"(《孟子·滕文公下》)孟子批判的矛

头直指墨子的"兼爱"思想，也从反面证明了墨子兼爱思想的理论穿透力和相对于儒家仁爱思想的颠覆性。

墨子兼爱思想的颠覆性来自人人平等的精神理念，而其理论穿透力则来自其对人性的深刻认识和把握。儒家也讲仁爱，但那是一种基于血缘和等级差异的爱，由于儒家的这种仁爱思想最大限度地契合了封建等级制度、当时的文化心理和伦理精神，因而得到了当时社会的高度认可；而墨子的兼爱思想尽管具有更宽广无私的博爱精神，但这种理论的颠覆性和超前性也是非常明显的，因而也很难得到天下人的正面回应。墨子兼爱思想的理论穿透力来自其独特的切入点，他是从人性论的角度看待这个问题的。人性皆自私而寻求利己，如果不加节制，必然导致天下大乱；而如果能够找到一种节制人性自私的方法，天下大乱的社会状态也就能够从根本上遏制住了。但是，从人性的自私的角度来看，"兼爱"的推行实在是困难至极，除了墨子及其弟子这样具有坚忍精神的人，普通人都很难达到这样一种至高境界。墨子找对了根源，但对人性弱点的顽强程度认识不足，因而其理论穿透力虽强，但在思想的普及和推广上却遇到了空前的困难。

从根本上说，墨子的"兼爱"思想与他"勇于振世救敝"（孙诒让《墨子间诂序》）的崇高追求是分不开的。墨子不但讲"兼爱"，更是全身心地投入到社会生活中去实践"兼爱"，"腓无胈，胫无毛，沐甚雨，栉疾风"，"以裘褐为衣，以跂蹻为服，日夜不休，以自苦为极"。"爱"在墨子这里得到了最大限度的发挥。他真诚地相信，只要大家都讲"兼爱"，一切社会弊病都可迎刃而解，一切都将如同桃花源一般美好。遗憾的是，直至今日，地球上仍是硝烟时起，战乱不断，这也使得墨子的"兼爱"思想仍具有极大的现实意义，成为指引人类追寻安定与和平的灯塔。

兼爱中

【题解】

　　前篇属于理论纲领，本篇则以问难的形式展开了详细论证。墨子认为，"兼爱"之说事关天下治乱，"天下兼相爱则治，交相恶则乱"，所以他要求人们都能做到爱人如己，无所偏私。本篇最大的特色在于通篇采用设问的方式论证兼爱之利与不相爱之害，在一问一答之间将话题逐渐引向深入，多层次、多角度展开论证，显示出严谨的逻辑推理与清晰的行文思路。最后，墨子将"兼爱"思想在现实政治中得不到推广的原因归咎于"上弗以为政，士不以为行"，并将希望寄托于当世之圣王，这就与他"尚贤"、"尚同"的思想沟通了起来，寄托了墨子对阶级平等、贤人政治的无限希望。

　　15.1 子墨子言曰：仁人之所以为事者，必兴天下之利，除去天下之害，以此为事者也。然则天下之利何也？天下之害何也？子墨子言曰：今若国之与国之相攻，家之与家之相篡，人之与人之相贼[1]，君臣不惠忠，父子不慈孝，兄弟不和调[2]，此则天下之害也。然则崇此害亦何用生哉[3]？以不相爱生邪？子墨子言：以不相爱生。今诸侯独知爱其国，不爱人之国，是以不惮举其国以攻人之国。今家主独知爱其家，而不爱人之家，是以不惮举其家以篡人之家。今人独知爱其身，不爱人之身，是以不惮举其身以贼人之身。是故诸侯不相爱则必野战，家主不相爱则必相篡，人与人不相爱则必相贼，君臣不相爱则不惠忠，父子不相爱则不慈孝，兄弟不相爱则不和调。天下之人皆不相爱，强必执弱[4]，富必侮贫，贵必敖贱[5]，诈必欺愚。凡天下祸篡怨恨，其所以起者，以不相爱生也，是以仁者非之。

【注释】

〔1〕贼：伤害。

〔2〕和调：和睦，协调。

〔3〕崇：当为"察"字之误（俞樾说）。

〔4〕执：压制，控制。

〔5〕敖：通"傲"。

【译文】

墨子说道：仁人处理政事，一定要兴天下之利，除天下之害，以此为原则。既然如此，那么天下的利益是什么？天下的祸患是什么？墨子说：就像如今国与国之间相互攻打，家与家之间互相篡夺，人与人之间相互伤害，君不惠而臣不忠，父不慈而子不孝，兄弟之间不和睦融洽，这就是天下的祸患啊！既然如此，那么就应该考察这祸患是怎么产生的？是因为不相爱才产生的吗？墨子说：是因为不相爱而产生的。如今诸侯只知道爱自己的国家，不爱别的国家，所以肆无忌惮地动用全国之力去攻打别的国家。如今家主只知道爱自己的家，而不爱别人的家，所以肆无忌惮地动用全家之力去篡夺别人的家。如今的人只知道爱自身，而不去爱别人，所以肆无忌惮地使出浑身的力气去伤害别人。诸侯之间不相爱就必然狼烟遍地，家主之间不相爱就必然相互篡夺，人与人之间不相爱就必然相互伤害，君臣之间不相爱就必然不惠不忠，父子之间不相爱就必然不慈不孝，兄弟之间不相爱就必然不会和睦融洽。天下的人都不相爱，强者必然要欺压弱者，富者必然要侮辱贫者，贵者必然要傲视贱者，狡诈的人必然要欺负愚笨的人。凡是天下的祸乱、篡夺、怨恨之所以会出现，都因为不相爱而产生的啊！所以仁人会批评这种现象。

15.2 既以非之〔1〕，何以易之？子墨子言曰：以兼相爱，交相利之法易之。然则兼相爱、交相利之法将奈何哉？子墨子言：视人之国若视其国，视人之家若视其家，视人之身若视其身。是故诸侯相爱则不野战，家主相爱则不相篡，人与人相爱则不相贼，君臣相爱则惠忠，父子相爱则慈孝，兄弟相爱则和调。天下之人皆相爱，强不执弱，众不劫寡〔2〕，富不侮贫，贵不敖贱，诈不欺愚。凡天下祸篡怨恨可使毋起者，以相爱生也，是以仁者誉之。

【注释】

〔1〕以：通"已"，已经。

〔2〕劫：威逼，胁迫。

【译文】

既然认为这种现象是不对的，该怎样去改变它呢？墨子说道：用兼相爱，交相利的方法去改变它。然而怎样运用兼相爱，交相利的方法呢？墨子说：看待别的国家如同自己的国家，看待别的家族如同自己的家族，看待别人如同自己。所以，诸侯相爱就不会狼烟遍地，家主相爱就不会相互篡夺，人与人相爱就不会相互伤害，君臣相爱就会上惠下忠，父子相爱就会上慈下孝，兄弟相爱就会和睦相处。天下的人都相爱，强者就不会欺凌弱小，人多势众就不会胁迫势单力孤，富者就不会侮辱贫者，贵者就不会傲视贱者，狡诈者就不会欺负愚笨者。凡是天下的祸乱、篡夺、怨恨都可以消弭于无形，都是因为相爱的缘故啊，所以仁人赞美它。

15.3 然而今天下之士君子曰："然，乃若兼则善矣〔1〕。虽然，天下之难物于故也〔2〕。"子墨子言曰：天下之士君

子，特不识其利〔3〕，辩其故也〔4〕。今若夫攻城野战〔5〕，
杀身为名，此天下百姓之所皆难也，苟君说之〔6〕，则士
众能为之。况于兼相爱，交相利，则与此异。夫爱人者，
人必从而爱之；利人者，人必从而利之；恶人者，人必
从而恶之；害人者，人必从而害之。此何难之有！特上
弗以为政，士不以为行故也。

【注释】
　〔1〕乃若：转折连词，相当于"那么"。
　〔2〕物：事。 于故：指迂远难行之事（孙诒让说）。
　〔3〕特：只不过。
　〔4〕辩：通"辨"。
　〔5〕若夫：语气助词。
　〔6〕苟：如果，假使。 说：通"悦"。

【译文】
　　然而，如今天下的士君子都会说："是的，像那样兼相爱当然
很好。虽然如此，但却也是天下难以办到的事啊！"墨子说道：天
下的士君子只是没有认识到它的好处、了解到它的道理罢了。如今
人们攻城略地，不惜杀人以求成名，这是天下百姓都觉得为难的
事。但如果国君喜欢，那么士人和百姓就会去做。何况兼相爱，交
相利与这些不同。凡是爱人的人，人必然会爱他；利人的人，人也
会利他；憎恶人的人，人必然会憎恶他；害人的，人必然会害他。
这有什么困难的呢？只不过国君不把这种原则运用到处理政事中
去，士大夫们不把这种原则付诸行动罢了。

　　15.4 昔者晋文公好士之恶衣，故文公之臣皆牂羊之
裘〔1〕，韦以带剑〔2〕，练帛之冠〔3〕，入以见于君，出以
践于朝。是其故何也？君说之，故臣为之也。昔者楚灵

王好士细要[4]，故灵王之臣皆以一饭为节，胁息然后带[5]，扶墙然后起，比期年[6]，朝有黧黑之色[7]。是其故何也？君说之，故臣能之也。昔越王勾践好士之勇，教驯其臣，和合之焚舟失火[8]，试其士曰："越国之宝尽在此！"越王亲自鼓其士而进之，士闻鼓音，破碎乱行[9]，蹈火而死者左右百人有余。越王击金而退之。是故子墨子言曰：乃若夫少食恶衣[10]，杀身而为名，此天下百姓之所皆难也，若苟君说之，则众能为之。况兼相爱，交相利，与此异矣。夫爱人者，人亦从而爱之；利人者，人亦从而利之；恶人者，人亦从而恶之；害人者，人亦从而害之。此何难之有焉，特上不以为政而士不以为行故也。

【注释】

〔1〕羘：母羊。

〔2〕韦：熟牛皮。

〔3〕练：白色的熟绢。

〔4〕细要：即细腰。

〔5〕胁息：屏气。

〔6〕比：及，等到。 期年：一年。

〔7〕黧黑：人饥瘦时面色发黑。

〔8〕此句传写有误。"和合之"疑为"私令人"之误；"舟"疑为"内"之误（孙诒让说）。

〔9〕碎：疑为"萃"之借字，行列，阵列（孙诒让说）。

〔10〕乃若夫：语气助词。

【译文】

从前，晋文公偏好臣子服装简陋，所以文公的臣子都穿着母羊皮做的衣裳，简单的熟牛皮腰带上佩剑，头戴普通熟绢做的帽子，进宫面见国君，出来侍列朝堂。这是什么缘故？国君喜欢这样，所以臣子就这样去做。从前，楚灵王喜欢士人细腰，所以灵王的臣子每天都只吃一顿饭作为节制，屏气然后束紧腰带，扶墙然后才能站起。等一年之后，满朝臣子多面目黑瘦。这是什么缘故？国君喜欢这样，所以臣子就这样去做。从前，越王勾践喜欢勇猛的将士，为训练臣子的尚勇精神，私下令人放火烧寝殿，考验他的士臣说："越国的宝藏都在这里面。"越王亲自为将士们击鼓使之奋进，将士们听到鼓音，争先恐后以至乱了队形，冲进大火被烧死的有一百多人。越王不得已鸣金他们才肯退下。所以墨子说道：节食、陋衣、杀身求名，这些都是天下百姓觉得非常为难的事。但如果国君喜爱，众人就会去做。何况兼相爱，交相利，与这些事情不同。凡是爱人的人，人必然会爱他；利人的人，人也会利他；憎恶人的人，人必然会憎恶他；害人的人，人必然会害他。这有什么难的呢？只不过国君不把这种原则运用到处理政事中去，士大夫们不把这种原则付诸行动罢了。

15.5 然而今天下之士君子曰："然，乃若兼则善矣。虽然，不可行之物也[1]，譬若挈太山越河济也[2]。"子墨子言：是非其譬也。夫挈太山而越河济，可谓毕劫有力矣[3]，自古及今未有能行之者也。况乎兼相爱、交相利，则与此异，古者圣王行之。何以知其然？古者禹治天下，西为西河、渔窦[4]，以泄渠、孙、皇之水[5]；北为防原、泒[6]，注后之邸[7]、嘑池之窦[8]，洒为底柱[9]，凿为龙门，以利燕、代、胡、貉与西河之民[10]；东方漏之陆[11]，防孟诸之泽[12]，洒为九浍[13]，以楗东土之水[14]，以利冀州之民[15]。南为江、汉、淮、汝[16]，东流之，注五湖之处[17]，以利荆、楚、於越[18]与南夷之民。此言禹之事，吾今行兼矣。昔者文王之治西土[19]，若日若月，乍光于四方[20]，于西土，不为大国侮小国，不为众庶侮鳏寡，不为暴势夺穑人黍稷狗彘[21]。天屑临文王慈[22]，是以老而无子者，有所得终其寿；连独无兄弟者[23]，有所杂于生人之间[24]；少失其父母者，有所放依而长。此文王之事，则吾今行兼矣。昔者武王将事泰山[25]，隧传曰[26]："泰山，有道曾孙周王有事[27]，大事既获，仁人尚作[28]，以祗商夏[29]、蛮夷丑貉[30]。虽有周亲[31]，不若仁人。万方有罪，维予一人。'此言武王之事，吾今行兼矣。

【注释】

〔1〕物：事。

〔2〕挈：举。 太山：即泰山。 河：黄河。 济：济水。

〔3〕毕：疾，迅速。 劫：疑为"劼"之误（孙诒让说），形容有力的样子。

〔4〕西河：在山西、陕西交界处那一段黄河的古称。 渔窦：古水名，疑即龙门。

〔5〕渠、孙、皇：皆古水名。

〔6〕原、沤：皆古水名。

〔7〕后之邸：古地名。

〔8〕嘑池：即滹沱。 窦：通"渎"，大河。

〔9〕洒：分流。 底柱：即砥柱山。

〔10〕燕、代：皆为古代北方国名。 胡、貉：皆为古代北方部族名。

〔11〕方：当为"为"（孙诒让说）之误。 漏：疏导。 之陆：疑当作"大陆"（孙诒让说）。

〔12〕孟诸之泽：古湖泽名，在今河南商丘东北。

〔13〕九浍：九条河流。

〔14〕楗：同"键"，门限。这里指限制。

〔15〕冀州：上古九州之一，在今河北南部和河南北部一带地区。

〔16〕江：长江。 汉：汉水。 淮：淮河。 汝：汝水。

〔17〕五湖：指太湖，有时也包括太湖附近的湖泊。

〔18〕荆楚：即楚国。 於越：即吴越。

〔19〕西土：指今天陕西岐山一带，周民族原定居于此。

〔20〕乍：古通"作"。

〔21〕穑人：农夫。 黍稷：泛指粮食。 狗彘：泛指家畜。

〔22〕屑：顾。 临：察视。

〔23〕连独：穷苦茕独之意（孙诒让说）。连，疑当读为"矜"，穷苦。

〔24〕杂：读为"集"（孙诒让说），取得成就。

〔25〕将事泰山：指武王既定天下之后，准备到泰山进行祭祀。

〔26〕隧：当为"遂"，于是。 传：祝辞。

〔27〕曾孙：天子或诸侯祭祀时的谦称。 有事：指行此祭祀。

〔28〕尚：辅佐。 作：起。

〔29〕祗：读为"振"，拯救（孙诒让说）。 商夏：即华夏。

〔30〕蛮夷丑貉：泛指中原之外的少数民族。

〔31〕周亲：至亲。

【译文】

　　然而，如今天下的士君子都说："是的，像那样兼相爱当然很好。虽然很好，但却是无法实现的事，就好像要举起泰山、跨过黄河济水一样。"墨子说：这比方不恰当。举起泰山、越过黄河济水，可以说是迅捷有力了，但从古到今，还没有能做到这样的人。兼相爱，交相利就与此不同了，古时候圣王早就实现过了。怎么知道的呢？古时候大禹治理天下洪水，在西边修筑了西河、渔窦，用来排泄渠、孙、皇的洪水。在北边修筑了原、孤的堤岸，使洪水流入之后再流进邸湖和滹沱河；让黄河在砥柱山分流，开凿龙门山，以便利燕、代、胡、貉的人民。东边疏导大陆上的积水，修筑孟诸泽的堤岸，同时把水分为九条河道，以阻止它泛滥，以便利冀州人民。南边疏通长江、汉水、淮河、汝水，使它们东流入海，注入太湖等各处湖泊，以便利荆楚、吴越和南夷的人民。这说的是夏禹的事，我们今天应该践行这种"兼爱"了。从前，文王治理西土，就像日月一般，光耀四方，泽被西土。不会因为是大国就欺侮小国，不会因为人口众多就欺侮鳏寡孤独，不会因为有势力强大就抢夺农人的粮食和家畜。上天眷顾文王的慈爱之心，所以年老无子的人，能够得到供养而终其天年；茕独无兄弟的人，能够在常人之中正常营生；从小失去父母的人，能够有所依傍而长大成人。这是文王那时的事，我们今天应该践行这种"兼爱"了。从前，武王行祭于泰山，于是在祝辞里说："泰山有灵，我行此祭祀，伐纣之事已获成功，有仁人在身边辅佐，可以振兴华夏，泽被边疆荒野。即使有至亲，也不及我有仁人。四方百姓若有罪过，全都由我一人承当。"这说的是武王时的事，我们今天应该践行这种"兼爱"了。

15.6 是故子墨子言曰：今天下之君子，忠实欲天下之富[1]，而恶其贫，欲天下之治，而恶其乱，当兼相爱，交相利，此圣王之法。天下之治道也，不可不务为也。

【注释】

〔1〕忠：通"中"（孙诒让说），内心。

【译文】

因此墨子说道：如今天下的君子，如果心中实在希望天下富强而憎恶贫困，希望天下大治而憎恶混乱，那么大家应当兼相爱，交相利。这是圣王的法则，是天下得以大治的正道，不可不努力践行啊！

【评析】

墨子之文大抵为"墨者演墨子的学说而作"（胡适语），本篇的这种现象尤为突出。整篇文章的命题立意颇似子思之作《中庸》，主旨是为孔子的中庸思想张目，只是形式上更具特色。《兼爱》的中篇是以问难的方式逐层推进的，逻辑线索清晰，论证如抽丝剥茧而又能环环相扣，直至最后图穷匕见、水落石出。作者在文中充当的是问难者的角色，往往是就问题的关键之处发问，然后引墨子的言论正面阐发，一问一答之间，墨子的"兼爱"思想逐渐完整地呈现在世人面前。

作者开篇引墨子之言曰："仁人之所以为事者，必兴天下之利，除去天下之害，以此为事者也。"神情口吻，莫不毕肖墨子，正所谓"仁义之人，其言蔼如也"（韩愈《答李翊书》）。作者紧接着发问："然则天下之利何也？天下之害何也？"接着引出墨子对当今天下乱象的理论总结，天下之害皆起于"不相爱"。这是本文的第一个理论层次，也就是提出问题的阶段。第二个理论层次属于解决问题的阶段，作者问道：既然找出了问题的症结所在，该如何解决问题呢？墨子的回答是用"兼相爱、交相利"的办法去克服之。然而，这仅仅是理论层面的东西，能不能解决实际问题才是问题的真正关键。所以作者进一步追问：兼爱理论自然是好的，但却有迂阔的嫌疑。正如子路批评孔子的"正名"理论一样（《论语·子路》），再好的理论，如果不能解决实际问题，只能沦为一纸空谈。显然，问难双方也都意识到，接下来的回答才是"兼爱"思想得以确立的关键，故而墨子长篇大论，力证"兼爱"之可行。墨子的论证主要从两个方面出发，一个是总结"兼爱"不行的原因，主要在于"天下之士君子特不识其利、辩其故"，上不行则下不效；另一方面，墨子举大禹、文王、武王的例子，意图证明"兼爱"思想不但切实可行，而且行之有效，并反复表明自己以实际行动推行"兼爱"思想的决心。

抛开思想上的门户之见，所有人都不得不承认，墨子是真诚的。他不但真诚地相信自己理论的正确性和可行性，也真诚地用全部生命去践行自己的理论主张。然而，现实是残酷的，在残酷的现实面前，墨子的善良显得如此迂腐而脆弱。我们也不得不钦佩，墨子是真正的勇者。哪怕面对再多人的质疑和嘲讽，墨子依然执拗地认为："兼爱"不是不能实现，而在于人们肯不肯努力去做。我们也不得不感佩，墨子对理想的执着和行动的果决非常像一名真正的清教徒，可以为理想、为信念百折不挠，九死而不悔。"人生自是有情痴，此恨不关风与月。"墨子是个痴人，是个勇于为公平、正义而献身的痴人。也正因为他的痴，才让我们明白什么是真正的美好。如果我们每个人都能像墨子那样地活着，未来一定会无限美好。

兼爱下

《兼爱下》篇的主旨与上、中篇大致相同，但论证角度稍有区别，论述也更为详尽。开篇点明要为天下兴利除弊的主旨，紧接着指出当前天下混乱的症结所在即在于"别"。本文采取双起双承的论证方式，明确表示天下之众害皆起于"别"，而天下之利尽在于"兼"。欲"兴天下之利，除天下之害"，首先在理论层面要做到"兼以易别"，其次在政治层面要切实做到"以兼为正"。此外，作者另一个论证的重点在于辩明理论界"言而非兼，择即取兼"的怪现象，进而指出，这种现象的源头"我以为则无有上说之者而已矣"。只要统治者有诚意兴兼抑别，并且"劝之以赏誉，威之以刑罚"，天下百姓必然会"乡上"而趋之若鹜。如此，则天下安定，万民饱暖。

16.1 子墨子言曰：仁人之事者，必务求兴天下之利，除天下之害。然当今之时，天下之害孰为大？曰：若大国之攻小国也，大家之乱小家也，强之劫弱，众之暴寡[1]，诈之谋愚，贵之敖贱，此天下之害也。又与为人君者之不惠也[2]，臣者之不忠也，父者之不慈也，子者之不孝也，此又天下之害也。又与今人之贱人[3]，执其兵刃、毒药、水、火，以交相亏贼，此又天下之害也。

【注释】
〔1〕暴：欺凌，损害。

〔2〕与：《广雅》："与，如也。"

〔3〕今人："人"字疑为衍文（王念孙说）。 贱：当为"贼"之误（王念孙说）。

【译文】

墨子说：仁人做事，一定努力追求兴天下之利，除天下之害。然而当今天下的祸害哪个是最大的呢？说道：像大国攻打小国，大家祸乱小家，强者抢劫弱者，人多欺负人少，狡诈者欺骗愚蠢者，高贵者轻视低贱者，这就是天下最大的祸害。又比如做国君的不仁慈，做臣子的不忠诚，做父亲的不慈爱，做儿子的不孝顺，这也是天下的大害。又比如现在残害人的人，拿着他们的刀枪、毒药、水和火，用这些东西来相互残害，这也是天下的大害。

16.2 姑尝本原若众害之所自生[1]。此胡自生？此自爱人利人生与？即必曰非然也，必曰从恶人贼人生。分名乎天下恶人而贼人者，兼与[2]？别与[3]？即必曰别也。然即之交别者[4]，果生天下之大害者与？是故别非也。子墨子曰："非人者必有以易之，若非人而无以易之，譬之犹以水救火也[5]，其说将必无可焉。"是故子墨子曰：兼以易别。然即兼之可以易别之故何也？曰：藉为人之国[6]，若为其国，夫谁独举其国以攻人之国者哉[7]？为彼者由为己也[8]。为人之都，若为其都，夫谁独举其都以伐人之都者哉？为彼犹为己也。为人之家，若为其家，夫谁独举其家以乱人之家者哉？为彼犹为己也。然即国、都不相攻伐，人家不相乱贼，此天下之害与？天下之利与？即必曰天下之利也。

【注释】

〔1〕本原：追根溯源。

〔2〕兼：指兼爱。

〔3〕别：指区别对待别人和自我。

〔4〕即：同"则"（孙诒让说）。 交别：犹"交相别"（孙诒让说）。

〔5〕以水救火：当为"以水救水，以火救火"（俞樾说）。

〔6〕藉：假使。

〔7〕独：当为"犹"（陶鸿庆说）。

〔8〕由：同"犹"。

【译文】

　　姑且尝试追溯一下众多祸害产生的根源。这些都是从哪儿产生的呢？这是从爱人利人产生的吗？那么必定会回答不是这样，必定会说是从厌恶人贼害人产生的。先分清概念，天下那些厌恶人贼害人的人，是出于兼相爱呢？还是出于别人我呢？那么必定会说是别人我。既然这样，那么把自己和别人区别对待，果然是产生天下大祸害的根源吗？所以说"别"是不对的。墨子说：非议别人的人一定有别的主张来替代他，如果非议别人而没有别的主张来替代，就好像用水救水、用火救火一样，这种主张一定是无法实现的。因此墨子说：要用"兼"来替代"别"。既然这样，那么"兼"可以替代"别"的原因是什么呢？说道：假如为别人治理国家，就像为自己治理国家一样，那么谁还会发动全国的力量去攻打别国呢？为别人着想就像为自己着想一样。为别人治理都邑，就像为自己治理都邑一样，谁还会发动整个都邑的力量去攻打别人的都邑呢？为别人着想就像为自己着想一样。为别人管理家，就像为自己管理家一样，谁还会发动全家的力量去侵扰别人的家呢？为别人着想就像为自己着想一样。国家和国家、都城和都城不相互攻打，人与人、家与家不相互残害，这是天下的祸害呢？还是天下的利益呢？那么，必定会说是天下的利益。

　　16.3 姑尝本原若众利之所自生。此胡自生？此自恶人、贼人生与[1]？即必曰非然也，必曰从爱人、利人生。分名乎天下爱人而利人者，别与？兼与？即必曰兼也。然即之交兼者，果生天下之大利者与。是故子墨子曰：兼是也。且乡吾本言曰[2]："仁人之事者，必务求兴天下之利，除天下之害。"今吾本原兼之所生，天下之大利者也；吾本原别之所生，天下之大害者也。是故子墨子曰：别非而兼是者，出乎若方也[3]。

【注释】

〔1〕贼：伤害，祸害。

〔2〕乡：通"向"，从前。

〔3〕若：此，这。

【译文】

姑且尝试追溯一下众多利益产生的根源。这些都是从哪儿产生的呢？这是从厌恶人、祸害人产生的吗？那么必定会回答不是这样，必定会说是从爱人、利人产生的。先分清概念，天下爱人和利人的人，是因为别人我呢？还是因为兼相爱呢？一定说是兼相爱。既然这样，那么这种互爱互利，果真是产生天下大利益的根源吗？所以墨子说："兼"是对的。并且我以前说过："仁人的事业，务必追求兴天下之利，除天下之害。"现在我追溯到"兼"是产生天下之大利的本源，我追溯到"别"是产生天下之大害的本源。所以墨子说："别"是不对的，"兼"是对的，就是出于这个道理。

16.4 今吾将正求与天下之利而取之，以兼为正[1]。是以聪耳明目相与视听乎[2]，是以股肱毕强相为动宰乎[3]，而有道肆相教诲[4]。是以老而无妻子者，有所侍养以终其寿；幼弱孤童之无父母者，有所放依以长其身。今唯毋以兼为正，即若其利也[5]，不识天下之士，所以皆闻兼而非者，其故何也？

【注释】

〔1〕正：通"政"。

〔2〕与：一作"为"（于省吾说）。

〔3〕宰：犹"治"（吴毓江说）。

〔4〕肆：努力。

〔5〕若：若此，如此。

【译文】

现在我正寻求一个能够兴天下之利的方法而采用它，用"兼"去处理政事。是用灵敏的耳朵、明察的眼睛去帮助听和看，是用强有力的四肢去相互扶持，是努力用道义相互教诲。所以年老而没有妻子儿女的人能够得到奉养而寿终，年幼弱小孤单而没有父母的孩童能够有所依靠而长大。现在只要用"兼"去处理政事，就可以得到这样的利益，不知道天下的士人，听到"兼"就加以反对是什么缘故？

16.5 然而天下之士非兼者之言，犹未止也。曰："即善矣。虽然，岂可用哉？"子墨子曰："用而不可，虽我亦将非之。且焉有善而不可用者？姑尝两而进之。谁以为二士〔1〕，使其一士者执别，使其一士者执兼。是故别士之言曰：'吾岂能为吾友之身，若为吾身？为吾友之亲，若为吾亲？'是故退睹其友〔2〕，饥即不食，寒即不衣，疾病不侍养，死丧不葬埋。别士之言若此，行若此。兼士之言不然，行亦不然，曰：'吾闻为高士于天下者，必为其友之身，若为其身；为其友之亲，若为其亲，然后可以为高士于天下。'是故退睹其友，饥则食之，寒则衣之，疾病侍养之，死丧葬埋之。兼士之言若此，行若此。若之二士者，言相非而行相反与？当使若二士者〔3〕，言必信，行必果，使言行之合犹合符节也〔4〕，无言而不行也。然即敢问，今有平原广野于此，被甲婴胄将往战〔5〕，死生之权未可识也；又有君大夫之远使于巴、越、齐、荆，往来及否未可识也。然即敢问，不识将恶托家室？奉承亲戚〔6〕，提挈妻子〔7〕而寄托之，不识于兼之有是乎？于别之有是乎？我以为当其于此也，天下无愚夫愚妇，虽非兼之人，必寄托之于兼之有是也。此言而非兼，择即取兼，即此言行费也〔8〕。不识天下之士，所以皆闻兼而非之者，其故何也？"

【注释】

〔1〕谁：当为"设"之误（王引之说）。
〔2〕退：归，返回。
〔3〕当：疑为"尝"之借字（孙诒让说）。
〔4〕符节：古代朝廷传达命令、征调兵将或各项事务所用的一种凭证，材质不同，形状各异。当事双方各执一半，用时相合以验真伪。
〔5〕婴：围绕，缠绕。
〔6〕奉承：这里指奉养。 亲戚：古人指称父母为亲戚。
〔7〕提挈：提携，扶持，带领。
〔8〕费：通"拂"（王念孙说），违背。

【译文】

　　然而天下士人非议"兼"的言论并未停止。说道："'兼'的主张很好，即使如此，难道可以实行吗？"墨子说："如果不能用，即使是我也要非难它。况且哪里有好却不能用的东西呢？姑且尝试让主张'兼'和'别'的双方各按自己的主张行事。假设有两个人，让其中一个士人主张'别'，让另一个士人主张'兼'。所以主张'别'的人就会说：'我怎么能照顾我朋友的身体，就像照顾我自己的身体？怎么能照顾我朋友的亲人，就像照顾我自己的亲人？'所以回头再看他的朋友，饥饿不给他食物，寒冷不给他衣服，生病不加以照顾，死了也不埋葬。主张'别'的人的言论如此，行为也是如此。主张'兼'的人的言论就不是这样，行为也不是这样。他会说：'我听说天下品德高尚的人，必定照顾朋友的身体就像照顾他自己的身体，照顾朋友的亲人就像照顾自己的亲人，然后才能成为天下品德高尚的人。'所以回头看他的朋友，饥饿给他食物，寒冷给他衣服，生病加以照顾，死了帮助埋葬。主张'兼'的人言论如此，行为也是如此。像这样的两个人，言论不同而行为会完全相反吗？如果尝试让这两个人言必信，行必果，让他们言论和行为的符合程度就像符节一样契合，没有一句话不践行。那么请问：现在有平原旷野在这里，穿着铠甲戴着头盔前往作战，生死变化不可预知；又有大夫奉命出使遥远的巴、越、齐、荆等地，能否重返故乡也不可预料。那么请问：不知他该怎么托付他的家室？把奉养父母，照看妻子孩子的事该托付给谁呢？不知该托付给主张'兼'的朋友呢，还是托付给主张'别'的朋友呢？我认为在这种情况下，天下没有愚蠢的男女，即使是非议'兼'的人，也一定会托付给主张'兼'的人。在言论上非议'兼'，在选择上取用'兼'，这就是言论和行为相悖。不知道天下的士人，听到'兼'就都加以非议的原因何在？"

16.6 然而天下之士非兼者之言，犹未止也。曰：意可以择士[1]，而不可以择君乎？姑尝两而进之。谁以为二君，使其一君者执兼，使其一君者执别，是故别君之言曰："吾恶能为吾万民之身，若为吾身？此泰非天下之情也[2]。人之生乎地上之无几何也，譬之犹驰驷而过隙也。"是故退睹其万民，饥即不食，寒即不衣，疾病不侍养，死丧不葬埋。别君之言若此，行若此。兼君之言不然，行亦不然，曰："吾闻为明君于天下者，必先万民之身，后为其身，然后可以为明君于天下。"是故退睹其万民，饥即食之，寒即衣之，疾病侍养之，死丧葬埋之。兼君之言若此，行若此。然即交若之二君者，言相非而行相反与？常使若二君者，言必信，行必果，使言行之合犹合符节也，无言而不行也。然即敢问，今岁有疠疫[3]，万民多有勤苦冻馁[4]，转死沟壑中者[5]，既已众矣。不识将择之二君者[6]，将何从也？我以为当其于此也，天下无愚夫愚妇，虽非兼者，必从兼君是也。言而非兼，择即取兼，此言行拂也。不识天下所以皆闻兼而非之者，其故何也？

【注释】

〔1〕意：通"抑"，或者。

〔2〕泰非：绝非。

〔3〕疠疫：瘟疫。

〔4〕馁：饥饿。

〔5〕转死：死后弃尸。

〔6〕之：此。

【译文】

然而天下之人非议"兼"的言论还没有停止，他们说道：或许可用来选择士人，但却不可以用来选择国君吧？姑且尝试让主张"兼"和"别"的双方完全按各自的主张行事。假设有两位国君，让其中一位国君主张"兼"，让令一位国君主张"别"。所以主张"别"的君主会说："我怎么可能顾惜万民的身体就像顾惜我自己的身体？这绝非人之常情。人生活在世上非常短暂，就好比奔驰的驷马跨过缝隙一样。"所以回过头来看他的百姓，饥饿不给食物，寒冷不给衣服，生病不加以存问恩养，死了也不埋葬。主张"别"的国君言论如此，行为也如此。主张"兼"的国君言论就不是这样，行为也不是这样。他会说："我听说作为天下明君，必定会先考虑万民的身体，然后再考虑自己的身体，然后才可以成为天下明君。"所以回过头来看他的百姓，饥饿给食物，寒冷给衣服，生病就加以存问恩养，死了就帮助埋葬。主张"兼"的国君言论如此，行为也如此。然而像这两位国君，言论不同而行为会完全相反吗？如果尝试让这两位国君言必信、行必果，让他们的言论和行为就像符节一样契合，没有一句言论不践行。那么请问，今年有瘟疫流行，万民大多辛苦劳作却挨饿受冻，死后弃尸荒沟，这样的人已经很多了。不知道如果要从这两位国君中做选择时，该跟从哪一位呢？我认为在这种时候，天下没有愚蠢的夫妇，即使是非议"兼"的人，也一定会选择跟从主张"兼"的国君。言论上非议"兼"，选择的时候却选择"兼"，这就是言行相悖。不知道天下人之所以听到"兼"就都妄加非议的缘故何在？

16.7 然而天下之士非兼者之言也，犹未止也。曰：兼即仁矣，义矣。虽然，岂可为哉？吾譬兼之不可为也，犹挈泰山以超江河也。故兼者直愿之也〔1〕，夫岂可为之物哉？子墨子曰：夫挈泰山以超江河，自古之及今〔2〕，生民而来未尝有也。今若夫兼相爱，交相利，此自先圣六王者亲行之。何知先圣六王之亲行之也？子墨子曰：吾非与之并世同时，亲闻其声，见其色也。以其所书于竹帛，镂于金石，琢于槃盂，传遗后世子孙者知之。《泰誓》曰："文王若日若月乍照〔3〕，光于四方，于西土。"即此言文王之兼爱天下之博大也，譬之日月兼照天下之无有私也〔4〕。即此文王兼也，虽子墨子之所谓兼者，于文王取法焉。

【注释】

〔1〕直：仅，只是。

〔2〕之：犹"以"（王焕镳说）。

〔3〕乍：通"作"（孙诒让说）。

〔4〕兼照：普照。

【译文】

　　然而天下之人非议"兼"的言论还是没有停止。他们会说："兼"就是仁，就是义。虽然如此，难道这样就能实现了吗？我打个比方，"兼"不可实现就好比举起泰山还要跨过长江、黄河一样。所以说"兼"只是一种美好的愿望，难道还能践行吗？墨子说：举起泰山并跨过长江、黄河，从古到今，自从有人类以来就从未有过。至于像兼相爱，交相利，这可是从古时六位圣王开始就亲自践行的。怎么知道古时六位圣王亲自践行了呢？墨子说：我没有和他们生活在同一时代，没有亲耳听到他们的声音，亲眼看到他们的表情，而是凭借他们书写在竹帛上，铭在金石上，刻在盘盂器皿中，留传给后世子孙的记载中才知道的。《秦誓》说："文王像日月普照，光耀四方，遍及西方的土地。"这就是说文王兼爱天下人的博大胸怀，就像日月普照天下一样没有偏私。这就是文王的"兼"，即使墨子所说的兼，也是从文王那里取法而来的。

　　16.8 且不唯《泰誓》为然，虽《禹誓》即亦犹是也。禹曰："济济有众〔1〕，咸听朕言。非惟小子〔2〕，敢行称乱〔3〕，蠢兹有苗〔4〕，用天之罚，若予既率尔群对诸群，以征有苗。"禹之征有苗也，非以求以重富贵、干福禄〔5〕、乐耳目也，以求兴天下之利，除天下之害。即此禹兼也。虽子墨子之所谓兼者，于禹求焉。

【注释】

　　〔1〕济济：众多貌，形容人才盛多。
　　〔2〕小子：古时帝王对自己的谦称。
　　〔3〕称：举。
　　〔4〕蠢：不逊。
　　〔5〕干：求。

【译文】

况且不仅《泰誓》是这样，即使《禹誓》也是如此。禹说："大众百姓，都听我言。并非小子我敢发动战乱，有苗蠢蠢欲动，我要代替上天对他们加以惩罚。现在我率领你们各部的族长，去征讨有苗。"禹征讨有苗，并不是看重富贵、追求福禄、娱乐耳目，而是追求兴天下之利益，除天下之害。这就是禹的"兼"。即使墨子所说的"兼"，也是从禹那里取法而来的。

16.9　"且不唯《禹誓》为然，虽《汤说》即亦犹是也。汤曰："惟予小子履[1]，敢用玄牡[2]，告于上天后[3]，曰：'今天大旱，即当朕身履，未知得罪于上下，有善不敢蔽，有罪不敢赦，简在帝心[4]。万方有罪，即当朕身，朕身有罪，无及万方。'"即此言汤贵为天子，富有天下，然且不惮以身为牺牲，以祠说于上帝鬼神[5]。即此汤兼也。虽子墨子之所谓兼者，于汤取法焉。

【注释】
　　[1]履：商汤之名。
　　[2]玄牡：黑色的公牛。
　　[3]后：疑当为"后土"（孙诒让说）。
　　[4]简：存。
　　[5]祠：祭祀。　说：通"悦"，取悦。

【译文】

况且不仅《禹誓》是这样，即使《汤说》也是如此。汤说："小子履斗胆地用黑色的公牛祭告皇天后土，曰：'如今天下大旱，罪责由我一人承担，不知道如何得罪了上下天地。我有善行不敢隐瞒，有恶行不敢赦免，这都在天帝心里。如果天下人有罪过，我愿意一人承担，我有了罪过，不希望连累天下人。'"这就是说汤贵为天子，富有天下，然而尚且不惜以自身为祭祀品，通过祭祀取悦于

上帝鬼神。这就是汤的"兼"。即使是墨子所说的"兼",也是从汤
那里取法而来的。

16.10 且不惟《誓命》与《汤说》为然,《周诗》即亦
犹是也。《周诗》曰:"王道荡荡[1],不偏不党,王道平
平,不党不偏。其直若矢,其易若底[2]。君子之所履,
小人之所视。"若吾言非语道之谓也,古者文武为正[3],
均分赏贤罚暴,勿有亲戚弟兄之所阿[4]。即此文武兼
也。虽子墨子之所谓兼者,于文武取法焉。不识天下之
人,所以皆闻兼而非之者,其故何也?

【注释】

〔1〕王道:通往西周都城的大道,指最光明伟大的治国之道。
〔2〕易:平。 底:当为"砥",磨刀石。
〔3〕正:同"政"。
〔4〕阿:偏袒,迎合。

【译文】

况且不仅《誓命》和《汤说》是这样,《周诗》也是如此。《周
诗》上说:"王道浩荡,没有偏私没有结党。王道平坦,没有结党
没有偏私。它像箭一样笔直,像磨刀石一样光滑。这是君子所践行
的,是百姓们所仰望的。"如果我的话还不足以说明大道,那么古
时文王、武王处理政事,分配公正,赏罚分明,从不偏袒父母兄弟
亲戚。这就是文王和武王的"兼"。即使是墨子所说的"兼",也是
从文王和武王那里取法而来的。不知道天下之人,听到"兼"就都
加以非议是什么缘故?

16.11 然而天下之非兼者之言,犹未止曰:意不忠亲之
利[1],而害为孝乎? 子墨子曰:姑尝本原之孝子之为亲

度者。吾不识孝子之为亲度者，亦欲人爱利其亲与？意欲人之恶贼其亲与？以说观之，即欲人之爱利其亲也。然即吾恶先从事即得此？若我先从事乎爱利人之亲，然后人报我爱利吾亲乎？意我先从事乎恶人之亲，然后人报我以爱利吾亲乎？即必吾先从事乎爱利人之亲，然后人报我以爱利吾亲也。然即之交孝子者[2]，果不得已乎？毋先从事爱利人之亲者与？意以天下之孝子为遇而不足以为正乎[3]？姑尝本原之。先王之所书《大雅》之所道曰："无言而不雠[4]，无德而不报。投我以桃，报之以李。"[5]即此言爱人者必见爱也[6]，而恶人者必见恶也。不识天下之士，所以皆闻兼而非之者，其故何也？

【注释】

〔1〕忠：当为"中"，符合。

〔2〕之交孝子：犹上文称"交兼"、"交别"（孙诒让说），这里指相互为孝子。

〔3〕遇：当为"愚"的同声假借字（孙诒让说）。

〔4〕雠：应答。

〔5〕这四句诗出自《诗经·大雅·抑》。

〔6〕见：被。

【译文】

然而天下非议"兼"的言论还没有停止，他们会说：或许这样不符合双亲的利益，因而有害于孝之道吧？墨子说：姑且尝试追溯一下孝子为双亲做打算的本源。我不知道孝子为双亲做打算，是为了让人爱并有利于他的双亲呢？还是希望别人憎恨和残害他的双亲呢？从常理来看，是希望别人爱并有利于他的双亲。那么，我需要先做什么才能达到这样的效果呢？是我先从事于爱并有利于别人的双亲，然后别人才会爱并有利于我的双亲以回报我呢？还是我先从事于憎恨和残害别人的双亲，然后别人才爱并有利于我的双亲来回报我呢？那必定是我先从事于爱并有利于别人的双亲，然后别人才会爱并有利于我的双亲来回报我。那么这种相互为孝子的情况，果真是出于不得已吗？我是不要先从事于爱并有利于别人的双亲呢？还是以为天下的孝子都很愚蠢而不足以理解榜样的示范作用？姑且尝试探究一下本源。先王之书《大雅》中的道术上说："没有什么话没有应答，没有什么恩德没有回报。你送给我桃子，我就会还给你李子。"这就是说爱别人的人一定会被别人爱，厌恶别人的人一定会被别人厌恶。不知道天下的士人听到"兼"就非议，究竟是何缘故？

16.12 意以为难而不可为邪？尝有难此而可为者。昔荆灵王好小要，当灵王之身，荆国之士饭不踰乎一〔1〕，固据而后兴〔2〕，扶垣而后行〔3〕。故约食为其难为也，然后为而灵王说之，未踰于世而民可移也〔4〕，即求以乡其上也。昔者越王勾践好勇，教其士臣三年，以其知为未足以知之也，焚舟失火〔5〕，鼓而进之，其士偃前列〔6〕，伏水火而死，有不可胜数也。当此之时，不鼓而退也〔7〕，越国之士可谓颤矣〔8〕。故焚身为其难为也，然后为之越王说之，未踰于世而民可移也，即求以乡上也。昔者晋文公好苴服，当文公之时，晋国之士，大布之衣，牂羊之裘，练帛之冠，且苴之履〔9〕，入见文公，出以践之朝。故苴服为其难为也，然后为而文公说之，未踰于世而民可移也，即求以乡其上也。是故约食、焚舟、苴服，此天下之至难为也，然后为而上说之，未踰于世而民可移也。何故也？即求以乡其上也。今若夫兼相爱、交相利，此其有利且易为也，不可胜计也。我以为则无有上说之者而已矣，苟有上说之者，劝之以赏誉，威之以刑罚，我以为人之于就兼相爱、交相利也〔10〕，譬之犹火之就上，水之就下也，不可防止于天下。

【注释】

〔1〕踰：超过。
〔2〕据：《说文》："据，杖持也。"手持木杖。
〔3〕垣：矮墙。
〔4〕踰：当为"渝"，改变（孙诒让说）。
〔5〕焚舟：当为"焚内"，参见上篇。
〔6〕偃：扑倒，卧倒。
〔7〕退：疑当为"进"（吴汝纶说）。
〔8〕颤：当为"惮"（吴毓江说），《广雅·释诂》："惮，强也。"
〔9〕且：当为"粗"（毕沅说）。 苴：麻。
〔10〕就：趋向，靠近。

【译文】

　　或许有人会认为"兼"太困难而无法做到吧？但曾有比这更难的事情却可以做到的。从前楚灵王喜欢细腰的人，整个楚灵王时代，楚国士人每天吃饭不超过一顿，要靠木杖才能站起来，扶着墙才能行走。本来节食是很难做到的事情，但是为了取悦灵王，时代未变而民风就已经改变了，不过是以此来求得迎合上面罢了。从前越王勾践喜欢勇士，教导他的臣子三年，知道凭自己的智慧还不足以预料教导的结果，就放火焚烧寝宫，击鼓让将士前进，前排的将士纷纷倒地，倒在火里死去的人不计其数。在这个时候，即使不击鼓，将士们仍会前进，越国的将士可以说是强盛了。所以焚火烧身本来是难做到的事，而为了让越王高兴却做到了，时代未改而民风就已经改变了，不过是以此来迎合上面罢了。从前晋文公喜欢穿粗布衣服，在文公时代，晋国的士人，穿着粗布做的衣服和母羊皮做的皮裘，戴着普通丝绸做的帽子，脚穿粗麻做的鞋子，进见文公，出来后上朝。本来穿粗布做的衣服是很难做到的，但是为了取悦文公却做到了，时代未改而民风却已经变了。所以节食、焚宫、穿粗布衣服是天下人难做到的，然而为了让君王高兴却做到了，时代未改而民风却可以改变，这是为什么呢？不过是以此来迎合上面罢了。现在像"兼相爱、交相利"，这种主张不仅是有利的，而且容易做到，好处不可胜数。我认为如果没有君王喜欢也就罢了，如果有君王喜欢，就用奖赏来鼓励大家，用惩罚来威胁大家，我认为天下人追求"兼相爱、交相利"，就像火向上行，水向下流，在整个天下都是势不可挡的。

16.13 故兼者圣王之道，王公大人之所以安也，万民衣食之所以足也。故君子莫若审兼而务行之〔1〕，为人君必惠，为人臣必忠，为人父必慈，为人子必孝，为人兄必友，为人弟必悌。故君子莫若欲为惠君、忠臣、慈父、孝子、友兄、悌弟，当若兼之不可不行也。此圣王之道而万民之大利也。

【注释】

〔1〕莫若：不如。 务：致力于。

【译文】

所以"兼"是圣王之道，是王公大人得以安宁，广大百姓的衣食得以满足的根源。所以君子不如审慎地致力于并切实地实行"兼"。为人君主一定要有恩惠，为人臣子一定要讲忠信，为人父一定要知慈爱，为人子一定要懂孝顺，为人兄一定要友爱，为人弟一定要敬爱。所以君子不如做有恩惠的君王，忠诚的大臣，慈爱的父亲，孝顺的儿子，友爱的兄长，敬顺的弟弟，那么"兼"这样的主张就不能不实行。这是圣王之道，也是万民的最大利益。

【评析】

"兼爱"思想在墨子思想体系中处于最核心的地位，最具原创性和革命性，同时也是墨家学派区别于先秦其他诸子学派的重要标志。本篇承前两篇的论述，一是对"兼爱"思想作了更进一步的阐发，二是对论证角度作了一些调整，从中不难看出墨子对于如何将"兼爱"付诸社会实践有过深入思考和多方面的考量。

前文曾经提到，"兼爱"思想相对于儒家的"仁爱"思想而言，尽管有继承的一面，但其暗含的颠覆性和破坏性因素却更加厉害，最关键的一点就在于"兼爱"明确反对"仁爱"思想中的"别"，并将"别"视为人类社会发展过程中的大敌，是当今天下大乱的根源。由于"兼爱"思想中暗含着人人平等的理论张力，而这一点恰恰对传统社会"家天下"的社会等级秩序和君君臣臣、父父子子的伦理秩序有着致命的解构作用，因而，墨子的"兼爱"思想一出现就遭到了全天下人的质疑和非难，"天下之士，非兼者之言，犹未止也"。只是由于"兼爱"思想占据着道德制高点，当时理论界多把质疑的矛头指向"兼爱"思想的可行性："虽然，岂可为哉？"对于这些质疑和非难，墨子旗帜鲜明地提出"兼以易别"，用兼爱取代有差别的爱，因为有差别的爱会导致人人自私自利、损人利己，最终导致人类道德败坏、政治动荡。"兼之可以易别之故"，主要就在于"兼"可以使人爱人利人，从而使天下得利；而"别"恰与此相反，只能使人交恶相贼，从而使天下受害。更难得的是，"兼爱"思想从一开始就与"利益"二字息息相关。"兼相爱，交相利"，墨子谈"兼爱"的同时始终不忘冠以"利"的桂冠。虽然"利"之一物为满口仁义的儒家君子所不取，但无可否认，"利"是人们在现实中最易为之驱使的一种力量，墨子对此种力量认识颇深。更何况，墨子理论视野中的"利"并不是"别"者口中的私欲私利，而是升华为全天下人的公利。孟子说："墨子兼爱，摩顶放踵利天下为之。"(《孟子·尽心上》)尽管孟子大力反对墨家，但其不经意间的评论却最能道出墨家的真精神。

墨子不但"横眉冷对千夫所指"，更一针见血地指出反对者们致命的理论缺陷，"言而非兼，择即取兼"。"兼爱"不是不好，而是太好，好到能够占据伦理大义的制高点，所以才会有反对者们口非心是的矛盾行为。对于反对者"即善矣，虽然，岂可用哉"的质疑，墨子则采取了摆事实、讲道理、引经据典的方式正面回应。他首先采取直观对比的方式，设为执别者和执兼者两种角色，通过极致演绎法，让人们看到别与兼之间截然不同的实际效果和巨大的道德落差，从而自信地得出结论："我以为当其于此也，天下无愚夫愚妇，虽非兼者，必从兼君是也。"接下来，墨子又接连引用《泰誓》、《禹誓》、《汤说》、《周诗》等大量经典，用大禹、商汤、周文王、周武王的言行有力地印证了"兼者圣王之道"的结论。

正如墨子引用过的先王之书《大雅》中所歌颂的那样，"无言不雠，无德不报"、"投我以桃，报之以李"，这种质朴的伦理观念简单而美好。只要稍稍做一点理论引申，就是"爱人者必见爱也，而恶人者必见恶也"的"兼爱"思想了。墨子认为，他所坚持的"兼爱"思想既质朴又崇高，其前景也同样乐观，"我以为人之于就兼相爱，交相利也，譬之犹火之就上，水之就下也，不可防止于天下"。兼爱既是大爱，也有大利。正是在这种信念的支撑下，墨子才振奋精神，率领弟子们一往无前地走了下去。

非攻上

【题解】

　　《非攻》分上、中、下三篇，本篇为上篇。《非攻》的主旨是反对侵略战争，墨子提倡"非攻"，实质上是对"兼爱"思想提供理论支持，或者说是"兼爱"思想的系统化。在墨子看来，人类社会之所以动荡不安，根源就在于人类自身存在特定的思想误区，小事明白大事糊涂。窃人桃李、杀人越货叫不义，"大为攻国，则弗知非"。天下"君子"不以为非，反以为美。这种思想上的误区才是最可怕的，因为这种认识实质上为恃强凌弱者打开了方便之门，从而导致道德沦丧，弱肉强食。文章从人们习以为常的日常生活现象谈起，由小及大，从具体到抽象，推理严密，论证坚确不移，具有极强的说服力。

　　17.1 今有一人，入人园圃，窃其桃李，众闻则非之，上为政者得则罚之。此何也？以亏人自利也。至攘人犬豕鸡豚者[1]，其不义又甚入人园圃窃桃李。是何故也？以亏人愈多，其不仁兹甚[2]，罪益厚。至入人栏厩，取人马牛者，其不仁义又甚攘人犬豕鸡豚。此何故也？以其亏人愈多。苟亏人愈多，其不仁兹甚矣，罪益厚。至杀不辜人也，拖其衣裘[3]，取戈剑者，其不义又甚入人栏厩取人马牛。此何故也？以其亏人愈多。苟亏人愈多，其不仁兹甚矣，罪益厚。当此，天下之君子皆知而非之，谓之不义。今至大为攻国，则弗知非，从而誉之，谓之义。此可谓知义与不义之别乎？

【注释】

〔1〕攘：偷盗，抢夺。 豕：猪。 豚：小猪。

〔2〕兹：通"滋"，更。

〔3〕扡：同"拖"，拉下，剥下。

【译文】

　　这里有一个人，潜入别人的果园，偷窃园中的桃李，大家听到就会指责他，执政的长官捕获窃贼就会处罚他。这是为什么？因为他损害别人的利益以求利己。至于偷人的鸡啊狗啊大猪小猪的，他的不义又超过潜入别人园圃偷窃桃李的行为。这是为什么？因为损害别人的利益更多，他的不仁更甚，罪过更重。至于进入别人的牛栏马厩，盗走别人牛马的人，他的不仁义又超过了偷盗别人鸡狗猪豚的行为。这是为什么？因为他损害别人愈发严重。如果说损害别人越多，那么他的不仁就更甚，罪过就更重。至于杀害无辜的人，剥下他的衣服皮裘，夺走他的戈剑，这种不义又超过了进入别人栏厩抢走马牛的行为。这是为什么？因为他损害别人愈发多。如果说损害别人越多，那么他的不仁义就更加过分，罪过更加严重。面对这些事，天下的君子都知道去谴责，称之为不义。当今最大的不义是攻打别人的国家，不但没有人知道反对，反而跟着称赞这种行为是义。这能说是明白义和不义的区别吗？

　　17.2 杀一人谓之不义，必有一死罪矣〔1〕。若以此说往〔2〕，杀十人十重不义，必有十死罪矣；杀百人百重不义，必有百死罪矣。当此，天下之君子皆知而非之，谓之不义。今至大为不义攻国，则弗知非，从而誉之，谓之义，情不知其不义也〔3〕，故书其言以遗后世。若知其不义也，夫奚说书其不义以遗后世哉〔4〕？

【注释】

〔1〕有：构成。

〔2〕以此说往：指以此类推。

〔3〕情：通"诚"（王念孙说），的确，实在。

〔4〕奚说：怎么解释，什么理由。

【译文】

杀一个人叫不义，必定构成一项死罪。如果以此类推，杀十个人，就有十重不义，必定构成十项死罪；杀一百人，就有百重不义，必定构成百项死罪。面对这些，天下的君子都知道去谴责，称之为不义。当今最大的不义是攻打别的国家，却没有人知道反对，反而跟着称赞这种行为是义，的确是不懂这是不义，所以才会记载下那些称赞攻国的话留给后世。如果知道攻打别国是一种不义，有什么理由还要记下这些不义的言论留给后代呢？

17.3 今有人于此，少见黑曰黑，多见黑曰白，则以此人不知白黑之辩矣〔1〕；少尝苦曰苦，多尝苦曰甘，则必以此人为不知甘苦之辩矣。今小为非，则知而非之；大为非攻国，则不知非，从而誉之，谓之义。此可谓知义与不义之辩乎？是以知天下之君子也，辩义与不义之乱也。

【注释】

〔1〕辩：通"辨"，辨别。

【译文】

现在有这样一个人，少见黑说是黑，多见黑就说是白，那么一定会认为这个人不知道辨别黑白。少尝苦说是苦，多尝苦说是甜，那么一定会认为这个人不知道辨别甘苦。如今小事上做错，人们知道责备他；大事上做错去攻打别国，却不知责备，反而跟着称赞为义。这能说是明辨义和不义吗？由此可知，天下君子判断义与不义的观念是多么混乱啊！

【评析】

　　从逻辑上看，"兼爱"是墨子思想体系的核心，"非攻"只是"兼爱"思想的理论延伸。但从墨子的主观目的和客观社会实践来看，"非攻"却是墨子理论的落脚点和积极救世的实际切入点。所谓"非攻"，就是反对和制止不义的侵略战争。墨子生活的时代，正是春秋五霸方告一段落、战国七雄又乘势而起的时期，中原大地上硝烟不断，战火连天，真所谓"争地以战，杀人盈野，争城以战，杀人盈城"（《孟子·离娄下》）。众多中小国家夹在大国之间，处处受制于人，不胜蚕食之苦。墨子生活在日渐式微的鲁国，对战争带来的不幸、灾难与痛苦有着真切的生活体验，这是他矢志不渝地提倡"非攻"思想的强烈主观愿望，也是他全身心投入到改变这个恃强凌弱社会现实的强大动力。止楚攻宋，止鲁阳文君攻郑，止齐太公攻鲁，这些都是历史事实，也是墨子身上最能打动人心的地方。

　　《非攻》上篇作为三篇之首，重在一个破字，破除人类对不义战争的迷思，破除人类思想误区的迷雾。在墨子看来，人类社会动荡不安的根源就在于人类自身存在的思想误区，即很容易在大是大非面前忘记原则或者在大事和小事上持双重标准而不自知。说起来简单，但当局之人往往难以自悟。在这个问题上，墨子不但独具慧眼，而且在说理方面也能做到化繁为简、游刃有余。文章从人们习以为常的日常生活现象谈起，运用演绎推理的方法，由小及大，从具体到抽象，推理针线绵密，执论坚确不移，具有极强的说服力。窃人桃李、杀人越货叫不义，"大为攻国，则弗知非"。天下"君子"不但不以为非，反而推波助澜。这种思想上的误区才是最可怕的，因为这种认识实质上为恃强凌弱者打开了方便之门，从而导致道德沦丧，弱肉强食。全篇并没有过多着墨于"非攻"，但每句话都是为"非攻"作铺垫。墨子在说理过程中，不但运用了排比的长句形式，还连续运用了比喻的修辞技巧，文章既明白易懂，又具备雄辩的气势和逻辑的力量。

　　值得一提的是，墨家十分重视逻辑学的研究，对逻辑学的发展作出了重要的贡献。因此，我们可以看到，墨子在论辩中十分讲究推理、比喻、引证等逻辑方法。《非攻上》采取了演绎推理的逻辑方法，从日常现象出发，窃人桃李有错，连续推论出杀一人有一重死罪，杀十人有十重死罪，杀百人有百重死罪，列国攻伐杀人无数则罪就更大。从具体到抽象，层层推进，使文章显示出严密的逻辑性和强大的说服力量。由于墨子善于从日常生活出发进行严密推理，从而使文章明白易懂，具有极强的说服力。

非攻中

　　本篇主旨依然是对侵略战争的谴责与非难，但相比前篇那种总纲似的破论立论，本篇则是与论敌展开了正面论战。墨子开篇列举了发动战争的种种害处，归结为一点，就是攻伐之害实质上是在"夺民之用，废民之利"，使百姓因错过农时而丧失立国之本。墨子认为对于一个国家来说，最重要的是人民而不是土地，以牺牲人民为代价，发动战争去夺取土地，并非明智之举，也不是为政者所应当做的事。当论敌指出攻伐能为本国带来巨大好处时，墨子则一针见血地指出："虽四五国则得利焉，犹谓之非行道也。"认为靠发动不义战争得到的利益是得不偿失的。最后，墨子警告那些利欲熏心的论敌"不镜于水而镜于人"，因为攻战取胜方往往容易滋生骄奢之心，最终招来杀身之祸。历史的前车之鉴表明，侵略者从来没有好下场。

　　18.1 子墨子言曰："古者王公大人[1]，为政于国家者，情欲毁誉之审，赏罚之当，刑政之不过失。"是故子墨子曰："古者有语：'谋而不得，则以往知来，以见知隐[2]。'谋若此，可得而知矣。今师徒唯毋兴起[3]，冬行恐寒，夏行恐暑，此不可以冬夏为者也。春则废民耕稼树艺，秋则废民获敛。今唯毋废一时[4]，则百姓饥寒冻馁而死者，不可胜数。今尝计军上[5]，竹箭羽旄幄幕[6]，甲盾拨劫[7]，往而靡弊腑冷不反者[8]，不可胜数；又与矛戟戈剑乘车〔9〕，其列住碎折靡弊而不反者〔10〕，不可胜数；与其牛马肥而往，瘠而反，往死亡而不反者，不可胜数；与其涂道之修远，粮食辍绝而不继，百姓死者，不可胜数也；与其居处之不安，食饭之不时〔11〕，饥饱之不节，百姓之道疾病而死者〔12〕，不可胜数；丧师多不可胜数，丧师尽不可胜计，则是鬼神之丧其主后〔13〕，亦不可胜数。"

【注释】

〔1〕古者：当为"今者"（王念孙说）。

〔2〕见：通"现"，指明显的事情。

〔3〕师徒：军队。 毋：语气词。

〔4〕时：时令节气，这里指季节。

〔5〕上：当为"出"之误（孙诒让说）。

〔6〕羽旄：用羽毛和牦牛尾做装饰的旗帜，也泛指大旗。 幄：帐幕。

〔7〕拨：谓大盾。 劫：刀柄，指代刀（孙诒让说）。

〔8〕弊：破，坏。 腑冷：腐烂（毕沅说）。冷，当作"泠"，泠、零古通（于省吾说）。

〔9〕乘车：兵车。

〔10〕列住：当为"往则"（孙诒让说）。住，当为"往"之误（毕沅说）。

〔11〕不时：不按时。

〔12〕道：由（吴汝纶说）。

〔13〕鬼神之丧其主后：指神失去其主祭，鬼失去其后裔（李笠说）。

【译文】

墨子说："现在的王公大人，处理国家政事，的确希望做到批评和称赞都很审慎，奖赏和惩罚都很恰当，刑法和政令没有过失。"所以墨子又说："古语说：'思考而没有结论，那就从以往推知未来，用显见的事情推知隐藏的事情。'像这样思考问题，就可以得到结论了。现在如果率军出征，冬天行军害怕寒冷，夏天行军害怕酷暑，这就是避免冬天和夏天行军的道理。春天出征会耽误百姓耕作种植，秋天出征会耽误百姓收获储藏。现在如果耽误了一个季节，那么百姓饥寒而死者就会不计其数。现在尝试计算一下军队的支出：竹箭旌旗帐幕，铠甲盾牌和刀等，发出用坏腐烂而收不回来的情况多得数不清；还有那些戟戈剑战车等，发出而被破碎毁坏收不回来的情况也多得数不清；还有那些牛马出征的时候很肥壮，回来的时候很瘦弱，出去后死了回不来的情况也多得数不清；还有那种路途遥远，粮食断绝供应不上而让百姓死掉的情况也多得数不清；还有那种将士居住不得安宁，吃饭不能按时，饥饱无度，百姓在路上因为疾病而死去的情况也多得数不清。伤亡的士兵多得数不清，全军覆没的情况也多得数不清，那么神失去主祭、鬼丧失后裔的情况，也会多得数不清。"

18.2 国家发政，夺民之用，废民之利，若此甚众，然而何为为之？曰："我贪伐胜之名，及得之利，故为之。"子墨子言曰："计其所自胜，无所可用也；计其所得，反不如所丧者之多。今攻三里之城，七里之郭〔1〕，攻此不用锐，且无杀而徒得此然也。杀人多必数于万，寡必数于千，然后三里之城、七里之郭，且可得也。今万乘之国〔2〕，虚数于千〔3〕，不胜而入〔4〕；广衍数于万〔5〕，不胜而辟。然则土地者，所有余也；王民者，所不足也。今尽王民之死，严下上之患〔6〕，以争虚城，则是弃所不足，而重所有余也〔7〕。为政若此，非国之务者也。"

【注释】

〔1〕三里之城，七里之郭：指内城三里、外城七里的小城池。

〔2〕乘：四马一车称为一"乘"。

〔3〕虚：一种较大的行政区划。《说文》："古者九夫为井，四井为邑，四邑为丘，丘谓之虚。"

〔4〕胜：承担，承受。 入：指被管理。
〔5〕衍：平地。
〔6〕严：急，紧急。
〔7〕重：看重，重视。

【译文】

　　国家发布政令，剥夺百姓的财用，损害民众的利益，像这样的情况很多，然而为什么会这样做呢？说道："我贪图攻伐胜利的名声，以及随后得到的利益，所以这样做。"墨子说："只考虑自己得到的胜利，并没有什么用处；计算胜利所得，反而比不上战争中损失的多。现在攻打内城三里、外城七里的小城池，如果不用精锐部队，并且不屠杀就能白白得到，这是不可能的。被杀的人多者必定超过万数，少的也必有数千，然后内城三里、外城七里的小城池才能得到。现在有万辆兵车的大国，辖下小城数以千计，治理都治理不过来；土地广延万里，开垦都开垦不完。既然如此，那么土地是君王多余的东西，百姓是君王所不足的财富。现在却让君王的百姓都死掉，加重举国上下的祸患，去争夺多余的小城池，那就是抛弃自己所不足的东西，却看重本来就多余的东西。如此处理政务，就不是国家应当尽力去做的。"

　　18.3 饰攻战者言曰〔1〕："南则荆、吴之王，北则齐、晋之君，始封于天下之时，其土地之方〔2〕，未至有数百里也；人徒之众，未至有数十万人也。以攻战之故，土地之博至有数千里也；人徒之众至有数百万人。故当攻战而不可为也〔3〕。"子墨子言曰："虽四五国则得利焉，犹谓之非行道也。譬若医之药人之有病者然。今有医于此，和合其祝药之于天下之有病者而药之〔4〕，万人食此，若医四五人得利焉，犹谓之非行药也〔5〕。故孝子不以食其亲，忠臣不以食其君。古者封国于天下，尚者以耳之所

闻〔6〕，近者以目之所见，以攻战亡者，不可胜数。何以
知其然也？东方有莒之国者〔7〕，其为国甚小，间于大国
之间〔8〕，不敬事于大，大国亦弗之从而爱利〔9〕。是以东
者越人夹削其壤地，西者齐人兼而有之。计莒之所以亡
于齐越之间者，以是攻战也。虽南者陈、蔡，其所以亡
于吴越之间者，亦以攻战。虽北者且不一著何〔10〕，其所
以亡于燕代胡貉之间者〔11〕，亦以攻战也。"是故子墨子
言曰："古者王公大人〔12〕，情欲得而恶失，欲安而恶危，
故当攻战而不可不非。"

【注释】
〔1〕饰：文饰，掩饰。
〔2〕方：通"旁"，广（王焕镳说）。
〔3〕故当攻战而不可为也：孙诒让认为此句当作"故当攻战而不可非
为"，今从之。万历本"为"字为"已"，可备一说。
〔4〕和合：调配，搅拌。祝药：疑当为"药祝"，即药剂（高亨说）。
〔5〕行药：可通用之药。
〔6〕尚：同"上"（毕沅说）。
〔7〕莒国：古国名，故址在今山东莒县。
〔8〕大国：指齐国、越国。
〔9〕大国亦弗之从而爱利：句有误倒，当为"大国亦弗从而爱利之"。
一说本无"大"字，或"大"字为"夫"字之误。
〔10〕且不一著何："一"为衍文。且、不著何，均为古国名。"且"
为"徂"之借字，"不著何"即"不屠何"，徂国和不屠何国皆为当时北方
少数民族建立的国家。
〔11〕胡貉：战国时期对北方少数民族的泛称。
〔12〕古者：当为"今者"（王念孙说）。

【译文】
　　那些替攻战者辩解的人说："南方有楚吴的国君，北方有齐晋

的国君，他们最初受封于天下的时候，土地面积还没有数百里，人口数目还未达数十万。因为攻伐征战的缘故，土地扩大到数千里方圆，人口发展到数百万之众。所以攻战是无可非议的。"墨子说："只有四五个国家得到好处，还不能说是治理国家的正道。就像医生医治病人：现在有这样的医生，为天下的病人调配好药剂，一万个人服用这种药，如果只医好了四五个人，仍然不能说是可以通行的药。所以孝子不会给他的双亲吃这种药，忠臣也不会给他的君主吃这种药。古代受封号于天下的国家，年代久远凭耳朵听到的，年代近用眼睛看到的，因为攻战而灭亡的，数不胜数。怎么知道是这样的呢？东方有个莒国，是一个很小的国家，夹在大国的中间，不肯恭敬地服事大国，大国也不会因而爱护并替它谋利。所以东面的越国削减它的国土，西面的齐国兼并它的土地。考虑莒国灭亡于越齐两国间的原因，就是因为攻战。还有南面的陈、蔡两国，它们在吴、越之间被灭亡的原因，也是因为攻战。还有北面的柤国和不屠何国，它们之所以被燕、代、胡、貊等族所消灭，也是因为攻战的缘故。"所以墨子说："现在的王公大人，如果确实希望有所得而不想失去，希望安定而厌恶危难，那么对攻战就不能不反对。"

18.4 饰攻战者之言曰："彼不能收用彼众，是故亡。我能收用我众，以此攻战于天下，谁敢不宾服哉？"子墨子言曰："子虽能收用子之众，子岂若古者吴阖闾哉？古者吴阖闾教七年，奉甲执兵[1]，奔三百里而舍焉[2]，次注林[3]，出于冥隘之径[4]，战于柏举[5]，中楚国而朝宋与及鲁[6]。至夫差之身，北而攻齐，舍于汶上[7]，战于艾陵[8]，大败齐人而葆之大山[9]；东而攻越，济三江五湖[10]，而葆之会稽[11]，九夷之国莫不宾服[12]。于是退不能赏孤[13]，施舍群萌[14]，自恃其力，伐其功，誉其智，怠于教，遂筑姑苏之台[15]，七年不成。及若此，则吴有离罢之心[16]。越王勾践，视吴上下不相得，收其众以复其仇，入北郭，徙大内〔17〕，围王宫，而吴国以亡。昔者晋有六将军，而智伯莫为强焉〔18〕。计其土地之博，人徒之众，欲以抗诸侯，以为英名攻战之速〔19〕。故差论其爪牙之士〔20〕，皆列其舟车之众，以攻中行氏而有之。以其谋为既已足矣，又攻兹范氏而大败之，并三家以为一家，而不止，又围赵襄子于晋阳〔21〕。及若此，则韩、魏亦相从而谋曰：'古者有语：唇亡则齿寒。'赵氏朝亡，我夕从之；赵氏夕亡，我朝从之。《诗》曰：'鱼水不务〔22〕，陆将何及乎〔23〕！'是以三主之君，一心戮力，辟门除道，奉甲兴士，韩、魏自外，赵氏自内，击智伯，大败之。"

【注释】

〔1〕奉：披。

〔2〕舍：休息。

〔3〕次：军队临时驻扎和住宿。 注林：古地名，不详。

〔4〕冥隘：古关塞名，在今河南信阳境内。

〔5〕柏举：古楚地名，在今湖北麻城。

〔6〕中楚国：指吴国攻入楚国都城郢。 朝：使宋、鲁两国来朝见。

〔7〕汶上：古地名，在今山东济宁境内。

〔8〕艾陵：古地名，在今山东泰安境内。

〔9〕葆：通"保"，保全。 大山：即泰山。

〔10〕三江五湖：古代说法不一，一般认为三江指松江、钱塘江、浦阳江；五湖指太湖及其附近湖泊。

〔11〕会稽：山名，在今浙江绍兴东南。

〔12〕九夷：古代对东部各民族的通称。

〔13〕孤：无父曰孤。

〔14〕萌："氓"字之假音，老百姓。

〔15〕姑苏台：台名，在今江苏苏州西南。

〔16〕罢：通"疲"。

〔17〕大内：疑为大舟（孙诒让说）。

〔18〕智伯：即智伯瑶，为晋国六卿之一的智氏。 为：犹"与"（于省吾说）。

〔19〕为：成就。

〔20〕爪牙之士：指勇士。

〔21〕赵襄子：为晋国六卿之一的赵氏。

〔22〕务：疑当为"骛"（孙诒让说），疾驰。

〔23〕陆：在陆地上。以上二句为逸诗，不见于今本《诗经》。

【译文】

那些替攻战者辩解的人说："他们不能团结他们的民众，所以灭亡。我能够团结我的民众，以此征战天下，谁敢不臣服呢？"墨子说："你即使能团结你的民众，你难道能比得上古时吴国的阖闾吗？古时吴王阖闾训练士兵七年，让他们身穿铠甲、手持兵器，急行军三百里才停下来，在注林驻扎，穿过冥隘的小路，在柏举作战，称霸楚国并让宋国和鲁国前来朝拜。等到夫差的时候，向北攻打齐国，在汶上驻扎，在艾陵作战，大败齐军，迫使齐国退守泰山。向东攻打越国，渡过三江五湖，迫使越国退守会稽，九夷之国无不臣服。但是撤兵之后，不能抚恤阵亡将士的幼子，不能施恩于百姓，而是自恃兵力强大，夸耀自己的功劳，称赞自己的才智，放松了对士兵的训练，然后建造姑苏台，七年都没有建成。等到这个时候，吴国百姓就有离散叛乱之心。越王勾践看到吴国上下离心离德，就暗地收拢他的民众，前来报仇，从吴国的北城攻入，拖走吴王的大船，包围了吴王的宫殿，于是吴国灭亡。以前晋国有六位将军，而智伯最为强大。考虑到他的土地广大，人口众多，就想凭借这些来对抗诸侯，以攻战迅速成就英名。所以遴选手下勇士，排列好战车和战船，前去攻打中行氏并最终占有了它。他认为自己的智谋已经足够丰富，又去攻打范氏并取得胜利，把三家并为一家仍不停止，又在晋阳包围了赵襄子。等到这个时候，韩、魏也相互商量说：'古语有这样的说法：唇亡则齿寒。'赵国早上灭亡，晚上我们就会跟着灭亡；赵国晚上灭亡，早上我们就会跟着灭亡。《诗经》上说：'鱼在水中不快游，抓到岸上怎及回头？'所以三家的君主同心协力，打开各自的城门，开辟相互之间的道路，披甲兴兵。

韩国和魏国从外面攻打，赵国在城里呼应，攻打智伯并彻底打败了他。"

18.5 是故子墨子言曰："古者有语曰：'君子不镜于水而镜于人[1]。镜于水，见面之容；镜于人，则知吉与凶。'今以攻战为利，则盖尝鉴之于智伯之事乎[2]？此其为不吉而凶，既可得而知矣。"

【注释】

〔1〕镜：用如动词，即以水为镜、以人为镜。

〔2〕盖：通"盍"，何不。 鉴：借鉴。

【译文】

所以墨子说："古语有言：'君子不以水为镜，而以人为镜。以水为镜，只能看到人的容貌；以人为镜，就可以知道吉凶。'现在你们认为攻战有利，那么为什么不尝试借鉴一下智伯的教训呢？那么攻占不是吉事而是凶事，就可以知道了。"

【评析】

相比先秦时代其他思想家而言，墨子是一位真正意义上的草根圣人。他出身不彰，持有坚定的平民立场，却能够心系苍生、放眼天下，以大无畏的牺牲精神践行自己的思想和理想，在这方面其他思想家鲜有能及者。我们通过墨子的"非攻"思想就能够非常清晰地看到，墨子身上具备那种"铁肩担道义，妙手著文章"的担当精神和仁者情怀。

本篇主旨依然是对侵略战争的谴责与非难，但相比前篇的总纲式立论，本篇则是展开了与论敌的正面交锋，借此完整展现自己的"非攻"思想。墨子开篇就引用古语佐证自己的观点："谋而不得，则以往知来，以见知隐。"围绕"非攻"思想是非对错的种种争论也许一时难以辨明，但我们可以借助历史这面镜子来反观自我，历史可以正是非，可以知得失，可以照亮未来。接下来，墨子从历史经验的角度列举了发动战争带来的种种危害，归根结底，攻伐之害实质上是在"夺民之用，废民之利"。战争首先会占用农时，耽误百姓春种秋收，从而丧失立国之本；其次，战争还会消耗大量的生产生活物质，给本已疲敝不堪的百姓生活更加困苦不堪；最后，战争还会吞噬大量的劳动人口，直接动摇国本。墨子认为，对于一个国家来说，最重要的是人民而不是土地，当今天下本来就是地广人稀，以牺牲人民为代价去夺取土地显然并非明智之举，也不是为政者的当务之急。当论敌指出攻伐可以在短期内为本国带来巨大利益时，墨子则一针见血地指出："虽四五国则得利焉，犹谓之非行道也。"从人类发展的角度看，战争对于强国来说确实是原始资本积累的捷径。但对于墨子来说，战争不仅破坏生产、消耗人口，更对人类社会整体的发展起到严重的阻碍作用。这显然是一个立场问题，论敌的立场是站在强国的角度看问题，而墨子则站在天下百姓的立场上看待问题的，所以才会有如此尖锐的矛盾冲突。最后，墨子警告那些利欲熏心的论敌，攻战取胜方往往容易滋生骄奢之心，最终会招来杀身之祸。他提醒人们，要"不镜于水而镜于人"。历史的前车之鉴表明，侵略者从来不会有好下场。

儒墨两家同为当时显学，思想观点判然有别，但在触及当时最为关键的战争问题时，出奇地一致。孟子认为："春秋无义战。"（《孟子·尽心下》）而墨子更是大张旗鼓地反对不义的战争，亲力亲为去"止楚攻宋"。遗憾的是，儒家的"义"太过强调道德的纯粹性，因而排斥任何"利"的因素。孔子曰："君子喻于义，小人喻于利。"（《论语·里仁》）太史公也不免感叹："嗟乎，利诚乱之始也！"（《史记·孟子荀卿列传》）墨家则从来不避讳谈"利"，墨子在说"兼相爱，交相利"的时候，其实已经把"利"纳入到"义"的范畴了。因为墨子所说的"利"中明显剔除了"私利"的因素，而是大力提倡"公利"的成分，所以墨子才会与弟子们"摩顶放踵利天下为之"（《孟子·尽心上》）。太史公云："天下熙熙，皆为利来；天下攘攘，皆为利往。"（《史记·货殖列传》）如果天下熙熙攘攘的人群皆是如墨子这般为公利而来，那么即便全天下的社会活动皆"利"字当头，依然是令人惊喜和易于接受的。而"非攻"思想的实质就在于，墨子从天下苍生的公利出发，呼吁大家停止以私利为目的的互相攻伐。"天下兴亡，匹夫有责。"墨子的"非攻"思想和"止楚攻宋"的行动就是对这句话最精彩的诠释。

非攻下

【题解】

　　《非攻》下篇主题依然是对战争的质疑和非难，但论证的重心却与中篇有所区别，从求助于历史经验转而借助天鬼。这个论证角度的展开来源于论敌的反击，墨子的论敌妄图从根本上摆脱战争"不义"的不利地位。墨子根据论敌的反击意图，及时调整论证重点，首先提出判断义与不义的判断标准："上中天之利，而中中鬼之利，而下中人之利。"以此标准为基础，严格区分了上古圣王的"诛"与好攻伐之君的"攻"之间正义与非正义战争的区别，战争的正义性取决于是否以天下苍生的福祉为终极目的，真正的正义之师"天下无敌"。墨子的反击论点鲜明，论证严密，从而有效地维护了"非攻"思想的理论阵地。

　　19.1 子墨子言曰：今天下之所誉善者[1]，其说将何哉？为其上中天之利，而中中鬼之利，而下中人之利，故誉之与[2]？意亡非为其上中天之利[3]，而中中鬼之利，而下中人之利，故誉之与？虽使下愚之人，必曰："将为其上中天之利，而中中鬼之利，而下中人之利，故誉之。"今天下之同义者，圣王之法也。今天下之诸侯将犹多皆免攻伐并兼[4]，则是有誉义之名，而不察其实也。此譬犹盲者之与人，同命白黑之名，而不能分其物也，则岂谓有别哉？是故古之知者之为天下度也，必顺虑其义而后为之行[5]。是以动则不疑，速通成，得其所

欲，而顺天鬼百姓之利，则知者之道也。是故古之仁人
有天下者，必反大国之说[6]，一天下之和，总四海之
内，焉率天下之百姓[7]，以农臣事上帝山川鬼神[8]。利
人多，功故又大，是以天赏之，鬼富之，人誉之，使贵
为天子，富有天下，名参乎天地，至今不废。此则知者
之道也，先王之所以有天下者也。

【注释】

〔1〕誉善：据下文当为"誉义"。

〔2〕与：同"欤"，句末语气词，表疑问。

〔3〕意，通"抑"。亡，通"无"。

〔4〕免："勉"之省文（吴毓江说），勉力。

〔5〕顺：通"慎"（于省吾说）。

〔6〕大国之说：指攻伐之说（王闿运说）。

〔7〕焉：犹"乃"（孙诒让说）。

〔8〕农：从事农业生产。

【译文】

墨子说：如今天下所称誉的道义，应当作何评论呢？是因为它上符合天帝的利益，中符合鬼神的利益，下符合人的利益，所以称赞它呢？还是因为它上不符合天帝的利益，中不符合鬼神的利益，下不符合人的利益，所以称赞它呢？即使是最愚蠢的人，也一定会说："当然是它上符合天帝的利益，中符合鬼神的利益，下符合人的利益，所以称赞它。"如今天下共同遵循的道义，是圣王的法则。如今天下的诸侯，还有很多都在竭力攻伐征战和兼并别国，也就是空自称赞道义的名声，而没有明察道义的实质。这就好比盲人和正常人一样，同是知道黑和白的名称，但不能分别黑和白的实物，那么这怎么能说是有分辨能力呢？所以古代有智慧的人为天下谋虑，必定会慎重考虑是否符合道义，然后才实行。所以做了就不再迟疑，迅速成功，得到他所想要的东西，而且也顺应了天帝鬼神和百姓的利益，那才是有智者之道啊。所以古时拥有天下的仁人，一

定会反对国家之间相互攻伐的主张，让天下的人和睦相处，统一四海之内的国家。于是率领天下的百姓，致力于农业生产，以此来事奉天帝山川和鬼神。给人带来的利益多，功劳又大，所以上天赏赐他，鬼神让他富裕，人民称赞他，让他贵为天子，富有天下，名扬天地之间，到现在都没停止。这就是智者之道，是先王所以能够拥有天下的根本原因。

19.2 今王公大人、天下之诸侯则不然，将必皆差论其爪牙之士，皆列其舟车之卒伍[1]，于此为坚甲利兵，以往攻伐无罪之国。入其国家边境，芟刈其禾稼[2]，斩其树木，堕其城郭[3]，以湮其沟池[4]，攘杀其牲牷[5]，燔溃其祖庙[6]，劲杀其万民[7]，覆其老弱，迁其重器[8]，卒进而柱乎斗[9]，曰："死命为上，多杀次之，身伤者为下。又况失列北桡乎哉[10]！罪死无赦。"以譚其众[11]。夫无兼国覆军，贼虐万民，以乱圣人之绪[12]。意将以为利天乎？夫取天之人，以攻天之邑，此刺杀天民[13]，剥振神之位[14]，倾覆社稷，攘杀其牺牲，则此上不中天之利矣。意将以为利鬼乎？夫杀之人，灭鬼神之主[15]，废灭先王，贼虐万民，百姓离散，则此中不中鬼之利矣。意将以为利人乎？夫杀之人，为利人也博矣[16]。又计其费此，为周生之本[17]，竭天下百姓之财用，不可胜数也，则此下不中人之利矣。

【注释】

〔1〕卒伍：泛指军队。《周礼》："五人为伍，五伍为两，四两为卒。"

〔2〕芟：除草。 刈：割。

〔3〕堕：同"隳"，毁坏。

〔4〕湮：淤塞，填塞。

〔5〕牲牷：牺牲完好无损。《周礼》郑注："六牲，谓牛、马、羊、豕、犬、鸡。牷，体完备。"

〔6〕燔：烧。 溃：垮塌，崩坏。

〔7〕劲杀：刑杀。

〔8〕重器：国家的宝器，象征着国家政权。

〔9〕柱：当为"极"之误，"极"为"亟"的借字。 乎，当为衍文（戴望说）。

〔10〕北桡：当作"北挠"，败逃（毕沅说）。

〔11〕譂：即"惮"字（毕沅说）。

〔12〕绪：业。

〔13〕天民：上天的子民。墨子认为天下百姓均为上天的子民。

〔14〕剥、振：皆有"裂"的意思。

〔15〕鬼神之主：鬼神的牌位。主为神所冯依，无人奉祀之则废（尹桐阳说）。

〔16〕博：当为"渃"，指悖谬（高亨说）。

〔17〕周：当为"害"（王念孙说）。

【译文】

如今的王公大人和天下的诸侯却不是这样，他们必定要遴选自己的勇士，排列各自的战车和战船队伍，在这里置备坚甲利兵，用以攻打那些没有罪过的国家。进入别国的国境，收割他们的谷物，砍掉他们的树木，摧毁他们的城墙，填平他们的沟渠，抢走杀死他们的牲畜，烧毁他们的宗庙，杀害他们的百姓，消灭他们的老弱，抢走他们的国家重器，最终演变成拉锯战，说："为国家战死者为上，杀人多者稍次，身负重伤者为下。又何况那些落伍败逃的人呢！他们都该杀无赦。"以此来震慑他们的士兵。兼并别人的国家，覆灭别人的军队，虐害万民，来败坏圣人的事业。难道还认为这样是上有利于上天吗？用上天的子民去攻打上天的城邑，这是杀死上天的子民，毁坏神灵的神位，颠覆社稷，夺走牺牲，那么这就不符合上天的利益了。难得还认为这样是中有利于鬼神吗？杀害人民，毁坏鬼神的牌位，废弃先王的祭祀，虐害万民，百姓流离失散，这就不符合鬼神的利益了。难道还认为这是有利于人民吗？杀害人家的百姓还认为是有利于人民，这是荒谬的。再考虑战争的耗费，这是在危害民生的根本，消耗天下百姓的财用多得数不清，这就不符合人民的利益。

19.3 今夫师者之相为不利者也，曰：将不勇，士不分[1]，兵不利，教不习，师不众，率不利和[2]，威不圉[3]，害之不久[4]，争之不疾，孙之不强[5]，植心不坚，与国诸侯疑。与国诸侯疑，则敌生虑而意嬴矣。偏具此物，而致从事焉，则是国家失卒[6]，而百姓易务也。今不尝观其说好攻伐之国？若使中兴师，君子庶人也，必且数千，徒倍十万[7]，然后足以师而动矣。久者数岁，速者数月，是上不暇听治，士不暇治其官府，农夫不暇稼穑，妇人不暇纺绩织纴，则是国家失卒，而百姓易务也。然而又与其车马之罢弊也，幔幕帷盖，三军之用，甲兵之备，五分而得其一，则犹为序疏矣[8]。然而又与其散亡道路，道路辽远，粮食不继傺[9]，食饮之时[10]，厕役以此饥寒冻馁疾病，而转死沟壑中者，不可胜计也。此其为不利于人也，天下之害厚矣。而王公大人，乐而行之。则此乐贼灭天下之万民也，岂不悖哉！今天下好战之国，齐、晋、楚、越，若使此四国者得意于天下，此皆十倍其国之众，而未能食其地也。是人不足而地有余也。今又以争地之故，而反相贼也，然则是亏不足而重有余也。

【注释】

〔1〕分：疑当为"奋"，音近假借（孙诒让说）。
〔2〕利：疑当为衍文。
〔3〕圉：抵御，防御。
〔4〕害：当读为"遏"（于省吾说），阻遏。

〔5〕孙：疑当为"系"之误（孙诒让说）。
〔6〕卒：旧本或作"率"，法度（王焕镳说）。
〔7〕倍：同"负"，指负担给役之人（吴毓江说）。
〔8〕序疏：当为"厚余"，指多余（孙诒让说）。
〔9〕不继傺：指"不接"，上顿不接下顿（俞樾说）。
〔10〕之时：当为"不时"（王念孙说）。

【译文】

　　如今军队统帅都认为不利的事情是：将军不英勇，士兵不振奋，兵器不锋利，教授技能不练习，军中士兵不多，将士不和睦，遇到威胁无法抵御，阻遏敌人不能持久，两军交战不能速胜，维系民心不够有力，树立决心不够坚定，与同盟诸侯国相互猜疑。与同盟诸侯国相互猜疑，就会产生疑虑而削弱共同对敌的信心。如果这些问题都存在，还要致力于攻伐征战，那么国家就失去了法度，百姓也容易改变本业。现在何不尝试观察那些喜欢攻伐征战的国家，如果他们兴兵打仗，必须征用君子庶人数千人，运送粮草辎重也要十万人，然后才能兴师出征。长则数年，快则数月。所以君王没有时间处理政务，士大夫没有时间管理官府，农夫没有时间耕种，妇女没有时间纺纱织布，于是国家就会失去法度，百姓也容易改变本业。然而还有车马的损耗，帷幕遮盖，三军的费用，铠甲和兵器等装备，能收回五分之一，就算很多了。然而还有在道路上走散逃亡的，因为道路遥远，粮食难以供应，饮食无法按时供应，杂役之人饥饿寒冷生病而死于沟壑之中的，也数不胜数。这就是不利于人民，是天下最大的祸害。然而王公大人却乐此不疲，那么这种快乐就是残害天下万民，难道不是有悖于道义吗？现在天下喜欢打仗的国家有齐、晋、楚、越，如果让他们称霸天下，那么即使让他们国家人口增加十倍，也不耕种完他们的土地，那是因为人口不足而土地有余啊。现在又因为争夺土地而互相残害，这就是亏其不足而增其有余了。

　　19.4　今逞夫好攻伐之君[1]，又饰其说以非子墨子曰："以攻伐之为不义，非利物与？昔者禹征有苗，汤伐桀，武王伐纣，此皆立为圣王，是何故也？”子墨子曰："子未察吾言之类，未明其故者也。彼非所谓攻，谓诛也[2]。昔者三苗大乱，天命殛之[3]，日妖宵出[4]，雨血三朝，龙生于庙，犬哭乎市，夏冰，地坼及泉，五谷变化[5]，民乃大振[6]。高阳乃命玄宫[7]，禹亲把天之瑞令[8]，以征有苗，四雷诱祗[9]，有神人面鸟身，若瑾以侍[10]，搤矢有苗之祥[11]，苗师大乱，后乃遂几[12]。禹既已克有三苗，焉磨为山川，别物上下，卿制大极[13]，而神民不违，天下乃静，则此禹之所以征有苗也。遝至乎夏王桀，天有酷命[14]，日月不时，寒暑杂至，五榖焦死，鬼呼国，鹤鸣十夕余。天乃命汤于镳宫，用受夏之大命：'夏德大乱，予既卒其命于天矣，往而诛之，必使汝堪之。'汤焉敢奉率其众[15]，是以乡有夏之境，帝乃使阴暴毁有夏之城。少少有神来告曰：'夏德大乱，往攻之，予必使汝大堪之[16]。予既受命于天，天命融隆火于夏之城间西北之隅[17]。'汤奉桀众以克有夏，属诸侯于薄[18]，荐章天命[19]，通于四方，而天下诸侯莫敢不宾服，则此汤之所以诛桀也。遝至乎商王纣，天不序其德，祀用失时，兼夜中，十日，雨土于薄[20]，九鼎迁止[21]，妇妖宵出，有鬼宵吟，有女为男，天雨肉，棘生乎国道，王兄自纵也[22]。赤鸟衔珪[23]，降周之岐社[24]，曰：'天命周文王，伐殷有国。'泰颠来宾[25]，河出《绿图》[26]，地出乘黄[27]。武王践功，梦见三神曰：'予既沉渍殷纣于酒德矣，往攻之，予必使汝大堪之。'武王乃攻狂夫，反商之周，天赐武王黄鸟之旗[28]。王既已克殷，成帝之来[29]，分主诸神，祀纣先王，通维四夷[30]，而天下莫不宾，焉袭汤之绪，此即武王之所以诛纣也。若以此三圣王者观之，则非所谓攻也，所谓诛也。"

【注释】

〔1〕逮：古通"逮"（洪颐煊说），等到。

〔2〕诛：正义讨伐有罪。

〔3〕殪：诛杀。

〔4〕日妖宵出："妖"字疑为衍文。 宵：夜。

〔5〕五谷变化：指五谷生长和成熟不按季节来。

〔6〕振：同"震"（毕沅说）。

〔7〕高阳乃命玄宫：此句疑有脱误，当为"高阳乃命禹于玄宫"。 高阳，指帝喾六世孙舜。

〔8〕瑞令：以玉制成的信符。《说文》："瑞，以玉为信也。"

〔9〕四雷诱祇：疑为"雷电誖振"。"誖"通"勃"，"振"通"震"（孙诒让说）。

〔10〕若瑾：疑为"奉圭"之误（孙诒让说）。

〔11〕搤矢："搤"通"扼"，用手掐住，引申为控制。矢，当为"夫"之误。 祥：疑当为"将"（孙诒让说）。

〔12〕几：式微，败落。

〔13〕卿制大极：疑为"乡制四极"（孙诒让说）。

〔14〕鞈命：疑当为"酷命"，即严命（孙诒让说）。

〔15〕焉：乃（王引之说）。

〔16〕堪：《尔雅》："堪，胜也。"

〔17〕融：祝融，火神。 隆：丰隆，雷神。

〔18〕属：同"合"。 薄：即南亳，在今河南偃师，商汤的都城。

〔19〕荐：进。 章：明。

〔20〕雨土：指从天上落下土块。

〔21〕迁止：即"迁处"（尹桐阳说）。

〔22〕兄：同"况"，益，更加（王念孙说）。

〔23〕珪：《初学记》引作"书"。

〔24〕岐社：岐山之社，即周王室设在岐山祭祀土地神的地方。

〔25〕宾：归顺。

〔26〕《绿图》："绿"通"箓"，"箓图"即"图箓"、"图谶"，指古代帝王自称受命于天的神秘文书。《淮南子·俶真训》："至德之世，洛出丹书，河出绿图。"

〔27〕乘黄：神马名。《宋书·符瑞志》："帝舜即位，地出乘黄之马。"

〔28〕黄鸟：即皇鸟，凤凰一类的鸟，以此为旗，可以聚集士众（尹桐阳说）。

〔29〕来：当为"赉"，赏赐（毕沅说）。

〔30〕维：当作"于"（孙诒让说）。

【译文】

如今那些喜欢攻伐的君主，还文饰他们的主张来非难墨子，说："难道攻伐就是不道义的，就没有益处吗？从前大禹征讨有苗氏，汤讨伐夏桀，武王诛罚商纣，都被立为圣王，这是为什么呢？"墨子说："你没有明察我说话内容的分类，没有明白其中的缘故。那不是'攻'，而是'诛'。从前三苗大乱，天命要诛灭他们。太阳在夜间出现，连下三天血雨，龙在祖庙出现，狗在市集啼哭，夏天结冰，大地开裂至下及泉水，五谷不按季节成熟，人民大为震惊。舜帝就在玄宫发布命令，大禹手持上天授予的玉制信符，去征讨有苗氏。四方雷电震动，有人面鸟身的天神，手捧玉圭侍立在旁，抓住有苗氏的大将，有苗军队大乱，随后就衰落下来。大禹征服有苗氏之后，划分山川，区分事物的上下之位，节制四方，从而使鬼神和人民互不违背，天下得以安定，这就是大禹之所以要征讨有苗氏的原因。等到夏桀的时候，上天降下严命，日月不定时，寒暑错乱，五谷枯萎而死，国中鬼叫，鹤鸣十余天。上天在镳宫命令商汤，让他接管夏的天命：'夏朝德行败坏，我已断绝了夏朝的天命，去征讨他，一定会让你取得胜利。'汤于是才敢带领他的军队，进入夏的国境，天帝于是暗中毁坏夏的城池。不久，有神人来告诉汤说：'夏的德行已经完全败坏，去攻打他，我一定会让你取得成功。我已经受命于上天，上天命令火神祝融和雷神丰隆在夏国都城西北角降下大火。'汤率领夏桀倒戈的军队战胜了夏，在薄地会合诸侯，宣布天命，通告天下四方，而天下的诸侯没有敢不服从的，这就是汤诛杀桀的原因。等到商纣王的时候，上天因为他德行败坏，不按时祭祀，连续十天半夜出太阳，在薄地降下土雨，九鼎离位，妖女夜出，有鬼夜号，有女子变为男子，天上降下肉雨，国中道路上长满荆棘，纣王自己也更加放纵。红鸟衔书降落在周之岐社，说：'上天命令周文王攻打殷并占有他的国家。'泰颠来归顺文王，河中浮出《绿图》，地上出现神马乘黄。武王继位，梦到三位神人，说：'我已经让纣沉溺于酒色之中，去攻打他，一定会让你取得成功。'于是武王去攻打狂妄的纣王，推翻商朝然后建立周朝，上天赐给武王上绣黄鸟的旗子。武王攻克纣王之后，完成了上天的赐命，命令诸侯分别主祭诸神，并祭祀纣的先王，政令通达四方，天下没有人敢不服从。于是承继汤的基业，这就是武王诛杀纣王的原因。如果从这三位圣王来看，那么这种战争不应该叫'攻'，而应该叫'诛'。"

19.5 则夫好攻伐之君，又饰其说以非子墨子曰：子以攻伐为不义，非利物与？昔者楚熊丽始封此睢山之间[1]，越王繄亏出自有遽[2]，始邦于越[3]，唐叔与吕尚邦齐、晋[4]。此皆地方数百里，今以并国之故，四分天下而有之。是故何也？子墨子曰：子未察吾言之类，未明其故者也。古者天子之始封诸侯也，万有余，今以并国之故，万国有余皆灭，而四国独立。此譬犹医之药万有余人[5]，而四人愈也，则不可谓良医矣。

【注释】

〔1〕楚熊丽：《史记·楚世家》："鬻熊子，事文王蚤卒，其子曰熊丽。"讨：当为"封"（毕沅说）。睢山：在今湖北南漳。

〔2〕繄亏：越国始封君主的名字，即无余。有遽：古地名，不详。

〔3〕邦：建立国家。

〔4〕唐叔：名虞，晋国始封君主。吕尚：即姜子牙，齐国始封君主。

〔5〕医：指医生。药：开药方抓药，指治疗。

【译文】

然而那些喜欢攻伐的国君，又文饰他们的主张来非难墨子说：

你难道认为攻伐就是不道义，就没有任何益处吗？从前楚国的熊丽始受封于睢山之间；越王繁亏在有遽兴起，开始在越建立国家；唐叔和吕尚分别在齐和晋建立国家。这原来都是方圆数百里的地方，现在因为兼并他国的缘故，都拥有天下四分之一的土地，是什么缘故呢？墨子说：你没有明察我说话内容的分类，没有明白其中的缘故。古代天子开始分封诸侯，有一万多人，现在因为兼并的原因，一万多个国家都灭亡了，独有这四个国家存在。这就像医生医治一万多个人，而只有四人治愈，那就不能称为良医。

19.6 则夫好攻伐之君又饰其说曰：我非以金玉、子女、壤地为不足也，我欲以义名立于天下，以德求诸侯也。子墨子曰：今若有能以义名立于天下，以德求诸侯者，天下之服可立而待也。夫天下处攻伐久矣，譬若傅子之为马然〔1〕。今若有能信效，先利天下诸侯者〔2〕，大国之不义也，则同忧之；大国之攻小国也，则同救之；小国城郭之不全也，必使修之；布粟之绝，则委之；币帛不足，则共之〔3〕。以此效大国〔4〕，则小国之君说。人劳我逸，则我甲兵强。宽以惠，缓易急，民必移〔5〕。易攻伐以治我国，攻必倍〔6〕。量我师举之费〔7〕，以争诸侯之毙〔8〕，则必可得而序利焉。督以正，义其名，必务宽吾众，信吾师，以此授诸侯之师〔9〕，则天下无敌矣，其为下不可胜数也。此天下之利，而王公大人不知而用，则此可谓不知利天下之巨务矣。

【注释】
〔1〕傅子：即"孺子"（尹桐阳说）。
〔2〕效：当为"交"。信交，指相交以信（孙诒让说）。
〔3〕共：通"供"。

〔4〕效：当为"校"，抗御（吴毓江说）。

〔5〕移：归附。

〔6〕攻：借为"功"（孙诒让说）。

〔7〕师举：兴师，发动战争。

〔8〕争：当作"诤"，靖，平定（王焕镳说）。

〔9〕授：当为"援"（孙诒让说），取。

【译文】

　　然而那些喜欢攻伐的国君又文饰他们的主张来非难墨子说：我并不是因为金玉、人民、土地不足，我想用仁义的名声立于天下，想用仁德让诸侯归附。墨子说：如今如果有能用仁义的名声立于天下的人，有能用仁德让诸侯归附的人，整个天下的归附也就指日可待了。天下处于攻伐的状态之中太久了，就好比童子以竹竿为马一样，不过是一场游戏。现在假如有人能用信义相交，先为天下诸侯谋利，大国有不道义的行为，就共同为他担忧；大国攻打小国，就共同出手援救；小国的城墙有不完整的，一定帮它修理好；布匹和粮食不足，就想办法运送给它；钱币不足，就供给它。凭借这些去抵御大国，那么小国的国君就会很高兴。别人劳累，我安逸，那么我的兵力就会强盛。宽厚而又慈惠，以宽缓取代急躁，民心必定会归向我。把攻伐转变成治理国家，功效必定会加倍。计算我军发动战争的费用，去安抚诸侯的危困，就一定能取得丰厚的利益。用公正去督率民众，用正义来立名，必定要宽厚地对待我们的民众，信任我们的军队，用这些来援助诸侯的军队，就会天下无敌了，带给天下的利益也会数不胜数。这是天下的大利，而王公大人却不知道运用，这可以说是不知道为天下谋利益的要务所在啊。

　　19.7 是故子墨子曰：今且天下之王公大人士君子〔1〕，中情将欲求兴天下之利，除天下之害，当若繁为攻伐，此实天下之巨害也。今欲为仁义，求为上士，尚欲中圣王之道〔2〕，下欲中国家百姓之利，故当若非攻之为说，而将不可不察者，此也。

【注释】

〔1〕今且：犹"今夫"。

〔2〕尚：通"上"（孙诒让说）。

【译文】

因此墨子说：如今天下的王公大人和士人君子，内心确实想要追求兴天下之利，除天下之害，但如果频繁地进行攻伐，这实在是天下的大害啊。如今想要行仁义，追求做高尚之士，上要符合圣王之道，下要符合国家百姓的利益，所以对"非攻"这样的主张，就不能不加以明察，道理就在于此。

【评析】

在墨子的思想体系中，逻辑起点是天和鬼神，理论重心是伦理与正义，落脚点则是天下百姓的福祉。正是因为天和鬼神是墨子理论合法性与权威性的起点，所以墨子才会不遗余力地论证"天志"的尊严与权威，鬼神的存在与威能。有了这些，墨子的"兼爱"与"非攻"思想才有了牢固的理论基石，一切的是非对错才有了明确的判断标准："将为其上中天之利，而中中鬼之利，而下中人之利。"墨子指出："昔三代圣王既没，天下失义，诸侯力正。"（《明鬼下》）权威与正义的力量来源于天和鬼神，其丧失是因为"皆以疑惑鬼神之有与无之别，不明乎鬼神之能赏贤而罚暴也。"（《明鬼下》）权威与正义的丧失导致了"诸侯力正"、天下大乱。说到底，是因为权威的力量与正义的观念难以遏制人们心中追逐私利的贪念，而人人追逐私利的后果就是弱肉强食的丛林法则。孟子曾言："人之异于禽兽者几希，庶民去之，君子存之。"（《孟子·离娄下》）人类社会之所以能够超越动物性本能而发展成为高等文明，正是因为人在道德与理性方面的卓越成就，如果人类自甘堕落，为一己私利而不惜点燃罪恶的战火，弃理性、抛正义、罔顾天下苍生的福祉，与禽兽又有什么不同呢？所以说，墨子高举"非攻"的旗帜与那些为虎作伥的论敌展开了针锋相对的论辩，他指出："是故古之仁人有天下者，必反大国之说，一天下之和，总四海之内，焉率天下之百姓，以农臣事上帝山川鬼神。利人多，功故又大，是以天赏之，鬼富之，人誉之，使贵为天子，富有天下，名参乎天地，至今不废。"

与身处高堂的王公大人们相比，以天下苍生为念的墨子显然更有发言的权利。那些所谓的王公大人，有多少人会在乎平凡而真实的生命呢？他们唯一在乎的，只是胜利的果实，甚至没有考虑这种果实有没有"毒副作用"。所以，战端才会如此轻易地开启，甚至不需要任何理由，"入其国家边境，芟刈其禾稼，斩其树木，堕其城郭，以湮其沟池，攘杀其牲牷，燔溃其祖庙，劲杀其万民，覆其老弱，迁其重器，卒进而柱乎斗。"理性、正义、生命的尊严、文明的价值，一切全都不管不顾，取而代之的，是赤裸而冷酷的军令："死命为上，多杀次之，身伤者为下"，而身后只留下"白骨露于野，千里无鸡鸣"（曹操《蒿里行》）的荒凉大地。老子云："天之道，损有余而补不足。人之道则不然，损不足以奉有余。孰能有余以奉天下，唯有道者。是以圣人为而不恃，功成而不处，其不欲见贤。"（《道德经》七十七章）墨子秉承老子悲天悯人的圣人情怀，严厉驳斥了论敌们以战为利的论调，指出："今天下好战之国，齐、晋、楚、越，若使此四国者得意于天下，此皆十倍其国之众，而未能食其地也。是人不足而地有余也。今又以争地之故，而反相贼也，然则是亏不足而重有余也。"墨子坚持认为，大国可以得意一时，但绝不会有好下场，真正能"天下无敌"的，是"督以正，义其名"的仁义之师。

对于战国初期诸侯割据的局面，墨子主张统一。只是墨子心中的统一蓝图并非是大国以武力吞并小国的那种弱肉强食式的统一，而是应该以和平的方式和手段进行。墨子的具体主张是首先要求诸侯各国尊重并承认天子的权威，"尚同"于天子；当然，墨子所指的天子并非周王室的继承人，而是以"尚贤"精神推举出来的天子。其次，墨子还要求天下人之互爱互利，这是实现"天下大同"的民意基础。最后，作为民意代表的天子还必须秉承悲天悯人的圣人情怀，坚持"非攻"的政治理念。毕竟，战争永远是最为激烈的政治表现形式，也是一种近乎自残的内耗。无论寻找多少借口，战争的结局永远都意味着生命的凋谢、骨肉的离散、物质与精神世界的双重伤害。也正因如此，墨子郑重告诫世人："当若非攻之为说，而将不可不察者，此也。"先哲之言，对今天的我们又何尝不是一种警醒呢？

节用上

【题解】

　　《节用》分为上、中、下三篇，今下篇亡佚，此为上篇。节用是墨子学说的重要内容，也是墨家思想区别于百家思想的重要标志。节用思想的主旨是"去无用之费"，即不追求华丽的形式而只注重实用，凡是不实用的，不能让百姓有所增益的，都要取消。而节省下来的支出，不但相当于使国家的财政收入加倍，还可以用到其他更需要的地方。从这种意义上说，节用意味着繁荣。而在走向繁荣昌盛的道路上，最困难的是如何增加人口数量。墨子认为，节用是"圣王之道，天下之大利"，但如今的为政者却偏偏要反其道而行，兴民之道少而"寡人之道多"，所以才有必要把节用主张提高到基本国策的高度上来。

　　20.1　圣人为政一国，一国可倍也〔1〕；大之为政天下，天下可倍也。其倍之非外取地也，因其国家，去其无用之费，足以倍之。圣王为政，其发令兴事，使民用财也，无不加用而为者〔2〕。是故用财不费，民德不劳〔3〕，其兴利多矣。

【注释】
　　〔1〕可倍：言利可倍（毕沅说）。
　　〔2〕加：增益。
　　〔3〕德：通"得"（孙诒让说）。

【译文】

圣人如果主持一国政务，一国的财力就可以倍增；扩大到主持天下政务，天下的财力也可以倍增。成倍增加的财富并不是对外掠夺土地，而是因为他立足本国，除去不必要的花费，就足以使财富倍增。圣王主持政务，发布命令做事，役使百姓、花费财物，不能增加利益的事情就不做。所以使用财物不浪费，百姓得以不必劳苦，圣人所产生的利益太多了。

20.2 其为衣裘何〔1〕？以为冬以圉寒〔2〕，夏以圉暑。凡为衣裳之道，冬加温，夏加清者〔3〕，芊組〔4〕；不加者，去之。其为宫室何？以为冬以圉风寒，夏以圉暑雨，有盗贼加固者，芊組；不加者，去之。其为甲盾五兵何〔5〕？以为以圉寇乱盗贼。若有寇乱盗贼，有甲盾五兵者胜，无者不胜。是故圣人作为甲盾五兵。凡为甲盾五兵加轻以利，坚而难折者，芊組；不加者，去之。其为舟车何？以为车以行陵陆，舟以行川谷，以通四方之利。凡为舟车之道，加轻以利者，芊組；不加者，去之。凡其为此物也，无不加用而为者，是故用财不费，民德不劳，其兴利多矣。有去大人之好聚珠玉、鸟兽、犬马〔6〕，以益衣裳、宫室、甲盾、五兵、舟车之数于数倍乎！

【注释】

〔1〕何：为了什么。
〔2〕圉寒：即御寒。
〔3〕清：凉。
〔4〕芊組：即"善诸"。"诸"通"之"，"善之"正与"去之"对文（吴毓江说）。
〔5〕五兵：指弓矢、殳、矛、戈、戟五种兵器。
〔6〕有：当读为"又"（孙诒让说）。

【译文】

圣人做衣服为了什么？认为衣服冬天可以御寒，夏天可以防暑。制作衣服的道理是：冬天增加温暖，夏天保持清凉的，就赞成它；反之，就除去它。圣人建造宫殿是为了什么呢？认为冬天可以抵御寒风，夏天可以避暑防雨，有了盗贼就更加坚固的，就赞成它；反之，就除去它。圣人打造铠甲、盾牌和各种兵器是为了什么呢？用来抵御乱寇盗贼。如果有乱寇盗贼，有铠甲、盾牌和各种兵器的人就能取胜，没有的人就不能取胜。所以圣人打造铠甲、盾牌和各种兵器。凡是打造铠甲、盾牌和各种兵器，只要轻盈锐利、坚硬不容易折断的，就赞成它；反之，就除去它。圣人制造车船是为了什么呢？认为车用来在陆地上行走，船用来在水道中穿行，以此来便利四方交通。制造车和船的道理，只要轻巧便利的，就赞成它。反之，就除去它。凡是圣人制造的东西，没有用的东西就不做，所以财物用度不会浪费，百姓不会劳苦，他增加的利益就多了。又除去王公大人们收集珠宝玉器、鸟兽、狗马等喜好，来增加衣服、宫室、铠甲、盾牌、兵器、车船等的数目，这些应当是成倍计算的吧。

20.3 若则不难[1]。故孰为难倍？唯人为难倍。然人有可倍也。昔者圣王为法曰："丈夫年二十，毋敢不处家[2]。女子年十五，毋敢不事人[3]。"此圣王之法也。圣王既没，于民次也[4]。其欲蚤处家者[5]，有所二十年处家[6]；其欲晚处家者，有所四十年处家。以其蚤与其晚相践，后圣王之法十年。若纯三年而字[7]，子生可以二三年矣。此不惟使民蚤处家，而可以倍与[8]？且不然已。

【注释】

〔1〕若则不难：指上文提到的衣服、宫室、铠甲、盾牌、兵器、车船等数目增加一倍。

〔2〕处家：这里指成家。

〔3〕事人：指女子出嫁。

〔4〕民：当为"昬"，通"婚"（刘昶说）。 次：古通"恣"（刘昶说）。

〔5〕蚤：通"早"。

〔6〕有所：即有时。"所"犹"时"（王念孙说）。

〔7〕字：指生孩子。

〔8〕与：通"欤"。

【译文】

　　像这样并不难。但什么难以成倍增加呢？只有人是难以成倍增加的。然而人也可以成倍增加的。从前圣王制定法规，说："男子年满二十岁，不敢不成家；女子十五岁，不敢不嫁人。"这是圣王之法。圣王去世以后，人们开始放任自流。想早成家的，二十岁就成家了，想晚成家的，四十岁才成家。早晚相抵，比圣王的法规迟了十年。如果婚后按三年生一个孩子计算，十年就可以生两、三个孩子了。这不是让百姓早成家而人口可以倍增吗？然而现在却不是这样。

　　20.4 今天下为政者，其所以寡人之道多〔1〕，其使民劳，其籍敛厚，民财不足，冻饿死者不可胜数也。且大人惟毋兴师以攻伐邻国〔2〕，久者终年，速者数月，男女久不相见，此所以寡人之道也。与居处不安，饮食不时，作疾病死者〔3〕，有与侵就橷橐〔4〕，攻城野战死者，不可胜数。此不令为政者〔5〕，所以寡人之道数术而起与〔6〕？圣人为政特无此，不圣人为政〔7〕，其所以众人之道亦数术而起与？故子墨子曰：去无用之费，圣王之道〔8〕，天下之大利也。

【注释】

〔1〕寡人：这里指使人口减少。

〔2〕惟毋：语气助词。

〔3〕作：疑为"乍"，忽然。乍疾病，指暴病（王焕镳说）。

〔4〕有：通"又"。 侵就：疑为"侵略"。 俍囊：疑为"俘虏"（王焕镳说）。

〔5〕不令为政：谓不善为政（吴汝纶说）。

〔6〕数术：多种方法。

〔7〕不：疑当为"夫"之误，发语词（王焕镳说）。

〔8〕去无用之费，圣王之道：旧本作"去无用之务，行圣王之道"。

【译文】

如今天下当政的人，他们使人口减少的原因太多了。他们使百姓劳累，赋敛沉重，百姓财用不足，冻死饿死的人数不胜数。而且王公大人发兵攻打邻国，时间长的要一年，快的也要几个月，男人和女人长久不能相见，这就是使人口减少的原因。再加上居处不安定，饮食不定时，生病而死去者，因为侵略被俘虏者，攻城和在野外作战而死去者，数不胜数。这些不正是那些不善于主持政务的人，使人口减少的多种政策才造成的结果吗？圣人的政策没有这些，圣人主政，使人口增加不也是因为用了让人口增加的多种政策才形成的吗？所以墨子说：除去无用的耗费，是圣王之道，也是天下最大的利益啊！

【评析】

《史记·太史公自序》引司马谈《论六家要指》评曰："要曰强本节用，则人给家足之道也。此墨子之所长，虽百家弗能废也。""节用"是墨子学说的重要内容，也是墨家思想区别于儒家思想的重要标志。本篇就是墨子对"节用"思想进行的集中阐发。节用思想的主旨是"去无用之费"，即凡是一个国家生存所必须的东西之外，一切形式主义的、不实用的、不能对百姓生活有所增益的东西，都要取消。而这些节省下来的开支，全部用到其他更需要的地方。这样，不但意味着政府收支状况的改善，也意味着国家机器的高效运转、民生状况的改善，意味着繁荣稳定。只有国家繁荣稳定了，人口才会逐渐繁衍开来，人口的增加意味着昌盛，也就是司马谈所谓的"强本"。墨子认为，节用是"圣王之道，天下之大利"，应该大力提倡。但如今的为政者却偏偏要反其道而行，兴民之道少而"寡人之道多"，所以才有必要把节用主张提高到理论高度加以阐述。

众所周知，中国是一个传统的农耕社会，勤俭节约是早已深入到我们文化骨髓的一种美德。当然，在先秦百家争鸣的时代，提倡"节用"的也绝非墨子一家，在墨子之前，孔子也主张"节用"："子曰：道千乘之国，敬事而信，节用而爱人，使民以时。"（《论语·学而》）但孔子的理论立场是从统治阶级的角度出发，一旦节用与他所维护"周礼"发生冲突，他会毫不犹豫地选择"礼"。《论语·先进》记载这样一件事情："颜渊死，颜路请子之车以为之椁。子曰：'才不才，亦各言其子也。鲤也死，有棺而无椁。吾不徒行以为之椁，以吾从大夫之后，不可徒行也。'"为了维护他心目中的"礼"，孔子拒绝为唯一的儿子和最得意的弟子买棺椁而卖掉象征着"礼"的车子，这一点与墨子具有民本思想色彩的平民立场有着本质的区别。正因为如此，儒墨两家才会有着不可调和的思想冲突，墨子本人更是不遗余力地抨击儒家坚持的"礼乐"和"丧葬"。以今天的眼光来看，相比孔子执着于"礼"的高姿态，墨子为了止楚攻宋，"自鲁趋而十日十夜，足重茧而不休息，裂衣裳裹足"（《淮南子·修务训》）的身影似乎更加伟岸，更能打动人心。

从当时的生产力条件和实用主义角度出发，"节用"主张的直接效果似乎更加显著，因为这种主张可以明显改善国家财务状况，缓解紧张的阶级关系，繁衍劳动者，发展生产力。《国语·越语》中记载越王勾践十年生聚，采用的就是这类方法，可见其实效性。我们今天提倡的"生态文明"和"可持续发展"战略，都能在墨子的"节用"主张中看出其萌芽。但是，以马克思主义唯物主义历史观来看，人类社会的进步、人类文明的发展并不以满足最基本的生活要求为目的，而是以人的全面发展为目标，而人的全面发展显然需要礼的规范、德的修养、乐的熏陶，而不是为了节用而节用。因此，墨子的"节用"思想还要辩证地看待。

节用中

【题解】

本篇主旨仍是在谈要节约用度的道理，理论面有所扩展，但论述较为简略。首段总论圣王统治天下就是要尽职尽责地去做爱民利民的事情。接下来，墨子分别从器用、饮食、衣服、舟车、丧葬和宫室等几个方面展开论述，认为这些与国计民生息息相关的东西足用就可以了，过度的贪占和奢华会损害人民的利益，圣明的君主从不做这样的事情。与前篇大谈圣人以"节用"为国之利相比，本篇则为统治者更加上了一道道德的防线，"忠信相连，又示之以利"，则天下望风而靡，统治者亦将无往而不利。

21.1 子墨子言曰：古者明王圣人，所以王天下，正诸侯者，彼其爱民谨忠[1]，利民谨厚，忠信相连，又示之以利，是以终身不餍[2]，殁世而不卷[3]。古者明王圣人，其所以王天下正诸侯者，此也。

【注释】

〔1〕谨：当为"勤"，尽心（于省吾说）。

〔2〕餍：通"厌"。

〔3〕殁世：即"没世"，指终身。 卷：当为"倦"（苏时学说），倦怠，厌倦。

【译文】

墨子说：古时的明王和圣人，之所以能够称王天下，匡正诸侯，是因为他们尽心竭力去爱护百姓，勤谨而宽厚地为百姓谋福利，忠诚和信义联系在一起，又使人民看到利益，所以人民对他们终身不厌弃，毕生不倦怠。古时的明王和圣人，他们之所以称王天下、匡正诸侯，正在于此。

21.2 是故古者圣王，制为节用之法曰[1]："凡天下群百工，轮车鞼匏[2]，陶冶梓匠[3]，使各从事其所能。"曰："凡足以奉给民用，则止。"诸加费不加于民利者，圣王弗为。

【注释】

〔1〕节用：据下文例当为"器用"。
〔2〕轮车：指造轮子和车子的工匠。 鞼匏：指皮革匠。
〔3〕陶冶：指制陶工和铁匠。 梓匠：指木工。

【译文】

因此，古时的圣王制定下制造日用器物的法则，说："凡是天下百工，造轮的、造车的、制皮革的、烧陶器的、铸五金的、做木器的工匠，让他们去从事各自的专长。"又说："凡是足够供给百姓使用时，就停止。"各种只增加费用而不增加百姓利益的事情，圣王是不做的。

21.3 古者圣王制为饮食之法曰："足以充虚继气[1]，强股肱，耳目聪明，则止。不极五味之调，芬香之和，不致远国珍怪异物。"何以知其然？古者尧治天下，南抚交阯[2]，北降幽都[3]，东西至日所出入，莫不宾服。逮至其厚爱[4]，黍稷不二，羹胾不重[5]，饭于土塯[6]，啜于土形[7]，斗以酌。俯仰周旋威仪之礼[8]，圣王弗为。

【注释】

〔1〕继：当为"增"（李笠说）。

〔2〕交阯：即"交趾"，古地名，即今之越南。

〔3〕降：当为"际"（王念孙说），接近。 幽都：即幽州，今北京地区。

〔4〕爱：当作"受"。厚受，指其身所受（曹耀湘说）。

〔5〕载：切成大块的肉。 不重：指肉块或肉汤二者只吃一种。

〔6〕土塯：盛饭的瓦器。

〔7〕啜：饮。 形：当作"铏"，羹器（毕沅说）。

〔8〕周旋：指古代行礼时进退揖让的动作。 威仪：指古代典礼中的容貌举止和仪式。

【译文】

古时圣王制定饮食的法则，说："能够充实肠胃，增补血气，强健四肢，让耳聪目明，就停止。不刻意追求五味调和、气味芳香，不罗致远方国家的珍奇异品。"怎么知道是这样的呢？古时尧治理天下，南面安抚交阯，北面连接幽都，东面和西面直到太阳升起和落下的地方，没有不臣服的。但说到他最大的享受，黍稷之中从不吃两种，肉块和肉汤也只吃一种，用瓦器盛饭，用瓦盆盛汤，用木勺喝酒。那些俯仰进退揖让的繁文缛节，圣王是不做的。

21.4 古者圣王制为衣服之法，曰："冬服绀緅之衣〔1〕，轻且暖；夏服絺绤之衣〔2〕，轻且清，则止。"诸加费不加于民利者，圣王弗为。

【注释】

〔1〕绀：深青带红的颜色。 緅：红青色。

〔2〕絺：细葛布。 绤：粗葛布。

【译文】

古时圣王制定做衣服的法则，说："冬天穿深青带红色的衣服，轻便而且暖和；夏天穿粗、细葛布的衣服，轻便而且凉爽，这样就可以了。"各种只增加费用而不增加百姓利益的事情，圣王是不做的。

21.5 古者圣人为猛禽狡兽〔1〕，暴人害民，于是教民以兵行，日带剑，为刺则入，击则断，旁击而不折，此剑之利也。甲为衣则轻且利，动则兵且从〔2〕，此甲之利也。车为服重致远，乘之则安，引之则利，安以不伤人，利以速至，此车之利也。古者圣王为大川广谷不可济，于是利为舟楫〔3〕，足以将之，则止〔4〕。虽上者三公诸侯至，舟楫不易，津人不饰，此舟之利也。

【注释】
〔1〕狡：健。
〔2〕兵：疑当作"弁"（孙诒让说），便利。
〔3〕利：当为"制"（王念孙说）。
〔4〕将：行。

【译文】
　　古时圣人因为猛禽凶兽经常伤害百姓，所以教百姓走路随身带着兵器，白天带着剑，用剑刺能进入，用来劈斩能砍断，击打旁边也不会折断，这就是剑带来的好处。铠甲作军服轻巧而且便利，行动时方便自如，这就是铠甲带来的好处。车辆装能载重并到达远方，乘坐安稳，拉起来便利，安稳就不会伤害人，便利就可以快速到达，这就是车辆带来的好处。古时圣王因为河流宽阔不能渡过，所以制造船和桨，足以渡河就停止了。即便是三公、诸侯之尊前来，船和桨也不会更换，划船的人也不会加以修饰，这就是船带来的好处。

21.6 古者圣王制为节葬之法曰："衣三领〔1〕，足以朽肉；棺三寸，足以朽骸。堀穴深不通于泉〔2〕，流不发泄则止〔3〕。死者既葬，生者毋久丧用哀。”

【注释】

〔1〕衣三领：即三套衣服。

〔2〕堀：借为“窟”（孙诒让说）。

〔3〕流：臭气。

【译文】

古时圣王制定了丧葬的法则，说：“衣服三套，足以穿到肉体腐烂。棺木三寸，足以用到尸骨腐烂。墓穴的深度不到地泉，不让腐烂的气味散发到地面上就可以了。死者被安葬以后，活着的人就不要长时间服丧致哀。”

21.7 古者人之始生，未有宫室之时，因陵丘堀穴而处焉。圣王虑之，以为堀穴，曰冬可以避风寒；逮夏，下润湿，上熏烝〔1〕，恐伤民之气〔2〕，于是作为宫室而利。然则为宫室之法将奈何哉？子墨子言曰：其旁可以圉风寒，上可以圉雪霜雨露，其中蠲洁〔3〕，可以祭祀，宫墙足以为男女之别则止。诸加费不加民利者，圣王弗为。

【注释】

〔1〕熏：温暖。 烝：指热气盛。

〔2〕气：指人的元气。

〔3〕蠲：清洁，干净。

【译文】

古时人刚刚产生，还没有房子的时候，依傍丘陵挖洞穴居住。圣王考虑这件事，认为挖掘洞穴，冬天可以躲避风霜和寒冷；但等到夏天，下面潮湿，上面热气熏蒸，恐怕会伤害百姓的身体，所以建造宫室，给人民带来益处。既然如此，那么建造宫室的法则是怎样的呢？墨子说：它的四壁可以抵挡风寒，上面可以抵御雪霜雨露，里面很干净，可以祭祀，有围墙可以隔开男女，就可以了。各种增加费用而不增加人民利益的事情，圣王是不做的。

【评析】

墨子之学出自儒者之门，是一位青出于蓝而胜于蓝的人物。他的学术思想能够超脱儒家思想的局限，以大胆的怀疑精神和勇于开拓的创新精神另起炉灶，开百家争鸣之先河。墨家思想与儒家思想的理论分野主要集中在两个方面，一是仁爱与兼爱之别，二是礼乐与节用之争。关于儒家仁爱思想与墨家兼爱思想的区分，前文已有详细阐述，此处重点谈谈儒家礼乐思想与墨家节用思想的争论。《淮南子·要略篇》记载："墨子学儒者之业，受孔子之术，以为其礼烦扰而不说，厚葬靡财而贫民，服伤身而害事，故背周道而用夏政。"孔子认为，周礼"文质彬彬"，既能满足治国平天下的需要，也比质木无文的夏礼更富有人文色彩。墨子则恰恰相反，认为繁文缛节斯文有余，实用不足；厚葬久丧劳民伤财，都是十足的"无用之费"，实在不足为训，所以才会弃周礼而改尊夏礼，大力提倡"节用"。

从墨子的出身和立场来看，"节用"思想的提出的确在情理之中。但也正因为墨子的出身和立场，导致他的思想理论与绝大多数贵族出身的思想家之间的尖锐矛盾，因此他的学说一经提出便招来了种种责难和攻击。荀子站在儒家的立场上批评"墨子蔽于用而不知文"（《荀子·解蔽》）。认为："墨子大有天下，小有一国，将蹙然衣粗食恶，忧戚而非乐，若是则瘠，瘠则不足欲，不足欲则赏不行。墨子大有天下，小有一国，将少人徒，省官职，上功劳苦，与百姓均事业，齐功劳。若是则不威，不威则罚不行。赏不行，则贤者不可得而进也；罚不行，则不肖者不可得而退也。贤者不可得而进也，不肖者不可得而退也，则能不能不可得而官也。若是则万物失宜，事变失应，上失天时，下失地利，中失人和，天下敖然，若烧若焦。墨子虽为之衣褐带索，嚽菽饮水，恶能足之乎？既以伐其本，竭其原，而焦天下矣。"（《荀子·富国》）即便对墨子抱有"了解之同情"的庄子，也感慨："其生也勤，其死也薄，其道大觳。使人忧，使人悲，其行难为也。恐其不可以为圣人之道，反天下之心。天下不堪。墨子虽独能任，奈天下何！离于天下，其去王也远矣！"（《庄子·天下》）。正如荀子和庄子指出的那样，墨子的出发点、思想境界、自律精神和个人能力都没有问题，墨子的问题是以己度人，要求每个人都达到他的思想境界和自律能力。墨子的这种典型的中国家长式作风显然给予论敌以可乘之机，但这依然不是问题的实质。事实上，墨子和荀子在根本的思想理念上已经有所分别。墨子的救世理念主要集中在统治阶级本身，他希望通过统治者的道德自律和身体力行，自上而下地缓解社会矛盾，从而达到天下大治的梦想。而荀子却是借助"隆礼重法"约束和克制人性本身"恶"的欲望，从整体上实现国富民强的愿望。客观而言，墨子的平民立场并没有问题，问题的关键是墨子把解决问题的责任全部推到或者全部寄希望于统治者身上，这或许是墨家思想不受统治阶级青睐的根本原因。换句话说，墨子不是不好，而只是没有把事情办好。

节葬下

《节葬》分为上、中、下三篇，现仅存下篇。节葬问题是墨子与儒家思想的一个重要分歧点，但本文批判的矛头主要指向当时统治阶级虚伪浮夸的生活风气。墨子的"节葬"思想主要包括两方面的内容，一是反对"厚葬"，二是反对"久丧"。厚葬的实质是浪费社会上原本用于衣食的大量财物，久丧则严重挤占百姓的生产时间、摧残人的身心健康、甚至杀人以陪葬，这样的礼仪必然不利于社会稳定和人民生活幸福。统治者对"厚葬久丧"的推崇是出于自身统治地位的考虑，但推广开来却是劳民伤财、弊端丛生。墨子详细论证了"厚葬久丧"的种种弊端，不能富国强民，不能增加人口，不能治理好政务，不能阻止攻伐，更不会得到上天赐福，所以必须彻底摒弃。文章条理清晰，内容层层递进，论证严谨有力。

22.1 子墨子言曰：仁者之为天下度也，辟之无以异乎孝子之为亲度也[1]。今孝子之为亲度也，将奈何哉？曰：亲贫则从事乎富之，人民寡则从事乎众之，众乱则从事乎治之。当其于此也，亦有力不足，财不赡，智不智[2]，然后已矣。无敢舍余力，隐谋遗利，而不为亲为之者矣。若三务者[3]，孝子之为亲度也，既若此矣。虽仁者之为天下度，亦犹此也。曰：天下贫则从事乎富之，人民寡则从事乎众之，众而乱则从事乎治之。当其于此，亦有力不足，财不赡，智不智，然后已矣。无敢舍余力，隐谋遗利，而不为天下为之者矣。若三务者，此仁者之为天下度也，既若此矣。

【注释】

〔1〕辟：通"譬"，好比。

〔2〕智不智：后一个"智"通"知"（孙诒让说）。

〔3〕三务：指上述"富"、"众"、"治"。

【译文】

墨子说：仁者为天下人做谋划，和孝子为双亲做打算没什么区别。现在孝子为双亲做打算，会是怎样的呢？说：双亲贫穷就做能使他们变得富裕的事情，人口少就做能使人口增加的事情，民众混乱就做能把他们管理好的事情。当他们做这些事情的时候，只有因为力量不足，财力不够，智力不及，然后才会停止。但却不敢保留多余的力量，隐瞒自己的智谋，暗中隐藏私利，而不为双亲打算。像这三种事情，孝子为双亲打算时就是这样的。仁者为天下人考虑的时候，也是这样的。说：天下贫穷就做能使天下变得富裕的事情，人口少就做能使人口增加的事情，民众动乱就做能把他们管理好的事情。当他们做这些的时候，也会因为力量不足，财力不够，智力不及而停止。但却不敢保留多余的力量，隐瞒自己的智谋，暗中隐藏私利，而不为天下打算。像这三种事情，仁者为天下打算的时候，就是这样的。

22.2 今逮至昔者三代圣王既没，天下失义，后世之君子，或以厚葬久丧以为仁也，义也，孝子之事也；或以厚葬久丧以为非仁义，非孝子之事也。曰：二子者〔1〕，言则相非，行即相反，皆曰："吾上祖述尧舜禹汤文武之道者也。"而言即相非，行即相反，于此乎后世之君子，皆疑惑乎二子者言也。若苟疑惑乎之二子者言，然则姑尝传而为政乎国家万民而观之〔2〕。计厚葬久丧，奚当此三利者？我意若使法其言〔3〕，用其谋，厚葬久丧实可以富贫众寡，定危治乱乎，此仁也，义也，孝子之事也，为人谋者不可不劝也〔4〕。仁者将兴之天下，谁贾而使民誉之〔5〕，终勿废也。意亦使法其言，用其谋，厚葬久丧实不可以富贫众寡，定危理乱乎〔6〕，此非仁非义，非孝子之事也，为人谋者不可不沮也。仁者将求除之天下，相废而使人非之〔7〕，终身勿为。且故兴天下之利〔8〕，除天下之害，令国家百姓之不治也，自古及今，未尝之有也。

【注释】

〔1〕二子：指上述两种人。

〔2〕传：当作"博"，犹推（尹桐阳说）。

〔3〕意：通"抑"，句首语气词。

〔4〕劝：勉励。

〔5〕谁贾：当为"设置"之误（孙诒让说）。

〔6〕理：本作"治"，唐人避高宗讳改（孙诒让说）。

〔7〕废：当为"发"（王焕镳说），指揭示厚葬久丧之弊。

〔8〕且故：当为"是故"（王念孙说）。

【译文】

如今回顾从前三代圣王去世以后的情形，天下失去道义。后世君子中有人认为厚葬久丧就是仁，就是义，就是孝子应该做的事情；有人认为厚葬久丧是不仁，是不义，是孝子不应该做的事情。这两种人，言论相反，行为相背，都说："我遵循的是尧舜禹汤文王武王之道。"但他们言论相反，行为相背，从此以后的君子都困惑于这两种人的言论。如果对这两种人的言论感到困惑，那么不妨尝试把他们的主张推广到治理国家和人民上来，来考虑厚葬久丧在哪一方面能符合上面提到的三种利益？如果效法他们的言论，采纳他们的谋略，实行厚葬久丧确实可以让穷人变富，人口增多，转危为安，由乱到治，那么这就是仁，就是义，就是孝子要做的事情，为人谋划者不能不勉力去做。仁人将在天下广泛地推行它，设置相应的制度让人民称赞它，永不废除。如果效法他们的言论，采纳他们的谋略，实行厚葬久丧而不能使穷的人变富，不能使人口增多，转危为安，由乱到治，那么这就是不仁，就是不义，就是孝子不应该做的事情，为人谋划者就不能不阻止这么做。仁人应该寻求在天下除去它，揭露厚葬久丧的弊端好让人们去非难它，永不去做。况且兴天下之利，除天下之害，使国家百姓得不到治理，从古到今，这种情况从未有过。

22.3 何以知其然也？今天下之士君子，将犹多皆疑惑厚葬久丧之为中是非利害也。故子墨子言曰：然则姑尝稽之[1]，今虽毋法执厚葬久丧者言[2]，以为事乎国家。此存乎王公大人有丧者，曰棺椁必重[3]，葬埋必厚，衣衾必多，文绣必繁，丘陇必巨[4]。存乎匹夫贱人死者，殆竭家室。存乎诸侯死者[5]，虚车府[6]，然后金玉珠玑比乎身[7]，纶组节约[8]，车马藏乎圹，又必多为屋幕，鼎鼓几梴壶滥[9]，戈剑羽旄齿革[10]，寝而埋之，满意，若送从[11]。曰：天子杀殉，众者数百，寡者数十。将军大夫杀殉，众者数十，寡者数人。

【注释】

〔1〕稽：考证，考核。

〔2〕虽：同“唯”（王念孙说）。毋：语气词（孙诒让说）。

〔3〕重：在内棺外再套多重棺椁。《礼记·檀弓》“天子之棺四重”，郑玄注：“诸公三重，诸侯再重，大夫一重，士不重。”

〔4〕陇：同“冢”，坟墓。《淮南子·说林训》：“或谓冢，或谓陇，名

异实同也。"

〔5〕"乎"上原缺"存"字，据毕沅说补。

〔6〕车：当为"库"之误（俞樾说）。

〔7〕比乎身：犹言周乎身（俞樾说）。

〔8〕纶：青丝绶带。 组：丝带。 节：符节。 约：捆缚。

〔9〕梃：同"筵"（毕沅说），接地铺设的长竹席。 滥：通"鉴"，大盆。

〔10〕革：指用革制成的甲胄。

〔11〕满意，若送从：疑与上句连而当为"送死若徙，寝而埋之，而后满意"（张纯一说）。

【译文】

怎么知道是这样的呢？如今天下的士人君子，仍然有很多人怀疑厚葬久丧的是非利弊。所以墨子说：既然这么，那么不妨尝试考察一下，看厚葬久丧者的言论在国家中实行，效果会如何。这种主张在有丧事的王公大人那里，会说内外棺一定要有多层，殉葬品一定要丰厚，衣服被褥一定要很多，装饰棺材的文彩锦绣一定要繁复，坟冢一定要高大。这种主张在有丧事的百姓家中，几乎要耗尽家财。这种主张在有丧事的诸侯那里，必定会使仓库空虚，然后才能使金玉珠宝盖满尸身，用丝绸组带捆缚尸体，把车马藏在墓坑中陪葬，又一定会大量建造帐幕、鼎鼓、几案、壶盆、戈剑、羽旄、象牙、皮革等，全都放入墓中陪葬，送葬就如同送人远行一样，然后才会心满意足。天子杀人殉葬，多的几百人，少的几十人。将军大夫杀人殉葬，多的几十人，少的几个人。

22.4 处丧之法将奈何哉〔1〕？曰：哭泣不秩，声翁〔2〕，缞绖垂涕〔3〕，处倚庐〔4〕，寝苫枕块〔5〕，又相率强不食而为饥，薄衣而为寒，使面目陷陬〔6〕，颜色黧黑，耳目不聪明，手足不劲强，不可用也。又曰：上士之操丧也，必扶而能起，杖而能行，以此共三年。若法若言，行若道，使王公大人行此，则必不能蚤朝〔7〕；五官六府〔8〕，辟草木，实仓廪；使农夫行此，则必不能蚤出夜入，耕稼树艺；使百工行此，则必不能修舟车为器皿矣；使妇人行此，则必不能夙兴夜寐，纺绩织纴。细计厚葬，为多埋赋之财者也；计久丧，为久禁从事者也。财以成者[9]，扶而埋之；后得生者，而久禁之，以此求富，此譬犹禁耕而求获也，富之说无可得焉。

【注释】

〔1〕处丧：在家守丧。

〔2〕声翁：指哭声收敛而不敢放纵。翁，当为"翕"（曹耀湘说），收敛。

〔3〕缞：古代丧服用麻布制成，披在胸前。 绖：古代用麻做的丧带，系在腰间或头上。

〔4〕倚庐：古代守丧时住的草庐。

〔5〕苫：古代居丧时睡的草垫。 块：指土块。

〔6〕陬：面颊瘦削。

〔7〕蚤：通"早"。

〔8〕据下文，此句前当增补"使士大夫行此，则必不能治"（孙诒让说）。

〔9〕以：同"已"。

【译文】

　　居丧的方法是怎么样的呢？说：哭泣不止，泣不成声，穿着孝衣流着泪，住在茅草屋里，睡草垫枕土块。还要强迫不吃饭而让自己受饿，穿着单薄的衣服让自己受寒，让面颊深陷，面色黑黄，耳目不聪明，手脚没有力气，无法行动。又说：上等士人操办丧事，必定要人扶着才能站起来，要挂着拐杖才能行走，这样共度过三年。如果效法这种言论，实行这种方法，假如让王公大人这么做，那就必定不能上早朝；让士大夫这么做，那就必定不能治理好官府，开垦荒地，充实仓库；让农夫这么做，那就必定不能早出晚归，耕作种植；让百工这么做，那就必定不能制作车船，制造器皿；让妇女这么做，那就必定不能早起晚睡，纺纱织布。仔细考虑厚葬，实在是大量埋葬收敛来的财物；考虑久丧，就是长时间禁止人们从事工作。把好好的财产埋掉，让可以做事的人长时间不能工作，这样追求富裕，就好比禁止耕种却想求得收获，致富的说法是不可能实现的。

22.5是故求以富家，而既已不可矣，欲以众人民，意者可邪？其说又不可矣。今唯无以厚葬久丧者为政，君死，丧之三年；父母死，丧之三年；妻与后子死者[1]，五皆丧之三年[2]。然后伯父叔父兄弟孽子其[3]，族人五月，姑姊甥舅皆有月数[4]。则毁瘠必有制矣[5]，使面目陷隟[6]，颜色黧黑，耳目不聪明，手足不劲强，不可用也。又曰：上士操丧也，必扶而能起，杖而能行，以此共三年。若法若言，行若道，苟其饥约[7]又若此矣。是故百姓冬不仞寒[8]，夏不仞暑，作疾病死者，不可胜计也。此其为败男女之交多矣。以此求众，譬犹使人负剑[9]，而求其寿也。众之说无可得焉。

【注释】

〔1〕后子：长子。
〔2〕五：当为“又”之误（陶鸿庆说）。
〔3〕孽：庶子。 其：同“期”，一年。
〔4〕月数：当为“数月”之误（王念孙说）。
〔5〕毁瘠：指处丧期间因哀痛过度而导致身体极度瘦弱。
〔6〕隟：指面容消瘦。
〔7〕饥约：指忍饥节食。
〔8〕仞：当为“忍”之假借字（毕沅说）。
〔9〕负：通“伏”（孙诒让说）。

【译文】

因此靠厚葬让家变得富裕已经是不可能的了，想要用来使人口增加，或许还可以吧？这种主张也无法实行。现在如果让主张厚葬久丧的人主持政务，国君死后，要为他服丧三年；父母死后，要服丧三年；妻子和长子死后，也都要服丧三年。然后是伯父、叔父、兄弟、庶子等死后服丧一年，族人死后服丧五个月，姑姑、姐姐、外甥、舅舅死后都要服丧几个月。那么，服丧期间损伤身体也必定会有制度，让面颊深陷，面色黑黄，耳目不聪明，手脚无力，不听使唤。又说：上流人士操办丧事，必定要人扶着才能站起，拄着拐杖才能行走，这样共度过三年。如果效法这种言论，实行这种方法，那么他们忍饥节食也会像上面说的那样。因此，百姓冬天不能抵御寒冷，夏天不能忍耐酷暑，生病而死的人数不胜数。这就大大减少了男女之间的交往。用这种主张追求增加人口，就像让人伏在剑刃上却追求长寿一样。让人口增加的想法是不可能实现的。

22.6 是故求以众人民，而既以不可矣，欲以治刑政，意者可乎？其说又不可矣。今唯无以厚葬久丧者为政，国家必贫，人民必寡，刑政必乱。若法若言，行若道，使为上者行此，则不能听治；使为下者行此，则不能从事。上不听治，刑政必乱；下不从事，衣食之财必不足。若苟不足，为人弟者，求其兄而不得，不弟弟必将怨其兄矣；为人子者，求其亲而不得，不孝子必是怨其亲矣[1]；为人臣者，求之君而不得，不忠臣必且乱其上矣。是以僻淫邪行之民，出则无衣也，入则无食也，内续奚吾[2]，并为淫暴，而不可胜禁也，是故盗贼众而治者寡。夫众盗贼而寡治者，以此求治，譬犹使人三睘而毋负己也[3]，治之说无可得焉。

【注释】

〔1〕是：当为"且"（孙诒让说）。

〔2〕内续奚吾：当为"内积奚后"（俞樾说）。奚后，即"謑诟"，耻辱。

〔3〕罠：同"还"，转折（王引之说）。

【译文】

因此用厚葬的方法追求人口的增加，既然已经不可能了，那么想要用这个来治理刑法和政务，或许还可以吧？这种说法也不可行。现在让主张厚葬久丧的人来主持政务，国家必定贫困，人民必定减少，刑法政治必定混乱。如果效法这样的言论，实行这样的方法，让官长们这样去做，就不能处理政务；让下级这样去做，就无法开展工作。上级不处理政务，刑法政治就一定会混乱；下级不开展工作，衣食的费用必然会不足。如果有所不足，为人弟者向兄长求助而得不到帮助，不恭顺的弟弟就一定会怨恨他的兄长；为人子者向他的双亲求助而得不到帮助，不孝顺的儿子就一定会怨恨他的双亲；为人臣子者向君主求助而得不到帮助，不忠诚的臣子就会祸乱他的君上。所以思想邪恶行为淫僻的民众，外出没有衣服穿，入内没有食物吃，心中充满屈辱，就会一起去做邪恶暴虐的事情，而且禁止也禁止不过来，所以盗贼很多而被治理好的很少。如果做盗贼的人很多，而顺从治理的人很少，用这种方法追求天下太平，就好比多次拒绝投奔自己的人，却让他不要背叛自己一样，得到治理的说法是无法实现的。

22.7 是故求以治刑政，而既已不可矣，欲以禁止大国之攻小国也，意者可邪？其说又不可矣。是故昔者圣王既没，天下失义，诸侯力征[1]。南有楚、越之王，而北有齐、晋之君，此皆砥砺其卒伍，以攻伐并兼为政于天下。是故凡大国之所以不攻小国者，积委多，城郭修，上下调和，是故大国不耆攻之[2]；无积委[3]，城郭不修，上下不调和，是故大国耆攻之。今唯无以厚葬久丧者为政，国家必贫，人民必寡，刑政必乱。若苟贫，是无以为积委也；若苟寡，是城郭沟渠者寡也；若苟乱，是出战不克，入守不固。

【注释】

〔1〕力征：用武力征服。

〔2〕耆：借为“致”（陈汉章说），致使。

〔3〕委：蓄积。

【译文】

因此靠厚葬治理刑法和政务已经不可能了，那么想要以此来禁止大国去攻打小国，或许还可以吧？这种说法也不可能。所以从前圣王去世之后，天下道义尽失，诸侯互相用武力征战。南面有楚、越两国的王，北面有齐、晋两国的国君，这些君主都严格操练他们的军队，用攻伐来兼并他国，以此来号令天下。所以凡是大国之所以不去攻打小国，是因为小国储备多，城墙修缮坚固，全国上下协调一致，所以大国不出兵去攻打它。小国没有储备，城墙修葺得不完固，全国上下不能协调一致，大国就好出兵攻打它。现在如果让主张厚葬久丧的人主持国家政治，国家必定贫穷，人口必定减少，刑罚政治必定混乱。如果贫穷，就没有东西可以用来积蓄；如果人口少，修理城墙的人就少；如果混乱，出外打仗就不能战胜敌人，在内防守也不能牢固。

22.8 此求禁止大国之攻小国也，而既已不可矣，欲以干上帝鬼神之福〔1〕，意者可邪？其说又不可矣。今唯无以厚葬久丧者为政，国家必贫，人民必寡，刑政必乱。若苟贫，是粢盛酒醴不净洁也；若苟寡，是事上帝鬼神者寡也；若苟乱，是祭祀不时度也〔2〕。今又禁止事上帝鬼神，为政若此，上帝鬼神，始得从上抚之曰〔3〕："我

有是人也，与无是人也，孰愈？"曰："我有是人也，与
无是人也，无择也。"则惟上帝鬼神降之罪厉之祸罚而弃
之[4]，则岂不亦乃其所哉！

【注释】
〔1〕干：求。
〔2〕不时度：不按时。
〔3〕始得：当作"殆将"（曹耀湘说）。 抚：痛恨。《方言》："疾也。"
〔4〕厉：祸患，危害。

【今译】
　　用这种方法禁止大国攻打小国已经不可能了，希望用这种方法
祈求上帝鬼神的赐福，或许还可以吧？这种说法也是不可能的。现在
如果让主张厚葬久丧的人主持政治，国家必定贫困，人口必定减少，
刑法政治必定混乱。如果国家贫困，粮食和酒醴等祭品就会不洁净；
如果人口减少，侍奉上帝鬼神的人就会少；如果刑法政治混乱，祭祀
就不能按时举行。现在又禁止侍奉上帝鬼神，如此为政，上帝鬼神恐
怕会在天上憎恨他们，说："我有这种人，和没有这种人，哪个更好
呢？"说："我有这种人，和没有这种人，是没有区别的。"那么上帝
鬼神就会降下灾害惩罚并抛弃他们，那不也是他们应得的吗？

　　22.9 故古圣王制为葬埋之法，曰："棺三寸，足以朽
体；衣衾三领，足以覆恶[1]。以及其葬也，下毋及泉，
上毋通臭[2]，垄若参耕之亩[3]，则止矣。死则既以葬
矣，生者必无久哭，而疾而从事，人为其所能，以交相
利也。"此圣王之法也。

【注释】
〔1〕覆恶：指覆盖尸体。

〔2〕臭：指尸体的腐气。

〔3〕垄：坟墓。 参耕：三耦之耕。古代耕作以两耜并耕为一耦，一耜宽度为五寸，三耦宽度为三尺。

【译文】

所以古时圣王制定的葬埋制度规定："棺木三寸厚，能够用到尸体腐烂就可以了；衣服和被子各三件，能够覆盖尸体就足够了。等到下葬的时候，最深不到黄泉，最浅不让腐烂的气味散发出来，坟墓占地长宽不超过三尺，就可以停止了。死者既然已经被埋葬，活着的人就不需要长时间哭泣，导致生病而无法从事工作，人人从事他所专长的事情，使彼此都能受益。"这就是圣王的葬埋制度。

22.10 今执厚葬久丧者之言曰：厚葬久丧虽使不可以富贫众寡〔1〕，定危治乱，然此圣王之道也。子墨子曰：不然。昔者尧北教乎八狄〔2〕，道死，葬蛩山之阴〔3〕，衣衾三领，榖木之棺〔4〕，葛以缄之，既氾而后哭〔5〕，满埳无封〔6〕。已葬，而牛马乘之。舜西教乎七戎，道死，葬南己之市〔7〕，衣衾三领，榖木之棺，葛以缄之。已葬，而市人乘之。禹东教乎九夷，道死，葬会稽之山，衣衾三领，桐棺三寸，葛以缄之，绞之不合〔8〕，道之不埳〔9〕，土地之深〔10〕，下毋及泉，上毋通臭。既葬，收余壤其上，垄若参耕之亩，则止矣。若以此若三圣王者观之，则厚葬久丧果非圣王之道。故三王者，皆贵为天子，富有天下，岂忧财用之不足哉？以为如此葬埋之法。

【注释】

〔1〕虽使：纵使，即便。

〔2〕八狄：泛指古代北方的少数民族。

〔3〕蛩山：古山名。一作"巩山"、"邛山"。

〔4〕榖木：指恶木。

〔5〕沿：当作"犯"，"窆"字之假借（毕沅说），下葬。

〔6〕埳：同"坎"，墓坑，墓穴。

〔7〕南己之市："己"古通"纪"。南纪，古地名，不详。一说指湖南零陵。

〔8〕绞：指棺盖与棺身的扣合。 埳：这里指墓道。

〔9〕道：通"导"，引导。

〔10〕土地：当为"掘地"（王念孙说）。

【译文】

现在主张厚葬久丧的人说：厚葬久丧，即使不能使贫者变富、人口由少而多，不能转危为安、由乱到治，但这是圣王之道。墨子说：不是这样的。从前尧到北方教化八狄，死在半路上，埋葬在蛩山的北面，衣服和被子各有三件，用劣质木材做棺，用葛条捆绑，下葬之后才举哀哭灵，填平墓穴后不立坟冢。葬后，也不禁止牛马在上面行走。舜到西方教化七戎，死在半路上，埋葬在南己街市中，衣服和被子各有三件，用劣质木材做棺，用葛条捆绑。埋葬以后，不禁止人在上面行走。禹到东方去教化九夷，死在半路上，埋葬在会稽山，衣服和被子各有三件，桐木做的棺材只有三寸厚，用葛条捆绑，棺盖与棺身不能密合，入棺的地方也不修墓道，墓穴深度不达泉水，向上不至于让腐烂的气味散发出去。埋葬以后，收集挖出的土堆在上面，坟墓占的地方不超过三尺见方，就停止了。如果从这三位圣王来看，那么厚葬久丧就不是圣王之道。所以这三位君王，都贵为天子，富有天下，难道是担心财物用度不够吗？是为了制定这样的埋葬制度。

22.11 今王公大人之为葬埋，则异于此。必大棺中棺〔1〕，革阓三操〔2〕，璧玉即具〔3〕，戈剑鼎鼓壶滥，文绣素练，大鞅万领〔4〕，舆马女乐皆具，曰必捶涂差通〔5〕，垄虽凡山陵〔6〕。此为辍民之事，靡民之财，不可胜计也。

其为毋用若此矣[7]。”

【注释】

〔1〕大棺：即外棺，厚八寸。 中棺：也叫属棺，厚六寸。

〔2〕鞠：通“鞈”，镂有花纹的皮革。 操：当为“褋”（孙诒让说），同“币”，即“匝”。绕物体一周称一匝。

〔3〕即：当为“既”（王念孙说）。

〔4〕大鞅万领：疑当作“衣衾万领”（王焕镳说）。

〔5〕捶：捶之使坚。 垑：当为“涂”，言筑涂使坚（毕沅说）。 差通：疑为“羡道”，即墓道（孙诒让说）。

〔6〕虽凡：当为“雄如”（王焕镳说）。

〔7〕毋：旧本作“无”。

【译文】

现在王公大人的埋葬与此不同。必定在大棺中再套中棺，镂有花纹的皮革裹三层，随葬的玉璧全都准备完毕，戈剑鼎鼓壶盆，绣花衣服和白色熟绢，衣服和被子上万套，车马女乐全都齐备，还要把墓道捶打得十分坚固，垒起的坟冢高如山陵。这种事情耽误百姓的劳作、浪费百姓的钱财，多得数不清。厚葬的毫无用处就是如此。

22.12 是故子墨子曰：乡者，吾本言曰：意亦使法其言，用其谋，计厚葬久丧，请可以富贫众寡[1]，定危治乱乎，则仁也，义也，孝子之事也，为人谋者，不可不劝也；意亦使法其言，用其谋，若人厚葬久丧，实不可以富贫众寡，定危治乱乎，则非仁也，非义也，非孝子之事也，为人谋者，不可不沮也。是故求以富国家，甚得贫焉[2]；欲以众人民，甚得寡焉；欲以治刑政，甚得乱焉；求以禁止大国之攻小国也，而既已不可矣；欲以干上帝鬼神之福，又得祸焉。上稽之尧舜禹汤文武之道，而政逆之[3]；下稽之桀纣幽厉之事，犹合节也。若以此观，则厚葬久丧其非圣王之道也。

【注释】

〔1〕请：古与"诚"通（王念孙说）。

〔2〕甚：尤（尹桐阳说）。

〔3〕政：通"正"（孙诒让说）。

【译文】

因此，墨子说：之前我就说过：如果效法他的言论，采纳它的谋略，考虑厚葬久丧，如果确实可以让贫者变富，让人口由少变多，让危难得以稳定，让混乱得到治理，那么这就是仁，就是义，就是孝子应该做的事情，为别人谋划的人，不能不鼓励这种做法。如果效法他的言论，采纳它的谋略，考虑厚葬久丧，如果的确不能让贫者变富，不能让人口由少到多，不能让危难得到稳定，不能让混乱得到治理，那么这就是不仁，就是不义，就不是孝子应该做的事情，为别人谋划的人，不能不阻止这种做法。因此，本来想要追求让国家变得更富裕，反而变得更贫穷；想要让人口变得更多，反而变得更少；想要用来治理刑法行政，反而变得更混乱；想要追求禁止大国攻打小国，已经是不可能的事了；想要求得上帝鬼神的赐福，反而得到祸害。向上考察尧舜禹汤文王武王的道术，正与此相反；向下考察桀纣幽王厉王的事迹，却又若合符节。如果以此来看，那么厚葬久丧就绝非圣王的道术。

22.13 今执厚葬久丧者言曰：厚葬久丧果非圣王之道，夫胡说中国之君子[1]，为而不已，操而不择哉[2]？子墨子曰：此所谓便其习而义其俗者也[3]。昔者越之东有輆沬之国者[4]，其长子生，则解而食之。谓之"宜弟"；其大父死[5]，负其大母而弃之[6]，曰鬼妻不可与居处。此上以为政，下以为俗，为而不已，操而不择，则此岂实仁义之道哉？此所谓便其习而义其俗者也。楚之南有炎人国者〔7〕，其亲戚死〔8〕，朽其肉而弃之，然后埋其骨，乃成为孝子。秦之西有仪渠之国者〔9〕，其亲戚死，聚柴薪而焚之，燻上〔10〕谓之登遐〔11〕，然后成为孝子。此上以为政，下以为俗，为而不已，操而不择，则此岂实仁义之道哉？此所谓便其习而义其俗者也。若以此若三国者观之，则亦犹薄矣；若以中国之君子观之，则亦犹厚矣〔12〕。如彼则大厚，如此则大薄，然则葬埋之有节矣〔13〕。

【注释】

〔1〕胡说：犹言"何说"（毕沅说），怎么解释。

〔2〕择：同"释"，即舍、舍弃（毕沅说）。

〔3〕义：当读为"宜"（孙诒让说）。

〔4〕輆沐：古国名，地处越国之东。

〔5〕大父：祖父。

〔6〕大母：祖母。

〔7〕炎人国：疑当为"啖"（孙诒让说），当以食人而得名。

〔8〕亲戚：指父母（孙诒让说）。

〔9〕仪渠：或为"义渠"，古国名，为西北少数民族建立的国家。

〔10〕燻：即"熏"，烟火上冒。

〔11〕登遐：也作"登假"，"假"音"遐"，遐是远的意思。登遐是对人死的讳称。

〔12〕犹：已。

〔13〕有节：有度，有所节制。

【译文】

如今主张厚葬久丧的人说：厚葬久丧如果真的不是圣王之道，那该怎么解释中原的君子，实行它而不停止，坚持它而不放弃呢？墨子说：这就是所谓以自己的习俗为便利。从前越国东面有个国家叫较沭，他们的长子生出来，就分解开肉体并吃掉，称之为"宜弟"；他们的祖父死后，就背起他们的祖母到外面扔掉，说是不能和鬼的妻子住在一起。这就是所谓上面作为政令，下面就会形成风俗，实行而不停止，坚持而不放弃，那么这难道真是仁义之道吗？这就是所谓以自己的习俗为便利啊。楚国的南面有个啖人国，他们的父母死后，剔下他们的肉扔掉，然后埋葬他们的尸骨，这才叫做孝子。秦国西面有个仪渠国，他们的父母死后，聚集木柴把他们烧掉，烟火上升，叫做"登遐"，然后才叫孝子。这就是上面作为政令，下面就会形成风俗，实行而不停止，坚持而不放弃，那么这难道真是仁义之道吗？这就是所谓以自己的习俗为便利啊。如果以这三个国家的做法来看，那他们的葬埋太简单了；如果以中原的君子的做法来看，他们的葬埋又太奢侈了。像那样太奢侈，像这样又太简单，那么葬埋制度就应该有所节度。

22.14 故衣食者，人之生利也，然且犹尚有节；葬埋者，人之死利也，夫何独无节于此乎？子墨子制为葬埋之法，曰：棺三寸，足以朽骨；衣三领，足以朽肉；掘地之深，下无菹漏[1]，气无发泄于上，垄足以期其所[2]，则止矣。哭往哭来，反从事乎衣食之财，佴乎祭祀[3]，以致孝于亲。故曰子墨子之法不失死生之利者，此也。

【注释】
〔1〕菹：通"沮"（孙诒让说），湿。
〔2〕期：当为"示"之误（刘师培说）。
〔3〕佴：帮助。

【译文】
因此，衣食是人生前的利益所在，然而尚且有个节度；埋葬是人死后的利益所在，为何独独没有节度呢？墨子制定埋葬的制度规定：棺木三寸，足以用到尸骨腐烂就行了；衣服三件，足以用到肉体腐烂就行了；挖掘的墓穴的深度，深不要渗水，浅不要让腐烂的气味散发出来，坟冢的高度足以标示出埋葬地点，就可以停止了。哭着出丧，哭着回来，回来随即从事获得衣食财用的工作，用以资助祭祀，向亲人表达孝心。所以墨子的方法，不损害死者和生者的利益，道理就是如此。

22.15 故子墨子言曰：今天下之士君子，中请将欲为仁义，求为上士，上欲中圣王之道，下欲中国家百姓之利，故当若节丧之为政，而不可不察者，此也。

【译文】

因此，墨子说：如今天下的士人君子，内心确实希望追求仁义，想做一个高尚的士人，对上希望符合圣王的道术，对下希望符合国家百姓的利益，那么对待为政中节制埋葬这件事，就不能不加以明察，就是这个道理啊！

【评析】

"节葬"是墨子批评儒家思想学说的核心议题之一，它与"非乐"一道，构成了对以礼乐为核心的儒家思想的严重挑战。孔子是周礼的坚定维护者，认为周礼是人类最理想的社会制度，既有温文优雅的外在形式，又有仁义道德的精神实质，所以他才充满感情地说道："郁郁乎文哉，吾从周！"（《论语·八佾》）然而，生当春秋乱世，周礼内在仁义道德的精神实质被虚伪冷漠的人情世俗取代，温文优雅的外在形式逐渐滑向奢华无度的深渊。所以连孔子的弟子都对孔子全情守护的周礼提出了质疑："宰我问：'三年之丧，期已久矣！君子三年不为礼，礼必坏；三年不为乐，乐必崩。旧谷既没，新谷既升，钻燧改火，期可已矣。'子曰：'食夫稻，衣夫锦，于女安乎？'曰：'安。''女安！则为之！夫君子之居丧，食旨不甘，闻乐不乐，居处不安，故不为也。今女安，则为之！'宰我出。子曰：'予之不仁也！子生三年，然后免于父母之怀。夫三年之丧，天下之通丧也。予也有三年之爱于其父母乎？'"（《论语·阳货》）从师徒两人的对答中我们不难看出，宰我的质疑和问难是出于现实的考虑，比较理性和节制，而孔子的回答则回避了现实因素，仅仅从感性的角度对宰我予以驳斥，周礼在人们心目中的地位岌岌可危由此可见一斑。陵夷以至于墨子，对周礼的批评和质疑的声音我们就不难理解了。

墨子虽学出儒门，但为了挽救世道人心，不得不严厉批评这种不良社会风气，甚至不惜与孔子的礼乐思想决裂。如前所述，墨子批判的矛头主要是指向当时统治阶级虚伪浮夸的生活风气，其"节葬"思想主要包括两个方面的内容：一是反对奢华无度的"厚葬"之风，二是反对戕害肉体的"久丧"习俗。厚葬的弊端在于严重浪费社会原本用于衣食的大量财物，使原本就供应不足的社会产品更相形见绌；久丧的社会习俗则严重挤占了百姓的生产时间，不但严重摧残人的身心健康、甚至杀人以陪葬，还严重影响了社会生产和产品需求供给，这样的周礼显然已经严重阻碍了社会的发展进步，同时也不利于社会稳定和人民生活的幸福。统治者对"厚葬久丧"的推崇是出于自身统治地位的考虑，但把这种做法推广开来却是劳民伤财，弊端丛生。

《节葬》的论证保持了墨子一贯逻辑性强的行文特点。他从"利"的角度出发，对葬和丧的整个过程进行了全方位的审视和反思。在陪葬的墓穴中，鼎鼓、几梴、戈剑、羽旄等器物无所不备，会严重消耗社会总的物质财富；而人殉制度则会直接导致人口减少。在子孙守丧期间，"相率强不食而为饥，薄衣而为寒"，使得无论王公大人还是普通的农夫百工，都无法操持正业，直接影响到整个国家经济发展。更何况服丧之礼规定"五服"之内守丧日期各有定数，守丧期间禁止男女之事，自然与"人民寡则从事乎众之"相违背了。"厚葬久丧"既不能富国强民、增加人口，也无助于治理好政务、阻止攻伐，更不会得到上天赐福，所以彻底摒弃"厚葬久丧"的陋习也就顺理成章而势在必行了。在否定厚葬之后，墨子又详细描绘了理想的丧葬规制："棺三寸，足以朽骨；衣三领，足以朽肉；掘地之深，下无菹漏，气无发泄于上，垄足以期其所，则止矣。哭往哭来，反从事乎衣食之财，佴乎祭祀，以致孝于亲。"平心而论，墨子"节葬"思想的矛头并非特意指向儒家，墨家虽不讲究外在的祭品，但也强调真情的可贵，这样既利于死者之速朽，也利于生者之从事。这与孔子为礼强调"敬"的精神实质是相通的。只是墨子这种平民式的丧礼对社会财富的积累和人力的重视虽有进步意义，但却逾越了周礼的等级秩序界限。而这里，恰恰是儒、墨两家永远无法弥合的裂痕。

天志上

【题解】

《天志》分为上、中、下三篇，此为上篇。墨子是一个宗教神学目的论者，他认为存在一个高高在上的"天"，"天"比天子更尊贵、也更有智慧，因此天子和天下所有人必须遵循天的意志。"天不可为林谷幽门无人，明必见之"，天下人的所有行为都无法隐瞒上天，所以必须老老实实按照天的意志行事。顺应天的意志就会得到上天的奖赏，违背天的意志就会受到上天的惩罚。"天欲义而恶不义"，天下所有人都是天的子民，天兼爱他们，因此统治者只有爱民利民，才能得到上天的奖赏和百姓的赞誉，否则就会因为残害百姓而受到上天的惩罚。墨子的天志说无疑是唯心之论，但他提倡的内容却有值得肯定的成分。

23.1 子墨子言曰：今天下之士君子，知小而不知大。何以知之？以其处家者知之。若处家得罪于家长，犹有邻家所避逃之[1]。然且亲戚兄弟所知识[2]，共相儆戒[3]，皆曰："不可不戒矣！不可不慎矣！恶有处家而得罪于家长，而可为也！"非独处家者为然，虽处国亦然。处国得罪于国君，犹有邻国所避逃之。然且亲戚兄弟所知识，共相儆戒皆曰："不可不戒矣！不可不慎矣！谁亦有处国得罪于国君，而可为也！"此有所避逃之者也，相儆戒犹若此其厚，况无所避逃之者，相儆戒岂不愈厚，然后可哉？且语言有之曰〔4〕："焉而晏日〔5〕，焉而得罪〔6〕，将恶避逃之？"曰：无所避逃之。夫天不可为林谷幽门无人〔7〕，明必见之。然而天下之士君子之于天也，忽然不知以相儆戒，此我所以知天下士君子知小而不知大也。

【注释】

〔1〕所：犹"可"（王念孙说）。

〔2〕所知识：指所认识的人。

〔3〕儆：通"警"。

〔4〕语：当为衍文。

〔5〕焉而：当为衍文（俞樾说）。一说，犹言"于是"（刘昶说）。晏：天日清明。

〔6〕焉而：焉为语气词；而，转折连词，竟然（孙诒让说）。

〔7〕门：当为"闲"之误（王念孙说）。

【译文】

墨子说：如今天下的士人君子，懂得小道理而不懂得大道理。怎么知道是这样的呢？根据他们与家人相处的情况知道。如果在家里得罪了家长，还有邻居家可以逃避。然而父母兄弟以及相识的人，都相互告诫说："不能不引以为戒！不能不慎重对待！哪里有身处家中而可以做得罪家长的事呢？"并非只有处身家中是这样的，即使是在国家中也是这样。在国家里得罪了国君，还有邻国可以逃避。然而父母兄弟以及相识的人，都相互告诫说："不能不引以为戒！不能不慎重对待！哪里有身处国中而做得罪国君的事呢？"这是有可以逃避的地方，尚且如此慎重地相互告诫，更何况没有可以逃避的地方，相互告诫难道不会更加郑重，然后才可以吗？并且有古语说："青天朗日，竟然有所得罪，将要逃到哪里去呢？"答道：没有地方可以逃避。上天不会忽略深山幽谷没有人的地方，什么地方都能明白地看到。然而天下的士人君子对于上天，却疏忽而不知道相互告诫，这就是我之所以知道天下的士人君子懂得小道理而不懂得大道理的原因。

23.2 然则天亦何欲何恶？天欲义而恶不义。然则率天下之百姓以从事于义，则我乃为天之所欲也。我为天之所欲，天亦为我所欲。然则我何欲何恶？我欲福禄而恶祸祟[1]。若我不为天之所欲，而为天之所不欲，然则我率天下之百姓，以从事于祸祟中也。然则何以知天之欲义而恶不义？曰：天下有义则生，无义则死；有义则富，无义则贫；有义则治，无义则乱。然则天欲其生而恶其死，欲其富而恶其贫，欲其治而恶其乱，此我所以知天欲义而恶不义也。

【注释】

〔1〕祟：鬼神作怪害人。

【译文】

既然如此，那么上天所希望什么又厌恶什么呢？上天希望义而厌恶不义。那么率领天下的百姓来从事于义的事业，那么我做的就是上天所希望的事情。我做上天所希望的事情，上天也会做我所希望的事情。那么我希望什么又厌恶什么呢？我希望的是福禄，厌恶的是祸害。如果我不做上天所希望的事情，而做上天所不希望的事情，那么我就是率领天下的百姓从事于招致灾害的事情。那么怎么知道上天喜欢义而厌恶不义呢？答道：天下有义就能生存，无义就会灭亡；有义就会富贵，无义就会贫穷；有义就会大治，无义就会混乱。那么上天希望生存而厌恶灭亡，希望富贵而厌恶贫穷，希望治理而厌恶混乱，这就是我之所以知道上天希望义而厌恶不义的原因。

23.3 曰：且夫义者，政也[1]，无从下之政上，必从上之政下。是故庶人竭力从事，未得次己而为政[2]，有士政之；士竭力从事，未得次己而为政，有将军、大夫政之；将军、大夫竭力从事，未得次己而为政，有三公、诸侯政之；三公、诸侯竭力听治，未得次己而为政，有天子政之；天子未得次己而为政，有天政之。天子为政于三公、诸侯、士、庶人，天下之士君子固明知[3]，天之为政于天子，天下百姓未得之明知也。

【注释】

〔1〕政：同"正"（王念孙说）。

〔2〕次："恣"之省文（毕沅说），放纵，纵情。

〔3〕句末当有"之"字（孙诒让说）。

【译文】

墨子说：所谓义，就是正道，不是由下面来匡正上面，一定是从上面来匡正下面。所以平民百姓尽力做自己的事情，不应该放纵自己而自以为正确，有士人在上面匡正他；士人也尽力做自己的事情，不应该放纵自己而自以为正确，有卿大夫在上面匡正他；卿大夫尽力做自己的事情，不应该放纵自己而自以为正确，有三公、诸侯在上面匡正他；三公、诸侯竭尽全力处理政务，不应该放纵自己而自以为正确，有天子在上面匡正他；天子不应该放纵自己而自以为正确，有天在上面匡正他。天子匡正三公、诸侯、士人、平民，天下的士人、君子本来是明白知道这个道理的，但对于上天匡正天子，天下的百姓却不能明了。

23.4 故昔三代圣王禹汤文武，欲以天之为政于天子，明说天下之百姓，故莫不犓牛羊，豢犬彘，洁为粢盛酒醴，以祭祀上帝鬼神，而求祈福于天。我未尝闻天下之所求祈福于天子者也，我所以知天之为政于天子者也。故天子者，天下之穷贵也[1]，天下之穷富也。故于富且贵者[2]，当天意而不可不顺。顺天意者，兼相爱，交相利，必得赏；反天意者，别相恶，交相贼，必得罚。然则是谁顺天意而得赏者？谁反天意而得罚者？子墨子言曰：昔三代圣王禹汤文武，此顺天意而得赏也；昔三代之暴王桀纣幽厉，此反天意而得罚者也。然则禹汤文武其得赏何以也？子墨子言曰：其事上尊天，中事鬼神，下爱人。故天意曰："此之我所爱[3]，兼而爱之；我所利，兼而利之。爱人者，此为博焉；利人者，此为厚焉。"故使贵为天子，富有天下，业万世子孙[4]，传称其善，方施天下[5]，至今称之，谓之圣王。然则桀纣幽厉得其罚何以也？子墨子言曰：其事上诟天，中诟鬼，下贼人。故天意曰："此之我所爱，别而恶之；我所利，交而贼之。恶人者，此为之博也；贱人者[6]，此为之厚也。"故使不得终其寿，不殁其世，至今毁之，谓之暴王。

【注释】

〔1〕穷：极。

〔2〕于：旧本作"欲"。

〔3〕之：于（王闿运说）。

〔4〕业：此字当为衍文。

〔5〕方施：指施溥遍于天下（孙诒让说）。

〔6〕贱：疑为"贼"之误（孙诒让说）。

【译文】

因此从前三代的圣王禹汤文王武王，想要把上天匡正天子的道理明白地告诉天下的百姓，所以没有人不饲养牛羊、猪狗，准备好洁净的酒食祭品，来祭祀上帝鬼神，而向上天祈求赐福。我没有听说过天下人向天子祈求赐福的事，这就是我所知道上天匡正天子的原因。所以天子是天下最尊贵的人，是天下最富有的人。所以那些尊贵而富有的人，不能不顺从上天的意愿。顺从天意的人，兼相爱，交相利，必定会得到赏赐；违背天意的人，互相厌恶，互相残害，必定会得到惩罚。既然如此，那么谁是顺从天意而得到赏赐的人？谁是违背天意而得到惩罚的人？墨子说：从前三代圣王禹汤文王武王，他们是顺从天意而得到赏赐的人；从前三代残暴的君王桀纣幽王厉王，他们是违背天意而得到惩罚的人。既然如此，那么大禹汤文王武王为什么会得到上天的赏赐呢？墨子说：他们做事，上尊敬天，中侍奉鬼神，下爱人。所以天意说："这些人对于我所爱的，他们同样全部去爱；我所要给予利益的，他们全部都给予利益。爱人的人是最广博的，给人利益的人是最厚重的。"所以让他们贵为天子，富有天下，后代万世子孙，传诵称赞他们的善行，广泛地施行于天下，直到现在仍称赞他们，称他们为圣王。既然如此，那么桀纣幽王厉王，受到惩罚是什么原因呢？墨子说：他们做事，上辱骂天，中辱骂鬼神，下残害百姓。所以天意说："这些人对于我所爱的，他们反而厌恶；我所要给予利益的，他们却相互贼害。厌恶人的人是最广泛的，贼害人的人是最严重的。"所以让他们不能寿终正寝，不能正常保有基业，直到现在还被人唾骂，被称为暴虐的君王。

23.5 然则何以知天之爱天下之百姓？以其兼而明之。何以知其兼而明之？以其兼而有之。何以知其兼而有之？以其兼而食焉。何以知其兼而食焉？四海之内，粒食之民，莫不犓牛羊，豢犬彘，洁为粢盛酒醴，以祭祀于上帝鬼神，天有邑人[1]，何用弗爱也[2]？且吾言杀一不辜者，必有一不祥。杀不辜者谁也？则人也。予之不祥者谁也？则天也。若以天为不爱天下之百姓，则何故以人与人相杀，而天予之不祥？此我所以知天之爱天下之百姓也。

【注释】

〔1〕天有邑人：指天下所有的人民。

〔2〕用：因为，由于。

【译文】

　　既然如此，那么怎么知道上天是爱天下百姓的呢？根据上天兼爱而知道的。为什么知道上天兼爱呢？因为上天拥有天下人。为什么知道上天拥有天下人呢？因为上天供给天下所有人食物。为什么知道上天供给天下所有人食物呢？四海之内，凡是吃五谷的人民，没有人会不饲养牛羊和猪狗，准备好洁净的酒食祭品，来祭祀上天鬼神。上天拥有天下百姓，怎么会不爱他们呢？并且我说过杀一个无辜的人，必定会有一种不祥。杀害无辜的人是谁呢？是人。给予他不祥的人是谁呢？是上天。如果认为上天不爱天下的百姓，那么怎么会因为人与人相互残杀，而上天就给予不祥呢？这就是我知道上天爱天下百姓的原因。

　　23.6 顺天意者，义政也；反天意者，力政也。然义政将奈何哉？子墨子言曰：处大国不攻小国，处大家不篡小家，强者不劫弱，贵者不傲贱，多诈者不欺愚。此必上利于天，中利于鬼，下利于人，三利无所不利，故举天下美名加之，谓之圣王。力政者则与此异，言非此，行反此，犹倖驰也〔1〕。处大国攻小国，处大家篡小家，强者劫弱，贵者傲贱，多诈欺愚。此上不利于天，中不利于鬼，下不利于人，三不利无所利，故举天下恶名加之，谓之暴王。

【注释】

〔1〕倖：一本作"偝"，与"背"同（孙诒让说）。

【译文】

顺应天意，就是义政；违背天意，就是力政。那么义政是怎么样的呢？墨子说：处于大国的地位不去攻打小国，处于大家的地位不去篡夺小家，强者不抢劫弱者，贵者不轻视贫贱者，智谋多者不欺负愚笨者。这样一定会上有利于天，中有利于鬼神，下有利于人，对三者都有利就会无所不利，所以把全天下的美名都加给他，称他为圣王。力政者就和义政不同，言论与此相反，行为与此相反，就好像背道而驰。处于大国的地位攻打小国，处于大家的地位篡夺小家，强者抢劫弱者，富贵者轻视贫贱者，智谋多者欺负愚笨者，这一定会上不利于天，中不利于鬼神，下不利于人，对三者都不利就会对什么都不利，所以把全天下的恶名都加给他，称他为暴王。

23.7 子墨子言曰：我有天志，譬若轮人之有规〔1〕，匠人之有矩。轮匠执其规矩，以度天下之方圜〔2〕，曰："中者是也，不中者非也。"今天下之士君子之书，不可胜载，言语不可尽计〔3〕，上说诸侯，下说列士，其于仁义则大相远也。何以知之？曰：我得天下之明法以度之〔4〕。

【注释】

〔1〕轮人：制造车轮的工匠。

〔2〕圜：同"圆"。

〔3〕计：同"记"（李笠说）。

〔4〕天下之明法："下"字疑为衍文（姚永概说）。天之明法，即"天志"。

【译文】

墨子说：我有天的意志，就好像制造车轮的人有圆规，好像木匠有矩尺。制造车轮的工匠和木匠，拿着他们的圆规和矩尺去测量天下的方圆，说："符合规矩的就是对的，不符合规矩的就是不对的。"如今天下士人君子的书多得车子都载不完，言论之多也无法完全记载，他们上游说诸侯，下游说有名望的列士，但他们对于仁义却相差很远。怎么知道是这样呢？说：我掌握了天下圣明的法则可以用来衡量士人君子的言论。

【评析】

　　中国文化的源头最早可以追溯到巫术风气盛行的殷商时期，而中国传统文化继承的则是西周以来较为理性的"六经"系统。儒家思想的祖师爷孔子虽然敬畏天，但从不谈怪力乱神之类的东西，而出身孔门后学的墨子却以"天志"为号召，于儒家之外别树一帜，这难道是一种思想的退化吗？我们今天也许无从了解墨子对待天命鬼神的真实想法，但有一点是清楚的，即墨子谈"天志"的时候并非采取神秘主义态度，而且"天志"在其整体思想体系中明显是一种顶层设计。"我有天志，譬若轮人之有规，匠人之有矩。"其目的在于说明"中者是也，不中者非也。"显然，墨子是将"天"的意志当作正义的最早原则加以运用。如果抛开这种理论设计浓厚的神学目的论色彩，把它看作康德为保证"善"的纯粹性和终极性而设定的"绝对命令"也并不为过。在墨子看来，"天志"是"正义"的终极守护者，是"正义"不可逾越的最后底线。"天欲义而恶不义。"有意思的是，墨子的"义"与儒家含义不同。墨子认为："义者，政也。""政"即"正"。儒家则认为"义者，宜也。"显然，儒家的"义"强调的是过程的合理性，属于经验主义的范畴；而墨子的"义"强调的则是出发点的正当性，属于先验论的范畴。墨子的论证逻辑是：正义是人类必须遵循的行事原则，因为人皆"欲福禄而恶祸祟"，"故于富且贵者，当天意而不可不顺。顺天意者，兼相爱，交相利，必得赏；反天意者，别相恶，交相贼，必得罚。"一个强大的历史证据是禹汤文武因顺从天而得到奖赏，桀纣幽厉因违背天意而受到惩罚。在沧海横流的艰难时世面前，墨子意识到，当王权摆脱了殷商鬼神的注视，当人的欲望随着自我意识的复苏而迅速膨胀，回到过去那个敬畏"天志"的年代也许是人类的一个较为简单的选择。他期盼能再次诉诸"天"的威严去完成那些在他看来人力无法完成的事情，期盼借助宗教神学的力量来遏制人类膨胀的欲望野心，期盼圣王出世以"率天下之百姓以从事于义"，从而恢复失范的社会秩序。

　　"天志"作为人类必须遵循的行为原则的权威树立起来之后，墨子话锋一转，进而提出"义政"与"力政"的区别。"义政"不同于儒家的"德政"，其基本含义应归结为先验论范畴的正义，即符合"天志"的政治。"力政"则恰恰相反。"义政"的最终目标是："上利于天，中利于鬼，下利于人。"具体而言，就是："处大国不攻小国，处大家不篡小家，强者不劫弱，贵者不傲贱，多诈者不欺愚。"义与不义之间的区别即在于利与不利，凡是有利于天鬼人的施政方针就是"义政"，就会受到上天的青睐和奖赏；凡是不利于天鬼人的施政方针就是"力政"，就会受到上天的惩罚。在"上利于天，中利于鬼，下利于人"三个标准中，前二者包含着浓厚的宗教神学成分，而"下利于人"却是对现实政治的社会经济、国计民生有着冷静的思考和更详尽的论述。正因为如此，文章在一定程度上冲淡了其中的宗教神学色彩，反而染上了一层人文关怀的色彩。

如果上文的分析是成立的，我们也许可以延伸出另外一种结论：墨子倡言天志不仅是代天立言，也不仅是为现实政治提供终极行为原则，其"天志"说的根本目的是希望对人间君主的权力和过度的欲望加以制约。事实上，先秦诸子早有"从道不从君"的共识，他们纷纷从各自的立场提出对君权进行限制。如老子谓"我无为而民自化，我好静而民自正，我无事而民自富，我无欲而民自朴"（《老子》五十七章），孟子谓"君之视臣如土芥，则臣视君如寇雠"（《孟子·离娄下》），荀子谓"谏、争、辅、拂之人，社稷之臣也，国君之宝也"（《荀子·臣道》），皆从理性主义角度要求对君权进行限制。而墨子却说"天之为政于天子"，将这种制约机制的来源上归于"天"，较其他诸子更显复古主义倾向。但是，墨子毕竟生活在一个理性主义思潮日益壮大的时代，因此，墨子的宗教神学目的论少了几分神秘，更添了几分理性与冷静。不仅如此，墨子还坚信他的理论是唯一正确的："今天下之士君子之书，不可胜载，言语不可尽计，上说诸侯，下说列士，其于仁义则大相远也。"因为墨子似乎认为，人类的理性似乎不足以解决自身的所有问题，不然也不会众说纷纭却依旧天下大乱，为了唯一权威的正义，有必要假定天志的存在。

天志中

　　《天志》中篇更为详细地阐述了天志的权威性，人类只有遵循天志才能得到上天的奖赏和庇护，才能使国家安定、百姓安宁。墨子指出，天志总的来说就是"不欲大国之攻小国也，大家之乱小家也，强之暴寡，诈之谋愚，贵之傲贱。"换个角度说，就是："欲人之有力相营，有道相教，有财相分也，又欲上之强听治也，下之强从事也。"能做到这些的人就会得到天的赐福和庇佑，如禹、汤、文王、武王，他们的美名流芳千古；不能做到这些的人就会遭受天的惩罚和遗弃，如桀、纣、幽王、厉王，他们的恶名遗臭万年。可是为什么现实生活中总是有人违背天的意志而受到惩罚呢？墨子认为这是因为天下人"明细而不明大"，目光短浅，不懂得"天之意不可不慎"的道理，更不知道人的祸患灾害是上天对人类的警告。所以墨子为此文意在告诫"欲遵道利民"的"王公大人士君子"，要顺天志以为法则。

　　24.1 子墨子言曰：今天下之君子之欲为仁义者，则不可不察义之所从出。既曰不可以不察义之所欲出[1]，然则义何从出？子墨子曰：义不从愚且贱者出，必自贵且知者出。何以知义之不从愚且贱者出，而必自贵且知者出也？曰：义者，善政也。何以知义之为善政也？曰：天下有义则治，无义则乱，是以知义之为善政也。夫愚且贱者，不得为政乎贵且知者，然后得为政乎愚且贱者^{〔2〕}，此吾所以知义之不从愚且贱者出，而必自贵且知者出也。然则孰为贵？孰为知？曰：天为贵，天为知而已矣。然则义果自天出矣。

【注释】

〔1〕欲：据上下文当为"从"。

〔2〕"然后"上脱"贵且知者"四字（毕沅说）。

【译文】

墨子说：现在天下的君子想要推行仁义，就不能不考察仁义是从哪里来的。既然说不能不考察仁义是从哪里来的，那么仁义是从哪里来的呢？墨子说：仁义不是从愚蠢而且低贱的人那里来，必定是从富贵并且有智慧的人那里来。怎么知道仁义不是从愚蠢而且低贱的人那里来，而必定是从富贵并且有智慧的人那里来的呢？答道：义，就是善政。怎么知道义就是善政呢？答道：天下有仁义就会得到治理，没有仁义就会出现混乱，所以知道义就是善政。愚蠢并且低贱的人不可能去管理那些富贵并且有智慧的人，富贵并且有智慧的人才能去管理那些愚蠢并且低贱的人。这就是我知道仁义不是从愚蠢而且低贱的人那里来，而必定是从富贵并且有智慧的人那里来的原因。那么谁是富贵的人？谁是有智慧的人呢？答道：天尊贵，天有智慧啊。那么仁义果然就是从天那里来的了。

24.2 今天下之人曰：当若天子之贵诸侯^{〔1〕}，诸侯之贵大夫，僪明知之^{〔2〕}。然吾未知天之贵且知于天子也。子墨子曰：吾所以知天之贵且知于天子者有矣。曰：天子为善，天能赏之；天子为暴，天能罚之；天子有疾病祸祟，必斋戒沐浴，洁为酒醴粢盛，以祭祀天鬼，则天能除去之，然吾未知天之祈福于天子也。此吾所以知天之贵且知于天子者。不止此而已矣，又以先王之书驯天明不解之道也知之〔3〕。曰："明哲维天，临君下土。"则此语天之贵且知于天子。不知亦有贵知夫天者乎〔4〕？曰：天为贵，天为知而已矣。然则义果自天出矣。是故子墨子曰：今天下之君子，中实将欲遵道利民，本察仁义之本，天之意不可不慎也。

【注释】

〔1〕贵诸侯：即"贵于诸侯"，比诸侯尊贵。

〔2〕碻：当为"碻"，确然可知。

〔3〕驯：同"训"，训示天之明道。

〔4〕夫：当作"于"（孙诒让说）。

【译文】

如今天下的人都说：对于天子比诸侯尊贵，诸侯比大夫尊贵的道理，我确实知道。然而我不知道上天比天子尊贵且有智慧。墨子说：我之所以知道上天比天子尊贵且有智慧，是有根据的。说道：天子行善，上天就赏赐他；天子做恶，上天就惩罚他；天子有疾病灾害，一定要斋戒沐浴，准备好洁净的酒食祭品，以祭祀上天鬼神，那么上天就会除去灾害。然而我不知道上天是否会给天子祈福。这就是我知道上天比天子尊贵且有智慧的原因。不仅如此而已，还可以从先王书中那些解释上天明哲不懈的大道中获知。说道："上天聪明睿智，临照君王下界的土地。"那么这就是说上天比天子尊贵且有智慧。不知道是否还有比上天更尊贵且有智慧的呢？说道：上天最尊贵，也最有智慧。那么仁义果然是从上天而来的吗？所以墨子说：现在天下的君子，内心确实希望遵循先王之道来为百姓谋利，如果从根本上考察仁义的本源，那么天意就不能不谨慎地顺从。

24.3 既以天之意以为不可不慎已，然则天之将何欲何憎？子墨子曰：天之意不欲大国之攻小国也，大家之乱小家也，强之暴寡[1]，诈之谋愚，贵之傲贱，此天之所不欲也。不止此而已，欲人之有力相营[2]，有道相教，有财相分也；又欲上之强听治也[3]，下之强从事也。上强听治，则国家治矣；下强从事，则财用足矣。若国家治财用足，则内有以洁为酒醴粢盛，以祭祀天鬼；外有以为环璧珠玉，以聘挠四邻[4]。诸侯之冤不兴矣[5]，边境兵甲不作矣。内有以食饥息劳，持养其万民，则君臣上下惠忠，父子弟兄慈孝。故唯毋明乎顺天之意，奉而光施之天下[6]，则刑政治，万民和，国家富，财用足，百姓皆得暖衣饱食，便宁无忧[7]。是故子墨子曰：今天下之君子，中实将欲遵道利民，本察仁义之本，天之意不可不慎也。

【注释】

〔1〕强之暴寡：据上文当为"强之劫弱，众之暴寡"（陶鸿庆说）。

〔2〕营：当为"劳"之误（蒋礼鸿说）。

〔3〕强：勤勉。

〔4〕挠：疑为"接"之误（刘师培说），交接。

〔5〕冤：同"怨"（孙诒让说）。

〔6〕光：通"广"（孙诒让说）。

〔7〕便宁：安宁。

【译文】

既然认为天意不能不谨慎地顺从，那么上天希望的和憎恶的又是什么呢？墨子说：天意不希望大国攻打小国，大家扰乱小家，不希望强者暴虐弱者，人多欺负人少，智者欺骗愚者，尊贵者轻视贫贱者，这是上天所不希望的。不仅如此而已，还希望有力气者能帮助别人，有道术者能相互传授，有财物者能分给别人；又希望身居上位者勤勉处理政务，身居下位者努力工作。身居上位者勤勉处理政务，那么国家就会得到治理；身居下位者努力工作，那么财用就会充足。如果国家大治，财用充足，那么在内就能够有洁净的酒食祭品来祭祀上天鬼神；在外就能够用环佩玉璧珠宝去结交四周的邻国。诸侯之间的仇怨就不会兴起，边境的战事就不会发生。对内可以让饥饿的人吃饱，让劳累的人得到休息，这样养护他的百姓，那么就会君臣上下你惠我忠，父子之间你慈我孝，兄弟之间你敬我爱。所以只要明白如何顺应天意，并且在天下奉行和推行天意，那么刑法和政治就能得到治理，万民和睦，国家富足，财用充实，百姓都能吃得饱穿得暖，安宁而没有忧患。所以墨子说：如今天下的君子，内心确实希望遵循道义而使百姓得到利益，如果从根本上考察仁义的本源，那么天意就不能不谨慎地顺从。

24.4 且夫天子之有天下也，辟之无以异乎国君诸侯之有四境之内也[1]。今国君诸侯之有四境之内也，夫岂欲其臣国万民之相为不利哉？今若处大国则攻小国，处大家则乱小家，欲以此求赏誉，终不可得，诛罚必至矣。夫天之有天下也，将无已异此[2]。今若处大国则攻小国，处大都则伐小都，欲以此求福禄于天，福禄终不得，而祸祟必至矣。然有所不为天之所欲，而为天之所不欲，则夫天亦且不为人之所欲，而为人之所不欲矣。人之所不欲者何也？曰：病疾祸祟也。若己不为天之所欲，而为天之所不欲，是率天下之万民以从事乎祸祟之中也。故古者圣王明知天鬼之所福，而辟天鬼之所憎，以求兴天下之利，而除天下之害。是以天之为寒热也节，四时调，阴阳雨露也时，五谷孰[3]，六畜遂，疾菑戾疫凶饥则不至。是故子墨子曰：今天下之君子，中实将欲遵道利民，本察仁义之本，天意不可不慎也。

【注释】

〔1〕辟：通"譬"，比如，好比。

〔2〕已：同"以"。

〔3〕孰：通"熟"。

【译文】

天子拥有天下，打个比方说就和诸侯国君拥有整个国家没什么区别。如今诸侯国君拥有国家，难道希望自己的臣子和百姓相互做不利于彼此的事情吗？现在如果作为大国就去攻打小国，作为大家就去侵扰小家，希望凭借这个求得奖赏和赞誉，最终也是不可能得到的，诛灭和惩罚一定会到来。上天拥有天下，也和这没什么差别。现在如果作为大国而去攻打小国，作为大城就去攻打小城，希望凭借这个向上天祈求赐福，福禄最终也不会到来，而祸害必定会降临。然而不做上天所希望的事情，而做上天所不希望的事情，那么上天也不会做人所希望的事情，而会做人所不希望的事情。人所不希望的事情是什么呢？答道：疾病祸灾啊！如果自己不做上天所希望的，而做上天所不希望的，那就是率领天下万民去从事会带来灾祸的事情。所以古代的圣王，明确知道上天和鬼神会赐福的事情，而避开上天和鬼神所憎恨的事情，来追求兴天下之利，而去除天下之害。所以上天使寒暑有规律，四季调和，阴阳雨露有定时，五谷按时成熟，六畜顺利成长，疾病灾害瘟疫和饥荒不会到来。所以墨子说：如今天下的君子，内心确实希望通过遵循道义来为百姓谋利，就需要从根本上考察仁义的本源，天意不能不谨慎地顺从。

24.5 且夫天下盖有不仁不祥者，曰：当若子之不事父，弟之不事兄，臣之不事君也，故天下之君子〔1〕，与谓之不祥者。今夫天兼天下而爱之，撽遂万物以利之〔2〕，若毫之末，非天之所为也，而民得而利之，则可谓否矣〔3〕。然独无报夫天，而不知其为不仁不祥也。此吾所谓君子明细而不明大也。

【注释】

〔1〕故：犹"则"（王念孙说）。

〔2〕撽：当为"邀"，"邀"通"交"（俞樾说）。 遂：育。

〔3〕否：当为"后"之误。"后"、"厚"古通用（俞樾说）。

【译文】

　　天下大概有不仁不祥的人，说道：如果做儿子的不侍奉父亲，做弟弟的不侍奉兄长，做臣子的不侍奉君主，那么天下的君子，都称他们为不祥的人。如今上天兼爱天下万民，养育万物以使他们都得到好处，像毫毛一样细小的东西，也没有上天做不到的，而人民得到好处，就可以说是非常丰厚了。然而却不仅没有报答上天，反而不知道他们做了不仁不祥的事情。这就是我所说的君子明白小道理而不懂得大道理啊！

　　24.6 且吾所以知天之爱民之厚者有矣，曰：以磨为日月星辰〔1〕，以昭道之；制为四时春秋冬夏，以纪纲之；雷降雪霜雨露〔2〕，以长遂五谷麻丝〔3〕，使民得而财利之；列为山川谿谷，播赋百事〔4〕，以临司民之善否〔5〕；为王公侯伯，使之赏贤而罚暴；贼金木鸟兽〔6〕，从事乎五谷麻丝，以为民衣食之财。自古及今，未尝不有此也。今有人于此，驩若爱其子〔7〕，竭力单务以利之〔8〕。其子长，而无报子求父〔9〕，故天下之君子与谓之不仁不祥〔10〕。今夫天兼天下而爱之，撽遂万物以利之，若毫之末，非天之所为，而民得而利之，则可谓否矣。然独无报夫天，而不知其为不仁不祥也。此吾所谓君子明细而不明大也。

【注释】

〔1〕磨：当为"曆"，分别（王念孙说）。

〔2〕雷：当为"霣"，与"陨"同（孙诒让说），降落。

〔3〕长遂：长成。
〔4〕播：布。 百事：指百官。
〔5〕司：同"伺"，观察（毕沅说）。
〔6〕赋：当为"赋"（孙诒让说），给予。
〔7〕驩：古"欢"字。
〔8〕单：同"殚"，竭尽。
〔9〕报子求父：当作"报于其父"（王景羲说）。
〔10〕与：同"举"（毕沅说），全部。

【译文】

我之所以知道上天深爱万民是有理由的。说道：天区分出日月星辰，给万民带来光明；制定春夏秋冬四季，作为万民生活的大纲大法；降下雪霜雨露，让五谷麻丝生长成熟，使万民得到物质利益；排列山川河谷，布设百官执事，以监察万民的善恶；设立王公侯伯，让他们赏贤人而惩坏人；给予万民金木鸟兽，让他们从事五谷麻丝的生产，作为万民的衣食来源。从古到今，无不如此。如今有这样的人，喜欢他的儿子，竭尽全力做所有的事情都是为了为儿子谋利。他的儿子长大，却不报答父亲，所以天下的君子，全都称他是不仁不祥的人。如今上天兼爱天下万民，养育万物而使天下万民得利，即使是毫毛一样小的事情，也无不是上天所为，而人民得到的利益可以说非常丰厚了。然而不仅不报答上天，反而不知道他做的是不仁不祥的事，这就是我所说的君子明白小道理而不懂得大道理。

24.7 且吾所以知天爱民之厚者，不止此而足矣〔1〕。曰：杀不辜者，天予不祥。不辜者谁也？曰：人也。予之不祥者谁也？曰：天也。若天不爱民之厚，夫胡说人杀不辜，而天予之不祥哉？此吾之所以知天之爱民之厚也。且吾所以知天之爱民之厚者，不止此而已矣。曰：爱人利人，顺天之意，得天之赏者有之；憎人贼人，反天之意，得天之罚者亦有矣。

【注释】

〔1〕足：旧本或作"已"（于省吾说）。

【译文】

我之所以知道上天深爱万民，还不止如此而已。说道：杀害无辜的人，天会降下不祥。无辜的是谁呢？答道：是人。降下不祥的是谁呢？答道：是上天。如果上天不是深爱万民，怎么能说有人杀害无辜的人，上天就会降下不祥给他呢？这就是我知道上天深爱万民的原因。并且我之所以知道上天深爱万民，还不止如此而已。说道：爱人利人，顺从天意，得到上天赏赐的人是有的；憎人害人，违背天意而受到上天惩罚的人也是有的。

24.8 夫爱人利人，顺天之意，得天之赏者谁也？曰：若昔三代圣王，尧舜禹汤文武者是也。尧舜禹汤文武焉所从事？曰：从事兼，不从事别。兼者，处大国不攻小国，处大家不乱小家，强不劫弱，众不暴寡，诈不谋愚，贵不傲贱。观其事，上利乎天，中利乎鬼，下利乎人，三利无所不利，是谓天德〔1〕。聚敛天下之美名而加之焉，曰：此仁也，义也，爱人利人，顺天之意，得天之赏者也。不止此而已，书于竹帛，镂之金石，琢之槃盂，传遗后世子孙。曰：将何以为？将以识夫爱人利人〔2〕，顺天之意，得天之赏者也。《皇矣》道之曰〔3〕："帝谓文王，予怀明德〔4〕，不大声以色，不长夏以革〔5〕，不识不知，顺帝之则。"帝善其顺法则也，故举殷以赏之，使贵为天子，富有天下，名誉至今不息。故夫爱人利人，顺天之意，得天之赏者，既可得留而已〔6〕。

【注释】

〔1〕天德：指有功德于天。

〔2〕识：通"志"，标记。

〔3〕《皇矣》：今本《诗经·大雅》中有此篇。

〔4〕怀：想念，怀念。

〔5〕长夏：为诸夏之长。 革：变革。

〔6〕据下文当为"既可得而知也"（王念孙说）。

【译文】

　　爱人利人，顺从天意，得到上天赏赐的人是谁呢？答道：从前三代圣王，尧舜禹汤文王武王就是。尧舜禹汤文王武王都做了什么了不起的事情呢？说道：从事于"兼"，而不从事于"别"。兼，就是身为大国而不攻打小国，身为大家而不扰乱小家，强者不抢劫弱者，人多势众不暴虐势单力孤，多谋者不欺负愚笨者，高贵者不轻视低贱者。观察他们所做的事情，上有利于天，中有利于鬼，下有利于人，这三者都得利，就没有什么得不到利益了，这就是有功德于天。天下所有的美名都会加给他们，说道：这就是仁，是义，是爱人利人，是顺从天意而得到上天赏赐的人。不仅如此而已，还要把他们的事迹写在竹帛上，镂刻在金石上，雕琢在盘盂器皿上，传给后世子孙。说道：准备干什么呢？想要以此来记住能爱人利人，顺从天意而得到上天的赏赐的人。《皇矣》说："天帝对文王说：我怀念有明德之人，他不说大话来表现自己，不因为做了诸夏之长就更改先王之法。他不识不知，一心顺从天帝的法则。"天帝赞赏他能顺从上天的法则，所以把殷商的天下全部赏赐给他，让他贵为天子，富有天下，美名到如今都没有停止。所以爱人利人，顺从天意，得到上天赏赐的人，从他们身上就已经可以知道了。

　　24.9 夫憎人贼人，反天之意，得天之罚者谁也？曰：若昔者三代暴王桀纣幽厉者是也。桀纣幽厉焉所从事？曰：从事别，不从事兼。别者，处大国则攻小国，处大家则乱小家，强劫弱，众暴寡，诈谋愚，贵傲贱。观其事，上不利乎天，中不利乎鬼，下不利乎人，三不利无所利，是谓天贼〔1〕。聚敛天下之丑名而加之焉，曰：此非仁也，非义也，憎人贼人，反天之意，得天之罚者也。不止此而已，又书其事于竹帛，镂之金石，琢之槃盂，传遗后世子孙。曰：将何以为？将以识夫憎人贼人，反天之意，得天之罚者也。《大誓》之道之曰〔2〕："纣越厥夷居〔3〕，不肯事上帝，弃厥先神祇不祀〔4〕，乃曰吾有命，无廖僇务〔5〕。天下〔6〕。天亦纵弃纣而不葆〔7〕。"察天以纵弃纣而不葆者，反天之意也。故夫憎人贼人，反天之意，得天之罚者，既可得而知也。

【注释】

〔1〕天贼：指祸害上天的人。

〔2〕《大誓》：即《泰誓》。今本《尚书·泰誓》为伪古文。 第一个之字疑为衍文。

〔3〕越厥：发语词，无义（王焕镳说）。 夷居：倨嫚（江声说），倨傲不恭。

〔4〕神祇：天神和地神。

〔5〕无廖僇务：指不戮力其事（孙星衍说）。廖，同"戮"。 僇，为"彼"的借字，意思与"其"相近。

〔6〕天下：此二字疑为衍文（毕沅说）。

〔7〕葆：保全。

【译文】

憎恨人贼害人，违背天意，那么得到上天惩罚的人都是谁呢？答道：像从前三代的暴君桀纣幽王厉王就是这样的人。桀纣幽王厉王所做的事情都是怎么样的呢？答道：他们从事"别"，而不从事"兼"。别，指身为大国而攻打小国，身为大家而扰乱小家，强者欺负弱者，人多势众者残害势单力孤者，多谋者欺负愚笨者，高贵者轻视低贱者。观察他们做的事情，上不利于天，中不利于鬼，下不利于人，这三者都得不到利益，就没有得到利益的了，这就是所说的上天的祸害。天下所有的恶名就都会加给他们，说：这是不仁，是不义，是憎恨人残害人，违背天意，因而得到上天惩罚的人。不仅如此而已，还要把他们的事迹书写在竹帛上，镂刻在金石上，雕琢在盘盂器皿上，传给后世的子孙。说：这些有什么用呢？准备以此来识别憎恨人贼害人，违背天意，因而得到上天惩罚的人。《大誓》上说："商纣倨傲不恭，不肯侍奉上帝，抛下他祖先和天地神灵不去祭祀，还说：我有天命保佑，而不去努力做自己的事情。上天因此也舍弃纣王而不再保佑他。"考察上天舍弃纣不再保佑他的原因，是因为他违背了天意。所以憎恨人贼害人，违背天意，而得到上天惩罚的人，从他们身上就已经可以得知了。

24.10 是故子墨子之有天之[1]，辟人无以异乎轮人之有规，匠人之有矩也。今夫轮人操其规，将以量度天下之圆与不圆也，曰："中吾规者谓之圆，不中吾规者谓之不圆。"是故圆与不圆，皆可得而知也。此其故何？则圆法明也。匠人亦操其矩，将以量度天下之方与不方也，曰："中吾矩者谓之方，不中吾矩者谓之不方。"是以方与不方，皆可得而知之。此其故何？则方法明也。故子墨子之有天之意也，上将以度天下之王公大人为刑政也，下将以量天下之万民为文学出言谈也[2]。观其行，顺天之意，谓之善意行[3]；反天之意，谓之不善意行。观其言谈，顺天之意，谓之善言谈；反天之意，谓之不善言谈。观其刑政，顺天之意，谓之善刑政；反天之意，谓之不善刑政。故置此以为法，立此以为仪[4]，将以量度天下之王公大人卿大夫之仁与不仁，譬之犹分黑白也。是故子墨子曰：今天下之王公大人士君子，中实将欲遵道利民，本察仁义之本，天之意不可不顺也。顺天之意者，义之法也。

【注释】

〔1〕之：旧本作"志"（毕沅说）。

〔2〕为文学：指写文章。

〔3〕意：疑当作"惪"，与"德"通（孙诒让说）。

〔4〕仪：准则，法度。

【译文】

因此墨子认为把握了天志，就好比制造车轮的人掌握了圆规，木匠掌握了矩尺。如今制造车轮的人拿着他的圆规，要用它来测量天下圆和不圆的东西。他说：符合我的圆规就是圆，不符合我的圆规就是不圆。所以圆和不圆，都是可以得知的。这是什么原因呢？因为圆的标准很明确。木匠也拿着他的矩尺，要用它来测量天下方和不方的东西。他说：符合我的矩尺就是方，不符合我的矩尺就是不方。所以方和不方，都是可以得知的。这是什么原因呢？因为方的标准很明确。所以墨子把握了天志，上可以用它来测度天下王公大人的刑法政治，下可以用它来测度天下万民的言论文章。观察他们的行为，顺从天意，称之为好的品行；违背天意，称之为不好的品行。观察他们的言谈，顺从天意，称之为好的言论；违背天意，称之为不好的言论。观察他们的刑法政治，顺应天意，称之为好的刑法政治；违背天意，称之为不好的刑法政治。所以，把天志设置为法则，设立为人们的行为准则，以此来测度天下王公大人和卿大夫的仁与不仁，就好比区分黑与白一样容易。所以墨子说：如今天下王公大人和士人君子，内心确实希望遵循道义来使百姓得利，希望从根本上考察仁义的本源，那么天意就不能不顺从。顺从天意，就是仁义的根本原则。

【评析】

康德曾经说过:"这个世界上有两样东西总是让我心生赞美并满怀敬畏。对它们的思考越是深沉和持久,我的内心就越是充满着热爱与敬畏:这就是我们头顶灿烂的星空和我们心中美好的道德法则。"康德先生对道德这种充满人文情怀的赞美既是有感而发,也是对他整个理论体系的一种感性总结。为了人类自身的和谐生存,我们必须假定道德的前提和基础是不可动摇的,是不证自明的,它不以人类为目的但完全合乎人类的目的,与自然铁律一样自然合理、万古长存。但是,道德的前提和基础很难不证自明。为了维护善的至高性,康德不得不向宗教妥协,承认善的根本有赖于上帝的存在。墨子著《天志》,与康德存的是同样的心思。墨子指出,正义必须要有一个名正言顺且颠扑不破的根基,"今天下之君子之欲为仁义者,则不可不察义之所从出"。义从何处出?墨子的逻辑推论是:"义不从愚且贱者出,必自贵且知者出。"墨子认为,最贵最知者莫过于天,天是比天子更尊贵且智慧的存在,因为天不但能够评定天子的行为,还能够赏善罚暴,左右天子的行为;更何况,天子还需要向上天祭祀祈福。所以说,"天为贵,天为知而已矣。然则义果自天出矣。"

然而,墨子的目标毕竟与康德不同,康德的全部学术兴趣和目的是道德本身,而墨子的目的显然是政治而非道德,或者说是政治道德。无论如何,政治在墨子的语境中都是第一性的。所以,墨子在上篇中提出"义者,正也"的伦理学定义之后,本篇马上笔锋一转,明确指出:"义者,善政也。"讨论道德的根源只是为了增加道德的权威性和威慑力,最终还是要导向政治。"且夫天子之有天下也,辟之无以异乎国君诸侯之有四境之内也。今国君诸侯之有四境之内也,夫岂欲其臣国万民之相为不利哉?今若处大国则攻小国,处大家则乱小家,欲以此求赏誉,终不可得,诛罚必至矣。夫天之有天下也,将无已异此。"天为天子树立了道德法则、行为规范和赏罚原则,顺之则赏,逆之则罚。而天最基本的行为原则就是"从事兼,不从事别"。也就是说,墨子的理论是在代天立言。在国家政治层面,墨子的"兼爱"理论表现为:"兼者,处大国不攻小国,处大家不乱小家,强不劫弱,众不暴寡,诈不谋愚,贵不傲贱。观其事,上利乎天,中利乎鬼,下利乎人,三利无所不利,是谓天德。不止此而已,书于竹帛,镂之金石,琢之槃盂,传遗后世子孙。曰:将何以为?将以识夫爱人利人,顺天之意,得天之赏者也。"从这种匠心独运的行文之中,我们不难理解墨子倡导"兼爱"学说的苦心以及其在理论上所做出的艰苦努力。

更为难得的是，墨子的"天志"说不但没有那些怪力乱神的神秘主义色彩，反而有一种浓浓的伦理亲情氛围。在墨子笔下："天兼天下而爱之，撽遂万物以利之，若毫之末，非天之所为也。"不仅如此，"杀不辜者，天予不祥"。天简直是一位智慧若海、爱民若子、赏罚分明的父亲。有这样一位既慈爱又威严，还拥有无上智慧的善之化身的父亲为人类做榜样，"故古者圣王明知天鬼之所福，而辟天鬼之所憎，以求兴天下之利，而除天下之害。是以天之为寒热也节，四时调，阴阳雨露也时，五谷孰，六畜遂，疾菑戾疫凶饥则不至"。从这里来看，不知是有心还是无意，墨子笔下的"天志"实际上已经冲决了宗教神学的堤岸，走进了唯物主义的殿堂。

天志下

【题解】

《天志》下篇在主题立意上与上篇和中篇保持一致，但文字上的脱漏与错乱之处较多。本篇与前两篇相比，除了文字上的繁复以外，还多出来一些内容，即运用对比手法更加生动形象地论述作者关于要求人们遵循上天意志的主张。文中拿人们熟知的取人瓜果、窃人财物、抢人子女等不劳而获的事情与诸侯攻人之城、取人之国、杀人之民作对比，说明天下人在那些人间琐事上知道什么是不义，但在遵循上天意志、践行仁义等大是大非面前却懵懂无知，实在是明于小物而不知大道。文章意在破除人们胸中的狭隘与鄙陋，站在更高的层次上去理解人类自身的生存与发展。

25.1 子墨子言曰："天下之所以乱者，其说将何哉？则是天下士君子[1]，皆明于小而不明于大。何以知其明于小不明于大也？以其不明于天之意也。何以知其不明于天之意也？以处人之家者知之。今人处若家得罪，将犹有异家所以避逃之者。然且父以戒子，兄以戒弟，曰："戒之慎之，处人之家，不戒不慎之，而有处人之国者乎[2]？"今人处若国得罪，将犹有异国所以避逃之者矣。然且父以戒子，兄以戒弟，曰："戒之慎之，处人之国者，不可不戒慎也！"今人皆处天下而事天，得罪于天，将无所以避逃之者矣。然而莫知以相极戒也[3]，吾以此知大物则不知者也^{〔4〕}。

【注释】

〔1〕是：通"寔"，即"实"（王焕镳说）。

〔2〕有：疑当为"可"（孙诒让说）。

〔3〕极戒：即儆戒（俞樾说）。儆，告诫，警告。

〔4〕大物：指大道理。

【译文】

墨子说：天下之所以混乱，我们该怎么解释呢？那是因为天下的士人君子，都明白小道理而不懂得大道理。怎么知道他们明白小道理而不懂得大道理呢？因为他们不懂得天意。怎么知道他们不懂得天意呢？根据他们与家人相处的情况而得知。如今的人身处家中而得罪了家长，还可以到别人家里躲避。然而父亲还是会告诫儿子，兄长会告诫弟弟，说："小心谨慎啊！身处家中尚且不小心谨慎，还能置身于别人国中吗？"如今的人身处国中而得罪了国君，还有别的国家可以去躲避。然而父亲还是会告诫儿子，兄长会告诫弟弟，说："小心谨慎啊！置身于别人的国中不能不小心谨慎啊！"如今人们都处于天下而侍奉天，却得罪了天，就再没有可以躲避的地方了。然而却没有人知道相互告诫，我因此而知道士人君子是不懂得大道理的。

25.2 是故子墨子言曰："戒之慎之，必为天之所欲，而去天之所恶。曰：天之所欲者何也？所恶者何也？天欲义而恶其不义者也。何以知其然也？曰：义者，正也。何以知义之为正也？天下有义则治，无义则乱，我以此知义之为正也。然而正者，无自下正上者，必自上正下。是故庶人不得次己而为正^{〔1〕}，有士正之；士不得次己而为正，有大夫正之；大夫不得次己而为正，有诸侯

正之；诸侯不得次已而为正，有三公正之；三公不得次
己而为正，有天子正之；天子不得次已而为政，有天正
之。今天下之士君子，皆明于天子之正天下也，而不明
于天之正天子也。是故古者圣人，明以此说人曰："天子
有善，天能赏之；天子有过，天能罚之。"天子赏罚不
当，听狱不中，天下疾病祸福[2]，霜露不时，天子必且
犓豢其牛羊犬彘[3]，洁为粢盛酒醴，以祷祠祈福于天。
我未尝闻天之祷祈福于天子也，吾以此知天之重且贵于
天子也[4]。是故义者不自愚且贱者出，必自贵且知者出。
曰：谁为知？天为知。然则义果自天出也。今天下之士
君子之欲为义者，则不可不顺天之意矣。

【注释】
　〔1〕次：当为"恣"（孙诒让说）。
　〔2〕下：降。　祸福：当为"祸祟"（王念孙说）。
　〔3〕犓豢：喂养，饲养。
　〔4〕重且贵：据文例当为"贵且知"（孙诒让说）。

【译文】
　　因此墨子说：小心谨慎啊！一定要做上天希望的事情，杜绝
上天所厌恶的事情。问道：上天希望的是什么？厌恶的又是什么？
上天希望义而厌恶不义。为什么知道是这样的呢？答道：义就是正
道。怎么知道义就是正道呢？天下有义就会大治，没有义就会混
乱，我因此知道义就是正道。然而正道，没有从下面匡正上面的道
理，一定是从上面匡正下面。所以庶人不应该恣意妄为而自以为正
道，有士人在上面匡正他们；士人也不应该恣意妄为而自以为是正
道，有大夫在上面匡正他们；大夫也不恣意妄为而自以为正道，有
诸侯在上面匡正他们；诸侯也不应该恣意妄为而自以为正道，有三
公在上面匡正他们；三公也不应该恣意妄为而自以为正道，有天子

在上面匡正他们；天子也不应该恣意妄为而自以为正道，有上天在上面匡正他。如今天下的士人君子都明白天子在匡正天下人，而不明白上天在匡正天子的道理。因此，古时的圣人，明白地告诉人们说："天子做了善事，上天就会奖赏他；天子有了过错，上天就会惩罚他。"天子奖赏和惩罚不恰当，断案不合理，上天就会降下疾病灾祸，霜露不准时，天子必定要饲养牛羊猪狗，准备好洁净的酒食祭品，向上天祈祷求福。我从没听说过上天向天子祈祷求福的，我因此知道上天比天子尊贵而有智慧。因此义不是从愚蠢和低贱的人那里而来，而是从尊贵且有智慧的人那里来的。问道：谁有智慧？天有智慧。既然如此，那么义果然是从上天那里来的。如今天下的士人君子想要奉行道义，就不能不顺从天意。

25.3 曰：顺天之意何若？曰：兼爱天下之人。何以知兼爱天下之人也？以兼而食之也。何以知其兼而食之也？自古及今无有远灵孤夷之国[1]，皆犓豢其牛羊犬彘，洁为粢盛酒醴，以敬祭祀上帝山川鬼神，以此知兼而食之也。苟兼而食焉，必兼而爱之。譬之若楚、越之君，今是楚王食于楚之四境之内[2]，故爱楚之人；越王食于越，故爱越之人。今天兼天下而食焉，我以此知其兼爱天下之人也。

【注释】

〔1〕远灵孤夷：疑当为"远夷蘦孤"。"蘦"，通"零"，零落（王焕镳说）。

〔2〕今是：当为"今夫"（王引之说）。

【译文】

问道：顺应天意是怎么样的呢？答道：就是要兼爱天下人。怎么知道要兼爱天下的人呢？因为天享用天下所有人的供奉。怎么知道天享用所有人的供奉呢？从古到今，所有荒远的夷人和零落孤单的国家，都饲养牛羊猪狗，准备好洁净的酒食祭品，恭敬地祭祀上帝山川鬼神，因此知道天享用所有人的供奉。只要享用所有人的供奉，那么就必定兼爱天下所有的人。就好比是楚、越的国君，如今楚王享有楚国四境，所以爱楚国人；越王享有越国四境，所以爱越国人。现在天享用天下所有人的供奉，我因此知道他兼爱天下所有的人。

25.4 且天之爱百姓也，不尽物而止矣〔1〕。今天下之国，粒食之民，杀一不辜者，必有一不祥。曰：谁杀不辜？曰：人也。孰予之不祥〔2〕？曰：天也。若天之中实不爱此民也，何故而人有杀不辜，而天予之不祥哉？且天之爱百姓厚矣，天之爱百姓别矣〔3〕，既可得而知也。何以知天之爱百姓也？吾以贤者之必赏善罚暴也〔4〕。何以知贤者之必赏善罚暴也？吾以昔者三代之圣王知之。故昔也三代之圣王，尧舜禹汤文武之兼爱之天下也〔5〕，从而利之，移其百姓之意焉，率以敬上帝山川鬼神，天以为从其所爱而爱之，从其所利而利之，于是加其赏焉，使之处上位，立为天子以法也〔6〕，名之曰"圣人"，以此知其赏善之证。是故昔也三代之暴王桀纣幽厉之兼恶天下也，从而贼之，移其百姓之意焉，率以诟侮上帝山川鬼神，天以为不从其所爱而恶之，不从其所利而贼之，于是加其罚焉，使之父子离散，国家灭亡，抎失社稷〔7〕，忧以及其身。是以天下之庶民属而毁之，业万世子孙继嗣，毁之贲不之废也〔8〕，名之曰"失王"〔9〕，以此知其罚暴之证。今天下之士君子，欲为义者，则不可不顺天之意矣。

【注释】

〔1〕物：当为“此”（王念孙说）。

〔2〕不辜：当为“不祥”（孙诒让说）。

〔3〕别：读为“遍”（王引之说），谓天遍爱百姓。

〔4〕贤者：据上下文意当为“天”。下句同。

〔5〕下“之”字疑衍（孙诒让说）。

〔6〕“以法也”句有脱文，疑当为“以为民父母，业万世，子孙继嗣。是以天下之庶民属而誉之者，不之废也”（王焕镳说）。 属：连接。

〔7〕抎：有所失。

〔8〕贲：当为“者”（王念孙说）。

〔9〕失王：据上文当为“暴王”（苏时学说）。

【译文】

　　上天爱百姓，不仅如此而已。如今天下的国家，凡是吃谷物的百姓，杀害了一个无辜的人，一定会有一种不祥的事情。问道：谁杀了无辜的人？答道：人。谁降下不祥？答道：上天。如果上天的确不爱这些百姓，怎么会因为有人杀了无辜的人而降下不祥呢？上天爱百姓是很深厚的，上天爱百姓是普遍的，因此而得知。怎么知道上天是爱百姓的？我是根据上天一定会赏善惩恶而知道的。怎么知道上天一定会赏善惩恶呢？我从以前三代圣王那里知道的。从前三代圣王，尧舜禹汤文王武王兼爱天下，顺从民性而带给他们利益，改变了百姓的思想，率领百姓敬事上帝山川鬼神，上天认为他们顺其所爱而爱天下百姓，顺其所利而为百姓谋利益，于是给予他们赏赐，让他们身居上位，立为天子，作为百姓的父母，基业传万世，子孙代代不绝。所以天下百姓都称赞他们，永不停止，称他们为圣人，这就是上天奖赏善行的证据。所以以前三代的暴君，桀纣幽王厉王憎恨厌恶天下的人，进而残害百姓，改变百姓的意志，率领百姓诟骂侮辱上帝山川鬼神。上天认为他们不顺其所爱，反而厌恶百姓，不顺其所利反而贼害百姓，所以给予他们惩罚，让他们父子离散，国家灭亡，社稷丧失，忧患最终降临到他们身上。所以天下的庶民都咒骂他们，经过了子孙万世，至今责骂不止，称他们为暴君，这就是上天惩罚恶行的证据。如今天下的士人君子想要遵循道义，就不能不顺从天意。

25.5 曰：顺天之意者，兼也；反天之意者，别也。兼之为道也，义正[1]；别之为道也，力正。曰：义正者何若？曰：大不攻小也，强不侮弱也，众不贼寡也，诈不欺愚也，贵不傲贱也，富不骄贫也，壮不夺老也。是以天下之庶国[2]，莫以水火毒药兵刃以相害也。若事上利天[3]，中利鬼，下利人，三利而无所不利，是谓天德。故凡从事此者，圣知也，仁义也，忠惠也，慈孝也，是故聚敛天下之善名而加之。是其故何也？则顺天之意也。曰：力正者何若？曰：大则攻小也，强则侮弱也，众则贼寡也，诈则欺愚也，贵则傲贱也，富则骄贫也，壮则夺老也。是以天下之庶国，方以水火毒药兵刃以相贼害也[4]。若事上不利天，中不利鬼，下不利人，三不利而无所利，是谓之贼[5]。故凡从事此者，寇乱也，盗贼也，不仁不义，不忠不惠，不慈不孝，是故聚敛天下之恶名而加之。是其故何也？则反天之意也。

【注释】
〔1〕正：通“政”（孙诒让说）。
〔2〕庶：众多。
〔3〕若：其。
〔4〕方：并。
〔5〕之：当为“天”（俞樾说）。

【译文】
墨子说：顺应天意就是“兼”，违背天意就是“别”。兼道是义政，别道是力政。问道：义政是怎么样的呢？答道：大国不攻打小国，强者不欺负弱者，人多势众者不残害势单力孤者，有智者不欺负愚笨者，尊贵者不傲视低贱者，富者不轻视贫者，壮者不抢劫老者。所以天下众多的国家，没有用水火、毒药、兵刃互相残害的现象。他们做事上有利于天，中有利于鬼，下有利于民，这三者都得到了利益，就没有什么得不到利益了，这就叫天德。所以凡是从事于这些事情的人，就是圣明而有智慧的人，是仁义的人，是忠诚而宽惠的人，是慈爱而孝顺的人，所以天下会收集所有的好名声加给他们。这是什么缘故呢？那是因为顺应天意啊。问道：力政是什么样子呢？答道：大国攻打小国，强者欺负弱者，人多势众者残害势单力孤者，有智者欺负愚笨者，尊贵者傲视低贱者，富者轻视贫者，壮者抢劫老者。所以天下众多的国家，都在用水火、毒药、兵刃互相残害。他们做事上不利于天，中不利于鬼，下不利于民，这三者都得不到利益，就没有什么得到利益了。这就叫天贼。所以做这些事情的人，就是贼寇作乱的人，是强盗和窃贼，是不仁不义、不忠诚不宽惠、不慈爱不孝顺的人，所以天下会收集所有的坏名声来加给他们。这是什么缘故呢？那是因为违背了天意啊。

25.6 故子墨子置立天之〔1〕，以为仪法，若轮人之有规，匠人之有矩也。今轮人以规，匠人以矩，以此知方圆之别矣。是故子墨子置立天之，以为仪法。吾以此知天下之士君子之去义远也。何以知天下之士君子之去义远也？今知氏大国之君宽者然曰〔2〕："吾处大国而不攻小国，吾何以为大哉！"是以差论蚤牙之士〔3〕，比列其舟车之卒〔4〕，以攻罚无罪之国〔5〕，入其沟境，刈其禾稼，斩其树木，残其城郭，以御其沟池〔6〕，焚烧其祖庙，攘杀其牺牷，民之格者〔7〕，则劲拔之，不格者，则系操而归〔8〕，丈夫以为仆圉胥靡〔9〕，妇人以为舂酋〔10〕。则夫好攻伐之君，不知此为不仁义，以告四邻诸侯曰："吾攻国覆军，杀将若干人矣。"其邻国之君亦不知此为不仁义也，有具其皮币，发其緫处〔11〕，使人饗贺焉〔12〕。则夫好攻伐之君，有重不知此为不仁不义也〔13〕，有书之竹帛，藏之府库。为人后子者〔14〕，必且欲顺其先君之行，曰："何不当发吾府库，视吾先君之法美〔15〕。"必不曰：文、武之为正者若此矣。曰：吾攻国覆军杀将若干人矣。则夫好攻伐之君，不知此为不仁不义也，其邻国之君不知此为不仁不义也，是以攻伐世世而不已者，此吾所谓大物则不知也。

【注释】

〔1〕天之：当为"天志"（毕沅说）。

〔2〕此二句疑当为"今之为大国之君者宽然曰"（王焕镳说）。

〔3〕蚤：当为"爪"。

〔4〕卒：此字下疑脱"伍"字（俞樾说）。

〔5〕罚：当作"伐"（孙诒让说）。

〔6〕御：当为"抑"，堙（王引之说）。

〔7〕格：击，斗。

〔8〕操：当为"累"之误（王引之说）。系累，捆绑。

〔9〕胥靡：指刑徒之人。

〔10〕酋：这里指掌酒的奴婢。

〔11〕綯：为"緫"之形误。总处，指其收藏财物处（王焕镳说）。

〔12〕饗：当为"享"，献（孙诒让说）。

〔13〕有：同"又"。

〔14〕后子：后嗣之子，即嫡长子。

〔15〕美：当为"义"之误（王念孙说），"义"古与"仪"通。

【译文】

因此，墨子确立了天志，就把它作为准则，好比造车轮的人有圆规，木匠有矩尺。如今造车轮的人拿着圆规，木匠拿着矩尺，凭借这些知道方和圆的区别。所以墨子确立了天志，就把它作为准则，我因此而知道天下的士人君子偏离道义已经很远了。怎么知道天下的士人君子偏离道义已经很远了呢？如今大国的国君骄傲自得地说："我处于大国的地位，如不去攻打小国，凭借什么成为大国呢？"因此挑选精兵强将，排列好战车和战船的队伍，去攻打没有罪过的国家。侵入他们的国境，收割他们的庄稼，砍倒他们的树木，摧毁他们的城墙并填平护城河，焚烧他们的祖庙，抢杀牲口，有反抗的百姓就斩杀掉，不反抗的就捆绑着带回来。男的就让他做仆夫苦役，妇女就让她做舂米、掌酒的奴婢。那些喜欢攻伐的国君，不知道这是不仁不义的行为，还告诉四周的诸侯说："我攻打那个国家，消灭了他们的军队，杀掉了他们很多大将。"他邻国的国君，也不懂得这是不仁不义的行为，还准备好皮革钱币，打开他们的宝库，派人前去祝贺。那些喜欢攻伐的国君，就更不懂得这是不仁不义的行为了，反而写在竹帛上，藏在府库中。作为后代子孙，必定想要顺从他们先君的做法，说："为什么不打开我的府库，看看我先君的义法呢？"必定不会说：文王、武王为政之道就是如此。一定会说：我攻打敌国、消灭军队、杀死很多大将。那么那些喜欢功伐的国君，不知道这是不仁不义的事情，他们邻国的国君，也不知道这是不仁不义的，所以功伐的事情世世代代不会停止，这就是我所说的不明白大道理。

25.7 所谓小物则知之者何若[1]？今有人于此，入人之场园，取人之桃李瓜姜者，上得且罚之，众闻则非之，是何也？曰：不与其劳，获其实，已非其有所取之故[2]。而况有踰于人之墙垣，担格人之子女者乎[3]？与角人之府库[4]，窃人之金玉蚤絫者乎[5]？与踰人之栏牢，窃人之牛马者乎？而况有杀一不辜人乎？今王公大人之为政也，自杀一不辜人者；踰人之墙垣，担格人之子女者；与角人之府库，窃人之金玉蚤絫者；与踰人之栏牢，窃人之牛马者；与入人之场园，窃人之桃李瓜薑者，今王公大人之加罚此也，虽古之尧舜禹汤文武之为政，亦无以异此矣。

【注释】

〔1〕小物：指小道理。

〔2〕已：同"以"。　有所，当为"所有"（孙诒让说）。

〔3〕抯格："抯"字疑衍。格，拘执（俞樾说）。

〔4〕角：穿。

〔5〕蚤絫：当为"布枭"，"枭"为"缫"之借字。布缫，即布帛（王引之说）。

【译文】

　　所谓小道理就知道是怎么回事呢？如今有这样的人，偷入别人的园地，窃取别人的瓜果蔬菜，上官抓获就惩罚他们，众人听说就非议他们，这是为什么呢？说：这是因为他不参与别人的劳动，却获得别人的劳动成果，不是他所有的东西而偷拿的缘故。何况还有越过别人的墙，抢走别人子女的人呢？还有凿穿别人的府库，偷走人家金玉和布帛的人呢？还有越过别人的栏圈，偷走别人牛马的人呢？还有杀害无辜之人的人呢？如今的王公大人处理政务，从杀害一个无辜的人，到越过别人的墙而抢走别人子女的人，凿穿别人的府库而偷走人家金玉和布帛的人，和越过别人的栏圈而偷走别人牛马的人，偷入别人园地而窃取别人瓜果蔬菜的人，王公大人都会加以重罚。即使是古时尧舜禹汤文王武王处理政治，也和这没有什么差别。

　　25.8　今天下之诸侯，将犹皆侵凌攻伐兼并〔1〕，此为杀一不辜人者，数千万矣；此为踰人之墙垣，格人之子女者，与角人府库，窃人金玉蚤絫者，数千万矣；逾人之栏牢，窃人之牛马者，与入人之场园，窃人之桃李瓜姜者，数千万矣，而自曰义也。故子墨子言曰：是蕡我者〔2〕，则岂有以异是蕡黑白、甘苦之辩者哉！今有人于此，少而示之黑谓之黑，多示之黑谓白，必曰吾目乱，不知黑白之别。今有人于此，能少尝之甘谓甘〔3〕，多尝谓苦，必曰吾口乱，不知其甘苦之味。今王公大人之政也，或杀人，其国家禁之，此蚤越有能多杀其邻国之人〔4〕，因以为文义〔5〕，此岂有异蕡白黑、甘苦之别者哉？

【注释】

〔1〕凌：侵犯，欺凌。

〔2〕蕡：读为"棼"，与"纷"同（孙诒让说），纷乱，混淆。 我：当为"义"。

〔3〕能：犹"而"（王引之说）。"能少"二字误倒，当作"少而"，文例与上同。

〔4〕此蚤越：疑当为"以斧钺"，指以斧钺之威来禁人杀人（王焕镳说）。

〔5〕为：通"谓"。 文：当为"之"之误（孙诒让说）。

【译文】

如今天下的诸侯，都在准备相互侵犯、攻伐和兼并，这是杀死一个无辜人罪过的千万倍；这是越过人家的院墙，抢走人家的子女，以及凿穿别人的府库，偷走别人的金玉布帛罪过的千万倍；是越过别人家的栏圈，偷走别人的牛马，以及进入别人的园地，窃取瓜果蔬菜罪过的千万倍，而又自认为是"义"。所以墨子说：这些都混淆了"义"的含义。这和颠倒黑白、混淆甘苦的人有什么区别呢？如今有这样的人，给他稍微展示一点黑，就称为黑，给他展示很多黑，就称为白，他一定会说：是我的视觉错乱，不知道黑白的区别。如今有这样的人，给他尝一点甜就称为甜，给他尝很多甜就称为苦，他一定会说：是我的味觉混乱，不知道甜和苦的味道。如今王公大人处理政务，有人杀人，国家就会出面囚禁他，能用斧钺在邻国杀很多人，却称之为义，这难道和那些颠倒黑白、混淆甘苦的人有什么区别吗？

25.9 故子墨子置天之以为仪法。非独子墨子以天之志为法也，于先王之书《大夏》之道之然〔1〕："帝谓文王：

予怀明德，毋大声以色，毋长夏以革，不识不知，顺帝
之则。"此诰文王之以天志为法也〔2〕，而顺帝之则也。且
今天下之士君子，中实将欲为仁义，求为上士，上欲中
圣王之道，下欲中国家百姓之利者，当天之志，而不可
不察也。天之志者，义之经也。

【注释】

〔1〕《大夏》：即《大雅》。古时夏与雅字通。

〔2〕诰：当为"语"（毕沅说）。"也"字疑衍（孙诒让说）。

【译文】

因此墨子确立天志作为奉行的法则。并非只有墨子把天志作为
法则，在先王之书《大雅》中也这样说："上帝对文王说：我怀念
明德之人，不大声说话来表现自己，不因为做了诸夏之长就去改变
先王的法则。他对一切不识不知，只是顺应上天的法则。"这是在
告诫文王应该以天志为法则，顺从上帝的法则。如今天下的士人君
子，内心确实希望做仁义的事情，追求做高尚的士人，上希望符合
圣王之道，下希望符合国家中百姓的利益，那么对于天志就不能不
加以考察。天志，是义的准则。

【评析】

墨子是真正的智者和哲人，这一点毋庸置疑。因为所谓哲人，就是于
世人习以为常的小事中看出不一样的东西，从一个小洞口翻出一个洞中天
来。《天志》三篇就是这样的一个典型。文章从人们所熟知的取人瓜果、窃
人财物、抢人子女等小事中发掘出与大国诸侯攻人之城、取人之国、杀人
之民等行为本质上的相同之处：人类总是明于小道理而分不清大是非。事
实上，墨子"天下士君子皆明于小而不明于大"的感慨与庄子"彼窃钩者
诛，窃国者为诸侯"（《庄子·胠箧》）的观察视角有异曲同工之妙。只是相
较庄子那种天马行空般的哲学气质，墨子则显得更质朴、更理性，对理论
的驾驭也更加熟练而沉稳。

就本篇而言，墨子的主导思想是论证"天之志者，义之经也"。在论

证天志的权威性与正义性的过程中，整篇文章显得非常冷静且富于逻辑性。文章首先指出人性都是自私而狭隘的，所谓"天下士君子皆明于小而不明于大"。紧接着，墨子指出人类的自私与狭隘其实是与上天的意志背道而驰的，所以说："今人皆处天下而事天，得罪于天，将无所以避逃之者矣。"那么，天的价值取向到底是什么呢？墨子的回答是："天欲义而恶其不义者也。"墨子紧接着说，自己之所以敢这么说，是因为义就是正义，只有正义才能引导人类社会走向理想的生活状态。然而正义不能仅仅局限于虚无缥缈的道德修养，而是需要贯彻到政治制度层面，这样才能够保证人类社会的有序发展。当然，在墨子看来，政治制度属于顶层设计，是一个自上而下而非自下而上的设计流程与执行过程；而处于金字塔最顶端的并不是天子，而是天，所以说："义自天出。"如果说追求人类社会和谐有序是所有有良知者的梦想，那么，"今天下之士君子之欲为义者，则不可不顺天之意矣"。天意之所欲为义，正义的具体内涵是什么呢？墨子的回答当然是墨子式的："兼爱天下之人。"至此，墨子的"天志"说终于图穷匕见，实现了与自己独树一帜的"兼爱"理论的成功对接。换句话说，"是天之意志，即墨子之意志也。"（方授楚《墨学源流》）

总览《天志》三篇，几乎都是相同的逻辑结构，甚至用词、语气和语序也大同小异。这种现象似乎在暗示我们，《墨子》中的三篇《天志》其实都是墨子一次关于"天志"的谈话或讲学，后来被三个较为优秀的弟子记录下三个不同的版本。这一点在《尚贤》《尚同》《兼爱》《非攻》等篇中都有不同程度的体现。这种弟子记录老师言论的习惯来自孔门弟子辑录《论语》的启发，但明显比《论语》有进步，已经是非常完整的学术论文形式了。这一点倒是和子思的《中庸》更具有可比性，因为《中庸》已经是非常成熟的单篇论文了。如果纯粹从学术发展史的角度看，《墨子》一书正好处于子思和孟子之间，是中国学术发展史上不可或缺的一个重要环节。

明鬼下

【题解】

《明鬼》上、中篇亡佚，现仅存下篇。此篇主题与《天志》存在一定的内在联系，《天志》重在宏观和社会上层层面，《明鬼》重在微观和社会下层层面，有巩固和深化《天志》主题的作用。《明鬼》主旨在论述鬼神的存在，而且能够"奖贤而罚暴"。这种观点本身是唯心的，但他强调扬善抑恶、要求人们行"义"的出发点却是好的。面对先秦无神论思潮的日益高涨，本文重点从《天志》那种强硬的立论转为详尽的驳论，故而文章篇幅较长。作者为了驳斥无神论者的观点，不惮辞费，详细列举古代民间传说、古代圣王所为以及古籍上的各种记载来论证鬼神存在的确凿无疑、鬼神诛罚的必然与迅速，言之凿凿，逻辑严整，较为圆满地完成了批驳无神论者的既定目标，很好地维护了自己的理论基础。

26.1 子墨子言曰：逮至昔三代圣王既没，天下失义，诸侯力正[1]。是以存夫为人君臣上下者之不惠忠也，父子弟兄之不慈孝弟长贞良也。正长之不强于听治[2]，贱人之不强于从事也[3]。民之为淫暴寇乱盗贼，以兵刃毒药水火，退无罪人乎道路率径[4]，夺人车马衣裘以自利者并作，由此始，是以天下乱。此其故何以然也？则皆以疑惑鬼神之有与无之别，不明乎鬼神之能赏贤而罚暴也。今若使天下之人，偕若信鬼神之能赏贤而罚暴也[5]，则夫天下岂乱哉！

【注释】

〔1〕正：同"征"（毕沅说）。

〔2〕正长：指各级行政长官。 强：尽力，竭力。

〔3〕贱人：指平民。

〔4〕退：当为"迓"之误，与"御"通，袭击（孙诒让说）。 率径：当为"术径"（孙诒让说）。术，车道；径，步道。

〔5〕偕：与"皆"通（王念孙说）。

【译文】

墨子说：等到从前的三代圣王都去世以后，天下丧失了道义，诸侯用武力去征伐。所以出现君臣上下之间不恩惠不忠诚，父子兄弟之间不慈爱不孝顺不尊敬不爱护，人们不再忠贞善良的现象。官员们不尽心处理政务，平民不努力从事生产劳作。百姓们从此开始做淫乱残暴盗贼之事，用兵器毒药水火在大路上抢劫无辜的人，抢夺别人的车马衣服来使自己得到利益，乱象并起，所以天下大乱。其中缘故是怎样造成的呢？这都是因为人类对鬼神的有无疑惑不定，不知道鬼神能够赏善惩恶。如今如果让天下的人都相信鬼神是可以赏善罚恶的话，那么天下怎么还会混乱呢？

26.2 今执无鬼者曰〔1〕：鬼神者，固无有。旦暮以为教诲乎天下，疑天下之众，使天下之众皆疑惑乎鬼神有无之别，是以天下乱。是故子墨子曰：今天下之王公大人士君子，实将欲求兴天下之利，除天下之害，故当鬼神之有与无之别，以为将不可以不明察此者也。既以鬼神有无之别，以为不可不察已〔2〕，然则吾为明察此，其说将奈何而可？子墨子曰：是与天下之所以察知有与无之道者，必以众之耳目之实知有与亡为仪者也。请惑闻之见之〔3〕，则必以为有；莫闻莫见，则必以为无。若是，何不尝入一乡一里而问之，自古以及今，生民以来者〔4〕，亦有尝见鬼神之物，闻鬼神之声，则鬼神何谓无乎？若莫闻莫见，则鬼神可谓有乎？

【注释】

〔1〕执无鬼者：指主张无鬼神论者。

〔2〕已：通"矣"。

〔3〕请：当为"诚"。惑：与"或"通（孙诒让说）。

〔4〕此"者"字当在"闻鬼神之声"后（陶鸿庆说）。

【译文】

　　如今主张世间无鬼神的人说：鬼神，本来就没有。早晚用这个教诲天下人，迷惑天下民众，使天下的民众都疑惑于鬼神有无的分辨，所以天下就混乱了。所以墨子说：如今天下的王公大人和士人君子，想要追求兴天下之利，除天下之害，所以对鬼神有无的分别，就不能不做明白的考察。既然认为鬼神有无的分别不能不进行明白的考察，那么我要明察，该怎么解释这种理论才好呢？墨子说：全天下考察和了解有与无的方法，一定是根据众人耳目听到和看到的事实，以此作为有与无的标准。确实是亲耳所闻、亲眼所见，就一定认为是有；不是亲耳所听、亲眼所见，那就一定会认为没有。如果这样，那么为什么不尝试到乡里村里去询问，从古到今，有百姓以来，也有人曾经见过鬼神，听到过鬼神的声音，那么鬼神怎能说是没有呢？如果没有人听到看到，那么怎么能说鬼神是有的呢？

　　26.3 今执无鬼者言曰：夫天下之为闻见鬼神之物者，不可胜计也，亦孰为闻见鬼神有无之物哉？子墨子言曰：若以众之所同见，与众之所同闻，则若昔者杜伯是也〔1〕。周宣王杀其臣杜伯而不辜，杜伯曰："吾君杀我而不辜，若以死者为无知则止矣；若死而有知，不出三年，必使吾君知之。"其三年〔2〕，周宣王合诸侯而田于圃〔3〕，田车数百乘，从数千，人满野。日中，杜伯乘白马素车，朱衣冠，执朱弓，挟朱矢，追周宣王，射之车上，中心折脊，殪车中，伏弢而死〔4〕。当是之时，周人从者莫不见，远者莫不闻，著在周之《春秋》。为君者以教其臣，为父者以警其子，曰："戒之慎之！凡杀不辜者，其得不祥，鬼神之诛，若此之憯遫也〔5〕！"以若书之说观之，则鬼神之有，岂可疑哉？

【注释】

〔1〕杜伯：杜国伯爵（毕沅引《国语·周语》韦昭注）。

〔2〕其三年：其后三年。

〔3〕田：田猎。

〔4〕弢：弓衣。

〔5〕憯：与"摲"通（孙诒让说），急速。 遫："速"之籀文，疾（尹桐阳说）。

【译文】

如主张无鬼的人说：天下听到或见到鬼的传闻，多得数不清。谁听到或看到鬼神这种虚无之物了呢？墨子说：如果根据众人共同看到的和众人共同听到的，那么从前的杜伯就是这样。周宣王杀了他的臣子杜伯，而杜伯是无辜的，杜伯说："我的君王杀我，而我是无辜的。如果死者没有知觉也就罢了，如果死者有知，那么不超过三年，一定会让我的君王知道我的无辜。"三年之后，周宣王会和诸侯在园圃中打猎，车子有数百辆，随从有数千，郊野到处都是人。正午的时候，杜伯乘坐白马素车，穿着红色的衣服，戴着红色的帽子，一手执红色的弓，一手拿红色的箭，追着周宣王，向车上射他，射中他的后心，折断了脊梁骨，倒在车中，伏在弓袋上死了。当时，周围跟从他的人无不亲眼看见的，远处的人无不亲耳听到的，这件事记载在周朝史书《春秋》上。做君王的人拿这件事来教育他的臣子，做父母的拿这件事来告诫他的儿子，说："小心谨慎啊！凡是杀了无辜的人，一定会遭遇不祥，鬼神的诛罚，就像周宣王受诛一样迅速。"以这本书的说法来看，那么鬼神的存在，难道还要怀疑吗？

26.4 非惟若书之说为然也。昔者郑穆公〔1〕，当昼日中处乎庙，有神入门而左〔2〕，鸟身，素服三绝〔3〕，面状正方。郑穆公见之，乃恐惧犇，神曰："无惧！帝享女明德，使予锡女寿十年有九〔4〕，使若国家蕃昌，子孙茂，毋失。"郑穆公再拜稽首曰〔5〕："敢问神名？"曰："予为句芒〔6〕。"若以郑穆公之所身见为仪，则鬼神之有，岂可疑哉？

【注释】
〔1〕郑穆公：当为"秦穆公"（孙诒让说）。
〔2〕左：向左。
〔3〕三绝：疑当为"三毛"（王焕镳说）。毛，兽之细毛。
〔4〕锡：通"赐"，赐予。
〔5〕稽首：古代最隆重的一种跪拜礼。跪下，拱手至地，头也至地。
〔6〕句芒：木神名。

【译文】
并不只是这本书的说法如此。从前秦穆公白天中午的时候在庙里，有神人进门后向左走去，人面鸟身，全身长满白色的细毛，脸形是正方的。秦穆公见了非常害怕，就想跑开。神人说："不要害怕，上天承认你的明德，让我来赐予你十九年的寿命，让你的国家繁荣昌盛，子孙兴旺，不会失去国家。"秦穆公连续跪拜两次并说："请问神人的名字？"神人说："我是句芒。"如果从秦穆公亲身经历的事情来看，那么鬼神的存在，难道还需要怀疑吗？

26.5 非惟若书之说为然也。昔者燕简公，杀其臣庄子仪而不辜，庄子仪曰："吾君王杀我而不辜，死人毋知亦已，死人有知，不出三年，必使吾君知之。"期年，燕将驰祖[1]。燕之有祖，当齐之社稷[2]，宋之有桑林，楚之有云梦也，此男女之所属而观也[3]。日中，燕简公方将驰于祖涂[4]，庄子仪荷朱杖而击之，殪之车上。当是时，燕人从者莫不见，远者莫不闻，著在燕之《春秋》。诸侯传而语之曰："凡杀不辜者，其得不祥，鬼神之诛，若此其憯遬也！"以若书之说观之，则鬼神之有，岂可疑哉？

【注释】

〔1〕祖：大泽之名（王念孙说）。

〔2〕当：如同，堪比。"齐之"下当增"有"字（王引之说）。

〔3〕属：聚集。

〔4〕涂：道路。

【译文】

并不只是这本书的说法如此。从前燕简公杀了他的臣子庄子仪，但庄子仪是无辜的。庄子仪说："我的君王杀了我，而我是没有罪过的，死者倘若无知就算了，死者如果有知，不超过三年，我一定会让我的君王知道。"一年之后，燕人准备前往祖泽。燕国的祖泽就像齐国的神社，宋国的桑林，楚国的云梦，是男女百姓聚会游观的地方。日当正午，燕简公正要乘车奔往祖泽，庄子仪举起红色的木杖击打他，把他打死在车上。在那个时候，跟从燕简公的人没有不看见的，远处的人也没有不听到的，这件事载于燕国《春秋》上。诸侯互相传告说："凡是杀了无辜的人，他必定会遭遇不祥，鬼神的诛杀，就像燕简公受惩罚一样快。"从这本书的说法来看，那么鬼神的存在，难道还有什么怀疑吗？

26.6 非惟若书之说为然也。昔者宋文君鲍之时，有臣曰祏观辜[1]，固尝从事于厉[2]。祩子杖楫出[3]，与言曰："观辜是何珪璧之不满度量，酒醴粢盛之不净洁也？牺牲之不全肥〔4〕，春秋冬夏选失时〔5〕，岂女为之与？意鲍为之与〔6〕？"观辜曰："鲍幼弱，在荷緥之中〔7〕，鲍何与识焉。官臣观辜特为之〔8〕。"袜子举揖而槁之〔9〕，殪之坛上。当是时，宋人从者莫不见，远者莫不闻，著在宋之《春秋》。诸侯传而语之曰："诸不敬慎祭祀者，鬼神之诛，至若此其憯遫也！"以若书之说观之，鬼神之有，岂可疑哉？

【注释】

〔1〕袥：当为"祐"，掌祀之官（尹桐阳说）。 观辜：当为"夜姑"，也作"射姑"，人名（孙诒让说）。

〔2〕固：通"故"，发端之词（王焕镳说）。 厉：神祠，后世称之为"庙"。

〔3〕袜子：即祝史（毕沅说），祭祀时主持祝告的人。

〔4〕全：指牺牲的毛色为纯色，与"牷"同（毕沅说）。

〔5〕选：献，祭祀（尹桐阳说）。

〔6〕意：同"抑"（王引之说），表示选择。

〔7〕荷緥：当为"葆緥"之误，即"褓襁"（吴毓江说）。

〔8〕官臣：守官之臣。

〔9〕揖：当为"楫"之误（苏时学说）。 槁：同"敲"（孙诒让说）。

【译文】

并不只是这本书的说法如此。从前宋文公鲍的时候，有一个掌管祭祀的官员叫观辜，曾经在庙里进行祭祀。祝史拄着杖出来，对他说："观辜，为什么圭璧不符合礼制，酒食祭品不洁净呢？牛羊牺牲毛色不纯、牲体不肥，春夏秋冬四季祭祀不按时令，这是你做的呢？还是宋文公鲍做的呢？"观辜说："宋文公鲍年幼弱小，还在襁褓之中，他怎么会知道呢？这都是我做的。"祝史举起木杖来打他，把他打死在祭坛上。在那个时候，宋国跟从他的人没有不看到的，远处的人没有不听到的，事情记在宋国的《春秋》上。诸侯相互传告说："诸侯有不恭敬谨慎地进行祭祀的人，鬼神诛杀他们，就像此事一样迅速。"从这本书的说法来看，那么鬼神的存在，难道还有什么怀疑的吗？

26.7 非惟若书之说为然也。昔者，齐庄君之臣有所谓王里国、中里徼者[1]，此二子者，讼三年，而狱不断。齐君由谦杀之[2]，恐不辜；犹谦释之[3]，恐失有罪。乃使之人共一羊[4]，盟齐之神社，二子许诺。于是泏洫[5]，摲羊而漉其血[6]。读王里国之辞既已终矣，读中里徼之辞未半也，羊起而触之，折其脚，祧神之而槁之[7]，殪之盟所。当是时，齐人从者莫不见，远者莫不闻，著在齐之《春秋》。诸侯传而语之曰："请品先不以其请者[8]，鬼神之诛，至若此其憯遫也。"以若书之说观之，鬼神之有，岂可疑哉？是故子墨子言曰：虽有深谿博林幽涧毋人之所，施行不可以不董[9]，见有鬼神视之。

【注释】

〔1〕里：同"理"，治狱官。王里，大里；中里，其副者（尹桐阳说）。

〔2〕由：欲（王念孙说）。 谦：与"兼"同（王念孙说）。

〔3〕犹：欲（王念孙说）。

〔4〕之：当作"二"（毕沅说）。

〔5〕泏：同"掘"，穿。 洫：穴。穿穴于地，以便埋牲（尹桐阳说）。

〔6〕摲：字书无此字，当为"剄"，训"剄"，断头。

〔7〕祧：疑为"祝"之形误（王焕镳说）。

〔8〕品先：疑为"盟矢"，即盟誓（俞樾说）。 后一个"请"字当为"情"（毕沅说）。

〔9〕董：疑为"谨"之误（苏时学说）。

【译文】

并不只是这本书的说法如此。从前，齐庄公的臣子有两个叫国和徵的治狱官，这两个人，打了三年官司，还没有断案。齐国国君想把他们都杀了，又怕伤及无辜，想把他们都放了，又怕放过了真正有罪之人。就让他们共用一头羊，在齐国的神社前立誓，两个人都答应了。于是挖了一个坑，割断羊头，把血洒在地上。宣读王里国的誓辞完毕，在宣读中里徼的誓辞不到一半时，羊跳起来撞倒了他，折断了他的脚，祝史认为这是神的意志，就把中里徼敲死在他发誓的地方。当时，跟从他的齐人没有不看见的，远处的人没有不听到的，事情记在齐国的《春秋》里。诸侯相互传告这些并说："凡是在盟誓时不说实情的一方，鬼神诛罚的到来，就像这件事一样迅速。"从这本书的说法来看，那么鬼神的存在，难道还有什么怀疑的吗？所以墨子说：即使有深溪、广林、幽涧这些无人的地方，行动也不能不谨慎，因为有鬼神在注视着。

26.8 今执无鬼者曰：夫众人耳目之请，岂足以断疑哉？奈何其欲为高君子于天下，而有复信众之耳目之请哉？子墨子曰：若以众之耳目之请，以为不足信也，不以断疑，不识若昔者三代圣王尧舜禹汤文武者，足以为法乎？故于此乎，自中人以上皆曰：若昔者三代圣王，足以为法矣。若苟昔者三代圣王足以为法，然则姑尝上观圣王之事。昔者，武王之攻殷诛纣也，使诸侯分其祭曰："使亲者受内祀[1]，疏者受外祀[2]。"故武王必以鬼神为有，是故攻殷伐纣，使诸侯分其祭。若鬼神无有，则武王何祭分哉？非惟武王之事为然也，故圣王其赏也必于祖，其僇也必于社[3]。赏于祖者何也？告分之均也；僇于社者何也？告听之中也。

【注释】

〔1〕使亲者受内祀：指武王克殷，分命同姓诸侯使主殷祀（孙诒让说）。

〔2〕疏者受外祀：指异姓之国，祭山川四望之属（孙诒让说）。

〔3〕僇：通"戮"，杀。 社：祭土地神的地方。

【译文】

如今主张无鬼神的人说：众人耳闻目见的情况，怎能用来判断疑难问题呢？哪有希望成为天下高士的人，会相信众人耳闻目见的情况呢？墨子说：如果认为众人耳闻目见的情况不足为信，不能判断疑难问题，不知道从前三代圣王尧舜禹汤文王武王，他们的见闻足以作为判断的准则吗？所以在这种问题上，中等智力以上的人都会说：像从前三代圣王尧舜禹汤文王武王，他们的见闻足以作为判断的准则。如果从前三代圣王尧舜禹汤文王武王，他们的见闻足以作为判断的准则，那么不妨看看圣王的事迹。从前武王攻打殷商，诛灭纣王，让诸侯分掌祭祀，说："让同姓诸侯掌管内祭，让异姓诸侯掌管外祭。"所以武王一定认为鬼神是有的，所以攻打殷商，诛灭纣王，让诸侯分掌祭祀。如果没有鬼神，那么武王为什么要让人分别去掌管祭祀呢？并非只有武王的事迹如此，所以圣王的赏赐一定要在祖庙进行，实行杀罚也一定要在神社进行。在祖庙行赏是什么原因呢？是告诉祖先分配的平均。在神社行罚是什么原因呢？是禀告神明断案的公正。

26.9 非惟若书之说为然也，且惟昔者虞夏、商、周三代之圣王，其始建国营都日，必择国之正坛，置以为宗庙；必择木之修茂者，立以为菆位[1]；必择国之父兄慈孝贞良者，以为祝宗[2]；必择六畜之胜腯肥倅[3]，毛以为牺牲；珪璧琮璜[4]，称财为度；必择五谷之芳黄，以为酒醴粢盛，故酒醴粢盛，与岁上下也。故古圣王治天下也，故必先鬼神而后人者，此也。故曰：官府选效[5]，

必先祭器祭服，毕藏于府，祝宗有司，毕立于朝，牺牲
不与昔聚群。故古者圣王之为政若此。

【注释】

〔1〕蕞位：当为"丛社"（王念孙说）。

〔2〕祝：祭祀时主持祝告的人。 宗：主持宗庙事务之官（尹桐阳说）。

〔3〕胜：盛。 腯：肥。 倅：当为"粹"（毕沅说），指毛色纯粹。

〔4〕琮璜：皆为贵重的玉器。

〔5〕效：指器具物品。

【译文】

　　并不是只有这本书的说法如此。而且从前虞夏商周三代的圣
王，他们开始建立国家营建国都的时候，必定选择国中正坛的位
置并设立宗庙，必定选择草木丰茂的地方来建立丛社，必定选择
国家中慈惠、孝顺、忠贞、善良的父兄来做太祝和宗伯，必定选择
肥盛、毛色纯正的家畜作牺牲祭品，置备各种珪璧琮璜等玉器，以
财力相称为度，必定选择芳香黄熟的五谷作为酒食祭品，所以酒食
祭品，是随年成的好坏而增减的。所以古时圣王治理天下，必定要
先祭祀鬼神，然后才考虑人的问题，原因正在于此。所以说：官府
置备物品，必定先要准备好祭器和祭服，全都收藏在府库中，太祝
和宗伯，全都站立在朝堂上，祭祀用的牺牲不和普通的牲畜合群畜
养。所以古时圣王是这样处理政务的。

26.10 古者圣王必以鬼神为其务[1]，鬼神厚矣。又恐后
世子孙不能知也，故书之竹帛，传遗后世子孙。咸恐其
腐蠹绝灭[2]，后世子孙不得而记，故琢之盘盂，镂之金
石，以重之。有恐后世子孙不能敬若以取羊[3]，故先王
之书，圣人一尺之帛，一篇之书，语数鬼神之有也[4]，
重有重之[5]。此其故何？则圣王务之。今执无鬼者曰：

鬼神者，固无有。则此反圣王之务。反圣王之务，则非所以为君子之道也！

【注释】

〔1〕务：致力，从事。

〔2〕咸：当为"或"之误（王引之说）。

〔3〕莙：威。羊：通"祥"。

〔4〕语数：当为"数语"（尹桐阳说）。

〔5〕有：通"又"。

【译文】

古代圣明的君王必定认为鬼神是存在的，他们对待鬼神才这么尽力。又怕后世的子孙不能知道，所以写在竹帛上，留传给后世的子孙，又害怕竹帛被腐蚀虫蛀而绝传，后世的子孙不能够记住，所以雕琢在盘盂器皿上，雕刻在金石上，来表示珍重。又怕后世的子孙不能敬奉鬼神而获得吉祥，所以先王的书，圣人一尺的帛，一篇的书，都说鬼神是存在的，重申了又重申。这是为什么呢？是因为圣明的君王致力于鬼神的事情。现在主张没有鬼神的人说：鬼神本来是没有的。那么这就是违反了圣明的君王所要尽力做的事。违反了圣明的君王所要尽力做的事，那就不是君子所奉行的正道。

26.11 今执无鬼者之言曰：先王之书，慎无一尺之帛〔1〕，一篇之书，语数鬼神之有，重有重之，亦何书之有哉？子墨子曰：《周书·大雅》有之〔2〕，《大雅》曰："文王在上，于昭于天。周虽旧邦，其命维新〔3〕。有周不显，帝命不时〔4〕。文王陟降〔5〕，在帝左右。穆穆文王〔6〕，令问不已。"若鬼神无有，则文王既死，彼岂能在帝之左右哉？此吾所以知《周书》之鬼也。

【注释】

〔1〕慎无：据上文例当为"圣人"（王念孙说）。

〔2〕周书：指《诗经》。

〔3〕维：句中语气词。

〔4〕毛《传》云："有周，周也。不显，显也。显，光也。不时，时也。"

〔5〕陟：登，升。

〔6〕穆穆：端庄敬美。

【译文】

　　如今主张没有鬼神的人说：先王之书，圣人的一尺帛，一篇书，都说鬼神是存在的，强调了又强调，都是什么书上有这些呢？墨子说：《诗经·大雅》里有。《大雅》说："文王高高在上，功德昭著于天。周虽然是古老的邦国，受命于天才刚兴起。周朝的功业光辉显赫，天命适时到来。文王死后升天，常在天帝左右。端庄敬美的文王，美名永远传扬。"如果没有鬼神，那么文王死了之后，他又怎么能常在天帝的左右？这就是我所知道的《诗经》里有鬼神记载。

26.12 且《周书》独鬼，而《商书》不鬼，则未足以为法也。然则姑尝上观乎《商书》，曰："呜呼！古者有夏，方未有祸之时，百兽贞虫〔1〕，允及飞鸟〔2〕，莫不比方〔3〕。矧佳人面〔4〕，胡敢异心？山川鬼神，亦莫敢不宁。若能共允〔5〕，佳天下之合，下土之葆。"察山川鬼神之所以莫敢不宁者，以佐谋禹也。此吾所以知《商书》之鬼也。

【注释】

〔1〕贞虫，与百兽、飞鸟并称，为虫类的通称（王焕镳说）。

〔2〕允：犹"以"（王引之说）。

〔3〕比方：比附（王闿运说）。

〔4〕矧：况且。 佳：古"惟"字（毕沅说）。

〔5〕共：同"恭"。 允：信。

【译文】

如果只是《周书》上说鬼神，而《商书》上不说鬼神，那么也不足以作为法则。既然如此，不妨看看《商书》，上面说道："呜呼！古时夏朝还没有发生祸患的时候，百兽爬虫，以及飞鸟，没有不亲附的。何况是人类，谁敢有异心？山川鬼神，也没有敢不安宁的。如果能够恭敬诚信，就能够天下和合，长保国土。"考察山川的鬼神之所以不敢不安宁的原因，是为了辅助并帮禹谋划。这就是我之所以知道《商书》上也有关于鬼神记载的原因。

26.13 且《商书》独鬼，而《夏书》不鬼，则未足以为法也。然则姑尝上观乎《夏书》，《禹誓》曰[1]："大战于甘，王乃命左右六人[2]，下听誓于中军，曰：有扈氏威侮五行[3]，怠弃三正[4]，天用剿绝其命。有曰：日中。今予与有扈氏争一日之命。且尔卿大夫庶人[5]，予非尔田野葆士之欲也[6]，予共行天之罚也。左不共于左[7]，右不共于右，若不共命；御非尔马之政，若不共命。"是以赏于祖而僇于社[8]。赏于祖者何也？言分命之均也。僇于社者何也？言听狱之事也[9]。故古圣王必以鬼神为赏贤而罚暴，是故赏必于祖而僇必于社。此吾所以知《夏书》之鬼也。故尚者《夏书》，其次商、周之《书》，语数鬼神之有也，重有重之，此其故何也？则圣王务之。以若书之说观之，则鬼神之有，岂可疑哉？于古曰：吉日丁卯，周代祝社方[10]，岁于社者考[11]，以延年寿。若无鬼神，彼岂有所延年寿哉！

【注释】

〔1〕《禹誓》：《尚书·夏书》的篇名，现无此篇。下引之文见于《尚书·甘誓》，文字略有不同。毕沅认为两者是同一篇。

〔2〕左右六人：指左右六卿，即六军之将。

〔3〕威："蔑"之假（王引之说）。 五行：即仁、义、礼、智、信。

〔4〕三正：天、地、人之正道。

〔5〕且：通"徂"，往。

〔6〕葆士：当为"宝玉"（俞樾说）。

〔7〕共：当作"攻"（孙诒让说）。

〔8〕祖：指祖庙。

〔9〕事：当为"中"之坏字（王念孙说）。

〔10〕周代祝社方：此句疑当为"用代祀社方"（孙诒让说）。用，普遍。

〔11〕社者：当为"祖若"。 岁于祖若考，言荐岁事于祖及考（孙诒让说）。

【译文】

如果只是《商书》上说有鬼神，而《夏书》上不说鬼神，那么也不足以作为法则。既然如此，不妨看看《夏书》,《禹誓》上说："大战将在甘开始，王命令左右六军之将，走下坛去到中军听训。说：有扈氏蔑视并侮辱五常，怠慢和废弃天、地、人之道，天要断绝他们的运命。又说：正当日中，现在我要和有扈氏一决生死。出征吧你们这些卿大夫和庶民，我并不是想要得到土地和财宝，我只是恭行天的惩罚。左边的人不从左边进攻，右边的人不从右边进攻，就是不恭顺天命。驾车的人不用正确的方法驾车，就是不恭顺天命。"所以在祖庙和神社大行赏罚。在祖庙行赏是什么原因呢？禀告分配的平均。在神社行罚是什么原因呢？显示断案的公正。所以古时圣王一定认为鬼神奖赏贤能的人而惩罚暴虐的人，所以一定要在祖庙行赏，在神社行罚。这就是我知道《夏书》有关于鬼神事情的记载。所以上有《夏书》，其次有《商书》和《周书》，多次说鬼神是存在的，强调了又强调，这是什么缘故呢？那是因为圣王致力于敬事鬼神。从这些书的说法来看，那么鬼神的存在，还有什么可以怀疑的呢？古人说：在丁卯吉日这天，大臣普遍代替王室祭祀社神和四方之神，岁末祭祀祖先，以求延年益寿。如果没有鬼神，他们向谁去祈求延年益寿呢？

26.14 是故子墨子曰：尝若鬼神之能赏贤如罚暴也〔1〕，盖本施之国家，施之万民，实所以治国家利万民之道也。若以为不然〔2〕，是以吏治官府之不洁廉，男女之为无别者，鬼神见之；民之为淫暴寇乱盗贼，以兵刃毒药水火，退无罪人乎道路，夺人车马衣裘以自利者，有鬼神见之。是以吏治官府，不敢不洁廉，见善不敢不赏，见暴不敢不罪。民之为淫暴寇乱盗贼，以兵刃毒药水火，退无罪人乎道路，夺车马衣裘以自利者，由此止。是以莫放幽闲，拟乎鬼神之明；显明有一人，畏上诛罚〔3〕，是以天下治。

【注释】

〔1〕尝若：当作“当若”（孙诒让说）。 如：当为“而”之误。

〔2〕此五字疑为衍文（王念孙说）。

〔3〕自“是以莫放”至“畏上诛罚”，戴震校勘时定为衍文。

【译文】

所以墨子说：倘若鬼神真能奖赏贤能的人而惩罚暴虐的人，如果能够用于国家和万民，实在是可以治理国家并使万民获得利益的大道啊！如果认为不是这样，那么官吏治理官府就会不廉洁，男女混处而没有区别，鬼神都能看见；人们去为寇作乱当盗贼，用兵器、毒药和水火，在道路上抢劫无辜的人，夺走别人的车马衣服来使自己获得利益，也都有鬼神能看到。所以官吏治理官府不敢不廉洁，看到好的行为不敢不奖赏，看到暴虐的行为不敢不惩罚。人们去为寇作乱当盗贼，用兵器、毒药和水火，在道路上抢劫无辜的人，夺走别人的车马衣服来使自己获得利益，这些行为因此而得到制止。所以鬼神的明察不会因为发生在幽静无人的地方而被遮蔽，有了鬼神的明察，人们就会畏惧上天的诛罚，因此天下就会得到治理。

26.15 故鬼神之明，不可为幽间广泽，山林深谷，鬼神之明必知之；鬼神之罚，不可为富贵众强，勇力强武，坚甲利兵，鬼神之罚必胜之。若以为不然，昔者夏王桀，贵为天子，富有天下，上诟天侮鬼，下殃傲天下之万民[1]，祥上帝伐元山帝行[2]，故于此乎，天乃使汤至明罚焉。汤以车九两[3]，鸟陈雁行，汤乘大赞[4]，犯遂下众，人之蠖遂[5]，王乎禽推哆、大戏[6]。故昔夏王桀，贵为天子，富有天下，有勇力之人推哆、大戏，生列兕虎[7]，指画杀人，人民之众兆亿，侯盈厥泽陵，然不能以此圉鬼神之诛[8]。此吾所谓鬼神之罚，不可为富贵众强、勇力强武、坚甲利兵者，此也。

【注释】

〔1〕殃傲：当为"殃杀"（王念孙说）。

〔2〕祥：疑为"牂"，又假借为"戕"，残害（王焕镳说）。 伐：功劳。 元：疑为"亢"，通"抗"。 山：疑作"上"（王焕镳说）。

〔3〕九两：疑当作"九十两"（孙诒让说）。两，通"辆"。

〔4〕赞：疑为"栈"（高亨说）。《说文》："竹木之车曰栈。"

〔5〕以上二句疑当为"犯遂下之，众入郊遂"（王焕镳说）。上"遂"字，指夏朝都城遂；下"遂"字，指郊外的水道。

〔6〕乎禽：当为"手禽"（毕沅说）。禽，通"擒"。 推哆、大戏：是夏桀所亲信的两个大力士。

〔7〕列：即"裂"字（王念孙说），分解。 兕：雌性的犀牛。

〔8〕圉：通"御"，阻止。

【译文】

因此，鬼神的明察，不会被幽涧、广泽、山林、深谷所遮蔽，凭鬼神的明察一定会洞悉一切。鬼神的惩罚不会因为富裕尊贵、人多势众、勇敢有力、铠甲坚固、兵器锐利而受阻，鬼神的惩罚一定能战胜一切阻碍。如果认为并非如此，从前夏王桀贵为天子，富有天下，上辱骂天侮辱鬼神，下残害天下万民，毁坏上帝建立的功业，抗拒上帝指示的道路，于是上天就命令汤去惩罚他。汤用九十辆战车，排开鸟阵雁行的战阵，乘上大车，乘势攻占遂城，夏兵通过通往郊外的水道逃窜，汤亲手擒住推哆和大戏。所以从前夏王桀贵为天子，富有天下，有勇士推哆和大戏，能够双手撕裂犀牛和老虎，手指就能杀人，百姓数以兆亿计，布满了山林水泽，然而却不能用这些抵御鬼神的诛罚。这就是我说的鬼神的惩罚，不会因为富裕尊贵、人多势众、勇敢有力、铠甲坚固、兵器锐利而受阻，就是这个道理。

26.16　且不惟此为然。昔者殷王纣，贵为天子，富有天下，上诟天侮鬼，下殃傲天下之万民，播弃黎老[1]，贼诛孩子，楚毒无罪[2]，刳剔孕妇，庶旧鳏寡[3]，号咷无告也。故于此乎，天乃使武王至明罚焉。武王以择车百两，虎贲之卒四百人，先庶国节窥戎[4]，与殷人战乎牧之野，王乎禽费中、恶来，众畔百走[5]。武王逐奔入宫，万年梓株[6]，折纣而系之赤环[7]，载之白旗，以为天下诸侯僇。故昔者殷王纣，贵为天子，富有天下，有勇力之人费中、恶来、崇侯虎[8]，指寡杀人[9]，人民之众兆亿，侯盈厥泽陵，然不能以此圉鬼神之诛。此吾所谓鬼神之罚，不可为富贵众强、勇力强武、坚甲利兵者，此也。且《禽艾》之道之曰："得玑无小[10]，灭宗无大。"则此言鬼神之所赏，无小必赏之；鬼神之所罚，无大必罚之。

【注释】
　〔1〕黎老：即耆老（王引之说）。

〔2〕楚毒：当为"焚炙"，即所谓炮烙之刑（王念孙说）。

〔3〕旧：指故交，旧臣。

〔4〕国节：指各盟国受符节的官员（王焕镳说）。

〔5〕畔：旧本作"叛"。 百走：当作"皆走"（王引之说）。

〔6〕万年梓株：疑当为"商王辛株"，"株"借为"诛"（吴毓江说）。

〔7〕折：指斩首。 赤环：赤旛，即赤旐（孙诒让说）。

〔8〕崇侯虎：当为"生捕兕虎"之误（吴毓江说）。崇侯虎死于文王之手，不应该出现在这里。

〔9〕寡：当为"画"之误。

〔10〕玑：疑为"祺"之借，吉祥（王焕镳说）。

【译文】

况且不仅如此，从前殷王纣贵为天子，富有天下，上辱骂天侮辱鬼神，下残害天下万民，抛弃老人，残杀儿童，焚烧毒害无辜的人，剖开孕妇的肚子，平民故旧鳏夫寡妇，号咷大哭却没有可以申诉的地方。所以在这个时候，天帝命令武王给予惩罚。武王挑选战车百辆，勇士四百人，作为诸侯盟军的先锋，与殷国军队在牧野作战。武王擒获了费中和恶来，他的部下都背叛或逃走。武王于是追到宫中，纣王伏诛，武王砍下他的头颅系在红色的旗帜旗杆的顶端，尸首装到车子上并覆盖白旗，为天下诸侯除去了纣王。所以从前殷王纣贵为天子，富有天下，有勇士费中、恶来，能生擒犀牛和老虎，手指就能杀人，百姓数以兆亿计，布满山林水泽，然而并不能因此抵御鬼神的诛罚。这就是我所说的鬼神的惩罚，不会因为富裕尊贵、人多势众、勇敢有力、铠甲坚固、兵器锐利而受阻，就是这个道理。并且《禽艾》上说："善者得到福佑不在于他的职位多么微小，恶者必定被灭也不在于他的权位多么大。"这就是说鬼神的赏赐，不管职位多小一定会赏赐；鬼神的惩罚，不管职位多大一定会惩罚。

26.17 今执无鬼者曰：意不忠亲之利，而害为孝子乎？子墨子曰：古之今之为鬼〔1〕，非他也，有天鬼，亦有山水鬼神者，亦有人死而为鬼者。今有子先其父死，弟先其兄死者矣，意虽使然〔2〕，然而天下之陈物曰〔3〕："先生者先死。"若是，则先死者非父则母，非兄而姒也〔4〕。今洁为酒醴粢盛，以敬慎祭祀，若使鬼神请有，是得其父母姒兄而饮食之也，岂非厚利哉？若使鬼神请亡，是乃费其所为酒醴粢盛之财耳。自夫费之，非特注之污壑而弃之也，内者宗族，外者乡里，皆得如具饮食之。虽使鬼神请亡，此犹可以合驩聚众，取亲于乡里。

【注释】

〔1〕上"之"字为衍文（孙诒让说）。

〔2〕意：读为"抑"，犹言"乃"（高亨说）。

〔3〕陈物：故事、常理（王闿运说）。

〔4〕姒：年长的女子，这里指嫂子。 而：犹"则"（王引之说）。

【译文】

如今主张没有鬼神的人说：这样岂不是不顾双亲的利益，而有损于做孝子吗？墨子说：古今说有鬼神的人，不是因为其他，而是因为有天鬼，有山水的鬼神，也有人死了以后变成的鬼。如今有儿子比父亲先死去，弟弟比兄长先死去，即便如此，但按照天下的常理，总是"先出生的先死去"。如果是这样，那么先死去的不是父亲就是母亲，不是哥哥就是嫂子。如今准备洁净的祭品酒食，恭敬慎重地祭祀，如果鬼神真的存在，那么就是请他的父母兄嫂来饮食，这难道不是很有益处吗？如果鬼神是没有的，那么就是浪费他准备祭品酒食的钱财。可是他们的花费，并非像倒在沟壑中那样白白丢弃，而是可让宗族和乡里的人都能得到饮食。即使鬼神不存在，那也可以聚集民众，使乡里人更加亲密。

26.18 今执无鬼者言曰：鬼神者固请无有，是以不共其酒醴粢盛牺牲之财。吾非乃今爱其酒醴粢盛牺牲之财乎？其所得者臣将何哉〔1〕？此上逆圣王之书，内逆民人孝子之行，而为上士于天下，此非所以为上士之道也。是故子墨子曰：今吾为祭祀也，非直注之污壑而弃之也，上以交鬼之福〔2〕，下以合驩聚众，取亲乎乡里。若神有，则是得吾父母弟兄而食之也〔3〕。则此岂非天下利事也哉？是故子墨子曰："今天下之王公大人士君子，中实将欲求兴天下之利，除天下之害，当若鬼神之有也，将不可不尊明也〔4〕，圣王之道也。"

【注释】

〔1〕臣：疑当为"以"，在"何"字下。"将何以哉"，将何用也（孙人和说）。

〔2〕交：求取。

〔3〕弟兄：当为"兄姒"（俞樾说）。

〔4〕尊明：谓尊事而明著之以示人，即明鬼之义（孙诒让说）。

【译文】

如今主张无鬼的人说：鬼神本来是没有的，所以不必花费那些祭品酒食之类的钱财。我现在难道是爱惜那些祭品酒食的钱财吗？我希望得到的是什么呢？这样的话，上违背圣明君王的教导，内违背百姓孝子的品行，而想做天下高尚的士人，这并非做高尚士人的方法。所以墨子说：如今我们举行祭祀，并不是把祭品丢在沟壑中而白白浪费掉。这样做上可以祈求鬼神的赐福，下可以团结众人，让乡里人更加亲密。如果鬼神真的存在，那就是请我的父母兄嫂来饮食。这难道不是有利于天下的事吗？所以墨子说：现在天下的王公大人士人君子，内心的确想要兴天下之利，除天下之害，那么对于鬼神的存在，就不能不重视和确信，这就是圣王的大道啊！

【评析】

《明鬼》实际上是对《天志》必要的理论补充。在墨子看来，"天志"

属于顶层理论设计，但仅有"天"的力量还不够，还需要加入鬼神这一中坚力量，才能形成更合理的理论体系，更好地完成"兴天下之利，除天下之害"的理论目标。前文我们曾经提及，墨子的宗教神学思想是为其"兼爱"学说服务的。墨家讲"兼爱"，以有神论思想为支撑；儒家讲"仁爱"，以礼乐思想为支撑，而礼乐思想的社会属性决定了其最终会倾向于无神论。这一点也是儒墨两家争论的焦点。文中提到的"执无鬼者"，实际上就是指儒家学者而言，其反驳的观点基本上都来自儒家思想。

生逢乱世是儒墨两家面临的共同时代课题，但他们站在各自的立场上对共同的时代课题作出了不同的理论概括，给出了不同的解决方案。儒家认为是礼乐秩序的崩坏导致了社会失范、道德滑坡，所以当务之急应当是恢复以周王室为核心的礼乐秩序，而孔子修订六经正是出于这样的考虑；而墨子则认为是"天下失义"导致了整个社会混乱无序、诸侯力征，所以问题的关键是找回失去的"义"。那么，人类该怎样找回失去的"义"呢？在墨子看来，"兼相爱，交相利"就是"义"，但仅凭人类自身的自律能力是无法找回"义"的，还需要一个外在的动力源。墨子认为，人类之所以失去"义"，是因为人们"疑惑鬼神之有与无之别，不明乎鬼神之能赏贤而罚暴"的缘故。接下来，墨子的论证是通过与"执无鬼者"之间的六次往复辩难来完成的。总的来看，这六次往复辩难是从三个角度论证了鬼神的存在及其意义。第一，基本价值观层面的交锋。"今执无鬼者曰：鬼神者，固无有。旦暮以为教诲乎天下，疑天下之众，使天下之众皆疑惑乎鬼神有无之别，是以天下乱。"儒家学者认为怪力乱神之说纯属子虚乌有，不合先王礼乐之道，空谈鬼神只会增加人们的困惑，不利于推行礼乐之道。对此，墨子并未正面回答，而是明智地把话题引入到经验主义范围内进行探讨。鬼神之有无，不能妄下结论，"必以众之耳目之实知有与亡为仪者也"。第二，经验主义层面的辩难，这方面是墨子重点围堵儒家学者观点的领域。儒家学者抱着孔子一贯客观慎重的态度，从三个层面驳难墨子：我没看到的就是没有的、途巷之人、小说家言不足凭信，先王之书并无一言提及鬼神。对于儒家学者的问难，墨子没有回避，而是针锋相对、引经据典地逐条驳斥儒家学者的观点。客观地说，墨子的回答尽管非常雄辩，但有技巧大于实质内容的嫌疑。但在先秦那种落后的文化氛围之中，从经验主义角度辩论鬼神之有无显然对墨子更为有利。第三，功利主义角度的争论。在前几次交锋的失利之后，儒家学者转而从功利主义的角度向墨子发难："意不忠亲之利，而害为孝子乎？"空谈鬼神之说，不但于事无补，反而会影响社会上的人伦之情。对此，墨子则是采取以子之矛、攻子之盾的策略，指出如果没有鬼神，岂不是浪费了来之不易的祭品？有鬼神的话则不但接受祭祀的鬼神得利，祭祀者的亲友同乡也会随之得利。所谓"上以交鬼之福，下以合驩聚众，取亲乎乡里"，正是两全其美的好事，怎么会影响人伦亲情呢？

纵观《明鬼》全文，墨子的立论基本上是技巧性的，形式明显大于内容，属于孔子批评的"巧言令色"的情况。站在今天的立场上看，我们当然很难接受墨子的观点和论证过程，但从墨子生活的那个时代来看，墨子的观点确实有强大的说服力。尽管墨子的鬼神之说有点"能胜人之口而不能服人之心"的缺憾，但无论是出于墨子整体理论设计的考虑，还是出于对墨子整体思想出发点的钦佩，我们都应该对这一点抱有"了解之同情"。

非乐上

【题解】

　　《非乐》原分上、中、下三篇，现仅存上篇。所谓非乐，就是反对统治阶级沉湎于音乐活动而荒疏了政事。非乐思想是墨子反对儒家思想的另一个主要领域，因为在墨子看来，制造乐器会"亏夺民衣食之财"，演奏音乐会占用社会主要劳动力从事生产的时间，欣赏音乐会使统治者流连忘返、疏于政务。所以，墨子虽然明白音乐能够使人精神愉悦，但由于不符合自己"务求兴天下之利，除天下之害"的政治理念，所以被纳入反对的行列。尽管墨子非乐思想不无偏颇之处，但正如墨子文中提到的那样，统治阶级的腐化堕落、罔顾国计民生已经到了非常严重的地步。故而，墨子的非乐主张还是有一定的社会现实意义。

　　27.1 子墨子言曰：仁之事者[1]，必务求兴天下之利，除天下之害，将以为法乎天下。利人乎，即为；不利人乎，即止。且夫仁者之为天下度也，非为其目之所美，耳之所乐，口之所甘，身体之所安，以此亏夺民衣食之财，仁者弗为也。是故子墨子之所以非乐者，非以大钟、鸣鼓、琴瑟、竽笙之声，以为不乐也；非以刻镂华文章之色[2]，以为不美也；非以犓豢煎炙之味，以为不甘也；非以高台厚榭邃野之居[3]，以为不安也。虽身知其安也，口知其甘也，目知其美也，耳知其乐也，然上考之不中圣王之事，下度之不中万民之利，是故子墨子曰：为乐非也。

【注释】

〔1〕仁之事者：当为"仁者之事"（孙诒让说）。

〔2〕华，疑为衍字（毕沅说）。 文章：错综而华美的花纹或色彩。

〔3〕野：通"宇"（王引之说），指房屋。

【译文】

墨子说：仁人要做的事，一定是追求兴天下之利，除天下之害，并希望将此作为天下的法则。利于人的事就去做，不利于人的事就停止。况且仁人是为天下人考虑，不是为了自己眼睛欣赏美物，耳朵聆听妙乐，嘴巴品尝美味，身体感到安泰，因此而抢夺百姓的衣食财用，仁人是不会这样做的。所以墨子之所以反对音乐，并不是认为大钟、鸣鼓、琴瑟、竽笙的声音不悦耳，并不是因为雕刻华美的花纹不悦目，并不是因为烹调家禽家畜的肉味不鲜美，并不是因为高台、楼榭、大厦居住着不舒适。即使身体知道舒适，嘴巴知道甘美，眼睛知道美丽，耳朵知道动听，但考察这些事物，上不符合圣王的要求，下不符合万民的利益。所以墨子说：从事音乐是不对的。

27.2 今王公大人，虽无造为乐器〔1〕，以为事乎国家，非直掊潦水、折壤坦而为之也〔2〕，将必厚措敛乎万民，以为大钟、鸣鼓、琴瑟、竽笙之声。古者圣王亦尝厚措敛乎万民〔3〕，以为舟车，既以成矣，曰："吾将恶许用之〔4〕？曰：舟用之水，车用之陆，君子息其足焉，小人休其肩背焉。"故万民出财赍而予之〔5〕，不敢以为戚恨者，何也？以其反中民之利也。然则乐器反中民之利亦若此，即我弗敢非也。然则当用乐器譬之若圣王之为舟车也，即我弗敢非也。

【注释】

〔1〕虽无：即"惟无"，语气助词，不表意（王念孙说）。

〔2〕捂：聚敛，这里指用手捧。 潦水：积水。 折壤坦：当为"拆坏垣"（俞樾说）。

〔3〕措敛：同"籍敛"（王念孙说），即税收。

〔4〕恶许：犹"何许"（毕沅说）。

〔5〕赍：送东西给人。

【译文】

如今的王公大人，制作乐器，认为事关国家大业，并不像捧点积水、拆开坏墙那样容易，必定要向百姓征收很重的赋税，才会有大钟、鸣鼓、琴瑟、竽笙之类美妙的乐声。古代圣王也曾经对万民征收很重的赋税，用来制作车船，做成之后，说："我要用它做什么呢？说：船用于水中，车用于陆上，君子可以用它代替双脚走路，百姓可以用它代替肩背东西。"所以万民拿出钱财来给圣王，用以制造车船，不敢为此而悲戚或怨恨。这是为什么呢？因为这反而符合万民的利益啊！如果乐器也像这样反过来能符合万民的利益，那我就不敢非难乐器。既然如此，那么如果使用乐器就像圣王使用车船，我就不敢加以非难了。

27.3 民有三患：饥者不得食，寒者不得衣，劳者不得息，三者民之巨患也。然即当为之撞巨钟〔1〕、击鸣鼓、弹琴瑟、吹竽笙而扬干戚〔2〕，民衣食之财将安可得乎〔3〕？即我以为未必然也。意舍此〔4〕。今有大国即攻小国，有大家即伐小家，强劫弱，众暴寡，诈欺愚，贵傲贱，寇乱盗贼并兴，不可禁止也。然即当为之撞巨钟、击鸣鼓、弹琴瑟、吹竽笙而扬干戚，天下之乱也，将安可得而治与？即我未必然也。是故子墨子曰：姑尝厚措敛乎万民，以为大钟、鸣鼓、琴瑟、竽笙之声，以求兴天下之利，除天下之害而无补也。是故子墨子曰：为乐非也。

【注释】
〔1〕然即：然则（王引之说）。 当：通"尝"，试（孙诒让说）。
〔2〕扬：举。 干：盾。 戚：斧。干和戚都是古代武舞用的舞具。
〔3〕安：犹"于是"（王引之说）。
〔4〕意：通"抑"。"抑舍此"者，言姑舍此弗论而更论他事（俞樾说）。

【译文】
　　百姓有三种忧患，饥饿的人得不到食物，寒冷的人得不到衣服，劳累的人得不到休息，这三者是百姓的大患。那么试为之撞巨钟，击鸣鼓，弹琴瑟，吹竽笙，举盾牌和斧钺舞蹈，百姓的衣食财用就能得到解决吗？我认为这是不可能的。姑且抛开这点不谈。现在有大国想要攻打小国，有大家想要攻打小家，强凌弱，众欺寡，有智者欺骗愚笨，高贵者轻视低贱者，寇乱盗贼并起而不能禁止。那么去撞巨钟，击鸣鼓，弹琴瑟，吹竽笙，举着盾牌和斧钺舞蹈，天下的混乱将会得到治理吗？我认为这是不可能的。所以墨子说：如果向百姓征收很重的赋税，用来做大钟、鸣鼓、琴瑟、竽笙，来追求兴天下之利，除天下之害，那是于事无补的。因此墨子说：从事音乐是不对的。

　　27.4 今王公大人，唯毋处高台厚榭之上而视之，钟犹是延鼎也[1]。弗撞击，将何乐得焉哉？其说将必撞击之。惟勿撞击，将必不使老与迟者[2]。老与迟者耳目不聪明，股肱不毕强[3]，声不和调，明不转朴[4]。将必使当年，因其耳目之聪明，股肱之毕强，声之和调，眉之转朴[5]。使丈夫为之，废丈夫耕稼树艺之时；使妇人为之，废妇人纺绩织纴之事。今王公大人唯毋为乐，亏夺民衣食之财，以拊乐如此多也〔6〕。是故子墨子曰：为乐非也！

【注释】

〔1〕延鼎：偃覆之鼎（孙诒让说）。

〔2〕迟：指小孩子。

〔3〕股肱：指辅政大臣。 毕：疾（孙诒让说）。

〔4〕明：目（尹桐阳说）。 朴：疑为"行"。传行，犹转动、运行之义（王焕镳说）。

〔5〕眉：通"明"（孙诒让说）。 朴：《广雅·释诂》："猝也。"明之转朴，言歌声之转变与急速（吴毓江说）。

〔6〕拊：拍，敲。

【译文】

如今的王公大人，从高高的台榭向下看，乐钟就像倒挂着的鼎一样，如果不撞击，怎么会产生音乐呢？这样说来就一定要撞击它。只是撞击的时候，一定不会使用老人和孩子。老人和孩子，耳不聪，目不明，四肢不强劲敏捷，嗓音不和调，音节缺少变化。一定要用年富力强的人，因为他们耳聪目明，四肢强劲敏捷，嗓音和调，音节富于变化。让男子来做这些事，就会占用他耕作种植的时间；让女子来做，就会占用她纺纱织布的时间。如今的王公大人们欣赏音乐，就会剥夺百姓衣食财用，用于击奏乐器人的已是这么多了。所以墨子说：从事音乐是不对的。

27.5 今大钟、鸣鼓、琴瑟、竽笙之声既已具矣，大人锈然奏而独听之〔1〕，将何乐得焉哉？其说将必与贱人，不与君子〔2〕。与君子听之，废君子听治；与贱人听之，废贱人之从事。今王公大人惟毋为乐，亏夺民之衣食之财，以拊乐如此多也。是故子墨子曰：为乐非也。

【注释】

　　〔1〕锈："肃"之繁文，静（于省吾说）。

　　〔2〕此句疑当为"不与贱人，必与君子"（孙诒让说）。

【译文】

　　如今大钟、鸣鼓、琴瑟、竽笙的乐声既然都已经具备了，大人如果静静地独自欣赏音乐，将得到什么乐趣呢？一定会说，不是和平民一起听，就是和君子一起听。如果和君子一起听，就会妨碍君子处理公务；如果和平民一起听，就会妨碍平民的劳作。如今的王公大人，为了赏乐而剥夺百姓的衣食财用，用于击奏乐器的人已经这么多了。所以墨子说：从事音乐是不对的。

　　27.6 昔者齐康公兴乐万〔1〕，万人不可衣短褐〔2〕，不可食糠糟。曰：食饮不美，面目颜色不足视也；衣服不美，身体从容丑嬴不足观也〔3〕。是以食必粱肉，衣必文绣，此掌不从事乎衣食之财〔4〕，而掌食乎人者也。是故子墨子曰：今王公大人，惟毋为乐，亏夺民衣食之财，以拊乐如此多也。是故子墨子曰：为乐非也。

【注释】

　　〔1〕齐康公：姜姓，吕氏，名贷，齐宣公吕积之子，是齐国吕氏的末代国君。　乐万：音乐和舞蹈。万，指万舞，古代一种规模盛大的舞蹈，文舞、武舞皆备，规模达万人，故一般泛指舞蹈。

　　〔2〕短褐：用粗麻或兽毛编织的粗布上衣，泛指贫苦人家的穿着打扮。

　　〔3〕从容：指舞蹈动作。　丑嬴：或疑为衍字。

　　〔4〕掌：通"常"（孙诒让说）。

【译文】

　　从前齐康公喜欢大型的音乐和舞蹈，万人规模的歌舞艺人不能穿粗布的衣服，不能吃粗糙的粮食。说：饮食不精美，脸色就不好；衣服不美丽，身体动作就不美观。所以吃的必须是精细的粮食和肉，穿的必须是锦绣的衣服。这些人不常从事衣食财用的生产，而靠别人供给衣食。所以墨子说：如今的王公大人，为了作乐而剥夺百姓衣食财用，用于击奏乐器的人已是这么多了。所以墨子说：从事音乐是不对的。

27.7 今人固与禽兽、麋鹿、蜚鸟、贞虫异者也〔1〕。今之禽兽、麋鹿、蜚鸟、贞虫，因其羽毛以为衣裘，因其蹄蚤以为绔屦〔2〕，因其水草以为饮食。故唯使雄不耕稼树艺，雌亦不纺绩织纴，衣食之财固已具矣。今人与此异者也：赖其力者生，不赖其力者不生。君子不强听治，即刑政乱；贱人不强从事，即财用不足。今天下之士君子，以吾言不然〔3〕，然即姑尝数天下分事〔4〕，而观乐之害。王公大人蚤朝晏退，听狱治政，此其分事也；士君子竭股肱之力，亶其思虑之智〔5〕，内治官府，外收敛关市、山林、泽梁之利，以实仓廪府库，此其分事也；农夫蚤出暮入，耕稼树艺，多聚叔粟〔6〕，此其分事也；妇人夙兴夜寐，纺绩织纴，多治麻丝葛绪〔7〕，綑布縿〔8〕，此其分事也。今惟毋在乎王公大人说乐而听之，即必不能蚤朝晏退，听狱治政，是故国家乱而社稷危矣。今惟毋在乎士君子说乐而听之，即必不能竭股肱之力，亶其思虑之智，内治官府，外收敛关市、山林、泽梁之利〔9〕，以实仓廪府库，是故仓廪府库不实。今惟毋在乎农夫说乐而听之，即必不能蚤出暮入，耕稼树艺，多聚叔粟，是故叔粟不足。今惟毋在乎妇人说乐而听之，即不必能夙兴夜寐〔10〕，纺绩织纴，多治麻丝葛绪綑布縿，是故布縿不兴。曰：孰为大人之听治而废国家之从事[11]？曰：乐也。是故子墨子曰：为乐非也。

【注释】

〔1〕蜚：通"飞"。 贞虫：即征虫（孙诒让说），昆虫。
〔2〕蚤：借为"爪"（毕沅说）。
〔3〕"以"上当有"若"字（王焕镳说）。
〔4〕分事：分工。
〔5〕亶：通"殚"（孙诒让说），尽。
〔6〕叔：同"菽"，豆类的总称。
〔7〕绪：紵（尹桐阳说），苎麻。
〔8〕絪：织。 縿：当为"缲"（王念孙说），帛。
〔9〕泽梁：在水流中用石筑成的拦水捕鱼的围堰。
〔10〕不必：当为"必不"（孙诒让说）。
〔11〕此句当为"孰为而废大人之听治，贱人之从事"（俞樾说）。

【译文】

　　如今人类当然和禽兽、麋鹿、飞鸟、爬虫不同。禽兽、麋鹿、飞鸟、爬虫，把它们的羽毛当作衣服，把它们的蹄爪当作鞋袜，把周围的水草当作饮食。所以雄性不耕作种植，雌性也不纺纱织布，衣食财用都已经具备了。如今人和它们不同的是：依靠自己劳动力就能生存，不依靠自己的劳动力就不能生存。君子不尽力处理政务，那么刑法政治就会混乱；平民不尽力从事生产，那么财用就会不足。如今天下的士人君子，如果认为我的言论不对，那么姑且列举天下人的分内之事，来考察音乐的危害。王公大人早朝晚退，处理政务，这是他们分内的事情；士人君子，竭尽四肢的力量，绞尽脑汁，对内治理官府，在外征收关市、山林和川泽的赋税，来充实粮仓府库，这是他们分内的职责；农夫早出晚归，耕作种植，多收获豆类和粮食，这是他们分内的职责；妇女早起晚睡，纺纱织布，多生产桑麻、葛布、苎麻，纺织布帛，这是她们分内的职责。现在如果王公大人都喜欢音乐而去赏听，那就一定不能早朝晚退，处理政务，那么国家就会混乱，社稷就会倾危。如果士人君子喜欢音乐而去赏听，那就不能竭尽四肢的力量，绞尽脑汁，对内治理官府，在外征收关市、山林和川泽的赋税，来充实粮仓府库，所以粮仓府库就会不充盈。如果农夫喜欢音乐而去赏听，那就不能早出晚归，耕作种植，多收获粮食，所以粮食就会不足；如果妇女喜欢音乐而去赏听，那就不会早起晚睡，纺纱织布，多生产桑麻、葛布、苎麻，纺织布帛，那么布帛就会不够。问道：谁使大人荒废了公务而平民荒废了工作呢？答道：是音乐啊！所以墨子说：从事音乐是不对的。

27.8 何以知其然也？曰：先王之书汤之《官刑》有之，曰："其恒舞于宫，是谓巫风。其刑，君子出丝二卫[1]，小人否[2]，似二伯黄径[3]。"乃言曰："呜乎！舞佯佯[4]，黄言孔章[5]。上帝弗常[6]，九有以亡[7]。上帝不顺，降之百殟[8]，其家必坏丧。"察九有之所以亡者，徒从饰乐也。于《武观》[9]曰："启乃淫溢康乐，野于饮食[10]，将将铭苋磬以力[11]，湛浊于酒[12]，渝食于野[13]，万舞翼翼[14]，章闻于大，天用弗式。"故上者天鬼弗戒[15]，下者万民弗利。是故子墨子曰：今天下士君子，请将欲求兴天下之利，除天下之害，当在乐之为物，将不可不禁而止也。

【注释】

〔1〕卫："纬"之假音（毕沅说），束，小把，小捆。

〔2〕否：疑当为"倍"（孙诒让说）。

〔3〕似：通"以"。伯：通"帛"。径：通"经"，丝。二伯黄径：疑即"二帛黄丝"或"二百黄丝"。此处文多舛误，姑从吴毓江说。

〔4〕佯佯：当作"洋洋"，众多（孙诒让说）。

〔5〕黄："簧"之省文（吴毓江说）。大笙谓之簧。言：《尔雅·释乐》："大箫谓之言。"孔：很，甚。

〔6〕常：尚（王引之说）。

〔7〕九有：九州。

〔8〕殄：殃（尹桐阳说）。

〔9〕《武观》：当即《逸文尚书》的《五观》篇。

〔10〕野：言不以礼。

〔11〕将将：即"锵锵"。 铭：疑为"金石"二字（曹耀湘说）。 莌：即"篪"（尹桐阳说），笛子。 此句疑当为"将将金石，筦磬以力"，言乐之盛，又言致力于乐。

〔12〕浊：疑为"沔"。湛沔，即沉湎（吴毓江说）。

〔13〕渝：借为"歈"（吴毓江说），歌。

〔14〕翼翼：盛大。

〔15〕戒：当为"式"（孙诒让说），法式，标准。

【译文】

怎么知道是这样的呢？答道：先王汤的《官刑》中有这样的话："若常在官中跳舞，就是巫风。对此的刑罚是：君子交出两束丝，小人加倍，交两匹黄帛。"又说："呜呼！舞蹈盛大，乐声嘹亮，上帝并不喜欢，九州因此而灭亡。上帝不答应，降下诸多灾难，他的国家必定败亡。"考察九州之所以灭亡的原因，只是因为沉迷于音乐。在《武观》中说："夏启淫佚玩乐，饮食不合礼节，金石锵锵，管磬悠扬，沉迷于酒，到野外欢歌宴饮，万舞盛大，响彻云天，上天因此不许把音乐作为法度。"所以上鬼神不以之为法度，下万民认为对他们不利。所以墨子说：如今天下的士人君子，如果希望兴天下之利，除天下之害，那么对于音乐就不能不加以禁止。

【评析】

音乐，从起源的那一刻起，就不是纯粹的艺术。原始音乐是和舞蹈相伴而生的，而"原始乐舞和原始巫术、祭祀等活动结合无间"（乔建中《中国古代音乐史》)，为先民的宗教信仰提供外在表现形式。大约从夏朝开始，音乐开始与政治制度结合，以乐舞的形式表现人类王者的丰功伟绩。据《礼记·乐记》的说法："王者功成作乐，治定制礼。其功大者其乐备，其治辩者其礼具。"可见，音乐的功能开始走出神秘主义的迷雾，承担起更理性的历史使命。后来，到了西周时期，出现了采风制度，开始有意识地对民间诗歌进行搜集、整理，由乐官对民间音乐进行润色和完善，在宴享、郊祀、朝贺和外交等诸多社会场合演奏，音乐承担的社会功能更加丰富和完备。《诗经·小雅·鹿鸣》就生动地反映了这种音乐盛况："呦呦鹿鸣，食野之苹。我有嘉宾，鼓瑟吹笙。吹笙鼓簧，承筐是将。人之好我，示我周行。"

到了春秋时期，随着周王室的衰微，诸侯国开始崛起，原有的政治秩序和礼乐制度遭到破坏。所谓"礼崩乐坏"，一部分原因是王室无力维持庞大的音乐机构导致人才流失、礼乐不全；一部分原因是因为诸侯国君开始僭越礼制、非法使用不该自己级别使用的音乐；还有就是一部分统治者不顾先王礼制的实质内容，纯粹为了娱乐目的的赏玩音乐。这时，一部分有责任心的知识分子开始思考天下动荡、社会失范的根源。这一历史时期的思想家们思维活跃、批判深刻，人数也非常多，中国哲学开始进入到一个百家争鸣的黄金时代。中国古代文化号称礼乐文明，对音乐的反思其实是思想家们几乎无法回避的课题。回到儒墨对待音乐截然不同的态度话题上来，其实二者都没有把音乐看作纯粹的艺术，并从艺术的角度去评价和要求音乐。在孔子看来，音乐不仅是艺术，更是文化，并全面参与到对政治制度和现实政治的建构之中。所以孔子才不遗余力地维护礼乐制度，哪怕是在如丧家狗般在外奔波十四年之后，依然痴心不改，声称："吾自卫反鲁，然后乐正，雅颂各得其所。"（《论语·子罕》）墨子则是从功利主义的立场出发，认为音乐是艺术不假，但却是一门容易让人沉迷的艺术。如果音乐仅仅是一个人的事情还好，问题的关键是音乐是一门奢侈的艺术，存在三个方面的弊端。第一，制作乐器耗费巨大，所谓"必厚措敛乎万民，以为大钟、鸣鼓、琴瑟、竽笙之声"。第二，演奏音乐需要大量身强体壮的娴熟乐工，培养和供养这么一大帮乐工需要耗费大量的社会资源。为此，墨子专门举了一个例子："昔者齐康公兴乐万，万人不可衣短褐，不可食糠糟。曰：食饮不美，面目颜色不足视也；衣服不美，身体从容丑羸不足观也。是以食必粱肉，衣必文绣，此掌不从事乎衣食之财，而掌食乎人者也。"可见音乐这种兴趣的满足，所耗费的社会资源已经到了影响国本的程度，无外乎墨子极力反对。第三，欣赏音乐容易使人沉迷其中，"与君子听之，废君子听治；与贱人听之，废贱人之从事"。所以，墨子从功利主义角度对这种现象提出诘难："然即当为之撞巨钟、击鸣鼓、弹琴瑟、吹竽笙而扬干戚，民衣食之财将安可得乎？""天下之乱也，将安可得而治与？"甚至因而得出结论：王公大人因沉迷音乐而荒废了政务，故"察九有之所以亡者，徒从饰乐也"。音乐不是不美好，"然上考之不中圣王之事，下度之不中万民之利，是故子墨子曰：为乐非也"。实事求是地讲，墨子非乐，不但理由充足，而且理直气壮。那么，问题就来了，承认墨子非乐合理，就要否认孔子维护音乐不合理吗？

答案显然不是。客观地讲，孔子维护礼乐与墨子非乐的话题就是一个鸡同鸭讲的问题，因为二者对待音乐态度的不同纯粹是思想理念的不同和看待问题出发点的差异。前文讲过，孔子是出于文化和伦理学的立场去评价和看待音乐的，其全力维护并修复受损的礼乐是出于礼崩乐坏的第二个原因，即诸侯国君开始僭越礼制、非法使用不该自己级别使用的音乐；而墨子则是从功利主义的立场看待音乐的，他极力否定音乐是出于礼崩乐坏的第一和第三个原因，即维持庞大的音乐机构需要耗费庞大的社会资源，而且一部分统治者不顾先王礼制的实质内容、不顾国力能否负担得起自己奢侈的兴趣爱好，纯粹为了娱乐目的的赏玩音乐，最终沉迷其中而难以自拔，白白耗费大量社会资源，罔顾民生，动摇国本。因此，孔墨之间关于音乐的争论其实并非是一个非此即彼的零和游戏，而是一个不同视角观照下同一问题的不同侧面。老子云："涤除玄览，吾以观复。"（《老子》第十六章）苏轼云："横看成岭侧成峰，远近高低各不同。"不是吗？

非命上

【题解】

《非命》分为上、中、下三篇，此为上篇。所谓非命，并非是在否定天命，而是否定宿命论。天命和宿命虽仅有一字之差，却相距万里。天命赏善罚恶、导人向善，而宿命则善恶不分、诱人向暴。墨子认为，宿命是所有祸害产生的根源，必须从理论上加以辨别和驳斥，以达到去伪存真的目的。文章主要运用"三表法"，三个方面论证宿命论的荒谬之处：首先从纵的时间角度推究本源，指出古代社会和百姓都没什么不同，而天下却有治乱之别，可见宿命是不存在的。其次从横的空间角度考察当今百姓耳闻目见的情况，认为也没有听到或看到宿命的存在。最后举出实际证据，用主张"有命"者遭受杀身亡国之祸来说明这是暴王之所为，是天下之大害。墨子坚决否定宿命的存在，并积极主张依靠人类理性的力量达到国富民强的目的，这是值得充分肯定的。

28.1 子墨子言曰：古者王公大人，为政国家者，皆欲国家之富，人民之众，刑政之治。然而不得富而得贫，不得众而得寡，不得治而得乱，则是本失其所欲，得其所恶，是故何也[1]？子墨子言曰：执有命者以杂于民间者众[2]。执有命者之言曰："命富则富，命贫则贫；命众则众，命寡则寡；命治则治，命乱则乱；命寿则寿，命夭则夭；命虽强劲[3]，何益哉？"以上说王公大人，下以驵百姓之从事〔4〕，故执有命者不仁。故当执有命者之言，不可不明辨。

【注释】
〔1〕是故何也：即"是何故也"。
〔2〕"以"当在"执有命者"之前（王焕镳说）。
〔3〕命：疑当为"力"（刘昶说）。
〔4〕驵：当为"阻"之假（毕沅说）。

【译文】
墨子说：古时王公大人主持政务，都想让国家富强，人口众多，刑法政治井然有序。然而得到的不是富裕而是贫穷，不是人口增加而是减少，不是治理而是混乱，从根本上说是失去了想得到的，而得到了所厌恶的，这是什么缘故呢？墨子说：这是因为杂处在民间主张有命的人太多了。主张有命的人说："命中注定富有就富有，命中注定贫穷就贫穷；命中注定人多就人多，命中注定人少就人少；命中注定国家大治就能国家大治，命中注定国家混乱就会国家混乱；命中注定长寿就长寿，命中注定夭折就夭折。即便身体强劲有力，又有什么用呢？"用这种主张对上游说王公大人，对下阻止百姓从事生产，所以主张有命的人是不仁的。因此面对主张有命的人的言论，不能不加以明辨。

28.2 然则明辨此之说将奈何哉？子墨子言曰：必立仪〔1〕，言而毋仪，譬犹运钧之上而立朝夕者也〔2〕，是非利害之辨，不可得而明知也。故言必有三表〔3〕。何谓三表？子墨子言曰：有本之者〔4〕，有原之者〔5〕，有用之者。于何本之？上本之于古者圣王之事。于何原之？下原察百姓耳目之实。于何用之？废以为刑政〔6〕，观其中国家百姓人民之利。此所谓言有三表也。

【注释】

〔1〕必立仪：当作"言必立仪"（孙诒让说）。

〔2〕钧：制造陶器用的转轮。

〔3〕表：仪（孙诒让说），准则，法度。

〔4〕本：谓考其本始（孙诒让说）。也就是从时间角度做纵向追溯。

〔5〕原：考察。即从空间角度做横向调查。

〔6〕废：读为"发"，古字通（王念孙说）。

【译文】

既然如此，那么应该怎样去明辨这种主张呢？墨子说：必需首先确立标准。言论没有标准，就像在转动的陶轮上安放测时的工具一样，是非利害的区别是无法弄明白的。所以言论一定要符合三表。什么是三表？墨子说：有考察事情本源的标准，有考察事情原委的标准，有考察实践应用的标准。到哪里去考察本源呢？上依据古时圣王的事迹。到哪里去考察事情原委呢？下督察百姓的耳闻目见。到哪里去实践应用呢？把百姓的耳目见闻融入刑法政治当中，观察它是否符合国中百姓的利益。这就是所说的言论有三表。

28.3 然而今天下之士君子，或以命为有。盖尝尚观于圣王之事〔1〕：古者桀之所乱，汤受而治之；纣之所乱，武王受而治之。此世未易，民未渝〔2〕，在于桀纣，则天下乱；在于汤武，则天下治。岂可谓有命哉！

【注释】

〔1〕盖：通"盍"，何不。 尚：同"上"。

〔2〕渝：变。

【译文】

然而如今天下的士人君子，有的以为命是存在的。为什么不尝试去观察圣王的事迹？古时桀治国混乱，汤接受以后就天下大治；纣治国混乱，武王接受以后就天下大治。时代相同，百姓也没有改变，桀纣的时候天下混乱，在汤武的时候天下大治。这难道可以说是命吗？

28.4 然而今天下之士君子，或以命为有。盖尝尚观于先王之书？先王之书，所以出国家[1]，布施百姓者，宪也。先王之宪亦尝有曰"福不可请[2]，而祸不可讳[3]，敬无益，暴无伤"者乎？所以听狱制罪者，刑也。先王之刑亦尝有曰"福不可请，祸不可讳，敬无益，暴无伤"者乎？所以整设师旅，进退师徒者[4]，誓也。先王之誓亦尝有曰"福不可请，祸不可讳，敬无益，暴无伤"者乎？是故子墨子言曰：吾当未盐数[5]，天下之良书不可尽计数，大方论数[6]，而五者是也[7]。今虽毋求执有命者之言，不必得，不亦可错乎？

【注释】

〔1〕出：疑为"士"之误（李笠说）。《说文》："士，事也。"士国家，犹治国家。

〔2〕请：求（尹桐阳说）。

〔3〕讳：当为"违"的假音字（孙诒让说）。

〔4〕师徒：指士兵。

〔5〕当：疑为"尚"（孙诒让说）。 盐：当为"尽"之误（毕沅说）。

〔6〕大方：大概，大略。

〔7〕五者：当为"三者"，即上文所谓先王之宪、之刑、之誓（毕沅说）。

【译文】

然而如今天下的士人君子，有人认为命是存在的。为什么不尝试去看看先王的书呢？先王之书能够用来治理国家、向全天下百姓颁布的，是根本大法。先王的宪法也曾经说过"福不可求，祸不可避,恭敬没有益处,残暴没有祸害"吗?用以司法和定罪的是刑法。先王的刑法也曾经说"福不可求,祸不可避,恭敬没有益处,残暴没有祸害"吗?用以整治军队、指挥士兵前进后退的是誓命。先王的誓命也曾经说"福不可求,祸不可避,恭敬没有益处,残暴没有祸害"吗?所以墨子说:我还没有读完天下之良书,天下之良书数不胜数,约略统计,就是这三种。如今想要从中寻找支持主张有命者的言论,必定找不到,不也可以放弃了吗?

28.5 今用执有命者之言,是覆天下之义。覆天下之义者,是立命者也,百姓之谇也[1]。说百姓之谇者,是灭天下之人也[2]。然则所为欲义在上者[3],何也?曰:义人在上,天下必治,上帝山川鬼神,必有干主[4],万民被其大利。何以知之?子墨子曰:古者汤封于亳,绝长继短,方地百里,与其百姓兼相爱,交相利,移则分[5]。率其百姓,以上尊天事鬼,是以天鬼富之,诸侯与之,百姓亲之,贤士归之,未殁其世,而王天下,政诸侯[6]。昔者文王封于岐周,绝长继短,方地百里,与其百姓兼相爱,交相利,则[7],是以近者安其政,远者归其德。闻文王者,皆起而趋之。罢不肖股肱不利者[8],处而愿之曰:"奈何乎使文王之地及我吾[9],则吾利,岂不亦犹文王之民也哉。"是以天鬼富之,诸侯与之,百姓亲之,贤士归之,未殁其世,而王天下,政诸侯。乡者言曰[10]:义人在上,天下必治,上帝山川鬼神,必有干主,万民被其大利。吾用此知之。

【注释】

〔1〕谇:读为"悴"(俞樾说),忧。

〔2〕人：当为"仁"（尹桐阳说）。

〔3〕"义"下当有"人"字（孙诒让说）。

〔4〕干主：犹言宗主（孙诒让说）。

〔5〕移：当为"利"之误（刘昶说）。

〔6〕政：通"正"，犹长（孙诒让说）。

〔7〕则：据上文，当为"移则分"（俞樾说）。

〔8〕罢：通"疲"，指德义有缺者。 不肖：不贤，指才能有缺者。

〔9〕吾：当为"圉"（刘昶说）。《说文》："圉、圈同字。"边境。

〔10〕乡：同"向"，先前。

【译文】

现在如果采用主张有命者的言论，就是颠覆天下的义。颠覆天下之义的人，是那些要确立有命观点的人，这是百姓的隐忧所在。以百姓的隐忧为快乐的人，是要灭亡天下的仁啊！既然如此，那么希望义人居于上位，是什么道理呢？答道：义人在上位，天下一定会大治，上帝山川鬼神必定会有主持祭祀的宗主，万民就会得到莫大的好处。怎么知道是这样的呢？墨子说：古代汤受封于亳，取长补短，土地方圆百里，和他的百姓兼相爱，交相利，有利益就和大家分享。率领他的百姓，上尊天而敬事鬼神，所以上天和鬼神让他变得富裕，诸侯归顺他，百姓亲近他，贤者归附他，还没去世之前就称王天下，成为诸侯之长。从前文王受封于岐，取长补短，土地方圆百里，和他的百姓兼相爱，交相利，有利益就和大家分享。所以近处的人安于他的治理，远处的人归心于他的德行。听到文王的人，都去追随他。缺乏才德的人和手脚不便的人，虽处于原地却心中祝愿说："怎么才能使文王的领地扩展到我这里，那我就获利了，难道这不就是和文王的国民一样了吗？"所以上天和鬼神让他富裕，诸侯归顺他，百姓亲近他，贤者归附他，在他尚未去世之前就称王天下，成为诸侯之长。先前我就说：义人处于上位，天下必定大治，上帝山川鬼神必定会有主持祭祀的宗主，万民也会得到莫大的好处。我因此知道这一点。

28.6 是故古之圣王发宪出令，设以为赏罚以劝贤[1]，是以入则孝慈于亲戚，出则弟长于乡里，坐处有度，出入有节，男女有辨。是故使治官府，则不盗窃，守城则不崩叛[2]，君有难则死，出亡则送。此上之所赏，而百姓之所誉也。执有命者之言曰："上之所赏，命固且赏[3]，非贤故赏也；上之所罚，命固且罚，不暴故罚也。"是故入则不慈孝于亲戚，出则不弟长于乡里，坐处不度，出入无节，男女无辨。是故治官府则盗窃，守城则崩叛，君有难则不死，出亡则不送。此上之所罚，百姓之所非毁也。执有命者言曰："上之所罚，命固且罚，不暴故罚也；上之所赏，命固且赏，非贤故赏也。"以此为君则不义，为臣则不忠，为父则不慈，为子则不孝，为兄则不良，为弟则不弟，而强执此者，此特凶言之所自生，而暴人之道也。

【注释】

〔1〕"劝贤"下当有"沮暴"二字（王念孙说）。

〔2〕崩：当为"倍"之假字，"倍"与"背"同（孙诒让说）。

〔3〕且：古通"宜"（于省吾说）。

【译文】

因此，古时圣王颁布宪法和政令，设立赏罚用以鼓励贤能的人、阻止残暴的人，所以在家能孝敬父母，在乡里能敬劳爱幼，举止有法度，出入有礼节，男女有区别。所以让他治理官府，就不会有盗贼行窃，让他守城就不会溃败叛逃，国君有难就效死尽忠，国君出奔逃亡就护送追随。这种行为是上面所奖赏，而百姓所称赞的。主张有命的人说："上面所奖赏的，命中注定会得到，并不是因为贤能才给予奖赏；上面所惩罚的，命中注定会得到，并不是因为暴虐而给予的惩罚。"所以在家不能孝敬父母，在乡里不能敬长爱幼，举止没有法度，出入没有礼节，男女没有区别。所以让他治理官府，就会有盗贼行窃，让他守城就会溃败叛逃，国君有难不能效死尽忠，国君出奔逃亡不能冒死追随。这种行为是上面所要惩罚，而百姓所要责骂的。主张有命的人说："上面所惩罚的，命中注定会惩罚，不是因为暴虐才给予的惩罚；上面要奖赏的，命中注定会得到，并不是因为贤能而给予的奖赏。"这样做国君会不义，做臣子会不忠诚，做父亲会不慈爱，做儿子会不孝顺，做兄长会不贤良，做弟弟会不恭敬。而如果强行施行这种主张，就会产生不利的言论，这是暴虐之人的道术啊。

28.7 然则何以知命之为暴人之道？昔上世之穷民，贪于饮食，惰于从事，是以衣食之财不足，而饥寒冻馁之忧至，不知曰"我罢不肖，从事不疾"，必曰"我命固且贫"。昔上世暴王不忍其耳目之淫，心涂之辟[1]，不顺其亲戚，遂以亡失国家，倾覆社稷，不知曰"我罢不肖，为政不善"，必曰"吾命固失之"。于《仲虺之告》[2]曰："我闻于夏人，矫天命布命于下，帝伐之恶[3]，龚丧厥师[4]。"此言汤之所以非桀之执有命也。于《太誓》曰："纣夷处[5]，不肯事上帝鬼神，祸厥先神禔不祀[6]，乃曰吾民有命[7]，无廖排漏[8]，天亦纵弃之而弗葆。"此言武王所以非纣执有命也[9]。

【注释】

〔1〕心涂：心术，心所经由的途径。术，道径也。
〔2〕《仲虺之告》：《尚书》逸篇。仲虺为商汤的大臣，夏商鼎革之际的重要人物。
〔3〕此句当为"帝式是恶"（毕沅说）。
〔4〕龚：同"用"（毕沅说），于是。
〔5〕处：疑当为"虐"（王焕镳说）。夷虐，指夷灭酷虐。
〔6〕祸：当为"弃"（孙诒让说）。禔：当为"祇"（孙诒让说），地神。

〔7〕民：疑衍（吴毓江说）。

〔8〕无廖排漏：此句有舛误，当为"无僇彼务"，谓不努力从事（吴毓江说）

〔9〕"纣"下据上文当有"之"字（毕沅说）。

【译文】

既然如此，那么怎么知道宿命论是暴人之道呢？从前古时的穷人贪吃懒做，所以衣食财用不足，而当饥饿寒冷的忧患就要到来的时候，却不知道说"我懒惰无能，做事不勤勉"，而是说"我命中注定就是贫穷"。从前古时的暴王无法克制外在的诱惑、内心的邪恶，不能顺从父母，最终丧失了国家，倾覆了社稷。却不知道说"我疲弱无能，处理政务不尽心"，而是说"我命中注定会失去社稷"。《仲虺之诰》上说："我听说夏人假借天命，在天下发布命令：上帝惩罚他的罪过，于是覆灭了他的军队。"这就是说汤反对桀有关宿命的主张。《太誓》上说："纣实行夷灭天下的酷虐之法，不肯侍奉上帝鬼神，抛弃祖先和天地神灵而不祭祀，竟然说：我有天命。不努力从事自己的事务，天也不会抛弃而不保佑他。"这就是说武王反对纣有关宿命的主张。

28.8 今用执有命者之言，则上不听治，下不从事。上不听治，则刑政乱；下不从事，则财用不足。上无以供粢盛酒醴，祭祀上帝鬼神，下无以降绥天下贤可之士〔1〕，外无以应待诸侯之宾客，内无以食饥衣寒，将养老弱。故命上不利于天，中不利于鬼，下不利于人，而强执此者，此特凶言之所自生，而暴人之道也。是故子墨子言曰：今天下之士君子，忠实欲天下之富而恶其贫〔2〕，欲天下之治而恶其乱，执有命者之言，不可不非，此天下之大害也。

【注释】

〔1〕降：使服从。 绥：安抚。

〔2〕忠：当为"中"。

【译文】

如今采用主张宿命论者的言论，那么上面就会不努力处理政务，下面就会不努力从事生产。上面不处理政务，那么刑法政治就会混乱；下面不从事生产，那么财用就会不足。上不能供奉洁净的酒食祭品来祭祀上帝鬼神，下不能安抚天下贤良之士，外不能应对接待往来的诸侯宾客，内不能让饥者饱寒者暖，不能抚养老弱之人。所以宿命论上不利于天，中不利于鬼神，下不利于人。如果勉强施行这种主张，就成了不祥言论产生的根源，就是暴虐之人的道术啊。所以墨子说：如今天下的士人君子，如果内心确实希望天下富裕而厌恶贫穷，希望天下大治而厌恶混乱，那么对主张宿命论者的言论，就不能不加以非难。这是天下的大害啊！

【评析】

对于强力主张畏天志、明鬼神的墨子而言，有一种接受者非常普遍且似是而非的理论观点是必须要加以辨别和批驳的，那就是宿命论观点。墨子非常清楚这种观点的危害，所以才大声疾呼："今天下之士君子，忠实欲天下之富而恶其贫，欲天下之治而恶其乱，执有命者之言，不可不非，此天下之大害也。"墨子确实是有神论者，但他是一名积极的或者说是开明的有神论者。在他的有神论理论中，看不到过多的神秘主义色彩，反而洋溢着一种冷静、理性、质朴的人文气息。墨子强调天是正义的源头、倡导者和监管者，可以赏善罚暴，权威的威严不容置疑；鬼神则次一级，是人间善恶赏罚的具体执行者；天高高在上却有些模糊抽象，不曾在人间现身；鬼神则要具体得多，而且在人间也偶尔露露脸。宿命论者则不然，他们也是有神论者，也承认上天的意志和威严，但却是消极的或者说是机械的有神论者。有神论者的核心观点是："命富则富，命贫则贫；命众则众，命寡则寡；命治则治，命乱则乱；命寿则寿，命夭则夭；命虽强劲，何益哉？"天在宿命论者的心目中似乎有点专制家长的作风，任性而说一不二。更致命的问题在于，天有点是非不分，善恶不辨，这一点如果与专制作风结合在一起，产生的结果无疑将是灾难性的。正因为如此，墨子才不遗余力地破除宿命论者的思想观点，大力提倡带有浓重墨子特色的天命鬼神观。

更为难得的是，墨子在破除宿命论陈旧观点的过程中，使用了较为科学的逻辑论证方法——三表法。什么是三表法呢？墨子指出："有本之者，有原之者，有用之者。于何本之？上本之于古者圣王之事。于何原之？下原察百姓耳目之实。于何用之？废以为刑政，观其中国家百姓人民之利。此所谓言有三表也。"所谓"本之"，就是学习前人的经验智慧，从古代典籍中寻找可供借鉴的解决问题的办法；所谓"原之"，指"诉诸百姓耳目之实"，也就是从劳动人民的日常经验中寻求立论的根据；所谓"用之"，就是将思想观点应用到现实政治中去，从社会实践中检验其是否符合国家和人民的根本利益，用以作为判断真假和决定取舍的标准。不难看出，墨子的三表法颇为科学严谨，也暗合了马克思历史唯物主义的观点。三者之中，"本之"属于间接经验，"原之"属于直接经验，都属于归纳法；而"用之"则属于演绎法，可以归之于实践论的范畴。三者的有机结合为思想观点的确立和证成提供了一个客观、全面和完整的方法论，具有较高的科学性和极强的说服力。事实上，三表法虽然是墨子在本篇中提出的科学方法，但作为方法论，三表法也贯彻到墨子几乎所有立论驳论的文章中去。为墨子的思想学说提供了强大的逻辑力量。

然而，墨子对自己科学论证方法的运用并非完美无缺。荀子曾批评墨子说："墨子蔽于用而不知文。"所谓"文"，这里主要有两层意思，一是指墨子的文章重视逻辑的力量而忽视了文章应有的文采，一是指墨子注重实用而妄自批评和舍弃了儒家提倡的礼仪之节文。如果说荀子的批评因为站在儒家的立场上而可能有失偏颇的话，那么汉代王充的批评就中肯了许多。王充批评道："墨议不以心而原物，苟信闻见，则虽效验章明，犹为失实。"（《论衡·薄葬》）从整体上看，墨子虽然号称"下原百姓耳目之实"，但正如"执无鬼者"提出的质疑那样，"夫众人耳目之请岂足以断疑哉？"（《明鬼下》）墨子其实并未就"耳目之实"、"国家百姓人民之利"进行深入探究和熔铸提炼，而仅仅局限于对于人们日常生活的感性认识的简单归纳。因此，就难免会有主观成见因素的干扰。于是我们在《明鬼》篇中就看到了这样的情形，百姓的街谈巷议、弟子们道听途说来的传闻，墨子不加甄别就拿来作为论据使用，从而演绎出一个神鬼与人的现实生活世界纠缠不清的理论空间。墨子理论操作上的这种浅显与不足，严重削弱了墨子革命性方法论给墨学思想带来的科学性和严谨性。

非命中

【题解】

此篇与上篇主旨大同小异。文章开宗明义，指出说话做事首先要有科学谨严的方法，也就是要"先立义法"，即符合"本"、"原"、"用"的三条根本原则。这三条根本原则即是思想得以确立的关键，也是检验一切思想正确与否的有效方法。墨子以此为依据，严厉批驳了宿命论者的谬误：就"本"而言，上古社会和百姓不变，而桀纣汤武之时却有治乱之别，可见宿命这种东西是没有的。就"原"而言，有耳闻目见才能称为存在，但自古及今从没有人见过或听过宿命这种东西，可见是不存在的。就"用"而言，从"三代之暴王"到"三代之穷民"，他们共同的特点就是认为一切都是命中注定，所以才会抱残守缺、怙恶不悛，最终招致亡国杀身之祸。可见，宿命论不但是不存在的，而且对这种观点"不可不疾非也"。

29.1 子墨子言曰：凡出言谈，由文学之为道也，则不可而不先立义法[1]。若言而无义，譬犹立朝夕于员钧之上也[2]，则虽有巧工，必不能得正焉[3]。然今天下之情伪，未可得而识也，故使言有三法。三法者何也？有本之者，有原之者，有用之者。于其本之也，考之天鬼之志，圣王之事；于其原之也，征以先王之书；用之奈何，发而为刑[4]。此言之三法也。

【注释】

〔1〕义：同"仪"（毕沅说）。

〔2〕员：同上篇，当为"运"，声义相近（孙诒让说）。

〔3〕"能得"误倒。能，当读为"而"（陶鸿庆说）。

〔4〕刑：据上篇"刑"下当有"政"字（毕沅说）。

【译文】

墨子说：凡是发表言论，根据撰文著书的原则，不能不先确立一个标准。如果言论没有标准，就好像在转动的陶轮上安放测时的工具一样，即使是能工巧匠，也无法得到正确的时间。然而如今天下事情的真伪，无法识别，所以要让言论有三种准则。三种准则是什么呢？有考察事情本源的标准，有考察事情原委的标准，有考察实践应用的标准。到哪里去考察本源呢？去考察天与鬼神的意志，以及古代圣王的事迹。到哪里去考察事情原委呢？用先王的书来验证。怎么去考察实践应用呢？把言论融入刑法政治。这就是言论的三条标准。

29.2 今天下之士君子，或以命为亡〔1〕。我所以知命之有与亡者，以众人耳目之情，知有与亡。有闻之，有见之，谓之有；莫之闻，莫之见，谓之亡。然胡不尝考之百姓之情？自古以及今，生民以来者，亦尝见命之物〔2〕，闻命之声者乎？则未尝有也。若以百姓为愚不肖，耳目之情不足因而为法〔3〕，然则胡不尝考之诸侯之传言流语乎？自古以及今，生民以来者，亦尝有闻命之声，见命之体者乎？则未尝有也。

【注释】

〔1〕此句下当有"或以命为有"（卢文弨说）。 亡：通"无"。

〔2〕"尝"下当有"有"字（孙诒让说）。

〔3〕因：依靠，凭借。

【译文】

如今天下的士人君子，有的认为宿命是无的，有的认为宿命是有的。我之所以知道宿命有或没有的原因，是根据众人的耳闻目见，所以知道有或者没有。有听到的，有见到的，认为是有的；没有听到的，没有看到的，就认为是没有的。那么为什么不尝试考察百姓的实际情况呢？从古到今，有人类以来，有人曾经见过命是什么，听过命的声音吗？那么就是从来没有过的。如果以为百姓是愚蠢的，他们的耳闻目见不足以作为标准，那么为什么不考察诸侯们流传出来的话呢？从古到今，有人类以来，有人曾经听过命的声音，见过命的样子吗？那是没有的。

29.3 然胡不尝考之圣王之事？古之圣王，举孝子而劝之事亲〔1〕，尊贤良而劝之为善，发宪布令以教诲，明赏罚以劝沮。若此，则乱者可使治，而危者可使安矣。若以为不然，昔者桀之所乱，汤治之；纣之所乱，武王治之。此世不渝而民不改〔2〕，上变政而民易教，其在汤武则治，其在桀纣则乱，安危治乱，在上之发政也，则岂可谓有命哉！夫曰有命云者亦不然矣。

【注释】

〔1〕举：举荐。　劝：勉励。
〔2〕渝：同"改"，改变，变化。

【译文】

那么为什么不去考察圣王的事迹呢？古时圣王通过举荐孝子来鼓励人们侍奉双亲，通过尊敬贤良来鼓励人们做善事，通过发布宪令来教化百姓，通过明确奖惩的标准来劝善抑恶。像这样，那么混乱就可以得到控制，危难就可以安定下来。如果以为不是这样，那么从前桀时混乱的国家，汤却能治理好；纣时混乱的国家，武王却能治理好。这个世界没有改变，百姓也没有不同，上面改变政令百姓就很容易治理，汤和武王就能得到治理，桀和纣却一片混乱，安定与倾危、治理与混乱，在于上面如何发布政令，那么怎么可以说是有宿命呢？那些人说有宿命，其实并非如此。

29.4 今夫有命者言曰：我非作之后世也，自昔三代有若言以传流矣。今故先生对之[1]？曰：夫有命者，不志昔也三代之圣善人与[2]？意亡昔三代之暴不肖人也[3]？何以知之？初之列士桀大夫[4]，慎言知行[5]，此上有以规谏其君长，下有以教顺其百姓，故上得其君长之赏，下得其百姓之誉。列士桀大夫声闻不废，流传至今，而天下皆曰其力也，必不能曰我见命焉。

【注释】

〔1〕故：当为"胡"（孙诒让说）。 对：疑当为"怼"之省文（吴毓江说），怨恨。

〔2〕志：即"识"，知道，记得。 与：通"欤"。

〔3〕意：通"抑"，表选择，还是。

〔4〕桀：通"杰"。

〔5〕知：疑当为"疾"（王焕镳说）。

【译文】

如今主张宿命的人说：这并不是我们后世新创的说法，自从三代以来就有这样的言论流传了。如今先生您为什么要反对呢？答道：主张宿命的言论，不知道是出自三代的圣人和善人呢？还是出于三代的暴王和不贤之人呢？怎么知道是这样的呢？那时的列士和杰出的士大夫，言语谨慎，行动敏捷，这些人，上能规劝进谏君王，下能教化黎民百姓，所以上能得到君王的奖赏，下能得到百姓的称赞。列士和杰出的士大夫声名不坠，流传至今。而天下都说是他们自己的力量，一定不会说是我见到了命。

29.5 是故昔者三代之暴王，不缪其耳目之淫〔1〕，不慎其心志之辟，外之驱骋田猎毕弋〔2〕，内沉于酒乐，而不顾其国家百姓之政。繁为无用，暴逆百姓，使下不亲其上，是故国为虚厉〔3〕，身在刑僇之中〔4〕，不肯曰："我罢不肖，我为刑政不善。"必曰："我命故且亡〔5〕。"虽昔也三代之穷民，亦由此也。内之不能善事其亲戚，外不能善事其君长，恶恭俭而好简易〔6〕，贪饮食而惰从事，衣食之财不足，使身至有饥寒冻馁之忧，必不能曰："我罢不肖，我从事不疾〔7〕。"必曰："我命固且穷。"虽昔也三代之伪民，亦犹此也。繁饰有命，以教众愚朴人久矣。

【注释】

〔1〕缪："纠"之假字（孙诒让说）。 淫：过度，无节制。

〔2〕之：犹"则"。 田：通"畋"，田猎。 毕：打猎用的有长柄的网。 弋：打猎用带绳子的箭。

〔3〕虚厉：住宅无人曰虚，死而无后曰厉。

〔4〕僇：通"戮"，杀。

〔5〕故：通"固"，本来，固然。

〔6〕简：怠慢。 易：轻视。

〔7〕疾：急，快速。

【译文】

因此，从前三代时期的暴王，不纠正他们过度的耳目之好，不谨慎对待他们内心的邪念，在外驾车、打猎、网兽、射鸟，在家沉迷于饮酒作乐，而不顾及国家和百姓的大事。大量做没有用处的事情，暴虐百姓，让百姓不亲近官长，所以国中居宅无人、死后无嗣，自己也招来杀身之祸，还不肯说："我疲敝无能，我不擅长处理政务。"一定会说："我命中注定要灭亡的。"即使是以前三代时期的平民也是如此。他们在家不能好好地侍奉双亲，在外不能很好地侍奉君王，厌恶恭敬节俭而喜欢傲慢无礼，贪图饮食而厌恶从事生产，等到衣食财用不足，身体有了饥饿寒冷的忧患，他们一定不会说："我疲弱无能，我不努力从事生产。"而一定会说："我命中注定是要受穷的。"即使三代时期伪诈的人，也是如此。他们炮制各种有宿命的说法来教诲天下愚钝的百姓已经很久了。

29.6 圣王之患此也，故书之竹帛，琢之金石。于先王之书《仲虺之告》曰："我闻有夏，人矫天命，布命于下，帝式是恶，用阙师。"此语夏王桀之执有命也，汤与仲虺共非之。先王之书《太誓》之言然曰："纣夷之居[1]，而不肯事上帝，弃阙其先神而不祀也，曰：我民有命，毋僇其务。天不亦弃纵而不葆。"此言纣之执有命也，武王以《太誓》非之。有于三代不国有之曰[2]："女毋崇天之有命也。"命三不国亦言命之无也[3]。于召公之《执令》于然[4]，且："敬哉！无天命，惟予二人。而无造言[5]，不自降天之哉得之[6]。"在于商、夏之诗书曰："命者，暴王作之。"且今天下之士君子，将欲辩是非利害之故，当天有命者[7]，不可不疾非也。执有命者，此天下之厚害也，是故子墨子非也[8]。

【注释】

〔1〕之居：据上文，此当为"虐"。

〔2〕上"有"字，通"又"。 三代不国：当为"三代百国"（孙诒让说）。

〔3〕"三"下当有"代"字（王树枏说）。

〔4〕召公：当为召公奭。《执令》：当为《尚书》遗篇。 于然：当作"亦然"（曹耀湘说）。

〔5〕造言：谣言惑众。

〔6〕哉：当为"在"。（于省吾说）。

〔7〕天：当为"执"（吴毓江说）。

〔8〕"非"下当有"之"字（孙诒让说）。

【译文】

　　圣人担心这些，所以写在竹帛上，刻在金石上。先王之书《仲虺之诰》上说："我听说夏人假借天命，在天下发布命令，上天厌恶他，于是兴师讨伐。"这是说夏王桀主张有宿命，汤和仲虺一起非难他。先王之书《太誓》上也这样说："纣王实行夷灭天下的酷虐之法，不肯侍奉上帝鬼神，抛弃祖先和天地神明而不祭祀，还说：我有天命。不纠正自己的罪恶。上天也抛弃而不保佑他。"这是说纣主张有宿命，武王用《太誓》来非难他。在三代百国之书中有记载说："你不要崇信天下有宿命。"可见三代百国之书也说宿命是不存在的。在召公的《执令》上也这样说："要恭敬啊！没有天命，只是我们两个人。不要造谣惑众，政权不是从天而降，是靠自己得来的。"考察商和夏的诗书，上面说："天命是暴王炮制的东西。"并且如今天下的士人君子，如果想要辨别是非利害的原委，那么对于有宿命的主张就不能不加以强烈反对。主张有宿命，这是天下的大害，所以墨子坚决反对。

【评析】

　　墨子之所以强烈反对宿命论者的观点，是因为其中牵扯到社会正义这样一个重大理论问题，而这个问题在先秦时代那种道德至上的话语环境中几乎被完全忽视了。正义和伦理是一组既有区别又有联系的问题：伦理问题主要探讨个人行为在社会中的合理性与正当性，而正义问题则主要关注社会制度的合理性与正当性。《天志》、《明鬼》和《非命》探讨的其实都是社会正义这样一个共同话题，只不过前两者是从正面讨论社会正义（墨子称之为"义"）以及社会正义的前提和实现条件，而后者作为这一问题的自然延伸，主要从反面入手，努力剔除对社会正义有重大理论威胁的干扰因素。

　　宿命论之所以会对社会正义问题造成严重干扰，是因为他与天命观相伴而生，其似是而非的观点具有非常强的迷惑性和理论欺骗性，而且从不缺乏拥趸。宿命论者的主要观点是："命富则富，命贫则贫；命众则众，命寡则寡；命治则治，命乱则乱；命寿则寿，命夭则夭；命虽强劲，何益哉？"人的命运都是天的意志的体现，人在天意面前无能为力，只能被动接受。这样的天命观从本质上说是一种消极的天命观，但他带来的影响是极为恶劣的。既然天命把人的一切都安排好了，人为的一切努力都是徒劳，善者得不到鼓励，恶者得不到惩罚，社会正义将如何确立呢？墨子认为，在一个社会正义无法确立、完全看不到希望的社会中，人性必然会受到扭曲；而在一个社会正义得以确立的社会中，即使是同样一批人，也会受社会正义的感召而建立起良好的个人道德风尚，这一点在桀纣汤武时代人们的社会表现中得到了反复的历史验证。

在墨子之前，理论家们对社会正义的认识是非常模糊的。孔子也"畏天命"，他的天命观也有人在天命面前的渺小与无可奈何之感，但与宿命论者的天命观还是有所区别的。孔子说："道之将行也与，命也；道之将废也与，命也。公伯寮其如命何！"（《论语·宪问》）。公伯寮与子路都是季氏的家臣，曾在季氏面前诋毁子路，借以打击孔子。孔子的这段话中既有对天命的无奈之感，又有对天命能够主持社会正义的期待，只是孔子对这个问题的认识尚处于自发状态。虽然孔子对社会正义问题重要性认识不足，但孔子的天命观还是秉持一种较为积极的态度，哪怕自己如"丧家狗"般行走于列国之间，也从未丧失"知其不可而为之"的勇气。

相比孔子，墨子对这个问题的认识非常清醒。他非常了解宿命论者观点的危害性，不仅严厉批驳宿命论者的观点，而且从理论上与之划清界限，帮助人们走出宿命论的误区，树立起积极健康的人生观。

在墨子看来，宿命论者的观点不仅泯灭了人们心中的道德伦理观念，也割裂了正义与社会制度之间的必要联系，天命不但不再是道德与秩序的守护神，反而是独裁与专制的代言人。天命的一切行为都出于个人好恶，其行事原则完全遵照人的社会血统，完全混淆了健康社会应有的是非善恶界限，这是任何一个有理性、有良知的人都无法容忍的。也许，墨子在运用逻辑这件强大的理论武器时还不够得心应手，但其对人类理性认识能力的提高却是革命性的。正如以赛亚·柏林对笛卡尔的评论一样："现代哲学最伟大的革命者——笛卡尔——对哲学史的改变，不是通过耐心地积累事实，或试验、观察，或不断地尝试、犯错，而是通过一次翻天覆地的反抗行动。他的新方法——且不论他是怎么发现它的——使那些把它作为知识之源接受下来的人发现，经院哲学那些恼人的问题与其说是被解决了，不如说是被变为不相关或毫无意义的了，或者被证明是一派胡言。"（《现实感》）不论我们承认与否，他们事实上就是我们称之为先知的人。

非命下

【题解】

　　本篇与前两篇主题一脉相承，集中火力批驳宿命论的观点，认为"命者，暴王所作，穷人所术，非仁者之言也。"文章仍然大致遵照"三法"的原则组织行文结构，但较前两篇有所简省：文章首先提出"三法"，总揽全篇。然后考三代圣王禹汤文武治理天下的历史事迹，他们"劝孝子而劝之事亲，尊贤良之人而教之为善"，"赏善罚暴"，所以天下大治；三代暴王桀纣幽厉反其道而行之，"不矫其耳目之欲，而从其心意之辟"，所以天下大乱。最后，文章又从用的角度进行分析，不相信宿命论者会"竭股肱之力，殚其思虑之知"，给社会带来勃勃生机；而相信宿命论者会懒怠于听狱行政和耕作纺织，使国家陷入混乱状态。所以墨子才会不遗余力地批驳宿命论观点。

　　30.1 子墨子言曰：凡出言谈，则必可而不先立仪而言[1]。若不先立仪而言，譬之犹运钧之上而立朝夕焉也。我以为虽有朝夕之辩，必将终未可得而从定也。是故言有三法。何谓三法？曰：有考之者，有原之者，有用之者。恶乎考之？考先圣大王之事[2]。恶乎原之？察众之耳目之请。恶乎用之？发而为政乎国，察万民而观之。此谓三法也。

【注释】

　　[1]"必"疑为"不"字之误。

〔2〕先圣大王：泛指古代圣王。

【译文】

墨子说：凡是发表言论，就不能不先确立标准然后再发表言论。如果不先确立标准就说话，就像在转动的陶轮上安放测时的工具一样，我以为虽然会测出早和晚的分别，但终究不能测定出准确的时间。所以言论有三种标准。什么是三种标准呢？答道：有考察本源的标准，有考察原委的标准，有考察实践应用的标准。如何考察本源呢？考察古代圣王的事迹。如何考察原委呢？考察众人的耳闻目见。怎么考察实践应用呢？将其运用到处理政务上去，注意万民的反映来看它的实际效果。这就是所说的三种标准。

30.2 故昔者三代圣王禹汤文武方为政乎天下之时，曰：必务举孝子而劝之事亲，尊贤良之人而教之为善。是故出政施教，赏善罚暴。且以为若此，则天下之乱也，将属可得而治也〔1〕；社稷之危也，将属可得而定也。若以为不然，昔桀之所乱，汤治之；纣之所乱，武王治之。当此之时，世不渝而民不易，上变政而民改俗。存乎桀纣而天下乱，存乎汤武而天下治。天下之治也，汤武之力也；天下之乱也，桀纣之罪也。若以此观之，夫安危治乱存乎上之为政也，则夫岂可谓有命哉！故昔者禹汤文武方为政乎天下之时，曰"必使饥者得食，寒者得衣，劳者得息，乱者得治"，遂得光誉令问于天下〔2〕，夫岂可以为命哉？故以为其力也〔3〕！今贤良之人，尊贤而好功道术〔4〕，故上得其王公大人之赏，下得其万民之誉，遂得光誉令问于天下。亦岂以为其命哉？又以为力也！然今夫有命者，不识昔也三代之圣善人与，意亡昔三代之暴不肖人与？若以说观之，则必非昔三代圣善人也，必暴不肖人也。

【注释】

〔1〕属：是。

〔2〕令问：即"令闻"，美名，好名声。

〔3〕故：通"固"（孙诒让说）。

〔4〕功：同"攻"，治（吴汝纶说）。 道术：指治国之道。

【译文】

　　因此，从前三代圣王禹、汤、文王和武王刚开始主持天下政务的时候，说：一定要推举孝子来劝勉人们侍奉双亲，尊敬贤良的人来教导人们行善。所以发布政令施行教化，奖赏善行惩罚暴虐。并且以为只要这样去做，那么天下的混乱就可以得到治理，社稷的危难就能够得以解除。如果认为不是这样，那么从前桀时动乱的天下，汤却治理好了；纣时动乱的天下，武王却治理好了。当时，时代没有改变而且百姓也没有变化，是上面政令的变化引起了百姓风俗的改变。桀纣的时候天下混乱，在汤武王的时候天下就得到治理。天下的治理是汤和武王的功劳，天下的混乱是桀纣的罪过。如此看来，那么安危治乱的局面在于上面施行的政令，怎么可以说是宿命呢？所以从前禹、汤、文王和武王刚开始主持天下政务的时候，说："一定要让饥饿的人得到食物，让寒冷的人得到衣服，让劳累的人得到休息，让混乱得到治理。"于是他们的美名才能传扬天下，怎么可以说是宿命呢？本来就是靠人家的功劳啊！如今贤良的人，能尊敬贤者并喜欢思考治国之道，所以他们上得到王公大人的赏赐，下得到万民的称赞，于是荣誉和美名传扬天下，怎么可以认为是宿命呢？这是靠他们的功劳啊！然而，如今主张宿命的人，不知道是根据从前三代圣明和善良的人，还是根据从前三代暴虐和不贤的人？如果从他们的说法来看，那么一定不是根据三代圣明和善良的人，而一定是根据三代暴虐和不贤的人。

30.3 然今以命为有者，昔三代暴王桀纣幽厉，贵为天子，富有天下，于此乎不而矫其耳目之欲[1]，而从其心意之辟，外之驱骋、田猎、毕弋，内湛于酒乐，而不顾其国家百姓之政，繁为无用，暴逆百姓，遂失其宗庙。其言不曰"吾罢不肖，吾听治不强"，必曰"吾命固将失之"。虽昔也三代罢不肖之民，亦犹此也。不能善事亲戚君长，甚恶恭俭而好简易，贪饮食而惰从事，衣食之财不足，是以身有陷乎饥寒冻馁之忧。其言不曰"吾罢不肖，吾从事不强"，又曰[2]"吾命固将穷"。昔三代伪民亦犹此也。

【注释】

〔1〕而：读为"能"（毕沅说）。

〔2〕又：当作"必"（吴毓江说）。

【译文】

然而如今以为有宿命的人，请看从前三代时期的暴虐君王桀、纣、幽王和厉王，他们贵为天子，富有天下，当时却不能矫正他们耳目的贪欲，而是放纵心中的邪念，在外骑马打猎，在内沉迷于饮酒作乐，而不顾及他的国家和百姓，频繁做那些无关国计民生的事，残暴酷虐而且违背民意，于是失去宗庙社稷。他们不说"我疲弱无能，不努力从政"，而一定会说"我命中注定会失去天下"。即使三代疲弱无能的百姓，也是这样。他们不能好好侍奉双亲和君主，非常厌恶恭敬节俭而喜欢傲慢无礼，贪图吃喝而不努力从事生产，衣食财用不充足，所以身陷饥饿寒冷的忧患之中。他一定不会说"我疲弱无能，我不努力从事生产"，一定会说"我命中注定会穷困"。从前三代时期虚伪的人也是这样。

30.4 昔者暴王作之，穷人术之[1]，此皆疑众迟朴，先圣王之患之也，固在前矣。是以书之竹帛，镂之金石，琢之盘盂，传遗后世子孙。曰：何书焉存？禹之《总德》有之曰："允不著[2]，惟天民不而葆[3]。既防凶心[4]，天加之咎。不慎厥德，天命焉葆？"《仲虺之诰》曰："我闻有夏人矫天命，于下[5]，帝式是增[6]，用爽厥师[7]。"彼用无为有，故谓矫，若有而谓有，夫岂为矫哉！昔者，桀执有命而行，汤为《仲虺之告》以非之。《太誓》之言也，于去发曰[8]："恶乎君子！天有显德，其行甚章。为鉴不远，在彼殷王。谓人有命，谓敬不可行，谓祭无益，谓暴无伤。上帝不常，九有以亡；上帝不顺，祝降其丧[9]。惟我有周，受之大帝[10]。"昔纣执有命而行，武王为《太誓》去发以非之。曰：子胡不尚考之乎商周虞夏之记，从十简之篇以尚[11]，皆无之，将何若者也？

【注释】

〔1〕术：通"述"。

〔2〕允：诚信。　著：疑当为"若"（孙诒让说），顺。

〔3〕而：同"尔"，你。　葆：通"保"。

〔4〕防：读为"放"（吴毓江说），放纵。

〔5〕"于下"上，据上、中篇内容，当补"布命"二字（孙诒让说）。

〔6〕增：当为"憎"，厌恶。

〔7〕爽：伤，败。

〔8〕去发：当为"太子发"（孙诒让说）。武王名发。

〔9〕祝：断绝。

〔10〕帝：当为"商"。

〔11〕十：什。古以十篇为一卷，称之为什。　尚：通"上"。

【译文】

从前暴王炮制出这种说法，穷困的人传述它，这都是鼓惑众生愚弄百姓的，先圣对这些说法的担忧早就有了。所以写在竹帛上，刻在金石上，雕在盘盂上，传给后世子孙。问道：什么书上有这些呢？禹的《总德》上有这样的记载："诚信恭顺不向上帝表明，百姓就不会爱护你。既然放纵自己的凶心，上天就会加以责罚。不谨慎修德养性，上天怎么会保佑你呢？"《仲虺之诰》说："我听说夏人假借天命，布告天下，上天恼怒而覆灭了他的军队。"夏人无中生有，所以说是假借；如果真的有而说是有，那怎么会说是假借呢？从前桀主张宿命并依此行事，汤做《仲虺之诰》来反对他。《太誓》上记载，太子发说："啊，君子！天有明德，其行为光明磊落。可以引以为戒的事迹并不远，就在殷王纣。他说人有'天命'，认为恭敬无助，祭祀无益，暴虐无伤。上帝不保佑他，天下因此丧失。上帝不保佑他，降下灾难让他覆灭。我周朝从商朝手中接掌了天下。"从前纣主张有天命并依此行事，武王用《太誓》去反对他。说：你们为什么不去考察一下商周虞夏的记载？在十简以上的书卷里，都认为宿命是没有的，将要怎么办呢？

30.5 是故子墨子曰：今天下之君子之为文学、出言谈也，非将勤劳其惟舌[1]，而利其唇呡也[2]，中实将欲其国家邑里万民刑政者也。今也王公大人之所以蚤朝晏退，听狱治政，终朝均分[3]，而不敢怠倦者，何也？曰：彼以为强必治，不强必乱；强必宁，不强必危，故不敢怠倦。今也卿大夫之所以竭股肱之力，殚其思虑之知，内治官府，外敛关市、山林、泽梁之利，以实官府，而不敢怠倦者，何也？曰：彼以为强必贵，不强必贱；强必荣，不强必辱，故不敢怠倦。今也农夫之所以蚤出暮入，强乎耕稼树艺，多聚叔粟，而不敢怠倦者，何也？曰：彼以为强必富，不强必贫；强必饱，不强必饥，故不敢怠倦。今也妇人之所以夙兴夜寐，强乎纺绩织紝，多治麻统葛绪[4]，捆布缣[5]，而不敢怠倦者，何也？曰：

彼以为强必富，不强必贫；强必暖，不强必寒，故不敢
怠倦。

【注释】

〔1〕惟舌：当为"喉舌"（王念孙说）。

〔2〕呡：通"吻"，嘴角。

〔3〕分：名分，职分。

〔4〕统：当为"丝"（王念孙说）。绪："纻"之假借（毕沅说），
苎麻。

〔5〕捆：《非乐上》作"緷"，织。縿：当为"缲"（王念孙说），帛。

【译文】

因此墨子说：如今天下君子写文章、发表言论，不是为了勤苦
他的喉舌，磨炼他的嘴皮，内心确实是想为了举国上下的百姓和刑
法政治。如今王公大人早朝晚退，断案行政，整天平均分授职事，
而不敢有丝毫懈怠，为什么呢？说道：他们认为努力从政国家就能
治理，不努力从政国家就会混乱；努力就会安宁，不努力就会有危
难，所以不敢懈怠。如今卿大夫竭尽全身的力量，殚精竭虑，对内
治理官府，在外征收关市、山林、泽梁的税利来充实府库，而不敢
有丝毫的懈怠，是为什么呢？说道：他们认为努力就能富贵，不努
力就会贫贱；努力就有荣誉，不努力就会受屈辱，所以不敢懈怠。
如今农夫早出晚归，努力耕作种植，多储藏粮食，而不敢有丝毫懈
怠，是为什么呢？说道：他们认为努力就会富裕，不努力就会贫
贱；努力就能吃饱，不努力就会挨饿，所以不敢懈怠。如今妇女早
起晚睡，努力纺纱织布，多织造丝麻布帛，不敢有丝毫懈怠，是为
什么呢？说道：她们认为努力就会富裕，不努力就会贫贱；努力就
会有温暖，不努力就会受饥寒，所以不敢懈怠。

30.6 今虽毋在乎王公大人〔1〕，藉若信有命而致行之〔2〕，
则必怠乎听狱治政矣，卿大夫必怠乎治官府矣，农夫必
怠乎耕稼树艺矣，妇人必怠乎纺绩织紝矣。王公大人怠

乎听狱治政，卿大夫怠乎治官府，则我以为天下必乱矣；农夫怠乎耕稼树艺，妇人怠乎纺绩织纴，则我以为天下衣食之财将必不足矣。若以为政乎天下，上以事天鬼，天鬼不使[3]；下以持养百姓，百姓不利，必离散不可得用也。是以入守则不固，出诛则不胜，故虽昔者三代暴王桀纣幽厉之所以共抎其国家[4]，倾覆其社稷者，此也。

【注释】

〔1〕虽：别本作"惟"。

〔2〕黄：当为"藉"之误。藉若，犹言"假如"（俞樾说）。 信：确实。

〔3〕不使：不从。《尔雅》："使，从也。"

〔4〕共：当为"失"之误（王念孙说）。 抎：《说文》："抎，有所失也。"

【译文】

如今王公大人假如确实相信宿命，而且运用到行动中，那么一定会怠于断案行政，卿大夫一定会怠于治理官府，农夫一定会怠于耕作种植，妇女一定会怠于纺绩织布。王公大人怠于断案行政，卿大夫怠于治理官府，那么我认为天下一定会混乱；农夫怠于耕作种植，妇女怠于纺绩织布，那么我以为天下衣食财用就一定会不足。如果这样处理天下政务，上侍奉天帝鬼神，鬼神就会不依顺；下养育百姓，百姓就得不到利益，一定会离散而无法遣用。所以在内防守不能坚固，外出征讨无法取胜。所以从前三代的暴王桀、纣、幽王、厉王，他们之所以丧失国家，颠覆社稷，原因就在于此啊！

30.7 是故子墨子言曰：今天下之士君子，中实将欲求兴天下之利，除天下之害，当若有命者之言，不可不强非也。曰：命者，暴王所作，穷人所术，非仁者之言也。今之为仁义者，将不可不察而强非者，此也。

【译文】

因此墨子说：如今天下的士人君子，如果内心确实希望兴天下之利，除天下之害，对宿命论的主张就不能不力反对。说道：宿命，是暴王炮制出来，而由穷困之人传述开去的，并不是仁人的言论。如今行仁义的人，就不能不加以明察并极力反对，就是这个道理啊。

【评析】

如果我们把《墨子》一书中三篇《非命》看作墨子三名弟子的听课记录进行比较的话，我们会看到这样一个有趣的印象，三篇文章主题虽然高度一致，但水平却有明显差距。其中《非命》上篇属于优秀之作，中篇算是勉强及格，下篇则处于良好水平。就文本而言，三篇文章的主题与论证方式高度一致，都是以三表法为理论武器批驳宿命论的谬误，力图宣扬一种积极有为的天命观。但在具体的论证过程中，三篇文章却给人以明显的创作水平差距感。上篇理论形态和论证过程最完备周详。开篇先从一种普遍的社会政治怪象谈起，王公大人皆欲富国强民，但结果总是积贫积弱，这是为何？接下来就开始引入对"执有命"者的批评，把批驳对象的观点先摆出来，然后在简要介绍三表法之后，就运用这种理论武器对批评对象的谬误之处进行细致的分析和批评。整篇文章逻辑清晰，语言简洁，论证有力，衔接流畅，可以说在整部《墨子》中都属于上乘之作。中篇则稍逊风骚，一上来就摆出墨子三法，然后遵照三法对宿命论进行批驳，文章中规中矩，显得波澜不惊。中篇的问题在于，执笔者对墨子三法的理解存在问题，不仅本、原、用三者本身都没完全弄清状况，而且论述也显得有些混乱和夹缠不清，没有把墨子的思想很好地传达出来。

下篇虽然也直接提出墨子三法，但整体情况好于中篇。首先，下篇的三法在逻辑上与上篇保持一致。虽然在具体提法上与上篇稍有出入，但还是充分理解了墨子三表法的真精神，这一点比中篇要强得多。其次，下篇在具体论证上不像上篇那样以三表法为经线组织论证，而是以"用"法为经线展开论证，以"考"法和"原"法为纬线辅助论证，虽然没有上篇那样层次清晰，但胜在重点突出。下篇重点在于从政治历史经验角度驳斥宿命论者的谬误和危害，逻辑性同样不弱。记录者首先指出，同样的时代，同样的人民，"存乎桀纣而天下乱，存乎汤武而天下治。天下之治也，汤武之力也；天下之乱也，桀纣之罪也。若以此观之，夫安危治乱存乎上之为政也，则夫岂可谓有命哉！"相较上篇，这里的批评更为中肯到位。接下来，记录者明确指出宿命论是暴王、伪民推卸责任的理论工具，批判的锋芒更加锐利。紧接着，记录者笔锋一转，指出宿命论观点的巨大危害："昔者暴王作之，穷人术之，此皆疑众迟朴，先圣王之患之也，固在前矣。"正所谓"上有所好，下必甚焉"，统治阶级的一言一行都是社会文化发展的风向标，不可不慎。最后，记录者才用墨子的理论旨趣作为总结："命者，暴王所作，穷人所术，非仁者之言也。今之为仁义者，将不可不察而强非者，此也。"既然严厉批评"有命"之非，就必然会有所提倡，墨子提倡积极的天命观，天命是有，但不是不分善恶，所以墨子的批评不是为了批评而批评，"中实将欲其国家邑里万民刑政者也"。

确实，从"用"的角度看，宿命论者可以躲在"命"的大伞之下求得命运的庇护，而墨子和他的追随者们却日夜兼程，为了他们的政治理想奋斗不止。面对这样一群积极向上、执着于天命有为的人生信仰的斗士，我们又怎能不心生感叹："墨子真天下之好也，将求之不得也！"（《庄子·天下》）

非儒下

【题解】

《非儒》上篇亡佚，今仅存下篇。所谓非儒，就是对儒家思想观点的批评和责难。儒、墨是先秦思想界中两个影响最大的学派，其思想学说多有冲突，既各有可取之处，也各有其不足和片面性。客观而言，墨子对儒家思想一些弊端的批评是中肯的，但文章中所列举的关于孔子的一些传闻，则与史实明显不符，不但有人身攻击之嫌，更降低了文章的品位和可信度。这篇文章可以分为两个部分：第一部分对儒家思想的部分重要观点进行了摘要式批驳，认为这些思想表面上看冠冕堂皇，但应用到实际生活中容易出现谋利害世的弊端；第二部分列举有关孔子的四件事例，说明儒者往往是"饥约则不辞妄取以活身，赢饱则伪行以自饰"的伪君子，从而彻底否定了儒者。

31.1 儒者曰："亲亲有术[1]，尊贤有等。"言亲疏尊卑之异也。其礼曰[2]："丧父母三年[3]，妻、后子三年，伯父叔父弟兄庶子其[4]，戚族人五月。"若以亲疏为岁月之数，则亲者多而疏者少矣，是妻、后子与父同也。若以尊卑为岁月数，则是尊其妻子与父母同，而亲伯父宗兄而卑子也[5]，逆孰大焉。其亲死，列尸弗敛，登屋窥井，挑鼠穴，探涤器[6]，而求其人矣[7]。以为实在则戆愚甚矣；如其亡也必求焉，伪亦大矣！

【注释】

〔1〕术：同"杀"（王引之说），等级，差别。

〔2〕其：疑衍（王念孙说）。 礼：指《丧服经》（孙诒让说）。

〔3〕丧：指服丧之期。

〔4〕其：通"期"，一周年。

〔5〕亲：当为"视"（王念孙说）。 而：通"如"（王引之说）。 卑子：即庶子。

〔6〕登屋、窥井、挑鼠穴、探涤器：当时儒者代人治丧用以招魂的仪节（吴毓江说）。

〔7〕求其人：指招魂。

【译文】

儒家的人说："亲近亲人有远近亲疏的差别，尊敬贤人有职位高低的等级。"这是说亲与疏、尊与卑之间应该有差异。《士丧礼》上说："为父母服丧是三年，为正妻和嫡长子服丧是三年，为伯父、叔父、兄弟和庶子服丧是一年，为亲戚族人服丧是五个月。"如果以亲疏关系来确定服丧时间的长短，那么亲近的人服丧时间长而疏远的人服丧时间短，正妻、嫡长子和父母亲的丧期是一样的。如果用尊卑来确定服丧时间的长短，那么正妻、嫡长子和父母亲的地位同样尊贵，而把伯父、宗兄的地位和庶子相同，还有比这更忤逆的事吗？他的双亲死了，陈放着尸体不收敛，却登上屋顶，看水井，挖鼠穴，亮出先人洗涤器皿，用来寻找父母的亡魂。如果认为灵魂确实存在就实在太愚蠢了；如果明知没有还要去寻找，又太虚伪了。

31.2 取妻身迎〔1〕，祗褕为仆〔2〕，秉辔授绥，如仰严亲〔3〕；昏礼威仪，如承祭祀。颠覆上下，悖逆父母，下则妻子，妻子上侵事亲，若此可谓孝乎？儒者〔4〕：迎妻，妻之奉祭祀〔5〕，子将守宗庙，故重之。应之曰：此诬言也。其宗兄守其先宗庙数十年，死丧之其，兄弟之妻奉其先之祭祀弗散〔6〕，则丧妻子三年，必非以守奉祭

祀也。夫忧妻子以大负絫[7]，有曰“所以重亲也”，为
欲厚所至私，轻所至重，岂非大奸也哉！

【注释】
　〔1〕取：通“娶”。
　〔2〕祗：敬。　禔：通“端”，端正。
　〔3〕仰：当作“御”（俞樾说），迎。　严亲：敬奉父亲。
　〔4〕“儒者”下当有“曰”字（毕沅说）。
　〔5〕之：当作“且”，将（王焕镳说）。
　〔6〕散：当为“服”（卢文弨说）。弗服，指不为其服丧。
　〔7〕忧：通“优”（孙诒让说），优待。　大负絫：指增妻、子服至三
年。负，同“服”（曹耀湘说）。絫，重叠。

【译文】
　　娶妻亲自迎娶，态度如仆人般恭敬而端正，牵着马缰绳并把登
车用的拉手交到新娘手里，就像敬奉父亲一样。婚礼的仪式隆重，
如同接受祭祀任务。这样颠倒尊卑，悖逆父母，把父母降到正妻、
嫡长子的地位，把正妻、嫡长子提升到父母的地位，像这样能说是
孝顺吗？儒家的人说：这样迎娶正妻，是因为正妻将要接手祭祀，
嫡长子将要守宗庙，所以会特别看重。答道：这是诬妄之言。他的
宗兄守祖先宗庙数十年，死后的丧期只有一年，兄弟的正妻也奉守
祖先祭祀，死后却没有丧期，那么正妻、嫡长子的丧期为三年，并
不是因为他们奉守祖先的祭祀。因为优待正妻、嫡子而把他们的服
丧期增加到三年，还要说：“这是为了尊重父母。”为了厚待自己偏
爱的人，便轻视最重要的人，这难道不是太奸诈了吗？

31.3　有强执有命以说议曰：寿夭贫富，安危治乱，固
有天命，不可损益。穷达、赏罚、幸否有极[1]，人之知
力，不能为焉。群吏信之，则怠于分职；庶人信之，则
怠于从事。吏不治则乱[2]，农事缓则贫，贫且乱政之本，

而儒者以为道教〔3〕，是贼天下之人者也。

【注释】

〔1〕幸：吉而免凶。 极：中道，不偏不倚，这里指定数。

〔2〕"吏"下疑脱"职"字。

〔3〕道：引导。 教：教化。

【译文】

极力坚持宿命论的人分辩说：长寿与夭折，贫穷与富贵，安定与危难，混乱与治理，本来是上天注定的，不能减损和增加。穷困与顺达，奖赏与惩罚，吉祥与祸患都有定数，人们自己的智慧和力量是无法改变的。官吏们相信这种说法就会懈怠于分内的职责，百姓相信这种说法就会懈怠于生产劳作。官吏不处理政务，社会就会混乱，农事懈怠就会变得贫穷，贫穷是混乱政局的源头，而儒家的人却用这种主张引导教化，简直是在为害天下百姓啊。

31.4 且夫繁饰礼乐以淫人，久丧伪哀以谩亲〔1〕，立命缓贫而高浩居〔2〕，倍本弃事而安怠傲〔3〕，贪于饮食，惰于作务，陷于饥寒，危于冻馁，无以违之。是若人气〔4〕，鼸鼠藏而羝羊视〔5〕，贲彘起〔6〕。君子笑之。怒曰："散人〔7〕！焉知良儒。"夫夏乞麦禾，五谷既收，大丧是随，子姓皆从〔8〕，得厌饮食，毕治数丧，足以至矣。因人之家翠以为〔9〕，恃人之野以为尊〔10〕，富人有丧，乃大说，喜曰："此衣食之端也。"

【注释】

〔1〕谩：欺骗，蒙蔽。

〔2〕浩居：同"傲倨"（毕沅说），傲慢。

〔3〕倍：背。 傲：通"遨"，游戏。

〔4〕人气：疑当作"乞人"（孙诒让说），即乞丐。

〔5〕鼲鼠：即田鼠。 羝：牡羊。

〔6〕贲彘：野猪。

〔7〕散人：儒者对墨家的称呼（吴汝纶说）。

〔8〕子姓：子孙后人。

〔9〕此句误倒，当为"因人之家以为翠"（孙诒让说）。翠，当为"膵"之省（毕沅说），肥。

〔10〕尊：通"樽"，酒器。

【译文】

况且用繁复的礼乐迷惑众人，长久的服丧和虚伪的哀痛欺骗亲人，设立宿命论主张使人安于贫困并且以倨傲为高尚，背离根本、放弃正事而安于使人怠惰的游戏，贪图饮食，懒于劳作，陷于饥饿寒冷之境，在冻饿而死的威胁之下，无法摆脱。就像乞丐一样行乞，像田鼠一样偷藏食物，像公羊一样盯住食物不放，像野猪一样纵身跃起争夺食物。君子笑他们，他们就发怒说："你们这些散人，怎么懂得贤良的儒者呢？"夏天向人求乞麦子，五谷都收获以后，就有富贵人家大办丧事，子孙们都跟随其后，饮食得以满足，办了几家丧礼以后，家用就充足了起来。借他人的丧事来养肥自己，靠别人的田里的粮食来酿酒，富人家里有了丧事就很高兴，欢喜地说："这是我衣食的来源啊。"

31.5 儒者曰：君子必服古言然后仁〔1〕。应之曰：所谓古之言服者，皆尝新矣，而古人言之，服之则非君子也。然则必服非君子之服，言非君子之言，而后仁乎？又曰：君子循而不作〔2〕。应之曰：古者羿作弓，伃作甲〔3〕，奚仲作车〔4〕，巧垂作舟〔5〕，然则今之鲍函车匠皆君子也〔6〕，而羿、伃、奚仲、巧垂皆小人邪？且其所循人必或作之，然则其所循皆小人道也？

【注释】

〔1〕服古言：当为"古言服"（王念孙说），即古言古服。

〔2〕循：述，因循。 作：创新。

〔3〕伃：夏少康的儿子季杼，传说是他发明了铠甲。

〔4〕奚仲：黄帝之后，姓任，为夏朝大禹时期的车正。

〔5〕巧垂：又称工垂，尧时的巧匠，传说是舟船的发明者。

〔6〕鲍：通"鞄"，制造柔革的工匠。 函：制造铠甲的工匠。

【译文】

儒家的人说：君子一定要说古代的话、穿古代的衣服，然后才能称得上仁。答道：所谓古代的言论和古代的衣服，都曾经是新创的。而古代人那么说话、那么穿衣，就不是君子了吗？既然如此，那么一定要穿不是君子穿的衣服，说不是君子说的话，然后才能称得上仁吗？又说道：君子遵循前人而不创新。答道：古时羿发明了弓，伃发明了铠甲，奚仲制造了车，巧垂制造了舟，那么如今的皮革匠、铠甲匠、造车匠、木匠都是君子，而后羿、伃、奚仲、巧垂都是小人吗？况且，凡是现在遵循的事情必定有人开始去做，那么君子所遵循的都是小人之道吗？

31.6 又曰：君子胜不逐奔，揜函弗射〔1〕，施则助之胥车〔2〕。应之曰：若皆仁人也，则无说而相与〔3〕。仁人以其取舍是非之理相告，无故从有故也〔4〕，弗知从有知也，无辞必服，见善必迁，何故相〔5〕？若两暴交争，其胜者欲不逐奔，掩函弗射，施则助之胥车，虽尽能，犹且不得为君子也。意暴残之国也，圣将为世除害〔6〕，兴师诛罚，胜将因用儒术令士卒曰："毋逐奔，揜函勿射，施则助之胥车。"暴乱之人也得活，天下害不除，是为群残父母〔7〕，而深贱世也，不义莫大焉！

【注释】

〔1〕掩函：当为"奄卒"。谓敌困急则不忍射（孙诒让说）。

〔2〕施则助之胥车：文有舛误，大意是说敌人败走，应当帮助他推辎重车辆（孙诒让说）。

〔3〕相与：相敌对。

〔4〕无故：没有道理。

〔5〕"相"下当有"与"字，指相敌（王念孙说）。

〔6〕"圣"下当脱"人"字。

〔7〕群：大。

【译文】

又说道：君子胜利之后不会乘胜追击，不射身陷危境中的敌人，敌人败走应该帮他推辎重车辆。回答道：如果都是仁人，那就没有理由相互敌对。仁人把他们对是非取舍的道理告诉对方，无理的服从有理的，无知的服从有知的，理屈词穷的就一定服从，见到好的就必定依从，怎么还会相互敌对呢？如果暴虐的双方相互争斗，胜利者想要不去追赶战败一方，不射身陷险境之中的敌人，敌人败走还要帮他推辎重车辆，即使这些都能做到也不能算是君子。或者对于暴君统治的国家，儒家圣人要为世人除害，兴兵诛罚，胜利在即却用儒家思想命令他的士兵说："胜利后不要追赶败走的敌人，不射身陷险境之中的敌人，敌人败走应该帮他推辎重车辆。"暴虐的人也能存活下去，但天下的祸害不除，就是大加残害父母，而且还会深深地伤害世人，没有比这更不仁的了。

31.7 又曰：君子若钟，击之则鸣，弗击不鸣。应之曰：夫仁人事上竭忠，事亲得孝，务善则美[1]，有过则谏，此为人臣之道也。今击之则鸣，弗击不鸣，隐知豫力[2]，恬漠待问而后对[3]，虽有君亲之大利，弗问不言，若将有大寇乱，盗贼将作，若机辟将发也[4]，他人不知，己独知之，虽其君亲皆在，不问不言，是夫大乱之贼也！以是为人臣不忠，为子不孝，事兄不弟，交，遇人不贞良。夫执后不言之朝，物见利使[5]，己虽恐后言。君若言而未有利焉[6]，则高拱下视[7]，会噎为深[8]，曰："唯其未之学也。"用谁急，遗行远矣。

【注释】

〔1〕此两句疑当为"事亲务孝，得善则美"（俞樾说）。

〔2〕豫：犹"储"（俞樾说）。

〔3〕恬：安静。 漠：冷漠。

〔4〕机辟：捕猎用的工具。

〔5〕物见利使：此处文有舛误，大意是说利之所见，唯恐后言（俞樾说）。

〔6〕"君"字疑为衍文。

〔7〕拱：敛手。

〔8〕会：通"哙"，咽喉。 噎：哽噎，不言之意。

【译文】

又说道：君子像钟一样，敲它就会响，不敲就不响。回答道：仁人侍奉主上竭尽忠心，侍奉双亲竭尽孝顺，君父有善行就赞美，有过错就劝谏，这是为人臣子的正道。现在敲它就响，不敲就不响，隐藏自己的智慧和力量，沉静冷漠地等待君主发问然后才回答，即使是对君亲非常有利的事情，不问就不说，如果将有严重的寇乱、盗贼即将作乱，就像机关一触即发，别人不知道，而独有他知道，虽然他的君主和双亲都在跟前，却不问就不说，这就是引发祸乱的贼子了。这样做人臣是不忠诚，做人子是不孝顺，侍奉兄长是不敬悌，与人交往是不忠贞善良。遇事在朝堂上持后退不言的态度，见到对自己有利的东西，唯恐比别人说得晚。如果说了却无利可图，就把手高高拱起，眼睛看向下面，哽噎不言，讳莫如深，说道："这个我没有学过。"虽然君主急于用人，他却远远地躲开。

31.8 夫一道术学业仁义者，皆大以治人，小以任官，远施周偏[1]，近以修身，不义不处，非理不行，务兴天下之利，曲直周旋，利则止〔2〕，此君子之道也。以所闻孔某之行，则本与此相反谬也。齐景公问晏子曰："孔子为人何如？"晏子不对，公又复问，不对。景公曰："以孔某语寡人者众矣，俱以贤人也。今寡人问之，而子不对，何也？"晏子对曰："婴不肖，不足以知贤人。虽然，婴闻所谓贤人者，入人之国必务合其君臣之亲，而弭其上下之怨。孔某之荆，知白公之谋，而奉之以石乞，君身几灭，而白公僇〔3〕。婴闻贤人得上不虚，得下不危，言听于君必利人，教行下必于上〔4〕，是以言明而易知也，行明而易从也，行义可明乎民，谋虑可通乎君臣。今孔某深虑同谋以奉贼〔5〕，劳思尽知以行邪，劝下乱上，教臣杀君，非贤人之行也；入人之国而与人之贼，非义之类也；知人不忠，趣之为乱，非仁义之也〔6〕。逃人而后谋，避人而后言，行义不可明于民，谋虑不可通于君臣，婴不知孔某之有异于白公也，是以不对。"景公曰："呜乎！贶寡人者众矣〔7〕，非夫子，则吾终身不知孔某之与白公同也。"

【注释】
〔1〕远施周偏：疑当为"远用遍施"（曹耀湘说）。
〔2〕"利"上脱"不"字（俞樾说）。
〔3〕僇：通"戮"，杀。
〔4〕此句当作"教行于下，必利上"（俞樾说）。
〔5〕同：疑为"周"之误（俞樾说）。周谋，言思虑周密。
〔6〕非仁义之也：据上文当为"非仁之类也"。
〔7〕贶：赐。这里用作谦语，指进言。

324 | 墨子译注

【译文】

把道理和学术事业都统一于仁义的人，都是从大处说可以治理万民，从小处说可以担任官职，从远处说就能遍施于天下，从近处说能用来修身养性，不符合道义的地方就不停留，不符合大理就不做，一定追求兴天下之利，回旋曲直，达到目的为止，这就是君子之道啊。从我所听说的孔某人的行为，和这些是根本相反的啊！齐景公问晏子说："孔子为人如何？"晏子不回答。齐景公又问，还不回答。景公问："向我说起孔子的人很多，都认为是贤能的人。如今寡人问起，而你不回答，为什么呢？"晏子回答说："我不贤，不足以了解贤人。即使这样，我所听说的贤人，到了一个国家就一定会促使国中君臣亲和，消除上下之间的怨气。孔某人到了楚国，知道白公的阴谋，却把石乞交给他，楚君几乎被害，而白公也被杀。我听说贤人得到上面的任用就不会浪得虚名，得到下面的民心就不会危害君主，言论被君主采纳就一定会有利于百姓，教化下面就一定会有利于君主，所以言论明白而且容易知晓，行动明确而且容易跟从，奉行道义可以让百姓知晓，谋划思考可以通达于君臣。如今孔子深谋远虑却侍奉贼人，殚精竭虑却行邪恶之事，鼓动以下犯上，教唆臣子去谋杀君主，这不是贤人的行为啊；进入一个国家却结交贼人，这不是正义的人啊；知道别人不忠贞，还劝说他作乱，这不是仁人啊。躲开别人然后在背后谋划，避开人然后在背后议论，奉行道义不能让百姓知晓，谋划思考不能通达于君臣，我不知道孔子的行为和白公有什么区别，所以没有回答。"景公说："唉！向我进言的人很多，如果不是先生您，我终身都不知道孔子和白公是一样的人啊！"

31.9 孔某之齐见景公，景公说，欲封之以尼谿[1]，以告晏子。晏子曰："不可。夫儒，浩居而自顺者也[2]，不可以教下；好乐而淫人[3]，不可使亲治；立命而怠事，不可使守职；宗丧循哀[4]，不可使慈民；机服勉容[5]，不可使导众。孔某盛容修饰以蛊世[6]，弦歌鼓舞以聚徒，繁登降之礼以示仪，务趋翔之节以观众[7]，博学不可使议世，劳思不可以补民，綝寿不能尽其学[8]，当年不能行其礼，积财不能赡其乐，繁饰邪术以营世君[9]，盛为声乐以淫遇民[10]，其道不可以期世[11]，其学不可以导众。今君封之，以利齐俗，非所以导国先众。"公曰："善！"于是厚其礼，留其封，敬见而不问其道。孔某乃恚，怒于景公与晏子，乃树鸱夷子皮于田常之门[12]，告南郭惠子以所欲为[13]，归于鲁。有顷，间齐将伐鲁[14]，告子贡曰："赐乎！举大事于今之时矣！"乃遣子贡之齐，因南郭惠子以见田常，劝之伐吴，以教高、国、鲍、晏[15]，使毋得害田常之乱，劝越伐吴。三年之内，齐、吴破国之难，伏尸以言术数[16]。孔某之诛也[17]。

【注释】

〔1〕尼谿：古地名，不详。

〔2〕浩居：傲倨，傲慢。 自顺：纵情任性又自以为是。

〔3〕淫人：使人懒怠而松懈。

〔4〕宗：通"崇"（孙诒让说），崇尚。

〔5〕机服：即奇装异服。 勉容：强为仪容。

〔6〕蛊：诱惑，欺骗。

〔7〕务：致力，从事。 趋：小步快走，表示恭敬。 翔：盘旋，指进退从容有度。

〔8〕綝：同"累"，重迭。

〔9〕营：惑。

〔10〕遇：通"愚"。

〔11〕期：当为"示"之误（俞樾说）。

〔12〕鸱夷子皮：即范蠡。

〔13〕南郭惠子：孔子弟子，不详。有人认为是卫惠叔兰（朱彝尊说）。

〔14〕间：当作"闻"（苏时学说）。

〔15〕高、国、鲍、晏：齐国的四家高级贵族。

　〔16〕言：为"意"之误，即"億"，亿（孙诒让说）。　术：通"率"（孙诒让说）。《广雅·释言》："率，计校也。"

　〔17〕诛：当为"谋"（苏时学说）。

【译文】

　　孔某人到齐国去，见到齐景公。景公很高兴，打算把尼谿封给他，把这个想法告诉了晏子。晏子说："不可以。儒家的人非常高傲而且自以为是，不可以教化下民；爱好音乐而使人怠于政务，不可以让他们亲身治理国家；主张宿命而怠于行事，不可以让他们担任官职；崇尚厚丧久哀，不可以让他们关爱百姓；奇装异服并强作庄敬的面容，不能让他们来教导大众。孔某人极力修饰仪容来蛊惑世人，用音乐歌舞聚集徒众，把登降的礼节变得繁复无比以示有礼，追求从容有度的进退礼节吸引人观看，学问广博却不可以用来议论世事，劳神苦思却不能有利于百姓。几辈子也学不完他们的学术，年富力强的人也无法完全奉行他们的礼节，积聚财物也不能满足他们的享乐，繁复地修饰他们的学说来迷惑当世的君主，大举推广音乐来迷乱愚蠢的百姓，他们的学术思想不能公之于世，他们的学说不能用来教导民众。如今君王封赏他希望有利于齐国的风俗，但这是不能用来引导国家和民众的。"齐景公说："好。"于是给他很多礼物，却留下封地，恭敬地接见他，但不询问他的学说。孔某于是记恨上了景公和晏子，就把范蠡安排在田常的门下，把自己的想法都告诉南郭惠子，然后回到鲁国。不久，听说齐国将要攻打鲁国，就告诉子贡说："赐，做大事就在今天了。"就派子贡到齐国去，通过南郭惠子拜见田常，劝说他讨伐吴国，并让高氏、国氏、鲍氏、晏氏不要妨碍田常作乱，又劝说越国讨伐吴国。三年之内，齐国和吴国都遭受了国破的灾难，死去的人数以十万计，这都是孔某人的阴谋啊！

　　31.10　孔某为鲁司寇，舍公家而奉季孙。季孙相鲁君而走，季孙与邑人争门关，决植〔1〕。孔某穷于蔡陈之间，藜羹不糂〔2〕。十日，子路为享豚〔3〕，孔某不问肉之所由来而食；号人衣以酤酒〔4〕，孔某不问酒之所由来而饮。哀公迎孔子，席不端弗坐〔5〕，割不正弗食〔6〕，子路进，请曰："何其与陈蔡反也？"孔某曰："来！吾语女，曩与女为苟生〔7〕，今与女为苟义。"夫饥约则不辞妄取以活身，赢饱则伪行以自饰〔8〕，污邪诈伪，孰大于此！

【注释】

〔1〕决：疑当为"抉"（孙诒让说），撬开。 植：关门时插门用的直木。

〔2〕糂：把米加入羹中。

〔3〕享：通"烹"。 豚：小猪。

〔4〕号：当为"褫"之误（毕沅说），剥，夺。

〔5〕席不端：指坐席铺得不端正。

〔6〕割不正：指肉块切得不方正。

〔7〕苟：读为"亟"，急（王念孙说）。

〔8〕赢：盈（王念孙说），有余。

【译文】

孔某人做鲁国的司寇，舍弃公家之事而去侍奉季孙氏。季孙氏作为鲁国的相国而出逃，与守门人争抢门栓，孔某人撬开城门上的直木让他逃走。孔子被困在陈蔡之间的时候，用野菜叶做的羹里连一粒米都没有。十天之后，子路为他蒸了一头小猪，孔某人不问肉从何而来就吃了下去；子路剥下别人的衣服去买酒，孔子不问酒从何而来的就喝了下去。哀公迎接孔子回国，席子摆得不正不坐，肉切得不方就不吃。子路走上前，问道："为什么和在陈蔡的时候行为相反呢？"孔某人说："来，我告诉你：从前我们是急于求生，现在我们是为了求义。"在饥寒交迫的困境中可以没有任何顾忌地任意取用外物，在衣食无忧的时候就需要伪装自己的行为来自我粉饰，污秽奸邪、狡诈虚伪，还有比这种行径更甚的吗？

31.11 孔某与其门弟子闲坐，曰："夫舜见瞽叟孰然[1]，此时天下圾乎[2]！周公旦非其人也邪[3]？何为舍亓家室而托寓也[4]？"孔某所行，心术所至也。其徒属弟子皆效孔某：子贡、季路辅孔悝乱乎卫[5]，阳货乱乎齐[6]，佛肸以中牟叛[7]，桼雕刑残[8]，莫大焉[9]。夫为弟子，后生其师，必修其言，法其行，力不足，知弗及而后已。今孔某之行如此，儒士则可以疑矣。

【注释】

〔1〕瞽叟：舜的父亲。 孰：当为"蹴"之误（孙诒让说）。蹴然，吃惊不安的样子。

〔2〕圾：通"岌"，危险。

〔3〕非其人：当作"其非人"，"人"与"仁"通（孙诒让说）。

〔4〕亓："其"的古字。

〔5〕孔悝：卫国卿士孔圉之子，卫国掌权人物。蒯聩回国为夺取君位，挟持孔悝发动政变，子路正是死于这场政变。

〔6〕阳货：鲁国大夫季平子的家臣，掌握着季氏的家政，季平子死后，专权鲁国。后来他与公山弗扰共谋杀害季桓子，失败后逃往齐国。

〔7〕佛肸：晋国赵简子的家臣，曾任中牟宰，在中牟发动叛乱时曾意图招孔子前往。

〔8〕桼雕：即"漆雕"，孔子弟子漆雕开。

〔9〕"莫"字上当有脱文。

【译文】

孔某人和他的弟子们闲坐，说："舜看见父亲就局促不安，那时天下真是危险啊！周公旦不是仁义之人吧？为什么要舍弃自己的家而独自住在别处呢？"孔某人的所为，都是出于他的心术。他的党友、弟子都仿效他：子贡、子路辅佐孔悝在卫国作乱，阳货在齐国作乱，佛肸在中牟叛乱，漆雕开刑杀残暴，没有比这更大的罪过了。作为孔某人的弟子，步老师的后尘，一定会学习老师的言论，效法老师的行为，才力不足，智慧不够，然后才停止。如今孔某人的行为如此，那么儒士们的行为就值得怀疑了。

【评析】

《韩非子·显学》中提到"世之显学，儒墨也；儒之所至，孔丘也；墨之所至，墨翟也"。作为先秦思想界的两个庞然大物，两个不同学术流派之间的碰撞与争鸣是不可避免的。更何况，儒墨两家还有很深的学术渊源。关于这一点，《淮南子·要略》记载得很清楚："墨子学儒者之业，受孔子之术，以为其礼烦扰而不说，厚葬靡财而贫民，服伤生而害事，故背周道而用夏政。"可见，儒墨两家学出同源，只是后来墨子因为政治立场与学术观点的不同才与儒家思想分道扬镳。作为一代学术宗师，曾经从儒的学习经历使墨子对儒家学派的弱点知之甚详，批驳起来自然得心应手、言之有物。我们面前的这篇《非儒》主要是从两个方面非难儒家思想，一是从学术思想的角度集中批评儒家礼学的繁琐性、矛盾性和虚伪性，表现了墨家思想锐利与深刻的一面；二是从儒家思想创始人身上附会史实以攻击儒学存在的合理性，这种批评已经属于人身攻击的范畴，反映了墨家思想狭隘与极端的一面。

从儒家学术思想自身的弱点出发进行的批评是这篇文章的精华所在，墨子这种犀利的批评主要从三个方面进行展开：首先，墨子从儒家学术自身的矛盾性出发，以子之矛，攻子之盾，手段非常老辣。儒家学者看重礼学，认为人类社会是一个有差等的社会结构，在这样的社会内部，人们需要根据亲疏尊卑来确定礼的繁琐程度。而墨子则敏锐地指出，儒家的这种礼制本身有不可克服的矛盾性，以亲疏确定礼的繁简与以尊卑确定礼的繁简会产生冲突，妻子和嫡子的丧礼规制与父亲相同，超越了伯父和宗子的丧礼规制，这种规制实在有悖儒家自己提倡的尊卑纲常。儒家的礼制实质上是"重亲"而轻"尊卑"，按照墨子的话说就是："为欲厚所至私，轻所至重，岂非大奸也哉？"再者，儒者强调"述而不作"、"必服古言然后仁"，这个观点成了划分君子小人的一个标准。但所谓的"古"，只是一个相对的概念，"古之言皆尝新矣"，当时服膺这种言论的人按照儒者的观点岂非都成了小人？显然，墨子从儒家思想内部矛盾入手瓦解儒家思想的方法是中肯而有效的。其次，墨子认为儒家提倡的礼制过于繁琐，严重影响到了正常社会生产和人们的日常社会生活，也就是墨子所说的："繁饰礼乐以淫人，久丧伪哀以谩亲，立命缓贫而高浩居，倍本弃事而安怠傲，贪于饮食，惰于作务，陷于饥寒，危于冻馁，无以违之。"第三，儒家后学"繁饰礼乐"的一个非常坏的后果是逐渐形成后世儒学的虚伪性特征。由于外人很难掌握这种繁琐的技能，即使是专门的学者"当年不能行其礼"，所以礼乐渐渐为儒家学者所垄断，造就了一批打着仁义道德旗号的社会寄生虫。"富人有丧，乃大悦喜，曰：此衣食之端也！"这实在是对儒门败类的辛辣嘲讽。其实，不仅墨子看到了儒家鄙薄的一面，荀子也曾指出儒者内部的分化现象，"有俗儒者，有雅儒者，有大儒者"。其中的"俗儒"与墨子笔下所描绘的形象殊无二致，他们"呼先王以欺愚者而求衣食焉，得委积足以掩其口则扬扬如也"。(《荀子·儒效》)

与本文前半段精彩的理论批评相比，《非儒》文章的后半段则显得偏执了许多，将批评的矛头直接对准儒家创始人孔子进行赤裸裸的人身攻击。文中一方面假借齐景公与晏子的对话对孔子其人进行了根本性否定，另一方面直接附会历史事件揭批孔子及其弟子的虚伪言行："孔某盛容修饰以蛊世，弦歌鼓舞以聚徒，繁登降之礼以示仪，务趋翔之节以观众，博学不可使议世，劳思不可以补民。"文章最后的结论是："今孔某之行如此，儒士则可以疑矣。"墨家偏激之言当然不能作为史实来看待，但墨家通过破坏孔子形象而行倒儒建墨的目的则是可以想见的。清人汪中认为："其操术不同，而立言务以求胜。虽欲平情核实，其可得乎！是故墨子之诬孔子，犹孟子之诬墨子也。归于'不相为谋'而已矣。"(《墨子序》) 平心而论，汪中的这种评价是客观而理智的。

经 上

【题解】

　　本篇与《经下》、《经说上》、《经说下》并称《墨经》，可视作墨家对于自然、社会、科技、逻辑学、语言学等领域各种现象与概念的理解和解读，堪称当时知识领域的一部百科全书。从体式上看，本篇由一连串解释性的语句排列而成，既无篇章结构，也没有内在的逻辑顺序。从内容上看，本篇涉及的知识面非常广泛，包括概念诠释、科技、逻辑学、政治观念以及其他许多方面的知识。由于历史上对《墨经》长期缺少重视和整理，以致文中字词错讹、语句杂乱无序之处甚多，难以卒读。

32.1　故，所得而后成也。止，以久也。体，分于兼也。必，不已也。知，材也。平，同高也。虑，求也。同，长以正相尽也。知，接也。中，同长也。恕，明也。厚，有所大也。仁，体爱也。日中，正南也。义，利也。直，参也。礼，敬也。圜，一中同长也。行，为也。方，柱隅四讙也[1]。实，荣也。倍，为二也。忠，以为利而强低也[2]。端，体之无序而最前者也。孝，利亲也。有间，中也。信，言合于意也。间，不及旁也。侤，自作也[3]。纑，间虚也。謂，作嗛也[4]。盈，莫不有也。廉，作非也[5]。坚白，不相外也[6]。令，不为所作也。撄，相得也。任，士损己而益所为也。似，有以相撄，有不相攖也〔7〕。勇，志之所以敢也。次，无间而不攖攖也。力，刑之所以奋也。

【注释】

〔1〕虇：为"杂"字之误。杂同"匝"，这里指四角形的周边。

〔2〕低：同"氐"，在此处为"君"字之误（孙诒让说）。

〔3〕伓：副贰，即辅助者（俞樾说）。 作：同"佐"，辅佐。

〔4〕嗛：当作"獧"，即孔子所谓的"有所不为"、獧介独行的作风。

〔5〕廉：同"慊"（孙诒让说），不满、怨恨之意。

〔6〕坚白：这是先秦逻辑学上的一个重要辩题，指集于"石头"这一整体的"色白"和"质坚"两种性质的统一性问题。

〔7〕似：为"仳"字之误，同"比"，比有相连和并列之意。 攖：接触。

【译文】

　　缘故，事物之所以能够成为现在状态的原因。止，经历长时间后的静止。体，是由整体中分出来的不同部分。必，不得不如此。智慧，是人的才性。平，就是高度相同。思虑，因为有所希求。同，物与物在长度上完全相等。知觉，与外物相接的能力。中，同一物体两端长度相等的某一点。恕，明达人心事理。厚，从无到有，厚度必然有所增大。仁，身体力行去爱人。日中，正南方向。义，本质是利。直，就是参照物。礼，本质是敬。圆，以圆心为中心点，半径长度相同。行，人的作为。方，直线围起的四角形。实质，是获得荣名的根本。倍，原数的两个大。忠，为君主谋利益而使之强大。端点，形体最靠前而没有其余次序的部分。孝，做有利于双亲的事情。间隙，是两事物的中间。信，说的话对应内心。伓，自"辅佐"引申而来。纑，两柱上端之间空虚无物处。謂，行为獧介有所不为。盈满，一切条件全部具备。廉，行事有差错。坚白，是不可分割的统一体。令，自己发布的命令自己不做而让他人做。攖，互相牵绊纠缠。任侠，士人甘愿损害自己的利益而相助他人。似，就是有些关系，又有所疏离。勇，人的心志之所以敢于做出某种决断。次，两者无间隙但又不相交。力，身体之所以振奋的动力。

32.2 法，所若而然也。生，刑与知处也〔1〕。侔，所然也〔2〕。卧，知无知也。说，所以明也。梦，卧而以为然也。攸不可〔3〕，两不可也。平，知无欲恶也。辩，争彼也。辩胜，当也。利，所得而喜也。为，穷知而县于欲也。害，所得而恶也。已，成、亡。治，求得也。使，谓故。誉，明美也。名，达、类、私。诽，明恶也。谓，移、举、加。举，拟实也。知，闻、说、亲。名、实、合、为。言，出举也。闻，传、亲。且，言然也。见，体、尽。君、臣、萌〔4〕，通约也。合，正、宜、必。功，利名也。欲正，权利；且恶正，权害。赏，上报下之功也。为，存、亡、易、荡、治、化。罪，犯禁也。同，重、体、合、类。罚，上报下之罪也。异，二、不体、不合、不类。同，异而俱于之一也。同、异交得，放有无〔5〕。

【注释】

〔1〕刑：同"形"，形体。

〔2〕侔：同"介"，必然。

〔3〕攸：当作"彼"。在辩论中，每一方于对方而言都是"彼方"，共为两个"彼方"，因此可以说"彼不可"就是"两不可"，处于对立面的双方互不认可。

〔4〕萌：同"民"。

〔5〕放有无：知晓"有"和"无"的道理。放，当作"知"（孙诒让说）。

【译文】

法，可以仿效和顺从的规则。生命，身体与心智的结合。侔，必然性。卧，知觉处在无知觉的状态。说，可以用来明辨事理。梦，在睡卧的状态下误以为真实的情景。辩争的双方对对方观点互不认可，就是两个不认可。平，无欲念无厌恶的心态。辩，争取持对立观点者的认同。辩论获胜，就是证明己方观点的正确。利，能够给人带来喜悦感的收获。为，被欲望蒙蔽而丧失理智。害，对得到的东西感到厌恶。已，成功或败亡。治，追求而有所得。使，也就是故意让人做某事。誉，彰显他人的优点。名，有达名，有类名，有私名。诽，彰显别人的缺点或过失。谓，指转移、列举、增补。举，模拟事物的实质。知，指听闻、喜好、亲近。名、实、合、为，四者举称虽异而实质却是相通的。言，就是把事物的实质用模拟的形式说出来。闻，指传闻或亲身经历。且，就是说的确如此。见，整体或全部。君、臣、民，按照尊卑等级对世人的大略分类。合，就是正当、适宜、必要。功，意味着利益和名声。正当的欲求，会权衡有利的方面；不正当的欲求，会权衡有害的方面。赏，上级对下级功劳的酬报。为，包括存在、灭亡、变化、动荡、治理、教化六个方面。罪，违反禁令。同，包含重复（全同）、体（整体与部分的关系）、吻合（不同事物之间的相同）、类似（不同事物之间有相似之处）。罚，上级对下级所犯罪过的惩处。异，指两个不同的个体、非一体、不吻合、不类似。同，就是将有区别的事物合而为一。明白了同和异，也就知晓了有和无。

32.3 久，弥异时也。宇，弥异所也[1]。闻，耳之聪也。穷，或有前不容尺也。循所闻而得其意，心之察也。尽，莫不然也。言，口之利也。始，当时也。执所言而意得见，心之辩也。化，征易也。诺，不一利用。损，偏去也。服、执、说[2]。巧转[3]，则求其故。益，大也。儇，俱秪[4]。法同，则观其同。库，易也[5]。法异，则观其宜。动，或从也[6]。止，因以别道。读此书旁行，正无非。

【注释】

〔1〕宇：指上下四方无限延展的空间。 弥：满，遍。

〔2〕服：指交谈双方相互认同。 执：指交谈双方各执己见。 说：即

"伺"，指交谈双方彼此窥伺对方意图和话语漏洞，伺机行事。

〔3〕转：当为"传"之误（孙诒让说）。

〔4〕儇：同"环"。 柢：当作"柢"（孙诒让说），原意为树根部，引申为事物的基础、基点。

〔5〕库：假借为"窟"。 易：当作"物"。

〔6〕从：当为"徙"（孙诒让说），指迁徙，运动。

【译文】

长久，历经无限长的时间。宇，天地四方无限的空间。闻，就是耳朵具备的听力。穷，或许还有前方，但长度也许已经不足一尺了。根据听闻的事情而弄清它的真实涵义，这是心的思考能力。尽，就是无不如此。语言，是口的功能。始，就是作为起点的当时。依据言语而明白其含义，这是心的辨别力。化，进行过转变。诺言，虽然内容不一，但各有所用。损，减少某一部分。相互认同叫"服"、各持己见叫"执"、待对方有失误时再发动叫"伺"。传承下来的技巧，要努力寻求其中的原因和规律。益，增大。环，上面的每一点都是基点。方法相同，才能应对相同的情况。窟，藏物之所。方法不同，可以用来应对不同的情况。动，至少某一部分转移了位置。止，用以区别不同的道理或概念。这篇书当一行行地读，力求正确无误。

【评析】

《墨子》一书大致包括四种体例，第一种是如《兼爱》、《非攻》等篇那样的论说体；第二种是《公孟》、《耕柱》、《鲁问》那样的对话体，用一个个小故事串起全文；第三种是《备城门》、《备高临》等篇那样的说明体。第四种比较独特，包括《经上》、《经下》、《经说上》、《经说下》四篇，由于其中涉及的知识面比较庞杂宽泛，我们姑且称之为百科全书体。这四篇百科全书式的文章在《墨子》一书中的地位比较独特，一般被尊称为《墨经》。（一说还包括《大取》、《小取》两篇）"墨经"一词起源甚早，最早见于《庄子·天下篇》："相里勤之弟子，五侯之徒，南方之墨者若获、己齿、邓陵子之属，俱诵《墨经》，而倍谲不同，相谓别墨。"由于《墨经》本身的阅读难度较高，专业性强且学科门类庞杂，很少引起外人的关注，直到西晋年间，鲁胜才第一个出来为《墨经》作注，其书当时名之为《墨辩》或

《辩经》，可惜已经失传。

这四篇之中，《经》上、下主要是对一些概念、词语和现象进行的诠释，以词语释义为主，但没有更深入的理论探讨。《经说》上、下与《经》上、下有一定的联系，部分内容是对《经》中内容的进一步探讨，但也非常简略。《墨经》所涉及的知识领域非常广泛，包括数学、几何学、光学、力学、名学、语言学、政治学、经济学等方面的研究成果，其中关于几何学、力学和光学的知识在我国历史上出现时间最早，专业性强，内容比较系统，研究也较为深入，在我国自然科技史上具有非常重要的地位。

中国的墨辩逻辑与古希腊亚里士多德的形式逻辑和古印度的因明学并称为逻辑学的三大源头，所以很多学者认为《墨经》中包含着中国自己的逻辑学。其实，《墨经》中更多的是关于名学辩论的一些规则和方法，由于辩论要讲究技巧和逻辑层次，因此才有了所谓的墨辩逻辑。比如，《经上》篇对先秦时期著名的"坚白之辩"提出了自己的见解，认为："坚白，不相外也。"色彩和质地这两种不同属性的特性同时体现在石头上，坚硬是通过触觉感受到，白色则是通过视觉看到，两种不同的属性同时包含在石头中，无法分割。即使不去触摸石头，感受不到石头的硬度，但坚硬的属性还是存在于石头之中，并没有因为不去触摸它而消失。颜色同样如此。可见，墨家的坚白论较之名家带有诡辩色彩的坚白论更加科学，而这一点与墨子勇于求实的科学精神是分不开的。墨子指出，辩论的目的是"将以明是非之分，审治乱之纪，明同异之处，察名实之理，处利害，决嫌疑焉。摹略万物之然，论求群言之比"（《小取》）。辩论不能为了辩论而辩论，而是要遵循客观规律，正确处理主观目的与辩论对象之间的关系。有客观的态度和正确的方法，辩论才有意义，结论才更靠近真理。

墨家对人的感官和思维在认识过程中所起的作用及其相互关系有着非常浓厚的兴趣。在《经上》篇中，经常可以看到对"知"、"闻"、"见"、"说"、"言"、"心"等词语的诠释，可见墨家对语言的交际功能有多么的重视。对于感官和思维的不同作用，《墨经》也有很精彩的论述。《经上》篇说："闻，耳之聪也。循所闻而得其意，心之察也。言，口之利也。执所言而意得见，心之辩也。"听，是耳的功能，而如果要根据听到的内容来判断说话者所要表达的意思，就需要心的明察；说，是嘴的功能，而如果要选择恰当的词语准确地表情达意，就需要心的明辨。这里所揭示的实际是语言的一个完整的听说交流过程。同时，《经上》篇还对"知"下了三个不同的定义，涉及认识的完整过程。首先，"知，材也。"《经说上》有进一步的阐释："知材，知也者，所以知也，而必知，若明。"这里所说的人的才能实际上是指人的感觉器官在认识过程中所起的作用。其次，"知，接也。"《经说上》进一步的解释是："知，知也者，以其知过物而能貌之，若见。"这是说人的记忆系统可以将外在感觉器官感知到的外部景物形象通过思维器官——心（大脑）完整地记忆下来。第三，"知，明也。"《经说上》的解释为："知，知也者，以其知论物，而其知之也著，若明。"如果说前面两个步骤提到的是人的感性认识，那么第三步就涉及人的大脑可以将人的知觉从感性认识上升到理性认识的高度。

《墨经》的数学水平较高。尽管今天我们看到的文本残缺错漏之处非常严重，学界对此的争议比较大，但仅就其中几条大家意见较为一致的材料来看，我们也不得不佩服古人的智慧。《经上》篇云："倍，为二也。"又云："倍，二尺与尺，但去一。"这是关于倍数的知识。所谓倍，就是自身数值乘以二，就像二尺是一尺的二倍。《经下》篇云："一，少于二而多于五，说在建。"《经说下》："一，五有一焉；一有五焉；十，二焉。"这里涉及了数位的概念。数位是每个单数在整个数字中所占的位置，从右往左依次是个位、十位、百位、千位、万位等等，数值是逐渐变大的，而同一个数字在不同的数位上代表不同的数值。这里用的其实是"建位"概念，比如说一，处在个位上比二小，但处在十位上，则比五大，因为它包含有两个五。显然，至少在墨子的时代，我们祖先就已经对数字有了非常清晰和深入的了解。

另外，《墨经》还对一系列几何概念有过不少精确的概括。《经上》篇云："平，同高也。"这里所说的"同高"其实是指建筑学术语中"水平面"。墨家学者大部分都是手工匠出身，在平时的生产劳动中积累了大量相关的生产经验，通过反复的验证，完全可能将其升华为理论知识。但是，我们其实也可以把"同高"理解为平行线间的公垂线高度相同。欧几里得在其几何学巨著《几何原本》中就是这样定义平行线的："平行线间的公垂线相等。"可见，二者之间并无本质的区别。《墨经》中还提出过圆的概念。《经上》篇云："圜，一中同长也。"《经说上》进一步解释道："圜，规写交也。"也就是说：所谓圆，就是以线段其中的一个端点为中心旋转一周，另一个运动的端点所形成的轨迹就是一个圆，从中心到轨迹上任意一点的长度都是相等的。而这与欧几里得对圆的定义也非常相似。此外，《墨经》中还提出了"端"、"尺"、"区"、"穴"等概念，分别对应着欧式几何学上的点、线、面、体等概念。同时，《墨经》中还讨论了图形与直线的重合、相离、相交、相切等情况，所有这些都可以看作是中国几何学的萌芽。英国科学技术史专家李约瑟在《中国科学技术史》中曾经指出："墨家思想所遵循的路线如果继续发展下去，可能已经产生欧几里得式的几何学体系了。"这当然是一种遗憾，但我们也不得不遗憾地承认，墨家思想成为绝学是中国文明生态环境下的一种必然走向，是受中国文明内在发展逻辑所决定的。

经　下

【题解】

　　本篇与《经上》篇性质相同，都是墨家对哲学、科技、物理、数学、几何学、逻辑学、语言学、经济学等各领域现象、概念的庞杂解释，只是本篇中讹字、错句、倒文的情况较《经上》篇更为严重。与《经上》篇相比，本篇稍显复杂，更注重探讨单一概念在具体语境下与其上位概念的关系。另外，本篇还简略地提到了光学中的光影关系、镜面成像和小孔成像等科学认识，但必须结合《经说下》才能读懂。这些知识代表了我国先秦时期光学研究的最高成就，是墨家学派的一大特色。

　　33.1 止，类以行人[1]，说在同。所存与存者，于存与孰存？驷异说[2]，推类之难，说在之大小[3]。五行毋常胜，说在宜。物尽同名：二与斗，爱，食与招，白与视，丽与，夫与履。一，偏弃之，谓而固是也，说在因。不可偏去而二，说在见与俱、一与二、广与修。无欲恶之为益损也，说在宜。不能而不害，说在害。损而不害，说在余。异类不吡[4]，说在量。知而不以五路，说在久[5]。偏去莫加少，说在故。必热[6]，说在顿[7]。假必悖，说在不然。知其所以不知，说在以名取。物之所以然，与所以知之，与所以使人知之，不必同，说在病。无，不必待有，说在所谓。疑，说在逢、循、遇、过。

擢虑不疑[8]，说在有无。合与一，或复否，说在拒。且然，不可正，而不用害工，说在宜欧[9]。物一体也，说在俱一、惟是[10]。均之绝不[11]，说在所均。宇或徙[12]，说在长宇久。尧之义也，生于今而处于古[13]，而异时，说在所义。

【注释】

〔1〕类：这里指“类推”。 人：当为“之”之误（孙诒让说）。

〔2〕驷：四足兽的总称，属于总名。

〔3〕“之”前疑脱“名”字（孙诒让说）。总名属于上位概念，外延较散名（下位概念）大。

〔4〕吡：同“仳”，比，并。

〔5〕此句疑有脱误，文意难明，译文中不加翻译。

〔6〕必热：当为“火不热”，是先秦哲学论辩中的一个重要命题。

〔7〕顿：当为“睹”，从视觉角度去看火，自然觉察不到火的温度。

〔8〕擢：当为“榷”（孙诒让说），即“扬榷”，意为大略思量。

〔9〕宜欧：半信半疑的态度。

〔10〕俱一：从分割的角度来立论。 惟是：从合为整体的角度来立论。

〔11〕不：通“否”。

〔12〕或：同“域”，疆域。

〔13〕生：疑当为“任”（孙诒让说），举称的意思。

【译文】

止，可以用“行”的概念去类推，属于同类概念。所存在的地方、存在的人，存在的位置以及存在者为谁？驷作为四足兽的总名，其下有许多散名，类推的困难，在于概念有大、小之分。五行中，没有哪一种能长盛不衰，需要考虑他们之间相生相克的时机。有许多事物含义不同但称呼相同：如“二”与“斗”，“爱”、“食”与“招”，“白”与“视”，“丽”与“夫”与“屦”。事物就整体而言是完整的“一”，去掉其中的一部分，认为事物本就是如此，这是从因果关系角度来看的。不能将完整事物分割出去一部分而成为两者，如所见与所含而不见二者不能偏去其一、一白与二坚二者不能偏去其一、范围的宽与长二者不能偏去其一。没有因爱憎而造成的损或益，这才是适宜。能量不足难以造成损害，不足为害。有所损减而无害整体的，意味着有余。不同类者不相比较，这是度量的前提。将事物一分为二，总量没有变少，就等于没有变化。说火不热，那是因为只是在用眼睛看。假的必定是乖谬的，也就是不正确。知道自己知识的局限，可以通过事物的概念去求取事物的实质。事物之所以如此的原因，与之所以知道这种原因的方法，乃至之所以使人知道这种原因的方法，不一定相同，这是可以质疑可以探讨的。"无"无须依赖"有"，而是根据指称的内容加以考虑。怀疑，有遭逢、遵循、偶遇、过去经历四种起因。经过大略思量而消除怀疑，是从有、无两个大的方面考虑。（事物）或者可以合于一，或者不可，这是从矛盾律的角度来考虑。事物的发展可能如此，也可能不如此，无法确定，但并不妨碍努力去改变原有趋势，也就是抱着半信半疑的态度。万物一体，这是从分与合两个方面来看待问题。悬挂重物的绳索断还是不断，是由重物决定的。物体在空间或疆域中的运动，要根据空间的大小和时间的长短来判断。尧的道义，经常在当今被举称，而产生于古代，古今时代不同，所以关键在于行道义的具体情况。

33.2 二临鉴而立，景到[1]，多而若少，说在寡区。狗，犬也，而杀狗非杀犬也，可，说在重。鉴位[2]，景一小而易[3]，一大而正，说在中之外内。使，殷、美[4]，说在使。鉴团，景一。不坚白，说在[5]。荆之大，其沈浅也[6]，说在具[7]。无久与宇，坚白，说在因。以槛为抟[8]，于以为无知也，说在意。在诸其所然、未者然[9]，说在于是推之。意未可知，说在可用过仵[10]。景不徙，说在改为。一少于二，而多于五，说在建。住景二[11]，说在重。非半弗斱[12]，则不动，说在端。景到，在午有端与景长，说在端。可无也，有之而不可去，说在尝然。景迎日，说在抟[13]。正而不可擔[14]，说在抟。景之小大，说在地正远近[15]。

【注释】

〔1〕二：指二人。　景：同"影"。　到：同"倒"。

〔2〕位：同"立"。

〔3〕一：即或。　易：倾斜。

〔4〕殷：当作"殿"，意即不佳。

〔5〕此处疑有错简或脱简现象。

〔6〕沈：当为"沆"，水泽。

〔7〕具：当作"有"，意谓楚国的湖泽为楚境所有，包含在楚国疆域之内。

〔8〕槛：当为"楹"之误（孙诒让说），厅堂前的柱子。　抟：捆束起来的木柴。

〔9〕在：同"任"，放任。

〔10〕过：当为"遇"（孙诒让说）。　仵：同"牾"，抵牾不合之处。

〔11〕住：疑当为"位"，同"立"（孙诒让说）。

〔12〕薪：同"斫"，砍。

〔13〕抟：疑当为"转"（孙诒让说）。

〔14〕擔：当作"摇"（孙诒让说）。

〔15〕地：当为"杝"，同"迤"，曲折连绵。

【译文】

　　二人站立在平铺于地面的镜前，镜中影像是颠倒的，而且镜中影像看上去比实体小，这是镜面内曲（凹镜）之故。狗，也叫犬，可以说"杀狗"不等于"杀犬"，因为二者实质相同但概念称谓不同。镜子立起，斜立则影子小，正立则影子大，这是由于投影的角度不同。运用工具（实物或方式方法）不分好坏，要看具体的运用。镜面平而圆，照出的影子就会大小比例一致。否定坚白论，理由是……楚国疆域辽阔，其国内水泽却很浅，二者并不矛盾，因为水泽包含在楚国疆域之内。没有时间的久和空间的广、石头的坚与白概念的辨析，就无法认识同一性。把楹柱当作木柴束扎起来，是无知的想法，实属妄想。放任既成的事实，在现有条件下考虑事物的发展方向，也就是以此类推。意思无法通晓，可能是遇到了抵牾之处。影子不移动，因为旧的影子不断被新的影子取代。一比二少，却可以比五多，这是因为一建立在更高数位的基础上。同时出现两个影子，是因为有不同的光源照射。一定要从中间砍断，却无从砍起，因为找到末端的时候早已过半了。光线照射物体上下端，光线交通过一个小孔之后，会在小孔另一边等距离的地方形成倒立的影像。存在的事物都会消亡，但他曾经存在过这一点却不可抹杀，因为确实曾经存在过。影子在太阳和人之间，是因为日光被反射。物体处于任何一种位置都是端正的，因为物体自身是圆形的。影子的大小，是由正斜、远近决定的。

33.3 宇进无近，说在敷[1]。天而必正[2]，说在得。行循以久[3]，说在先后。贞而不挠[4]，说在胜。一法者之相与也尽，若方之相合也，说在方。契与枝板[5]，说在薄。狂举不可以知异，说在有不可。牛马之非牛，与可之同，说在兼。倚者不可正，说在剃[6]。循此循此与彼此同[7]，说在异。推之必往[8]，说在废材[9]。唱和同患，说在功。买无贵，说在仮其贾[10]。闻所不知，若所知，则两知之，说在告。贾宜则售，说在尽。以言为尽誖，誖，说在其言。无说而惧，说在弗心[11]。唯吾谓，非名也则不可，说在仮[12]。或[13]，过名也，说在实。无穷不害兼，说在盈否知。知之否之，足用也，谆[14]，说在无以也。不知其数而知其尽也，说在明者。谓辩无胜，必不当，说在辩。不知其所处，不害爱之，说在丧子者。无不让也，不可，说在始[15]。

【注释】

〔1〕敷：分布。

〔2〕天：当为"大"。

〔3〕循：当为"修"。

〔4〕贞：当为"负"。 挠：同"桡"，曲木。

〔5〕契：同"挈"，拉力。 枝：当作"收"，回缩力。 板：当作"反"，相反。

〔6〕剃：当作"梯"。

〔7〕循此循此：张湛认为两个"循"字当为衍文，细考文意，当以此说为佳。

〔8〕推：当为"堆"。 往：当作"住"，意谓基础牢固。

〔9〕废：这里意同"置"。

〔10〕仮其贾：还价。仮，同"返"（孙诒让说）。

〔11〕心：当作"必"，确定。

〔12〕仮：同"反"。

〔13〕或：同"域"。

〔14〕谆：当为"悖"，悖谬、错误。

〔15〕始：当作"殆"，危险。

【译文】

宇宙广阔无垠，但可以一步一步由近及远。大者必正，这就是所谓"得"。修行需要长时间坚持，这是一个循序渐进的过程。肩负重任而不弯曲，就是胜任。观点相同的人彼此交往非常合拍，如同两个方形物体相叠会严丝合缝，两者道理相通。拉力与回缩力方向相反，这就是所谓相互抵消。妄言的人无法理解不同的观点，这就是说不可狂妄。"牛马"不是牛，也不是马，因为这是兼称。天生需要斜倚的事物不能强行矫正，这和梯子是一个道理。此此和彼此意思相同，因为换个角度，此方的"彼"，就是彼方的"此"。砌墙一定要基础牢固，这和堆放物体一个道理。提倡而无人应和，或应和而无人提倡，都是劳而无功。买东西都希望不要太贵，需要讨价还价。听到自己所不知的事理，结合自己已知的事理，就弄懂了两方面的知识，这要感谢他人告知。价格适宜就能售出，是因为定价恰当。认为他人言论都是错的，这种做法本身就是错误的，应尽力分析对方言论对错的所在。无缘无故而忧惧，是因为前途充满不确定性。允诺我说的话，如果我的言说不符合事物应有的名称，就会遭到反对。每个地域，有人经过后才会被命名，这就是名实相符。人口虽然无穷，但不妨碍兼爱，这样才能真正懂得人口增减的道理。对事物一知半解，却认为已经足够，是悖谬的，这是没有根据的。不知天下人数的多少，但若能明兼爱之义，就可以说是尽爱天下人。说辩论没有胜负，那么辩论者的观点方法一定有不当之处，就要反思辩论的过程。不知天下人所处的确切地点，但不妨碍关爱他们，就好像失去孩子的人，并未减少对孩子的爱心。一切都退让，是不可取的，是危险的行为。

33.4 仁义之为内外也，内，说在仵颜〔1〕。于一，有知焉，有不知焉，说在存。学之益也〔2〕，说在诽者〔3〕。有指于二，而不可逃，说在以二絫〔4〕。诽之可否，不以众寡，说在可非。所知而弗能指，说在春也、逃臣、狗犬、贵者。非诽者谆，说在弗非。知狗而自谓不知犬，过也，说在重。物甚不甚，说在若是。通意后对，说在不知其谁谓也。取下以求上也，说在泽。是是与是同，说在不州〔5〕。

【注释】

〔1〕第二个"内"疑当为"非"字之误。 仵颜：当为"仵觭"（孙诒让说），抵牾不合。

〔2〕学之益也：当作"学之无益也"（孙诒让说）。

〔3〕诽：同"非"，指错误的学问。

〔4〕絫：增加。

〔5〕州：疑为"文"之讹（孙诒让说）。不文，即无文采，不加修饰。

【译文】

仁内义外之说是不正确的，这种说法混淆了这两个概念各自的内涵和外延。作为整体的事物，观照过其中的某一个角度，就会忽略其他角度，而对于所有角度的认知都存在于该事物的整体之中。学习之所以是无益的，因为学的是谬误的学问。懂得了"一"的概念，那么"二"、"三"的概念就自然能够推论出来。能否进行非议，不在乎持某种意见的人占多数，关键在于对象有可非议之处。心里知道却无法准确描述，比如春天、逃臣、狗犬、贵人之类。知道狗，却说自己不知道犬，是太过执拗，因为狗和犬本质完全相同。事物过分与否，关键在于是否恰当。交谈中，必须先了解对方用意再作应答，否则双方都会不知所谓。用低处事物的角度来度量处于高处事物的高度，就如同以湖泽之低仰望大山之高。"是是"与"是"相同，这就是所谓不文。

【评析】

自然科学领域的研究成果是墨家的绝学。正如蔡元培所说："先秦唯墨子颇治科学。"在先秦诸中，只有墨子对自然科学给予了特别的关注，而《墨经》则为我们留下了大量关于先秦时期自然科学领域研究成果的珍贵记录。《墨经》的出现并不是个意外，而是与春秋战国时期自然科学的迅速发展息息相关，冶铁技术的出现，牛耕技术的推广都发生在这个时代。同时，墨子本人就是工匠出身，不但自身技艺精湛，其门下弟子也大多是手工业者出身。这样，墨家弟子在平时的劳动实践中就有机会接触各种先进的生产工具和技术，又有能力把这些实践经验加以理论总结和记录。更重要的是，墨家弟子已经开始通过大量的科学实验去发现、总结和积累关于数学、力学、光学等方面的自然科学知识。如果中国社会文化发展环境允许，墨家学派也许能够发展出系统的科学知识体系，中国社会的发展也许会是另外一番景象。

本篇的一大亮点在于文中涉及的光学知识，这些知识与《经说下》中的相关光学知识共有八个方面的内容，合称"《墨经》光学八条"。分别是光与影的关系、光物影三者的关系、本影和半影、小孔成像、光的反射、平面镜、凹面镜、凸面镜。这些知识比古希腊欧几里得的光学记载早了一百余年。更为难得的是，墨家的这些结论都是在科学实验的基础上得出的。在中国传统文化的社会氛围中，这些科学成果的取得更显得弥足珍贵。由于《墨经》原文文字简洁、内容古奥，现代学者在断句和理解方面颇多歧义，因此对原文的理解存在很多争议，这就更增加了解读《墨经》的难度。

　　另外，《墨经》中还注意到了语言符号原初状态下的任意性与约定俗成原则。《经说下》："狗，假霍也，犹氏霍也。"在语言产生之初，事物与名称之间的关系是随意的，没有什么必然的联系。就像狗不是老虎，但最初命名的时候如果被称为老虎，那狗就是老虎而不叫狗了。但是，一旦这个名称被部族所有人接受，个人就无法随意更改，这就是语言的约定俗成性。对于这一点，《经下》篇说得很清楚："唯吾谓非名也，则不可。说在仮。"此外，《墨经》中还涉及同名异实和异名同实的现象。如本篇作者指出："知狗，而自谓不知犬，过也，说在重。""狗，犬也，而杀狗非杀犬也，不可，说在重。"狗和犬指的是同一种动物，这就是"二名一实"现象。如果一个人说自己知道狗而不知道犬是什么，这就不对了；如果说杀狗不是杀犬，这就太过分了，因为狗和犬是同一种动物。需要说明一点的是，不管是墨子的语言学还是逻辑学，其实都是为其名学辩论服务的。毕竟，这些知识的研究和进步，会对墨家与儒家争夺话语权的过程中起到巨大的促进作用。墨家虽然崇尚质朴无华，但强调逻辑清晰、语言准确，进而推动了逻辑学和语言学的进展，这一点是非常值得称道与庆幸的。

经说上

【题解】

　　所谓《经说》，顾名思义，就是对《经》中内容的解释说明。这种关系类似于《春秋公羊传》与《春秋》的关系。本篇就是对《经上》篇中若干概念的进一步阐释。但由于时代久远，再加上墨学式微，《墨经》的价值长期得不到重视，导致《墨经》在流传过程中文字错讹、竹简脱漏现象严重，因而《经说》部分有些地方无法和《经》篇一一对应。当然，在今天看来，即便《经说》部分自身文句也颇显诘屈聱牙、晦涩难懂。

　　34.1 故。小故，有之不必然，无之必不然。体也，若有端。大故，有之必无然[1]，若见之成见也。体，若二之一，尺之端也。知材，知也者[2]，所以知也，而必知，若明。虑：虑也者，以其知有求也，而不必得之，若睨。知：知也者，以其知过物而能貌之[3]，若见。恕：恕也者，以其知论物，而其知之也著，若明。仁，爱己者[4]，非为用己也，不若爱马，著若明。义，志以天下为芬[5]，而能能利之，不必用。礼，贵者公，贱者名，而俱有敬僈焉[6]，等异论也。行，所为不善名[7]，行也；所为善名，巧也，若为盗。实，其志气之见也，使人如己，不若金声玉服[8]。忠，不利弱子亥[9]，足将入止容[10]。孝，以亲为芬，而能能利亲，不必得。

【注释】

〔1〕有之必无然：此句恐有脱误，当为"有之必然，无之必无然"。

〔2〕此处二"知"字皆通"智"。下文"知：知也者"亦然。

〔3〕过：当作"遇"。

〔4〕己：当为"民"（孙诒让说）。

〔5〕芬：美。

〔6〕僈："慢"的异体字。

〔7〕善：当作"著"（王引之说），显扬。

〔8〕不：当作"必"（孙诒让说），一定。

〔9〕不利弱子亥：指为幼主尽忠，不怕承担篡逆的恶名。典出西周初年，成王年幼，周公辅政，管叔、蔡叔等人作乱，他们散布流言说："周公将不利于孺子。"

〔10〕止：当为"正"。

【译文】

缘故。小的缘故，有了它不一定如此，但缺了它必定不会如此。物体似乎总会有端点。大的缘故，有了它必然如此，没有它必然不会如此，就如同眼睛遇到物体才能形成视觉。物体，如果将一尺长的物体从中间一分为二，那么分割点就成了新端点。智慧就是才能，智慧是之所以知晓事理的原因，有智慧者必然能够知晓事理，如同光明必然能够被人所感知。思虑：所谓思虑，就是知道自身有所欲求，而不一定能够想得清楚，就好比用眼角余光视物，但未必能看清楚。知：所谓知觉，就是其感知能力交接外物时能准确把握其形貌，如同亲眼所见。恕：就是运用智慧来分析事物，使其达到对该事物的透彻认识，如同光明照彻万物。仁：就是爱民，不是为了利用人民，和为利用马而爱马不同，这是非常明显的道理。义，志在全天下人的幸福美满，并且其才能能够为天下人谋福利，不必在乎是否受到朝廷任用。按照礼的规定，低贱者称呼高贵者为"公"，自称则直呼其名，两类身份的人中都有恭敬和怠慢的人，但礼有尊卑贵贱的等级差别是不容抹杀的。行为不为显扬名声，是真正的勤恳躬行；若为显扬名声，就是投机取巧，这就如同盗贼。实，指人的心志、气质外露，待人如待己，这种品格一定会像金钟响、玉佩鸣一般让人钦慕。忠，为引导幼主君主走正道，甚至不怕承担篡逆的恶名，但同时也要做到举手投足之间端正恭敬。孝，尽力侍奉双亲，也有能力使他们受益，但不必处处都完全符合双亲的心意。

34.2 信，不以其言之当也〔1〕，使人视城得金。佴，与人、遇人，众悁〔2〕。䛆，为是为是之台彼也〔3〕，弗为也。廉，己惟为之，知其𧮫也〔4〕。所令非，身弗行。任，为身之所恶，以成人之所急。勇，以其敢于是也命之，不以其不敢于彼也害之。力，重之谓下，与重〔5〕，奋也。生，楹之生〔6〕，商不可必也〔7〕。卧，梦。平，惔然。利，得是而喜，则是利也。其害也，非是也。害，得是而恶，则是害也。其利也，非是也。治，吾事治矣，人有治南北。誉之，必其行也，其言之忻〔8〕，使人督之〔9〕。诽，必其行也，其言之忻。举，告以文名〔10〕，举彼实也。故言也者，诸口能之，出民者也〔11〕，民若画俿也〔12〕。言也，谓言犹石致也〔13〕。

【注释】
〔1〕不：当为"必"。
〔2〕悁：通"循"，顺从。
〔3〕台：同"诒"，哄骗。
〔4〕廉：当为"慊"之讹，恨。 𧮫：当为"愬"，恐惧（孙诒让说）。
〔5〕与：当为"举"之误。
〔6〕楹：当作"形"（毕沅说），形体。
〔7〕商：当作"常"（孙诒让说）。
〔8〕忻：愉悦。
〔9〕督：同"笃"，笃定踏实。
〔10〕文：当作"之"。
〔11〕民：同"名"（孙诒让说）。

〔12〕俿：同"虎"。

〔13〕石：同"实"，实质。

【译文】

　　诚信，说过的话必须准确得当，比如告诉别人城上有金，对方到城上果然得到金子，这才是诚信。伻，给人以帮助，接受别人的帮助，都要顺从合心。誖，从来不欺瞒哄骗他人。恨，就是自己经历过，但知道这种行为不对而心怀愧疚恐惧。自己认为不对的事情就不去做。任，就是宁可做损害自身利益的事，以成就他人的迫切需求。勇，人在某方面行事果敢就可以称为勇，不能因为他在其他方面行事不果敢就否定他的勇。力，当重物向下压来时，能够奋力将其撑起，这就有力。生，任何形体的诞生，都毫无规律可言。卧，就是进入梦乡。平，就是无欲无恶、宁静淡泊。利，得到某种东西之后感到非常快乐，这就是利。害就不是这个样子。害，得到某种东西之后感到厌恶，这就是害。利就不是这个样子。治，自身的事情自身处理，而治理万民则需要广求四方贤士。称誉某人，一定要称赞他的好行为，称誉之言能带来精神的愉悦，使人能够继续坚定地走下去。诽，一定要针对他的恶行，非议的言论能够心生愧疚。举，要先告诉被推举者的名声，然后举出其真实事迹。语言是所有人口舌的功能，能够形成某个人的名声。名声犹如画虎。语言，是由实质延伸而来的。

　　34.3　且，自前曰且，自后曰已，方然亦且。若石者也〔1〕，君以若名者也。功，不待时〔2〕，若衣裘。罪，不在禁，惟害无罪，殆姑。赏〔3〕，上报下之功也。罚，上报下之罪也。侗〔4〕，二人而俱见是楹也，若事君。久，古今旦莫。宇，东西家南北〔5〕。穷，或不容尺，有穷；莫不容尺，无穷也。尽，但止动〔6〕。始，时或有久，或无久，始当无久。化，若蛙为鹑。损，偏去也者，兼之体也；其体或去或存，谓其存者损。儇，昫民也〔7〕。

库〔8〕，区穴若，斯貌常。动，偏祭从者〔9〕，户枢免瑟〔10〕。止，无久之不止，当牛非马，若矢过楹。有久之不止，当马非马，若人过梁。必，谓台执者也〔11〕，若弟兄，一然者，一不然者，必不必也，是非必也。

【注释】

〔1〕若石：当为"臣民"（孙诒让说）。

〔2〕不：当为"必"。

〔3〕赏：此字原在"若衣裘"后，误。

〔4〕侗：当为"同"。

〔5〕家：衍文，当删（王引之说）。

〔6〕但：当作"俱"（孙诒让说）。

〔7〕昫民：当作"俱氏"，《经上》作"祺祇"。

〔8〕库：当为"窞"，参见《经上》。

〔9〕偏：同"遍"。祭：同"际"。从：当作"徙"

〔10〕瑟：蛀虫。

〔11〕台：同"握"。

【译文】

且，即将发生的叫且，已经过去的叫已，正在发生中的也叫且。臣民，是君主之所以成为君主的基础。事功，不能错过适当的时机，就像夏衣冬裘一样需要对应季节。罪，未必是触犯禁令，只要危害到无罪的人，就算是有罪。赏，上级对下级所立功劳的报偿。罚，是上级对下级所犯过失的惩处。同，两人都看到一处门楹并称作"楹"，这就是同，好比两人为一个君主效力，也叫"同"。久，从古到今，从早到晚，都是不同时长的"久"。宇，指东西南北的空间范围。穷，只要有前方不足一尺的情况，就是有穷尽；不存在前方不足一尺的情况，就是无穷尽。尽，停止一切活动。始，时间可能过去很久，可能没有过去多久，但始必定是没有过去多久的那个阶段。化，比如蛙转而成为鹑。损，就是减去其中的一部分，此事物必须是包含多个部分的整体，有些部分被减去但有些部分被保留，被保留部分称为受损。圆环上的每一点都可以视作起点。库，就是空穴，这种形态很常见。动，就是遍游周边地方，好比门轴经常活动能免遭虫蛀。止，没有永不停止的事物，就像牛不是马一样，比如箭矢遇到门槛；如果一定要说有永不停止的事物，就像马不是马一般，比如人过桥梁。必，指能够握持不移。就像两弟兄，一个赞同，一个反对，就不是"必"，而是"非必"。

34.4 同，捷与狂之同长也〔1〕。心中，自是往相若也。厚，惟无所大。圜，规写攴也〔2〕。方，矩见攴也。倍，二尺与尺，但去一。端，是无同也〔3〕。有间，谓夹之者也。间，谓夹者也。尺〔4〕，前于区穴而后于端，不夹于端与区内。及，及非齐之及也。纑〔5〕，间虚也者，两木之间，谓其无木者也。盈，无盈无厚。于尺〔6〕，无所往而不得。得二，坚异处不相盈，相非，是相外也。撄，尺与尺俱不尽，端与端俱尽，尺与或尽或不尽，坚白之撄相尽，体撄不相尽。端〔7〕。仳〔8〕，两有端而后可。次，无厚而后可。法，意、规、员三也〔9〕，俱可以为法。佴，然也者，民若法也。彼，凡牛枢，非牛，两也，无以非也。辩，或谓之牛，谓之非牛，是争彼也，是不俱当；不俱当，必或不当，不若当犬。

【注释】
〔1〕捷：建屋时，立在中央的标杆。 狂：建屋时，立在四边的标杆。
〔2〕攴：当作"交"。
〔3〕同：当作"内"（谭家健说）。
〔4〕尺：距物体的前端一尺之处。
〔5〕纑：同"栌"，柱子上方的小方木，斗拱。
〔6〕尺：当作"石"（孙诒让说）。

〔7〕端：此处当为衍字。一说此字当为上句“尺与或尽或不尽”中的脱字，在与字后。亦通。

〔8〕仳：同“比”（王引之说），并列。

〔9〕员：同“圆”。

【译文】

同，建屋时，立在中央的标杆和四边的标杆高度相同；从圆心到圆周上的每个点距离相同。厚，指从无到有，厚度不可穷尽。圜，圆规所画出的线相交而成圆。方，直尺画出互相垂直的线相交而成方。倍，二尺和一尺，相差就是一倍。端，点没有内部空间。有间，指两物中间夹有的空间。间，指被夹在两物当中的空间。尺，在空隙之前，而在顶端之后，但尺也并非夹在二者之间。及与齐的含义不同，仅指两者在某一范围内接近。斗拱，架在柱子上方，两斗拱之间的空虚处没有木头。盈，事物之内必须有东西充盈其中，才能成其厚重。石，坚白同体相盈，弥漫全体，无往而不得坚与白。坚、白这两种性质，在作为整体的石头中吻合无间，如将得坚与得白一分为二，就是相互排斥了。撄，尺和尺相交并不完全吻合，端点和端点相交完全重合。尺与点，可能完全吻合，可能不完全吻合，好比坚与白在同一块石头中完全吻合，不在同一块石头中不完全吻合。仳，必须两者端点对齐才行。次，两者不计形体厚薄才行。法，想象中的圆、圆规和成形的圆三者，都可以视作法则。佴，正确的道理，人们会把它当作法则。彼，植物名“牛枢”但不是牛，两者完全是两种事物，不足为辩。辩，爱争辩的人，有的把牛枢当成牛，有的认为不是牛，不过是为争一时胜负，都不尽恰当。不尽恰当，必然有不恰当的地方。如此争辩，还不如说狗就是犬来得恰当。

34.5 为，欲䭬其指〔1〕，智不知其害，是智之罪也。若智之慎文也，无遗于其害也，而犹欲䭬之，则离之。是犹食脯也，骚之利害，未可知也，欲而骚，是不以所疑止所欲也。廧外之利害〔2〕，未可知也，趋之而得力〔3〕，则弗趋也，是以所疑止所欲也。观为穷知而悬于欲之理，斲脯而非恕也，斲指而非愚也，所为与不所与为相疑也，非谋也。

【注释】

〔1〕斲：当为"斫"（孙诒让说），砍。

〔2〕庸：同"墙"。

〔3〕力：当为"刀"，指刀币。

【译文】

　　行动，要砍手指，而智慧却不足以明白这样做的害处，这是智力不够的过错。如果智力足够，又行为谨慎，还是要砍指头，那就是必然要遭遇祸患了。这就好比吃肉脯，味道的好坏无从预知，而因为有吃肉的欲念就去尝味，这是不会因为有所怀疑而停止想做的事情。墙外的利害，墙内人无从知晓，如果听说到墙外可以捡到钱，反而不会走出墙外看看，这是因为怀疑而停止了欲念。人的认知有时就会走进死路是因为行为会被欲念牵引。割肉脯吃不能算是有智慧，砍掉指头也不一定就是愚蠢。为是否要做这些事而迟疑不定，这不是谋略。

　　34.6 已，为衣，成也；治病，亡也〔1〕。使，令谓，谓也，不必成湿〔2〕；故也，必待所为之成也。名，物，达也〔3〕，有实必待文多也。命之马，类也，若实也者，必以是名也。命之臧〔4〕，私也，是名也，止于是实也。声出口，俱有名，若姓宇〔5〕。洒谓狗犬〔6〕，命也〔7〕。狗犬，举也。叱狗，加也。知，传受之，闻也；方不㢓，说也；身观焉，亲也。所以谓，名也；所谓，实也；名实耦〔8〕，合也；志行，为也。闻，或告之，传也；身观焉，亲也。见，时者〔9〕，体也；二者，尽也。古〔10〕，兵

立，反中〔11〕；志工〔12〕，正也。臧之为，宜也。非彼必
不有，必也。圣者用而勿必，必也者可勿疑。仗者，两
而勿偏〔13〕。

【注释】

〔1〕亡：使病症消失。

〔2〕湿：同"败"（孙诒让说）。

〔3〕达：同"大"，指某类事物的共名。达名，即上位概念。

〔4〕臧：臣子。

〔5〕宇：当作"字"（孙诒让说）。

〔6〕洒：当作"鹿"（孙诒让说）。

〔7〕命：移动。

〔8〕耦：耦合，搭配。

〔9〕时：疑当为"特"，与下文"二"相对，特指独，二指众，二者对举见意。

〔10〕古：疑当为"合"（孙诒让说）。

〔11〕中：据下文，疑当为"也"。

〔12〕工：同"功"，事功。

〔13〕仗：当作"权"，权衡（孙诒让说）。

【译文】

已，衣服做成叫已，病症痊愈叫已。使，命令别人做事，命令已经下达，事情的成败则难以预料；故而，必须等待事情成功。名，物只是达名，万物的私名需要等到语言文字发展成熟之后。如命名马，马是类名，至于同类的个体，都必须以此为名。命名自己的臣子，则是针对某个人，这是私名，只符合具体的个人。凡是有发音的都可以作为事物的名称，例如人的姓字。把鹿称作狗、犬，这是将名实移动错位了，称狗为犬，正是名实相符。叱骂称狗，是将蔑称强加于人。知识，由传授而得的，是闻知；由推论而得的，是说知；由亲身体验而得的，是亲自获知。用以指称的，是事物的名；被言说的对象，是事物的实。名和实相称，就是合。根据自己的意志行动，就是作为。闻，有他人告知的，是传闻；亲身观察所

得的，是见闻。见，见到事物独特的一面，叫体见；见到事物的各个方面，叫尽见。合，两军对立，这是反；志向与事功吻合，这是正。臣子奉君主之命而行，行为无不适宜。不属于对方的，对方一定不会拥有，这就是所谓必。圣人行动但不绝对肯定，绝对肯定的事可不必犹疑。权，就是要衡量利弊两个方面，不可偏于一边。

34.7 为，早台[1]，存也。病，亡也。买鬻，易也。霄尽[2]，荡也。顺长，治也。蛙买[3]，化也。同，二名一实，重同也；不外于兼，体同也；俱处于室，合同也；有以同，类同也。异，二必异，二也；不连属，不体也；不同所，不合也；不有同，不类也。同异交得，于福家良[4]，恕有无也[5]。比度，多少也。免蚼还园[6]，去就也。鸟折用桐[7]，坚柔也。剑尤早[8]，生死也。处室子，子母，长少也。两绝胜[9]，白黑也。中央，旁也。论行行行学实[10]，是非也。难宿，成未也。兄弟，俱适也[11]。身处志往，存亡也。霍为姓，故也。贾宜，贵贱也。

【注释】

〔1〕早：当作"甲"，甲胄。 台：城台。

〔2〕霄：同"消"，消失、消灭。

〔3〕买：当作"鼠"（孙诒让说）。

〔4〕于福家良：孙诒让认为此句字又舛误，当为"于富家食"。

〔5〕恕：当作"恕"，同"知"。

〔6〕免：蛇。 蚼：蚯蚓。 园：当为"圆"。

〔7〕鸟：当作"象"，偶人（孙诒让说）。 折：当为"梗"，指桃木作的人偶。

〔8〕尤：当作"戈"（孙诒让说）。 早：当作"甲"。

〔9〕绝：颜色。

〔10〕此句三个行字当有两字为衍文。

〔11〕适：同"敌"。

【译文】

　　为，甲胄和城台，是为了生存；治病，是为了免于死亡；买卖，是为了进行交易；消尽，是为了荡平；顺长，是为了治理；蛙变为鼠，是为了演化。同，两个名称指同一种事物，叫重同；两者不分内外，是同体；同处一室之中，是合同；有相似之处，是类同。异，两者完全不同，是两种不同的事物；二者不相连属，是不同个体；不在同一地点，是不相合；没有相似之处，是不同类。异同之说皆有得于心，就如同在富贵人家吃过饭，知晓有和无的差别。通过比较度量，可以知道多少的差别。蛇和蚯则屈曲蜿蜒，去留不定；用桐木代替桃木做木偶人，坚柔不同。剑、戈、甲，用在决生死的战斗中。同一家人，有子有母，有长有少。黑与白两种颜色此消彼长。有中央，才有四方。议论、行为、学问、名实，是非见解各不相同。难宿，成与未成。兄弟意见相反，也会反目成仇。身体静处而心志向往，人虽在而心已不在。霍为姓氏，由来已久。价格贵与贱各有所宜。

　　³⁴·⁸ 诺，超城员止也〔1〕。相从、相去、先知、是、可，五色〔2〕。长短、前后、轻重援。执服难成，言务成之，九则求执之〔3〕。法，法取同，观巧，传法，取此择彼，问故观宜。以人之有黑者，有不黑者也，止黑人；与以有爱于人，有不爱于人，心爱人，是孰宜心〔4〕？彼举然者，以为此其然也，则举不然者而问之。若圣人有非而不非。正五诺，皆人于知有说；过五诺，若负，无直无说；用五诺，若自然矣。

【注释】

　　〔1〕城：当为"诚"。员止：当为"正负"之误（孙诒让说）。

〔2〕色：当为"也"（孙诒让说）。

〔3〕九：当为"説"（孙诒让说），伺机。参见《经上》篇。

〔4〕心：与上句的心字，皆疑当为"止"。

【译文】

诺，诚为正诺，超为负诺。相互认同，相互冲突，预先揣测，肯定，许可，共有五种形式的诺。诺又有时间长短、次序先后、分量轻重的不同。或各执己见，或服从他人，莫衷一是，但是诺言就务必要践行，等待时机但务必要坚持它。法，法的选取标准要同一，观察事物奥妙，传授事物法则，对事物的现象进行综合取舍，既要取法前代也要结合实际。人的皮肤有黑有不黑，禁止说人黑；就像有关爱人的人，有不关爱人的人，禁止去关爱人，这两种都是不适宜的做法。对方以为某道理应当如此，我却认为这种道理才应如此，就可以举对方观点中不合理的地方加以质问。圣人对普通人虽然有所非议，但并不刻意去非议。五种正诺，都有个人自己的知识观点。五种过当之诺，如同超出负荷，所以无知就不要发表自己的见解。使用这五诺，如同万物自然而成。

【评析】

《经说》是对《经》的解释说明，也就是"引说就经，各附其章"的意思（西晋鲁胜《墨辩注叙》）。墨家的这种以说附经的学术风气显然来自儒家学术传统。孔子为学谦虚谨慎，自称"述而不作"（《论语·述而》），但圣人之书在流传的过程中总是会有令后人难以理解的地方，也就是所谓的"书不尽言，言不尽意"，那么，"圣人之意，其不可见乎？"对此，孔子提出的解决之道是从圣人立言的出发点去领会圣人的精神，以此作为理解圣人之书原意的依据："圣人立象以尽意，设卦以尽情伪，系辞焉以尽其言。变而通之以尽利，鼓之舞之以尽神。"（《周易·系辞上》）孔子说的虽然的《易经》，但其弟子们却个个是举一反三的能手，于是，当孔子的《春秋》成书之后，就有了后来的《春秋三传》，从不同的角度去揣摩和理解圣人的原意，并结合不同的时代特征和知识背景融入新的内容，这种学术传统发展到极致，最终形成蔚为壮观的两汉经学大潮。当然，墨家弟子并没有走儒家"经学"的路数，而是保留了墨子质朴严谨的学术风格，仅仅对自家祖师言简意赅的经文进行补充解释或介绍说明，显示出与儒家不同的另一种学术发展方向。只是由于墨学式微，加上年深日久，《墨经》文字脱落现象非常严重，《经说》的部分和《经》的部分现在已经无法一一对应了。

无论是《经》还是《经说》，都贯彻了墨家严谨认真的科学精神："法，法取同，观巧，传法，取此择彼，问故观宜。"对科学的研究要具备科学的方法，对观察实验对象的选取要有统一的标准，观察实验对象的奥妙要认真仔细，传授（总结）法则要态度严谨，对实验对象的研究结果要进行综合考虑、合理取舍，科学结论的得出既要尊重前人成果，也要结合实际。"问故观宜"一词很能体现墨家对待科学研究的严肃认真的态度。正是在这种科学态度的支撑下，墨家弟子才能在自然科学和社会科学领域取得一系列丰硕的成果。

推理，是现代科学研究中运用最多的方法，因为这种科学方法可以拓展知识的广度和深度，甚至可以帮助科学家们在科学研究中取得重大发现。而这种方法，我们在墨家对社会科学的研究中就可以看到这种雏形。在语言学研究领域，墨家将名称分为三类："达、类、私。"（《经上》）达名就是共名，是内涵及外延涵盖最宽泛的概念。在本篇中，则进一步指出："物，达也，有实必待文多也。""物"是达名，就是实有，但其外延非常宽广，天地万物皆在其中，故"必待文多"。类名是次于达名的一级概念，"命之马，类也，若实也者，必以是名也"。"马"就是一个类名，这种类名下的所有种类的马都统一称之为马。私名是外延最小的概念，"命之臧，私也，是名也，止于是实也"。给奴隶命名为"臧"，这个私名只针对这个奴隶而言是有意义的。

只有经过语言梳理过的世界才能呈现出清晰的色彩和意义。"语言是思维的物质外壳"，有了语言，人类的知识才有积累与传播的可能。墨家将知识的来源分为三种："闻、说、亲。"（《经上》）《经说上》进一步的解释是："传受之，闻也；方不障，说也；身观焉，亲也。"知识的获得有三种途径，一是我们通过听老师的讲解获知，二是通过他人的告知获得，三是自己亲历亲闻得来的知识。从老师那里学习得来的知识就是闻知，也就是所谓的"问故"，这部分知识是前人知识的积累和总结，站在巨人的肩膀上看世界是获取知识的重要途径和捷径，其中尽管有个人思考的成分，但还只是积累和学习，而不是创新。说知，就是从别人的述说或书本中获取信息，经过自己的思维加工，从中得出对自己有用的信息，这是一个已知推知未知的过程，也就是逻辑推理过程。墨子云："古者有语：'谋而不得，则以往知来，以见知隐。'"（《非攻》）所谓"以往知来，以见知隐"，就是这样一个推理的过程。亲知，就是通过自己的亲力亲为，从繁杂的社会现象或实验中概括总结出新知。

　　然而，知识的取得最终是为了指导人类的行为，让人类在更理性、更从容的情况下进行社会生产和生活。所以《墨经》才明确指出语言研究、知识的积累与创新、人类行为三者之间的密切关系："所以谓，名也；所谓，实也；名实耦，合也；志行，为也。"（《经说上》）语言研究是基础研究，不仅是为了辩论，更是积累和创新知识的需要。知识的取得同样不仅是为了辩论和炫耀，而是为了指导人类的社会行为。墨家最重行，他们不仅是实干家，也是一群理想主义者，他们把理想和行动结合起来，高举"兼爱"、"非攻"的旗帜，为了天下的和平与人民生活的安宁积极奔走于各国之间，希望以自己的专业知识和崇高的理性打动诸侯。墨子一生中，最有名的事件莫过于止楚攻宋的大义和过宋遇雨的尴尬。他以自己崇高的理想、非凡的胆识、高超的辩术和当时最先进的守城防御器械阻止了一场战争的爆发，真实践行了自己"兼爱"、"非攻"的主张，哪怕不被世人所知并理解也在所不惜。唯一有些遗憾的是，墨子是一个辛苦的圣人，是一个孤独的英雄。

经说下

【题解】

　　本篇对应《经下》篇，是对《经下》篇大部分内容的注解和阐释。本篇内容同样因为墨家式微、年代久远、文字错讹、竹简错乱等客观原因而显得异常晦涩难读。尽管如此，本篇还是有很多值得关注的地方。如文中关于光学知识的内容，与《经下》篇一起，站在了先秦光学研究的时代前沿。另外，本篇中其他有关的社会科学和自然科学知识也都时有精彩内容呈现。正是在这种意义上，我们把《墨经》四篇称之为先秦时代"百科全书"式的杰作。

　　35.1 止，彼以此其然也，说是其然也；我以此其不然也，疑是其然也。谓四足兽，与生鸟与[1]。物尽与，大小也。此然是必然，则俱。为麋同名[2]，俱斗，不俱二，二与斗也。包、肝、肺、子[3]，爱也。橘茅，食与招也。白马多白，视马不多视，白与视也。为丽不必丽，不必丽与暴也[4]。为非以人是不为非，若为夫勇不为夫，为屦以买衣为屦[5]，夫与屦也。二与一亡，不与一在，偏去未[6]。有文实也，而后谓之；无文实也，则无谓也。不若敷与美[7]，谓是，则是固美也[8]；谓也[9]，则是非美[10]；无谓，则报也[11]。见不见离，一二不相盈，广修坚白。举不重，不与箴[12]，非力之任也。为握者之颣倍[13]，非智之任也。若耳目异。木与夜孰长？智与粟孰多？爵、亲、行、贾，四者孰贵？麋与霍孰高[14]？麋与霍孰霍[15]？蚓与瑟孰瑟？

【注释】

〔1〕与生鸟与：此句文有舛误，当作"与牛马异"（孙诒让说）。

〔2〕为：当作"如"（孙诒让说）。 同：当为"马"。

〔3〕包：当为"色"。

〔4〕暴：丑恶。

〔5〕若为夫勇不为夫，为屦以买衣为屦：此句文有错漏，或为"若为夫以勇不为夫，为屦以买不为屦"（孙诒让说）。

〔6〕偏去未：未字前疑脱"之"字，"未"字疑衍（孙诒让说）。

〔7〕不若敷与美：此句文多舛误，"不"字当为衍文。敷与美，当为"假与义"（孙诒让说）。

〔8〕美：当为"义"。

〔9〕也：当为"他"（孙诒让说）。

〔10〕美：当为"义"。

〔11〕报：当为"执"之讹（孙诒让说）。

〔12〕与：一说当为"举"之讹（毕沅说）。 箴：同"针"。

〔13〕顑倍：当作"奇偶"。此句描述的是一种游戏，一人手握小物，让人猜数目的奇偶。

〔14〕霍：当作"虎"（孙诒让说）。

〔15〕此句疑为衍文。

【译文】

　　止，对方以为道理如此，就说道理确实如此；我认为道理并非如此，就会怀疑对方所持的观点。说四足兽与说牛马不同，因为前者包含所有的四足动物，两个概念的大小不同。如果混淆了概念彼此间的界限，则会视为同一概念。比如麋鹿和马的概念。再如两人相斗，不能说成二人在一起，而是两人参与争斗。美色、肝、肺、子女，都是人之所爱，只是爱的原因各不相同。橘与茅，前者用来食用，后者用以招致神灵。白马身上多白色，故而视马不需要多看，这是白与视不同概念间的联系。被说成美丽的，不一定美丽，但也未必就是丑恶。持不同意见以世人认可的是非为是非，如同丈夫以勇气为名而不是以夫妻关系为名，草鞋以自己做鞋子与花钱雇人做鞋买来穿意义也不同，"丈夫"和"草鞋"是名称相同而事实有出入的例子。一个整体分割为二，作为整体的"一"消失；既然一已分为二，则其中一偏可弃去。有名有实，然后才可以言说；没有名也没有实，就无从言说。至于说假和义，如果所说符合事实，就的确是义；如果转而借用他物言说，就是假借；如果我方无法言说，对方就会坚持自己的说法。同一事物的两种不同属性见此而不见彼，二者分离则不能相涵容，例如事物的广度与长度，石头坚硬与白色。无重不举，但不包括缝衣针，这与力气的大小无关。猜测别人手中所握小物数目是奇还是偶，结果与智力水平无关。耳朵和眼睛功能不同。木头与夜晚谁更长？智慧与粮食哪个更多？爵位、亲戚、德行、货价四者谁更贵？麋鹿和老虎哪个更高？蚯蚓和蛇哪个更卑微瑟缩呢？

35.2 偏，俱一无变。假，假必非也，而后假。狗，假霍也，犹氏霍也[1]。物或伤之，然也；见之，智也；告之，使智也。疑，逢为务则士，为牛庐者夏寒，逢也。举之则轻，废之则重，非有力也。沛从削[2]，非巧也，若石羽，循也。斗者之敝也以饮酒，若以日中，是不可智也，愚也。智与？以已为然也与？愚也。俱，俱一，若牛马四足。惟是，当牛马。数牛数马，则牛马二；数牛马，则牛马一。若数指，指五而五一。长宇，徙而有处，宇。宇，南北在旦有在莫。宇徙久。

【注释】
〔1〕氏：这里用作动词，即命名。霍：亦当为"虎"。
〔2〕沛：当作"柿"，柿树（孙诒让说）。

【译文】
偏，将物体一分为二，原物总量不会改变。假，假必定不符合事实，然后称之为假。狗是假虎，只不过可以将狗命名为虎。事物有时会遭到损伤，这种现象确实存在。见而明其事理，是凭借智慧；告诉别人事理，是使别人获得智慧。疑，遇到有实干能力的人就以为是贤士，遇到建造牛棚的人就以为是为了夏天乘凉，这是因为偶遇而没有深入了解的缘故。举起东西的时候觉得轻，放下东西来又觉得重，不能算有力；柿树的形态，是自然之力削斫的结果，并非刻意追求精巧，就像石头和羽毛，只是遵循自然规律罢了。打架斗殴的行为可能是因为饮酒，或是因为在人多的集市上，这种行为是愚蠢的。究竟是有智慧呢，还是自以为是呢，是愚蠢啊。俱，同类事物可以视为一个整体，如牛、马皆属四足兽。在这种情况下，牛、马又各有其名和实。分别举称牛、马，则牛和马属于两种动物；举称牛马，则牛和马为同类的四足兽。再如说指头，指头有五根，但五指同属于指头这个上位概念。无处不是宇，即使改变了方位，依然处于宇中。宇，宇宙范围广大，不同方位不同地点的同一时刻，有的是早晨，有的则是傍晚。宇宙长久处于迁徙流变的状态之中。

35.3 无坚得白，必相盈也。在尧善治，自今在诸古也。自古在之今，则尧不能治也。景，光至景亡。若在，尽古息[1]。景，二光夹一光，一光者景也。景，光之人煦若射，下者之人也高，高者之人也下。足敝下光，故成景于上；首敝上光，故成景于下。在远近有端，与于光，故景障内也。景，日之光反烛人，则景在日与人之间。景，木枏[2]，景短大。木正，景长小。大小于木[3]，则景大于木，非独小也。远近临正鉴[4]，景寡[5]、貌能[6]、白黑、远近、枏正，异于光鉴。景当俱就[7]，去亦当俱[8]，俱用北[9]。鉴者之臭[10]，于鉴无所不鉴。景之臭无数，而必过正。故同处，其体俱，然鉴分。鉴中之内，鉴者近中，则所鉴大，景亦大；远中，则所鉴小，景亦小。而必正，起于中，缘正而长其直也。中之外，鉴者近中，则所鉴大，景亦大；远中，则所鉴小，景亦小。而必易[11]，合于中，而长其直也。鉴，鉴者近，则所鉴大，景亦大；其远，所鉴小，景亦小。而必正，景过正。

【注释】

〔1〕尽古：终古，永远。

〔2〕柂：倾斜。

〔3〕大：当作"光"（孙诒让说）。

〔4〕此句文有错讹，当为"临鉴正立"（孙诒让说）。

〔5〕景寡：当作"景多寡"（孙诒让说）。

〔6〕能：当作"态"，形态。

〔7〕此句文有倒讹，当为"景就当俱"（孙诒让说）。

〔8〕尒：当作"亦"。

〔9〕用北：当为"由比"（孙诒让说）。

〔10〕臭：当作"道"（张惠言说），这里意谓属性。

〔11〕易：偏斜。

【译文】

从视觉出发，不能看到坚，只能看到石头的白，但坚和白必定共存于石头中。在尧时用以治理天下的好的方略，是以今天的眼光看待古代的事情。如果以古代的眼光治理今世，就是尧也治理不好当今的天下。影，光线照射到的地方，影子就会消失。如果光线始终存在，所照射之处永远不会产生影子。影，两条光线交叉迎向一条光线，一条光线方向就会形成影子。光线照射到人，人下方的影子就会投射到上方，人上方的影子就会投射到下方。足部挡住了自下而来的光，因此成影在上方；头挡住了自上面射来的光，故而成影在下方。光通过小孔照过来，投射到远近相当的对面壁面上，就会形成倒立的投影。日光通过反射照到人，影子会出现在太阳和人之间。光照到倾斜的木柱，形成的影子短而粗大；若照到直立的木柱，则形成的影子长而纤细。光源如果比木柱小，照出的影子就会比木柱大，影子并非总小于木柱。面对镜子站立，影子多少、状貌形态、颜色黑白、距离远近、姿态斜正，都各不相同。影子随光照一起产生，也随光灭而一起消失，俱和比意思相同。镜的原理是能够照到其中的物体无不形成影像，影像的形态各异，都必须处在镜子所能照到的范围内。因此镜子中的影像实体必在一处，然而镜子有不同种类。凹镜正对中央的地方，所能照到的范围大，影子也大；斜对其中央的地方，照到的范围小，影子也小。但无论大小，影子都是正的。这是由于影子产生于中央，沿着正方向向外反射。如果是在凸镜的边缘，离边缘近的地方，照到的范围大，影子也大；离边缘远的地方，照到的范围小，影子也小。而且无论如何，影子都是偏的。不过虽然影子偏斜，依然和在凸镜中心一样，沿着正方向向外反射。照镜子的人距离镜子近，实体大，影像就也大；距离镜子远，实体小，影子也小。实体正，影像也正。

35.4 故招负衡木[1]，加重焉而不挠[2]，极胜重也[3]。右校交绳[4]，无加焉而挠，极不胜重也。衡加重于其一旁，必捶，权重相若也。相衡，则本短标长[5]，两加焉重相若，则标必下，标得权也。挈，有力也；引，无力也。不正，所挈之止于施也，绳制挈之也，若以锥刺之。挈，长重者下，短轻者上，上者愈得，下下者愈亡。绳直，权重相若，则正矣。收，上者愈丧，下者愈得；上者权重尽，则遂挈。两轮高，两轮为轛[6]，车梯也。重其前，弦其前[7]，载弦其前，载弦其轴[8]，而县重于其前，是梯。挈且挈则行[9]。凡重，上弗挈，下弗收，旁弗劫，则下直。扡[10]，或害之也。汋，梯者不得汋[11]，直也。今也废尺于平地[12]，重不下，无旇也[13]。若夫绳之引轴也，是犹自舟中引横也。倚、倍、拒、坚[14]，

𨊥倚焉则不正〔15〕。

【注释】

〔1〕招：桔槔，古代一种利用杠杆原理制成的汲水工具。

〔2〕挠：弯曲，这里指倾斜。

〔3〕极：这里指支点。

〔4〕校：当为“权”（孙诒让说），秤锤，这里指悬挂于桔槔外侧充当秤锤作用的重物。

〔5〕本：称重时，挂重物一端的秤杆叫做本。 标：挂秤砣一端的秤杆叫做标。

〔6〕两轮高：当作“两轮为高”。 輲：没有辐条的轮子。

〔7〕弦：当作“引”（孙诒让说），牵、拉。

〔8〕轱：当作“轴”（孙诒让说），车轴。

〔9〕挈且挈则行：当为“挈且引则行”（孙诒让说）。

〔10〕拖：同“柂”，倾斜。

〔11〕汖：因倾斜的关系而下滑。

〔12〕废：放置。

〔13〕下：当为“汖”之讹。 蹄：当作“踦”（孙诒让说），有“向一侧偏”的意思。

〔14〕坚：当为“牵”。

〔15〕𨊥：当作“邪”，同“斜”（孙诒让说）。

【译文】

桔槔固定在其上的横木，承受重量却不会倾斜，因为支点另一端负重而达到平衡。桔槔外侧交叉系重物的绳子，不加重物就会弯曲，因为支点另一端没有负重。秤杆一端若加重，就必然向下倾斜，因为秤锤和重物是成正比的。秤杆平衡，挂重物一端的秤杆短，挂秤锤一端的秤杆长，两边加上相同的重量，标那一端就必然下垂，因为标那一端得益于秤砣的实际权重增加。向上提需要用人力，向下拉的重力不需用人力。秤杆倾斜，所提起的东西的正或斜，可以用绳子来提起它，也可以用像锥子似的支点来支撑它。提起时，长而重的一端下沉，短而轻的一头上翘。上翘一端加重愈多，则下沉一端下坠的力量会越少。提物的绳子直，秤砣和重物比重适宜，那么秤杆就正了。上翘一端重量越减轻，下沉一边会越下沉。如果上翘一端力被秤砣一端的力抵消，就可以顺利称重。辎车两个前轮高，两个后轮低，车子呈梯形。在其前方悬挂重物，然后向前拉，引动车轴。而在其前方悬挂重物，是云梯。向前牵引则前行。凡是重物，不向上牵引，不向下拉拽，不受侧力作用，皆会自然垂直下落。出现倾斜，一定是有外力干扰。梯子倾斜而重物却不会下滑，是因为有个向上牵引的力。现在将一尺大小的重物放在平地上，重物也不会滑移，因为没有倾斜的坡面。至于用绳子牵引车轴使之前行，就好比用纤绳牵引船头横木使之在水中前行一样。相倚、相背、相拒、相牵，用力倾斜会导致方向不正。

35.5 谁，并石、累石[1]，耳夹䯝者[2]，法也。方石去地尺，关石于其下，县丝于其上，使适至方石。不下，柱也。胶丝去石，挈也。丝绝，引也。未变而名易，收也[3]。买，刀、籴相为贾。刀轻，则籴不贵；刀重，则籴不易[4]。王刀无变，籴有变。岁变籴，则岁变刀。若鬻子。贾，尽也者，尽去其所以不雠也。其所以不雠去，则雠。正贾也宜不宜，正欲不欲。若败邦鬻室、嫁子。无，子在军，不必其死生；闻战，亦不必其生。前也不惧，今也惧。或，知是之非此也，有知是之不在此也[5]，然而谓此南北，过而以已为然。始也谓此南方，故今也谓此南方。智论之[6]，非智无以也谓[7]。所谓非同也，则异也。同则或谓之狗，其或谓之犬也。异则或谓之牛，牛或谓之马也。俱无胜，是不辩也。辩也者，或谓之是，或谓之非，当者胜也。无让者酒[8]，未让[9]，始也，不可让也。

【注释】

〔1〕谁：当为"堆"（谭戒甫说）。

〔2〕耳：当为"循"（高亨说）。 帚：同"寝"。

〔3〕收：当作"仮"，同"反"。

〔4〕易：当作"轻"。

〔5〕有：同"又"。

〔6〕智论之：智同"知"。这句话意思是说先有知识，然后才有言论（张惠言说）。

〔7〕非智无以也谓：此句疑有脱误，当作"非智无以谓也"。

〔8〕无让者酒：指宾主献酬而相敬的酒，按礼节不得推让。

〔9〕未：当作"不"。

【译文】

　　堆，同层合并石头，层层堆垒石头，遵循夹持的法则。方形的基石高出地面一尺，方石下面是关石，在方石上方悬挂线坠（铅锤），线坠刚好到方石。线坠不再下降，有柱子在上方提供挂点。绳子上端固定而下端悬垂于石头之上，是因为有柱子在上方提着它；如果绳子断了，那是下方石块太重所致。事物没有变化而名称却更改了，这是相反的情况。买，刀币和粮食价格是相互制约的。刀币贬值，粮食价格看似上涨，实际并不贵；刀币升值，粮食价格看似下跌，其实没有变化。国家刀币价值不会有变，但每年的粮食价格不同。粮食价格每年有变更，就相当于刀币的价值每年也在变化。就像荒年会出现卖儿女的景象。贾，就是尽，就是完全消除导致无法成交的因素。无法成交的因素消除了，就能顺利成交。根据买卖适宜还是不适宜，确定内心想要还是不想要。就好比战败国卖掉妻室、嫁出女儿。无，就是儿子在军队里，无从确定战士的生死；听说发生战斗，也无法确定战士的生死。在前线的人不恐惧，在后方的人却会因不能确定亲人生死而恐惧。或，知道"是"并非"此"，还知道"是"在空间意义上并不在"此"处。说某处为"南"或"北"，是将自身所处位置视作中点，越过这一点，往北就是北方，往南就是南方。开始所说的南方，待到越过它之后，就会有新的南方。先有知识，然后产生言论，没有知识，就无法论说。所谓不相同，就是相异。相同的例子如有人称狗为狗，有人称狗为犬。相异的例子如有人称牛为牛，有人称牛为马。争论双方都无法取得胜利，构不成辩论。所谓辩论，就是一方持正面意见，另一方持相反意见，观点恰当的一方胜。宾主献酬环节敬的酒，按礼节不得推让，不推让，是早已明确规定的，因此不能推让。

35.6 于石，一也；坚、白，二也，而在石。故有智焉[1]，有不智焉，可。有指，子智是，有智是吾所先举[2]，重。则子智是，而不智吾所无举也，是一。谓有智焉，有不智焉，可。若智之，则当指之智告我，则我智之。兼指之，以二也。衡指之，参直之也[3]。若曰必独指吾所举，毋举吾所不举，则者固不能独指，所欲相不传，意若未校[4]。且其所智是也，所不智是也，则是智、是之不智也，恶得为一？谓而有智焉，有不智焉。所，春也，其执固不可指也[5]。逃臣不智其处，狗犬不智其名也。遗者，巧弗能两也[6]。

【注释】

〔1〕智：同"知"。

〔2〕有：当为"又"。 先：当为"无"。

〔3〕参：同"三"。 直：恰当（张惠言说）。

〔4〕校：喜悦（张惠言说）。

〔5〕执：当为"势"（张惠言说）。

〔6〕两：当作"网"，网罗（孙诒让说）。

【译文】

对于石头来说，是个统一的整体；对于坚和白来说，是石头的两种不同性质，但两者又都包含在石头这个统一体中。因此有知道的，有不知道的，这可以理解。有具体指向，你知道这一点，还知道我没有举出的另一点，这是双重的知。你知道这一点，而不知道我没有举出的另一点，则是单一的知。说有人知道，有人不知道，是可以的。如果你知道一点，并将你知道的告知我，我就知道你的情况。我会给你指出另外一点，这样你就有了双重的知。再进一步权衡，就能得出第三点恰当的认识。如果说只能指出我所举出的一点，不得指出我所未举出的另一点，那么同一事物本来就不会只有一种意指，我如果不能明确传达我所想要传达的意指，是令人不快的。况且有所知，有所不知，那么知道和不知道的方面又该如何结合起来呢？所以说有的方面被知晓了，有的方面尚未被知晓。所知，就如春天的变化，势必有不可明了的地方。逃亡的臣子不知道该逃往何处，狗犬不能尽知它们的具体名称。已经丢失的东西，再巧的工匠也无法将它网住。

35.7 智，智狗。重，智犬，则过；不重，则不过。通[1]，问者曰："子知赢乎[2]？"应之曰："赢，何谓也？"彼曰："赢施[3]。"则智之。若不问赢何谓，径应以弗智，则过。且应必应[4]，问之时若应，长应有深浅[5]。大常中在[6]，兵人长所[7]。室堂，所存也。其子[8]，存者也。据在者而问室堂，恶可存也[9]？主室堂而问存者，孰存也？是一主存者以问所存，一主所存以问存者。五合，水、土、火，火离然。火铄金，火多也。金靡炭，金多也。合之府水[10]，木离木[11]。若识麋与鱼之数，惟所利，无欲恶。伤生损寿，说以少连[12]，是谁爱也？尝多粟，或者欲不有能伤也，若酒之于人也。且恕人利人，爱也，则唯恕弗治也。损饱者，去余，适足不害。能害饱，若伤麋之无脾也[13]。且有损而后益智者，若疟病之之于疟也。

【注释】
　〔1〕通：沟通。

〔2〕赢：当为"羁"（高亨说）。

〔3〕施：当为"旅"（高亨说）。

〔4〕且应必应：当作"且问必应"（孙诒让说）。

〔5〕长：当为"其"（孙诒让说）。

〔6〕常：当为"堂"（毕沅说）。

〔7〕兵人长所：当作"其人其所"（孙诒让说）。

〔8〕其：当为"某"（孙诒让说）。

〔9〕可：当为"所"（孙诒让说）。

〔10〕合之府水：金与火相合，就熔化成水（孙诒让说）。

〔11〕木离木：当作"木离土"（孙诒让说）。

〔12〕连：当为"适"，适度收敛以合乎养生之道（孙诒让说）。

〔13〕脾：同"髀"，大腿部分。

【译文】

知，知道狗和犬是相同的。重，知道狗也知道犬，却不知道狗就是犬，就不对了。如果不知道狗或不知道犬，知此而不知彼就不算错。通，发问者道："你知道羁是什么意思吗？"应答的人说："羁是什么意思？"对方回答："就是旅。"那么应答者就知道了。如果应答者不问羁的意思，直接说自己不知道，就是不对的。而且应答者遇到有人发问一定要应答，要在对方发问时回应，应答的内容有深有浅。在大堂上，每个人都有自己固定的位置。室堂是人所居处的地方，个人则是居处于室堂中的存在者。以居处者的角度问室堂，应该居于何处？以室堂的角度问居处者，居处于其中者是谁？前者是以居处者为主而问所居处之地，后者是以居处之地为主而问居处者。五行相合的有水、土、火，火附丽于木而燃烧。火熔金，这是火能克金；金能碾碎木炭，这是金克木。金与火相合，就熔化成液体。木附丽于土才能生长。如果知道了麋鹿和鱼的数量，用来供应膳馐就应该适度，不能有所偏爱。伤害身体，减损寿命，是因为不知适度收敛以符合养生之道。到底爱哪一种呢？多吃粮食，也许不能给人带来好处，就像喝酒不能给身体带来好处一样。而且知道人的需求并施利于人，是爱人，但仅凭知道，是无法达到目的的。减损吃饱的欲望，舍弃多余的食物，就不会损害身体。以食太饱为害，就好像用麋鹿肉祭祀，是不用髀的。而且有所减损而后才会带来益处，就好像患疟疾的人以疟疾症状的消除为有益于身体。

35.8 智，以目见，而目以火见，而火不见。惟以五路智久[1]，不当。以目见，若以火见。火，谓火热也，非以火之热。我有若视曰智。杂所智与所不智而问之，则必曰："是所智也，是所不智也。"取、去，俱能之，是两智之也。无，若无焉[2]，则有之而后无；无天陷，则无之而无。攫疑[3]，无谓也。臧也今死[4]，而春也得文[5]，文死也可。且，犹是也；且然，必然；且已，必已。且用工而后已者，必用工而后已。均，发均县，轻重而发绝，不均也。均，其绝也莫绝。尧、霍[6]，或以名视人，或以实视人。举友富商也，是以名视人也；指是臛也，是以实视人也。尧之义也，是声也于今，所义之实处于古。若殆于城门[7]，与于臧也。狗，狗犬也，谓之杀犬，可，若两腖[8]。使，令，使也。我使我，我不使，亦使我。殿戈亦使[9]，殿不美，亦使殿。

【注释】

〔1〕五路：指人的五种感觉方式。 久：指时间。

〔2〕焉：当为"马"（孙诒让说）。

〔3〕攫：引申，抽绎。攫疑，指无根据的怀疑。

〔4〕臧：古代对奴仆的贱称。

〔5〕春：当作"养"，供养。文：当作"之"，下"文"同（孙诒让说）。

〔6〕霍：同"臛"，肉羹。这里指"做肉羹的人"。

〔7〕殆：接近（孙诒让说）。

〔8〕两腖，意思是说一体之不可分割的两部分。腖，同"髀"，大腿部分。

〔9〕殿戈：殿军（张惠言说），撤退时断后的军队。

【译文】

感知外物要靠视觉，而视觉依靠光方能见物，但光本身并不能见物。以人的五种感官去感知时间是不恰当的。用视觉去看，就是借助光去看。火，说火是热的，并非因为视觉能感知火的热度。我有视觉，就可以感知事物。把自己已知的和未知的事物合在一起询问别人，必须要说清："这些是我已知的，这些是我不知道的。"能够取舍，就是获得了正反两方面的知识。无，如果说无马，那是先有后无；若说没有天塌，则是本来就没有。无根据地怀疑，是无谓的事情。如今奴仆死了，而依然能够得到供养，奴仆之死的损失也就可以得到弥补。且如同是，将要如此，就必定会如此；将要停止，就必定会停止。将要用工夫去完成，就是一定会花了工夫才能完成。均，头发粗细均匀，悬挂物品时有的会断有的不断，这是所悬物品轻重不均造成的。如果轻重均匀，那么头发就不会断。尧与霍，前者是以名称呼人，后者是以实称呼人。将富商朋友介绍给别人，是以名义看人；指着做肉羹的厨师称之为膗，则是以实质看人。尧的道义是他的名声流传到今天，其道义的实质行为则在古代。如果接近城门，就形同奴仆。狗就是犬，把杀狗说成杀犬，是可以的，狗和犬是同一物的两个名称，就像人有两条大腿一样。使，就是令，差遣人做事。若是差遣自己，就是不下令，也是使自己做事。让部队殿后也是一种使令，即使负责殿后的军队不是精锐，也要派遣他断后。

35.9 荆沈，荆之贝也〔1〕，则沈浅非荆浅也，若易五之一〔2〕。以楹之抟也，见之，其于意也不易，先智〔3〕。意，相也。若楹轻于秋〔4〕，其于意也洋然〔5〕。段、椎、锥〔6〕，俱事于履，可用也。成绘屦过椎，与成椎过绘屦同〔7〕，过仵也〔8〕。一，五有一焉；一有五焉；十，二焉。非斫半，进前取也。前，则中无为半。犹端也，前后取，则端中也。斫必半，毋与非半，不可斫也。可无也，已给〔9〕，则当给，不可无也。久有穷而穷。正九〔10〕，无所处而不中县，抟也。伛宇不可偏举〔11〕，字也〔12〕。进行者，先敷近，后敷远。行者行者，必先近而后远。远近，修也；先后，久也。民行修，必以久也。一方尽类，俱有法而异。或木或石，不害其方之相合也。尽类犹方也。物俱然。

【注释】
〔1〕沈：当为"沆"，大沼泽。 贝：当作"具"。参见《经下》篇。
〔2〕之：当作"与"（孙诒让说）。
〔3〕先：当作"无"。
〔4〕秋：同"萩"，蒿类植物。
〔5〕洋然：茫然。
〔6〕段：段石，锻造金属或承受锤击时用的砧垫。
〔7〕绘：当为"缯"，丝帛。 过：当为"遇"（孙诒让说）。
〔8〕仵：当为"忤"，相逆。
〔9〕给：当为"然"之误（孙诒让说）。
〔10〕九：当为"丸"之误。
〔11〕伛：同"区"，区域。
〔12〕字：当作"宇"。

【译文】
楚国大泽，楚国境内所有，说楚国大泽浅不等于说楚国浅，否则就好比是五中包含一就把五当作一。把楹柱当作成捆的木柴，一看便知有误，仅凭猜想是不妥当的，是无知。意，就是臆想。把楹柱当成萩草，这种臆想就更茫然无知了。段石、锤子、尖锥，都是用来制作履的，因为它们合用。鞋子做好再捶打，还是先捶打再上鞋都一样，这是一个可以灵活掌握的工序。一，五大于一，但一如果放到高数位上，则一又包含低数位的五，例如十位上的一，就包含两个五。砍去的并非是一半，因为每砍掉后边一部分，就会取前一部分，取前一部分，则这个部分的中点就不是一半了。就好比端点，前端点与后端点中间的点就是中点。如果每次必须砍掉一半，而每次所砍都不同于另一半，最后就没法砍了。事物可以不复存在，已经存在的事物，曾经存在过，不能因为现在不存在就认为没有存在过。永久，也有其穷尽的终点。正圆形的弹丸，无论如何滚动都处于重心垂直的状态，因为它是圆形的。宇宙的区域不可遍知，这就是无限的宇宙。行进的原则，就是先到近处，后到远处。行进者的目标，也必须先近后远。远近，属于长度范畴；先后，属于时间范畴。人要走长路，必然会花去很长时间。同为方形的物体可以拼合，虽然材质各有不同，或为木、或为石，但并不影响它们相合无间，因为同属方形物体。万物皆有以类相从的特性。

35.10 牛狂与马惟异〔1〕。以牛有齿，马有尾，说牛之非马也，不可。是俱有，不偏有，偏无有。曰之与马不类〔2〕，用牛有角，马无角，是类不同也。若举牛有角，马无角，以是为类之不同也，是狂举也。犹牛有齿，马有尾。或不非牛而非牛也，可；则或非牛或牛而牛也〔3〕，可。故曰："牛马非牛也"，未可；"牛马牛也"，未可。则或可或不可，而曰"牛马牛也未可"亦不可。且牛不二，马不二，而牛马二。则牛不非牛，马不非马，而牛马非牛非马，无难。

【注释】

〔1〕狂：当为"性"（俞樾说）。

〔2〕"曰"下当脱"牛"字。

〔3〕或非牛或牛而牛也：当作"或非牛而牛也"（孙诒让说）。

【译文】

牛的属性与马不同。但以牛有齿、马有尾为据说牛不是马却不行。因为牛和马都有齿和尾，并非一个有、一个没有。说牛与马不是同类，以牛有角而马无角为依据，这是牛和马不同类的一个特征。如果只是说牛有角、马无角，以此作为牛和马不同类的根本区别，就是举例不当。就好比是说牛有齿、马有尾一样，或者是不能说不是牛就是非牛，或者是说不是牛就是牛。所以说：认为牛马不是牛的说法是不对的，认为牛马等同于牛的说法也是不对的。在不确定的情况下，就说"'牛马是牛'的说法不对"也是不对的。而且牛是一类，马是一类，牛马则是两个概念的合成。那么牛就是牛，马就是马，而牛马既不等于牛，也不等于马，这种理论也就不难理解了。

35.11 彼，正名者彼此，彼此，可。彼彼止于彼，此此止于此，彼此，不可。彼且此也，彼此亦可。彼此止于彼此，若是而彼此也，则彼亦且此此也。唱无过[1]，无所周[2]，若粺[3]。和无过[4]，使也，不得已。唱而不和，是不学也。智少而不学，必寡[5]。和而不唱，是不教也；智而不教，功适息。使人夺人衣，罪或轻或重；使人予人酒，或厚或薄。

【注释】

〔1〕唱无过：歌唱而没有应和者。
〔2〕周：当为"用"（孙诒让说）。
〔3〕粺：稗子，一种类似稻子的杂草，比喻无用。
〔4〕和无过：想应和而没有主唱者。
〔5〕必寡：必上当脱"功"字。

【译文】

彼，名实应当相符，在这个基础上说彼和此是可以的。如果仅就彼方而定位彼，仅就此方而定位此，如此说彼此是不可以的。意识到彼就是此，说彼此是可以的。说彼此仅限于彼此狭小的范围，在这种基础上说彼此，则彼此和此此并没有什么不同。歌唱却没人应和，就像稗子形似稻子却没有用处。应和者没有主唱者，是主唱者的过错，而非应和者之错。有主唱而无应和，是和者不学之过。所知甚少而又不学，所知必然少得可怜。有应和而无主唱，这是主唱的缺失，有知识而不教导人，那么功用必将逐渐消亡。假使有人抢夺别人的衣服，那么此人之罪根据衣服的价值或轻或重；如果有人请别人饮酒，酒的味道根据交情的深浅或厚或薄。

35.12 闻在外者所不知也。或曰："在室者之色，若是其色。"是所不智若所智也。犹白若黑也，谁胜？是若其色也，若白者必白。今也智其色之若白也，故智其白也。夫名，以所明正所不智，不以所不智疑所明。若以尺度所不智长。外，亲智也；室中，说智也。以諤，不可也。出入之言可〔1〕，是不諤，则是有可也。之人之言不可，以当，必不审。惟，谓是霍，可〔2〕，而犹之非夫霍也，谓彼是是也。不可谓者，毋惟乎其谓。彼犹惟乎其谓，则吾谓不行；彼若不惟其谓，则不行也。

【注释】
〔1〕出入：当"之人"之误（孙诒让说）。
〔2〕霍：当为"虎"（孙诒让说）。

【译文】
在室外听到有人在室内，但不知道是谁。有人说："室内者的脸色与在室外者的脸色相同。"这是以不知为已知。就好像白色和黑色，哪个更适合？如果其颜色和白色的物品相似，那就一定认为白色适合。现在知道某物颜色与白色相似，因而知道了该物是白色的。名称，就是要用已知来证明未知，不是拿所不知来质疑已知。就好像用尺子来度量不知长度的物体。身处室外对室外物体是亲身感知的，在室内的人则需要室外人告之才知晓。认为别人的话是错误的，必然是因为这些话有不可信的地方。某人的话可信，那是因为这些话没有悖谬之处，也即有可信之处。某人说的话不可信，却被认为是恰当的，一定是因为不审查的缘故。随意说它是虎，即使并非真虎，但我自己随意命名可以说它叫虎。说不可以这样称呼它，是因为别人不会使用我随意的命名。他们仍然坚持他们认可的称谓，那么我加于某物的称谓就不会通行。他们如果不坚持他们认可的称谓，那么他们认可的称谓也不会通行。

35.13 无，南者有穷则可尽，无穷则不可尽。有穷、无穷未可智，则可尽、不可尽，不可尽，未可智。人之盈之否未可智，而必人之可尽、不可尽亦未可智，而必人之可尽爱也，誖。人若不盈先穷[1]，则人有穷也，尽有穷无难。盈无穷，则无穷尽也，尽有穷无难。不二智其数[2]，恶智爱民之尽文也[3]？或者遗乎其问也？尽问人，则尽爱其所问。若不智其数而智爱之，尽文也无难。

【注释】

〔1〕先：当为"无"之误（孙诒让说）。
〔2〕二：当为"一一"之误（孙诒让说）。
〔3〕文：当作"之"（孙诒让说）。

【译文】

无，南方有尽头就可以穷尽，如果没有尽头就不能穷尽。有尽还是无尽是未知数，那么究竟是否可以穷尽，也就无法知晓。四方是否住满了人不可知，世间人数有没有极限也不可知，而认为天下人全都可以尽爱的观点是错误的。人如果无法盈满无穷的空间，那就意味着人数有极限，爱尽有限的世人是不难做到的。人如果能盈满无穷的空间，那么空间的无穷既然可以穷尽，穷尽有穷的空间也是不难做到的。如果不能一一知道世间之人，怎么能知道已经尽爱世间所有人了呢？或者其中会有所遗漏呢？如果问遍所有人，那么只是爱尽其所过问的人。如果不知道具体的人数而惟知爱人，爱尽所有人并不困难。

35.14 仁，仁爱也。义，利也。爱、利，此也；所爱、所利，彼也。爱、利不相为内、外，所爱、利亦不相为外内。其为仁内也，义外也，举爱与所利也，是狂举也，若左目出右目入。学也，以为不知学之无益也，故告之也，是使智学之无益也，是教也。以学为无益也，教，誖。

【译文】

仁，就是仁爱。义，就是赋利于他人。爱与利在我，而所爱所利的对象则在他人。爱与利彼此不分内外，所爱与所利的对象也彼此不分外和内。仁由内心生发，义则因外物所感，举爱之在此而所利之在彼，就是狂举，就好像是从左眼出，从右眼进。学习，因为学习者不知道有些学习是无益的，所以告知他这一点，目的是使他明白某些学习是无益的，这就是教。知道某些学习是无益的，还去教他，这是错误的。

35.15 论诽[1]，诽之可不可。以理之可诽，虽多诽，其诽是也；其理不可非，虽少诽，非也。今也谓多诽者不可，是犹以长论短。不诽[2]，非己之诽也。不非诽，非可非也。不可非也，是不非诽也。物，甚长甚短，莫长于是，莫短于是，是之是也，非是也者，莫甚于是。取高下，以善不善为度，不若山泽。处下善于处上，下所请上也[3]。不是，是则是，且是焉。今是文于是[4]，而不于是，故是不文。是不文，则是而不文焉。今是不文于是，而文与是，故文与是、不文同说也。

【注释】

〔1〕诽：非议，批评。

〔2〕不诽：据下文，当作"非诽"，即非议喜欢非议他人的人。

〔3〕请：当作"谓"（孙诒让说）。

〔4〕文：当作"之"，以下"文"字并同。

【译文】

　　论及非议，关键要看非议是否得当。如果道理上可以非议，即使多有非议，这些非议也是合理的；如果道理上不可非议，即使非议较少，也是不对的。现在人常说"不要有太多非议"，这就像不考虑具体情况就以长去论短。非议喜欢非议他人的人，等于在非议自己的非议。不非议喜欢非议他人的人，是因为被非议的对象有可非议之处。别人的非议不可非议，就不必非议他的非议。物体很长或很短，没有比此物长的，所以才叫甚长；没有比此物短的，所以才叫甚短。只有这样才能称得上是甚，如果不是这样，就不能称为很长或很短。判断事物的高下，以擅长和不擅长为标准，并不像山与泽的差距那样明显。居下位者强于居上位者，那么下也就成了所谓的上。不是，是就是是，而且确实如此。现在是既是是，而又不是是，因此是不确定。是不确定，就是是而不确定。现在是不确定是还是不是，而又确定是，因此是之于是、不是道理相同。

【评析】

　　《墨经》四篇是墨家思想和实践的基础，其中的逻辑学、语言学奠定了墨家的思维方式和论证方法，而数学、光学、力学、建筑工程学等方面的知识则为墨家的手工业实践以及军事装备制造和军事工程建设提供了知识基础。也许是因为出身和个人兴趣爱好的缘故，墨子的学术兴趣不仅十分庞杂，而且也从不羞于谈论钱财利益，这对于"罕言利"而大谈"仁义"的孔门学风而言无疑是一种叛逆。在墨子的带动下，墨家弟子涉足的学术领域较儒家而言远为复杂多样，《墨经》就是墨家独特学术面貌的一种具体呈现。在《墨经》四篇之中，《经说下》的篇幅比较长，内容也更加丰富，其中关于经济学、光学和力学等方面的探讨比较容易吸引人们的注意力。

　　经济学方面，墨家非常清楚地认识到，只有经过市场交换的劳动产品才是商品。《经说上》云："买鬻，易也。"买卖就是商品交换的过程，没有经过市场交换渠道的劳动产品和经过市场交换的劳动产品本质上是有区别的。《经说下》说："为屦以买不为屦，夫与屦也。"同样是鞋，卖给别人穿和留给自己穿其中所包含的意义是不一样的。墨家虽然没有说出商品的本质是什么，却敏感地察觉到商品中包含着某种一般劳动产品所不具备的特质。有趣的是，几乎与此同时，古希腊的亚里士多德也发现了自己做的鞋穿在自己脚上与拿来交易是不一样的。当然，我们不能苛责古人，因为商品的本质是价值的结论只有到马克思那里才能得到科学而系统的解释。除了对商品的本质有了朦胧的认识之外，《墨经》还注意到了商品的价值周期问题。《经说上》说："贾宜，贵贱也。"商品价格是商品价值的直观反映，但由于种种主客观因素特定商品在一定的时间段内会出现一些波动，中国历史上不乏这种能够把握商品价格波动周期并大获其利的人物，陶朱公、子贡都是这方面的杰出人才。一般来说，商品价格无法永远背离价值，它围绕价值上下波动是有规律可循的，最为显著的特征是商品价格受供求关系的影响会短时间内背离价值的制约，《经下》："贾宜则售，说在尽。"《经说下》："若鬻子。贾，尽也者，尽去其所以不雠也。其所以不雠去，则雠。正贾也宜不宜，正欲不欲。若败邦鬻室、嫁子。"价格适宜，商品就可顺利售出，但要尽可能排除不利于商品出售的因素。比如说在一个战败的城市中，出售房子、嫁女儿，房价和陪嫁的嫁妆自然会比平时要低。当然，这只是特殊情况下商品价格对价值的短暂背离。《经说下》："刀、籴相为贾。刀轻，则籴不贵；刀重，则籴不易。王刀无变，籴有变。岁变籴，则岁变刀。"刀币和粮食互相体现对方的价值，买同等数量的粮食，花费的刀币少，说明粮食价格低；若花费的刀币多，则说明粮食价格高。刀币本身并没有发生变化，但购买的粮食数量却有不同，这说明单位刀币的价值不变，而粮食的价格受外界因素的影响发生了变化。粮价的这种变化反映出商品供求关系对商品价格产生了实质性的影响。

光学方面，是墨家最早发现了小孔成像的光学现象："景到，在午有端与景长，说在端。"（《经下》）墨家的这个发现应该出于偶然。某一天的中午时分，墨子或墨子的某个弟子在暗室中休息，南墙上有一个小孔，光线能够投射进来。这时，一个弟子或同门前来办事，恰巧走到小孔的正前方，光线透过小孔将这个人的影子投射到小孔对面的墙壁上并形成倒立的人影。墨家为了研究这种现象的成因，反复进行了小孔成像的实验，并通过实验得出了科学的结论。这个实验在《经说下》篇有详细的记载："景：光之人煦若射，下者之人也高，高者之人也下。足敝下光，故成景于上；首敝上光，故成景于下。在远近有端，与于光，故景障内也。"在暗室的墙壁上凿一个小孔，人站在室外正对着小孔，于是暗室内小孔对面的墙上就会形成一个倒立的人影。为什么会出现这样的现象呢？墨家解释说，是因为光线照射到人身上时，下面的光线被人的足部挡住，所以成影于墙壁的上方；上面的光线被头部挡住，所以成影于墙壁的下方，因此墙壁上的像就成倒立的了。同时墨家已经认识到光线是直线传播的，"光之人煦若射"，光线照在人身上之后，没有被挡住的光线就像射箭一样继续前行。这是《墨经》中最著名的一个光学原理，尽管当时没有条件将其运用到人类生产当中，但这个科学发现对后世却产生了深远的影响。比如我们使用的照相机，就是对小孔成像光学原理的实际运用。在这个著名的实验中，墨家还发现了影子大小与物体的正斜远近、光源大小、光源远近都有关系。可见，墨家在格物致知方面确确实实走到了时代的最前沿。

力学方面，杠杆原理是墨家从桔槔和称的使用中总结出来的。人类在生产劳动中为了节省体力，逐渐学会在灌溉农田时利用桔槔汲水，建造房屋时用定滑轮提升重物，有关力学的知识就是在人类的生产生活过程中逐渐形成的。墨家成员大都是手工业者，他们在长期的生产劳动中不仅仅学会了如何省力，更主动探寻并发现了力的奥秘："力，刑之所以奋也。"（《经上》）"刑"通"形"，指物体。奋，动也（《广雅·释诂》）。能够使物体运动起来的东西就是力。"力，重之谓。下、与，重奋也。"（《经说上》）任何运动都离不开力，重量也是一种作用力。物体下坠和上举都和重量有关，物体下坠是由于地球引力而产生的向下的重力，而上举物体就需要一个与重力相反方向的作用力。《经下》篇指出，称的工作原理是："衡而必正，说在得。"要使秤杆呈水平状态，称两边的重量就必须相等。"加重于其一旁，必捶，权重相若也。相衡，则本短标长，两加焉，重相若，则标必下，标得权也。"（《经说下》）其中重指重物，权指秤砣，本指重臂，标指力臂。称的提钮两边分别是重臂和力臂，在平衡状态下，加重重物的重量，重臂这一边就会下垂；而增加力臂的长度就可以使称恢复平衡。如果在称的两边同时加同样的重量，秤砣这一边就会下垂，因为力臂长度大于重臂长度，两边增加相同的重量，力臂一边必然下垂。墨家的这个结论用公式可以描述为："力臂 × 秤砣 > 重臂 × 重物"。这与"力臂 × 秤砣 ＝ 重臂 × 重物"的杠杆公式已经非常接近了。除此之外，墨家在力学方面对定滑轮、浮力原理等力学知识都有较为直观的认识。遗憾的是，随着墨家学派的风消云散，墨家的科学精神也成为一代绝响，这些伟大的科学发现更是被尘封在历史的尘埃中。直到我们被西方列强打痛打醒，才发现墨家的这些科学知识与科学精神有多么的珍贵。

大 取

【题解】

　　《大取》与《小取》集中阐述了墨家的逻辑学思想，被后世合称为《墨辩》。所谓"取"，与"取譬"之"取"同，即逻辑辩论要讲原则，"以类取，以类予"（《小取》），"以类行"（《大取》），否则就会陷入诡辩论的泥潭。本篇不仅包括墨家的逻辑学思想，文章的前半部分还涉及墨家的世界观、价值观和伦理观，堪称墨家兼爱天下、尽利苍生精神的宣言书。全篇以"爱人"、"利人"发端，反复探究二者的真义所在，并将儒家的"仁爱"与墨家的"兼爱"思想进行对比，以凸显墨家兼爱精神的博大。此外，本篇中的逻辑思想多不连贯，文亦不相连属，皆因竹简错乱的缘故，如今已经无法恢复旧观。

　　36.1　天之爱人也，薄于圣人之爱人也；其利人也，厚于圣人之利人也。大人之爱小人也，薄于小人之爱大人也；其利小人也，厚于小人之利大人也。以臧为其亲也[1]，而爱之，非爱其亲也；以臧为其亲也，而利之，非利其亲也。以乐为爱其子，而为其子欲之，爱其子也[2]。以乐为利其子，而为其子求之，非利其子也。

【注释】

　　〔1〕臧：通"葬"，这里指墨家反对的厚葬。　亲：这里指父母。
　　〔2〕据文意，"爱"上当脱"非"字。

【译文】

　　上天对人类的爱，比圣人对人类的爱要淡薄；它对人类的赐予，却比圣人要更丰厚。君子亲爱小人的程度，不如小人亲爱君子的程度；君子施利于小人，比小人施利于君子要丰重。认为厚葬是爱自己的双亲，因此喜欢厚葬，并不是真的爱自己的双亲；认为厚葬是有利于自己的双亲，因此认为厚葬有利，实际上并非真的有利于自己的双亲。认为给子女听音乐是爱子女而让子女沉溺于音乐之中，并不是真正爱子女的行为；认为音乐对子女有利，而为子女遍求各种音乐，并非真正对子女有利。

　　36.2 于所体之中而权轻重之谓权[1]。权，非为是也，非非为非也[2]。权，正也。断指以存腕，利之中取大，害之中取小也。害之中取小也，非取害也，取利也。其所取者，人之所执也。遇盗人，而断指以免身，利也；其遇盗人，害也。断指与断腕，利于天下相若，无择也。死生利若，一无择也[3]。杀一人以存天下，非杀一人以利天下也；杀己以存天下，是杀己以利天下。于事为之中而权轻重之谓求。求为之，非也。害之中取小，求为义，非为义也。

【注释】

　　[1]所体：所行之事。　权：秤锤，这里指权衡、考虑。
　　[2]非非为非也："非"字衍，当作"非为非也"。
　　[3]一：当为"非"（孙诒让说）。

【译文】

　　在所行之事上要反复权衡其轻重利弊，这就叫权。权，并非是为了追究绝对的对，也不是为了追究绝对的错。权，是为了追求恰当适中。砍断手指以求保存手腕，是为了求的利的最大化，而实现害的最小化。在两种伤害之中求其小者，这并不是选取害，而是在选取利。其所选择的方式，正是被别人紧抓不放的地方。遇到强盗，能够砍断指头以避免杀身，是利；至于遇到强盗，是无法避免的害。断指和断腕，对天下而言利害相当，没什么区别。死与生利害相当，只要有利于天下，同样无法选择。杀一个人能够保存天下，并不是杀一个人而使天下得利；杀死自己以保存天下，这是杀死自己而使天下得利。遇事能够取中而权衡轻重叫做求。根据所求而行事，是不对的。在害之中选取较小的害，以求合乎道义，并不是真正的行义。

36.3 为暴人语天之为，是也；而性为暴人，歌天之为，非也[1]。诸陈执既有所为[2]，而我为之；陈执执之所为[3]，因吾所为也。若陈执未有所为，而我为之陈执，陈执因吾所为也。暴人为我，为天之以人非为是也[4]，而性不可正而正之。

【注释】

[1] 歌：当为"语"（张纯一说）。

[2] 陈执：相当于《当染》篇中的"所染"，因生活环境的熏陶而习以为常，即习惯（张纯一说）。

[3] "执"字衍，当删。

[4] 以：当为"与"（吴毓江说）。

【译文】

对暴戾的人陈说上天的安排，这是对的；而如果是天性暴戾的人，对人陈说天意安排，是不对的。受生活环境的影响，我会形成习惯；而我的行为形成习惯并与生活环境保持一致，也会影响到别人。如果生活环境尚未造成影响，而我的行为成为主要影响力量，新的生活环境也会因我而形成。暴戾的人一切行为皆为自我，认为天意并非是引导人人兼爱，这种性格虽很难改正，但仍需要努力矫正。

36.4 利之中取大，非不得已也；害之中取小，不得
已也。所未有而取焉，是利之中取大也；于所既有而弃
焉，是害之中取小也。义可厚，厚之；义可薄，薄之，
谓伦列。德行、君上、老长、亲戚，此皆所厚也。为长
厚，不为幼薄。亲厚[1]，厚；亲薄，薄。亲至，薄不
至。义，厚亲不称行而顾行[2]。为天下厚禹，为禹也。
为天下厚爱禹[3]，乃为禹之爱人也。厚禹之加于天下，
而厚禹不加于天下。若恶盗之为加于天下，而恶盗不加
于天下。爱人不外己，己在所爱之中。己在所爱，爱加
于己。伦列之爱己，爱人也。圣人恶疾病，不恶危难。
正体不动，欲人之利也，非恶人之害也。圣人不为其室
臧之[4]，故在于臧[5]。圣人不得为子之事。圣人之法：
死亡亲[6]，为天下也。厚亲，分也；以死亡之，体渴兴
利。有厚薄而毋[7]，伦列之兴利为己[8]。

【注释】
〔1〕亲厚：指与自己血缘关系密切的人（孙诒让说）。
〔2〕顾：当作"类"（孙诒让说）。
〔3〕"厚"字当为衍文。
〔4〕臧：同"藏"。
〔5〕在：当为"善"（吴毓江说）。
〔6〕亡：同"忘"（孙诒让说），忘却。
〔7〕有厚薄而毋：当为"有厚而毋薄"。毋：同"无"。
〔8〕"利为"二字误倒。己：当为"已"。

【译文】
　　在利益中选取大者，并非不得已；在危害中选取小者，则是
不得已。选取原本自己所不具有的事物，是在利益中选取大者。在

原本拥有的事物中选择性地舍弃，是在危害中选取小者。根据道义可以厚待的，就厚待；根据道义可以薄待的，就薄待，这就是伦常序列。有德行者、君上、长者、亲戚，这些都是需要厚待的。厚爱长者，并非要薄爱幼者。近亲要厚爱，远亲要薄爱。对血缘关系最近的至亲，不能给予薄爱。根据道义，厚爱至亲虽无需考虑至亲的行为，但至亲的行为也要与德行相类。因为全天下皆受其利而厚待禹，这是为了禹。全天下人都爱禹，是因为禹博爱世人。厚待禹的行为是因为他能够利加天下，但对禹的厚待并不等于对天下其他人的厚待。就像厌恶强盗的行为加恶于天下，但对强盗的厌恶并不等于对天下其他人的厌恶。爱人并不排除自己，自己也在所爱之列。自己在所爱之列，爱也可以施加于自身。在伦理序列规范下，爱己和爱人是一样的。圣人厌恶疾病，但不厌恶危难。端正形体并不为外物所动，是为了希望世人获利，并非厌恶他人的危害。圣人不会为自家藏富，可谓善于藏富。圣人不能仅仅专注于尽为人子应尽的孝道。圣人的准则：父母去世就忘却他们，这是为了造福天下。厚爱父母，是本分；父母死后就忘却他们，是急于为天下兴利。圣人之爱只有厚没有薄，伦理序列的规定不过是为天下兴利而已。

36.5 语经[1]，语经也。非白马焉，执驹焉说求之舞母[2]，说非也，渔大之舞大[3]，非也。三物必具[4]，然后足以生。臧之爱己，非为爱己之人也。厚不外己[5]，爱无厚薄。举己[6]，非贤也。义，利；不义，害。志功为辩。有有于秦马，有有于马也，智来者之马也[7]。爱众众世与爱寡世相若[8]。兼爱之，有相若。爱尚世与爱后世[9]，一若今之世人也。鬼，非人也；兄之鬼，兄也。天下之利驩[10]。圣人有爱而无利，倪日之言也[11]，乃客之言也。天下无人，子墨子之言也犹在。

【注释】

〔1〕语经：孙诒让认为指"言语之常经"，即言论的常规。

〔2〕舞：当为"無"。原文无"母"字，今从毕沅说。

〔3〕渔大之舞大：孙诒让认为当作"杀犬之无犬"，同《经下》"杀狗非杀犬"。

〔4〕三物：指故、理、类。 必：同"毕"，全部，都。

〔5〕厚不外己：当为"厚人不外己"（孙诒让说）。

〔6〕举：当作"誉"（孙诒让说）。

〔7〕智：同"知"。

〔8〕众众世："众"字衍，当删。"众世"、"寡世"，当以人口众寡区分为宜。

〔9〕尚世：上古之世。

〔10〕驩：同"欢"。

〔11〕倪日：当作"儒者"（孙诒让说）。

【译文】

语经，言语表达要遵循基本规律。认为白马非马，坚执孤驹不曾有母的怪论，不要搬弄是非，说杀狗不是杀犬等等，这些都是错误的。逻辑推理要求故、理、类三者都具备，然后才足以产生言辞。奴仆爱自己，并不是为了那些爱自己的人。厚爱别人无需把自己排除在外，爱人没有厚与薄的差别。赞誉自己，并不是真正的贤能。义，就是利；不义，就是害。义与不义，都要经过志向和事功进行判断。有人说"有秦国的马跑来了"，有人说"有马跑来了"，只要知道跑来的是马就行了。爱人口众多的时世与爱人口寡少的时世相同。兼爱要求在所有条件下的爱相同。爱上古之世与爱后世，一如爱当今世上之人。鬼，不是人；兄长的鬼魂，一样是兄长。天下的人都会为得到利益而欢乐。圣人有爱而无利，这是儒者的话，是对方的观点。即使天下无人（信奉墨学），墨子的言论也会依然长存于世。

36.6 不得已而欲之，非欲之也。非杀臧也〔1〕。专杀盗，非杀盗也。凡学爱人。小圜之圜，与大圜之圜同。

方至尺之不至也[2]，与不至钟之至不异[3]。其不至同者，远近之谓也。是璜也[4]，是玉也。意楹，非意木也，意是楹之木也。意指之也，非意人也。意获也[5]，乃意禽也。志功不可以相从也。利人也，为其人也。富人，非为其人也。有为也以富人，富人也。治人，有为鬼焉。为赏誉利一人，非为赏誉利人也，亦不至无贵于人。智亲之一利，未为孝也，亦不至于智不为己之利于亲也。智是之世之有盗也，尽爱是世。智是室之有盗也，不尽是室也。智其一人之盗也，不尽是二人。虽其一人之盗，苟不智其所在，尽恶其弱也[6]。

【注释】

〔1〕非杀臧也：据下文，此句之上似脱"专杀臧"。

〔2〕方：当作"不"（孙诒让说）。

〔3〕钟：当为"千里"二字的讹误（孙诒让说）。

〔4〕璜：半环形的玉器。

〔5〕获：指猎获的猎物。

〔6〕弱：当为"朋"，朋党，同伙。

【译文】

不得已而想要得到某物，并非真的想要。（想专杀奴仆），并非杀了奴仆。想专门杀盗，并非杀了强盗。凡事要学着去爱人。小圆的圆形，与大圆的圆形相同。不到一尺的"不到"，与不到千里的"不到"没有区别。不到相同，差别只在远近不同而已。是璜，就是玉。考虑楹柱，不同于考虑木头，而是考虑需要做成楹柱的木头。想着某人的手指，并不是想着某个人。想着猎物，则包括想着飞禽。志向和事功不能相互等同。施利于某人，是为了这个人好。使某人富裕，并非一定为这个人好。有高尚目的的让人富起来，才是使人致富。治人，要先能祭祀鬼神。通过赏誉使某个人受利，并不是为了使人受利而行赏誉，但也不能因此就不去赏誉人。只知道使双亲获利还称不上孝，但也不至于明知有利于双亲的事而不去做。知道当今世间有盗贼，依然兼爱所有世人。知道某个家庭里有人是盗贼，不能认为这个家庭里所有的人都是盗贼。知道两人中一人是盗贼，不能怀疑两人都是盗贼。知道其中一人是盗贼，若不能确定是何人，不能把所有人都视作盗贼的同伙来厌恶。

36.7 诸圣人所先为，人欲名实[1]。名实不必名[2]。苟是石也白，败是石也[3]，尽与白同。是石也唯大，不与大同，是有便谓焉也[4]。以形貌命者，必智是之某也，焉智某也[5]。不可以形貌命者，唯不智是之某也，智某可也。诸以居运命者[6]，苟人于其中者[7]，皆是也，去之，因非也。诸以居运命者，若乡里、齐、荆者，皆是。诸以形貌命者，若山丘室庙者，皆是也。

【注释】

〔1〕欲：当为"效"（孙诒让说），遵守，遵从。

〔2〕名实不必名：当作"名不必实，实不必名"（曹耀湘说）。

〔3〕败：打碎。

〔4〕便：当为"使"（孙诒让说）。

〔5〕焉：同"乃"。

〔6〕居运：居住或迁徙。

〔7〕人：当作"入"。

【译文】

众位圣人首先做的，是要求每个人严格遵从名实。名不一定符实，实也不一定符名。如果石头是白色的，那么打碎这块石头，每块碎石都与原来白色的石头相同。说石头是大的，而大有不同程度，只有根据具体情境进行指称。根据其形貌命名的概念，一定要知道概念所指是什么，才能清楚地了解它。不能用形貌命名的，不知道此概念的确指，只要知道它叫什么即可。那些以居住或迁徙的空间命名的概念，如果是人身在其中的，都是名实相符的，人不在其中的，就是名实不符。那些以居住或迁徙的空间命名的概念，像乡里、齐、楚都是。那些以形貌命名的概念，像山、丘、室、庙都是。

36.8 智与意异[1]。重同[2]，具同[3]，连同，同类之同，同名之同，丘同[4]，鲋同[5]，是之同，然之同，同根之同。有非之异，有不然之异。有其异也，为其同也，为其同也异。一曰乃是而然，二曰乃是而不然，三曰迁，四曰强。

【注释】

〔1〕智：同"知"，指人的感知能力。 意：指人的思维能力。
〔2〕重同：指同一事物的两个不同名称。
〔3〕具同：指在同一屋舍内的两个事物。
〔4〕丘同：指位于同一区域的两个事物。
〔5〕鲋同：鲋，同"附"。指某物附丽于另一物而构成的统一体。

【译文】

人的感知与思维不同。（事物相同有多种情况，）两个名称指称同一事物叫重同，两个物体在同一屋舍内叫具同，事物互相连接叫连同，事物性质相近的叫同类之同，仅仅名称相同的叫同名之同，两物体位于同一区域叫丘同，某物附丽于另一物的叫附同，观念不同但无对错之分的叫是之同，各种观点都表示认同的叫然之同，同源异流叫同根之同。（事物相异也有多种情况，）有原则性分歧的叫非之异，有不同观点的叫不然之异。之所以有异，是因为有同的存在，相对于同才会产生异。第一种是前后皆同；第二种是先同后异；第三种是混淆前提条件（偷换概念）而造成的异；第四种是强词夺理而造成的异。

36.9 子深其深，浅其浅，益其益，尊其尊〔1〕。察次山〔2〕、比、因至优指复〔3〕；次察声〔4〕、端名、因请复〔5〕。正夫辞恶者〔6〕，人右以其请得焉〔7〕。诸所遭执而欲恶生者，人不必以其请得焉。

【注释】

〔1〕尊：意为"减"（俞樾说）。

〔2〕察次：当作"次察"（张子晋说）。 山：当作"由"，指事理产生的根由。

〔3〕比：类比，比附。 因：原理的成因。 指：事理的精义、要旨所在。

〔4〕声：指语言。

〔5〕请复：当与下文"情得"同。

〔6〕正夫：当作"匹夫"（孙诒让说）。

〔7〕右：当作"有"。 请：当作"情"。

【译文】

墨子的学说该深入的就深入，该浅显的就浅显，该增益的就增益，该删减的就删减。接下来就会考察事理的根由、原理的比附、原理的成因，直至弄清事理的要旨所在。接着再考察语言、核正名实、了解其实情。普通人言辞粗鄙，人们却能够从中了解实情。那些遭遇囚系而轻生的人，就不一定能了解他们的实情了。

36.10 圣人之附濆也〔1〕，仁而无利爱。利爱生于虑。昔者之虑也，非今日之虑也。昔者之爱人也，非今之爱人也。爱获之爱人也，生于虑获之利。虑获之利，非虑臧之利也；而爱臧之爱人也，乃爱获之爱人也。去其爱而天下利，弗能去也。昔之知牆〔2〕，非今日之知牆也。贵为天子，其利人不厚于正夫。二子事亲，或遇孰〔3〕，或遇凶[4]，其亲也相若[5]，非彼其行益也，非加也[6]。外执无能厚吾利者[7]。藉臧也死而天下害[8]，吾持养臧也万倍，吾爱臧也不加厚。

【注释】

〔1〕附：当为"拊"，同"抚"。 潰：当为"覆"，指天下万物（曹耀湘说）。

〔2〕牆：当作"嗇"，吝嗇，节用（俞樾说）。

〔3〕孰：同"熟"，丰年。

〔4〕凶：荒年。

〔5〕其亲也相若：当作"其爱亲也相若"。

〔6〕非加也：此针对上文凶年而言，故当作"非损也"（张纯一说）。

〔7〕执：通"势"。

〔8〕藉：假使。

【译文】

圣人抚爱天下万物，怀抱仁心而不刻意爱人、利人。爱人、利人的想法出于刻意的思虑。从前圣人们的思虑，不同于现今人们的思虑。从前圣人的爱人，也不同于今天的爱人。关爱婢女的爱人行为，出于考虑婢女而获得的利益。考虑婢女而获得的利益，又不同于考虑奴仆而获得的利益；但是关爱奴仆与关爱婢女，在抽象的爱人层面是相同的。如果要求去掉所爱的具体对象而使天下获利，今天的人就无法做到了。从前一般人所说的吝嗇，不同于今天墨子学说中的对自己吝嗇（即节用）。贵为天子，他带给人的利益并不比普通人多。两个儿子侍奉父母，一个遇到丰年，一个遇到荒年，但他们对双亲的爱则是相同的，并非一个因丰年而增多，一个因荒年而减少。外物无法让我们使父母获益的心愿更强烈。假使奴仆死了会令天下受损害，我对奴仆的供养一定会比先前好上万倍，但我对奴仆的爱心并没有因此而增加。

36.11 长人之异，短人之同[1]，其貌同者也，故同。指

之人也与首之人也异，人之体非一貌者也，故异。将剑
与挺剑异〔2〕。剑，以形貌命者也，其形不一，故异。杨
木之木与桃木之木也同。诸非以举量数命者，败之尽是
也。故一人指〔3〕，非一人也；是一人之指，乃是一人
也。方之一面，非方也，方木之面，方木也。

【注释】
　〔1〕长人之异，短人之同：当作"长人之与短人也同（俞樾说）。
　〔2〕将剑：扶剑（孙诒让说）。　挺剑：指拔剑。
　〔3〕故一人指：当作"故一指"（王引之说）。

【译文】
　　高个子的人与矮个子的人可能会有相同点，因为他们的外表可
能会有相同之处，因而相同。不同人的手指不同、头部也不同，因
为人体形貌各异，因而会存在差异。扶剑和拔剑不同。剑，是以形
貌特征来命名的，每把剑的形貌不一，因而名称也各异。杨木的木
与桃木的木本质相同。那些命名时没有考虑数量关系的事物，破碎分
裂开来仍然可以称为是该事物。所以提及一根手指，并非是说某一个
人的；说是某一个人的手指，才是特指具体某个人的。方形木块的一
面，不能等同于方形木块，但方形木块的任何一面，都是方木。

36.12 以故生〔1〕，以理长，以类行也者。立辞而不明
于其所生，忘也〔2〕。今人非道无所行，唯有强股肱而
不明于道，其困也，可立而待也。夫辞以类行者也，立
辞而不明于其类，则必困矣。故浸淫之辞，其类在鼓
栗〔3〕。圣人也，为天下也，其类在于追迷。或寿或卒，
其利天下也指若，其类在誉石〔4〕。一日而百万生，爱不
加厚，其类在恶害。爱二世有厚薄〔5〕，而爱二世相若，

其类在蛇文。爱之相若，择而杀其一人，其类在阮下之鼠[6]。小仁与大仁，行厚相若，其类在申[7]。凡兴利除害也，其类在漏雍[8]。厚亲不称行，而类行，其类在江上井。不为己之可学也，其类在猎走。爱人非为誉也，其类在逆旅。爱人之亲若爱其亲，其类在官苟[9]。兼爱相若，一爱相若。一爱相若，其类在死也[10]。

【注释】

〔1〕以故生：当作"夫辞以故生"（曹耀湘说）。

〔2〕忘：同"妄"。

〔3〕栗：当为"橐"，古代一种风箱。鼓橐，指以风箱鼓风冶炼金属。

〔4〕誉：同"豫"，愉悦（张纯一说）。　石：当作"后"（张纯一说）。

〔5〕二世：当作"三世"（张纯一说）。三世，指上古之世、当今之世、后世。

〔6〕阮：当为"院"，同"苑"（曹耀湘说），放养动物供游玩的苑囿。

〔7〕申：当为"田"（曹耀湘说）。

〔8〕雍：同"瓮"（王念孙说）。

〔9〕官：公而无私（张纯一说）。　苟：敬（张纯一说）。

〔10〕也：当作"它"，古"蛇"字（刘再赓说）。死蛇，指蛇在性命危急的时候会首尾相救。

【译文】

概念因故而产生，顺应事理而丰富，通过类推的方式得以拓展。创立概念却不明就里，那是狂妄。当今之人不遵循大道就无法行事，却只知道强健肢体而不明大道之由，那么今人遭遇困境也是立等可待的事情。概念需要依照类推才能进行拓展，假如创立概念而不懂得其所针对的事物类别，就必然会陷入困境。所以说迷惑人心的诡辩之辞，对人心的蛊惑如同鼓动风箱以冶铁。圣人的言辞，是为了天下人，目的在于追求解决世人的迷惑，使之归于正路。圣人有的长寿、有的早逝，但他们为天下谋利的宗旨是相同的，目的都在于使后世之人皆能愉悦。一天之内有百万新的生命诞生，但圣人的爱并未增多，这和对危害世间万物之物的厌恶之情一样。对上古之世、当今之世、后世的爱有厚有薄，但兼爱的用心是相同的，就如同蛇身上的花纹交错但前后连贯一样。兼爱世人的心虽相同，但有时却要选择杀掉其中的某一个人以为天下除害，就像除掉苑囿中的老鼠。小仁义与大仁义，德行的出发点相类似（但普及性却大为不同），就如同大块田地和小块田地给世人带来的利益之不同一样。凡兴利除害，就好比堵上瓮的漏水之处。厚爱至亲，不能无条件称誉其行为，而要根据其行为是否符合仁义的标准，这就如同在江边凿井，不是看水的多少，而是考虑是否适于饮用。不为己的精神是可以学习的，就如同打猎时必须奔跑追逐猎物的道理是一样的。爱人并非是为了名誉，正像旅店一样是为了方便他人。爱别人的亲人就如同爱自己的亲人，这是一种公而忘私的敬爱行为。兼爱就要做到爱世人和爱一个人类似，一旦世人做到了兼爱如一，就会像蛇在性命危急时刻首尾相救一样彼此互相救助。

【评析】

关于《大取》、《小取》两篇的命名，作者显然有把这两篇当作姐妹篇的寓意在其中。那么这里的大小该作何解释？毕沅以为，《大取》篇中言及"利之中取大"即"大取"之意。问题是我们从《小取》篇中根本看不到"害之中取小"的意思，可见毕沅的说法并不可靠。杨义认为："也许撰述的后学辈分上有大小，但更有可能的是两篇的内容见大小。"（《墨子还原》）杨义的推测有一定的道理，通过比较两篇的内容，我们不难看到这样一种情况：《小取》篇纯粹是探讨逻辑学的篇章，而《大取》篇则分为两大部分，前半部分探讨伦理学的内容，后半部分才是逻辑学的内容。考虑到"兼爱"思想在墨子思想学说中的中心地位，我们就不难理解题目中"大"、"小"二字的意义所在了。

墨家讲"兼爱"目的是"兴天下之利，除天下之弊"，至于什么是利，什么是害，墨子讲得非常清楚："今若国之与国之相攻，家之与家之相篡，人之与人之相贼，君臣不惠忠，父子不慈孝，兄弟不和调，此则天下之害也。"（《兼爱中》）也就是说，天下的政治秩序和伦理秩序井井有条就是利，反之则是害。不难看出，墨家思想就其实质而言是一种功利主义哲学，只不过这种功利主义是一种有爱的功利主义，是一种带有宗教气质的高尚而纯粹的功利主义。如果仅有《兼爱》篇，我们也许会对"兼爱"思想产生一种大而无当的理论空疏感，但《大取》篇的存在，让我们看到了墨子对"兼爱"思想的细致雕琢。

首先，爱和利之间是不能画等号的。"爱无厚薄"，也不分彼此，所谓"爱人不外己，己在所爱之中"。但利人的能力却有大小之别，天利人的能力大于圣人利人的能力，圣人利人的能力大于大人，大人利人的能力大于小人。所以说，不是所有爱人的人都有能力利人，有能力利人的人也不能把自己利人的能力与爱人等同起来。显然，墨子在爱和利之间更注重利，如果说爱是墨子伦理学的基础，利就是墨子伦理学的目的。所以我们说墨子的兼爱学说是一种有爱的功利主义思想，这种功利主义实质上已经超越了实用而进入了理想主义的范畴。

其次，在墨子的哲学体系中，利就是义，就是正当而合乎道的行为标准。这个行为标准是有理论层次的：第一，义可权，但权非义。权就是权衡利弊的权，其基本原则是"利之中取大，害之中取小"。利中取大，是在自身没有而有条件选择的情况下，要尽可能利益最大化。害中取小，是从自身必需舍弃的东西中尽可能损失最小化。无论是利中取大还是害中取小，都是非正常状态，所以说权非义。第二，义分厚薄，即"义可厚，厚之；义可薄，薄之，谓伦列。"义之所厚，核心在父母子女等自然血缘最密切的人，然后是"德行、君上、老长、亲戚"，最后才是全天下的陌生人。在墨子的观念中，爱无厚薄，但义有伦列，"伦列之兴为利已"。墨子认为，利就是义，义就是正义、正当，在正当的范围内人可以权衡利弊，可以趋利避害，可以厚近薄远。第三，利分大小。小利，即个人的私利，在正当的前提下，人们可以兼顾私利。大利，就是天下所有人的公共利益。大利是墨家追求的最高利益，所以说任何事物都不能与这种最高利益相冲突，人人必须无条件捍卫天下公利。"兼相爱，交相利"，"爱无厚薄"，义有论列，墨家这种充满理想主义光辉的爱利主义精神着实让我们心生感动、钦佩不已。

《大取》的后半部分杂乱地记述了一些墨家的逻辑学思想，其中包括两个较为重要的问题：一是"辞"中包括"故"、"理"、"类"三大要素。只有同时具备了原因、内在规律、以类相推这三个要素，才能构成辩辞的稳定基础。在这里，墨家将构成辩辞的动机、内在统一性与外在合理性统筹考虑，使其辩论具备了较为科学的内在素质和合理的逻辑形式，因而对后世产生了较大的影响。二是对"同异之辩"的逻辑命题提出了自己的创见。"同异之辩"是春秋战国时期一个热门辩论话题，栾调甫在《杨墨之辩》中指出，"同异之辩，有别合两宗。别同异，如墨子之辩"，"合同异，似出老子"，"迨后杨朱非墨子之辩，始成此宗"。先秦诸子中，老子、庄子和杨朱等人是主张合同异的。尤其是庄子，主张相对论，强调齐物我、一是非，追求一种混沌而适意的人生境界。而墨家则相反，主张是就是是，非就是非，可就是可，不可就是不可，坚持客观务实的科学精神。作为这种认识的理论基础，墨家将"同"分为"重同"、"具同"、"边同"、"丘同"和"附同"等五类，将"异"分为"是而然"、"是而不然"、"迁"、"强"等四类，并大量举例以论证其说。从唯物辩证法的角度来看，《墨辩》中记载的这些逻辑学理论具有较强的科学精神与合理性，不但为先秦逻辑学的存在提供了重要的史料支撑，也为中国逻辑学在世界范围内的发展争得了一席之地。

小 取

【题解】

《小取》篇同样是《墨辩》中的重要篇章，内容则侧重探讨辩论的意义、方法，并涉及一些修辞学、逻辑学方面的问题。文章首先指出，辩论并不是一般意义上的意气之争，而是出于"明是非"、"审治乱"、"明同异"、"察名实"、"处利害"、"决嫌疑"的理论需要才进行的有意义和有针对性的交流。在论辩方法上，文章提到或、假、效、譬、侔、援、推等多种具体方法，并强调对各种方法的合理运用。此外，文章还涉及人类认识事物方面的一些问题。

37.1 夫辩者，将以明是非之分，审治乱之纪，明同异之处，察名实之理，处利害，决嫌疑焉。摹略万物之然[1]，论求群言之比，以名举实，以辞抒意，以说出故。以类取，以类予[2]。有诸己不非诸人，无诸己不求诸人。

【注释】

〔1〕摹略：归纳，概括。

〔2〕类：指以事理是否同类为标准。

【译文】

辩论，就是要明辨是非，探求社会政治治乱的规律，弄清事物的异同之处，考察名实的深层关系，摆正利害关系，决断疑难。归纳概括万物的现象，分析、比较各方面观点，用概念指称事物实质，以语言阐明思想，用理论揭示原因。以类别相同与否来决定取舍。不用自己坚持的观点去非议别人的观点，自己所不具备的条件也不强求他人具备。

37.2 或也者，不尽也。假者，今不然也。效者，为之法也。所效者，所以为之法也。故中效，则是也；不中效，则非也。此效也。辟也者，举也物而以明之也。侔也者，比辞而俱行也。援也者〔1〕，曰："子然，我奚独不可以然也？"推也者，以其所不取之同于其所取者，予之也。"是犹谓"也者〔2〕，同也。"吾岂谓"也者〔3〕，异也。

【注释】

〔1〕援：援引。
〔2〕是犹谓：这就好比是说。
〔3〕吾岂谓：我难道是说。

【译文】

或，意味着并非全都如此。假，意思是现在不是这样。效，就是为事物树立行为法则。所效，指设立法则所依据的标准。与所效者相符，就是正确的；不相符，就是错误的。这就是效。辟，用彼事物进行类比以说明此事物。侔，是两个词词义相同而可以互相通用。援，意思是说："你正确，为什么我就独独不正确呢？"推，就是从对方所不赞同的观点中找出与对方所赞同的观点中的相似之处，以此证谬对方观点。"是犹谓"，是指两者观点相同。"吾岂谓"，是指两者观点不同。

37.3 夫物有以同，而不率遂同。辞之侔也，有所至而正〔1〕。其然也，有所以然也；其然也同，其所以然不必同。其取之也，有所以取之；其取之也同，其所以取之不必同。是故辟、侔、援、推之辞，行而异，转而危〔2〕，远而失，流而离本〔3〕，则不可不审也，不可常用也。故言多方，殊类异故，则不可偏观也。夫物或乃是而然〔4〕，或是而不然〔5〕，或一周而不一周〔6〕，或一是而一不是也，不可常用也。故言多方，殊类异故，则不可偏观也，非也〔7〕。

【注释】

〔1〕正：当作"止"（孙诒让说）。

〔2〕危：同"诡"，诡辩。

〔3〕流离：指随着辩论的展开，双方在不经意间脱离辩论的本意而为辩论而辩论。

〔4〕是而然：即前提肯定，结论也是肯定的。

〔5〕是而不然：即前提肯定，但结论是否定的。

〔6〕周：周遍，这里指事物具有普遍性。

〔7〕这几句话涉上而衍，当删。

【译文】

各种事物都有相同之处，但并非完全相同。辞义相等同，但有一定的限度。事物呈现出某种形态，有其之所以如此的客观原因。呈现出的形态虽然相同，但背后的原因却不一定相同。赞同，有赞同的原因；赞同是相同的，赞同的原因则未必相同。所以说辟、侔、援、推这些推理原则，滥用就会出现偏颇，循环论证就成了诡辩，离题太远会背离主旨，随波逐流会因脱离论题进而失去本意，这些情况不能不审慎，不能随意使用。所以，言语的表达方式多种多样，不同类别的事物有不同成因。因而在推论中需要注意不能以偏概全。事物有些前提肯定结论也肯定，有些为前提肯定但结论却是否定的。有时事物在某些方面具有普遍性，但在另外一些方面却不具备普遍性；有时事物在某些方面观点成立，而在另外一些方面则观点不能成立。不能总是生搬硬套。

37.4 白马，马也；乘白马，乘马也。骊马〔1〕，马也；乘骊马，乘马也。获〔2〕，人也；爱获，爱人也。臧，人也；爱臧，爱人也。此乃是而然者也。获之亲，人也；获事其亲，非事人也。其弟，美人也；爱弟，非爱美人也。车，木也；乘车，非乘木也。船，木也；人船〔3〕，非人木也。盗人，人也；多盗，非多人也；无盗，非无人也。奚以明之？恶多盗，非恶多人也；欲无盗，非欲无人也。世相与共是之。若若是，则虽盗，人人也〔4〕；爱盗，非爱人也；不爱盗，非不爱人也；杀盗人〔5〕，非杀人也；无难盗无难矣〔6〕。此与彼同类，世有彼而不自非也，墨者有此而非之，无也故焉〔7〕，所谓内胶外闭，与心毋空乎？内胶而不解也。此乃是而不然者也。

【注释】

〔1〕骊马：纯黑色的马。

〔2〕获：奴婢，与"臧"义近而小别，后者多指男性奴仆。

〔3〕人：当作"入"。

〔4〕人人也：衍一"人"字。

〔5〕杀盗人："人"字衍。

〔6〕盗无难：三字衍。

〔7〕也：当作"他"，其他，别的。

【译文】

　　白马是马，乘白马是乘马。深黑色的马是马，乘深黑色的马是乘马。奴婢是人，爱奴婢是爱人。奴仆是人，爱奴仆是爱人。这就是前提肯定，结论也肯定的情况。奴婢的双亲是人，奴婢事奉双亲不能等同于事奉人。奴婢的女弟是个美人，奴婢爱其女弟，不能等同于爱美人。车是木头造的，乘车却不是乘木。船是木头做的，进入船里而不是进入木头里。盗贼是人，盗贼多却不能等同于人多，没有盗贼也不是没有人。如何能够说明这一点呢？厌恶盗贼多，并不是厌恶人多；希望没有盗贼，并不是希望没有人。这是世所公认的公理。如果肯定了这一点，那么虽然盗贼是人，但爱盗贼却不是爱人，不爱盗贼也并不意味着不爱人，杀盗贼也不是杀人，这没有什么疑难之处。这与前面提出的观点相类似。然而世人赞同前面的观点，从不认为自己错误；墨家提出这后一个主张却遭到非议，没有其他缘故，不正是所谓内心固执、耳目闭塞，并且内心不空容不下任何别的东西吗？内心固执到无法开解的程度。这就是前提肯定而结论否定的情况。

37.5 且夫读书，非好书也〔1〕。且斗鸡，非鸡也〔2〕；好斗鸡，好鸡也。且入井，非入井也；止且入井，止入井也。且出门，非出门也；止且出门，止出门也。若若是，且夭，非夭也；寿夭也〔3〕。有命，非命也；非执有命，非命也，无难矣。此与彼同类。世有彼而不自非也，墨者有此而罪非之，无也故焉，所谓内胶外闭与心毋空乎？内胶而不解也。此乃是而不然者也。

【注释】

〔1〕此句当为"夫且读书，非读书也；好读书，好书也。"（孙诒让说）"且"字衍，当删（沈有鼎说）。

〔2〕"非"字下疑脱一"好"字。"且"字衍，当删（沈有鼎说）。

〔3〕此句疑有脱误，当为"寿且夭，寿夭也。"（沈有鼎说）

【译文】

读书，不能等同于喜好书；好读书，等同于好书。斗鸡，不能等同于真的喜好鸡；爱好斗鸡，才等同于喜好鸡。将要入井，不能等同于入井；阻止将要入井者，才等同于阻止入井。将要出门，不能等同于出门；阻止将要出门者，却等同于阻止出门。如果确定了这一点，那么即将夭折，不能等同于夭折；寿命即将终结，才等同于夭折。有天命，不能等同于天命；非难执有命论的观点，就是非命论。这没有什么疑难之处。这与前面提出的观点相类似。然而世人赞同前面的观点，从不认为自己错误；墨家提出这后一个主张却遭到非议，没有别的缘故，不正是所谓内心固执、耳目闭塞，并且内心不空容不下任何别的东西吗？内心固执到无法开解的程度。这就是前提肯定而结论否定的情况。

37.6 爱人，待周爱人而后为爱人。不爱人，不待周不爱人；不周爱，因为不爱人矣。乘马，不待周乘马然后为乘马也；有乘于马，因为乘马矣。逮至不乘马，待周不乘马而后不乘马。此一周而一不周者也。

【译文】

　　爱人，待到遍爱所有人之后才可以算是爱人。不爱人，不必待到普遍不爱所有人；不普遍爱所有人，已经可以算是不爱人了。乘马，不必待到乘遍所有的马才算是乘马；只要乘过马，就可以算是乘马了。至于不乘马，就要等到不乘所有的马之后才算是"不乘马"。这就是在某些方面具有普遍性而另外一些方面不具普遍性的情况。

37.7 居于国，则为居国；有一宅于国，而不为有国。桃之实，桃也；棘之实，非棘也。问人之病，问人也；恶人之病，非恶人也。人之鬼，非人也；兄之鬼，兄也。祭人之鬼，非祭人也；祭兄之鬼，乃祭兄也。之马之目盼，则为之"马盼"[1]；之马之目大，而不谓之"马大"。之牛之毛黄，则谓之"牛黄"；之牛之毛众，而不谓之"牛众"。一马，马也；二马，马也。马四足者，一马而四足也，非两马而四足也。一马，马也。马或白者，二马而或白也，非一马而或白。此乃一是而一非者也。

【注释】

〔1〕盼：当为"眇"（顾广圻说），瞎一只眼睛。

【译文】

居住于某国，就是居住于某国。在某国有一所住宅，并不是拥有整个国家。桃的果实，是桃。棘的果实，不是棘。探望人的疾病，是探望人。厌恶人的疾病，不是厌恶其人。人的鬼魂，不是"人"。哥哥的鬼魂，则是哥哥。祭祀人的鬼魂，不是祭人；祭祀哥哥的鬼魂，是祭祀哥哥。眼睛黑白分明叫"盼"，这匹马的眼睛瞎了一只，就可以称为"马眇"；这匹马的眼睛大，却不能称为"马大"。这头牛的毛黄，就可以称它是"牛黄"；这头牛的毛多，却不能称为"牛多"。一匹马，是马；两匹马，也是马。马有四蹄，是说一匹马有四只蹄子，而不是说两匹马有四只蹄子。一匹马，是马。有的马是白色的，是说两匹马中有一匹马是白色的，而不是说一匹马有时是白色的。这就是事物在某些方面观点正确而在另外一些方面观点会出现错误的情况。

【评析】

《小取》是反映墨家逻辑思想的一篇专论，在中国逻辑史上占有重要地位。从整体上看，本文主题清晰，层次分明，与《大取》篇的凌乱状况完全不可同日而语，堪称墨家逻辑学的纲领性文献。文章开宗明义，首先指出辩论的目的在于"明是非"、"审治乱"、"明同异"、"察明实"。辩论不是为了辩论而辩论，而是要在客观反映社会现实的基础上追求真理，所以墨家才会对意气之争不屑一顾，反对一切形式的诡辩论。墨家认为："辩，争彼也。辩胜，当也。"（《经上》）辩论的目的既然是为了"明是非"，不同观点之间的碰撞必然会起争执；争执的结果不是看谁的口才好，而是看谁的辩论过程更恰当，更客观而具有说服力。

有了端正的辩论目的，还需要强大的辩论方法和技巧。《小取》篇接下来提出了或、假、效、譬、侔、援、推等多种具体论辩方式。"或"是指一类事物的部分是如此，但不能说明全部如此。"假"是指如果某个前提条件成立，后面的相关结果就能够实现，但事实上前提条件不可能成立。"效"是指需要为辩论对象设立有效的准则，"所效"是指设立准则需要依据客观的标准，准则与标准相一致就说明结论是正确的，反之就是错误的。"譬"是指在两个具体相似点的对象之间，可以用彼事物来说明此事物，这实际上是一种譬喻类推的方法。"侔"是指两个词义相同的对象之间可以互相通用，也就是比辞类推，这是一种较"譬"更为抽象的一种类推方法。"援"是指援例类推，在具体运用上就是用对方所不认同的观点去比附对方所认同的观点，从对手的矛盾之处揭示其观点的谬误，也就是归谬法。不难看出，上述论辩方式都具备较强的实用性，但作者也清醒地认识到，言辞具有很大程度上的不确定性和多样性，不能教条式地看待和运用这些方法。最后，文章又以"侔"为例，详细论述了这种推理方式在实战过程中可能出现的四种情况："是而然"、"是而不然"、"一周而一不周"、"一是而一非"。文章布局合理，重点突出，显然经过作者的精心考虑。

总的来看，以辩论为重心的逻辑学体系体现了墨家一贯的功利性特征，具有注重实质、强调名实相符、不注重论证过程等特点。詹剑峰在评价墨家辩学时说："墨子形式逻辑关于论式方面，不免简略。譬如推论式，墨子就没有明确的论述，更谈不上周密，比起希腊的逻辑和印度的因明是有逊色的。"（《墨家的形式逻辑》）应该说詹剑峰的这个观点是比较客观的，但这种重视结果而忽略论证过程的特点并非墨家独有，而是中国古代学术的一种共性。与其说这种共性是缺点，不如说是中国传统思维方式的独有特色：重视顿悟和结果而不太关注（或者说不拘泥于）如何达成这种结果。尽管存在这样那样的不足，但墨家逻辑学的重要性和历史地位却是毋庸置疑的。

耕　柱

【题解】

《耕柱》篇取首句"耕柱"二字，是具有《论语》语录体性质的文献资料集，记载了墨子与弟子及时人的一些零散对话。各段内容之间无必然联系，也没有显而易见的主题，当出于墨家后学的记载。全文篇幅较长，内容也比较分散，其中涉及"义"的内容相对较多。在墨子看来，义不仅是一种崇高的理念，更需要去践行。为义就像筑墙，要各守其职，各尽其能，分工合作，才能成就"义事"。同时，行义不是用来给人看的，是要为天下百姓带来实实在在的利益，所以不能人前卖弄，人后息工。进而在言行关系上，墨子反对夸夸其谈的"荡口"，强调要多谈些足以付之行动的言论。

38.1 子墨子怒耕柱子[1]，耕柱子曰："我毋俞于人乎[2]？"子墨子曰："我将上大行[3]，驾骥与羊，子将谁驱[4]？"耕柱子曰："将驱骥也。"子墨子曰："何故驱骥也？"耕柱子曰："骥足以责。"子墨子曰："我亦以子为足以责。"

【注释】
　〔1〕耕柱：墨子的弟子。　怒：这里指责备。
　〔2〕俞：当作"愈"，胜。
　〔3〕大：同"太"。
　〔4〕驱：赶，这里指驾乘。

【译文】

墨子责备耕柱子。耕柱子说："我难道不比别人强吗？"墨子说："我将要去太行山，用马或羊驾车，你将要选择哪一种驱车啊？"耕柱子说："将选用马驱车。"墨子说："为什么要选用马来驱车呢？"耕柱子说："马足以承担重任。"墨子说："我也认为你足以承担重任。"

38.2 巫马子谓子墨子曰[1]："鬼神孰与圣人明智？"子墨子曰："鬼神之明智于圣人，犹聪耳明目之与聋瞽也。昔者夏后开使蜚廉折金于山川[2]，而陶铸之于昆吾[3]；是使翁难雉乙卜于白若之龟[4]，曰：'鼎成三足而方，不炊而自烹，不举而自臧[5]，不迁而自行，以祭于昆吾之虚[6]，上乡[7]'！乙又言兆之由曰[8]：'飨矣！逢逢白云[9]，一南一北，一西一东，九鼎即成，迁于三国[10]。'夏后氏失之，殷人受之；殷人失之，周人受之。夏后、殷、周之相受也，数百岁矣。使圣人聚其良臣与其桀相而谋[11]，岂能智数百岁之后哉[12]！而鬼神智之。是故曰：鬼神之明智于圣人也，犹聪耳明目之与聋瞽也。"

【注释】

〔1〕巫马子：疑即孔子弟子巫马期。

〔2〕夏后开：即夏禹之子夏启，汉人避景帝讳而改（苏时学说）。 蜚廉：伯益之子。 折金：指开山发矿。

〔3〕陶：指制作陶范。 铸：指镕金铸造青铜器皿。 昆吾：地名，在今天河南濮阳。

〔4〕翁难雉乙："雉"字疑衍。翁难乙，当为卜人姓名（王焕镳说）。 白若：或为地名，或当读为"百若"。百若之龟，犹言"百灵之龟"（高亨说）。

〔5〕臧：当为"藏"（毕沅说）。

〔6〕虚：大土山。

〔7〕上乡：即"尚飨"（毕沅说），古人祭辞用语。

〔8〕兆：古代占卜时，在龟甲内面钻孔烧灼，形成裂纹，用以判断吉凶，这种裂纹就叫做兆。 由：通"繇"（孙诒让说），占辞。

〔9〕逢逢：通"蓬蓬"（孙诒让说），繁盛貌。

〔10〕三国：指夏、商、周三代。

〔11〕桀：同"杰"。

〔12〕智：同"知"。

【译文】

巫马子对墨子说："鬼神和圣人谁更明智？"墨子说："鬼神比圣人明智，就像耳聪目明的人相比于聋盲之人一样。从前夏后启让蜚廉到山中去开采矿藏，然后在昆吾制作陶范、冶金铸器。让翁难乙用百灵之龟的龟甲占卜，说：'鼎铸成之后，三只脚，方形，不用举火就能自己能煮熟东西，不用放东西就会有东西自己藏在里面，不迁徙就会自己行走，用它在昆吾之乡祭祀，请诸神享用祭品。'然后又念卦上的占辞说：'神已经享用了。蓬蓬的白云，一会儿向南、一会儿向北，一会儿向西、一会儿向东，九鼎铸成之后，将流传三个国家。'夏后氏失去之后，殷人接收了它；殷朝失去之后，周人接收了它。夏、商、周三国相继接收，每代都拥有达数百年。如果让圣人聚集他的贤臣和杰出的国相一起商量，又怎么能知道几百年后的事情呢？但鬼神却知道。所以说：鬼神比圣人明智，就像耳聪目明的人比之于聋盲之人一样。"

38.3 治徒娱、县子硕问于子墨子曰〔1〕："为义孰为大务〔2〕？"子墨子曰："譬若筑墙然，能筑者筑，能实壤者实壤〔3〕，能欣者欣〔4〕，然后墙成也。为义犹是也。能谈辩者谈辩，能说书者说书〔5〕，能从事者从事，然后义事成也。"

【注释】

〔1〕治徒娱、县子硕：二人均为墨子弟子。

〔2〕务：事务，事情。

〔3〕实壤：指把泥土倾倒于筑墙用的夹板之中。

〔4〕欣：同"掀"，挖土。

〔5〕说书：指解说典籍。

【译文】

治徒娱、县子硕问墨子说："行仁义之事，什么是最重要的呢？"墨子说："就像筑墙，能筑土的就筑土，能填土的就填土，能挖土的就挖土，然后墙才能筑成。行仁义之事也是这样。能言谈辩论的就言谈辩论，能解说典籍的就解说典籍，能身体力行的就身体力行，然后仁义的事就能做成。"

38.4 巫马子谓子墨子曰："子兼爱天下，未云利也〔1〕；我不爱天下，未云贼也。功皆未至，子何独自是而非我哉？"子墨子曰："今有燎者于此〔2〕，一人奉水将灌之〔3〕，一人掺火将益之〔4〕，功皆未至，子何贵于二人？"巫马子曰："我是彼奉水者之意，而非夫掺火者之意。"子墨子曰："吾亦是吾意，而非子之意也。"

【注释】

〔1〕云：《广雅·释诂》："云，有也。"下同。

〔2〕燎：放火。

〔3〕奉：通"捧"。 灌：浇灭。

〔4〕掺："操"字的异文（毕沅说）。

【译文】

巫马子对墨子说："你兼爱天下，没有什么利益；我不爱天下，也没有什么贼害。功效都没有达到，你为什么自以为是而非难我呢？"墨子说："现在有人在这里放火，一个人捧着水要去灭火，一个人拿着火要助长火势，功效都没有达到，你认同哪一个人呢？"巫马子说："我认为那个捧着水的人的用意是好的，而那个拿着火的人的用意是不好的。"墨子说："我也认为我的用意是好的，而认为你的用意是不好的。"

38.5 子墨子游荆耕柱子于楚〔1〕，二三子过之〔2〕，食之三升〔3〕，客之不厚〔4〕。二三子复于子墨子曰："耕柱子处楚无益矣。二三子过之，食之三升，客之不厚。"子墨子曰："未可智也。"毋几何而遗十金于子墨子〔5〕，曰："后生不敢死〔6〕，有十金于此，愿夫子之用也。"子墨子曰："果未可智也。"

【注释】

〔1〕游：谓游扬其名而使之仕（毕沅说）。 荆：疑为衍字（王念孙说）。
〔2〕二三子，指墨子的几个弟子。 过：访问。
〔3〕食之三升：每餐供食三升，言其不足。阎若璩认为古代计量单位仅及现代计量单位的五分之一，三升不过今天的大半升，所以说不足。
〔4〕客：指招待客人的条件。 厚：优厚。
〔5〕遗：赠送。 十金：古代以一镒为一金，二十两为一镒。
〔6〕不敢死：指不敢贪图财物以取死。

【译文】

墨子推荐耕柱子到楚国做官，有几个墨子的弟子去拜访他，耕柱子每餐只供应他们三升的食物，招待得很不周到。几个人回复墨子说："耕柱子在楚国没得到什么好处。我们去拜访，他每餐只给我们三升食物，招待得很不周到。"墨子说："还无法做出结论。"没过多久，耕柱子送了十镒黄金给墨子，说："我不敢贪图财物以取死，这里有十镒黄金，希望您能用它。"墨子说："果然还无法做出结论。"

38.6 巫马子谓子墨子曰："子之为义也，人不见而耶〔1〕，鬼而不见而富〔2〕，而子为之。有狂疾〔3〕！"子墨子曰："今使子有二臣于此〔4〕，其一人者见子亦从事，不见子则不从事；其一人者见子从事，不见子亦从事，子谁贵于此二人？"巫马子曰："我贵其见我亦从事，不见我亦从事者。"子墨子曰："然则，是子亦贵有狂疾也。"

【注释】
〔1〕而：你。 耶：当为"助"（孙诒让说）。
〔2〕前"而"字疑衍。 富：通"福"（王引之说）。
〔3〕"疾"下当有"乎"字（吴汝纶说）。
〔4〕臣：家臣，奴仆。

【译文】
巫马子对墨子说："你严格奉行你的道义，却没有看到有人帮助你，也没有看到鬼神降福给你，而你仍然这样做，恐怕是有疯病吧。"墨子说："现在假如你有两个奴仆，有一个人看到你就做事，看不到你就不做事；有一个人看到你就做事，看不到你仍然做事，你会看重这两个人中的哪一个呢？"巫马子说："我看重看到我做事，看不到我仍然做事的人。"墨子说："既然这样，那么你也是看重有疯病的人。"

38.7 子夏子徒问于子墨子曰〔1〕："君子有斗乎？"子墨子曰："君子无斗。"子夏之徒曰："狗豨犹有斗〔2〕，恶有士而无斗矣？"子墨子曰："伤矣哉！言则称于汤文，行则譬于狗豨，伤矣哉！"

【注释】
〔1〕子夏：孔子的弟子，名卜商。 徒：弟子。

〔2〕豨：猪。

【译文】

　　子夏的弟子问墨子道："君子之间有争斗吗？"墨子说："君子没有争斗。"子夏的弟子说："狗和猪尚且有争斗，士君子怎么会没有争斗呢？"墨子说："可悲啊！你们言谈上称赞汤和文王，行为上却拿狗猪作比较，可悲啊！"

　　38.8 巫马子谓子墨子曰："舍今之人而誉先王，是誉槁骨也〔1〕。譬若匠人然，智槁木也〔2〕，而不智生木。"子墨子曰："天下之所以生者，以先王之道教也。今誉先王，是誉天下之所以生也。可誉而不誉，非仁也。"

【注释】

　　〔1〕槁：干枯。
　　〔2〕智：同"知"，知道。

【译文】

　　巫马子对墨子说："舍弃现在的人而称赞先王，等于是称赞枯骨啊！就好比木匠，只知道枯木，而不知道活的树木。"墨子说："天下之所以能够存在，是因为先王的教化。现在称赞先王，是称赞天下存在的根本。应该称赞而不称赞，是不仁啊！"

　　38.9 子墨子曰："和氏之璧〔1〕，隋侯之珠〔2〕，三棘六异〔3〕，此诸侯之所谓良宝也。可以富国家，众人民，治刑政，安社稷乎？曰：不可。所谓贵良宝者，为其可以利也〔4〕。而和氏之璧、隋侯之珠、三棘六异不可以利人，是非天下之良宝也。今用义为政于国家〔5〕，人民必众，刑政必治，社稷必安。所为贵良宝者，可以利民也，而义可以利人。故曰：义，天下之良宝也。"

【注释】

〔1〕和氏璧：相传楚人卞和得璞于山，献之，无人能识，理而得宝玉，故称"和氏璧"。

〔2〕隋侯之珠：相传战国时期随国国君出游时曾救过一条大蛇，蛇衔来明珠以谢随侯，故称"随侯珠"。

〔3〕三棘六异：当为"三翮六翼"（孙诒让说），指九鼎。

〔4〕"利"下当有"人"字（陶鸿庆说）。

〔5〕此句下当补"国家必富"四字（吴毓江说）。

【译文】

墨子说："和氏璧，隋侯珠，三翮六翼的九鼎，这些都是诸侯所公认的珍宝。这些可以用来使国家富强，使人口众多，使刑法国政得到治理，使社稷得到安定吗？回答是不可以。所谓看重珍贵的宝贝，是因为可以给人民带来利益。而和氏璧、隋侯珠、三翮六翼的九鼎，不能为人们带来利益，这就不能算是天下公认的宝贝。现在如果用道义来治理国家，国家一定会富强，人口一定会众多，刑法国政一定会得到治理，社稷一定会得到安定。所谓珍贵的宝贝，可以给人民带来利益，而道义可以给人民带来利益。所以说：道义是天下珍宝。"

38.10 叶公子高问政于仲尼曰："善为政者若之何？"仲尼对曰："善为政者，远者近之，而旧者新之〔1〕。"子墨子闻之曰："叶公子高未得其问也，仲尼亦未得其所以对也。叶公子高岂不知善为政者之远者近也〔2〕，而旧者新是哉〔3〕？问所以为之若之何也，不以人之所不智告人，以所智告之，故叶公子高未得其问也，仲尼亦未得其所以对也。"

【注释】

〔1〕旧者新之：指待故旧如新朋，无厌怠之心（孙诒让说）。

〔2〕也：当为"之"（毕沅说）。

〔3〕是：当为"之"（苏时学说）。

【译文】

　　叶公子高向仲尼询问处理政事的方法说："善于处理政事的人是怎么办的呢？"仲尼回答说："善于处理政事的人，能够让远方的人对你亲近，能够让老朋友时时对你有新交的感觉。"墨子听到之后，说："叶公子高没有得到他想问的东西，仲尼的回答也不得要领。叶公子高难道不知道善于处理政事的人要让远方的人对自己产生亲近感，让老朋友时时对自己有新交的感觉？别人如果问的是该怎样去做，你就不能拿别人不懂得的东西去告诉别人，而是把别人懂得的告诉别人，所以叶公子高没有得到他想问的东西，仲尼的回答也不得要领。"

　　38.11 子墨子谓鲁阳文君曰〔1〕："大国之攻小国，譬犹童子之为马也〔2〕。童子之为马，足用而劳。今大国之攻小国也，攻者，农夫不得耕，妇人不得织，以守为事；攻人者，亦农夫不得耕，妇人不得织，以攻为事。故大国之攻小国也，譬犹童子之为马也。"

【注释】

〔1〕鲁阳文君：楚平王之孙，司马子期之子，封地在鲁山之阳，谥文，故称。

〔2〕童子之为马：指小孩模仿马在做游戏。

【译文】

　　墨子对鲁阳文君说："大国攻打小国，就像小孩子模仿马做游戏一样。小孩子模仿马在地下爬行，会使自己的脚很劳累。如今大国攻打小国，被攻打的国家，农夫不能耕种，妇人不能织布，把精力全部用在防守上；攻打别人的国家，农夫也不能耕种，妇人也不能织布，把精力全部用在攻打别的国家上。所以说大国攻打小国，就像小孩子在模仿马爬行一样。"

38.12　子墨子曰："言足以复行者[1]，常之；不足以举行者，勿常。不足以举行而常之，是荡口也[2]。"

【注释】

〔1〕复行：实行，履行。
〔2〕荡口：指纸上谈兵。

【译文】

墨子说："言论足以付诸实践的，就可以经常说；不足以付诸实际行动的，就不要经常说；不足以付诸实际行动却经常说，就是纸上谈兵。"

38.13　子墨子使管黔滶游高石子于卫[1]，卫君致禄甚厚，设之于卿。高石子三朝必尽言，而言无行者。去而之齐，见子墨子曰："卫君以夫子之故，致禄甚厚，设我于卿。石三朝必尽言，而言无行[2]，是以去之也。卫君无乃以石为狂乎[3]？"子墨子曰："去之苟道[4]，受狂何伤！古者周公旦非关叔[5]，辞三公东处于商盖[6]，人皆谓之狂。后世称其德，扬其名，至今不息。且翟闻之为义非避毁就誉，去之苟道，受狂何伤！"高石子曰："石去之，焉敢不道也。昔者夫子有言曰：'天下无道，仁士不处厚焉[7]。'今卫君无道，而贪其禄爵，则是我为苟陷人长也[8]。"子墨子说[9]，而召子禽子曰[10]："姑听此

乎！夫倍义而乡禄者〔11〕，我常闻之矣。倍禄而乡义者，
于高石子焉见之也〔12〕。"

【注释】

〔1〕管黔淑：当为"管黔敖"，墨子弟子。 高石子：墨子弟子。

〔2〕"行"下当有"者"字。

〔3〕无乃：恐怕。

〔4〕苟：如果，假设。 道：这里指合乎道。

〔5〕关：当为"管"之假音（毕沅说）。

〔6〕商盖：即"商奄"。成王亲政后，周公旦辞去相位，东处于商奄
旧地。

〔7〕厚：这里指厚禄之位。

〔8〕陷：疑当为"啗"，即"啖"（孙诒让说）。 长：当为"粮"之省
文（吴毓江说），米粮。

〔9〕说：通"悦"。

〔10〕子禽子：即禽滑釐，墨子高足。

〔11〕倍：通"背"，违背。 乡：同"向"，追求。

〔12〕焉：同"乃"。

【译文】

墨子让管黔淑到卫国去称扬高石子，让高石子仕于卫，卫国的
国君给的俸禄非常丰厚，位列为卿。高石子三次朝见卫君，每次都
要把话说尽，但言论却没有得到施行。高石子就离开卫去齐国，见
到墨子说："卫国国君因为您的缘故，给我的俸禄非常丰厚，让我
位列于卿。我三次朝见卫君，每次都把话说尽，但言论却没有得到
施行，所以就离开了，卫国国君恐怕会觉得我很狂妄吧？"墨子
说："离开如果合乎道，被人视为狂妄又有什么呢？古代的时候，
周公旦斥责管叔，辞去三公的职位，东行到商奄居住，大家都说他
狂妄。后世的人称赞他的德行，传扬他的名声，到现在也没有停
止。并且我听说：奉行道义并不是为了逃避毁谤或得到赞誉。离开
如果是合乎道的，被人视为狂妄又有什么呢？"高石子说："我离
开卫国，怎么是敢不奉行道义呢？从前夫子说过：'天下无道，仁

人不会处于俸禄优厚的地位。'如今卫国国君无道，而我却贪图他的俸禄，那么我就是苟且贪图别人的粮食了。"墨子听了很高兴，召来禽滑釐说："姑且听听高石子说的话吧。违背道义而追求俸禄的人，我常常听说；舍弃俸禄而追求道义的人，我在高石子身上终于看到了。"

38.14 子墨子曰："世俗之君子，贫而谓之富，则怒；无义而谓之有义，则喜。岂不悖哉！"

【译文】

墨子说："世俗中的君子，本来贫穷，如果说他富裕就会生气；本来没有道义，如果说他有道义就会高兴，难道不是很荒谬吗？"

38.15 公孟子曰："先人有则三而已矣〔1〕。"子墨子曰："孰先人而曰有则三而已矣〔2〕？子未智人之先有〔3〕。"

【注释】

〔1〕则：效法。三：当为"之"之误（王焕镳说）。下同。

〔2〕此句疑当为"孰曰先人有，则之而已矣"（王焕镳说）。

〔3〕此句疑当为"子未智人之先而有后在焉"（王焕镳说）。

【译文】

公孟子说："先人已经有的，后人效法它就可以了。"墨子说："谁说先人有的，后人只要效法就可以了？你不知道先人也有先人，那么先人也曾是后生之人。"

38.16 后生有反子墨子而反者〔1〕："我岂有罪哉？吾反后。"子墨子曰："是犹三军北〔2〕，失后之人求赏也〔3〕。"

【注释】

〔1〕前一"反"字谓背弃。后一"反"字为"返"之假字。"者"下当有"曰"字（孙诒让说）。

〔2〕北：败走。

〔3〕失：通"佚"，逃走。

【译文】

有背弃墨子而后又回到了墨子门下的学生说："我难道有罪过吗？我是在后面背叛的。"墨子说："这就像三军败走，在后面逃走的人还要求奖赏一样啊！"

38.17 公孟子曰："君子不作，术而已〔1〕。"子墨子曰："不然，人之其不君子者〔2〕，古之善者不诛〔3〕，今也善者不作。其次不君子者，古之善者不遂〔4〕，己有善则作之，欲善之自己出也。今诛而不作，是无所异于不好遂而作者矣。吾以为古之善者则诛之，今之善者则作之，欲善之益多也。"

【注释】

〔1〕术：同"述"（毕沅说）。

〔2〕其：当为"綦"之省文（于省吾说），极。

〔3〕诛：当为"述"（毕沅说）。下同。

〔4〕遂：当作"述"（毕沅说）。下同。

【译文】

公孟子说："君子不创作，只是阐述先贤之言而已。"墨子说："不是这样的。极端没有君子品格的人，不阐述古代的善行，也不创作现在的善行。其次没有君子品格的人，对古代的善行不阐述，自己有善行就去创作，希望善行出于自己的创作。现在阐述而不创作，这和不喜欢阐述却喜欢创作的人没什么区别。我认为古代的善言就应该阐述，现在的善言就应该创作，只是希望善行更多一些。"

38.18 巫马子谓子墨子曰："我与子异，我不能兼爱。我爱邹人于越人[1]，爱鲁人于邹人，爱我乡人于鲁人，爱我家人于乡人，爱我亲于我家人[2]，爱我身于吾亲，以为近我也。击我则疾[3]，击彼则不疾于我，我何故疾者之不拊[4]，而不疾者之拊？故有我有杀彼以我，无杀我以利[5]。"子墨子曰："子之义将匿邪，意将以告人乎[6]？"巫马子曰："我何故匿我义？吾将以告人。"子墨子曰："然则，一人说子[7]，一人欲杀子以利己；十人说子，十人欲杀子以利己；天下说子，天下欲杀子以利己。一人不说子，一人欲杀子，以子为施不祥言者也[8]；十人不说子，十人欲杀子，以子为施不祥言者也；天下不说子，天下欲杀子，以子为施不祥言者也。说子亦欲杀子，不说子亦欲杀子，是所谓经者口也[9]，杀常之身者也[10]。"子墨子曰："子之言恶利也？若无所利而不言[11]，是荡口也。"

【注释】

〔1〕于：同"踰"，超过。

〔2〕亲：指父母双亲。

〔3〕疾：痛。

〔4〕拊：轻轻拍打，这里指揉痛处。

〔5〕此两句疑当为"有杀彼以利我，无杀我以利彼"（苏时学说）。

〔6〕意：通"抑"，还是。

〔7〕说子：指悦其所言（孙诒让说）。说，通"悦"。

〔8〕施：散布。

〔9〕经：当作"到"（王焕镳说），断头。

〔10〕之：至（姚永概说）。
〔11〕不：疑为衍字（曹耀湘说）。

【译文】

　　巫马子对墨子说："我和你不一样，我不能做到兼爱。我爱邹人超过爱越人，我爱鲁人超过爱邹人，我爱我的乡人超过爱鲁人，我爱我的家人超过爱我的乡人，我爱我的双亲超过爱我的家人，我爱自己超过爱双亲，因为他们和我亲近的程度不同。打我我就会痛，打别人我就不会痛，我为什么不轻揉自己的痛处，反而去轻揉与自己无关的人的痛处呢？所以只有杀别人来让自己得利，不会有杀自己来使别人得利。"墨子说："你的道义想要藏起来呢，还是想要告诉别人呢？"巫马子说："我为什么要藏起我的道义呢？我将要告诉别人。"墨子说："既然这样，那么一个人喜欢你的主张，就有一个人要杀掉你使自己得利；有十个人喜欢你的道义，就有十个人想要杀掉你来使自己得到利益；天下人都喜欢你的道义，就是天下人都想杀掉你来使他们得到利益。一个人不喜欢你的主张，一个人想要杀掉你，认为你是散布不祥言论的人；十个人不喜欢你的主张，十个人想要杀掉你，认为你是散布不祥言论的人；天下人不喜欢你的主张，天下人想要杀掉你，认为你是散布不祥言论的人。喜欢你的言论也要杀掉你，不喜欢你的言论也要杀掉你，这就是祸从口出，常会招致自身被杀。"墨子说："您的言论有什么益处呢？如果没有益处还要说，就是口不择言。"

　　38.19　子墨子谓鲁阳文君曰："今有一人于此，羊牛犓豢〔1〕，维人但割而和之〔2〕，食之不可胜食也。见人之作饼，则还然窃之〔3〕，曰：'舍余食〔4〕。'不知日月安不足乎〔5〕，其有窃疾乎？"鲁阳文君曰："有窃疾也。"子墨子曰："楚四竟之田，旷芜而不可胜辟，評灵数千〔6〕，不可胜〔7〕，见宋、郑之间邑〔8〕，则还然窃之，此与彼异乎？"鲁阳文君曰："是犹彼也，实有窃疾也。"

【注释】

〔1〕犓豢：即"刍豢"，指家畜。

〔2〕维人：当为"饔人"之误（毕沅说）。饔，烹饪。古代有饔人之官。但割：即"袒割"（毕沅说），指去牲畜之毛，再加以切割。

〔3〕还然：惊视的样子。

〔4〕舍：当为"予"之假（孙诒让说），给予。

〔5〕日月：当为"甘肥"之误（曹耀湘说）。

〔6〕訬灵：谓山泽之有神灵者。

〔7〕"胜"下当有"度"字，计算（王焕镳说）。

〔8〕间邑：指空邑（孙诒让说）。

【译文】

墨子对鲁阳文君说："现在这里有一个人，牛羊牲畜任厨师宰割烹饪，多得吃不完。看到别人做饼，就惊讶地注视并想办法去偷吃，说：'给我食物。'不知道他是美味的食物不充足呢，还是有偷窃的癖好呢？"鲁阳文君说："有偷窃的癖好。"墨子说："楚国境内的土地，空旷荒芜的地方开辟不完，灵秀的川泽山林多得数不清，看到宋国、郑国的空城，便盯住不放，想窃为己有，这和偷饼的人有什么区别呢？"鲁阳文君说："这就像那人一样，实在是有偷窃的癖好啊。"

38.20　子墨子曰："季孙绍与孟伯常治鲁国之政，不能相信〔1〕，而祝于丛社〔2〕，曰：'苟使我和〔3〕。'是犹弇其目〔4〕，而祝于丛社也，'苟使我皆视'。岂不缪哉！"

【注释】

〔1〕相信：相互信任。

〔2〕祝：祝祷，指双方举行盟誓。丛社：指处于丛林中的神祠。

〔3〕苟：犹"尚"（王引之说），这里表示希望。

〔4〕弇：覆盖，遮住。

【译文】

墨子说："季孙绍与孟伯常主持鲁国的政事，互相不信任，就

| 墨子译注

在神祠里祝祷说：'希望让我们和睦相处。'这就像遮住眼睛，却在神庙里祝祷说'希望让我们都能看得到'。这难道不是很荒谬吗？"

38.21 子墨子谓骆滑氂曰："吾闻子好勇。"骆滑氂曰："然。我闻其乡有勇士焉，吾必从而杀之。"子墨子曰："天下莫不欲与其所好[1]，度其所恶[2]。今子闻其乡有勇士焉，必从而杀之，是非好勇也，是恶勇也。"

【注释】

〔1〕与：当为"兴"（王引之说）。

〔2〕度：当为"废"（王引之说）。

【译文】

墨子对骆滑氂说："我听说你喜好勇力。"骆滑氂说："是这样的。我听说哪个乡里有勇士，就一定要去杀了他。"墨子说："天下没有人不希望光大其所喜好者，而除去其所厌恶者。现在你听说哪个乡有勇士，就一定要去杀了他，这不是喜欢勇力，而是厌恶勇力啊！"

【评析】

《耕柱》的体式与《论语》的语录体非常相似，或许是某个墨家后学受《论语》的启发辑录而成的一个小型集子。文章内容以记录墨子的言行片段为主，没有明显的主题或中心，各章之间没有主次之分，也没有必然的内在联系。尽管语录体存在这样那样的不足，但我们却能够从中看到墨子日常生活中多方面的形象。相比其他篇章的复杂形成过程而言，本篇内容相对单纯可靠，是我们认识墨子及墨家学派不可多得的重要材料。

从文中反映的情况看，墨子的生活状态介于孔孟之间，既有孔子那样的坐而论道、教育弟子、对世事时人的评论，也有如孟子那样为维护墨家思想阵线而与对手的激情辩论。《孟子·滕文公下》云："杨朱、墨翟之言盈天下，天下之言，不归于杨，即归墨。"《吕氏春秋·有度》亦云："孔墨之弟子徒属充满天下。"由此可见，墨家成为当时显学，一方面是借鉴了儒家兴办私学、广收门徒的教育路线；一方面是重视维护和宣扬本派思想观点，并积极展开针对辩论技巧的基础学术研究，墨家以辩论为重心的逻辑学体系就是从这种实际需要中产生的。

相对于孔子温和谦恭的性格而言，墨子的性格更接近孟子的刚烈浩然，顾盼之间显得自信而强势，这在他与弟子和时人的对话中体现得比较明显。本文开篇就是墨子教育耕柱子的场景。耕柱对墨子的批评难以接受，认为自己已经非常优秀了，还是会经常受到老师的严厉批评。墨子没有直接回应这次批评的具体内容，而是用一个形象的比喻说明一个道理，越是优秀的人才越是要严格要求自己。委婉的回答中透露出的是满满的自信与强势风骨。文章末尾提到的对骆滑氂的批评更有意思，骆滑氂与子路一样，好勇力而显得有些莽撞。孔子批评子路时只是含蓄地点出："由也好勇过我，无所取材。"(《论语·公冶长》)墨子在批评骆滑氂时则是毫不客气地指出："今子闻其乡有勇士焉，必从而杀之，是非好勇也，是恶勇也。"一刚一柔，大异其趣。当然，这还只是面对自己的学生，在面对辩论对手时，墨子言语的杀伤力和气场更是十足强大。巫马子就是这样一个对墨家思想学说持反对态度的辩论对手，他嘲笑墨子奉行的"义"事既不见有人帮助，也不见鬼神降福，还九头牛都拉不回，甚至斥之为"有狂疾"。墨子仅用一个简单的类推就将巫马子陷于被动，不得不从疾"有狂疾"者的立场转为"贵有狂疾"者的立场。显而易见，墨子强大的论辩技巧与人格的强势特征在这种辩论中得到了淋漓尽致的展现。

贵 义

【题解】

　　本篇同样是语录体的墨子资料集。题目虽取自首句二字，但基本可以看作文章的主题，这一点比上一篇要做得好。只是全文各段之间也没有必然的联系，结构同样松散，故仍归之于墨子语录。墨子提出："万事莫贵于义"，认为"义"是衡量人一切行为活动的准绳，若不能行义，只能归咎于自己，而不能怀疑"义"的真理性和崇高性。在墨子的思想体系中，义的核心是利，而利是靠实干做出来的，不是靠嘴说出来的，所以墨子强调"言足以迁行"才能常言，严厉批评那些满嘴仁义而实际行为与仁义相背的人。

　　39.1 子墨子曰："万事莫贵于义。今谓人曰：'予子冠履，而断子之手足，子为之乎？'必不为，何故？则冠履不若手足之贵也。又曰：'予子天下而杀子之身，子为之乎？'必不为，何故？则天下不若身之贵也。争一言以相杀，是贵义于其身也。故曰：万事莫贵于义也。"

【译文】

　　墨子说："万事没有比道义更珍贵的了。现在对人说：'给你帽子和鞋子，却要砍断你的手和脚，你愿意吗？'一定不愿意，为什么呢？那是因为帽子和鞋子没有自己的手脚珍贵。又说：'给你天下却要杀了你，你愿意吗？'一定不愿意，为什么呢？那是因为天下没有自己的性命珍贵。为了一言之争而相互厮杀，是因为道义比身体更珍贵的缘故。所以说：万事没有比道义更珍贵的了。"

39.2 子墨子自鲁即齐[1]，过故人[2]，谓子墨子曰："今天下莫为义，子独自苦而为义，子不若已。"子墨子曰："今有人于此，有子十人，一人耕而九人处，则耕者不可以不益急矣。何故？则食者众，而耕者寡也。今天下莫为义，则子如劝我者也[3]，何故止我？"

【注释】

〔1〕即：去，往。

〔2〕过：访问，探望。

〔3〕如：犹"宜"（王念孙说），应该。 劝：勉励，鼓励。

【译文】

墨子从鲁国前往齐国，去探望一位老朋友，老朋友对墨子说："现在天下没有人坚持道义，您却独自苦苦追求道义，您不如停下来吧。"墨子说："现在有一个人在此，有十个儿子，其中只有一个儿子耕作而九个儿子在赋闲，那么耕作的人就不能不更加努力。这是什么原因呢？那是因为吃饭的人多而耕作的人少啊。现在天下没有人坚持道义，那么你应该勉励我，怎么反而阻止我呢？"

39.3 子墨子南游于楚，见楚献惠王[1]，献惠王以老辞，使穆贺见子墨子[2]。子墨子说穆贺，穆贺大说，谓子墨子曰："子之言则成善矣[3]！而君王，天下之大王也，毋乃曰'贱人之所为'，而不用乎？"子墨子曰："唯其可行。譬若药然，草之本，天子食之以顺其疾[4]，岂曰'一草之本'而不食哉？今农夫入其税于大人，大人为酒醴粢盛，以祭上帝鬼神，岂曰'贱人之所为'而不享哉？故虽贱人也，上比之农，下比之药，曾不若一草之本乎？且主君亦尝闻汤之说乎？昔者，汤将往见伊尹，令彭氏之子御。彭氏之子半道而问曰：'君将何之？'汤曰：'将往见伊尹。'彭氏之子曰：'伊尹，天下之贱人也。若君欲见之，亦令召问焉，彼受赐矣。'汤曰：'非女所知也。今有药此[5]，食之则耳加聪，目加明，则吾必说而强食之。今夫伊尹之于我国也，譬之良医善药也。而子不欲我见伊尹，是子不欲吾善也。'因下彭氏之子，不使御。彼苟然，然后可也[6]。"

【注释】

〔1〕楚献惠王：即楚惠王，"献"字为衍文。

〔2〕穆贺：楚国大臣。

〔3〕成：古以"成"为"诚"（王念孙说），确实。

〔4〕顺：调治。

〔5〕"药"下当脱"于"字（苏时学说）。

〔6〕此处疑有脱误，上下文不相连属。大意是说：楚王如果能够学习商汤的这种精神，楚国前途就大有希望了。

【译文】

墨子南游到楚国，求见楚惠王，惠王借口年老闭门不见，让穆贺代为接见墨子。墨子游说穆贺，穆贺很高兴，对墨子说："您的言论的确很高明，但我们的君王是天下的大国之王，恐怕会认为您的学说'是维护下等人的理论'，而不会采用吧？"墨子说："理论关键在于可行。就好比是良药，草根所为，天子服用了它却可以调治疾病，难道会说'不过是草根'而不服用它吗？现在有农夫向大人缴纳赋税，大人以此为酒食祭品，用来祭祀上帝鬼神，难道说因为是'低贱之人所缴的赋税'就不享用了吗？所以说，虽然是低贱之人，上与农夫比较，下与草药比较，难道还不如草根吗？况且君王也曾经听说过汤的传说吧？从前，汤准备前去拜见伊尹，让大臣彭氏家的儿子驾车。彭氏家的儿子在半路上问道：'您要到哪里去呢？'汤说：'要去拜见伊尹。'彭氏家的儿子说：'伊尹是低贱的人，您如果想要见他，就让人召见他来问话，他已经是接受赏赐了啊。'汤说：'这不是你能够懂得的。现在有药在这里，吃了就会让耳朵更灵敏，眼睛更明亮，那么我必定喜欢而一定要吃下它。现在伊尹对于我的国家，就好比是良医和善药啊。而你不想我去拜见伊尹，是你不希望我好啊！'于是让彭氏之子下去，不让他驾车。楚王如果也像商汤那样，楚国就大有希望了。"

39.4 子墨子曰："凡言凡动，利于天鬼百姓者为之；凡言凡动，害于天鬼百姓者舍之。凡言凡动，合于三代圣王尧舜禹汤文武者为之；凡言凡动，合于三代暴王桀纣幽厉者舍之。"

【译文】

墨子说："一切言论和行动，只要有利于上天、鬼神和百姓的就去做；一切言论和行动，只要是有害于上天、鬼神和百姓的就不做。一切言论和行动，只要是合乎三代圣王尧、舜、禹、汤、文王和武王之道的，就去做；一切言论和行动，只要是合乎三代暴王桀、纣、幽王和厉王的行为的，就舍弃。"

39.5 子墨子曰："言足以迁行者，常之；不足以迁行者，勿常。不足以迁行而常之，是荡口也。"

【译文】

墨子说："言论凡是可以付诸行动者，就可以常说；不足以付诸行动者，就不要常说。不足以付诸行动而常说，就是信口开河。"

39.6 子墨子曰："必去六辟[1]。嘿则思[2]，言则诲，动则事，使三者代御[3]，必为圣人。必去喜，去怒，去乐，去悲，去爱[4]，而用仁义，手足口鼻耳[5]，从事于义，必为圣人。"

【注释】

〔1〕此句当移于"必去喜"之前（吴毓江说）。 六辟：指喜、怒、乐、悲、爱、恶。

〔2〕嘿：即"默"。

〔3〕三者：指默、言、动。 御：用。

〔4〕"去爱"下当有"去恶"二字（俞樾说）。

〔5〕"耳"下当有"目"字（孙诒让说）。

【译文】

墨子说："静默时就要思考，说话时就要教诲人，行动时要符合道义，如果能够将这三者交替运用，就能成为圣人。一定要除去六种邪僻，要除去喜，除去怒，除去乐，除去悲，除去爱，除去恶，而以仁义为准则，让手、脚、口、鼻、耳朵和眼睛都从事于仁义之类的事情，就一定能成为圣人。"

39.7 子墨子谓二三子曰："为义而不能，必无排其道〔1〕。譬若匠人之斲而不能〔2〕，无排其绳。"

【注释】

〔1〕排：排斥，诋诽。

〔2〕斲：砍削。

【译文】

墨子对弟子们说："奉行道义却不做不好，一定不能排斥道义本身。就像木匠砍削木材却不能做得很好，不能排斥墨绳一样。"

39.8 子墨子曰："世之君子，使之为一犬一彘之宰，不能则辞之；使为一国之相，不能而为之。岂不悖哉！"

【译文】

墨子说:"世上的君子,让他们去做杀狗宰猪的工作,不能做他们就会推辞掉;让他们做一个国家的相国,不能做却勉强也要做。难道不是很荒唐吗?"

39.9 子墨子曰:"今瞽曰:'鉅者白也〔1〕,黔者黑也〔2〕。'虽明目者无以易之。兼白黑〔3〕,使瞽取焉,不能知也。故我曰瞽不知白黑者,非以其名也,以其取也。今天下之君子之名仁也,虽禹汤无以易之。兼仁与不仁,而使天下之君子取焉,不能知也。故我曰:天下之君子不知仁者,非以其名也,亦以其取也。"

【注释】

〔1〕鉅:当为"岂","皑"之假字(俞樾说),白。
〔2〕黔:黑色。
〔3〕兼:混。

【译文】

墨子说:"现在有一个盲人说:'皑是白色,黔是黑色。'即使是眼睛明亮的人也无法改变这种说法。如果把黑色和白色的东西混在一起,让盲人去挑选,就无法分辨了。所以我说盲人不知道黑白,不是不知道它们的名称,而是不能加以选择。现在天下的君子给仁正名,即使是禹和汤也无法改变。把仁和不仁的事放在一起,让天下的君子去选择,就无法分辨了。所以我说:天下的君子不知道仁义,不是他们不知道仁义的名称,而是他们无法加以选择。"

39.10 子墨子曰:"今士之用身,不若商人之用一布之慎也〔1〕。商人用一布布〔2〕,不敢继苟而雠焉〔3〕,必择良者。今士之用身则不然,意之所欲则为之,厚者入刑罚〔4〕，薄者被毁丑〔5〕，则士之用身不若商人之用一布之慎也。”子墨子曰：“世之君子欲其义之成，而助之修其身则愠，是犹欲其墙之成，而人助之筑则愠也，岂不悖哉！”

【注释】

〔1〕布：布币，古代一种货币。

〔2〕布布：当为“布市”（孙诒让说），即以币市物。

〔3〕继：疑当为“轻”（王焕镳说）。 雠：即“售”（毕沅说），卖，这里指买的行为。

〔4〕入：这里指遭受。

〔5〕薄：轻。 毁：诽谤。 丑：耻辱。

【译文】

墨子说：“现在的士人立身处世，还不如商人用一个钱币慎重。商人用一个钱币买东西，不敢轻率地买下货物，一定会选择更好的货物。现在士人立身处世却不是这样，心中想怎样做就怎样做，（过错）重者受到刑罚，轻者遭受诽谤和耻辱，那么士人的立身处世还不如商人使用一个钱币慎重。”墨子说：“世上的君子想要成就仁义，但有人帮助他修养身心他却很生气，这就像想要建筑城墙，但别人帮他建筑他却很生气，这难道不是很荒唐吗？”

39.11 子墨子曰：“古之圣王，欲传其道于后世，是故书之竹帛，镂之金石，传遗后世子孙，欲后世子孙法之也。今闻先王之遗而不为〔1〕，是废先王之传也。”

【注释】

〔1〕遗：当为“道”之误（王念孙说）。

【译文】

墨子说：“古代圣王，想要让他的道术流传于后世，所以写在竹帛上，刻在金石上，来传给后世子孙，希望后世子孙能够效法。现在听到先王的遗训却不去践行，这是在废弃先王所传的大道啊！"

39.12 子墨子南游使卫[1]，关中载书甚多[2]，弦唐子见而怪之[3]，曰："吾夫子教公尚过曰：'揣曲直而已[4]。'今夫子载书甚多，何有也[5]？"子墨子曰："昔者周公旦朝读书百篇，夕见漆十士[6]。故周公旦佐相天子，其修至于今[7]。翟上无君上之事，下无耕农之难，吾安敢废此？翟闻之：'同归之物，信有误者[8]。'然而民听不钧[9]，是以书多也。今若过之心者[10]，数逆于精微[11]，同归之物，既已知其要矣，是以不教以书也。而子何怪焉？"

【注释】

〔1〕使：当为"于"字。

〔2〕关中：犹言"扄中"（毕沅说），指车上横阑中空的部分，可以放东西。

〔3〕弦唐子：与下文提及的公尚过皆墨子弟子。

〔4〕揣：揣度，衡量。

〔5〕有：犹"为"。

〔6〕漆：当为"七"之假音（毕沅说）。

〔7〕修：治，指政绩。

〔8〕此两句为当时谚语，孙诒让认为意谓"理虽同归，而言不能无误"。细审其意，似乎化自"天下同归而殊途，一致而百虑。"（《周易·系辞下》）

〔9〕钧：通"均"。

〔10〕过：指公尚过。

〔11〕数：理。 逆：上溯。

【译文】

墨子南游到卫国，车子里装了很多书。弦唐子看到感到很奇怪，问道："夫子曾经教导公尚过说：'书仅仅是为了揣度是非曲直而已。'现在夫子车上装了这么多书，有什么用呢？"墨子说："从前周公旦早上读书百篇，晚上接见七十位士人。所以周公旦辅佐天子，他的政绩一直流传到今天。现在我上不用承担国君授予的职事，下没有农夫耕作的辛劳，我怎么敢废弃读书呢？我听说：'天下的道理殊途同归，但说法的确会有失误。'然而百姓的听闻不一，所以记载其见闻的书有很多。现在像公尚过这样，对于事理已经能够洞察精微，对于殊途同归的道理，已经能够把握要领了，所以就不必再教给他书中的东西了。你又有什么可奇怪的呢？"

39.13 子墨子谓公良桓子曰[1]："卫，小国也，处于齐、晋之间，犹贫家之处于富家之间也。贫家而学富家之衣食多用，则速亡必矣。今简子之家[2]，饰车数百乘，马食菽粟者数百匹，妇人衣文绣者数百人，吾取饰车、食马之费[3]，与绣衣之财以畜士，必千人有余。若有患难，则使百人处于前[4]，数百于后[5]，与妇人数百人处前后，孰安？吾以为不若畜士之安也。"

【注释】

〔1〕公良桓子：卫国大夫。
〔2〕简：观，审视。
〔3〕吾：当为"若"之误（俞樾说）。
〔4〕"百人"前当有"数"字（王念孙说）。
〔5〕"数百"后当脱"人处"二字（毕沅说）。

【译文】

墨子对公良桓子说："卫国只是一个小国家，处于齐国和晋国之间，就像穷人家处于富人家之间一样。穷人家如果要仿效富人家的穿衣吃饭以及大手大脚花钱，那么迅速败亡的结果是一定的。现在看您的家里，经过纹饰的车子有数百辆，吃粮食的马有几百匹，穿着锦绣衣服的妇女有几百人，如果用装饰车马、马吃粮食的费用和锦绣衣服的费用来供养士人，一定可以供养千人有余。如果有患难，那么让几百人在你前面，几百人在后面，和让几百个妇人在你前面和后面相比，哪个更安全呢？我以为不如供养士人更安全。”

39.14 子墨子仕人于卫，所仕者至而反〔1〕。子墨子曰：“何故反？”对曰：“与我言而不当〔2〕。曰：‘待女以千盆〔3〕。’授我五百盆，故去之也。”子墨子曰：“授子过千盆，则子去之乎？”对曰：“不去。”子墨子曰：“然则，非为其不审也〔4〕，为其寡也。”

【注释】

〔1〕反：通“返”。

〔2〕不当：不相符，不一致。

〔3〕女：通“汝”，你。 盆：古代计量单位，具体数目不详，这里指俸禄的数量。

〔4〕不审：不守信用。

【译文】

墨子推荐人到卫国去做官，被举荐人到了又返回。墨子问道：“为什么回来呢？”回答说：“卫国国君对我言行不一。说的是‘给你一千盆俸禄。’实际上只给了五百盆，所以离开。”墨子说：“如果给你的俸禄超过一千盆，那么你还会离开吗？”回答说：“不会离开。”墨子说：“那么，你不是因为他不守信用，而是因为俸禄太少了。”

39.15 子墨子曰：“世俗之君子，视义士不若负粟者。今有人于此，负粟息于路侧，欲起而不能，君子见之，无长少贵贱〔1〕，必起之。何故也？曰：义也。今为义之君子，奉承先王之道以语之，纵不说而行〔2〕，又从而非毁之。则是世俗之君子之视义士也，不若视负粟者也。"

【注释】

〔1〕无：无论。

〔2〕纵：即使。 说：通"悦"。

【译文】

墨子说："世俗上的君子，看待仁义之士还不如对待背米的人。现在这里有一个人，背着米在路边休息，想要站却站不起来，君子看到后，无论年纪长幼贵贱，一定会帮他起来。这是什么原因呢？回答是：出于道义。现在那些行仁义的君子，奉行先王的道义来告诫世俗君子，世俗君子即使不高兴走开也就罢了，却还要诋毁和非难行义君子。那么也就是世俗的君子看待仁义之士还不如对待背米的人。"

39.16 子墨子曰："商人之四方，市贾信徙〔1〕，虽有关梁之难〔2〕，盗贼之危，必为之。今士坐而言义，无关梁之难，盗贼之危，此为信徙，不可胜计，然而不为。则士之计利不若商人之察也〔3〕。"

【注释】

〔1〕贾：通"价"，价格。 信：当为"倍"（毕沅说）。 徙：当为"蓰"（孙诒让说），五倍。

〔2〕关：关口，要塞。 梁：桥。

〔3〕察：明察。

【译文】

墨子说："商人赴四方做生意，买进和卖出货物的价格相差一倍甚至五倍，虽然有关口和桥梁处的阻难，有遇到强盗的危险，也一定要去做。现在的士人坐而谈论道义，没有关口和桥梁处的阻难，也没有遇到强盗的危险，而获得的利益高达数倍，但是却没人去做。那么士人对利益的算计还比不上商人的明察啊！"

39.17 子墨子北之齐，遇日者〔1〕。日者曰："帝以今日杀黑龙于北方〔2〕，而先生之色黑，不可以北〔3〕。"子墨子不听，遂北，至淄水，不遂而反焉〔4〕。日者曰："我谓先生不可以北。"子墨子曰："南之人不得北，北之人不得南，其色有黑者，有白者，何故皆不遂也？且帝以甲乙杀青龙于东方〔5〕，以丙丁杀赤龙于南方，以庚辛杀白龙于西方，以壬癸杀黑龙于北方，若用子之言，则是禁天下之行者也。是围心而虚天下也〔6〕，子之言不可用也。"

【注释】

〔1〕日者：卜筮的人。

〔2〕帝：天帝。

〔3〕北：向北而行。

〔4〕遂：达成目的。

〔5〕甲乙：指甲日和乙日。古人以天干记日。

〔6〕围：当为"违"。

【译文】

墨子向北到齐国去，遇到一个占卜的人。占卜者说："今天天帝在北方杀黑龙，而您脸色黝黑，不能到北边去。"墨子不听他的，于是向北，走到淄水，没能过河，就原路返回。占卜的人说："我对先生说过不能向北。"墨子说："南面的人不能到北面去，北面的人不能到南面去，脸色有黑的，有白的，为什么都不能顺利过河呢？况且天帝甲乙日在东方杀青龙，丙丁日在南方杀赤龙，庚辛日在西方杀白龙，壬癸日在北方杀黑龙，如果按照您的说法，那就是禁止天下的人出行。这是蒙蔽人心，让天下人不相往来而如空虚无人，您的话不能用啊！"

39.18 子墨子曰：“吾言足用矣，舍言革思者[1]，是犹舍获而攫粟也[2]。以其言非吾言者，是犹以卵投石也，尽天下之卵，其石犹是也，不可毁也。”

【注释】

〔1〕“舍”下当有“吾”字（孙诒让说）。 言：这里指学说主张。

〔2〕攫：拾取，搜集。

【译文】

墨子说：“我的学说值得采用啊，舍弃我的学说而改弦更张考虑别的，就好像放弃收割而去捡遗留在田里的谷穗一样。用别人的言论来反对我的言论，就像用鸡蛋去砸石头，用尽天下的鸡蛋，石头还是石头，是不可毁坏的。”

【评析】

大约墨子的兼爱思想创新色彩太过浓厚，给人的印象太过深刻，人们普遍把墨子的兼爱思想看作是墨家思想学说的一面旗帜，但从理论上来说，墨子的“义”是比“兼爱”理论涵盖能力更强、因而也是更核心的思想观念。我们不妨拿孔子的思想学说做一个比较，孔子的思想学说号称仁学，因为孔子的仁学不仅仅是爱人这么简单；仁学思想与政治结合就是“德政”；“仁”还是一切行为活动正义与否的判断标准；更是可以生死以之的终极关怀，“志士仁人，无求生以害仁，有杀身以成仁”（《论语·卫灵公》）。相对而言，墨子的兼爱学说尽管在中国思想史上独树一帜，但却仅仅局限于人文关怀的理论范围，作为墨子思想学说的理论基础尚可，作为墨子整个思想体系的核心却缺乏孔子仁学那样的理论延展性。

墨子重“义”，坚信“万事莫贵于义”，对“义”的奉行甚至带有殉道般的自我牺牲意味，其中蕴含的宗教色彩与兼爱相比毫不逊色。在墨子看来，人的生命是宝贵的，但生命的可贵依然不敌“义”。当某种极端情况下，人的生命与“义”的原则发生冲突时，“争一言以相杀，是贵义于其身也”。

这种说法与孔子"杀身成仁"的理念可谓异曲同工，殊途而同归。因为墨子说过："义者，政也，无从下之政上，必从上之政下。"（《天志上》）政，即正义之正。面对"天下莫为义"的局面，墨子毫无怨言，听说"楚欲攻宋，墨子闻而悼之，自鲁趋而往，十日十夜，足重茧而不休息，裂裳裹足，至于郢"（《淮南子·修务训》）。在墨子眼里"义"就是正义，就是真理，就是理想的终极。

其次，墨子的"义"在理论层次上是高于"爱"的。墨子的"兼爱"其实是对天下百姓提出的理论要求，而对高居平民之上的社会精英，墨子则提出了完全不同的要求："大人之爱小人也，薄于小人之爱大人也。"（《大取》）不但要薄爱，还要彻底"去爱"。墨子曾明确指出，奉行义道"必去喜，去怒，去乐，去悲，去爱，而用仁义。手足口鼻耳，从事于义，必为圣人"。因为社会精英们只有超越喜怒悲爱等凡人情怀，才能为天下之公利做出更大的贡献。大人"利小人也，厚于小人之利大人也"（《大取》）。

再次，墨子的"义"是超越个人私利的天下公利，是天下百姓的福祉所在。《经上》篇云："义，利也"。只是这种"利"不能狭隘地理解为个人私利。因为"义"的内涵首先包括了"正义"的因素，因而在将"义"和"利"等同起来的同时，就已经预示了这种"利"在理论层次上只能是天下公利。在墨子眼中，奉行"义"道，就是要"兴天下之利"。尽管这种理想化的功利主义思想更像是一种空中楼阁，连墨子的故人都劝他何必"自苦而为义"，但至少墨子和他的部分弟子们把这种理论坚决执行了下去。

此外，墨子还把"义"运用到政治领域，提出"义政"与"力政"的区别。有点类似孟子提出的"王道"与"霸道"的区别，但还是有很大的不同。墨子心目中的"义政"不同于儒家的"仁政"，而是一种符合"天志"的政治。"义政"的具体要求是"处大国不攻小国，处大家不篡小家，强者不劫弱，贵者不傲贱，多诈者不欺愚"。其最终目标是："上利于天，中利于鬼，下利于人。"不难看出，墨子的"义政"思想既有宗教神学的影响，又不乏其一贯的功利主义色彩。

不仅如此，墨子义学对中国后世的影响远大于其兼爱学说。当六国覆灭、天下一统、墨学凋零之后，兼爱学说早为历代统治者遗弃，但墨子最看重的"义"却依然作为中国百姓的生活信条而受到民间的追奉。田横五百士集体自杀的壮举，民间游侠们"其言必信，其行必果，已诺必诚，不爱其躯，赴士之厄困"的节操（《史记·游侠列传》），中国民间对关羽忠义的信仰，《水浒》草莽英雄的集体群像，无不说明墨子义学思想对国民性格形成过程中的深刻影响，昭示着墨者风貌的人间留存。

公 孟

【题解】

　　本篇取首句中"公孟"二字名篇，以问答的形式记录了墨子与弟子及时人的对话，虽仍然归于语录体的范畴，但对话之中已经可以看到完整的观点阐述，可以看作语录体向专论体的过度。文章对话内容涉及的范围较广，但主要是以儒墨两家的思想矛盾为主线、以维护墨子基本理论主张为基调展开的，其中包括"非命"、"明鬼"、"节葬"、"非儒"、"非乐"等墨家重点理论命题。文中辩驳的成分较多，不难看出墨子学说在当时遭受的怀疑和非难也很多，所以墨子不得不亲自出面维护自己的思想学说。值得一提的是，墨子在批评儒家思想的同时，仍然能够客观看待孔子，认为孔子思想中也有"当而不可易者"。

　　40.1 公孟子谓子墨子曰："君子共己以待[1]，问焉则言，不问焉则止。譬若钟然，扣则鸣[2]，不扣则不鸣。"子墨子曰："是言有三物焉[3]，子乃今知其一身也[4]，又未知其所谓也。若大人行淫暴于国家[5]，进而谏，则谓之不逊；因左右而献谏，则谓之言议。此君子之所疑惑也。若大人为政，将因于国家之难[6]，譬若机之将发也然[7]，君子之必以谏，然而大人之利[8]。若此者，虽不扣必鸣者也。若大人举不义之异行，虽得大巧之经[9]，可行于军旅之事，欲攻伐无罪之国，有之也，君得之，则必用之矣。以广辟土地，著税伪材[10]。出必见辱，所

攻者不利，而攻者亦不利，是两不利也。若此者，虽不
扣必鸣者也。且子曰：'君子共己待，问焉则言，不问焉
则止，譬若钟然，扣则鸣，不扣则不鸣。'今未有扣，子
而言，是子之谓不扣而鸣邪？是子之所谓非君子邪？"

【注释】

〔1〕共：当为"拱"（孙诒让说）。

〔2〕扣：击打，敲。

〔3〕三物：指三种情况，即"叩则鸣"、"不叩则不鸣"、"不叩而鸣"。

〔4〕一：当为"二"（王焕镳说），指"叩则鸣"、"不叩则不鸣"。 身：当为"耳"（王引之说）。

〔5〕大人：这里指国君。

〔6〕因：即，就。

〔7〕机：弓弩上的发射机关。

〔8〕之利：当为"利之"之误倒。

〔9〕得大巧之经：指掌握捷径的方法。经，同"径"，方法，途径。

〔10〕著：当读为"赋"（于省吾说）。 伪：疑当为"货"（毕沅说）。 材：通"财"（孙诒让说）。

【译文】

公孟子对墨子说："君子应该拱手而立，恭敬地等待，有问必答，不问就停止。就好像钟一样，敲它就响，不敲就不响。"墨子说："这话分三种情况，你现在只知道其中的两种，而且还不知道它的真正用意。如果国君在国内倒行逆施，若进谏，则是不恭敬；若通过国君的近臣进谏，又会被认为是妄加议论，这就是君子的困惑所在。如果国君处理政务，国家眼看要有大难发生，就像机关一样一触即发，君子就一定要进谏，然而国君却能因此而得利！像这种情况，即使不敲也一定要鸣响。如果国君做出不道义的行为，即使有巧妙的方法可以在军队中实行，想要攻伐没有罪行的国家，君主得到后一定会使用。以此来开疆拓土，聚敛税利财货。但外出作战一定会遭受耻辱，被攻打的国家没有好处，攻打别人的也得不到好处，是两者都得不到好处。如果像这样，即使不敲也一定要鸣

响。并且你说：'君子应该拱手而立，恭敬地等待，有问必答，不问就停止。就好像钟一样，敲它就响，不敲就不响。'现在没有敲，而你却说话，是你所说的不敲却响呢，还是你所认为的不是君子呢？"

40.2 公孟子谓子墨子曰："实为善人，孰不知？譬若良玉〔1〕，处而不出有余糈〔2〕。譬若美女，处而不出，人争求之；行而自衒〔3〕，人莫之取也〔4〕。今子遍从人而说之，何其劳也？"子墨子曰："今夫世乱，求美女者众，美女虽不出，人多求之；今求善者寡，不强说人〔5〕，人莫之知也。且有二生，于此善筮。一行为人筮者，一处而不出者。行为人筮者与处而不出者，其糈孰多？"公孟子曰："行为人筮者其糈多。"子墨子曰："仁义钧〔6〕。行说人者，其功善亦多，何故不行说人也！"

【注释】

〔1〕玉：疑当为"巫"（孙诒让说）。
〔2〕糈：祭祀神灵时用的米。
〔3〕衒：炫耀，夸口。
〔4〕取：通"娶"。
〔5〕强：竭力，勉强。
〔6〕钧：通"均"。

【译文】

公孟子对墨子说："真正的善人，谁不知道呢？就好像高明的巫师，在家里不用出来就有多余的糈米。就好比美女，在家里不出来，人们就会争着去追求；如果到处去炫耀，反而没人娶她了。现在你到处向大人们游说，多辛苦啊！"墨子说："现在世道混乱，追求美女的人很多，美女即使不出来，也有很多人追求她；现在追求行善的人少，不竭力去游说，就没有人会了解。这里有两个人，都善于占卜。一个到处走为人占卜，一个人在家里不出来。到处为人占卜的人和在家里为人占卜的人，谁得到的糈米更多呢？"公孟子说："到处给人占卜的人得到的糈米更多。"墨子说："仁义修养相同，外出游说人的人，他的功业和善行也多，那么为什么不外出游说人呢？"

40.3 公孟子戴章甫[1]，搢忽[2]，儒服，而以见子墨子，曰："君子服然后行乎？其行然后服乎？"子墨子曰："行不在服。"公孟子曰："何以知其然也？"子墨子曰："昔者齐桓公高冠博带[3]，金剑木盾，以治其国，其国治。昔者晋文公大布之衣[4]，牂羊之裘[5]，韦以带剑[6]，以治其国，其国治。昔者，楚庄王鲜冠组缨[7]，绛衣博袍[8]，以治其国，其国治。昔者越王勾践剪发文身，以治其国，其国治。此四君者，其服不同，其行犹一也。翟以是知行之不在服也。"公孟子曰："善！吾闻之曰：'宿善者不祥[9]。'请舍忽，易章甫，复见夫子可乎？"子墨子曰："请因以相见也。若必将舍忽、易章甫，而后相见，然则行果在服也。"

【注释】

〔1〕章甫：商代流传下来的一种礼帽，传说孔子常带这种礼帽，后为儒者的标志性装扮。

〔2〕搢忽：即"搢笏"。古代臣子朝见国君，常带一块记事用的笏板，不用时插于腰带上，称"搢笏"。

〔3〕博带：大带，系于外衣腰部处的带子，即"绅"。

〔4〕大布：粗布。

〔5〕牂羊：母羊，牂羊之裘不如羔羊之裘轻暖。

〔6〕韦：没有经过装饰的熟牛皮。

〔7〕鲜冠：当为"解冠"，即"獬冠"（陈汉章说），即獬豸冠，御史

所戴之冠。 组缨：即冠缨。组，绶带。

〔8〕绛：深红色。

〔9〕宿：止，留。

【译文】

公孟子戴着礼帽，腰间插着笏板，身穿儒服，然后去见墨子，说："君子应该先讲究服饰然后才去从事，还是去从事然后才讲究服饰呢？"墨子说："行事不在于讲究服饰。"公孟子说："怎么才知道是这样的呢？"墨子说："从前，齐桓公戴着高高的帽子，系着宽大的带子，身佩金剑、手执木盾，来治理他的国家，他的国家得到治理。从前，晋文公穿着粗布的衣服，母羊皮做的皮裘，腰系牛皮带，腰间挂剑，来治理他的国家，他的国家得到治理。从前，楚庄王戴着装饰有冠缨的漂亮帽子，穿着深红色的宽大袍子，来治理他的国家，他的国家得到治理。从前，越王勾践剪去头发、文上文身，来治理他的国家，他的国家得到治理。这四位国君，所穿的衣服不同，但他们的政绩却是一样的。我因此知道行事不在于讲究服饰。"公孟子说："很好！我听说：'明知什么是善行而不去施行的人不吉祥。'请允许我放下笏板、换掉礼服，再来见您怎么样呢？"墨子说："请按照现在这样相见就行了。如果一定要放下笏板、换掉礼服再来相见，那么行事就果然在于讲究服饰了。"

40.4 公孟子曰："君子必古言服，然后仁。"子墨子曰："昔者商王纣卿士费仲为天下之暴人，箕子、微子为天下之圣人，此同言而或仁不仁也。周公旦为天下之圣人，关叔为天下之暴人〔1〕，此同服或仁或不仁。然则不在古服与古言矣。且子法周而未法夏也，子之古非古也。"

【注释】

〔1〕关叔：即"管叔"（孙诒让说）。

【译文】

公孟子说:"君子一定要效法古代的言论和服装,然后才称得上仁。"墨子说:"从前,商纣王的卿士费仲是天下闻名的残暴之人,箕子和微子则是天下的圣人,这是说同样的话,却有仁人与不仁之人的区别。周公旦是天下的圣人,管叔是天下的残暴之人,这是穿着同样的衣服,却有仁人与不仁之人的区别。既然这样,那么仁与不仁不在于古代的衣服和言论。况且你效法周却没有效法夏,你说的古代还不是真正的古代。"

40.5 公孟子谓子墨子曰:"昔者圣王之列也〔1〕,上圣立为天子,其次立为卿大夫。今孔子博于《诗》、《书》,察于礼乐,详于万物,若使孔子当圣王,则岂不以孔子为天子哉?"子墨子曰:"夫知者,必尊天事鬼,爱人节用,合焉为知矣。今子曰'孔子博于《诗》、《书》,察于礼乐,详于万物',而曰可以为天子,是数人之齿〔2〕,而以为富。"

【注释】

〔1〕列:序列,指位次。

〔2〕齿:指符契之齿。古人刻竹木以记数,其刻处如齿,故谓之齿。

【译文】

公孟子对墨子说:"从前圣人安排位次,最高的圣人被立为天子,其次的圣人位列卿大夫。现在孔子博通《诗》、《书》,明察礼乐制度,详细地了解万物,如果让孔子处于圣王的时代,那岂不是要立孔子为天子了吗?"墨子说:"有智慧的人,一定会尊奉上天,敬事鬼神,爱护百姓,节俭用度,合乎这些才是有智慧的人。现在你说'孔子博通《诗》、《书》,明察礼乐制度,详细地了解万物',却又说可以立他为天子,这不过是数着捡来的符契上的刻数,就自以为富有罢了。"

40.6 公孟子曰：“贫富寿夭，齰然在天〔1〕，不可损益。”又曰：“君子必学。”子墨子曰：“教人学而执有命，是犹命人葆而去亓冠也〔2〕。”

【注释】

〔1〕齰然：犹云确然。齰，同“凿”（曹耀湘说）。

〔2〕葆：同“包”，指包裹起头发以加冠（毕沅说）。 亓：同“其”。

【译文】

公孟子说：“贫穷或富贵，长寿或夭折，都是由上天决定的，不能减少或增加。”又说：“君子一定要学习。”墨子说：“教人学习，却又主张有宿命，这就像叫人裹起头发以便戴冠却又拿走他的帽子一样。”

40.7 公孟子谓子墨子曰：“有义不义，无祥不祥。”子墨子曰：“古圣王皆以鬼神为神明，而为祸福〔1〕，执有祥不祥，是以政治而国安也。自桀纣以下，皆以鬼神为不神明，不能为祸福，执无祥不祥，是以政乱而国危也。故先王之书，《子亦》有之曰〔2〕：‘亓傲也，出于子，不祥。’此言为不善之有罚，为善之有赏。”

【注释】

〔1〕而：同“能”（毕沅说）。

〔2〕子亦：疑当作“亓子”。亓，古“其”字。“其子”即“箕子”。《周书》有《箕子》篇，今亡（戴望说）。

【译文】

公孟子对墨子说：“只有义和不义，没有祥和不祥。”墨子说：“古代圣王都认为鬼神神圣而明达，能够赐福或降祸，主张因人之义与不义而有祥或不祥，所以政事得到治理而国家得到安宁。自桀纣以下的君王，都认为鬼神并非神圣而明达的，不能够降祸或赐福，主张不会因人之义与不义而有祥或不祥，所以政事混乱而国家倾危。所以先王之书《箕子》上说：'如果太傲慢，你就会不吉祥。'这句话的意思是说不为善会受到惩罚，为善会有奖赏。"

40.8 子墨子谓公孟子曰："丧礼，君与父母、妻、后子死，三年丧服。伯父、叔父、兄弟期[1]，族人五月[2]，姑、姊、舅、甥皆有数月之丧。或以不丧之间[3]，诵《诗三百》，弦《诗三百》，歌《诗三百》，舞《诗三百》。若用子之言，则君子何日以听治？庶人何日以从事？"公孟子曰："国乱则治之，国治则为礼乐。国治则从事[4]，国富则为礼乐。"子墨子曰："国之治，治之废，则国之治亦废[5]。国之富也，从事，故富也。从事废，则国之富亦废。故虽治国，劝之无餍，然后可也。今子曰：'国治，则为礼乐，乱则治之。'是譬犹噎而穿井也，死而求医也。古者三代暴王桀纣幽厉，蘍为声乐[6]，不顾其民，是以身为刑僇，国为戾虚者[7]，皆从此道也。"

【注释】

〔1〕期：年，指服丧一年。

〔2〕"族人"上当有"戚"字（王念孙说）。

〔3〕或：又。

〔4〕国治：当为"国贫"（王念孙说）。

〔5〕此三句疑有脱误，当为"国之治也，听治故治也；听治废，则国之治亦废"（陶鸿庆说）。

〔6〕蘍：盛。

〔7〕戾虚：当为"虚戾"，即"虚厉"（王念孙说）。居宅无人曰虚，死而无后曰厉。

【译文】

　　墨子对公孟子说："丧礼规定，国君、父母、妻子和嫡长子死后，要服丧三年，伯父、叔父、兄弟死后要服丧一年，族人死后要服丧五个月，姑姑、姐姐、舅舅、外甥死后都要服丧几个月。不办丧事的空隙，还要诵读《诗三百》，弹奏《诗三百》，歌唱《诗三百》，舞蹈《诗三百》。如果像您所说的那样，那么君子还能用哪一天来听政，平民还能用哪一天来从事生产呢？"公孟子说："国家混乱就要进行治理，国家治理就要提倡礼乐。国家贫穷就要从事生产，国家富裕就要提倡礼乐。"墨子说："国家进行治理才能得到治理，如果治理行动废止了，那么国家政治也就荒废了。国家富裕，进行生产，才会富裕，生产废弃了，那么国家的富裕也就会废止。所以即使国家得到治理，也要勤勉不止，然后国家才有前途。现在你说：'国家得到治理就提倡礼乐，混乱就进行治理。'这就像吃饭噎着了才去挖井，人死了才去找医生。古时候三代的暴王桀、纣、幽王和厉王，大兴音乐，不顾他的子民，所以身遭杀戮，国成废墟，都是由这种主张造成的。"

　　40.9 公孟子曰："无鬼神。"又曰："君子必学祭祀[1]。"子墨子曰："执无鬼而学祭礼，是犹无客而学客礼也，是犹无鱼而为鱼罟也。"

【注释】

　　[1]祀：当为"礼"（毕沅说）。

【译文】

　　公孟子说："没有鬼神。"又说："君子一定要学习祭祀的礼节。"墨子说："主张没有鬼神却要学习祭祀的礼节，就像是没有客人却要学习待客的礼节，就像没有鱼却要制造渔网。"

　　40.10 公孟子谓子墨子曰："子以三年之丧为非，子之三日之丧亦非也。"子墨子曰："子以三年之丧非三日之丧，是犹倮谓撅者不恭也〔1〕。"

【注释】

〔1〕倮：同"裸"（毕沅说），袒露。 撅：当为"揭"，掀开衣服的一角（洪颐煊说）。

【译文】

公孟子对墨子说："您认为三年的丧期不对，那么您主张三天的丧期也是不对的。"墨子说："你用三年的丧期来非议三天的丧期，就像自己光着膀子却指责别人掀起衣角不恭敬一样。"

40.11 公孟子谓子墨子曰："知有贤于人〔1〕，则可谓知乎？"子墨子曰："愚之知有以贤于人，而愚岂可谓知矣哉？"

【注释】

〔1〕有贤于人：指偶尔有一事比他人强。

【译文】

公孟子对墨子说："自己的知识在某方面偶有胜过别人的地方，就可以说是有智慧了吗？"墨子说："愚蠢的人某方面的所知偶尔也会胜过别人，那么愚蠢的人难道可以说是有智慧的人吗？"

40.12 公孟子曰："三年之丧，学吾之慕父母〔1〕。"子墨子曰："夫婴儿子之知，独慕父母而已。父母不可得也，然号而不止，此亓故何也〔2〕？即愚之至也。然则儒者之知，岂有以贤于婴儿子哉？"

【注释】

〔1〕学：仿效。"吾"下当有"子"字（俞樾说）。吾子，指小孩子。

〔2〕亓:古"其"字。

【译文】

　　公孟子说:"三年的丧期是效仿小孩子依恋父母。"墨子说:"婴儿的智慧,只是知道依恋父母而已。找不到父母,就大哭不止,这是什么缘故呢? 这是愚笨到了极点。那么儒者的智慧,难道有胜过婴儿的地方吗?"

　　40.13 子墨子曰:"问于儒者〔1〕:'何故为乐?'曰:'乐以为乐也。'"子墨子曰:"子未我应也。今我问曰:'何故为室?'曰:'冬避寒焉,夏避暑焉,室以为男女之别也〔2〕。'则子告我为室之故矣。今我问曰:'何故为乐?'曰:'乐以为乐也。'是犹曰:'何故为室?'曰:'室以为室也。'"

【注释】

　　〔1〕这句话当为"子墨子问于儒者曰"。
　　〔2〕室:当为"且"之误(俞樾说)。

【译文】

　　墨子问儒者说:"为什么要制作音乐?"回答说:"音乐是用来娱乐身心的。"墨子说:"你没有回答我的问题。现在我问:'为什么要建造房子。'你回答说:'冬天避寒,夏天避暑,还能用来使男女有所分别。'那么你是在告诉我为什么要制造房子的原因。现在我问:'为什么要制作音乐?'你回答说:'用音乐来娱乐身心。'就像我问'为什么要建造房子'? 你回答说'为了房子而制造房子'一样。"

　　40.14 子墨子谓程子曰〔1〕:"儒之道足以丧天下者,四政焉〔2〕。儒以天为不明,以鬼为不神,天鬼不说,此足以丧天下。又厚葬久丧，重为棺椁，多为衣衾，送死若徙，三年哭泣，扶后起，杖后行，耳无闻，目无见，此足以丧天下。又弦歌鼓舞，习为声乐，此足以丧天下。又以命为有，贫富寿夭，治乱安危有极矣[3]，不可损益也，为上者行之，必不听治矣；为下者行之，必不从事矣，此足以丧天下。"程子曰："甚矣！先生之毁儒也。"子墨子曰："儒固无此若四政者[4]，而我言之，则是毁也。今儒固有此四政者，而我言之，则非毁也，告闻也。"程子无辞而出。子墨子曰："迷之[5]！"反，后坐[6]，进复曰[7]："乡者先生之言有可闻者焉[8]，若先生之言，则是不誉禹[9]，不毁桀纣也。"子墨子曰："不然。夫应孰辞[10]，称议而为之[11]，敏也。厚攻则厚吾[12]，薄攻则薄吾。应孰辞而称议[13]，是犹荷辕而击蛾也[14]。"

【注释】

〔1〕程子：指程繁（苏时学说）。
〔2〕四政：指下面提到的四种教义，天鬼，丧葬，为乐，有命。
〔3〕有极：犹言"有常"。
〔4〕此若：即"此"。
〔5〕迷：当为"还"之误（孙诒让说），回来。
〔6〕后：当为"复"（王念孙说）。
〔7〕复：白（曹耀湘说），陈述。
〔8〕乡：通"向"，刚才。 闻：当为"间"（毕沅说），指谪。
〔9〕"禹"下当有"汤"字。
〔10〕孰辞：习孰之辞，犹云"常语"（孙诒让说）。
〔11〕称义：指所议与事实相符。
〔12〕吾：读为"御"（王引之说）。下同。
〔13〕"称议"前当有"不"字。
〔14〕辕：车辕。

【译文】

墨子对程子说:"儒家道术足以令天下丧失的原因有四点。儒家认为上天是不明察的,认为鬼是不神异的,上天和鬼神都会感到不悦,这一点足以丧失天下。又主张厚葬并长期服丧,棺椁多重,衣服和被褥许多件,送葬如同搬家,哭泣三年,扶着墙然后才能站起,拄着拐杖然后才能行走,耳朵听不见声音,眼睛看不见东西,这一点也足以丧失天下。还主张弹歌起舞,习惯于声乐之事,这一点也足以丧失天下。又认为天命是存在的,贫穷、富贵、长寿、夭折,治理、混乱、安定、危难,这些都是有定数的,不能减少或增加。上位的人这样做,一定无法处理政务,下边的人这样做,一定无法从事生产,这一点也足以丧失天下。"程子说:"先生诋毁儒家实在是太过分了!"墨子说:"儒家如果确实就没有这四种主张,而我这样说,那就是诋毁。现在儒家本来就有这四种主张,而我这样说,那就不是诋毁,而只是说出我听到的事实罢了。"程子没有出声,默默走了出去。墨子说:"回来。"程子返回,又坐了下来,然后对墨子说:"刚才先生所说的话也有可指摘的地方。若照先生的话,那就是既不称赞大禹商汤,也不诋毁桀纣。"墨子说:"不是这样的。应付平常的说辞,不必思索就能言实相符,这是机敏。如果对方言辞犀利,我也以激烈的言辞应对;如果对方言辞温婉,我也以温婉的言辞应对。应付平常的说辞如果不用与之相应的方式,就如同抡着车辕去扑打飞蛾一样。"

40.15 子墨子与程子辩,称于孔子〔1〕。程子曰:"非儒,何故称于孔子也?"子墨子曰:"是亦当而不可易者也。今鸟闻热旱之忧则高,鱼闻热旱之忧则下,当此虽禹汤为之谋,必不能易矣。鱼鸟可谓愚矣,禹汤犹云因焉〔2〕。今翟曾无称于孔子乎?"

【注释】

〔1〕称:称赞。

〔2〕云:义同"或"(王念孙说)。

【译文】

墨子与程子辩论，中间对孔子进行了称赞。程子说："您既然非议儒家，为什么还要称赞孔子呢？"墨子说："这也是正当而不可改变的。现在鸟儿听到有炎热和干旱的忧患就向高处飞，鱼儿听到有炎热和干旱的忧患就向水下游，在这个时候即使是让夏禹和商汤为他们谋划，也一定无法改变。鱼和鸟儿可以说是愚蠢的，可是夏禹和商汤尚且还要依着他们的做法。现在我怎么能不称赞孔子呢？"

40.16 有游于子墨子之门者，身体强良，思虑徇通[1]，欲使随而学。子墨子曰："姑学乎，吾将仕子。"劝于善言而学。其年，而责仕于子墨子[2]。子墨子曰："不仕子。子亦闻夫鲁语乎？鲁有昆弟五人者[3]，亓父死[4]，亓长子嗜酒而不葬，亓四弟曰：'子与我葬，当为子沽酒。'劝于善言而葬。已葬，而责酒于其四弟。四弟曰：'吾末予子酒矣[5]，子葬子父，我葬吾父，岂独吾父哉？子不葬，则人将笑子，故劝子葬也。'今子为义，我亦为义，岂独我义也哉？子不学，则人将笑子，故劝子于学。"

【注释】

〔1〕徇：敏捷。
〔2〕责：求。
〔3〕昆弟：兄和弟。
〔4〕亓：古"其"字。
〔5〕末：当为"未"。

【译文】

有人游玩来到墨子这里，此人身体强健，思维敏捷，墨子想要他跟着自己学习。墨子说："姑且跟着我学习，我会推荐你去做官。"那人受到墨子之言的鼓舞，因而跟着他学习。一年之后，他向墨子提出希望做官的要求。墨子说："我不会推荐你去做官。你听说过鲁国流传的一个故事吗？鲁国有兄弟五人，他们的父亲死了，长子嗜好喝酒而不主张埋葬，他的四个弟弟对他说：'你帮我们埋葬父亲，我们会为你买酒。'长子受他弟弟们言语的诱惑，帮助埋葬了父亲。埋葬之后，就去向四个弟弟要酒喝。四个弟弟说：'我们不会给你酒。你埋葬你的父亲，我们埋葬我们的父亲，难道只是我们的父亲吗？你不埋葬父亲，那么别人就会取笑你，所以劝勉你埋葬父亲啊。'现在你为了道义，我也为了道义，难道只是我为了道义吗？你不学习，那么别人就会取笑你，所以劝勉你学习。"

40.17 有游于子墨子之门者，子墨子曰："盍学乎[1]？"对曰："吾族人无学者。"子墨子曰："不然。夫好美者，岂曰吾族人莫之好，故不好哉？夫欲富贵者，岂曰我族人莫之欲，故不欲哉？好美、欲富贵者，不视人犹强为之。夫义，天下之大器也，何以视人必强为之？"

【注释】

〔1〕盍：何不。

【译文】

有人游玩来到墨子这里，墨子说："何不跟我学习呢？"那人回答说："我的族人中没有学习的人。"墨子说："不是这样的。爱美的人，难道会说我的族人中没有爱美的人，所以我也不爱美吗？希望富贵的人，难道会说我的族人中没人希望富贵，所以我也不希望吗？爱美和希望富贵的人，不管别人如何而自己仍然努力去追求。道义，是天下最重要的东西，为什么要看别人才努力地去做呢。"

40.18 有游于子墨子之门者，谓子墨子曰："先生以鬼神为明知，能为祸人哉福[1]？为善者富之[2]，为暴者祸之。今吾事先生久矣，而福不至，意者先生之言有不善乎〔3〕？鬼神不明乎？我何故不得福也？”子墨子曰：“虽子不得福，吾言何遽不善〔4〕？而鬼神何遽不明？子亦闻乎匿徒之刑之有刑乎〔5〕？”对曰：“未之得闻也。”子墨子曰：“今有人于此，什子〔6〕，子能什誉之，而一自誉乎〔7〕？”对曰：“不能。”“有人于此，百子〔8〕，子能终身誉亓善，而子无一乎？”对曰：“不能。”子墨子曰：“匿一人者犹有罪，今子所匿者若此亓多，将有厚罪者也，何福之求？”

【注释】

〔1〕此句文字有误，疑当为“能为祸福”，“人哉”疑衍（王念孙说）。

〔2〕富：同“福”（王念孙说）。

〔3〕意：通“臆”，抑或。

〔4〕何遽：同义复词，“遽”也是“何”的意思。

〔5〕此句文字有误，疑当为“匿刑徒之有刑乎”（孙诒让说）。

〔6〕什子：即“十倍于子”，意思是说其贤胜过你十倍。

〔7〕据下文，“一”上当有“无”字。

〔8〕百子：同注释六。

【译文】

有人游学于墨子门下，对墨子说：“先生认为鬼神是聪明而有智慧的，能够给人降福和赐祸，行善的人就会赐福于他，做坏事的人就降祸于他。现在我侍奉先生您很长时间了，而鬼神的赐福却没到，是先生的言论有不恰当的地方吗？还是鬼神不明察呢？我为什么得不到赐福呢？”墨子说：“即使你没有得到赐福，我的言论怎么会有不当之处呢？鬼神又怎么会不明察呢？你没有听说过隐匿犯人的行为也是有罪的吗？”答道：“没听说过。”墨子说：“现在这里有一个人，他的贤能胜过你十倍，你能十倍地称赞他，而一点也不称赞自己吗？”答道：“不能。”“这里有一个人，贤能胜过你百倍，你能终身称赞他的好处，而一点也不称赞自己吗？"答道："不能。"墨子说："隐藏一个人尚且有罪，现在你所隐藏的东西如此之多，将会有厚厚的罪行，怎么还能获得鬼神的赐福呢？"

40.19 子墨子有疾，跌鼻进而问曰[1]："先生以鬼神为明，能为祸福，为善者赏之，为不善者罚之。今先生圣人也，何故有疾？意者先生之言有不善乎？鬼神不明知乎？"子墨子曰："虽使我有病，何遽不明？人之所得于病者多方，有得之寒暑，有得之劳苦，百门而闭一门焉，则盗何遽无从入？"

【注释】

〔1〕跌鼻：墨子弟子。

【译文】

墨子生病了，跌鼻进前探视并问他说："先生认为鬼神是明察的，能够降祸和赐福，做善事的人就会奖赏他，做坏事的人就会惩罚他。现在先生身为圣人，为什么还会生病呢？难道是先生的言论有什么不好的地方，还是鬼神不明察呢？"墨子说："即使我有病，为什么说鬼神就不明察了呢？人生病的原因有很多，有的是因为寒冷和暑热，有的是因为劳累，这就好比一百扇门只关了一扇，那么盗贼怎么会无从下手呢？"

40.20 二三子有复于子墨子学射者[1]，子墨子曰："不可。夫知者必量亓力所能至而从事焉，国士战且扶人[2]，犹不可及也[3]。今子非国士也，岂能成学又成射哉？"

【注释】

〔1〕复：回复，禀告。 学射：既从学，又习射（曹耀湘说）。

〔2〕国士：指一国之中的杰出人物。

〔3〕及：犹"兼"（毕沅说），兼顾。

【译文】

有几个弟子向墨子提出从学的同时又要学习射箭，墨子说："不行。有智慧的人必定要根据自己力量的大小去做事，让才能出众的人物一边和敌人交战，一边去挽扶伤员，尚且不能兼顾。现在你并不是才能出众的人，岂能既学好学业又学好射箭呢？"

40.21 二三子复于子墨子曰："告子曰〔1〕：'言义而行甚恶。'请弃之。"子墨子曰："不可。称我言以毁我行〔2〕，愈于亡〔3〕。有人于此〔4〕，翟甚不仁，尊天、事鬼、爱人，甚不仁。犹愈于亡也。今告子言谈甚辩，言仁义而不吾毁〔5〕。告子毁，犹愈亡也。"

【注释】

〔1〕告子：当为墨子的朋友，与《孟子》中的告子非同一人。"曰"字下当脱"墨子"二字。

〔2〕以：义同"而"。

〔3〕亡：通"无"。

〔4〕"此"下当有"曰"字（王闿运说）。

〔5〕此句文有倒误，当为"而不毁吾言仁义"。

【译文】

有几个弟子禀告墨子说："告子说您口头提倡仁义而行为十分恶劣。请舍弃他吧。"墨子说："不行。称赞我的言论而诋毁我的行为，要比完全不提及我好。这里有一个人，说：墨翟很不仁义，只说尊敬上天，侍奉鬼神，兼爱人民，但行为却非常不仁义。这总比完全不提到我好。现在告子说话非常雄辩，但却不诋毁我所主张的仁义。告子诋毁我，要比完全不提到我好。"

40.22 二三复于子墨子曰："告子胜为仁〔1〕。"子墨子曰："未必然也！告子为仁，譬犹跂以为长〔2〕，隐以为广〔3〕，不可久也。"

【注释】

〔1〕胜：指胜任。
〔2〕跂：踮起脚后跟。
〔3〕隐：当为"偃"，犹"仰"（毕沅说）。

【译文】

有几个弟子禀告墨子说："告子能够胜任践行仁义的重任。"墨子说："未必如此！告子践行仁义，就好像踮起脚以增加身高，仰卧下来使身体更宽，他的行为无法持久。"

40.23 告子谓子墨子曰："我治国为政〔1〕。"子墨子曰："政者，口言之，身必行之。今子口言之，而身不行，是子之身乱也。子不能治子之身，恶能治国政？子姑亡〔2〕，子之身乱之矣！"

【注释】

〔1〕"我"下当脱"能"字（王焕镳说）。
〔2〕亡：当为"防"之误（毕沅说）。

【译文】

告子对墨子说："我能治理国家，处理政务。"墨子说："政务，口中提到，身体必定要去实行。现在你嘴上虽在说，而身体没有实行，这说明你的言论和行为有矛盾。你不能管理好自己，怎么能治理好国家呢？你还是注意点，你自身的言行有矛盾啊。"

【评析】

《墨子》一书中的语录体篇章显然出自对《论语》的有意模仿，但又有明显的发展。《论语》语录体的创立来自孔子人格魅力，是七十子之徒为寄托对老师的哀思而自发编纂的，纯粹出于孔子弟子对老师的热爱与由衷的崇敬之情。正因为如此，我们在《论语》中看到最多的往往是孔子温婉谦让的语气，语重心长的教导，甚至可以从中看出孔子的音容笑貌和举手投足。如果拿《墨子》中的《耕柱》、《贵义》、《公孟》、《鲁问》等篇与《论语》中的篇章进行比较，我们就会发现，《墨子》中的相关篇章已经开始围绕主题思想有意识地选择和加工材料，使语录体的文章开始有向专论体文章方向发展的倾向。其中不少章节甚至已经可以看作是小型的专论性文章了。

在本文的第一章中，记载了墨子与其弟子公孟的一段对话。公孟的问题有点儒家的色彩，他问墨子君子是否应该对长辈和上位者谦恭礼敬，有问然后才回答。"譬若钟然，扣则鸣，不扣则不鸣。"这是一个儒家式的问题。《礼记·学记》云："善待问者，如撞钟，叩之以小者则小鸣，叩之以大者则大鸣，待其从容，然后尽其声，不善答问者反此。"本来，这是一个礼仪性的问题，从中不难窥见儒家学者一贯强调的雍容平和的君子风范。墨子一方面转移了理论的重心，从国家政事的角度反思这一问题，立刻便显露出这种礼敬态度消极的一面；另一方面，墨子展现了其强大的逻辑分析能力，这个问题其实包含三个层面，"扣则鸣"，"不扣则不鸣"，"不扣而鸣"，公孟没有提出的一个理论层面恰恰是墨子的理论突破口：如果国家已经到生死存亡的危急时刻，君子还要死守"不扣不鸣"的礼乐教条，岂不是置国家的危亡于不顾吗？处身乱世而不知变通，死守伦理道德的教条，岂不是太过荒谬？至此，墨子理直气壮地得出结论，君子也好，大人也罢，"虽不扣，必鸣者也"。随后，墨子话锋一转，反问公孟道：你说不扣不鸣，我又没有问你，你为何不扣而鸣？"是子之所谓非君子邪？"把公孟驳斥得体无完肤。纵观墨子的整个驳论过程，有一开始的预设埋伏，有大规模的正面交锋，又有最后的奇兵突起，一招制敌。整个行文过程波澜起伏却又紧扣主题，既能铺排得开又能收得拢，已经是一篇非常精彩的驳论文了。

当然，与《论语》的情况一样，从本篇和其他几篇语录体文章所反映出的墨子生活状态当中，我们同样可以看出墨子在为人为文以及在教育上都有一些自己的特点。首先，不同于孔子温良恭俭让的君子风范，墨子个人作风非常强势，这种强势在日常教学活动中表现为咄咄逼人的语气与凌厉的辩论风格。其次，与墨子强势的个人风格相适应，《墨子》中的各篇文章显得理性有余，温情不足，远没有《论语》那种温润如玉的感性情怀更讨人喜欢。第三，与墨子的性格相关，墨子在教育上有时因过于强势而在具体行事上时有让人啼笑皆非的举动。比如，当墨子看到一个前来游学的优秀士子，就采取利诱的方式（吾将仕子）引诱别人投入自己门下，到期不但不肯兑现诺言，还强辩曰："子不学则人将笑子。"另一位士子似乎受不了墨子的过度热情，以"吾族人无学者"为借口力图摆脱墨子，墨子则义正辞严地硬拉别人"强为之"。墨子行为之荒唐，有时实在让人有点瞠目结舌。但是，如果换一个角度看，墨子热血热肠，为拯救天下于水火不惜赴汤蹈火，更不计任何报酬，我们似乎也不是不能理解墨子的这种看似荒诞的行为。

鲁 问

【题解】

　　此篇也是一篇《论语》性质的资料汇编，题目以第一章的大意命名。各章内容以记录墨子与诸侯、弟子之间的对话为主，当为亲历其事的弟子所为。全文篇幅较长，涉及内容较广，对墨子的主要思想观点都有所涉及，但所有材料的主题仍在于"义"。墨子明确指出："不听吾言，不用吾道，而吾往焉，则是我以义粜也。"明显把"义"作为墨家之道的核心。墨子在回答公输班的挑衅时还有一个比较明确的说法：自己的义要胜过公输班舟战用的钩强。"我钩之以爱，揣之以恭。"以"义"为中心，以爱利为手段，才能凝聚人心，造福天下。墨子还毫不含糊地说，利于人的东西才叫巧，不利于人的东西就是拙。言语之间，尽显功利主义本色。

41.1 鲁君谓子墨子曰[1]："吾恐齐之攻我也，可救乎？"子墨子曰："可。昔者三代之圣王禹汤文武，百里之诸侯也[2]，说忠行义，取天下。三代之暴王桀纣幽厉，仇怨行暴[3]，失天下。吾愿主君，之上者尊天事鬼，下者爱利百姓，厚为皮币，卑辞令，亟遍礼四邻诸侯[4]，驱国而以事齐，患可救也。非此，顾无可为者[5]。"

【注释】

　〔1〕鲁君：当指鲁穆公。

　〔2〕百里：指国土面积百里见方，言国家之小。

〔3〕仇怨：仇视怨怼自己的人。

〔4〕亟：急速。

〔5〕顾：义同"固"，固然，本来。

【译文】

鲁君对墨子说："我怕齐国会攻打鲁国，有解救之道吗？"墨子说："有。从前，三代的圣王夏禹、商汤、文王、武王，都是地方只有百里的小国诸侯，他们喜欢忠贞、奉行仁义，最终取得天下。三代暴王桀、纣、幽王、厉王，仇视怨怼他们的人，施行暴政，最终丧失了天下。我希望主君您上要尊敬上天，侍奉鬼神，下要仁爱百姓，为百姓谋得利益，多准备皮裘、币帛等礼物，用谦卑的辞令，赶紧礼待四邻的诸侯，带领整个国家的人去侍奉齐国，祸患尚可解救。不如此，就再也没有办法了。"

41.2 齐将伐鲁，子墨子谓项子牛曰[1]："伐鲁，齐之大过也。昔者吴王东伐越，栖诸会稽[2]；西伐楚，葆昭王于随[3]；北伐齐，取国子以归于吴[4]。诸侯报其仇，百姓苦其劳，而弗为用，是以国为虚戾，身为刑戮也。昔者智伯伐范氏与中行氏，兼三晋之地，诸侯报其仇，百姓苦其劳，而弗为用，是以国为虚戾，身为刑戮用是也[5]。故大国之攻小国也，是交相贼也，过必反于国[6]。"

【注释】

〔1〕项子牛：齐将。

〔2〕会稽：山名，在今浙江绍兴市东南。

〔3〕葆：通"保"（孙诒让说）。随：随国，在今湖北省随县一带。

〔4〕国子：指齐将国书（王念孙说）。

〔5〕用是：当为衍文。

〔6〕过：当为"祸"字。

【译文】

　　齐国将要攻打鲁国，墨子对项子牛说："攻打鲁国，是齐国犯的大错。从前吴王向东攻打越国，越王勾践退守会稽；向西攻打楚国，楚昭王出逃到随国；向北攻打齐国，抓获齐国贵族国书返回吴国。诸侯要向吴王报仇雪恨，百姓苦于吴王的劳役而不听从他的差遣，所以国家成为废墟，而身体遭受刑戮。从前智伯攻打范氏和中行氏，兼并了三晋的土地，诸侯要向智伯报仇，百姓苦于智伯的劳役而不听从他的差遣，所以国家成为废墟，而身体遭受刑戮。所以大国攻打小国，不过是相互贼害，灾祸一定会反过来殃及自己的国家。"

　　41.3 子墨子见齐大王曰〔1〕："今有刀于此，试之人头，倅然断之〔2〕，可谓利乎？"大王曰："利。"子墨子曰："多试之人头，倅然断之，可谓利乎？"大王曰："利。"子墨子曰："刀则利矣，孰将受其不祥？"大王曰："刀受其利，试者受其不祥。"子墨子曰："并国覆军，贼敖百姓〔3〕，孰将受其不祥？"大王俯仰而思之〔4〕，曰："我受其不祥。"

【注释】

　　〔1〕齐大王，当指齐太公田和。
　　〔2〕倅：当为"卒"，仓猝（毕沅说）。
　　〔3〕敖：当为"杀"（毕沅说）。
　　〔4〕俯仰：偏义复词，同"俯"，指低头思考。

【译文】

　　墨子拜见齐太公田和，说："现在这里有一把刀，用人头来试验，立刻就能砍断，可以说是锋利吗？"国君说："锋利。"墨子说："用很多人头来试，立刻就能砍断，可以说是锋利吗？"国君说："锋利。"墨子说："刀是锋利的了，但是谁将承受不祥呢？"

国君说："刀有锋利之名，被砍头的人承受不祥。"墨子说："吞并别人的国家，灭亡别人的军队，残杀别人的百姓，谁将承受不祥？"国君低头思考了一阵儿，说："我将承受不祥。"

41.4 鲁阳文君将攻郑〔1〕，子墨子闻而止之，谓阳文君曰〔2〕："今使鲁四境之内，大都攻其小都，大家伐其小家，杀其人民，取其牛马狗豕布帛米粟货财，则何若？"鲁阳文君曰："鲁四境之内，皆寡人之臣也。今大都攻其小都，大家伐其小家，夺之货财，则寡人必将厚罚之。"子墨子曰："夫天之兼有天下也，亦犹君之有四境之内也。今举兵将以攻郑，天诛亓不至乎？"鲁阳文君曰："先生何止我攻郑也？我攻郑，顺于天之志。郑人三世杀其父〔3〕，天加诛焉，使三年不全〔4〕。我将助天诛也。"子墨子曰："郑人三世杀其父而天加诛焉，使三年不全。天诛足矣，今又举兵将以攻郑，曰：'吾攻郑也，顺于天之志。'譬有人于此，其子强梁不材〔5〕，故其父笞之〔6〕，其邻家之父举木而击之，曰：'吾击之也，顺于其父之志。'则岂不悖哉？"

【注释】

〔1〕鲁阳文君：即鲁阳文子，楚平王之孙，名公孙宽，其封邑在鲁山之阳，故称。

〔2〕"谓"下当脱"鲁"字。

〔3〕父：当为"君"之误。"三世杀其君"，指郑哀公、郑幽公、郑繻公三代国君。

〔4〕三年不全：指郑国连续三年农作物歉收。

〔5〕强梁：多力强悍。

〔6〕笞：鞭打。

【译文】

鲁阳文君准备攻打郑国,墨子听说了就前去制止,他对鲁阳文君说:"现在让鲁阳国内大城攻打小城,大家攻伐小家,杀害他的子民,夺取他们的牛马狗猪布匹粮食和财货,那么将会怎么样呢?"鲁阳文君说:"鲁阳的四境之内,都是我的臣民,现在如果大城攻打小城,大家攻伐小家,夺取他们的财货,那我一定会给予他重重的惩罚。"墨子说:"上天兼有天下,就像您拥有四境之内一样。现在您要举兵攻打郑国,上天的惩罚怎么会不来到呢?"鲁阳文君说:"先生为什么要制止我攻打郑国呢?我攻打郑国,是顺应上天的意志。郑国人连续杀掉自己的三代国君,上天降下诛罚,让他们连续三年遭受饥荒。我将要帮助上天来诛罚他。"墨子说:"郑国人连续杀掉自己的三代国君,上天降下诛罚,让他们连续三年遭受饥荒,上天的惩罚已经足够了。现在您又举兵,准备攻打郑国,还说:'我攻打郑国,是顺应上天的意志。'就像有一个人在这里,他的儿子强横而不成材,所以他的父亲鞭打他。他邻居的父亲也举起木棍打他,还说:'我打他,是顺应他父亲的意志。'这难道不是很荒唐吗?"

41.5 子墨子谓鲁阳文君曰:"攻其邻国,杀其民人,取其牛马粟米货财,则书之于竹帛,镂之于金石,以为铭于钟鼎,传遗后世子孙曰:'莫若我多。'今贱人也,亦攻其邻家,杀其人民,取其狗豕食粮衣裘,亦书之竹帛,以为铭于席豆[1],以遗后世子孙曰:'莫若我多。'元可乎?"鲁阳文君曰:"然吾以子之言观之,则天下之所谓可者,未必然也。"

【注释】

〔1〕席:同"度",杖(尹桐阳说)。 豆:古代一种盛食物的高脚盘子。

【译文】

墨子对鲁阳文君说："攻打他的邻国，杀害邻国的人民，夺取邻国的牛马粮食和财物，还要记载到竹帛上，刻镂在金石上，铭刻在钟鼎上，传给后世的子孙，说：'没有人比我的战果多。'现在平民们也去攻打他的邻居，杀死他的邻人，夺取他们的牛马粮食和财物，也记载到竹帛上，刻在杖上和瓦豆上，以传给后世子孙，说：'没有人比我的成果多。'这样可以吗？"鲁阳文君说："如果按照你的道理来看，那么天下所谓正确的事情，就未必如此了。"

41.6 子墨子为鲁阳文君曰〔1〕："世俗之君子，皆知小物而不知大物。今有人于此，窃一犬一彘则谓之不仁，窃一国一都则以为义。譬犹小视白谓之白，大视白则谓之黑。是故世俗之君子，知小物而不知大物者，此若言之谓也。"

【注释】

〔1〕为：同"谓"。

【译文】

墨子对鲁阳文君说："世俗中的君子，都知道小道理而不知道大道理。现在这里有一个人，偷了一条狗、一头猪，被认为是不仁，窃取一个国家、一座城邑却被视为义。就好比是看到一点白叫白，看到很多白就称之为黑。所以世俗中的君子，知道小道理而不知道大道理，这就是这些话的真正含义。"

41.7 鲁阳文君语子墨子曰："楚之南有啖人之国者桥〔1〕，其国之长子生，则鲜而食之〔2〕，谓之宜弟。美〔3〕，则以遗其君，君喜则赏其父。岂不恶俗哉？"子墨子曰："虽中国之俗，亦犹是也。杀其父而赏其子，何以异食其子而赏其父者哉？苟不用仁义，何以非夷人食其子也？”

【注释】

〔1〕桥：其国之名（吴汝纶说）。

〔2〕鲜：亦作"解"（毕沅说）。

〔3〕美：指味美。

【译文】

　　鲁阳文君对墨子说："楚国的南面有个吃人的国家叫做桥国，这个国家中人家的长子生下来，就会把他肢解并吃掉，称这样是有利于下面的弟弟。如果肉味鲜美，就会拿去送给国君，国君喜欢的话就会赏赐他的父亲。这难道不是一种很恶劣的风俗吗？"墨子说："即使是中原国家的风俗，也和他们一样。杀人之父而又奖赏人子，这和吃人之子却奖赏人父的行为有什么区别呢？如果不践行仁义，又凭什么非难蛮夷之人吃孩子的习俗呢？"

　　41.8 鲁君之嬖人死〔1〕，鲁君为之诔，鲁人因说而用之〔2〕。子墨子闻之曰："诔者，道死人之志也。今因说而用之，是犹以来首从服也〔3〕。"

【注释】

〔1〕嬖人：这里指宠妾。鲁君当指鲁阳文君。

〔2〕根据文意，这两句主语似有颠倒，当为"鲁人为之诔，鲁君因说而用之"（苏时学说）。

〔3〕来首：即"狸首"（孙诒让说）。　服：驾车。"狸首从服"，指用狸猫驾车，暗指无法胜任。

【译文】

　　鲁阳文君宠幸的媵妾死了，有个鲁阳国的人为她写了一篇祭文，鲁阳文君很高兴，就提拔这个人做官。墨子听到后，说："祭文是用来表现死者的志向的。现在因为一时高兴而用人为官，就好像用狸猫驾车一样。"

41.9 鲁阳文君谓子墨子曰："有语我以忠臣者：令之俯则俯，令之仰则仰，处则静，呼则应，可谓忠臣乎？"子墨子曰："令之俯则俯，令之仰则仰，是似景也〔1〕。处则静，呼则应，是似响也〔2〕。君将何得于景与响哉？若以翟之所谓忠臣者，上有过则微之以谏〔3〕，己有善，则访之上〔4〕，而无敢以告。外匡其邪，而入其善〔5〕，尚同而无下比，是以美善在上，而怨仇在下，安乐在上，而忧戚在臣，此翟之所谓忠臣者也。"

【注释】

〔1〕景：古"影"字。

〔2〕响：回声。

〔3〕微：伺机，私下。

〔4〕访：谋，指献计献策。

〔5〕入：纳。

【译文】

鲁阳文君对墨子说："有人对我说忠臣的含义：让他低头就低头，让他抬头就抬头；坐在那里就很安静，叫他就会答应。这能称为忠臣吗？"墨子说："让他低头就低头，让他抬头就抬头，那就像是影子；坐在那里很安静，叫他就会答应，那就像是回声。您能从影子和回声那里得到什么呢？如果按我的说法，忠臣应该是：上有过错就伺机加以进谏，自己有了好的意见就进献给主上，而不敢告诉别人。匡正君主不好的行为，而使他进入正道，和主上保持一致而不和臣下结党营私，所以美善归于主上而怨恨留给臣下，安乐归于主上而忧愁和悲戚留给臣下，这就是我所认为的忠臣。"

41.10 鲁君谓子墨子曰〔1〕："我有二子，一人者好学，一人者好分人财，孰以为太子而可？"子墨子曰："未可知也。或所为赏与为是也〔2〕。鮒者之恭〔3〕，非为鱼赐也；饵鼠以虫，非爱之也。吾愿主君之合其志功而观焉。"

【注释】

〔1〕鲁君：亦当指鲁阳文君。

〔2〕与：当为"誉"之假（孙诒让说）。

〔3〕鮒："钓"的俗字（毕沅说）。

【译文】

鲁阳文君对墨子说："我有两个儿子，一个好学，一个喜欢把财物分给别人，他们谁更适合做太子呢？"墨子说："还无法知道。或许他们只是为了得到赏赐和好名声才这么做的。就像钓鱼的人态度恭敬，并不是为了得到鱼的恩赐；用虫子来诱捕老鼠，并不是为了喜欢老鼠。我希望君主您能把他们的志向和功业结合起来考察。"

41.11 鲁人有因子墨子而学其子者〔1〕，其子战而死，其父让子墨子〔2〕。子墨子曰："子欲学子之子，今学成矣，战而死，而子愠，而犹欲粜〔3〕，粜雠〔4〕，则愠也。岂不费哉〔5〕？"

【注释】

〔1〕因：亲（尹桐阳说）。　学：使动用法，使他的儿子向墨子求学。

〔2〕让：责备。

〔3〕粜：卖谷物。

〔4〕粜：当为"粜"字之误。　雠：售，卖出去。

〔5〕费：读为"悖"（王念孙说），荒谬。

【译文】

鲁国有个人信奉墨子的学说，就让他的儿子向墨子学习，他的儿子死于战场，这位父亲就责怪墨子。墨子说："您想要您的儿子跟我学习，现在学成了。死于战场，而您生气，就像售卖谷物，卖出去了，反而生气。这难道不是很荒谬吗？"

41.12 鲁之南鄙人〔1〕，有吴虑者，冬陶夏耕，自比于舜。子墨子闻而见之。吴虑谓子墨子："义耳义耳，焉用言之哉？"子墨子曰："子之所谓义者，亦有力以劳人〔2〕，有财以分人乎？"吴虑曰："有。"子墨子曰："翟尝计之矣。翟虑耕而食天下之人矣，盛〔3〕，然后当一农之耕，分诸天下，不能人得一升粟。籍而以为得一升粟〔4〕，其不能饱天下之饥者，既可睹矣。翟虑织而衣天下之人矣，盛，然后当一妇人之织〔5〕，分诸天下，不能人得尺布。籍而以为得尺布，其不能暖天下之寒者，既可睹矣。翟虑被坚执锐救诸侯之患〔6〕，盛，然后当一夫之战，一夫之战其不御三军，既可睹矣。翟以为不若诵先王之道，而求其说，通圣人之言，而察其辞，上说王公大人，次匹夫徒步之士〔7〕。王公大人用吾言，国必治，匹夫徒步之士用吾言，行必修。故翟以为虽不耕而食饥，不织而衣寒，功贤于耕而食之、织而衣之者也。故翟以为虽不耕织乎，而功贤于耕织也。"

【注释】

〔1〕鄙：边境。
〔2〕劳：指替人任劳。
〔3〕盛：这里指竭尽全力。

〔4〕籍：同"藉"，假设，假使。
〔5〕据上文之例，"人"字疑为衍文。
〔6〕被：通"披"。
〔7〕"次"下当有"说"字（毕沅说）。

【译文】

　　鲁国南部边境地区有一个叫吴虑的人，冬天制作陶器，夏天耕种，把自己比做虞舜。墨子听到后就去见他。吴虑对墨子说："行义而已，行义而已，哪里用得着天天挂在嘴边呢？"墨子说："您所谓的义，也是指有力气就去帮助别人，有财物就去分给别人吗？"吴虑说："有这种意思。"墨子说："我曾经做过合计：我想通过耕作供给食物给全天下的人，即使我竭尽全力去做，结果也不过抵得上一个农夫的劳动，分给天下人，每个人还分不到一升粟。假使能分到一升粟，也不能让天下饥饿的人都吃饱，这是显而易见的。我想通过织布供给全天下的人衣服穿，即使我竭尽全力去做，结果也不过抵得上一个妇人的劳动，分给天下人，每个人还分不到一尺布。假使能分到一尺布，也不能让天下寒冷的人都得到温暖，这是显而易见的。我想身披铠甲，手持利兵，去解救诸侯的忧患，即使我竭尽全力去做，也不过抵得上一个士兵的战斗力。一个士兵作战，无法抵御三军，这是显而易见的。我认为不如诵读先王之道并研究他们的学说，理解圣人们的言论并体察他们言辞中的深意，对上用以游说王公大人，其次用以教化平民寒士。王公大人采用我的言论，国家一定会得到治理，平民寒士接受我的言论，修养一定会得到提高。所以我认为虽然不去耕作让饥饿的人吃饱，不去织布让寒冷的人穿暖，功德却远大于耕作让饥饿的人吃饱，织布让寒冷的人穿暖。所以我认为虽然不去耕作、织布，功德却比耕作织布更大。"

41.13　吴虑谓子墨子曰："义耳义耳，焉用言之哉？"子墨子曰："籍设而天下不知耕，教人耕，与不教人耕而独耕者，其功孰多？"吴虑曰："教人耕者其功多。"子墨子曰：“籍设而攻不义之国，鼓而使众进战，与不鼓而使众进战，而独进战者，其功孰多？”吴虑曰：“鼓而进众者其功多。”子墨子曰：“天下匹夫徒步之士少知义，而教天下以义者功亦多，何故弗言也？若得鼓而进于义，则吾义岂不益进哉？”

【译文】

　　吴虑对墨子说：“义啊，义啊，哪里用得着挂在嘴边呢？”墨子说：“假使天下人都不知道耕作，教人耕作，与不教人耕作而自己独自耕作，哪个功效更显著呢？”吴虑说：“教人耕作的功效更显著。”墨子说：“假设去攻打没有道义的国家，击鼓让军队进攻作战，与不击鼓而让众人作战，而自己单独进攻作战，哪个功效更显著？”吴虑说：“击鼓让众人进攻的功效更显著。”墨子说：“天下的平民寒士懂得道义的人很少，而教导天下人通晓道义的功效显著，为什么不去说呢？如果击鼓能够促使大家通晓道义，那么我言说道义岂不是让道义更加发扬光大了吗？”

　　41.14 子墨子游公尚过于越。公尚过说越王[1]，越王大说，谓公尚过曰：“先生苟能使子墨子于越而教寡人[2]，请裂故吴之地[3]，方五百里，以封子墨子。”公尚过许诺。遂为公尚过束车五十乘[4]，以迎子墨子于鲁。曰：“吾以夫子之道说越王，越王大说，谓过曰：‘苟能使子墨子至于越，而教寡人，请裂故吴之地，方五百里，以封子。’”子墨子谓公尚过曰：“子观越王之志何若？意越王将听吾言，用我道，则翟将往，量腹而食，度身而衣，自比于群臣[5]，奚能以封为哉？抑越不听吾言[6]，不用吾道，而吾往焉，则是我以义粜也。钧之粜[7]，亦于中国耳，何必于越哉？"

【注释】

〔1〕越王：当为勾践的子孙。

〔2〕据下文文例，"于"上当脱"至"字（孙诒让说）。

〔3〕故吴：当时吴已为越国所灭，所以称吴国旧地为"故吴"。

〔4〕束车：指备好马车、装好礼物。

〔5〕比：并列。

〔6〕据上文文例，"越"下当脱"王"字（孙诒让说）。

〔7〕钧：通"均"。之：是（尹桐阳说）。

【译文】

墨子让公尚过到越国去游说。公尚过游说越王，越王很高兴，对公尚过说："先生您只要能让墨子到越国来教导我，我将把吴国旧地分五百里出来封赐给墨子。"公尚过答应了他。于是为公尚过准备了五十辆马车，到鲁国去迎接墨子。公尚过对墨子说："我用先生您的学说游说越王，越王很高兴，对我说：'只要能让墨子到越国来教导我，我将把吴国旧地分五百里出来封赐给墨子。'"墨子对公尚过说："你看越王的志向如何？如果越王能够听从我的言论，用我的学说，那我就将前往，吃饭能填饱肚子，穿衣能够合体，能够和群臣有相同的待遇就行，怎么能为了获得封赏而前往呢？如果越王不听从我的言论，不采用我的学说，而我前往，那么我就是把道义当货物出售。同样是出售，在中原国家就行了，为什么非要到越国去呢？"

41.15　子墨子游，魏越曰〔1〕："既得见四方之君子〔2〕，则将先语〔3〕？"子墨子曰："凡入国，必择务而从事焉〔4〕。国家昏乱，则语之尚贤、尚同；国家贫，则语之节用、节葬；国家憙音湛湎〔5〕，则语之非乐、非命；国家淫僻无礼，则语之尊天、事鬼；国家务夺侵凌，即语之兼爱、非攻。故曰择务而从事焉。"

【注释】

〔1〕魏越：墨子弟子。
〔2〕四方之君子：指各国的国君。
〔3〕先：当为"奚"之误（吴汝纶说）。
〔4〕务：要务，重点。
〔5〕憙：通"喜"。湛湎：沉溺于酒色。

【译文】

墨子出游，魏越说："如果能够见到各国国君，那么您将会先说什么呢？"墨子说："凡是到一个国家去，一定要选择紧要的事情去做。国家混乱，那就先说尚贤和尚同；国家贫困，那就对他说节用和节葬；国家纵情声乐并沉湎酒色，那就谈非乐和非命；国家过分乖僻无礼，那就讲尊敬上天、侍奉鬼神；国家专注于抢夺和侵略，那就说兼爱和非攻。所以说一定要选择紧要的事情去做。"

41.16 子墨子出曹公子而于宋〔1〕，三年而反，睹子墨子曰："始吾游于子之门，短褐之衣，藜藿之羹〔2〕，朝得之，则夕弗得，祭祀鬼神〔3〕。今而以夫子之教，家厚于始也。有家厚，谨祭祀鬼神。然而人徒多死，六畜不蕃，身湛于病〔4〕，吾未知夫子之道之可用也。"子墨子曰："不然！夫鬼神之所欲于人者多，欲人之处高爵禄则以让贤也，多财则以分贫也。夫鬼神岂唯擢季拑肺之为欲哉〔5〕？今子处高爵禄而不以让贤，一不祥也；多财而不以分贫，二不祥也。今子事鬼神唯祭而已矣，而曰：'病何自至哉？'是犹百门而闭一门焉，曰'盗何从入？'若是而求福于有怪之鬼〔6〕，岂可哉？"

【注释】

〔1〕出：当为"士"，通"仕"（俞樾说），指推荐。 曹公子：墨子弟子。"而"字疑衍。

〔2〕藜藿之羹：用野菜熬制的羹汤，指粗劣的食物。

〔3〕"祭祀"上当有"弗得"二字（孙诒让说）。

〔4〕湛：通"沉"。

〔5〕攉：疑为"攫"（孙诒让说），取。 季：当为"黍"（王引之说）。 扣肺：各家说法不一，疑与"攫黍"同义，即获取食物。

〔6〕怪：指灵验。

【译文】

墨子推荐曹公子到宋国去做官，三年后返回，看到墨子说："开始我在您的门下求学，穿短布衣服，吃粗劣的菜羹，早上吃得到，晚上就吃不到了，无法祭祀鬼神。现在因为夫子的教导，家里比开始富裕了。家里富裕之后，就恭谨地祭祀鬼神。然而家里人死了很多，六畜不繁殖，自己也身染重病，我看不到先生学说的可行之处。"墨子说："不是这样的。鬼神对人的期许有很多，希望人身处高位享受厚禄之后就应该让位给贤能的人，财物多就拿来分给贫穷的人。鬼神难道只是贪图得到那些祭品吗？现在你身处高位享受厚禄却不让位给贤能的人，这是一种不祥；财物很多却不拿来分给贫穷的人，这是第二种不祥。现在你侍奉鬼神只知道祭祀而已，却问：'病从哪里来的呢？'就像有一百扇门只关了其中一扇，却问：'盗贼是从哪里进来的呢？'像这样向灵验的鬼神祈求赐福，怎么能行呢？"

41.17 鲁祝以一豚祭〔1〕，而求百福于鬼神。子墨子闻之，曰："是不可。今施人薄而望人厚，则人唯恐其有赐于己也〔2〕。今以一豚祭，而求百福于鬼神，唯恐其以牛羊祀也〔3〕。古者圣王事鬼神，祭而已矣。今以豚祭而求百福〔4〕，则其富不如其贫也。"

【注释】

〔1〕祝:又称"尸祝",指祭祀时主持祝告的人。 豚:小猪。

〔2〕有:同"又"。

〔3〕"唯恐"上当有"鬼神"二字(孙诒让说)。

〔4〕据上文文义,"豚"上当脱"一"字。

【译文】

　　鲁国的尸祝祝告时用一头小猪祭祀,而向鬼神祈求降下百福,墨子听到后,说:"这样是不行的。现在给予别人的少而要求别人的多,那么别人就会唯恐你再给予他。现在用一头小猪来祭祀,却向鬼神祈求降下百福,鬼神会唯恐你再用牛羊去祭祀。古代圣王侍奉鬼神,只是祭祀而已。现在用一头猪来祭祀却向鬼神祈求降下百福,那么祭品丰富还不如贫乏呢!"

　　41.18 彭轻生子曰〔1〕:"往者可知,来者不可知。"子墨子曰:"籍设而亲在百里之外,则遇难焉,期以一日也,及之则生,不及则死。今有固车良马于此,又有奴马四隅之轮于此〔2〕,使子择焉,子将何乘?"对曰:"乘良马固车,可以速至。"子墨子曰:"焉在矣来〔3〕!"

【注释】

〔1〕彭轻生子:当是墨子弟子。

〔2〕奴马:即"驽马",劣马。 四隅之轮:指四角方方的车轮。

〔3〕此句文有脱误,当为"焉在不知来"(卢文弨说)。

【译文】

　　彭轻生子说:"从前的事情是可以知道的,将来的事情是无法预知的。"墨子说:"假设你的双亲在百里之外,即将遭受厄难,以一日为期限,你能及时赶到他们就能生存,你不能及时赶到他们就会死去。现在有坚固的车子和良马在这里,又有劣马和四方轮子的车子在这里,让你选择,你要乘坐哪一辆车呢?"回答说:"乘良马和坚固的车子，可以快点到。"墨子说："那又怎么说无法预料未来呢？"

41.19 孟山誉王子闾曰[1]："昔白公之祸，执王子闾，斧钺钩要[2]，直兵当心[3]，谓之曰：'为王则生，不为王则死。'王子闾曰：'何其侮我也！杀我亲而喜我以楚国[4]，我得天下而不义，不为也，又况于楚国乎？'遂而不为。王子闾岂不仁哉？"子墨子曰："难则难矣，然而未仁也。若以王为无道[5]，则何故不受而治也？若以白公为不义，何故不受王，诛白公然而反王[6]？故曰难则难矣，然而未仁也。"

【注释】

〔1〕孟山：当是墨子弟子。 王子闾：楚平王之子，名启。
〔2〕要：同"腰"，古今字。
〔3〕直兵：指剑、矛之类尖端锐利且没有弯曲度的兵器。
〔4〕杀我亲：白公胜作乱，杀子西、子期，皆王子闾之兄，故云。
〔5〕王：指楚惠王。
〔6〕然：同"焉"（俞樾说）。

【译文】

孟山称赞王子闾说："从前白公作乱，挟持王子闾，用斧钺勾着他的腰部，用矛尖抵着他的前心，对他说：'做王就能生，不做王就必死。'王子闾说：'这是何等地侮辱我啊！杀了我的亲人，却又拿楚国王位来使我开心，假如我得到天下而不以仁义之途，也不会去做，何况是楚国呢？'于是坚辞不就。王子闾的行为难道不是仁吗？"墨子说："难得是难得，但还达不到仁。如果他认为楚惠王无道，为什么不能接受而把楚国治理好呢？如果认为白公不仁，为什么不接受王位，杀了白公然后把王位还给楚惠王呢？所以说：难得是难得，但还达不到仁。"

41.20 子墨子使胜绰事项子牛[1]，项子牛三侵鲁地，而胜绰三从。子墨子闻之，使高孙子请而退之，曰[2]："我使绰也，将以济骄而正嬖也[3]。今绰也禄厚而谲夫子[4]，夫子三侵鲁，而绰三从，是鼓鞭于马靳也[5]。翟闻之：'言义而弗行，是犯明也。'绰非弗之知也，禄胜义也。"

【注释】

〔1〕胜绰：墨子弟子。 项子牛：齐将。
〔2〕高孙子：亦墨子弟子。"曰"下为高孙子转述墨子的话。
〔3〕济：止（毕沅说）。 嬖：通"僻"（毕沅说），偏颇。
〔4〕谲：欺诈。 夫子：指项子牛。
〔5〕靳：胸。

【译文】

墨子让胜绰去辅佐项子牛，项子牛三次侵略鲁国，而胜绰三次都跟随在侧。墨子听说了这件事，让高孙子去劝说项子牛辞退胜绰，说："我让胜绰前往辅佐将军，是让他阻止将军的骄气并纠正您的偏颇的。现在胜绰拿着优厚的俸禄却欺骗将军，将军三次入侵鲁国，而胜绰三次都跟随在侧，这是在用鞭子抽打马胸啊！我听说：'道义只说不行，是明知故犯。'胜绰并不是不知道，只是看重俸禄胜过道义啊！"

41.21 昔者楚人与越人舟战于江[1]，楚人顺流而进，迎流而退，见利而进，见不利则其退难。越人迎流而进，顺流而退，见利而进，见不利则其退速，越人因此若埶[2]，亟败楚人[3]。公输子自鲁南游楚[4]，焉始为舟战之器[5]，作为钩强之备[6]，退者钩之，进者强之。量其钩强之长，而制为之兵，楚之兵节[7]，越之兵不节，楚人因此若埶，亟败越人。公输子善其巧[8]，以语子墨子曰："我舟战有钩强，不知子之义亦有钩强乎？"子墨子曰："我义之钩强，贤于子舟战之钩强。我钩强，我钩之以爱，揣之以恭[9]。弗钩以爱，则不亲；弗揣以恭，则速狎；狎而不亲则速离[10]。故交相爱，交相恭，犹若相利也。今子钩而止人，人亦钩而止子，子强而距人，人亦强而距子，交相钩，交相强，犹若相害也。故我义之钩强，贤子舟战之钩强。"

【注释】

〔1〕江：长江。

〔2〕若：同"此"（王念孙说）。埶：通"势"。

〔3〕亟：屡次。

〔4〕公输子：即鲁般，鲁哀公时闻名天下的巧匠。

〔5〕焉：兼词，于是。

〔6〕钩强：即《释名》所说的"钩镶"。引来曰"钩"，推去曰"镶"（尹桐阳说）。

〔7〕楚之兵节：指楚国兵器与钩强的战法配合无间。

〔8〕善：自矜。

〔9〕揣：当为"强"（吴毓江说）。下同。

〔10〕狎：轻慢而不庄重。

【译文】

　　从前，楚国人和越国人在江上水战，楚国人顺流进攻，逆流撤退，看到有利就进攻，看到不利撤退时却很困难。越人逆流进攻，顺流撤退，看到有利就进攻，看到不利后退就很迅速。越人凭借这种优势屡次打败楚人。公输子从鲁国南游来到楚国，于是开始制造水战的兵器，发明了钩和镶两种兵器，敌船撤退的时候就用钩子钩住它，敌船进攻的时候就用镶推开它。根据钩和镶的长度而专门打造兵器，楚国的兵器适用，越国的兵器不适用，楚人凭借这种兵器的优势而屡次打败越人。公输子自矜自己发明兵器的巧妙，就对墨子说："我水战的时候有钩镶，不知道您的道义中也有像钩镶这样强大的威力吗？"墨子说："我道义中的钩镶比你水战时的钩镶要强得多。我道义中的钩镶，用爱做钩，用恭做镶。不用爱来钩人们就不会相互亲近，不用恭做镶人们就会轻慢不敬，轻慢而不亲近，就会迅速离心离德。所以相互兼爱、相互恭敬，就是在互惠互利。现在您用钩来阻止别人，别人也会用钩来阻止您；您用镶来抗拒别人，别人也会用镶来抗拒您。相互钩，相互推，就是在相互残害。所以我道义中的钩和镶，胜过你水战用的钩和镶。"

41.22 公输子削竹木以为䧿〔1〕，成而飞之，三日不下，公输子自以为至巧。子墨子谓公输子曰："子之为䧿也，不如匠之为车辖〔2〕。须臾刘三寸之木〔3〕，而任五十石之重。故所为功〔4〕，利于人谓之巧，不利于人谓之拙。"

【注释】

〔1〕䧿：同"鹊"。

〔2〕辖：车轴末端用以阻止车轮脱落用的键。

〔3〕刘：当为"斲"（王念孙说），砍，削。

〔4〕功：当为"巧"（于省吾说）。

【译文】

公输子削竹子和木头做成鸟鹊，做好后能飞上天，三天都不会下来，公输子认为自己的技艺天下无双。墨子对公输子说："您做的鸟鹊，还不如木匠做的车辖。木匠一会儿就能砍削成三寸长的车辖，却能够承受五十石重的压力。所以所谓巧妙，有利于人的才叫做巧妙，不利于人的就叫做拙劣。"

41.23 公输子谓子墨子曰："吾未得见之时，我欲得宋。自我得见之后，予我宋而不义，我不为。"子墨子曰：

"翟之未得见之时也，子欲得宋。自翟得见子之后，予子宋而不义，子弗为，是我予子宋也。子务为义，翟又将予子天下。"

【译文】

公输子对墨子说："我没有看到您的时候，想要得到宋国。从我看到您以后，以不义的方式给我宋国，我也不会要。"墨子说："我没有看到您的时候，您想得到宋国，自从我见到您以后，以不义的方式给你宋国，您也不会要，这是我已经给了您宋国。您努力追求道义，我还要给予您整个天下。"

【评析】

在先秦时代，似乎每一位怀揣崇高救世理想的哲人都要经历一段唐僧取经式的磨难，这种艰难历程孔子走过，孟子走过，墨子也走过。与孔孟相比，墨子是一位更懂得审时度势的社会活动家，他主张针对不同国家的不同情况采取不同的游说方法，有针对性地宣扬自己的政治主张："国家昏乱，则语之尚贤尚同；国家贫，则语之节用节葬；国家憙音湛湎，则语之非乐非命；国家淫僻无礼，则语之尊天事鬼；国家务夺侵凌，即语之兼爱非攻。"墨子显然意识到，作为理论的政治学说需要系统；但作为救世的政治方略，虽不一定要求系统，却必须要有强烈的现实针对性。

与孔子政治避难式的周游列国不同，墨子在鲁国有深厚的人脉基础，建立起了一个庞大而且有组织、有纪律的学术门派。不但如此，墨子还是真正的桃李满天下，在各诸侯国都安插有自己的弟子，一旦有弟子做出违背墨家理念的事情，墨子甚至可以通过各种关系免除其在所在国的官职，堪称一呼百应。正因为如此，墨子的出处是从容而有选择余地的，不合乎其施政理念或者说不是诚心把墨家思想作为治国理念的国家，就是请也请不来墨子。当墨子听闻弟子公尚过转达越王的邀请时，并没有立刻动身前往，而是先平静地分析了这件事情的各种可能性："意越王将听吾言，用我道，则翟将往，量腹而食，度身而衣，自比于群臣，奚能以封为哉？抑越不听吾言，不用吾道，而吾往焉，则是我以义粜也。钧之粜，亦于中国耳，何必越哉？"只要是诚心救世，墨子根本就不计较物质利益，如果仅仅是拿来做摆设，再多的钱也难以让墨子动心。与墨子的清高相比，孔子有丧家犬之叹，孟子有一步三回头之举，事实上他们都很难做到墨子的这份淡定与从容。

　　与儒家不言"齐桓晋文之事"的传统不同，墨子是一个既有宏观军事战略思想、又有丰富的军工设计生产经验的实干家。墨子的战争思想主张"非攻"，但他是一位清醒的理想主义者，知道从单纯的理想到诉诸现实之间有着多么艰难而曲折的道路。纵观《墨子》一书，如何说服强国放弃通过战争掠夺土地与财富的想法，如何帮助弱国建起足以自保的屏障，这些问题是墨子思考的主线。但墨子的解决之道却并没有放在军事层面，而是从战争中的非军事因素角度进行考虑，希望在战争的萌芽阶段就能及时控制局面、消弭战端。以此为出发点，墨子为鲁国开出的药方是："上者尊天事鬼，下者爱利百姓，厚为皮币，卑辞令，亟遍礼四邻诸侯，驱国而以事齐。"从外交活动入手消除战争的危险，这确实是一种高明而实用的军事斗争策略。这种思路与兵圣孙武的想法可谓不谋而合："上兵伐谋，其次伐交，其次伐兵，其下攻城。"（《孙子·谋攻》）即使在今天的政治实践中，这种思路依然得到国际社会的追捧和广泛运用。最可贵的是，墨子不但是这种策略的理论制定者，同时也是这种策略的积极践行者。本篇中墨子"止齐伐鲁"、"止鲁阳文君攻郑"的故事，以及《耕柱》篇中的墨子"止楚攻宋"的故事，都是阻止强国攻打弱国的成功案例。

　　墨子是一个理想主义者，也是一名实干家，他清楚地知道要实现救世的理想仅仅靠一个人的努力是不可能的，更现实的方法是靠教育，用知识和理想武装更多的人投身到"利天下"的行动中来。鲁国隐士吴虑认为义只要默默躬行就够了，没必要夸夸其谈地到处宣扬，墨子华而不实的宣传与"义"的精神是背道而驰的。墨子反驳他说："天下匹夫徒步之士，少知义，而教天下以义者，功亦多，何故弗言哉？若得鼓而进于义，则吾义岂不益进哉？"墨子与吴虑的理解显然不同，认为"义"的切实执行是必要的，但真正懂得"义"的人很少，大力传播"义"的精神以获得更多人的了解和支持比一个人独自行义更重要，这种工作甚至可以说非常紧迫。墨子深刻认识到舆论、教育的力量可以潜移默化地改造人的内心世界，所以墨子才不遗余力地投入到宣传和教育工作中去，哪怕在这些过程中手段失之简单粗暴也在所不惜。理解了这一点，我们也许就能够体谅墨子的这番良苦用心了。

　　当然，没有什么能够比用成功的事例来宣传自己的思想更加行之有效的方法了。从《鲁问》等篇章记载的资料看，墨子在为自己理想奔走四方的过程中总是显得那么斗志昂扬，进退出处从容冷静而不失分寸，强大的说服力与游刃有余斗争手段的结合使其在复杂的政治军事斗争中无往而不利。墨子的这些行为事迹极大地助长了墨家的声势，为墨家今后的发展奠定了牢固的基础。正是通过这些珍贵的材料，让我们认识了这位平民哲学家游说诸侯时纵横捭阖的风采。

公 输

【题解】

　　《公输》是《墨子》书中艺术性最强、情节性最完整的一篇作品，主要内容是讲述墨子义阻楚王侵略宋国的故事。公输盘发明出攻城用的云梯，楚王立即便想用来攻打宋国，墨子便以雄辩的口才、丝毫不逊色于云梯的守城器械以及出色的军事战术成功阻止了楚王的侵略野心。文章以高度的艺术性成功再现了一代宗师墨子为维护人间道义而不辞劳苦的崇高形象，同时也艺术地传达出墨子"兼爱"、"非攻"的学术主张，这一点在《墨子》书中显得尤为难能可贵。

　　42.1 公输盘为楚造云梯之械[1]，成，将以攻宋。子墨子闻之，起于齐，行十日十夜而至于郢[2]，见公输盘。公输盘曰："夫子何命焉为[3]？"子墨子曰："北方有侮臣[4]，愿藉子杀之[5]。"公输盘不说。子墨子曰："请献十金。"公输盘曰："吾义固不杀人。"子墨子起，再拜曰："请说之。吾从北方，闻子为梯，将以攻宋。宋何罪之有？荆国有余于地[6]，而不足于民，杀所不足，而争所有余，不可谓智。宋无罪而攻之，不可谓仁。知而不争，不可谓忠。争而不得，不可谓强。义不杀少而杀众，不可谓知类[7]。"公输盘服。子墨子曰："然，乎不已乎[8]？"公输盘曰："不可。吾既已言之王矣[9]。"子墨子曰：“胡不见我于王〔10〕？”公输盘曰：“诺。”

【注释】

〔1〕公输盘：鲁盘（盘又作“般”、“班”），战国初期鲁国的巧匠，公输为其号。

〔2〕郢：楚国都城，在今湖北省江陵县东南。

〔3〕夫子何命焉为：犹言“夫子何为命焉”，即“夫子有何见教”。

〔4〕此句下当脱“者”字（俞樾说）。

〔5〕藉：凭借。

〔6〕荆国：即楚国。

〔7〕类：类比推理。

〔8〕乎不已乎：前一“乎”字当为“胡”，何，为什么。

〔9〕既已：已经。

〔10〕见：引荐。

【译文】

公输盘为楚国制造云梯，造成后，准备用来攻打宋国。墨子听说之后，就从齐国出发，走了十天十夜，来到楚国的郢都，面见公输盘。公输盘说：“先生有何见教？”墨子说：“北方有人欺侮过我，希望请您帮我杀掉他。”公输盘面露不悦。墨子说：“请允许我奉送十镒黄金。”公输盘说：“我尊崇道义，从不杀人。”墨子站起身，再次行礼后说：“请允许解释一下。我在北方听说您造了云梯，准备用来攻打宋国。宋国有什么罪过呢？楚国的土地有余而人口不足。牺牲自己本来不足的人口去争夺本来就已经有余的土地，不能算是明智。宋国没有过错而攻打它，不能算是仁义。明白这个道理而不据理力争，不能算是忠诚。力争而没有达到制止的目的，不能算是有能力。您奉行义不杀一个人，却去杀害众多百姓，不能说是懂得类推事理。”公输盘承认被说服。墨子说：“既然这样，那为什么不取消攻宋呢？”公输盘说：“不行，我已经把攻宋之事告诉楚王。”墨子说：“为什么不把我引荐给楚王呢？”公输盘说：“好。”

42.2 子墨子见王，曰：“今有人于此，舍其文轩〔1〕，邻有敝舆[2]，而欲窃之；舍其锦绣，邻有短褐[3]，而欲窃之；舍其粱肉，邻有糠糟，而欲窃之。此为何若人？”王曰：“必为窃疾矣。”子墨子曰：“荆之地，方五千里，宋之地，方五百里，此犹文轩之与敝舆也；荆有云梦[4]，犀兕麋鹿满之[5]，江汉之鱼鳖鼋鼍为天下富[6]，宋所为无雉兔狐狸者也，此犹粱肉之与糠糟也；荆有长松、文梓、楩楠、豫章[7]，宋无长木，此犹锦绣之与短褐也。臣以三事之攻宋也[8]，为与此同类。臣见大王之必伤义而不得。”王曰：“善哉！虽然，公输盘为我为云梯，必取宋。”

【注释】

〔1〕文轩：装饰有花纹彩绘的豪华车子。

〔2〕敝舆：破败不堪的车子。

〔3〕短褐：平民穿的粗布衣。

〔4〕云梦：楚国大泽名。古云梦分为两个大泽，即云泽和梦泽，横跨今湖北省境内长江南北，后渐干涸。

〔5〕兕：雌性犀牛。　麋：鹿的一种，角大而尾短。

〔6〕鼋：鳖类，俗称“癞头鼋”。　鼍：即今扬子鳄，俗名猪婆龙。

〔7〕文梓：即梓树，因其文理细腻，故称“文梓”。　楩：即黄楩木，乔木，生于南方。　楠：楠木。　豫章：樟树。

〔8〕三事：当作“王吏”（毕沅据《战国策》），谓楚王之臣下，即公输盘。一说当作“三吏”（孙诒让据《逸周书》及《左传》）。

【译文】

墨子觐见楚王，说：“现在这里有一个人，舍弃他豪华的车子，却偏要去偷窃邻家的破车；舍弃他的锦绣衣裳，偏要去偷窃邻家的粗布短衣；舍弃他的稻粱鱼肉，偏要去偷窃邻家的糟糠粗粮。这是什么样的人？”楚王说：“肯定有嗜好偷窃的毛病。”墨子说：“楚国的土地，方圆五千里；宋国的土地，方圆五百里，这就好像是豪车与破车啊！楚国有云梦泽，遍地都是犀牛、麋鹿一类的珍禽异兽，江汉之中又盛产鱼鳖鼋鼍，富甲天下；宋国所出产的东西连野鸡、兔子、狐狸也没有，这就好像是稻粱鱼肉与糟糠粗粮啊！楚国有松、梓、楩、楠和豫章等优质树种；宋国却连大树都没有，这就好像锦绣衣服和粗布短衣啊！我认为公输盘攻宋的建议，与这些情况类同。我能预见到大王必定会损害仁义而且不会有任何收获。"楚王说："说得好啊！即使这样，可公输盘已经为我造好了云梯，一定要攻下宋国。"

42.3 于是见公输盘。子墨子解带为城，以牒为械[1]，公输盘九设攻城之机变[2]，子墨子九距之[3]，公输盘之攻械尽，子墨子之守圉有余[4]。公输盘诎[5]，而曰："吾知所以距子矣，吾不言。"子墨子亦曰："吾知子之所以距我，吾不言。"楚王问其故，子墨子曰："公输子之意，不过欲杀臣。杀臣，宋莫能守，可攻也。然臣之弟子禽滑釐等三百人[6]，已持臣守圉之器，在宋城上而待楚寇矣。虽杀臣，不能绝也。"楚王曰："善哉！吾请无攻宋矣[7]。"

【注释】

〔1〕牒：小木片。 械：指守备器械。
〔2〕九：虚数，极言其多。 设：陈设。
〔3〕距：通"拒"，抵挡。
〔4〕守圉：防守，防御。强调防守力量游刃有余，能防守得住。圉，同"御"。
〔5〕诎：同"屈"。
〔6〕禽滑釐：墨子弟子，魏国人。
〔7〕无：通"毋"，不要。

【译文】

于是，墨子再见公输盘。墨子解下腰带模拟城墙，用木片当作守备器械。公输盘多次运用机巧多变的方法攻城，墨子一次次击退了他的进攻。公输盘进攻的器械用尽，墨子的防御战术仍然绰绰有余。公输盘无奈，就说："我知道用什么办法能对付你，我不说。"墨子说："我知道你会用什么办法对付我，我也不说。"楚王问他原因。墨子说："公输先生的意思，不过是想要杀掉我。以为杀了我，宋国就没人能够防守，楚国就能进攻宋国了。可是我的弟子禽滑釐等三百人，已经拿着我的守城器械，在宋国的城墙上等着楚兵入侵了。即使杀了我，也不能杀尽能够守御的人。"楚王说："说得好！我同意不再攻打宋国了。"

42.4 子墨子归，过宋，天雨，庇其间中[1]，守间者不内也[2]。故曰："治于神者[3]，众人不知其功；争于明者[4]，众人知之。"

【注释】

[1] 庇：避。 间：里门，指小村子的大门。
[2] 内：通"纳"。
[3] 神：指事物的发展变化尚处于酝酿的隐微阶段。
[4] 明：指众目睽睽之下。

【译文】

墨子归家，路过宋国，天上突然下起了雨，想要到一个小村的大门下避雨，守门人却不让他进去。所以说："那些把灾祸消灭在酝酿阶段的人，众人不知道他的功劳；那些在众目睽睽之下相争的人，却人人知晓。"

【评析】

《墨子》文章一向以质朴本色、不事雕琢为特色，很少有像《公输》篇这样以艺术性取胜的精彩文章。墨子认为，只要"兼相爱，交相利"的理念深入人心，那么天下所有的纷乱与战争都会随之烟消云散；反之，必然会是另外一种人间悲剧："国之与国之相攻，家之与家之相篡，人之与人之相贼，君臣不惠忠，父子不慈孝，兄弟不和调。"（《兼爱中》）为了消弭这些祸乱，墨子不仅大力倡导"兼爱"、"非攻"的理论主张，更是用自己的实际行动努力践行这些主张。《公输》篇通过墨子止楚攻宋的历史故事，巧妙地传达了他"兼爱"、"非攻"的政治理念，并艺术地再现了墨子的高大形象。

整篇文章分为四个场景：力挫公输，说服楚王，衣带演兵，过宋遇雨。四个的小故事意脉连贯，巧妙勾连，犹如一出组织精巧的折子戏，在记述历史、传达思想之余，给人以美的艺术享受。公输盘发明了攻城利器云梯，楚王准备用宋国小试牛刀，墨子千里迢迢赶往楚国阻止这场不义的战争。

第一场较量在墨子和公输盘之间展开，墨子首先诱使公输盘承认杀人不义的大前提；然后指出云梯是杀人利器，攻打无罪的宋国是不义的小前提；结论自然毫无悬念。不仅如此，墨子更进一步指出其"义不杀少而杀众"的自相矛盾之处，迫使公输盘服输。

第二场较量是第一场较量的延续，在墨子和楚王之间继续进行。墨子这次辩论的锋芒收敛了许多，同样的迂回战术，却换作三个含蓄的比喻，但强大的逻辑力量依然迫使楚王不得不承认，以富强的楚国去攻打贫弱的宋国是不义的行为。但心有不甘的楚王仍然认为云梯攻无不克、战无不胜，便以箭在弦上、不得不发为由拒绝了墨子。

第三场较量更加精彩，墨子明白仅靠晓之以理不足以打消楚王的贪念，便要求与公输般当面对决，在楚王面前展开了一场针锋相对的攻防模拟战。在强大的实力面前，公输盘不得不承认自己技不如人，云梯并不是万能的法宝。但随即波澜又起，公输盘暗示楚王杀掉墨子以绝后患。墨子毫不客气地警告楚王说："臣之弟子禽滑釐等三百人，已持臣守圉之器，在宋城上而待楚寇矣。"墨子的后手成了最后一根救命稻草，最终迫使楚王取消了进攻宋国的军事计划。

第四场本该曲终人散，作者却横生枝节，特意安排了墨子过宋遇雨一出，给读者留下了无穷的回味空间。作者似在为墨家甘当无名英雄的精神点赞，又似为墨家不为世人理解的尴尬处境抱屈，幽幽一叹，堪称神来之笔。

读罢这篇文章，我们不得不承认，墨子是一个热情的理想主义者，热情到能够为了一件与自己毫不相干的事情千里奔波而不辞劳苦。同时，墨子也是一个伟大的工匠，胸有城府，舌灿莲花，心灵手巧，不尚空谈，以自己独特的方式努力改变艰难的时世，执着到永不放弃。"知而不争，不可谓忠。争而不得，不可谓强。"朴素的话语中透着一股热血男儿的铮铮意气。

备城门

【题解】

　　墨家主张"非攻",但并没有停留在理论层面,而是站在弱者的立场上,认真研究防御战的战术战法,发明并改进守城器具,采取积极防御的战略态度。墨家这方面的研究成果,都详尽记录在自本篇以下至《杂守》的各篇中。《备城门》是《墨子》中详细讲述弱国防御战术的第一篇,主要是谈进行防御战的基本条件、有针对性地建设相应的防御设施和守城器具等。文章开头从宏观角度总结了当时常用的十二种攻城方法,探讨防御方所必备的主客观条件,从中归纳出十四条防御的基本条件。在此基础上,展开对各种防御工事、武器装备、设施器材等情况的详细说明。文章既有宏观层面的战略思考,也有微观层面的详细说明,这在坐而论道风气盛行的先秦思想家群体中显得尤为难能可贵。

　　43.1 禽滑釐问于子墨子曰:"由圣人之言,凤鸟之不出,诸侯畔殷周之国〔1〕,甲兵方起于天下,大攻小,强执弱,吾欲守小国,为之奈何?"子墨子曰:"何攻之守?"禽滑釐对曰:"今之世常所以攻者:临、钩、冲、梯、堙、水、穴、突、空洞、蚁傅、轒辒、轩车〔2〕,敢问守此十二者奈何?"子墨子曰:"我城池修,守器具,推粟足〔3〕,上下相亲,又得四邻诸侯之救,此所以持也。且守者虽善,则犹若不可以守也。若君用之,守者又必能乎守者,不能而君用之,则犹若不可以守也。然则守者必善而君尊用之，然后可以守也。"

【注释】

〔1〕畔：通"叛"。殷周之国：连言之，这里指周王室。

〔2〕临：同"隆"，指筑土为山，以居高临下进攻。 钩：用钩梯牵引攀爬城墙。 冲：冲车，用以撞击城门。 梯：云梯。 堙：塞，指筑土为路直通城墙以夺城。 水：决水灌城。 穴：挖掘地道。 突：穿凿城墙。 空洞：挖穴引水至城墙底部，用以坍塌城墙。 蚁傅：众军蚂蚁似地爬城。 輼辒：包着生牛皮以增强防御力的四轮车，用以运送士兵至城墙下。 轩车：高大的楼车。

〔3〕推：当为"樵"之误（孙诒让说），指柴草。

【译文】

禽滑釐问墨子说："根据圣人的说法，现在凤鸟隐伏不出，诸侯纷纷叛离周王室，天下兵戈四起，大国攻打小国，强国侵凌弱国。我想为小国防守，该怎么做呢？"墨子说："防守什么样的进攻？"禽滑釐回答："当今世上常用的进攻方法有：筑土为山以居高攻下、用钩梯牵引攀爬城墙、冲车撞击城门、云梯攻城、填土为路直通城墙、决水灌城、挖掘地道、穿凿城墙、打洞引水坍塌城墙、士兵蚂蚁似地攀爬城墙、使用輼辒车攻城、使用楼车攻城等等。敢问如何防御这十二种进攻之法呢？"墨子说："我方城池修固，守城器械足备，柴草粮食充足，上下团结和睦，又能得到邻近诸侯国的救援，这就是我方赖以防守的条件。况且若守将虽擅长守御，如果得不到国君信任，仍然无法成功防守。国君若选用某人，此人必须是有防守能力的人，如果无能者得到国君重用，也是不能成功防守的。因此，守城的人必定要善于防守并且国君尊重和信任他，然后才能成功防守。"

43.2 凡守围城之法，厚以高〔1〕，壕池深以广，楼撕揗〔2〕，守备缮利，薪食足以支三月以上，人众以选〔3〕，吏民和，大臣有功劳于上者多，主信以义，万民乐之无穷。不然，父母坟墓在焉；不然，山林草泽之饶足利；不然，地形之难攻而易守也；不然，则有深怨于适而有大功于上〔4〕；不然，则赏明可信而罚严足畏也。此十四者具，则民亦不宜上矣〔5〕，然后城可守。十四者无一，则虽善者不能守矣。

【注释】

〔1〕凡守围城之法，厚以高：此句文有倒错，当为“凡守围之法，城厚以高”。

〔2〕撕：小楼。揗：当为“修”之讹（孙诒让说）。

〔3〕选：选拔，指经过选拔的精兵。

〔4〕适：同“敌”，下同。

〔5〕宜：同“疑”。

【译文】

凡是守城的方法：城墙要既厚又高，战壕和护城河要既深又宽，城楼修葺完备，守城器械修缮一新，薪柴粮草足够支撑三月以上，守城士卒经过严格挑选，官民之间关系和睦，有许多功勋累累的大臣，国君诚信守义，百姓以能够为国君战斗为乐。要不然，此城有百姓父母的坟墓在此；要不然，这里的山林草泽富饶而利于民生；要不然，此处地形难攻易守；要不然，守城者与敌人有深仇大恨并为国君立过大功；要不然，守城官员奖赏分明卓有信誉，惩罚严厉令人生畏。具备这十四个方面，百姓就不会怀疑上官，然后城池才能够守住。如果这十四个方面一条也不具备，那么即使善守之将也无法防守。

43.3 故凡守城之法，备城门，为县门，沈机〔1〕；长二丈，广八尺，为之两相如；门扇数，令相接三寸；施土扇上，无过二寸。堑中深丈五，广比扇，堑长以力为度〔2〕，堑之末为之县，可容一人所。客至，诸门户皆令凿而慕孔^[3]，孔之，各为二慕二^[4]，一凿而系绳，长四尺。城四面四隅皆为高磨襟^[5]，使重室子居其上候适，视其态状与其进左右所移处，失候，斩。适人为穴而来^[6]，我亟使穴师选本^[7]，迎而穴之，为之且内弩以应之^[8]。

【注释】

〔1〕县：同"悬"。沈机：指布设机关。

〔2〕力：当为"方"字之误（俞樾说），这里指城的周长。

〔3〕慕：同"幂"，弥合墙上凿孔后墙表面留下的缝隙。下同。

〔4〕后"二"字当为衍文。

〔5〕高磨襟：高高的望敌楼。

〔6〕为穴：指挖洞攻城。

〔7〕选本：当为"选士"（孙诒让说），指经严格挑选出来的精兵。

〔8〕且：当为"具"，指弓弩一类的兵器。

【译文】

所以凡是守城的方法：首先加固城门，城门外另设带有防御机关的"悬门"；城门长二丈，宽八尺，两扇城门的规格完全相同；两扇城门闭合无间，并有三寸宽的重叠衔接。在两扇城门上涂上泥土（以防火攻），厚度不超过二寸。城外战壕深一丈五尺，宽度与一扇城门的宽度相等，长度根据城邑的周长而定，战壕末端靠近悬门处有哨所，哨所大小可容纳一人。敌军到来，令各城门两边各凿出两个孔洞，用泥巴弥合表面，每边的一个孔洞系上四尺长的绳子以加固城门。城上四边和四角处都建起瞭望敌情的高脚楼，派贵家子弟在上面候望敌情，观察敌军状态以及前进、后退乃至左右转移的方位，失职者处斩。敌兵挖地道而来，我方则即刻派遣善于挖掘的精兵，在城外横向挖洞穴迎敌，带上适合洞穴作战的短弩以迎敌。

43.4 民室杵木瓦石^[1]，可以盖城之备者^[2]，尽上之，不从令者斩。昔筑^[3]，七尺一居属^[4]，五步一垒^[5]，五

筑有锑[6]，长斧柄长八尺。十步一长镰，柄长八尺。十步一斗，长椎，柄长六尺，头长尺，斧其两端[7]。三步一大铤[8]，前长尺，蚤长五寸[9]。两铤交之，置如平，不如平不利，兑其两末。穴队若冲队[10]，必审如攻队之广狭[11]，而令邪穿其穴[12]，令其广必夷客队。

【注释】

〔1〕杵：当为"材"之误（王引之说）。

〔2〕盖：当为"益"之误（王引之说），增加。

〔3〕昔：当为"皆"之误（王引之说）。

〔4〕居属：类似锄头的挖掘工具。

〔5〕垒：当为"蘽"之误（孙诒让说），同"虆"，藤制的土筐。

〔6〕锑：当为"銕"之误，同"夷"（孙诒让说），铁锹一类平整土地的工具。

〔7〕斧：当为"兑"（孙诒让说），磨之使锋利。

〔8〕铤：短矛。

〔9〕蚤：通"爪"，武器尖端锐利部分。

〔10〕队：通"隧"，隧道。

〔11〕如：同"知"。

〔12〕邪：同"斜"

【译文】

百姓家的木材瓦石，凡是可以用来增益守城所需的物料，必须尽数上缴，不服从命令者处死。百姓全部参与修筑工事：每七尺远要有一把锄头，每隔五步远要有一只土筐，每五筑要有一把铁铲，一把柄长八尺的斧头。每十步要有一把长镰刀，柄长八尺。每十步远要有一把斫，一把柄长六尺的长锥，锥头长一尺，两端磨锋利。每三步一杆短矛，前端长一尺，锋刃长五寸。每两只短矛交叉平放，不平则不便利取用，两边锋刃都要磨得锋利。挖隧道以防御敌方通过隧道进攻，必须认真察知敌方隧道的宽狭，使我方隧道斜穿过敌方隧道，宽度必须与敌方的隧道相当。

43.5 疏束树木，令足以为柴抟[1]，毋前面树[2]，长丈七尺一，以为外面，以柴抟从横施之，外面以强涂，毋令土漏[3]。令其广厚，能任三丈五尺之城以上。以柴木土稍杜之，以急为故。前面之长短，豫蚤接之，令能任涂，足以为堞[4]，善涂其外，令毋可烧拔也。

【注释】

〔1〕柴抟：捆绑木料，用以屏蔽城墙的防御工事。
〔2〕毋：当为"毌"，用绳索之类穿过物体。
〔3〕土：当为"上"。
〔4〕堞：城头锯齿状的防御墙。

【译文】

砍伐树木，捆扎木柴，将其制作成柴抟，将大的树干穿连起来，长一丈七尺一，作为外层，再将柴抟纵横交错地堆积其内，外面涂上黏土，不让上面的木柴脱漏下来。木柴堆积的宽度和厚度，要足以屏蔽三丈五尺高的城墙。用柴木加固城墙，尽可能地使之坚固。柴抟前面的长短，要提前处理好，使之便于涂上泥土，足以起到城堞一般的防御作用。要好好涂抹外面，使敌方无法烧掉或拔掉。

43.6 大城丈五，为闺门[1]，广四尺。为郭门，郭门在外，为衡[2]，以两木当门，凿其木，维敷上堞[3]。为斩县梁[4]，酌穿断城[5]，以板桥邪穿外，以板次之，倚杀如城报[6]。城内有傅壤[7]，因以内壤为外。凿其间，深丈五尺，室以樵，可烧之以待适[8]。

【注释】

〔1〕闺门：主城门之外另开的小门。
〔2〕衡：即门闩，用以插门的横木。

〔3〕敷：同"缚"，用绳子捆扎。堞：女墙。

〔4〕斩：通"堑"，护城河。

〔5〕酴：同"令"，使。此处文意晦涩不明。

〔6〕倚杀：倾斜。报：当为"执"之误，"执"通"势"。

〔7〕傅壤：辅助性城堞。壤，当为"堞"之误。

〔8〕适：同"敌"。

【译文】

　　大城高一丈五尺，中间开有小门，宽四尺。大城之外修有郭门，郭门用两根坚实的横木做门闩，横木上凿孔穿绳，上面系到城堞上。在护城河上架设悬空的桥梁，护城河穿过外城城墙，向外斜穿延伸，再以板桥连接，板桥上铺木板，其倾斜的程度与城墙的倾斜度相吻合。城墙内修筑有辅助性的城堞，然后根据内堞以抗拒外敌。在内堞和外堞之间开凿壕沟，深一丈五尺，里面塞满柴草，必要时可以焚烧柴草以御敌。

43.7 令耳属城[1]，为再重楼，下凿城外堞，内深丈五，广丈二。楼若令耳，皆令有力者主敌，善射者主发，佐皆广矢[2]。治裾诸[3]，延堞，高六尺，部广四尺，皆为兵弩简格[4]。转射机，机长六尺，貍一尺[5]。两材合而为之辐[6]，辐长二尺，中凿夫之为道臂[7]，臂长至桓[8]。二十步一，令善射之者佐，一人皆勿离。

【注释】

〔1〕令耳：一种防御类工事，类似于"羊坽"，参见《杂守》篇。

〔2〕广矢："广"当为"厉"之误，锋利的箭矢。

〔3〕裾诸：指樊篱。

〔4〕简格：用来放置弓弩的设施。

〔5〕貍：同"埋"。

〔6〕辐：能承重的大车轮（孙诒让说）。

〔7〕夫：通"趺"，车的底座。此句应为"中凿夫二，为通臂"（孙诒
让说）。

〔8〕桓：同"垣"，城墙。

【译文】

城墙上修筑有令耳，并有两重高的城楼。在城堞下开凿壕沟，
深一丈五尺，宽一丈二尺。城楼和令耳都派遣有勇力的武士负责应
敌，擅长箭术的人负责射箭，配全部署以锋利的箭矢。搭建樊篱，
使与城堞相连，高六尺，每一部宽四尺，全部设计有放置弓弩的方
格。转射机，机身长六尺，埋入土中一尺。用两根木头合拢制成车
轮，直径二尺，中间凿孔，插入横臂，臂长至车的底座。每隔二十
步安置一台转射机，让善于操纵它的人掌控，一人也不得离开。

43.8 城上百步一楼，楼四植，植皆为通舄〔1〕，下高
丈，上九尺，广、袤各丈六尺〔2〕，皆为宁〔3〕。三十步一
突，九尺，广十尺，高八尺，凿广三尺，表二尺〔4〕，为
宁。城上为攒火〔5〕，夫长以城高下为度，置火其末。城
上九尺一弩、一戟、一椎、一斧、一艾〔6〕，皆积参石、
蒺藜〔7〕。渠长丈六尺〔8〕，夫长丈二尺〔9〕，臂长六尺，其
貍者三尺。树渠毋傅堞，五寸。藉莫长八尺〔10〕，广七
尺，其木也广五尺，中藉苴为之桥〔11〕，索其端；适
攻〔12〕，令一人下上之，勿离。城上二十步一藉车，当队
者不用此数。

【注释】

〔1〕植：立柱。舄：柱下基石。

〔2〕袤：当作"袤"，指长度（王引之说）。

〔3〕宁：当作"亭"。下同。

〔4〕表：也当为"袤"，指长度。

〔5〕攒火：柴草捆扎而成的火把，约同于《备蛾傅》篇提到的"火捽"。

〔6〕艾：同"刈"，镰刀。

〔7〕参石：即"礌石"。蒺藜：一种模仿蒺藜种子满身是刺的兵器。

〔8〕渠：一种守城器械，详见《杂守》篇。

〔9〕夫：当为"趺"之误（孙诒让说），底座。

〔10〕藉莫："莫"即"幕"，藉幕，以长竿撑起的布幕，悬于女墙下，以减轻敌军矢石对城墙的破坏。

〔11〕藉苴：即"藉幕"。

〔12〕适：同"敌"。

【译文】

城上每百步筑一楼，楼下是四根立柱，每根柱子皆立于基石上。楼底层高一丈，上层高九尺，长宽都是一丈六尺，都是亭子的样子。城墙每三十步设置一个突起，长九尺，宽十尺，高八尺，凿开一个三尺长二尺宽的空间，建亭。城上设置火捽，长短根据城墙的高低而定，末端置有火把。城上每隔九尺设置一弩、一戟、一椎、一斧、一镰。各处都堆积好礌石、蒺藜。渠长一丈六尺，底座长一丈二尺，臂长六尺，埋在地下三尺。建渠时不能贴近城堞，应保持五寸间隔。藉幕长八尺，宽七尺。用以撑起藉幕的木架有五尺见方。在藉幕中间设有一根龙骨，用绳子捆住龙骨一端，敌军来攻时，派一人上下牵拉藉幕，不准擅离。城上每隔二十步安置一辆藉车，当阻挡敌人隧道来攻时不拘此数。

43.9 城上三十步一鬵灶〔1〕。持水者必以布麻斗、革盆，十步一。柄长八尺，斗大容二斗以上到三斗。敝裕〔2〕、新布长六尺，中拙柄，长丈，十步一，必以大绳为箭〔3〕。城上十步一钛〔4〕。水瓶，容三石以上，小大相杂。盆、蠡各二财〔5〕。为卒干饭，人二斗，以备阴雨，面使积燥处〔6〕。令使守为城内堞外行餐。置器备，杀沙砾、铁〔7〕，皆为坏斗〔8〕。令陶者为薄缻，大容一斗以上至二斗，即用取，三秘合束〔9〕。坚为斗城上隔〔10〕。栈高丈二，剡其一末。为闺门，闺门两扇，令可以各自闭也。

【注释】

〔1〕爨：同"奠"。奠灶，行军时垒的简易灶火。
〔2〕裕：同"綌"，粗葛布。
〔3〕箭：未详。
〔4〕鈂：一种类似铁锹的起土工具。
〔5〕蠡：即下文的"奚蠡"，一种容器。 财：具。
〔6〕面：当作"而"。
〔7〕杀：同"撒"。
〔8〕坏：同"坯"。
〔9〕三秘：或为"縈施"之误（孙诒让说），堆放。
〔10〕隔：守城士兵哨位两边的短墙。

【译文】

城上每三十步设置一具奠灶。取水必须用布麻斗或皮盆，每隔十步放置一件。布麻斗柄长八尺，大小可以容纳两到三斗水。取六尺长的旧布或新布，中间安有一丈长的柄，每隔十步放置一件，必须用粗绳做箭。城上隔十步准备一把鈂。容量三石以上的水缸大小错杂摆放。水缸边盆、蠡各准备二只。为士卒准备好干粮，每人二斗，以备阴雨天不能举火做饭，并让他们把干粮存放在干燥处。派遣士卒为守卫内外城堞的人送饭。城上置办守城器具，撒放的沙砾、铁屑皆用坯斗盛放。让陶匠多做薄些的水缸，容量约一斗到二斗，随用随取，捆束垒放在一起。将哨位两旁的隔墙建造坚固。栈高一丈二尺，削尖其末端。城上建造有小门，小门有两扇门，使之可以各自开闭。

43.10 救闉池者〔1〕，以火与争，鼓橐〔2〕。冯垣外内〔3〕，以柴为燔〔4〕。灵丁〔5〕，三丈一，火耳施之〔6〕。十步一人，居柴内弩〔7〕；弩半，为狗犀者环之〔8〕。墙七步而一〔9〕。

【注释】

〔1〕闉：即"垔"，古同"陻"，堵塞。

〔2〕橐：风箱。

〔3〕冯填：即填塞。填，当为"填"之误（吴毓江说）。

〔4〕燔：当为"藩"之误（吴毓江说），藩篱。

〔5〕灵丁：长矛之名。一说为"铃铛"。

〔6〕火耳：当为"犬牙"之误（孙诒让说）。

〔7〕内：通"纳"。

〔8〕狗犀：似为鹿角一类的守城器械，放置于弓弩射程一半的地方，用以延缓敌人的进攻。

〔9〕此处似有脱误。

【译文】

抢救敌方填平我方壕沟的危难，要用火攻的办法与之抗争，鼓动风箱以助火势。堵塞连通内外的所有路口，堆柴为藩篱。每隔三丈安放一支灵丁长矛，犬牙交错地排放。每隔十步有一人躲在柴藩后面，带有弩箭；弩箭射程一半的地方堆放"狗犀"以环绕外围。城墙每隔七步设置一个。

43.11 救车火，为烟矢射火城门上，凿扇上为栈〔1〕，涂之，持水麻斗、革盆救之。门扇薄植〔2〕，皆凿半尺，一寸一涿弋〔3〕，弋长二寸，见一寸，相去七寸，厚涂之以备火。城门上所凿以救门火者，各一垂水〔4〕，火三石以上〔5〕，小大相杂。

【注释】

〔1〕栈：当为"杙"之误（孙诒让说），小木桩。

〔2〕薄：同"欂"，壁柱。

〔3〕涿：同"椓"，敲击。弋：同"杙"，小木桩。

〔4〕垂：瓮。

〔5〕火：为"水"之误。

【译文】

抢救敌方以薰火攻城的危难：敌人会用火箭射向城门以纵火，我军要在门扇上凿洞安装小木桩，涂上厚厚的泥巴以防火箭。拿早已备好的水麻斗、皮盆盛水救火。门扇、壁柱上面皆凿半尺深的洞，每隔一寸置一小木桩，木桩长二寸，一寸露在外面，上下两排之间相距七寸，皆涂上厚泥以防火。城门上方凿开以救门火的通道，各准备一瓮水，容量在三石以上，大小相杂。

43.12 门植关必环锢[1]，以锢金若铁鍱之[2]。门关再重，鍱之以铁，必坚。梳关[3]，关二尺，梳关一苋[4]，封以守印，时令人行貌封[5]，及视关入桓浅深。门者皆无得挟斧、斤、凿、锯、椎。

【注释】

[1] 植：顶城门的直木。关：插城门的横木。环锢：指以金属环加固。
[2]"锢"字疑衍。 鍱：包裹、环箍。
[3] 梳关：门楗，竖插在门闩上使闩拨不开的小木棍。
[4] 苋：同"管"，锁。
[5] 貌：当为"视"之误（毕沅说），察看。

【译文】

顶城门的直木和插城门的横栓必须加固，要用金属比如铁包裹住它们。门栓要用两根，再用铁箍加固，一定要使之坚固。门楗长两尺，上面只有一把锁，上面有加盖守将印信的封条，要时时命人察看封条的情况，并视察门楗是否安插到位。守门者全都不准随身挟带斧、凿、锯、椎等工具（以防破坏城门）。

43.13 城上二步一渠，渠立程[1]，丈三尺，冠长十丈[2]，辟长六尺[3]。二步一荅[4]，广九尺，袤十二尺。二步置连梃、长斧、长椎各一物；枪二十枚，周置二步中。二步一木弩，必射五十步以上。及多为矢，节毋以竹箭[5]，梏、赵、掫、榆[6]，可。盖求齐铁夫[7]，播以射冲及柣枞[8]。

【注释】

〔1〕程：当为"桯"（孙诒让说），楹柱。
〔2〕丈：当为"尺"。
〔3〕辟：通"臂"，指渠的横臂。
〔4〕苔：铁蒺藜。
〔5〕节：当作"即"。
〔6〕赵：同"桃"，指桃木。 掫：同"橎"，柘木。
〔7〕盖：为"益"字形误，意为"多多"。 夫：当为"矢"之误。
〔8〕播：散布，分布。 射冲：不详。 柣枞：用以冲击敌军的军事器械。

【译文】

城上每隔两步建造一架渠，为立柱形，高一丈三尺，顶上长十尺，两臂长六尺。每隔两步放置一组铁蒺藜，宽九尺，长十二尺。每隔两步安置连梃、长斧、长椎各一件；枪二十杆，环绕放置于两步的范围内。每隔两步设置一架木弩，射程在五十步以上。多造箭矢，即使没有足够的竹子做箭杆，梏木、桃木、柘木、榆木均可替代。再多准备铁箭头，分配给射冲和柣枞这种大型武器。

43.14二步积石，石重千钧以上者，五百枚，毋百[1]，以亢[2]，疾犁、壁皆可善方。二步积苙[3]，大一围，长丈，二十枚。五步一罂[4]，盛水。有奚[5]，奚蠹大容一斗。五步积狗尸五百枚[6]，狗尸长三尺，丧以弟[7]，瓮其端[8]，坚约弋。十步积抟，大二围以上，长八尺者二十枚。

【注释】

〔1〕毋百：中间当脱"下"字，为"毋下百"。

〔2〕亢：同"抗"，抵抗、抵御。

〔3〕苙：用苇草扎成的火把，用以夜战照明。

〔4〕罂：陶制的盛水容器。

〔5〕有奚：下当脱"蠡"字。奚蠡，瓢一类的舀水用具。

〔6〕狗尸：疑为上文提到的"狗犀"。

〔7〕丧：覆盖。弟：当为"茅"（孙诒让说），茅草。

〔8〕瓮：当为"兑"（孙诒让说），磨锋利。

【译文】

每隔二步堆积石块，重达千钧以上的石块总共准备五百块，最少也不少于一百块，用以下投抗敌，再辅以铁蒺藜、墙壁等法，皆可完善防御体系。每二步束起一只苇草扎成的火把，大一围，长一丈，共二十根。每五步放置一口装满水的坛子，旁边要有瓢，每只瓢容积一斗。每五步安置一台狗犀，共五百台。狗犀长三尺，上面覆盖茅草，武器尖端磨利，捆插坚实。每十步堆起一堆柴抟，大二围以上，长八尺，共二十堆。

43.15 二十五步一灶，灶有铁鐕，容石以上者一〔1〕，戒以为汤。及持沙，毋下千石。三十步置坐候楼，楼出于堞四尺，广三尺，广四尺，板周三面，密傅之，夏盖其上。五十步一藉车〔2〕，藉车必为铁纂〔3〕。五十步一井屏〔4〕，周垣之，高八尺。五十步一方〔5〕，方尚必为关籥守之〔6〕。五十步积薪，毋下三百石，善蒙涂，毋令外火能伤也。

【注释】

〔1〕铁鐕：大铁锅。一说大鼎。

〔2〕藉车：守城器械，外蒙铁皮，底部埋入地下，用以投掷石块或

炭火。

〔3〕篡：指车轴。

〔4〕井屏：四周有遮蔽物的厕所。

〔5〕方：指供士兵休息的小屋。

〔6〕关籥：即"管籥"，锁匙。

【译文】

每隔二十五步修一座灶台，灶台上有一口可盛水一石以上的大铁锅，以备烧开水。另外要储备沙石，总量不少于一千石。每隔三十步建起一座候望楼，楼高出城堞四尺，宽三尺，长四尺，三面围上木板，涂上厚厚的泥层，夏天时顶部加盖以蔽日。每五十步配置一辆藉车，藉车的车轴必须用铁制。每五十步建一座厕所，周围矮墙环绕，高度八尺。每五十步建一座休息室，一定要用锁头锁好。每五十步要堆积柴草，总体不少于三百石，泥土封盖严密，以免被城外放的火引燃。

43.16 百步一枕枨，起地高五丈，三层，下广前面八尺，后十三尺，其上称议衰杀之。百步一木楼，楼广前面九尺，高七尺，楼轫居坫〔1〕，出城十二尺。百步一井，井十瓮，以木为系连〔2〕。水器容四斗到六斗者百。百步一积杂秆，大二围以上者五十枚。百步为橹〔3〕，橹广四尺，高八尺，为冲术。百步为幽膛〔4〕，广三尺高四尺者千〔5〕。二百步一立楼，城中广二丈五尺二〔6〕，长二丈，出枢五尺。

【注释】

〔1〕轫：同"吻"，飞檐。 坫：当为"坫"之误（毕沅说），屏墙。

〔2〕系连：疑为"桔槔"之误（孙诒让说）。

〔3〕橹：大盾。

〔4〕幽膛：暗沟。

〔5〕千：当为"一"之误（孙诒让说）。
〔6〕后"二"字当为衍文（孙诒让说）。

【译文】

　　每百步设一架枕枞，距离地面五丈，共三层，下层前面宽八尺，后面宽十三尺，上层按照这个比例逐步收缩。每隔一百步建一座木楼，楼前面宽九尺，高度为七尺，木楼有飞檐、有屏墙，伸出城墙外十二尺。每隔百步需有一口水井，每口井附近准备十只大瓮，放在木制的桔槔旁。准备可盛四到六斗水的容器上百个。每隔百步堆积一堆庄稼秸秆，粗有二围以上，约五十堆。每隔百步放置一面大盾牌，四尺宽，八尺高，用以抵挡敌方冲击。每隔百步开挖一条暗沟，其中主沟宽三尺、深四尺。每隔两百步建一座立楼，在城墙上的部分宽二丈五尺，长二丈，伸出城墙外五尺。

　　43.17 **城上广三步到四步，乃可以为使斗。俾倪广三尺**〔1〕**，高二尺五寸。陛高二尺五**〔2〕**，广长各三尺，远广各六尺**〔3〕**。城上四隅童异**〔4〕**，高五尺，四尉舍焉**〔5〕**。城上七尺一渠，长丈五尺，貍三尺，去堞五寸；夫长丈二尺，臂长六尺。半植一凿，内后长五寸。夫两凿，渠夫前端下堞四寸而适。凿渠、凿坎，覆以瓦，冬日以马夫塞**〔6〕**，**皆待命。若以瓦为坎。**

【注释】

　　〔1〕俾倪：特指带有瞭望孔的女墙。
　　〔2〕陛：登高的台阶。
　　〔3〕远：当为"道"（孙诒让说）。
　　〔4〕童异：当为"重楼"（孙诒让说）。
　　〔5〕四尉：指四位掌管军事、治安或司法的官员。
　　〔6〕夫：当作"矢"，屎。　寒：当为"塞"之误，覆盖。

【译文】

城墙上宽度约三步到四步，可供士兵活动和战斗。城上带瞭望孔的矮墙宽三尺，高二尺五寸。上城的台阶高二尺五寸，宽和长各三尺，道路宽六尺。城上四角设置岗楼，高五尺，四名尉官驻守在这里。城上每隔七尺建一架渠，长一丈五尺，下端三尺埋于地下，与城堞间隔五寸；由地面至顶部长一丈二尺，左右横臂长六尺。在中部凿一孔，内径长五寸。渠柱上开凿两个孔，渠柱前端低于城堞四寸最合适。为埋渠而挖的坎，上面用瓦覆盖，冬天则以马粪塞缝，皆待命而行。或即以瓦为坎。

43.18 城上千步一表[1]，长丈，弃水者操表摇之。五十步一厕，与下同圂[2]。之厕者不得操。城上三十步一藉车，当队者不用。城上五十步一道陛，高二尺五寸，长十步。城上五十步一楼扤[3]，扤勇勇必重[4]。土楼百步一，外门发楼[5]，左右渠之[6]，为楼加藉幕，栈上出之以救外。城上皆毋得有室，若也可依匿者，尽除去之。城下州道内百步一积薪，毋下三千石以上，善涂之。城上十人一什长，属一吏士[7]，一帛尉[8]。百步一亭，高垣丈四尺，厚四尺，为闺门两扇，令各可以自闭。亭一尉，尉必取有重厚忠信可任事者。二舍共一井爨[9]，灰、康、粃、杯、马矢[10]，皆谨收藏也。

【注释】

〔1〕表：长杆。
〔2〕圂：同"溷"，粪池。
〔3〕扤：同"撕"。楼撕，栏槛。
〔4〕此句衍一"勇"字。勇，当为"楼"之误（孙诒让说）。重：双层。
〔5〕发楼：孙诒让认为就是"悬门"。

〔6〕渠：同"堑"，战壕。

〔7〕一吏士：疑当为"十吏士"（孙诒让说）。

〔8〕一帛蔚："帛"有版本作"亭"。然下文有"百步一亭"，"亭一蔚"，亭长不当隶属于什长，疑此句为衍文。

〔9〕爨：生火做饭，这里指灶火。

〔10〕康：同"糠"。 杯：同"麸"（毕沅说），谷皮。

【译文】

城上每隔千步树立一根长杆，高一丈，有人向城下倾倒废水就持杆摇动长杆以提醒下面行人。城上每五十步建一厕所，与城下的厕所共用一个粪池。上厕所的人不准携带任何东西。城上每隔三十步设一辆藉车，当抵御敌人挖隧道进攻时，不能动用藉车。城上每五十步一道台阶，高二尺五寸，长十步。城上每隔五十步建一道栏槛，栏槛必须是双层。每百步建一座土楼，外设悬门，左右开挖壕沟。楼外加有藉幕，上方架设栈道以便支援城外战斗。城墙上不允许建筑任何居室，如果有任何可供藏身的可以藏身的建筑，就全部拆除掉。城下大路边每隔百步堆积薪柴，重量不少于三千石，涂上厚厚的泥土以防火。城上每十人中任命一名什长，下辖十名吏士。每百步建一座亭，亭下是一丈四尺高的城墙，墙厚四尺，开有两扇小门，可以各自开关。每座亭安排一员尉官，必须选择稳重、忠厚值得信任又有能力的人担任。两舍共用一口井、一台灶做饭。灰、糠、秕谷、谷皮、马粪都要谨慎地收藏起来。

43.19 **城上之备**：渠谵、藉车、行栈、行楼、到、颉皋、连梃、长斧、长椎、长兹、距、飞冲、县□、批屈〔1〕。楼五十步一，堞下为爵穴，三尺而一。为薪皋〔2〕，二围，长四尺半，必有洁〔3〕。瓦石重二升以上上〔4〕。城上，沙五十步一积。灶置铁錯焉〔5〕，与沙同处。木大二围，长丈二尺以上，善耿其本〔6〕，名曰长从，五十步三十。木桥长三丈，毋下五十。复使卒急为垒壁，以盖瓦复之。用瓦木罂，容十升以上者，五十步而十，盛水且用之。五十二者，十步而二[7]。

【注释】

〔1〕詹：即前文所说的"藉幕"。 到：当作"斫"，一种挖凿工具。 颉皋：即"桔槔"，一种汲水工具。 兹：同镃，类似锄头的工具。 距：钩钜，参见《备穴》篇。 县□：当为悬梁。 批屈：不详。

〔2〕薪皋：桔槔。

〔3〕洁：同"挈"，提拉。

〔4〕升：当为"斤"之误。此句衍一"上"字。

〔5〕鏯：同"鬵"，即"甑"，大铁锅。

〔6〕耿：为"联"之误，意为捆扎联结在一起。

〔7〕五十二者：当作"五斗以上者"。

【译文】

城上的守备器材包括：渠与藉幕、藉车、栈道、行楼、斫、桔槔、连梃、长斧、长椎、长锄、钩钜、飞冲、悬（梁）、批屈。每五十步一座楼，城堞下挖有爵穴，每隔三尺一口。设置桔槔，粗二围，长四尺半，必须能够提汲井水。瓦石重二斤以上。城上每隔五十步积起一堆沙土。灶上安放大铁锅，与沙堆在同一处。木材粗二围、长一丈二尺以上，将它们妥善捆扎在一起，这就是守城设施"长从"，每五十步放置三十具。长三丈的木桥准备不下五十座。再派士卒急速建造垒壁，用瓦片覆盖壁垒顶部。每隔五十步放置十口容量在十升以上的瓦罐或木罐，以备盛水时使用。每十步再放置两个容量五斗以上的容器。

43.20 城下里中家人，各葆其左右前后，如城上。城小人众，葆离乡老弱国中及他大城[1]。寇至，度必攻，主人先削城编[2]，唯勿烧。寇在城下，时换吏卒署[3]，而毋换其养[4]，养毋得上城。寇在城下，收诸盆瓮耕积，

之城下，百步一积，积五百。城门内不得有室，为周室桓
吏[5]。四尺为倪，行栈内閈[6]，二关一堞。除城场外[7]，
去池百步，墙垣树木小大俱坏伐，除去之。寇所从来，若
昵道、傒近若城场[8]，皆为扈楼[9]，立竹箭天中[10]。

【注释】

〔1〕国中：城中。

〔2〕削城编：此处文字似有脱误，大意是说清除城内附着于城墙的建
筑物及杂物。

〔3〕署：衙门。这里指不同部门的工作岗位。

〔4〕养：指后勤伙食管理人员。

〔5〕周室桓吏："室"当为"宫"之误，"周宫桓吏"，指看管周王室
行宫或馆舍的官员。

〔6〕閈：同"闭"。

〔7〕除城场外：即"除城外场"。场：道路。

〔8〕昵、傒、近三词意思相同，都指"近道"。

〔9〕扈：大。

〔10〕天：为"水"之误。

【译文】

城内里巷中的人家，各自保卫其家以及左右前后，像城上士
兵守卫城邑一样。如果城小人多，就护送老弱离开，前往其他大
城。敌军到来，预计必将攻城，主将就先下令拆除城内附属于城墙
上的房屋或杂物，只是不要烧毁。敌人兵临城下，我方应不时更换
官吏士卒的职署岗位，但不更换后勤给养人员，后勤给养人员不得
上城。敌军在城下，我方收集盆、罐乃至耕种所用积蓄，堆积于城
墙内侧下方，每隔百步一堆，共五百堆。城门内不可有居室，安排
王室驻守官吏看守。城上女墙高四尺，行栈门从内部关闭，每处城
堞放置两种守城器械。清除城外周道上的杂物，距离护城河百步内
的墙垣及大小树木统统拆毁、砍除。敌人来攻的道路旁，无论是近
道、小路还是周道，都修建起防御高楼，并在水中插上竹箭。

43.21 守堂下为大楼，高临城，堂下周散道。中应客，客待见。时召三老在葆宫中者[1]，与计事得先[2]，行德计谋合，乃入葆。葆入守，无行城，无离舍。诸守者审知卑城浅池而错守焉[3]。晨暮卒歌以为度[4]，用人少易守。守法：五十步丈夫十人、丁女二十人[5]、老小十人，计之五十步四十人。城下楼卒，率一步一人，二十步二十人。城小大以此率之，乃足以守围。

【注释】

〔1〕三老：城中德望最高的三名长者。

〔2〕先：当为"失"。

〔3〕错：同"措"，置，安排，布置。

〔4〕歌：当为"鼓"之误（孙诒让说）。

〔5〕丁女：成年女子。

【译文】

在守将堂前搭建大楼，高可俯瞰全城，堂下四周道路畅通。守将在堂中接待客人，客人须等待接见。主将时常召见住在葆宫中的三老，与他们商议战事的得失。行事有得，计谋相合，三老再返回葆宫中。入城避难者需要进入指定的房屋，不能上城走动，不能离开屋舍。所有守卫者都需要清楚地了解何处城墙偏低，何处护城河过浅，从而进行有针对性的防守。每天早晨和傍晚士卒都要听鼓声调遣，士兵的岗位少有变动。守城之法：每五十步安排成年男子十人，成年女子二十人，老小十人，共计五十步四十人。城下守楼的士兵，一般一步一人，合计二十步二十人。无论城池大小都以此为标准，才足以守御。

43.22 客冯面而蛾傅之[1]，主人则先之知，主人利，客适[2]。客攻以遂[3]，十万物之众[4]，攻无过四队者，上术广五百步[5]，中术三百步，下术五十步。诸不尽百五

步者，主人利而客病。广五百步之队，丈夫千人，丁女
子二千人，老小千人，凡四千人，而足以应之，此守术
之数也。使老小不事者，守于城上不当术者。

【注释】

〔1〕冯：依附。 面：城之四面。
〔2〕客适：当作"客病"（孙诒让说），指对进攻一方不利。
〔3〕遂：同"队"。
〔4〕"物"字当为衍文。
〔5〕术：同"队"，军队队列。

【译文】

　　如果敌军准备如蛾群附城般攀爬进攻，守军预先知道，则对守
军有利，对进攻者不利。如果敌方列队进攻，即使有十万之众，进
攻时也不会超过四队（城有四面），最宽的进攻队列为五百步，中
等的为三百步，下等五十步。凡是攻击队列不足一百五十步宽的，
都对防守方有利而对进攻方不利。防御宽五百步的进攻队伍，需要
成年男子一千人，成年女子二千人，老少一千人，共四千人，才足
以应付，这是防御敌人上述进攻时需要的人数。安排那些不能胜任
战斗任务的老小，防守城上时不要直接面对敌军队列。

　　43.23 城持出必为明填[1]，令吏民皆智知之[2]。从一
人百人以上[3]，持出不操填章，从人非其故人，乃其积
章也[4]，千人之将以上止之，勿令得行。行及吏卒从
之[5]，皆斩，具以闻于上。此守城之重禁之，夫奸之所
生也，不可不审也。

【注释】

〔1〕持：当为"将"之误。 填：当为"旗"之误（孙诒让说），下同。

〔2〕"智"字当为衍文。
〔3〕一：当为"十"之误（孙诒让说）。
〔4〕乃：当作"及"。积：当作"填"。
〔5〕从：同"纵"，纵放。

【译文】

城内守将出城必须亮明旗帜，让官民全都了解这一规定。率十人至百人以上出城，未携带旗帜，或随从非其原属部下，以及旗帜非其原有旗帜，主将就要制止他们，不准许他们通行。（一旦发生上述情况）出行者及放其出行的吏卒全部斩首，并把具体情况向上级汇报。此乃守城的重要禁令，因为奸细往往在这种情况下出现，故而不能不小心。

43.24 城上为爵穴〔1〕，下堞三尺，广其外，五步一。爵穴大容苴〔2〕，高者六尺，下者三尺，疏数自适为之。塞外堑〔3〕，去格七尺〔4〕，为县梁。城筵陜不可堑者勿堑〔5〕。城上三十步一聋灶〔6〕。人擅苴，长五节〔7〕。寇在城下，闻鼓音，燔苴。复鼓，内苴爵穴中，照外。诸藉车皆铁什。藉车之柱长丈七尺，其狸者四尺；夫长三丈以上至三丈五尺，马颊长二尺八寸〔8〕，试藉车之力而为之困〔9〕，失四分之三在上〔10〕。藉车，夫长三尺〔11〕，四二三在上〔12〕，马颊在三分中。马颊长二尺八寸，夫长二十四尺，以下不用。治困以大车轮。藉车桓长丈二尺半。诸藉车皆铁什，复车者在之〔13〕。

【注释】

〔1〕爵穴：小洞，大小约能容爵，故称。
〔2〕苴：火炬。与下文"苣"字意同。
〔3〕塞：当为"穿"之误，意为挖掘。

〔4〕格：城下的栅栏。

〔5〕筵：狭。陕：古"狭"字。

〔6〕聋：当作"垄"。

〔7〕节：当为"尺"。

〔8〕马颊：比喻藉车两侧边缘外凸，外形像马的面颊。

〔9〕困：车轮。

〔10〕失：应为"夫"，指藉车的底座。

〔11〕三尺：当为"三丈"之误。

〔12〕二：当为"之"之误。

〔13〕复车：用来辅助藉车的战车。在：当为"后"。

【译文】

在城墙上开凿爵穴，低于城堞三尺处，外口开得要宽些，每五步一个。爵穴的大小能插入火炬，深的有六尺，浅的有三尺，排列疏密视具体情况而定。在城外挖壕堑，距离城栅七尺，壕堑上方悬挂吊桥。城外地方狭窄的地方就不挖。城上每隔三十步建一座灶台。每人持一把火炬，长度为五尺。敌军到达城下，听鼓声指挥，点燃火炬。第二次敲响战鼓后，把火炬插入爵穴，照亮城外。每辆藉车都用铁轴。藉车的车柱长一丈七尺，埋于地下四尺；底座长三丈至三丈五尺，马颊长二尺八寸，依据藉车的重量制造合适的车轮，底座的四分之三在车轮上方。藉车底座长三丈，四分之三在车轮上方，马颊在其中三分之一的部位。马颊长二尺八寸，底座短于二十四尺以下的不用。用大车轮作藉车的车困。藉车的车柱长一丈二尺半。每辆藉车都用铁轴承，后面有车辅助它。

43.25 寇闉池来[1]，为作水甬[2]，深四尺，坚慕貍之[3]，十尺一，覆以瓦而待令。以木大围长二尺四分而早凿之[4]，置炭火其中合慕之，而以藉车投之。为疾犁投，长二尺五寸，大二围以上。涿弋[5]，弋长七寸，弋间六寸，剡其末。狗走[6]，广七寸，长尺八寸，蚤长四寸[7]，犬耳施之[8]。

【注释】

〔1〕闉：填塞。

〔2〕水甬：漏水装置。

〔3〕幕：通"幕"，封。

〔4〕早：当为"中"之误。

〔5〕涿弋：小木钉。

〔6〕狗走：即前面所说的"狗尸"。

〔7〕蚤：通"爪"，尖钩。

〔8〕耳：当为"牙"之误。

【译文】

敌人填塞护城河发动进攻，我方就制作漏水管道，深四尺，密封并埋入地下，每隔十尺埋一只，上面覆盖瓦片待命使用。准备周长二尺四寸粗的大木头，把中间凿空，放入炭火后再封上，用藉车将其投向敌军。制作疾犁投，长二尺五寸，粗两围以上，上面插满七寸长的小木钉，每根小木钉间距六寸，削尖其顶端。地面上插设狗走，七寸宽，一尺八寸长，带有四寸长的尖钩，将它们犬牙交错地安放在一起。

43.26 子墨子曰：守城之法，必数城中之木，十人之所举为十挈〔1〕，五人之所举为五挈，凡轻重以挈为人数。为薪樵挈，壮者有挈，弱者有挈，皆称其任。凡挈轻重所为，吏人各得其任〔2〕。城中无食则为大杀。

【注释】

〔1〕挈：当为"契"之误（孙诒让说），刻记号。

〔2〕吏：当为"使"之误。

【译文】

墨子说：守城的方法，一定要计算城中的木头，十人所能举起的木头便契刻上十条记号，五人所能举起的木头便是契刻上五条记号，木头的轻重根据契刻记号代表的人数就能判断。木柴有契刻下的记录，强壮的人有契刻记录，羸弱的人有契刻记录，记号深浅与他们的力量相称。总之，契刻记号记录木头的轻重，官吏要使每个人都能胜任各自任务。城中缺乏粮食时，要大大减轻挈的重量。

43.27 去城门五步大堑之，高地三丈，下地至[1]，施贼其中[2]，上为发梁，而机巧之，比传薪土[3]，使可道行，旁有沟垒，毋可逾越，而出佻且比[4]，适人遂入[5]，引机发梁，适人可禽。适人恐惧而有疑心，因而离[6]。

【注释】

〔1〕高地三丈，下地至：应作"高地丈五尺，下地及泉三尺"（王引之说）。

〔2〕贼：当为"栈"（王引之说）。

〔3〕传：应作"傅"（孙诒让说）。比傅，即铺设。

〔4〕佻：当作"挑"，挑战。比：当作"北"，败北。

〔5〕适：同"敌"。

〔6〕禽：同"擒"。

【译文】

在离城门五步远的地方挖掘大壕沟，地势高的地方挖一丈五尺深，地势低的地方挖到有地下水之后再向下挖三尺即止。在壕沟上架设栈板，栈板上设置悬梁，布置机关，栈板表面铺上草木泥土，使人可以行走，两旁有沟墙，使敌人不能翻越。然后派兵出城挑战，并假装战败逃回，引诱敌人走上栈板，开动悬梁的机关，敌人便可以生擒。若敌人恐惧生疑，就会因此而撤离。

【评析】

《墨子》篇中自《备城门》以下十一篇都是讲述军事防御的技巧，以及面对不同的进攻方法而应当采取的相应战术措施，号称"墨守"。由于墨子倡导和平、反对不义的战争，所以他的兵法完全站在弱者的立场上，只注重防守，不关注进攻，这也是成语"墨守成规"的由来。"墨守"天下闻名，战国中期著名人物鲁仲连将"墨翟之守"与"孙膑、吴起之兵"相提并论（《战国策·齐策六》），可见当时对墨家守城之道的推崇，同时也说明墨子的这十一篇兵书已经在天下传开。《汉书·艺文志》将兵法分为"兵谋略"、"兵技巧"、"兵地形"、"兵阴阳"四大类，墨家兵法被归入"兵技巧"一类。同时指出，所谓："技巧者，习手足，便器械，积机关，以立攻守之胜者也。"（《汉书·艺文志》）《汉志》中所列的"兵技巧"著作一百九十九篇早已失传，而墨家的兵法篇章因为被并入《墨子》一书而得以保全。这些作品记载的很多守城御敌战术和武器装备早已随着历史的发展而消失，故而这部分内容对于我们了解先秦时期的军事发展状况具有十分重要的史料价值。岑仲勉先生指出："墨家这几篇书，我以为在军事学中，应该与《孙子兵法》同当作重要资料，两者不可偏废。"（岑仲勉《墨子城守各篇简注》）

《备城门》是墨子兵法中篇幅最长、内容最丰富的一篇。文章首先以开阔的视野讨论了积极军事防御应该具备的先决条件，其中包括城池坚固、武器粮草充足、官民团结、将领善战并能得到国君的信任和支持、邻国的支持等多种因素。墨子显然认为，这些基本要素与正确的技战术运用相结合，才是克敌制胜的法宝。没有这些，一切都是空谈。与孟子所强调的"天时地利人和"的战略思想如出一辙，却更加具体深入。随后，墨子用大量篇幅详尽介绍了军事防御过程中需要注意的各种相关问题，主要包括军事工程的设计建造、武器装备的具体配置、士兵与协同作战人员的调度等。文章中提到了诸如"壕沟"、"樊篱"、"渠"、"灶"、"行楼"、"行栈"、"爵穴"、"堑壕"等许多军事设施的结构设计、建造方法甚至使用方法，为我们了解先秦军事设施提供了可靠的文献资料；而墨子通过发明或改进的武器装备如连弩车、转射机、藉车等，不但极大地提高了守城人员的作战能力，也让我们对墨者聪明的头脑以及强大的工程能力有了更深刻的印象。就当时的生产力水平而言，墨家能够设计建造出如此复杂的军事工程、发明和制造出如此强大的军事器械确实难能可贵。

从内容上看，《备城门》篇具有较强的实用性和科学性，对后来兵学的发展也产生过一定的影响。但从文章的形式来看，不但语言生硬而缺乏文采，而且由于年代久远，文章缺乏必要的整理和注疏，文中许多军事术语和武器及部件名称显得生僻冷硬、深奥难测，这种现象不但显著增加了研究方面的难度，也大大降低了文章的可读性。

备高临

【题解】

　　本篇是一个专题文章，主要内容是墨子为禽滑釐讲解如何应对敌人用羊黔之法攻城的特定守城方法。羊黔应该不是攻城器械，而是指用碎柴混合土石堆成的小路，一直堆到高于对方城墙，再逐渐下降，直达对方城头，形成居高临下的态势。如果再多头并进，互相呼应，确实是一种比较行之有效的攻城方法。墨子胸有成竹，提出以台城和连弩车结合的战术思路，并详细介绍了台城的工程设计与连弩车的具体形制。文章思路清晰，语言流畅，人物神态从容，宛然若生，是一篇难得的说明文佳品。

　　44.1 禽子再拜再拜曰：敢问适人积土为高〔1〕，以临吾城，薪土俱上，以为羊黔〔2〕，蒙櫓俱前〔3〕，遂属之城，兵弩俱上，为之奈何？

【注释】

　　〔1〕适：同“敌”。
　　〔2〕羊黔：各家皆认为是一种形制不详的攻城器械。但结合前后文看，似指以碎柴与土混合堆积成的羊肠小道，先堆到高于对方城墙，再俯冲而下，直达城头，多路并进，遂以攻城。
　　〔3〕蒙櫓：上面蒙有牛皮的大盾牌。

【译文】

　　禽滑釐连番下拜之后说：请问，如果敌军堆土成高台，居高临下威胁我城，以碎柴掺土堆成羊黔通道，兵士手持大盾慢慢靠近，最终登上城头，兵器、弓弩一起攻杀过来，该怎么应付？

44.2 子墨子曰：子问羊黔之守邪？羊黔者，将之拙者也，足以劳卒，不足以害城。守为台城，以临羊黔，左右出巨[1]，各二十尺，行城三十尺，强弩之，技机藉之，奇器□□之，然则羊黔之攻败矣。

【注释】

〔1〕巨：同“距”，这里指支撑“台城”的巨木。

【译文】

墨子回答说：你问的是对付羊黔进攻的防御法吗？以羊黔攻城，只有笨拙的将领才会使用，它会使进攻一方的士卒疲劳不堪，不足以危害城池。守城一方只要在城头高筑台城，对羊黔保持居高临下之势，台城左右两边巨大的支柱各二十尺高，台城宽三十尺，上面安置有强弓硬弩，下面安置有各种机关，配合以奇妙的武器，这样羊黔的攻势就会被挫败了。

44.3 备临以连弩之车，杖大方一方一尺[1]，长称城之薄厚。两轴三轮，轮居筐中[2]，重下上筐。左右旁二植，左右有衡植[3]，衡植左右皆圜内[4]，内径四寸。左右缚弩皆于植，以弦钩弦[5]，至于大弦。弩臂前后与筐齐，筐高八尺，弩轴去下筐三尺五寸。连弩机郭同铜[6]，一石三十钧，引弦鹿长奴[7]。筐大三围半，左右有钩距，方三寸，轮厚尺二寸，钩距臂博尺四寸，厚七寸，长六尺。横臂齐筐外，蚤尺五寸[8]，有距，博六寸，厚三寸，长如筐，有仪[9]，有诎胜[10]，可上下。为武重一石〔11〕，以材大围五寸。矢长十尺，以绳□□矢端，如如戈射〔12〕，以磨鹿卷收〔13〕。矢高弩臂三尺，用弩无数，出人六十枚〔14〕，用小矢无留。十人主此车，遂具寇〔15〕，为高楼以射道〔16〕，城上以苔罗矢〔17〕。

【注释】

〔1〕杖：当为"材"之误（俞樾说）。 方一：误重。

〔2〕筐：当指车厢（孙诒让说）。

〔3〕衡植：即木横梁。衡，一作"横"。

〔4〕圜：圆。内：枘，即榫头。

〔5〕以弦钩弦：此处文意难通，上"弦"当为"距"（孙诒让说），指弩牙。

〔6〕机郭：指弩牙的外壳。 同：当为"用"之误（孙诒让说）。

〔7〕鹿长奴：当作"鹿卢"，即"辘轳"，这里指连弩车上装置的与辘轳原理相似的机械。

〔8〕蚤：同"爪"，臂端尖细部分。

〔9〕仪：瞄准器。

〔10〕诎胜：通"屈伸"。

〔11〕武：弩床。

〔12〕"如"字误重。 戈：当为"弋"（孙诒让说）。

〔13〕磨鹿：即辘轳，特指连弩车上与辘轳类似卷收绳索用的部件。

〔14〕出：当作"矢"，这里指大箭。

〔15〕具：当作"见"。

〔16〕道：当作"敌"。

〔17〕苔：同"鞈"，多重皮革。

【译文】

应对居高临下的进攻要用连弩车。此车用一尺见方的木材建造，长度约相当于城墙的厚度。两根车轴，三只车轮，轮子位于车厢中，车厢分上下两层，左右是两根立柱，两根横梁，横梁左右两端都凿成圆枘，内径四寸。弩箭都缚在两边的立柱上，以弩牙钩弓弦，连到一根总弦上。弩臂前后与车厢齐平，车厢高八尺，弩轴距下层车厢三尺五寸。连弩的机郭外壳用铜铸造，重一石三十钧，用辘轳张弩弦。车厢周长三围半，左右两边安装三寸见方的钩距。车轮厚一尺二寸，钩距臂宽一尺四寸，厚七寸，长六尺。横臂与车厢外缘齐平，臂端一尺五寸的地方装有横柄，柄宽六寸，厚三寸，与车厢同长。装有瞄准仪，可上下屈伸调整。设有弩床，重一石，所用材料是一围零五寸的木头。箭长十尺，用绳子拴在箭尾，就像弋射用的箭一样，发射后转动辘轳将箭回收。箭高出弩臂三尺，用箭的数量没有硬性规定，每人配备六十枚大箭，小箭大量使用不必回收。此车由十人操控，遇到敌寇进攻，在高楼上射击敌人，城头用多重皮革遮盖以收取敌方箭矢。

【评析】

中国古代兵学思想起源非常早，但真正的黄金时代在春秋战国时期。正如《汉书·艺文志》所言："自春秋至于战国，出奇设伏，变诈之兵并作。"按照西汉孝成帝时步兵校尉任宏的划分方法，兵家思想可分为四大种类，分别是："兵权谋十三家，二百五十九篇。兵形势十一家，九十二篇。图十八卷。阴阳十六家，二百四十九篇，图十卷。兵技巧十三家，百九十九篇。"其中，前三大类都是从宏观的角度出发来探究军事，虽然也涉及"技巧"，但大多将目光聚焦在天时、地利、人和等宏观层面。墨子兵法被归入"兵技巧"之列，尽管墨子的宏观视野也非常开阔，原则上也强调宏观与微观的结合，但墨子兵法确实更多从微观角度剖析战争，他兵学思想的重点在于指导弱小之国如何用牢固的军事工程和先进的武器装备击退强大的敌人。这种兵学思想虽然具有较强的实用性和科学性，但却很容易随着时代的前进和军事科技的发展而落伍。由于墨子兵法语言古奥艰涩，兵学思想陈旧落后，武器装备不合时用，自然很难吸引世人的目光。此外，墨家兵法的真伪性也存在争议，清代吴汝纶甚至斥之为伪书，提出将这十一篇兵学著作从《墨子》中剔除，不予研究。但无论如何，墨子兵法至少在理论层次上与墨子思想是互相支持、互为因果的，只有两者的紧密结合，我们才能看到一个更加全面的墨子。

《备高临》篇是一个战术专题讲座，通过墨子与弟子禽滑釐之间的对话，全面介绍了应对敌人用"羊黔"之法攻城的战术。关于"羊黔"之法的战术，题解和注释当中已有详细说明，这里不再赘述。禽滑釐专门就这个话题请教墨子，可见这种战术的有效性和应对的棘手程度。但在墨子看来，"羊黔"之法是一种并不明智的攻城方法，不但运用起来旷日持久，而且会大量消耗士卒的战斗力，得不偿失。至于应对的方法，在墨子手里更是举重若轻。墨子深谙居高临下之势的妙用，指出用"台城"加"连弩车"的方法就可以轻而易举地瓦解敌方的优势。试想，从左右两边搭建十米高台，用杀伤力巨大的连弩车居高临下射击，"羊黔"战术确实显得十分笨拙，不堪一击。有趣的是，墨子在详细讲解了连弩车的形制之后，结尾语气一转，来了一句"草船借箭"式的结束语，"城上以苔罗矢"。在城头蒙上多重皮革制作而成的掩体，一方面可以保护城墙，另一方面也可以收取敌方的箭矢，以战养战，妙不可言。

备　梯

【题解】

　　本篇是墨子为弟子禽滑釐专门讲解如何破解云梯进攻的守城之法。云梯是墨子同时代人公输般发明的一种攻城器械，在实际战争中的威胁性较大，公输盘本人对此也颇为自负。从本篇开篇禽滑釐隐忍侍奉墨子三年也要学习对付云梯的方法来看，云梯的发明在当时确实给小国的军事防御带来了巨大的压力。墨子主张"非攻"，故而在言谈之间对战争抱着一种非常慎重的态度，对传人的选择和考验也非常苛刻，但真正传授起来却又知无不言、言无不尽，充分展现了一代宗师的情怀与风采。从逻辑上讲，墨子师徒之间的这段对话当发生在墨子止楚攻宋事件之前。

　　45.1 禽滑釐子事子墨子三年，手足胼胝[1]，面目黧黑，役身给使，不敢问欲。子墨子其哀之，乃管酒块脯，寄于大山[2]，昧葇坐之[3]，以樵禽子[4]。禽子再拜而叹。子墨子曰："亦何欲乎？"禽子再拜再拜曰："敢问守道？"子墨子曰："姑亡，姑亡。古有其术者，内不亲民，外不约治[5]，以少间众[6]，以弱轻强，身死国亡，为天下笑。子其慎之，恐为身薑[7]。"

【注释】

　　〔1〕胼胝：俗称"老茧"，因长期受压迫或摩擦而引起的手、足局部扁平角质增生。

〔2〕大山：即泰山，此时墨家师徒当在齐鲁之地。

〔3〕昧葇：读为"灭茅"，在地上铺设茅草。

〔4〕樵：同"醮"，这里指用酒肉犒劳。

〔5〕约：掩饰。

〔6〕间：挑拨。

〔7〕薑：同"僵"，死亡。

【译文】

禽滑釐事奉墨子三年，手脚生满老茧，面色黝黑，劳身苦心供老师役使，而不敢轻易发问。墨子很是怜惜，于是准备了好酒和大块干肉，登上泰山，铺些茅草坐下，用酒肉犒劳禽滑釐。禽滑釐拜了两拜，叹息一声。墨子问道："你有什么想知道的呢？"禽滑釐又拜了四拜，说道："请问守城之道。"墨子说："暂且别问，暂且别问。古时曾有精通守城之法的人，但对内不亲抚百姓，对外不假装国家太平，以弱小的兵力去挑拨兵力强大的国家，以弱小的力量而轻视强大的敌国，结果身死国亡，被天下人耻笑。你要慎重对待此事，不然恐怕会因此招来杀身之祸呢！"

45.2 禽子再拜顿首，愿遂问守道。曰："敢问客众而勇，烟资吾池〔1〕，军卒并进，云梯既施，攻备已具，武士又多，争上吾城，为之奈何？"子墨子曰：问云梯之守邪？云梯者，重器也，其动移甚难。守为行城，杂楼相见〔2〕，以环其中。以适广陕为度〔3〕，环中藉幕，毋广其处。行城之法：高城二十尺，上加堞，广十尺，左右出巨各二十尺，高、广如行城之法。为爵穴、煇鼠〔4〕，施苔其外，机、冲、钱、城〔5〕，广与队等，杂其间以镳、剑〔6〕，持冲十人，执剑五人，皆以有力者。令案目者视适〔7〕。以鼓发之，夹而射之，重而射，披机藉之，城上繁下矢、石、沙、炭以雨之，薪火、水汤以济之。审赏行罚，以静为故，从之以急，毋使生虑。若此，则云梯之攻败矣。

【注释】

〔1〕烟：同"堙"，用土填埋。 资：同"茨"，这里指用杂草填塞。

〔2〕见：同"间"。

〔3〕陕：同"狭"。

〔4〕辉鼠：指仅够老鼠容身的小洞穴。 辉，同"熏"。

〔5〕钱：同"栈"，指架设在城上的栈道。 城：即《备高临》篇提到的"台城"，也即前文所说的"行城"。

〔6〕镌：当作"斸"，大锄头，这里指用以斫断敌军云梯的武器。

〔7〕案目者：指视力特别好的人。 适：同"敌"。

【译文】

禽滑釐拜了两拜，然后叩头，希望能问明守城之道。他问道："敢问敌方人多势众又作战勇敢，填塞我方护城河，官兵齐头并进，架起云梯，攻城器械准备齐全，勇武之士众多，争先恐后地登城，该如何应对这种局面呢？"墨子说："你是问防御云梯的方法吗？云梯是重型器械，移动非常困难。守城方可在城头筑起高高的行城，与城头各座楼之间相隔一段距离，以环卫中间的较低的城墙。根据各行城之间的宽窄，在行城之间设置遮幕，不要太宽。筑行城的方法是：高出原城墙二十尺，上面修筑城堞，宽十尺，左右两边有二十尺高的圆木支柱，高度和宽度均与行城一致。城堞下部凿爵穴和辉鼠穴，外部用皮革遮挡。还要准备好投石机、冲车、栈道、行城等等，排列的宽度与敌人队列宽度相等。各器械之间安插进手持斸、剑的士兵，十人掌冲车，五人执剑，全都选用力气大的士兵。派视力好的士兵观察敌军，用鼓声发出抗敌指令，从两边向敌军交叉射箭，有重点地发箭，发动各种器械，从城上将箭、沙、石、灰雨点般地倾泻而下，再辅以火把、开水等。还要做到赏罚严明公正，平时镇静，行动快疾，不要让士兵有任何顾虑。如此云梯攻法就能被挫败。

45.3 守为行堞，堞高六尺而一等，施剑其面[1]，以机发之，冲至则去之，不至则施之。爵穴，三尺而一。蒺藜投必遂而立[2]，以车推引之。裾城外[3]，去城十尺，裾厚十尺。伐裾，小大尽本断之，以十尺为传[4]，杂而深埋之，坚筑，毋使可拔。二十步一杀[5]，杀有一鬲[6]，鬲厚十尺。杀有两门，门广五尺。裾门一，施浅埋，弗筑，令易拔。城希裾门而直桀[7]。

【注释】

〔1〕剑：孙诒让认为当为"斫"之误，但斫亦与文意不符，疑为"箭"之误。

〔2〕蒺藜投：投掷蒺藜的机械。蒺藜，带刺的重物，伤敌效果比石块好。遂：同"队"。

〔3〕"裾"上当脱"置"字（孙诒让说）。裾：同"椐"，一种有肿节的小树，可做手杖。这里指以椐树编成的藩篱，用以阻挡敌军。

〔4〕传：为"断"字之误。

〔5〕杀：堡垒型建筑，用以伏兵，突击杀敌。

〔6〕鬲：同"隔"，与外界隔离的墙。

〔7〕直：同"置"。桀：同"楬"，用作标记的小木桩。

【译文】

守城者在行城上筑起城堞，高度统一为六尺，前面装箭支，用机械发射。敌方冲车来攻就将发射机撤走，冲车不到，就使用它。城堞上开凿爵穴，每隔三尺一个。蒺藜投一定要横列摆放，用车牵引。距城墙外十尺远处置立椐树织成的藩篱，厚度为十尺。采伐椐树时，无论大小，一律连根拔起，每十尺砍成一段，错杂深埋，填埋土并捣筑坚固，不要让敌人有拔出的可能。椐围中每隔二十步设置一座杀，每座杀中皆有一鬲，鬲厚十尺。每座杀安装两个五尺宽的门。椐围上也设有一个门，只是此处将断木浅埋，不要太坚固，能够轻易被拔出。城上对着椐门的地方放置小木桩为标记，以便于我军识别。

45.4 县火，四尺一钩樴[1]。五步一灶，灶门有炉炭。令适人尽入，煇火烧门[2]，县火次之。出载而立，其广终队。两载之间一火，皆立而待鼓而然火，即具发之。适人除火而复攻，县火复下，适人甚病，故引兵而去，则令我死士左右出穴门击遗师，令贲士[3]、主将皆听城鼓之音而出，又听城鼓之音而入。因素出兵施伏[4]，夜半城上四面鼓噪，适人必或[5]，有此必破军杀将。以白衣为服，以号相得，若此，则云梯之攻败矣。

【注释】

〔1〕钩樴：即带绳子的挂钩。樴，同"弋"，绳子。
〔2〕煇：同"熏"。煇火，即以冒着浓烟的大火，用以困敌。
〔3〕贲士：勇武有力的死士。
〔4〕素：故，平素，照例。
〔5〕或：同"惑"。

【译文】

悬挂火具，每隔四尺设置一只用以挂火具的绳钩。每隔五步设一口灶，灶门放炉炭。待敌人全部攻入，就放冒着浓烟的大火烧门，继而投掷悬火。排列好作战器械，宽度与敌军队列宽度相当。两架器械之间设置一个火具，待到鼓声一响，即刻点燃火具，投放向敌军。如敌人灭火并持续进攻，就继续投放火具，敌军痛苦不堪，准备撤兵离去，就命令我军死士左右冲出杀门，追击溃逃的敌兵。命令勇士和主将全部依照城上鼓声的指挥出击，并依照城上鼓声的指挥退守。照例要在反击时设置埋伏，半夜时在城上四面击鼓呐喊，敌人必定迷惑，如此下去伏兵必能乘机攻破敌营，斩杀敌将。伏兵要穿白衣，以暗号相互联络。这样，敌人云梯攻城之法就会失败。

【评析】

在冷兵器主导下的古代攻防战当中，有墙就会有梯，只不过攻城用的梯子是特制的，不但更高更结实，顶端也需要有钩子，以便固定在城墙上。这就是云梯的雏形，出现的时间也很早，《诗经·大雅·皇矣》中就曾提到过："以尔钩援，与尔临冲，以伐崇墉。""钩援"就是指顶端带钩的梯子。这篇文献记载的是周文王讨伐崇国的一段历史，时间在殷商末年。到战国初期，公输盘在"钩援"的基础上加以发明改进，名为云梯。公输盘发明的云梯形制今天已经无法还原，但他的发明在当时造成了巨大的社会影响也是不争的事实。后来，云梯以其结构坚固、攻防兼备的特点被广泛应用于攻夺城池的战斗中。

墨子主张"非攻"并非仅仅局限于理论主张，而是以丰富的军事斗争经验和手工业实践为基础的，本篇所讲的破解云梯进攻之道就是墨子兵法思想与手工业技能相结合的产物。墨子既是一名以天下苍生为己任的学者，也是一个技艺高超的手工业者，这样的出身背景使他既能够以开阔的学术视野从事自然科学理论研究，同时又擅长军事器械的发明制作。本文中墨子讲解破解云梯进攻之法时提到的行城、城堞、椐、杀等军事设施和蒺藜投、火具等军事器械，显然是墨子在当时条件下的军事技术基础上的发明创造。无论墨子手里的军事器械在今天看来是多么陈旧不堪，但他基于当时技术条件下对武器装备努力改进的思路是可取的。尤为难得的是，他能够在冷静分析敌人武器装备和战术特点之后，有针对性的安排布置军事设施、发明改进武器装备，结合特定的战略战术，给来犯之敌以坚决的迎头痛击。正是在这种意义上，我们说墨子既是一位热情的理想主义者，也是一位冷静的实用主义者。

备　水

【题解】

　　《备水》篇是墨子兵法中研究城池防御战的专题之一，重点介绍应对敌军引水灌城的措施。备水之法主要分为两个部分，首先是被动的挖堑壕、掘井泄水之法，其次是主动的驾船出击、冲决敌军堤防之法。两种方法交相并用，能够有效消除大水灌城的威胁。

46.1 城内堑外，周道广八步。备水谨度四旁高下。城地中徧下[1]，令耳其内[2]，及下地，地深穿之，令漏泉。置则瓦井中[3]，视外水深丈以上，凿城内水耳。

【注释】

　　[1]徧：同"偏"。
　　[2]耳：当为"巨"，通"渠"，这里指挖渠。
　　[3]则瓦：用以测量水位高低的瓦片。 则：同"测"。

【译文】

　　在城内的壕沟之外，周道宽八步。防备敌军掘水灌城，要谨慎地审度四周地势高低。城中地势低的地方，下令开渠挖沟；更低的地方，要开凿深井，以便向地下渗漏积水。在井壁上设有观测水位高低的瓦片。看到城外水深有一丈以上，就凿开城内的水渠。

46.2 并船以为十临，临三十人，人擅弩，计四有方[1]，必善以船为轒辒[2]。二十船为一队，选材士有力者三十人共船，其二十人，人擅有方，剑甲鞮瞀〔3〕，十人，人擅苗〔4〕。先养材士，为异舍食其父母妻子，以为质，视水可决，以临鞼辒，决外堤，城上为射机，疾佐之。

【注释】

〔1〕计四：当为"什四"，即总人数的"十分之四"。 方：锄头（岑仲勉说）。

〔2〕鞼辒：蒙着牛皮的冲车，这里指以船冲决敌军敌方。

〔3〕剑甲：厚甲。 鞮瞀：即"兜鍪"，先秦时指"甲"和"冑"，后世特指头盔。

〔4〕苗：同"矛"（毕沅说）。

【译文】

将船两只相连为一临，共十临，每临三十人，每人都擅用弩箭，其中十分之四的然携带锄头。必须能巧妙地把这种船当冲车用。每二十只船编作一队，选勇士三十人共乘一条船，其中二十人操持锄头，铠甲头盔穿戴齐备，其余十人擅长使矛。这些勇武的战士需要提早培养，另备房屋供养他们的父母、妻儿，作为人质。观察到可以决堤发船时，派他们登上撞船，冲击并决开外堤，同时开动城上的弩机向敌人放箭，急忙配合。

【评析】

水攻并不是战场上常用的攻城战术，因为实行水攻需要的条件比较苛刻，首先必须满足水源地高于城市且水量充沛的要求，其次还要满足城市地势条件比较封闭、四周排水不畅的要求，两者缺一不可。而古代城市的选址在风水方面一般都比较考究，很难同时满足上述两个条件。另外，引水围城战法属于无差别攻击，会累及所有无辜的平民百姓，攻城方还要冒巨大的道德舆论风险，所以，中国历史上引水围城的战例并不是很多。先秦时期较为有名的例子是公元前455年的晋阳之战，智伯联合韩氏和魏氏把赵氏围困在晋阳老巢，久攻不下，便引汾河之水漫灌晋阳。在坚持两年多之后，赵氏最后成功说服韩氏和魏氏两家反水，三家合谋灭了智伯，最终三分晋国，正式拉开战国时代的大幕。另一次著名的例子是公元前225年，秦将王贲引黄河之水灌入大梁城，三个月后大梁城坏，魏王假请降，魏国灭亡。由此可见，一旦守卫的城池具备上述两种不利条件，水攻之法很难破局，墨子提出的应对办法也是不得已而为之的下策。

墨子提出的备水之法包括相互关联的两个部分，一是在城内低洼之地凿渠挖井，尽量把地面积水向地下渗漏。这种方法比较消极，只能解燃眉之急，属于辅助的部分。真正占主导作用的部分是组织"敢死队"，冒险突破敌人封锁线对围水的堤坝进行撞击，从而起到打破敌人战术图谋的目的。不得不说，"备水"之策已经走上垂死挣扎的节奏了。凡是能用水攻，说明围城一方在兵力上处于绝对优势，不然守城方也不会任由敌人引水灌城而无动于衷。事实上，从墨子的言谈话语之间我们已经能够感受到采用这种办法守城的绝望情绪："先养材士，为异舍食其父母妻子，以为质，视水可决，以临轒辒，决外堤。"养敢死队破敌还要以其家人为人质，然后在事有可为的情况下才决定出击，即便如此，结果成败仍未可知。战争就是如此残酷，所以墨子才会反复告诫禽滑釐，学习守城之法是要冒"身死国亡，为天下笑"的巨大风险的。

备 突

【题解】
　　《备突》篇也是介绍城池防御战的专题，从题目立意和文中所讲的突门形制来看，本文应当是讲如何防范敌人穿挖城墙的进攻方法。由于本篇文章散佚情况较为严重，从仅存的文字材料来看，我们很难看出突门是如何有效防御敌人穿墙而入的进攻方法的。

　　47.1 城百步一突门[1]，突门各为窑灶[2]，窦入门四五尺[3]，为其门上瓦屋，毋令水潦能入门中。吏主塞突门，用车两轮，以木束之，涂其上，维置突门内，使度门广狭，令之入门中四五尺。置窑灶，门旁为橐，充灶伏柴艾，寇即入，下轮而塞之，鼓橐而熏之[4]。

【注释】
　　[1] 突门：城墙内部开凿用于防御敌方凿城而入的门，深入城墙但没有挖透。
　　[2] 窑灶：形似瓦窑的灶。
　　[3] 窦：当为"灶"（岑仲勉说）。
　　[4] 橐：皮制鼓风工具。

【译文】
　　城墙上每隔百步设置一座突门，每座突门内都砌起类似瓦窑的灶，灶在突门内四五尺处。突门上方建瓦屋，不让雨水流入门内。一名军吏专门负责堵塞突门，用一辆两轮车，上面捆扎一车木头，涂上泥，用绳索系住悬在突门内，根据突门的宽窄，将车置于门内四五尺处。砌窑灶，门旁另有风箱，用柴草艾叶塞满窑灶内部。一旦敌人攻入，就放下车轮堵塞通道，鼓动风箱，用烟火熏敌。

备 穴

【题解】

　　穿穴攻城是城市防御战中的一个难点，比较难以应付，所以墨子对"穴土之守"非常重视，也讲解得非常仔细。墨子的穿穴防御战大体上可分为四个步骤：一是观察敌人是否在挖隧道，二是判断敌人开挖隧道的方位，三是开挖隧道拦截敌人，四是挖掘隧道的技巧和武器配置。墨子对每一个步骤都作了详细说明，经验老到，思路巧妙，方法切实可行，堪称古代穿穴攻城防御战法的经典教科书。

　　48.1 禽子再拜再拜曰："敢问古人有善攻者[1]，穴土而入，缚柱施火，以坏吾城，城坏，或中人为之奈何[2]？"子墨子曰：问穴土之守邪？备穴者城内为高楼，以谨候望适人。适人为变筑垣聚土非常者，若彭有水浊非常者[3]，此穴土也。急堑城内，穴其土直之[4]。穿井城内，五步一井，傅城足[5]。高地，丈五尺，下地，得泉三尺而止。令陶者为罂，容四十斗以上，固顺之以薄鞈革[6]，置井中，使聪耳者伏罂而听之，审知穴之所在，凿穴迎之。

【注释】

　　〔1〕古：当为"适"之误，"适人"即"敌人"。
　　〔2〕或：同"国"。
　　〔3〕彭：同"暴"，突然。

〔4〕直：当，正面迎敌。

〔5〕傅：紧靠。 城足：城墙根。

〔6〕顺：当为"幂"之误，覆盖。 鞈：生皮。

【译文】

禽滑釐反复再拜之后说："敢问敌人中有善于攻城者，挖掘地道潜至城下，树起立柱并捆上柴草纵火，以此来破坏我方城池，城墙被毁，城中守军该如何应对呢？"墨子回答：你问防御挖隧道攻城的方法吗？防备隧道的进攻，要在城内建起高楼，以便谨慎地瞭望敌情。见敌人筑墙而堆积起的土多得不合常理，或者水流突然出现不正常的浑浊，这一定是在挖隧道。要赶快在城内挖壕沟，开凿隧道来阻挡敌人。在城内挖井，每隔五步挖一口，紧贴着城墙根。地势高的地方挖掘到一丈五尺深，地势低的地方，挖到地下水平面以下三尺。命令陶匠烧制大罐子，容量在四十斗以上，用薄薄的皮革紧裹坛口，放入井中，派听力好的人伏在坛口细听，根据地下的声音来源确切判断敌军隧道的位置，接着就挖隧道迎击他们。

48.2 令陶者为月明[1]，长二尺五寸，六围，中判之，合而施之穴中，偃一，覆一。柱之外善周涂其傅柱者，勿烧。柱者勿烧[2]。柱善涂其窦际，勿令泄。两旁皆如此，与穴俱前。下迫地，置康若灰其中[3]，勿满。灰康长五窦[4]，左右俱杂，相如也。穴内口为灶令如窑，令容七八员艾[5]，左右窦皆如此。灶用四橐。穴且遇，以颉皋冲之，疾鼓橐熏之。必令明习橐事者，勿令离灶口。连版，以穴高下、广陕为度，令穴者与版俱前，凿其版令容矛，参分其疏数[6]，令可以救窦。穴则遇，以版当之，以矛救窦，勿令塞窦。窦则塞，引版而郄[7]，过一窦而塞之，凿其窦，通其烟。烟通，疾鼓橐以熏之。从穴内听穴之左右，急绝其前，勿令得行。若集客穴，塞之以柴，涂，令无可烧版也。然则穴土之攻败矣。

【注释】

〔1〕月明：当为"瓦罂"之误（王引之说），这里指陶制的无底大瓦罐，一头粗一头细，可以一个接一个地套在一起，形如下水管道。

〔2〕此四字与前后文意不符，当为衍文。

〔3〕康：同"糠"。

〔4〕长五窦：意为塞满两边缝隙。五，同"亘"。

〔5〕员：即"丸"，团。

〔6〕参：同"三"。 数：同"促"，"密"的意思。

〔7〕郄：同"却"，退却。

【译文】

　　命令陶匠烧制大瓦罐，长二尺五寸，粗六围，从中间一分为二，再合并好放在隧道中，两块一俯一仰。用泥巴妥善地涂好圆柱外围，不用烧制使硬。妥善涂抹好瓦罐的接口处，不要有漏洞。隧道的两边都如此排列，一只接一只随隧道向前延伸。瓦罐下方紧贴地面，将糠和炭灰混合放入其中，不要塞太满。炭灰和糠放满隧道，要混合均匀。在隧道内入口处设灶，形制像烧制陶器的窑，容量要能装下七八团艾草，两侧筒口都如此。灶上装备四只风箱。敌我双方的隧道即将碰头时，就用颉皋冲破阻隔，急速鼓动风箱，用糠和炭灰的烟熏敌人。一定要派遣熟习风箱操作的人，不要让他们离开灶口。把木板连在一起，以隧道的高低宽窄为标准，让挖隧道者推着木板前进，在板上凿开直径刚好能够穿过长矛的孔洞，三组孔洞疏密相间，使之可援救敌人对瓦管的攻击。双方隧道一旦相遇，就用木板阻敌，用长矛抢救瓦管，以免被敌军堵塞瓦管。若瓦管口已被堵，就拉着木板退后，退过一节瓦管后阻住敌人，自瓦筒与前一节的衔接处凿开，让烟气畅通。烟气已通，立刻鼓动风箱熏敌人。在隧道内细听左右有何声响，迅速截断敌人任何前行的企图。若战斗转移到敌方隧道内，就用木柴堵塞敌方洞口，涂上泥巴，让敌人无法焚烧我方木板。如此则敌人隧道攻城的图谋就能被挫败。

48.3 寇至吾城，急非常也，谨备穴。穴疑有应寇，急穴。穴未得，慎毋追。凡杀以穴攻者，二十步一置穴，穴高十尺，凿十尺。凿如前[1]，步下三尺，十步拥穴，左右横行，高广各十尺，杀。俚两罂[2]，深平城，置板其上，册板以井听[3]。五步一密[4]。用㮦若松为穴户[5]，户穴有两蒺藜，皆长极其户。户为环，垒石外塼[6]，高七尺，加堞其上。勿为陛与石，以县陛上下出入。具炉橐，橐以牛皮。炉有两瓵[7]，以桥鼓之[8]，百十每亦熏四十什[9]。然炭杜之[10]，满炉而盖之，毋令气出。适人疾近五百穴[11]，穴高若下，不至吾穴，即以伯凿而求通之[12]。穴中与适人遇，则皆圉而毋逐[13]，且战北，以须炉火之然也[14]，即去而入雍穴杀[15]。有儇隙[16]，为之户及关籥[17]，独顺得往来行其中[18]，穴垒之中各一狗，狗吠即有人也。

【注释】

〔1〕如：同"而"。

〔2〕俚：同"埋"。

〔3〕册：覆盖（岑仲勉说）。

〔4〕密：井（孙诒让说）。

〔5〕㮦：当为"柏"（孙诒让说），同"梓"。

〔6〕塼：当为"郭"（孙诒让说）。

〔7〕瓵：容量为一石的大瓦缶。

〔8〕桥：桔槔，这里指用来鼓风的杠杆机械。

〔9〕此句多有舛误，吴毓江认为当作"其重四十斤"。

〔10〕然：通"燃"。　杜：塞。

〔11〕五百：当为"吾"字之误。

〔12〕伯：当为"倚"（孙诒让说），意为"斜向"。

〔13〕圉：同"御"，抵抗。

〔14〕须：等待。

〔15〕壅：同"拥"。

〔16〕佩隉：当作"鼠穴"（孙诒让说）。

〔17〕关籥：即"管籥"。

〔18〕独顺：当为"狗须"。

【译文】

　　敌人兵临我方城下，形势危急，要谨防敌人挖隧道进攻。一旦有敌军穴攻的动向，我方就紧急挖隧道。在没有弄清敌人隧道确切方位前，不要急于向前开挖。但凡歼灭挖隧道来攻的敌人，每隔二十步凿一隧道，高宽均为十尺。向前方开凿，每隔一步向下深入三尺，每隔十步就向左右开凿横向的拥穴，高和宽也各为十尺，用以狙杀敌人。埋下两只瓦罐，深度恰好在坛口与城基齐平的位置，上面加盖木板，借助相连的盖板听取地下的动静。每五步挖一口井。用梓木和松木做隧道门，门内安上两个铁蒺藜，长度和门的高度相当。门上有环，门外用石头垒成高七尺的围墙，上有墙蝶。围墙内不要修台阶或堆放石头，用悬梯上下出入。准备炉灶和风箱，风箱用牛皮制成，每台炉上有两只大瓦缶。用杠杆机械控制鼓风，杠杆重达四十斤。将炭火塞进炉灶，塞满后盖好，不让烟气外泄。当敌人即将接近我方隧道时，若敌隧道与我隧道高低不一，就立刻斜向挖通。在隧道中遇敌，就加以抵抗但不驱逐他们，诈败诱敌，待到炉火燃起，就立刻抛开敌人躲入先前挖好的两侧拥穴中杀敌。在隧道中开凿鼠穴，用以设置门锁和机关。狗须在隧道中往来行走，洞穴的每座营垒中都放一条狗，狗叫就说明有人。

　　48.4斩艾与柴长尺，乃置窑灶中〔1〕，先垒窑壁，迎穴为连。凿井傅城足，三丈一，视外之广陕而为凿井〔2〕，慎勿失。城卑穴高，从穴难。凿井城上，为三四井，内新斩井中〔3〕，伏而听之。审之知穴之所在，穴而迎之。穴且遇，为颉皋，必以坚材为夫〔4〕，以利斧施之，命有力者三人用颉皋冲之，灌以不洁十余石。趣伏此井中〔5〕，

置艾其上七分[6]，盆盖井口，毋令烟上泄，旁其橐口，
疾鼓之。以车轮辒[7]。一束樵，染麻索涂中以束之。铁
锁县正当寇穴口。铁锁长三丈，端环[8]，一端钩。

【注释】

〔1〕窐：同“窑”。

〔2〕陜：同“狭”。

〔3〕内：通“纳”。 斳：当为“甀”之误（孙诒让说），坛子一类的瓦器。

〔4〕夫：同“趺”，指颉皋的底座。

〔5〕趣：速，急忙。

〔6〕七分：应为“七八员”之误。此句意为在其上方放置七八团艾草。

〔7〕辒：轒辒。

〔8〕端环：句前当脱“一”字。

【译文】

　　将艾草与木柴砍斩为一尺长的段，置于窑灶中，先砌灶壁，面向隧道拼接好连板。在紧靠城墙根处凿井，每三丈一口。根据地形宽窄凿井，小心勿致失误。城墙低矮，洞口地势又高，跟踪敌方洞穴就很困难。在城内掘井，约三四口，埋入蒙着皮革的坛子，趴在上面仔细听，辨明敌军隧道所在位置，就挖隧道迎上去。敌我双方隧道即将接通，就准备颉皋，一定要选用材质坚硬的木头做颉皋底座，前端装利斧，命三名力士使用颉皋向前冲击，一旦打通，就将十几石污秽之物灌入敌方隧道。我军迅速埋伏于井中，井上方铺七八团艾草，用盆盖住井口，不要让烟向上走，旁边设风箱，快速地将烟吹向敌方。用车轮作轒辒。木柴捆用麻绳浸湿并涂泥捆扎。用铁索将它悬挂到迎战敌人进攻的隧道口。铁索长三丈，一端是铁环，一端是挂钩。

48.5 窥穴高七尺，五寸广。柱间也尺[1]，二尺一柱，柱下傅舄[2]，二柱共一员十一[3]，两柱同质，横员

士〔4〕。柱大二围半，必固其员士，无柱与柱交者。穴二窑。皆为穴月屋〔5〕，为置吏、舍人各一人，必置水。塞穴门，以车两走〔6〕，为菹〔7〕，涂其上，以穴高下广陕为度，令入穴中四五尺，维置之〔8〕。当穴者客争伏门〔9〕，转而塞之。为窑容三员艾者，令其突入伏尺〔10〕。伏傅突一旁，以二橐守之，勿离。穴矛以铁，长四尺半，大如铁服〔11〕，说即刃之二矛〔12〕。内去窦尺〔13〕，邪凿之上〔14〕，穴当心，其矛长七尺。穴中为环利率〔15〕，穴二。

【注释】

〔1〕也：为"七"字之误。

〔2〕舄：这里指柱子下方的基石。

〔3〕员十一：疑当为"负土"之误（孙诒让说），即柱子上方用来支撑隧道顶部的横板。

〔4〕员士：当为"负土"之误。

〔5〕皆为穴月屋：此句有脱误，当为"皆为穴门上瓦屋"（王引之说）。

〔6〕走：当为"轮"之误（孙诒让说）。

〔7〕菹：同"辒"，即"輴辒"。

〔8〕维：系，用绳索捆扎。

〔9〕门：当作"斗"。

〔10〕尺：当为"穴"之误。

〔11〕服：同"耜"，耕田工具。

〔12〕说：同"锐"。

〔13〕内：当为"穴"。

〔14〕邪：同"斜"。上：当为"下"之误。

〔15〕环利率：带环的铁索。

【译文】

鼠穴距离地面七尺高，口径五寸。洞穴两边各设支柱，相距七尺。每隔二尺设一对支柱，支柱下面垫有基石，每两根支柱同顶起一块负土的横板，两柱材质要相同，负土要横放。支柱粗二围半，负土必须安放平整牢固，不能让柱与柱之间有倾斜相交的现象。每条隧道口设两个窑灶，隧道门上方都要盖瓦屋，安排小吏和亲信各一人看管，必须备足水。阻塞隧道门时，用一辆两轮车作辒辌，车身涂上泥，以隧道的高低宽窄为标准，将其运入隧道中四五尺处，用绳子维系（使之不滑向隧道深处）。当隧道内敌人攻势猛烈时，就转身斩断辒辌上的绳索，用辒辌堵塞隧道。筑能容三团艾草大的窑灶，其前端一直延伸伏卧至隧道中。派人带两只风箱守在一旁，不可离开。隧道中使用的矛要用铁铸造，长四尺半，大小与铁耜相当，矛头两刃要磨锋利。距隧道口一尺处倾斜向下挖陷阱，陷阱中心，要埋设七尺长矛。隧道中安装有带环铁索，每条隧道两根。

48.6 凿井城上[1]，俟其身井且通[2]，居版上，而凿其一徧[3]，已而移版，凿一徧。颉皋为两夫[4]，而旁貍其植，而数钩其两端[5]。诸作穴者五十人，男女相半。五十人[6]。攻内为传土之口[7]，受六参[8]，约枲绳以牛其下[9]，可提而与投[10]。已则穴七人守退垒之中，为大庌一，藏穴具其中。

【注释】

　〔1〕上：当为"下"。

　〔2〕身：当为"穿"。

　〔3〕徧：同"偏"，侧。

　〔4〕两夫：两端。

　〔5〕数：当作"傅"，系，捆扎。

　〔6〕五十人：此三字为衍文。

　〔7〕此句文多舛误，今从孙诒让说，释读为"攻穴为持土之口"。"口"字不可索解，疑当指一种盛土用的工具。

　〔8〕参：当为"桑"，一种盛土的筐。

　〔9〕枲绳：即麻绳。　牛：当为"绊"（孙诒让说），兜住。

　〔10〕投：向外倒土。

【译文】

在城下掘井，等到快要挖出水时，站在木板上，向一侧开凿，凿成后调转木板，开凿另一侧。颉皋分两端，其支柱埋入土中，两端都装有钩子。挖掘每条隧道征用五十人，男女各半。开挖隧道要用到装土的筐，每条隧道配备六只筐，用麻绳兜底扎紧，可以提上地面将土倒出。完工之后安排七人守在退垒之中。建一间大屋，将开凿隧道用的工具藏于其中。

48.7 难穴，取城外池唇木月散之什〔1〕，斩其穴〔2〕，深到泉。难近穴，为铁鈌〔3〕，金与扶林长四尺〔4〕，财自足〔5〕。客即穴，亦穴而应之。为铁钩钜长四尺者，财自足，穴彻，以钩客穴者。为短矛、短戟、短弩、虻矢〔6〕，财自足，穴彻以斗。以金剑为难，长五尺，为鎣〔7〕，木尿〔8〕；尿有虑枚〔9〕，以左客穴。

【注释】

〔1〕池唇：池边。 月：当为"瓦"字之误。 什：同"外"。
〔2〕斩：同"堑"。
〔3〕鈌：斧。
〔4〕扶：同"鈌"。 林：当作"枋"，同"柄"（孙诒让说）。
〔5〕财，同"才"。
〔6〕虻矢：短箭。
〔7〕鎣：刀剑斧头等兵器根部用以装柄的孔。
〔8〕尿：柄。
〔9〕虑枚：同"辘轳"，指柄上缠线以便于握持，形似辘轳。

【译文】

阻碍敌人挖掘隧道，可以取护城河边的木头瓦块散置于外，再挖掘堑壕来阻断敌人挖隧道，深度达到地下水位。阻止敌人靠近隧道，造铁斧，连柄共长四尺，数量足用即可。敌人挖隧道进攻，我方也挖隧道应战。制作四尺长的铁钩钜，数量足够用即可。双方隧道接通时，用它攻击敌人。制作短矛、短戟、短弓、短箭，足用就行，待隧道贯通时，用这些兵器与敌人战斗。也可以用铁剑抗击敌军，剑长五尺，底端有孔，装上木柄，木柄上缠线如辘轳，用来辅助挫败敌人的隧道进攻。

48.8 戒持罂[1]，容三十斗以上，貍穴中，丈一，以听穴者声。为穴，高八尺，广[2]，善为傅置[3]。具全、牛交橐[4]，皮及坺[5]，卫穴二[6]，盖陈霍及艾[7]，穴彻熏之以[8]。斧金为斫，屎长三尺，卫穴四。为垒[9]，卫穴四十，属四[10]。为斤、斧、锯、凿、钁[11]，财自足。为铁校[12]，卫穴四。为中橹，高十丈半[13]，广四尺。为横穴八橹[14]。盖具橐、枭[15]，财自足，以烛穴中。盖持醯[16]，客即熏，以救目。救目分方凿穴，以益盛醯，置穴中，文盆毋少四斗[17]。即熏，以自临醯上[18]，及以泇目[19]。

【注释】

〔1〕罂：瓦器缶，大腹小口。

〔2〕广：后当脱具体尺寸。

〔3〕傅置：架起支柱。

〔4〕全：当作"炉"。 交：当为"皮"。 橐：当为"橐"（孙诒让说），风箱。

〔5〕皮及坺：当作"及瓦缶"（孙诒让说）。

〔6〕卫：当作"每"。下同。

〔7〕盖：当为"益"，多。 霍：同"藿"，藿香（岑仲勉说）。

〔8〕熏之以：当作"以熏之"。

〔9〕垒：当作"蕢"，盛土用的筐笼。

〔10〕属：同"劚"，又作"斸"，锄类农具。

〔11〕钁：古代戟类的兵器。

〔12〕铁校：铁栏杆。

〔13〕丈：当为"尺"之误。

〔14〕八：当作"大"。

〔15〕盖：当为"益"，多。 稾：同"稾"，禾秆的嫩头，这里指禾秆。 枲：大麻的雄株，这里指麻秆。

〔16〕醯：醋。

〔17〕文：当为"大"字之误。

〔18〕自：当作"目"。

〔19〕泪：当为"洒"（孙诒让说），洗。

【译文】

战士手持瓦缶，容量在三十斗以上，在隧道中每丈埋一只，以探听敌人挖隧道的声音。挖掘隧道，高度、宽度均为八尺，妥善架起支柱。准备炉灶、牛皮风箱以及瓦盆，每条隧道准备两套。多准备些蕙香和艾草，隧道一通就焚烧以熏敌。用铁铸造斧头，木柄长三尺，每条隧道配备四把。编制盛土用的筐笼，每条隧道配备四十只，挖土工具钁每条隧道配备四把。制作斧头、锯、凿子、锄头，数量够用即可。制作铁栏杆，每条隧道四道。制作中等大小的盾牌，高十尺半，宽四尺。制作横放在隧道中的大盾板。多准备禾秆、麻秆，够用就行，用于在隧道中照明。多准备些醋，以烟熏敌时，用来救护我方兵士的眼睛。救护眼睛的办法是：先分头向各方挖洞穴，多盛醋放在洞穴中，大盆盛醋不少于四斗，如果被烟熏了，把眼睛靠近盆，用醋清洗眼睛。

【评析】

当守城方城池固若金汤，敌人无隙可乘且久攻不下的时候，就要严密防范敌人挖掘隧道进行偷袭的战术。墨子守城的功夫天下闻名，当然会对这种刁钻的偷袭战术有深入的研究。墨子"备穴"的四个步骤分配比较科学合理，而且经验丰富，手段老辣。比如第一步是讲解如何观察判断敌人是否在挖掘隧道，墨子指出如果敌方军营附近堆积的土壤突然多得不合乎情理，或者护城河的河水突然出现不正常的浑浊，这都是敌人穿穴而来的征兆。这不仅仅是经验，已经涉及地质和水文方面的科学知识了。再比如第二步讲如何确定敌人挖掘地道的具体方位，墨子提出了用大陶瓮蒙薄牛皮埋在地下探测的办法，这涉及了声学方面的科学知识。另外，我们从墨子第三步挖掘地道中的各种辅助工程、第四步隧道战中的烟熏法和各种武器的配置中，都能看出墨子注重因地制宜、灵活机动、充分利用各种有利因素抗击敌人的战术思路。墨子似乎总是能够根据客观条件，创造出与不同战术相配合的军事工程和军事器械，利用一切可以利用的有利因素争取战争的胜利，的确无愧于"墨翟之守"的美誉。当然，这种成功来源于墨子善于观察、勤于思考、深入钻研、不断总结的科学精神，也正是这种精神，为他的科学发明和军事技术应用打下了坚实的基础。

备蛾傅

【题解】

　　《备蛾傅》是墨子讲解城市防御战的专题之一，也是城市防御战的重点。"蛾傅"即《备城门》篇所说的"蚁傅"，指敌人凭借人多势众强行攻城，采取如蚂蚁爬墙般的人海战术。这种方法是城市攻坚战中最常用的战术，也是最野蛮最血腥的战术，很难有投机取巧的余地。而墨子则一针见血地指出："蛾傅"之法实质上是敌将无计可施之下的愤怒焦躁行为，不足畏惧。接着，墨子为禽滑釐详细讲解了悬陴、纍荅、镵杙、沙石、悬火等各种军事防御设施的设置及相互间的配合关系。整个讲解过程既有"战略上蔑视敌人"的英雄气概，也有"战术上重视敌人"的铁血风采。

　　49.1 禽子再拜再拜曰："敢问适人强弱[1]，遂以傅城，后上先断[2]，以为泭程[3]；斩城为基[4]，掘下为室；前上不止，后射既疾，为之奈何？"子墨子曰：子问蛾傅之守邪[5]？蛾傅者，将之忿者也。守为行，临射之，校机藉之，擢之[6]，太氾迫之[7]，烧荅覆之，沙石雨之，然则蛾傅之攻败矣。

【注释】

　　〔1〕适：同"敌"。 弱：当作"梁"。
　　〔2〕断：斩，砍头。
　　〔3〕泭：当为"法"（王引之说）。
　　〔4〕斩：通"堑"，挖掘。

〔5〕蛾傅：即《备城门》篇所说的"蚁傅"。
〔6〕擢：即"拔"，这里指拔去敌军的爬城器具。
〔7〕太汜：当为"火汤"（孙诒让说），指开水、热油之类。

【译文】

禽滑釐两番再拜后说："请问，如果敌军自恃强大，强行攀登城墙，后上者斩首，以此为军法；同时在城下挖壕沟，筑土山，开掘隧道。前面的士兵攀爬不止，后面弓箭急射不停，怎样应付这种情况呢？"墨子回答说：你是问怎样防守像蚂蚁爬城的攻城方法吗？这种蚂蚁爬城的进攻方式，是敌将在焦虑无奈下的疯狂举动罢了。守城者只要加筑行城，居高临下射敌，用机械抛掷重物砸他们，抽走他们的爬城器械，用滚水、热油浇泼他们，朝他们头上扔掷燃烧的物体，将沙石像雨点般倾倒下去。如此蚂蚁爬城的攻法就能被挫败。

49.2 备蛾傅，为县脾〔1〕，以木板厚二寸，前后三尺，旁广五尺，高五尺，而折为下磨车〔2〕，转径尺六寸〔3〕，令一人操二丈四方〔4〕，刃其两端，居县脾中，以铁璅敷县二脾上衡〔5〕，为之机，令有力四人下上之，弗离。施县脾，大数二十步一，攻队所在六步一。

【注释】

〔1〕县脾：即"悬陴"（毕沅说），陴本义指女墙，悬陴指用铁索悬挂的形如城垛的木箱。
〔2〕磨车：即滑车。
〔3〕转：当为"轮"。
〔4〕方：当为"茅"。
〔5〕铁璅：即"铁链"。璅，同"锁"。

【译文】

防备敌人像蚂蚁爬城般的强攻，制作悬挂的大木箱，用两寸厚的木板做成，前后各三尺宽，两旁宽五尺，高五尺，下面是滑车，轮子直径一尺六寸，派一个士兵拿一支二丈四尺的长矛，矛头两边有锋刃，立于木箱之中。用两条铁链悬挂木箱上部的横木，装上辘轳，派四个强壮有力的士兵操纵滑车升降，不要离开。架设悬箱，大约二十步放置一架，敌军进攻队伍所在方向每六步一架。

49.3 为累苔[1]，广从丈各二尺[2]，以木为上衡，以麻索大遍之[3]，染其索涂中，为铁鏁，钩其两端之县。客则蛾傅城，烧苔以覆之。连筵、抄大皆救之[4]。以车两走[5]，轴间广大，以圈犯之[6]，龄其两端以束轮[7]，徧徧涂其上[8]，室中以榆若蒸[9]，以棘为旁，命曰火捽，一曰传汤，以当队。客则乘队，烧传汤，斩维而下之，令勇士随而击之，以为勇士前行，城上辄塞坏城。

【注释】

〔1〕累苔：一种御敌器械，类似渠苔而以燃烧攻击敌人，参见《备城门》篇。

〔2〕从：同"纵"，长度。丈各：当为"各丈"。

〔3〕以麻索大遍之：当调整字序，为"以大麻索遍之"（孙诒让说）。遍，同"编"。

〔4〕连筵：用以打击爬城之敌的器械。 抄大：当为"沙火"（孙诒让说）。

〔5〕走：同"辀"，这里指车轮。

〔6〕圈：从外圈箍加固器物的铁环。 犯：同"范"，钳箍。

〔7〕龄：同"融"，即"熔"，指加热使膨胀。

〔8〕徧徧：密密地（岑仲勉说）。

〔9〕室：这里指苔的内部。 蒸：即"薪"。

【译文】

制作累苔，长和宽各一丈二尺，上部横梁为木质，用麻绳捆编，麻绳要在泥水中浸过。装上铁链，钩住两头的挂环。如果敌人蚂蚁般爬城攻城，燃苔以压顶之势投向敌人。用连篸、沙、火等物拒阻敌人。准备两轮车，轮轴间距离要长，用围加固，将两端的钳箍加热膨胀后套住冷却后紧束轮轴，密密地涂上泥，内部塞满榆木的薪柴，外部用荆棘包裹，称之为"火捽"，也叫"传汤"，布置在敌人进攻队伍的正面。敌人结队登城，就点燃"传汤"，砍断吊绳滚落下去，命令勇士随后反击敌人，将"火捽"作为开路的工具。城上守卫要随时修补毁坏的城墙部分。

49.4 城下足为下说鑱杙[1]，长五尺，大围半以上，皆剡其末，为五行，行间广三尺，貍三尺，大耳树之[2]。为连殳[3]，长五尺，大十尺[4]。梴长二尺[5]，大六寸，索长二尺。椎，柄长六尺，首长尺五寸。斧，柄长六尺，刃必利。皆莽其一后[6]。苔广丈二尺，□□丈六尺，垂前衡四寸[7]，两端接尺相覆，勿令鱼鳞三，著其后行中央木绳一[8]，长二丈六尺。苔楼不会者以牒塞[9]，数暴干。苔为格，令风上下。堞恶疑坏者，先貍木十尺[10]，一枚一[11]，节坏[12]，斩植[13]，以押虑卢薄于木[14]，卢薄表八尺[15]，广七寸，经尺一[16]，数施一击而下之，为上下钤而斩之[17]。

【注释】

〔1〕说：当作"锐"。鑱杙：削尖的木桩。

〔2〕大耳：当作"犬牙"。

〔3〕殳：古代一种尖头有棱无刃的竹木制武器。

〔4〕尺：当作"寸"（孙诒让说）。"十"为衍文。

〔5〕梴：即"连梴"，参见《备城门》篇。

〔6〕皆莽其一后：当作"皆著其后衡"（岑仲勉说）。

〔7〕四寸：当为"四尺"（岑仲勉说）。

〔8〕木：当为"大"。

〔9〕苔楼："苔"字展开，形状如楼。

〔10〕十尺：上当有"长"字（孙诒让说）。

〔11〕枚：当作"步"（岑仲勉说）。

〔12〕节：同"即"。

〔13〕斯：即"钉"，向下敲击（岑仲勉说）。

〔14〕押：压于上方。虑：衍文。卢薄：柱上横木。

〔15〕表：当作"长"。

〔16〕经：同"径"。

〔17〕铻：钉。

【译文】

　　在城外墙根处埋植锐利的尖头木桩，长五尺，粗一围半以上，末端都要削尖，共埋五行，行距三尺，埋入土中三尺，犬牙交错地埋植。造连殳，五尺长，直径一寸。连梃长二尺，宽六寸，系连梃的绳子长二尺。椎，柄长六尺，头部长一尺五寸。斧，柄长六尺，刃口一定要锋利。这些都放置在后边横木上。苔，宽一丈二尺，长一丈六尺，搭在前面横梁上，垂下四尺。两头衔接处要有一尺左右的结合部，不能像鱼鳞那样交错。在后横梁中间系一根大绳，长二丈六尺。苔体有不密合的地方，用木片填塞，反复暴晒使其干燥。制作安放苔的格子，令上下通风。城堞破败，有坍塌危险的地方，预先埋植十尺长的木桩，隔一步埋一枚。一旦城堞坍塌，就钉紧木桩，上面压上横木，横木长八尺，宽七寸，直径一尺，反复击打将木桩打下去，上下端用钉钉牢。

　　49.5　经一〔1〕。钓、禾楼、罗石〔2〕。县苔植内，毋植外。杜格〔3〕，貍四尺，高者十尺，木长短相杂，兑其上〔4〕，而外内厚涂之。为前行行栈，县苔。隔为楼，楼必曲里〔5〕。土五步一，毋其二十晶〔6〕。爵穴十尺一，下堞三尺，广其外。转脯城上〔7〕，楼及散与池〔8〕，革盆。若转攻，卒击其后，煖、失〔9〕，治。车革火〔10〕。

【注释】

〔1〕经一：为衍文，当删。

〔2〕钩：当为"钩"。 禾：当作"木"。 罗石：即"纍石"，参见《备城门》篇。

〔3〕杜格：当为"柞格"，用于阻碍敌军前进的军事设施。

〔4〕兑：同"锐"。

〔5〕曲里：当为"再重"（孙诒让说），参见《备城门》篇。

〔6〕晶：同"蕾"，筐笼。

〔7〕转脯城上：不详，译从略。

〔8〕散：当为"杀"（孙诒让说）。

〔9〕煖：同"缓"。

〔10〕革火：当作"熏火"。

【译文】

准备好铁钩、木楼、纍石等物。苔要悬挂在柱子内侧，不要悬挂在柱子外侧。柞格埋入地下四尺，露出地面部分最高十尺，木头长短相杂，削尖顶端，内外侧都涂上厚厚的泥。制作军士前进用的行栈，悬挂苔。在城角建楼，楼一定要建多层。积土每五步一堆，每堆不少于二十筐。城头每十尺凿一个爵穴，在城堞下三尺处，外面口要宽。修建行楼、杀、水池，准备好盛水的皮盆。假如敌兵转移攻击方向，我方士兵出击，行动迟缓或错失战机，以军法惩治。用车辆装载熏火。

49.6 凡杀蛾傅而攻者之法，置薄城外〔1〕，去城十尺，薄厚十尺。伐操之法〔2〕，大小尽木断之〔3〕，以十尺为断，离而深貍坚筑之，毋使可拔。二十步一杀，有晶，厚十尺。杀有两门，门广五步。薄门板梯貍之〔4〕，勿筑，令易拔。

【注释】

〔1〕薄：木桩做成的障碍物。

〔2〕操：当为"薄"。
〔3〕木：当为"本"。尽本，连根。
〔4〕梯：当为"浅"。

【译文】

一般阻止敌人蛾傅攻城之法，在城外树立木桩做屏障，距离城墙十尺，厚达十尺。采伐木桩的方法，树木不分大小连根挖起，砍作十尺长的树段，间隔一段距离而深埋夯实，不让敌人能够拔出。每二十步设一座杀，杀中有鬲，厚十尺。杀上装有两门，门宽五步。木桩墙门板的地方要浅埋，不要夯实，使它易于拔出。

49.7 城上希薄门而置捣〔1〕。县火，四尺一椅〔2〕，五步一灶，灶门有炉炭。传令敌人尽入，车火烧门〔3〕，县火次之，出载而立，其广终队，两载之间一火，皆立而待鼓音而然〔4〕，即俱发之。敌人辟火而复攻，县火复下，敌人甚病。敌引哭而榆〔5〕，则令吾死士左右出穴门击遗师〔6〕。令贲士、主将皆听城鼓之音而出，又听城鼓之音而入。因素出兵将施伏，夜半而城上四面鼓噪，敌人必或〔7〕，破军杀将。以白衣为服，以号相得。

【注释】

〔1〕希：望，正对着。 捣：当作"楬"（王引之说），同"杙"，小木桩。
〔2〕椅：当为"檥"（孙诒让说），挂悬火用的钩子。
〔3〕车：当为"熏"，熏烤。
〔4〕然：通"燃"。
〔5〕哭：当为"师"（俞樾说）。 榆：别本作"去"。
〔6〕遗：当为"溃"。
〔7〕或：同"惑"。

【译文】

　　城上正对着木桩屏障门口处相应位置立楬。悬挂火具。每隔四尺装一个悬挂火把的钩樴，每五步设一灶，灶门前堆放炉炭。等敌人全部进入后下令熏火烧门，随即抛掷悬火。拿出作战器具站好，宽度与敌人队列宽度相等。每两个作战器具之间设一悬火，站立等待鼓声响起就全部点燃，一齐投射。敌人避开熏火继续进攻，就再次投放悬火，敌人痛苦不堪。敌人引兵而退，就命令我方死士从左右穴门冲出，追击溃败之敌。命令勇士和将官不论出击或回城都应遵从城上的鼓声。趁出击的机会设下伏兵，半夜时分城上四面击鼓呐喊，敌兵必定惊疑不定，伏兵便可乘机攻破敌营、擒杀敌将。要穿白色战衣，用暗号互相联络。

【评析】

　　蛾傅在古代攻城战中是一种比较常见的战法，一般都是攻城方在占据绝对优势而守城方又恃险固守的情况下，凭借兵力优势强行攀爬城墙以夺取城池。本篇就是墨子专门为禽滑釐讲解如何应对这种战术的。墨子应对策略其实分两个层次，即心理层面的防御和军事层面的防御。在心理层面上，墨子首先从战略高度否定了蛾傅之法的威胁性，指出蛾傅之法在本质上是敌将愤怒焦躁心理反应，也是敌军外强中干的表现。事实上，蛾傅之法何尝不是从心理层面到军事层面对守城之敌施加的双重重压呢。按照孙武的军事斗争经验，"十则围之，五则攻之，倍则分之。"(《孙子兵法·谋攻》)强者就是要充分发挥自身的优势，从各方面压倒对手。但是，战争对参战的双方都是一把双刃剑，所谓"狭路相逢勇者胜"，关键还是看谁的气势更足，谁的心理承受能力更强。墨子显然深谙此道，首先给守城者吃一颗定心丸，先从心理层面立于不败之地，这是夺取守城胜利的基础。

　　在军事层面，墨子更是充分发挥了他理论家和发明家的优势，把各种防御武器的优势发挥到极致，并结合各种防御武器的特点进行合理搭配，形成一个多层次、全方位的立体防御体系，给予来犯之敌以迎头痛击。例如悬陴的原型是滚木，滚木的威力是很大，但使用起来过于简单粗放，在激烈的战斗中无法重复使用。悬陴就是在滚木的原理基础之上，两端装上利刃，再与辘轳结合在一起，不但提高了滚木的杀伤力和攻击范围，还能够反复使用，较之滚木已经不可同日而语。在各种军事器械的配合上，絫荅、火捽等火器可以与悬陴结合使用，城下再埋设镵杙以配合上述器械有效杀伤敌人,外围埋设薄等障碍物以牵制敌人。所有这一切构成了一个立体的防御网,只要指挥得当,完全可以有效阻击敌人,争取最后的胜利。

墨子是一个指挥若定的军事家,也是一个善于发明创造的科学家,但更是一个悲天悯人的哲人,他所有的努力和取得的成就最终目标只有一个,那就是如何保护弱者、如何消弭战争、如何实现人类社会的和平有序发展。换句话说,墨子在处理科学技术与伦理道德的关系上给我们带来的启发和教育是值得我们深入思考的。

迎敌祠

【题解】

　　本篇重点介绍了在战争开始之前的准备工作，其中既包括祭祀、祝祷、望气等上古流传下来的巫文化仪式，也包括一些必要的人事安排、军事布置和社会安抚工作。巫术仪式虽然只是一些迷信活动，但在当时的社会背景下却是必不可少的一项内容，同时也为我们留下了第一手文化史参考资料。另外，文章在详细介绍巫术仪式活动之余，又详细讲解了军事战备方面的各种注意事项。可见，在墨家的思想观念里，仍然将战争胜负的主要因素寄托在人事上，而不是将命运完全交给冥冥之中的各路神灵。

　　50.1 敌以东方来，迎之东坛，坛高八尺，堂密八[1]；年八十者八人，主祭青旗；青神长八尺者八[2]，弩八，八发而止；将服必青，其牲以鸡。敌以南方来，迎之南坛，坛高七尺，堂密七；年七十者七人，主祭赤旗；赤神长七尺者七，弩七，七发而止；将服必赤，其牲以狗。敌以西方来，迎之西坛，坛高九尺，堂密九；年九十者九人，主祭白旗；素神长九尺者九，弩九，九发而止；将服必白，其牲以羊。敌以北方来，迎之北坛，坛高六尺，堂密六；年六十者六人，主祭黑旗；黑神长六尺者六，弩六，六发而止；将服必黑，其牲以彘。从外宅诸名大祠，灵巫或祷焉，给祷牲。

【注释】

〔1〕堂：当为衍文。 密：总括长、宽、高三者而言（岑仲勉说）。

〔2〕青神：这里指身穿青衣充当神灵的人。下诸神皆同。

【译文】

敌人自东方而来，就迎接神灵于东坛，坛高八尺，长宽皆为八尺；以八位八十岁的老人主祭青旗，用八个身高八尺的青衣人担当青神，八名弓弩手，每人射八支箭；将领服装必须为青色，以鸡作为祭品。敌人自南方而来，就迎接神灵于南坛，坛高七尺，长宽皆为七尺；以七位七十岁的老人主祭赤旗，用七个身高七尺的赤衣人担当赤神，七名弓弩手，每人射七支箭；将领服装必须为赤色，以狗作为祭品。敌人自西方而来，就迎接神灵于西坛，坛高九尺，长宽皆为九尺；以九位九十岁的老人主祭白旗，用九个身高九尺的人担当素神，九位弓弩手，每人射九支箭；将领服装必须为白色，以羊作为祭品。敌人自北方而来，就迎接神灵于北坛，坛高六尺，长宽皆为六尺；以六位六十岁的老人主祭黑旗，用六个身高六尺的黑衣人担当黑神，六位弓弩手，每人射六支箭；将领服装必须为黑色，以猪作为祭品。派遣灵巫在城外诸多有名的大祠堂里祈祷神灵，为他们提供祭品。

50.2 凡望气，有大将气，有小将气，有往气，有来气，有败气，能得明此者可知成败吉凶。举巫、医、卜有所长，具药，宫之〔1〕，善为舍。巫必近公社〔2〕，必敬神之。巫、卜以请守〔3〕，守独智巫、卜望气之请而已〔4〕。其出入为流言，惊骇恐吏民，谨微察之，断罪不赦。望气舍近守宫。牧贤大夫及有方技者若工〔5〕，弟之〔6〕。举屠、酤者置厨给事，弟之。

【注释】

〔1〕宫之：当为"官养之"，否则与"善为舍"句意重叠。

〔2〕公社：官方祭土地神的地方。
〔3〕请：通"情"，实情。按，"守"上当补"报"字。
〔4〕智：通"知"。请：通"情"。
〔5〕牧：当作"收"，聚集。
〔6〕弟：同"第"，划分等级次第。

【译文】
　　但凡望气，有大将气，有小将气，有往气，有来气，有败气，能明了这些气的人可以预知成败吉凶。荐举有特长的巫师、医师及卜师，为他们准备相关药材，官方供养起来，妥善安排他们的起居。巫师的住所必定要靠近土地神社，必须要将他们敬若神明。巫师和卜师向城主据实报告望气及占卜的结果，只有城主一人知道而已。若巫师和卜师暗中散布流言，造成吏民恐慌，需暗中探察，对有罪者要严加处罚，绝不姑息。望气地点要与城主官署靠近。把贤良大夫和有特长的匠人集中到一起，进行相应第等的划分。挑选屠夫和酿酒人，安排到厨房里做事，也要划分职务等级。

　　50.3 凡守城之法，县师受事〔1〕，出葆循沟防〔2〕，筑荐通途〔3〕，修城。百官共财〔4〕，百工即事，司马视城修卒伍。设守门，二人掌右闉〔5〕，二人掌左闉，四人掌闭，百甲坐之。城上步一甲、一戟，其赞三人〔6〕。五步有五长，十步有什长，百步有百长，旁有大率，中有大将，皆有司吏卒长。城上当阶，有司守之。移中中处〔7〕，泽急而奏之〔8〕。士皆有职。城之外，矢之所逮〔9〕，坏其墙，无以为客菌〔10〕。三十里之内，薪蒸、水皆入内〔11〕。狗、彘、豚、鸡食其肉，敛其骸以为醢，腹病者以起。城之内，薪蒸庐室，矢之所逮，皆为之涂菌。令命昏纬狗纂马擥纬〔12〕。静夜闻鼓声而噪，所以闉客之气也〔13〕，所以固民之意也，故时噪则民不疾矣。

【注释】

〔1〕县师：军队中职官名称。

〔2〕葆：同"堡"，堡垒。 循：巡视。

〔3〕荐：路障。

〔4〕共：同"供"。

〔5〕阖：同"掩"，门扇。

〔6〕赞：佐，辅助。

〔7〕移中中处：前"中"字指簿书。中处，适当的地方。

〔8〕泽：当作"择"。

〔9〕逮：及，这里指箭矢射程之内。

〔10〕菌：同"翳"，掩体。

〔11〕薪蒸：细木。 水：当为"木"，上脱"材"（孙诒让说），"材木"，大木。

〔12〕纬：束。 纂：系。 擎：使牢固。

〔13〕阉：同"掩"，压制。

【译文】

　　但凡守城之法，县师接受任务，离开堡垒去巡视城防，修建路障以阻断通道，修筑好城墙以御敌。百官供给战争所需的财物，百工要积极准备守城用具。司马要根据城防具体情况调派人手。设置守门士兵，二人负责掌管右边城门，二人负责掌管左边城门，四人共同负责城门的开闭，百名全副武装的士兵据守城门。城墙上每隔一步派驻一名带甲士兵，一名执戟士兵，另有三人辅助。每五步设一名伍长，每十步设一名什长，每百步设一名百长。城每面有一位将领，城中央大将坐镇，每一方面都有官员在管理。城墙阶梯处有官员负责把守。将公文簿籍移至适当的地方保管，择紧要文书上报。每位军士都有自己的职责。城外，箭矢射程之内的断壁残垣要全部推倒，以防成为敌方的掩体。将三十里以内的所有大小树木全部运进城内。把狗、猪、鸡的肉吃掉之后，收集剩余骨头，制成肉酱，肠胃有病的人可因此受益。城内的柴堆和房屋，只要城外的箭能射到，都要涂上泥。黄昏以后，下令全城人将马和狗等牲畜拴紧套牢。夜静听到鼓声，众人要一齐呐喊，以压制敌人的气势，同时也能稳定民心，声势大盛老百姓就不会惊恐了。

50.4 祝、史乃告于四望、山川、社稷，先于戎，乃退。公素服誓于太庙，曰："其人为不道，不修义详[1]，唯乃是王[2]，曰：'予必怀亡尔社稷，灭尔百姓。'二参子尚夜自厦[3]，以勤寡人，和心比力兼左右，各死而守。"既誓，公乃退食。舍于中太庙之右，祝、史舍于社。百官具御，乃斗鼓于门[4]，右置旃，左置旌，于隅练名。射参发，告胜，五兵咸备，乃下，出挨[5]，升望我郊。乃命鼓，俄升，役司马射自门右，蓬矢射之，茅参发，弓弩继之；校自门左，先以挥，木石继之。祝、史、宗人告社，覆之以甑[6]。

【注释】

〔1〕详：当作"祥"（孙诒让说）。

〔2〕唯乃是王：当作"唯力是正"（孙诒让说）。

〔3〕参：同"叁"。厦：当为"厉"之误（毕沅说），同"励"。

〔4〕斗：疑为"升"字之误（孙诒让说）。

〔5〕挨：当为"俟"，等候。

〔6〕甑：古代蒸饭用的瓦器，底部有许多透蒸气的孔格，置于鬲上蒸煮食物。

【译文】

战前，太祝、太史祭告四方神祇、山川、社稷，然后退下。国君身穿白色祭服在太庙誓师，誓词说："敌人行不义之事，不修德行，只知崇尚暴力，叫嚣'我一定会征服你的国家，消灭你的百姓'。大臣们日夜勤勉劳苦，全力辅助我，同心协力，守望相助，誓死守卫国土。"誓师完毕，国君下去用餐。他临时住在太庙右边的屋舍内，太祝和太史住在社庙中。百官各司其职，进而升鼓于太庙，在庙门右边树旗，在庙门的左边立旌，在旌旗一角书写将帅的名字。射三箭，祈祷战斗胜利，所有兵种齐集，出太庙等候，随后登上城头观望城外的情况。然后命令擂鼓登台，役司马在城门右边发射蓬蒿制成的箭，持矛刺地三下，接着弓弩手向空射箭；军校先在城门左边，挥动兵器，然后木头擂石一齐抛下。太祝、太史、宗人到社坛祭告，然后用甄将祭文扣住。

【评析】

战国时期，对神灵的敬畏和祭祀仍然是社会文化中最基本的特征。"国之大事，在祀与戎。"（《左传·成公十三年》）这里的祀是指祭祖的仪式，戎是指出征前的祭社仪式。也就是说，国之大事，就在于这两类祭祀。这两种祭祀，一个关乎政权的合法性，一个关乎政权的稳定性，所以才会受到特别的重视。社神就是土地神，祭祀土地神有请神灵保佑国家安定、国土不受侵凌、战争胜利等重大意义，是古代军队中最重要的仪式。《迎敌祠》篇就是介绍如何在迎敌之前进行祭祀、祝祷、望气等趋吉避凶、预测胜利的巫术活动，为我们认识先秦时期的军旅祭祀活动提供了宝贵的文献资料。

不论墨子是否相信鬼神的存在，这种祭祀活动都是上古流传下来的神圣仪式，在战时有支撑国家意志、军队信念、百姓寄托的巨大精神作用，相当于今天的战争总动员，墨子必然要慎重对待。祭祀、祝祷是非常庄严神圣的活动，因此文章在介绍的时候也是非常谦恭而详尽的。根据敌人进攻方位的不同，祭祀的内容也不尽相同，这其中主要考虑的因素有五行、方位、神灵、旗帜、祭坛规制、祭品、祭祀人等，同时还要照顾到各种要素之间的严格对应关系。除此之外，所有人对待巫师必须恭敬有礼，因为他们是神明的代表，担负着与神明沟通的重大责任；而巫师在祭祀、祝祷期间必须认真履行自己的职责，不能有丝毫差错。

祭祀是祈求神灵的佑护，而望气则是占卜战争的结果。望气是根据云气的色彩、形状和变化来附会人事、预言吉凶的一种占卜方法。《史记·天官书》对望气占卜法有过详细介绍，"稍云精白者，其将悍，其士怯。其大根而前绝远者，当战。青白，其前低者，战胜；其前赤而仰者，战不胜。"云气颜色青白，底部大而前部形状细长，那么两军必战；云气色青白而前部稍微低垂，能够取胜；云气前部色赤而稍微仰起，会打败仗。《左传·桓公十一年》云："卜以决疑，不疑何卜？"望气只是为了消除人们心中的疑虑，并不能决定战争的胜负，所以墨子十分警惕望气结果可能产生的不良影响，强调只有守将一人能够知道望气的结果并严格保守秘密，任何人不得以任何形式散步有关望气结果的言论，否则"断罪不赦"。墨子深知三人成虎的道理，所以便从源头上杜绝谣言产生的可能，以免"惊骇恐吏民"。

我们欣喜地看到，尽管墨子主张天志、鬼神之说，重视战前的祭祀和望气等巫术活动，但他同样强调了战争中人的重要作用。墨子在文中详细介绍了战前的人事安排，包括各级官吏的职守，城防警卫制度，战争动员制度，战时管理等等。读完文章，我们不得不惊叹，墨子确实是一个挥洒自如的战争艺术大师，在他的指点下，战争的各项准备工作是如此轻松写意而又有条不紊地展开，天命与人事是如此水乳交融般地浑然一体，胜负又怎么会是一个沉重的话题呢。

旗　帜

【题解】

　　本篇题为《旗帜》，但并不能涵盖文章的全部内容。文章实际讨论的是战时整个战争机制的有效运转问题，主要包括两个方面的内容：一方面介绍了不同旗帜所代表的不同含义，旗帜的指挥、通讯和联络功能；另一方面则谈到了以徽章区别各种参战人员，以便行使更加有效的指挥和管理职能。这些内容应该是墨子在总结古代军事管理经验基础上加以系统化的成果。

　　51.1 守城之法，木为苍旗，火为赤旗，薪樵为黄旗，石为白旗，水为黑旗，食为菌旗[1]，死士为仓英之旗[2]，竟士为雩旗[3]，多卒为双兔之旗，五尺男子为童旗，女子为梯末之旗[4]，弩为狗旗，戟为葰旗[5]，剑盾为羽旗，车为龙旗，骑为鸟旗。凡所求索，旗名不在书者，皆以其形名为旗。城上举旗，备具之官致财物，之足而下旗。

【注释】

　　〔1〕菌旗：上绣食用菌图案的旗帜。
　　〔2〕仓英：同"苍鹰"（苏时学说）。
　　〔3〕竟士：精锐士卒。雩：当作"虎"。
　　〔4〕梯末：当为"姊妹"。
　　〔5〕葰：同"旌"。

【译文】

守城之法，树苍青色旗表示需要木材，举赤旗表示需要火，挂黄旗表示需要柴草，用白旗表示需要石头，悬黑旗表示需要水，扬起菌旗表示需要食物，打出鹰旗表示调集敢死队，挂出虎旗表示调用精锐士卒，挂双兔旗表示征调大量士兵，挂童旗表示征用五尺童子，挂姊妹旗表示征集女子，挂狗旗表示需要弓弩，挂旌旗表示需要戟，挂羽旗表示需要剑和盾，挂龙旗表示需要车，挂鸟旗表示需要马。凡是需要征调物品，军书上无对应的旗帜时，就按该物的形状名称制作相应的旗帜。城头举旗，后勤官员就根据提示送去财物，需求满足后降下旗帜。

51.2 凡守城之法：石有积，樵薪有积，菅茅有积〔1〕，蕮苇有积〔2〕，木有积，炭有积，沙有积，松柏有积，蓬艾有积，麻脂有积，金铁有积，粟米有积；井灶有处，重质有居；五兵各有旗〔3〕，节各有辨，法令各有贞，轻重分数各有请〔4〕，主慎道路者有经〔5〕。

【注释】

〔1〕菅：茅草的一种，叶面平滑无毛，坚韧耐用，适合做扫帚、编绳索等。

〔2〕蕮：同"荻"。

〔3〕五兵：《周礼》郑玄注引郑司农云："五兵者，戈、殳、戟、酋矛、夷矛也。"

〔4〕请：通"情"，实际情况。

〔5〕有经：巡视道路者各有负责的区域和巡视路径。

【译文】

大凡守城之法，必须储备石头、薪柴、茅草、芦苇、木料、木炭、沙土、松柏、蓬艾、麻脂、铜铁和粮食；在适当的地方打井安灶，敌方的重要人质要有居住的地方。各军兵种有各自的旗织和符节，法令各有条例，等级轻重各有规定，主持巡查道路的官吏也有各自的巡查路径。

51.3 亭尉各为帜，竿长二丈五，帛长丈五、广半幅者
大[1]。寇傅攻前池外廉[2]，城上当队鼓三，举一帜；到
水中周[3]，鼓四，举二帜；到藩，鼓五，举三帜；到冯
垣[4]，鼓六，举四帜；到女垣[5]，鼓七，举五帜；到大
城，鼓八，举六帜；乘大城半以上，鼓无休。夜以火，
如此数。寇却解，辄部帜如进数，而无鼓。

【注释】
〔1〕大：当为"六"。
〔2〕廉：边缘。
〔3〕周：通"洲"，水中高地。
〔4〕冯垣：城堞外围的矮墙。
〔5〕女垣：即"女墙"。

【译文】
每名亭尉都有专用旗帜，旗杆长二丈五尺，旗幅长一丈五尺，
宽半幅，共六面。当敌军进攻到护城河之外，与敌军当面的守军就
击鼓三通，悬旗一面；当敌军进攻到护城河中沙洲，就击鼓四通，
挂旗二面；当敌军进攻到藩篱边时，击鼓五通，挂旗三面；当敌军
进攻到城外第一道防护墙时，击鼓六通，挂旗四面；当敌军进攻到
女墙下时，击鼓七通，挂旗五面；当敌军兵临大城之下时，击鼓八
通，挂旗六面；当敌军爬到城墙的一半以上时，就不停地擂鼓。夜
晚就用火把来代替旗帜，所举火把数目与白天挂旗的数目一致。敌
人退却，敌情解除，悬挂旗帜的数目与敌人进攻时一样，但不击鼓。

51.4 城为隆[1]，长五十尺，四面四门将长四十尺，
其次三十尺，其次二十五尺，其次二十尺，其次十五

尺，高无下四十五尺[2]。城中吏卒民男女，皆辩异衣章微[3]，令男女可知。城上吏卒置之背，卒于头上；城下吏卒置之肩，左军于左肩，中军置之胸。各一鼓，中军一三[4]，每鼓三、十击之，诸有鼓之吏，谨以次应之；当应鼓而不应，不当应而应鼓，主者斩。道广三十步，于城下夹阶者各二其井，置铁礶[5]。于道之外为屏，三十步而为之圂，高丈。为民圂[6]，垣高十二尺以上。巷术周道者[7]，必为之门，门二人守之；非有信符，勿行，不从令者斩。

【注释】

〔1〕城为隆：当作"城将为绛旗"（孙诒让说）。
〔2〕四：当为衍文（孙诒让说）。
〔3〕微：同"徽"。 句末当脱"职"（王引之说）。
〔4〕一：当为衍文（孙诒让说）。
〔5〕礶：同"甕"，瓦翁。
〔6〕圂：同"溷"，厕所。
〔7〕术：城中次干道，大于巷，小于周道。

【译文】

城中大将打绛色旗，长五十尺；四门守将的旗帜是四十尺，次一等将领的旗帜是三十尺，再次一等的是二十五尺，然后是二十尺、十五尺的将旗。城中官吏、士兵和男女百姓通过衣服上的不同徽章标识加以区别，让所有人都知道。城上小吏把徽章戴在衣背上，士兵的徽章戴在头上，城下的小吏和士兵要把徽章戴在肩上。左军的徽章戴在左肩，中军的徽章戴在胸前。各军都有一面鼓，中军有三面鼓，每通鼓三至十下，其余有鼓的官吏按次第击鼓回应。应当击鼓回应而不回应，不当击鼓回应时却击鼓回应，责任人处斩。道路三十步宽，城下夹阶的大道各有两口水井，备有铁甕。在道路的外围筑起屏障，隔三十步砌一道围墙，高一丈。建造民用厕

所，墙高十二尺以上。城中街巷凡与周道相连，一定要设门，每道
门派两人把守，没有通行凭证不许通过，不服从命令者处斩。

51.5 诸守牲格者〔1〕，三出却适〔2〕，守以令召赐食前，
予大旗，署百户邑，若他人财物〔3〕，建旗其署，令皆明
白知之，曰某子旗。牲格内广二十五步，外广十步，表
以地形为度。靳卒〔4〕，中教解前后左右〔5〕，卒劳者更
休之。

【注释】

〔1〕牲格：即“柞格”，木桩组成的藩篱。

〔2〕适：同“敌”。

〔3〕若：或。

〔4〕靳：同“勒”，部署。

〔5〕解：当为衍文。

【译文】

所有据守柞格的将士，三次出战击退敌兵，主帅便传令他们到
官署赏赐食物，授予大旗，奖赏封邑百户，或与之相当的财物，把
大旗立于他们的营垒中，让所有人都知道他们立有战功，称为“某
人之旗”。柞格内宽二十五步，外宽十步，长度根据地形而定。部
署士兵，由将帅号令他们进退左右，疲惫的士兵轮流休息。

【评析】

旗帜最早出现在原始社会末期，上面绘有部落特有的图腾，用作部落
的标志，后来逐渐演变出具有各种军事功能的旗帜。事实上，旗和帜在军
事领域是有功能上的区别的。《释名·释兵》说：“熊虎曰旗，军将所建，象
其如猛虎。”这里显然突出的是军旗的标志功能。《说文》也指出：“熊旗五
游，以象罚星，士卒以为期。”军旗的标志功能是为了让士兵能够迅速判断
自己的位置。《管子·兵法》提出培训士兵的“五教”，其中第一条就是“教
其目以形色之旗”。

　　到了墨子这里，更是把旗的标志功能发挥得淋漓尽致。首先，"木为苍旗，火为赤旗，薪樵为黄旗，石为白旗，水为黑旗，食为菌旗"。不同颜色的军旗代表不同的物质，调用不同的物资便挂相应颜色的旗帜，准确而高效。其次，绘有不同图案的旗帜被用来征调不同用途的军事器械和不同性质的队伍。另外，军队又是一个极其注重纪律和等级的团体，大将悬绛色旗，长五十尺，四门守将以下每降一个等级旗帜的长度便相应减小。这样，战时的指挥调度就能做到有条不紊，能够把战斗力发挥到最大限度。

　　《通俗文》曰："私记曰帜。"可见，不同于旗的通用性标志，帜是一种具有特定用途的标志。帜的繁体字为"幟"，从巾，从戠，戠亦声。戠是会意字，从音从戈。"音"指古代军阵操演时教官的号令，"戈"指军士及其手中的武器，合在一起指各种规则图案及其变化。所以，戠与巾结合在一起就有特定的含义与所发生的变化的意思。的确，帜在墨子手里就是作为联络信号使用的，也就是今天所说的"旗语"。墨子用统一规制的帜建立起一整套传递信息用的"帜语"，利用帜的方位和数量，配合鼓点数就可以准确传递敌人的位置和方向信息，为我方将领及时提供决策讯息。这种"帜语"虽然还没有达到今天编制系统旗语的水平，但已经足以让我们为古人的智慧点赞了。

　　此外，旗帜虽然具有的让所有人都能进行准确及时的战场定位能力，但却缺乏一种让所有人都能够准确辨明彼此身份的能力。旗帜显然不适合承担这种功能，但徽章就可以很好地胜任这项使命。用徽章做城中各级军官、各类士兵和百姓的身份标志，可以看作是对旗帜标志功能的一种变相运用。在硝烟弥漫的战火中，各种旗帜与徽章就是及时感知战场态势和维持战场秩序最简单、最有效的手段，墨子对旗帜的重视与研究说明墨子已经把握到了战争的精髓，"墨翟之守"的美誉显然不是白捡来的。

号 令

【题解】

　　《号令》篇是墨子兵法中探讨城市防御战的重点篇章，不同于其他篇章的单一主题，而是带有明显的综合性质。主要内容是介绍守城的战备工作。从战争阶段上讲，本文涵盖了战前准备、战时管理和战后赏罚等各个阶段的具体工作；从具体内容上看，本文主要介绍了各种具体的人事安排、军规法纪、条例禁令、赏罚标准等等；而从篇章结构看，本文构筑了一个以守将为核心的职权明晰的人事体系，这个人事体系等级森严，权责明晰，运转高效，既能维持城内治安，又能维护战争机器的高效运转，同时也能有效防范奸细渗透和内部叛乱的风险。另外，面对严酷的战争，墨子强调一定要做到赏罚分明：罚就要以严苛的军规法纪震慑那些图谋不轨者和意志薄弱者，能够在战时将军民凝成一个高效的战斗集体；赏就要不吝财富、爵位、荣誉，以物质、地位和荣誉激励战士英勇杀敌；同时还要及时抚慰伤亡者家属，以安民心。总之，恩威并重，赏罚严明，是取得战争胜利的重要保障。

　　52.1 安国之道，道任地始[1]，地得其任则功成，地不得其任则劳而无功。人亦如此，备不先具者无以安主，吏卒民多心不一者，皆在其将长，诸行赏罚及有治者，必出于王公。数使人行劳赐守边城关塞、备蛮夷之劳苦者，举其守率之财用有余、不足，地形之当守边者，其器备常多者。边县邑，视其树木恶则少用；田不辟，少食；无大屋，草盖，少用桑；多财，民好食。为内牒，内行栈，置器备其上，城上吏、卒、养[2]，皆为舍道内，各当其隔部[3]。养什二人[4]，为符者曰养吏一人[5]，辨护诸门。门者及有守禁者皆无令无事者得稽留止其旁，不从令者戮。敌人但至，千丈之城，必郭迎之，主人利。不尽千丈者勿迎也，视敌之居曲众少而应之，此守城之大体也。其不在此中者，皆心术与人事参之。凡守城者以亟伤敌为上，其延日持久以待救之至，明于守者也，不能此[6]，乃能守城。

【注释】

〔1〕道：从。
〔2〕养：炊事员（岑仲勉说）。
〔3〕隔部：责任区。
〔4〕养什二人：每十个人安排两名炊事员。
〔5〕养吏：掌管符信的人。
〔6〕不：当为"必"。

【译文】

安邦定国之道，从利用地理环境开始，地理环境能得到充分利用就能成功，地理环境不能得到充分利用就会劳而无功。人也是这样，没有预先作好准备就无法安定主上，官吏、士兵和百姓不能同心同德，责任在于将领和官长；所有的赏赐和处罚的政策措施，必定要以王公的名义。经常派遣使臣慰劳赏赐镇守边关要塞、督备蛮夷的劳苦将士，并汇报守边将帅的军费开支哪些有余，哪些不足，哪些地形应该派兵据守，哪些将帅的武器装备能经常保持充足。边境城邑，树木生长不好的地方就少用木材，土地没有开垦的地方就要节约粮食，没有大屋、只有草屋的地方就少采桑养蚕（多留树荫以蔽屋庐），经济富裕的地方老百姓才能讲究饮食。城邑内部要构筑城堞和行栈，城墙上要准备有武器装备，守城的吏卒和炊事人员要住在城内各自的营区。每十个人安排两名炊事员，一名掌管符信凭证的养吏，监护各营门。不许无公事的人在守门人以及警戒人员旁边逗留，不从命的人要杀头。但凡敌人来攻，千丈以上的大城，一定要到城郭之外迎敌，守城一方才有利；不够千丈的中小城市，不要出城迎敌，可以根据敌人的多少灵活应战，这些都是守城的大原则。以上没有提到的，就参照心术智谋和人事策划处理。凡是守城的一方都应以迅速歼敌为上策，否则就拖延持久以等待援兵的到来，这才是深谙守城之法，只有如此，才能守城。

52.2 守城之法，敌去邑百里以上，城将如今尽召五官及百长〔1〕，以富人重室之亲，舍之官府，谨令信人守卫之，谨密为故。及傅城，守将营无下三百人。四面四门之将，必选择之有功劳之臣及死事之后重者，从卒各百人。门将并守他门，他门之上，必夹为高楼，使善射者居焉。女郭〔2〕、冯垣一人一人守之〔3〕，使重室子。五十步一击〔4〕。因城中里为八部，部一吏，吏各从四人，以行冲术及里中。里中父老小不举守之事及会计者，分里以为四部，部一长，以苛往来不以时行、行而有他异者，以得其奸。吏从卒四人以上有分者，大将必与为信符；大将使人行守操信符，信不合及号不相应者，伯长以上辄止之，以闻大将。当止不止及从吏卒纵之，皆斩。诸有罪自死罪以上，皆逮父母、妻子、同产〔5〕。诸男女有守于城上者，什六弩、四兵〔6〕。丁女子、老、少〔7〕，人一矛。

【注释】

〔1〕今：当为"令"。 五官及百长：泛指城内大小官吏。

〔2〕女郭：即"女垣"，城头矮墙。

〔3〕一人一人：此处疑"一人"误重，当删。

〔4〕击：当作"楼"（苏时学说）。
〔5〕同产：同胞兄弟姐妹。
〔6〕什：十人。
〔7〕丁女子：成年女子。

【译文】

守城之法，敌人尚在城邑百里之外的时候，守城将领就要下令把所有官吏以及富人、贵戚的亲眷集中起来，全部住到官府，谨慎地派可靠的部下保护他们，谨慎机密为好。等到敌人开始爬城墙强攻时，守将所在的兵营守备不得少于三百人，四面城门的四位将领一定要选择立过军功，以及为国效死将帅后人中的重要人物担任，各带兵一百人。每一方城门的将领如果兼守其他城门，就必须在另一座城门上建起高楼，派善射的士卒看守。城上矮墙、冯垣各派一人守卫，使用贵家子弟。每五十步建一座楼。把城中街巷分为八个部分，每部分设置一名官吏，每名官吏带领四人，在城中要道和街巷中巡逻。城中老年人、儿童等不参与守城的人和管理财务的人，按街巷分为四部，每部设一名首领，让他们严格盘查那些不按规定时间行动或举动异常的人，以便及时捉拿奸细。官吏带有四名士兵以上者执行守城任务，大将一定要给予他信符作为凭证；大将派人巡查守卫情况时持有大将信符，信符不合或口令不相符合的人，伯和长以上的官吏就要把这些人扣押起来，并报告大将。应当扣押而不扣押，以及放跑了人的官兵，一律斩首。凡是犯有死罪以上的人，他们的父母、妻子、儿女和兄弟姐妹都要抓起来。在城上防守的男子，每十人中六人带弓箭，其余四人拿其他兵器；成年女子、老人和儿童每人手一杆长矛。

52.3 卒有惊事[1]，中军疾击鼓者三，城上道路、里中巷街皆无得行，行者斩。女子到大军，令行者男子行左，女子行右，无并行。皆就其守，不从令者斩。离守者三日而一徇[2]，而所以备奸也。里正与皆守宿里门[3]，吏行其部，至里门，正与开门内吏，与行父老之守及穷巷幽间无人之处。奸民之所谋为外心，罪车裂。正与父老及吏主部者，不得，皆斩；得之，除，又赏之黄金，人二镒。大将使使人行守，长夜五循行，短夜三循行。四面之吏亦皆自行其守，如大将之行，不从令者斩。

【注释】

〔1〕卒：同"猝"，仓猝。

〔2〕徇：同"询"，检查，盘问。

〔3〕与皆守：当为"与有守者"（孙诒让说）。

【译文】

突然有紧急情况，中军急忙击鼓三通，城上道路、城内街巷全部禁止通行，通行者斩首。女子参与大军行动，男子走左边，女子走右边，不许并排行走。所有军民都要回到各自的岗位，不服从命令者斩首。对擅离职守的情况要三天检查一次，以防奸细。里正和守卫士兵都要驻守里门，部吏巡行辖区，到里门，里正开门接待部吏，陪同巡查各父老所守的岗位和小巷偏僻无人的地方。生有外心、图谋通敌的奸民，车裂处死。里正、父老和部吏，没有预先发觉奸民，一律处斩。如能及时抓获，除了免罪，每人还要赏黄金四十八两。大将派亲信巡查所有防区，夜长时每晚巡查五次，夜短时每晚巡查三次。四门守将都要像大将一样巡查各自的防区，不执行命令者斩首。

52.4 诸灶必为屏，火突高出屋四尺〔1〕。慎无敢失火，失火者斩其端〔2〕，失火以为事者车裂。伍人不得〔3〕，斩；得之，除。救火者无敢喧哗，及离守绝巷救火者斩。其正及父老有守此巷中部吏，皆得救之，部吏呕令人谒之大将，大将使信人将左右救之，部吏失不言者斩。诸女子有死罪及坐失火皆无有所失，逮其以火为乱事者如法。

【注释】

〔1〕火突：烟囱。

〔2〕端：肇事者。

〔3〕伍人：指左右邻居。古代户籍制度把五家编为一伍。

【译文】

所有炉灶一定要砌防火墙，烟囱高出屋顶四尺。小心不要失火，失火斩主要责任人，故意纵火通敌者车裂。同伍中人抓不到纵火犯，斩首；抓住纵火犯，免于处罚。救火的人不许喧哗，喧哗者以及擅离岗位去其他街巷救火的人，问斩。里正、父老以及这一辖区的部吏都要救火，部吏要尽快派人报告大将，大将派遣亲信率领部下前去救火。部吏隐瞒不报者处斩。女子犯有死罪以及负失火责任者，全部逮捕不可放过，故意纵火作乱者依法惩处。

52.5　围城之重禁，敌人卒而至，严令吏命无敢喧嚣〔1〕、三最〔2〕、并行、相视坐泣、流涕若视、举手相探、相指、相呼、相麾、相踵、相投、相击、相靡以身及衣〔3〕、讼驳言语，及非令也而视敌动移者，斩。伍人不得，斩；得之，除。伍人踰城归敌，伍人不得，斩；与伯归敌〔4〕，队吏斩；与吏归敌，队将斩。归敌者父母、妻子同产，皆车裂。先觉之，除。当术需敌离地〔5〕，斩。伍人不得，斩；得之，除。

【注释】

〔1〕命：当作“民”。

〔2〕三最：三人以上相聚。

〔3〕相靡以身及衣：即勾肩搭背。

〔4〕伯：即"百夫长"，一百人队伍的头领。

〔5〕当术：正对敌人来攻的大路。术，城中道路。 需：畏惧，胆怯。

【译文】

被围困之城的重大禁忌在于，敌人突至，要严令官吏百姓不得喧哗，不准三人以上的人群聚集，不准两人并排行走，不准对坐相视哭泣，不准打手势探问、互相指手画脚、互相呼唤、互相挥动旗帜、前后跟随、互相抛掷、互相斗殴、勾肩搭背、互相争辩，以及没有得到命令而擅自察看敌人动向，否则一律处斩。同伍的人触犯条例不能及时制止和报告，斩首；能及时报告和制止，免罪。伍中有人越城投敌，同伍者没有抓住，斩首；百夫长投敌，队吏斩首；队吏投敌，队将斩首。投敌者的父母、妻子、儿女、兄弟全部车裂。事先发觉欲投敌的人，免罪。因畏敌而临阵脱逃的人，斩首；同伍的人不能发现并制止，斩首；能及时发现并制止，免罪。

52.6 其疾斗却敌于术，敌下终不能复上，疾斗者队二人，赐上奉〔1〕。而胜围，城周里以上，封城将三十里地，为关内侯；辅将如令赐上卿，丞及吏比于丞者，赐爵五大夫；官吏、豪杰与计坚守者，十人及城上吏比五官者〔2〕，皆赐公乘〔3〕。男子有守者爵，人二级，女子赐钱五千，男女老小先分守者，人赐钱千，复之三岁，无有所与，不租税。此所以劝吏民坚守胜围也。

【注释】

〔1〕奉：同"俸"，俸禄。

〔2〕十人：当为"士人"之误。

〔3〕公乘：一种爵位，有乘坐公车的资格，故名。

【译文】

战斗中迅速击败敌人，敌人败退后不能再次组织进攻的情况下，每队选出二名勇猛杀敌的士兵，赐予上等俸禄。冲破敌人防线，迫使敌人离开城邑一里以上的队伍，封守城将领为关内侯，赏赐土地三十里；副将按法令赐予上卿的官职，丞、吏以及官职相当于丞的人赐五大夫爵位，其他官吏、豪杰参与谋划坚守者、士人和城上那些职位相当于五官者，都赐爵公乘。凡有职务的男子皆赐爵，每人升二级，女子赏钱五千，男女老少参与守城者，每人赏钱一千，赋闲三年，不必参与徭役，不必交纳租税。这些都是用以鼓励官吏和百姓坚守城池、战胜围城之敌的措施。

52.7 卒侍大门中者，曹无过二人[1]。勇敢为前行，伍坐，令各知其左右前后。擅离署，戮。门尉昼三阅之，莫，鼓击门闭，一阅，守时令人参之，上逋者名[2]。铺食皆于署[3]，不得外食。守必谨微察视谒者、执盾、中涓及妇人侍前者志意、颜色、使令、言语之请[4]。及上饮食，必令人尝，皆非请也[5]，击而请故[6]。守有所不说谒者、执盾、中涓及妇人侍前者，守曰断之、冲之、若缚之。不如令及后缚者，皆断。必时素诚之。诸门下朝夕立若坐，各令以年少长相次。旦夕就位，先佑有功有能[7]，其余皆以次立。五日，官各上喜戏、居处不庄、好侵侮人者一[8]。

【注释】

〔1〕曹：守门者。

〔2〕逋者：擅离职守者。

〔3〕铺：当为"餔"。餔食，即"饮食"。

〔4〕请：通"情"，实情。

〔5〕非请：异常情况。

〔6〕击而请故：当作"系而诘故"（孙诒让说），抓捕并拷问真相。

〔7〕佑：同"右"，古时位次以右为尊。

〔8〕一：当为"名"（孙诒让说）。

【译文】

　　守卫主将官署大门的哨兵，每班不超过两人。勇敢的士兵走在队伍前面，伍人一组并坐，让他们知道各自的左右前后都是谁。擅自离开官署者，问斩。门尉白天巡视三次，晚上击鼓关门后再巡视一次，守将随机派人巡察，上报擅离岗位者的姓名。饮食全在官署，不许在外面吃喝。守将一定要谨慎细致地暗中观察谒者、执盾、中涓以及料理日常生活妇人们的心理、脸色、动作和言语的情况。每次上饭前，一定要先让人尝一尝，若有异常情况，立即抓住送饭人予以诘问。守将对身边的谒者、执盾、中涓及负责侍奉的妇人不满意，可以下令杀掉、拷打或捆绑起来，其他不执行命令或行动迟缓的侍从，皆可斩之。务必时时告诫他们。官署所有负责早晚警卫的人员有站有坐，各以年龄大小为次序。早晚值勤上岗，有功劳有才能者居先站上位或坐上座，其余则按次序排列。每隔五天，官长将那些嬉戏、不庄重、喜欢欺侮人的士兵情况分别予以上报。

　　52.8 诸人士、外使者来，必令有以执〔1〕。将出而还若行县，必使信人先戒舍，室乃出迎，门守〔2〕，乃入舍。为人下者常司上之，随而行。松上不随下〔3〕。必须□□随〔4〕。客卒守主人，及以为守卫，主人亦守客卒。城中戍卒，其邑或以下寇〔5〕，谨备之，数录其署，同邑者弗令共所守。与阶门吏为符，符合，入，劳〔6〕；符不合，牧〔7〕，守言。若城上者，衣服，他不如令者〔8〕。

【注释】

　　〔1〕执：信符，凭证。
　　〔2〕门：当为"闻"。
　　〔3〕松：当为"从"（王引之说），跟从。
　　〔4〕此句关键处缺文，译文从略。

〔5〕下寇：被敌寇攻陷。

〔6〕劳：慰劳。

〔7〕牧：当作"收"（苏时学说），逮捕、扣留。

〔8〕此句句意不完整，此下当有脱文。

【译文】

　　所有人员包括外来使者入城，一定要有官方凭证。将领外出巡行回来，一定要先派人告知其家属，家属出来迎接，先向城主报告后才返家。作为下级要时常照顾上级，出入随行。下级必须随从上级，上级却不必听从下级。外来士卒协防城池，主人也要防备他们。在城中协防的外来士卒，他们原来所在的城邑已被敌人攻陷，尤其要留神戒备，反复核查他们的名册，不能让来自同一城邑的人共防一处。负责守卫上城台阶的官吏要掌握兵符，兵符相合者允许进入，并加以慰劳；兵符不合者，就将其扣留，并报知城主。上城的人，服装或其他方面不符合规定者……

　　52.9 宿鼓在守大门中。莫令骑若使者操节闭城者[1]，皆以执戣[2]。昏鼓，鼓十，诸门亭皆闭之。行者断，必击问行故，乃行其罪。晨见，掌文鼓[3]，纵行者，诸城门吏各入请籥[4]，开门已，辄复上籥。有符节不用此令。寇至，楼鼓五，有周鼓，杂小鼓乃应之。小鼓五，后从军，断。命必足畏，赏必足利，令必行，令出辄人随，省其可行、不行。号，夕有号，失号，断。为守备程而署之曰某程[5]，置署街街衢阶若门，令往来者皆视而放[6]。诸吏卒民有谋杀伤其将长者，与谋反同罪，有能捕告，赐黄金二十斤，谨罪。非其分职而擅取之，若非其所当治而擅治为之，断。诸吏卒民非其部界而擅入他部界，辄收以属都司空若侯，侯以闻守，不收而擅纵

之，断。能捕得谋反、卖城、踰城敌者一人，以令为除死罪二人，城旦四人。反城事父母去者〔7〕，去者之父母妻子〔8〕，

【注释】
〔1〕莫：同“暮”。
〔2〕执圭：一种职守的官称（岑仲勉说）。
〔3〕文鼓：装有纹饰的大鼓。
〔4〕籥：钥匙。
〔5〕程：章程，规定。
〔6〕放：同“仿”，效法。
〔7〕反：同“翻”（岑仲勉说），翻越。
〔8〕事：当为“弃”。此后当有脱文。

【译文】
　　宿鼓放置在主将的大门之内。薄暮时分派骑兵跟随使者操符节传令闭城，使者身份必须为执圭。黄昏时分击鼓十次，所有城门路亭全部关闭，违令者处斩，但要先抓起来问明原因后再论罪惩处。早晨城主召见百官，击鼓放行，所有掌管城门的官吏从官署取得钥匙，开门后再交还钥匙。有特别符节者不在此禁令之列。敌寇进攻，城楼上击鼓五通，周边接着击鼓，再杂以众多小鼓应和，表示各军须即刻集合。小鼓响五通，之后才归队集合者，斩首。命令必须足以使人产生畏惧，赏赐必须足够丰厚，令出必行，号令发出，随即派人省察号令行还是未行。口令，夜晚有联络口令，口令不合，处斩。制定守备章程，标题就称“某某章程”，在街道、大路台阶和城门口张贴公告，使往来行人都能看到并照章行事。凡是谋害自己上级的官兵和百姓，与谋反者同罪；能够捉拿或告密者，赏金二十斤，并可免罪。越出职权范围擅自取用，和滥用职权行非法之事者，处斩。所有擅自闯入其他区域的官吏、士兵和百姓，全部拘留，交由都司空和侯看押；侯上报城主，不将其拘留而擅自放人者，处斩。对于能捉到一个谋反、出卖本城或越墙而入的敌人者，明令规定可以免除其家二人的死罪和四人的劳役。偷越城墙抛弃父

母离开者，此人的父母、妻子、儿女……

52.10 悉举民室材木、瓦若蔺石数〔1〕，署长短小大。当举不举，吏有罪。诸卒民居城上者各葆其左右，左右有罪而不智也〔2〕，其次伍有罪。若能身捕罪人若告之吏，皆构之〔3〕。若非伍而先知他伍之罪，皆倍其构赏。

【注释】
〔1〕蔺石：城上投人用的雷石。
〔2〕智：同"知"。
〔3〕构：同"购"，赏。

【译文】
　　全面清点百姓家的木材、砖瓦、石头等物的数目，造册登记其长短大小。应查报而没有查报者，官吏有罪。所有居守城上的士兵和百姓，要与其左右的人互相联保，邻人犯罪而不知情者，同伍皆有罪。如能亲自捉住罪犯或报告给官府，都予以奖赏。如果并非同伍却预先知道别伍中人有犯罪活动而报官者，都加倍给予奖赏。

52.11 城外令任，城内守任。令、丞、尉，亡，得入当，满十人以上，令、丞、尉夺爵各二级；百人以上，令、丞、尉免，以卒戍。诸取当者，必取寇虏，乃听之。募民欲财物粟米以贸易凡器者，卒以贾予。邑人知识、昆弟有罪，虽不在县中而欲为赎，若以粟米、钱金、布帛、他财物免出者，令许之。传言者十步一人，稽留言及乏传者，断。诸可以便事者，亟以疏传言守。吏卒民欲言事者，亟为传言请之吏，稽留不言诸者，断。县各上其县中豪杰若谋士、居大夫重厚口数多少〔1〕。官府城下吏、卒、民家前后左右相传保火。火发自燔[2]，燔曼延燔人，断。诸以众强凌弱少及强奸人妇女，以喧哗者，皆断。

【注释】

〔1〕居：当为"若"。　重厚：富厚（毕沅说）。

〔2〕燔：焚烧。

【译文】

城外防守任务由令负责，城内防守职责由守负责。令、丞、尉等官部下逃走，如果抓回俘虏的人数与逃兵数相当，功过可以抵消；逃兵超过所俘敌兵十人以上者，令、丞、尉各减爵二等；逃兵超过所俘敌兵百人以上者，令、丞、尉撤职罢官，以兵士身份担负防守。必须是从敌军抓来的俘虏才能抵消罪过。如果征募百姓的财物和粟米时百姓想交换各种器具，可按市价予以交换。城中居民有罪，他的朋友、兄弟即便不在本城内但想用粟米物财赎罪者，法令都许可。上下传话的人员每隔十步一人，迟滞或没有传达到命令者，处斩。凡是可以便宜行事的情况，应急忙书面向城主报告。官吏、兵士和百姓有事需进者，紧急通过传话人报知，官吏滞流或不代为传达者，处斩。各县的豪杰、谋士以及大夫和富厚之家的人数都要统计上报。官府城下官吏、士兵和百姓都要参加左邻右舍的火灾联保。失火烧了自家，或蔓延到了别家，处斩。凡是以强凌弱、强奸妇女、喧哗打闹者，全部处斩。

52.12　诸城门若亭，谨候视往来行者符。符传疑若无符，皆诣县廷言，请问其所使；其有符传者，善舍官府。其有知识、兄弟欲见之，为召，勿令里巷中[1]。三老、守间令厉缲夫为答[2]。若他以事者、微者，不得入里中。三老不得入家人。传令里中有以羽，羽在三所差[3]，家人各令其官中[4]，失令若稽留令者，断。家有守者治食。吏、卒、民无符节而擅入里巷、官府，吏、三老、守闾者失苛止，皆断。诸盗守器械、财物及相盗者，直一钱以上，皆断。吏、卒、民各自大书于杰[5]，著之其署同，守案其署，擅入者，断。城上日壹发席蓐[6]，令相错发。有匿不言人所挟藏在禁中者，断。

【注释】

〔1〕勿令里巷中："里巷"上当脱"人"字。
〔2〕缮夫：即掌炊事的厨师（岑仲勉说），代指仆役。缮，同"膳"。
〔3〕羽在三所差：当作"羽在三老所"（苏时学说）。
〔4〕官：当为"宫"，房屋，这里指民居。
〔5〕杰：同"楬"，揭帖。
〔6〕日壹发席蓐：当为"三日壹发席蓐"（孙诒让说）。

【译文】

　　所有城门和路亭，都要严格检查往来行人的凭证。凭证有问题或没有凭证者，全部送交县廷，盘问他们受谁指使。有凭证者，妥善安排其在官府住下。他们想要见自己的朋友、兄弟，就替他们招来，不能让他们进入里巷。若是见城中三老、守闾等人，可以让三老、守闾先派家中仆役代为应答。至于有其他事的人、身份卑微的人都不得擅自进入里巷中。三老也不能进入一般民众家里。向里巷传令就用羽书，羽书收在三老家中。向一般民众传令直接到他们家里，失职没有传送或延迟命令者，处斩。家中有看家的人则备办吃食。官吏、士兵和百姓擅自进入里巷和官府而没有凭证者，有关官吏、三老以及守门者没有仔细盘问和制止，全部处斩。所有偷盗守城器械、财物以及私人财物者，价值在一钱以上者，处斩。官员、士兵和百姓要将自己的姓名写在揭帖上，挂在官署墙壁上，守城主将案察官署，如发现有擅入者，处斩。城上每三天换发一次草席，规定大家要互相监督。若有知道他人私藏禁品而隐瞒不报者，处斩。

52.13 吏卒民死者，辄召其人与次司空葬之，勿令得坐泣。伤甚者令归治病，家善养，予医给药，赐酒日二升、肉二斤，令吏数行间，视病有瘳，辄造事上。诈为自贼伤以辟事者[1]，族之。事已，守使吏身行死伤家，临户而悲哀之。寇去事已，塞祷[2]。守以令益邑中豪杰力斗诸有功者，必身行死伤者家以吊哀之，身见死事之后[3]。城围罢，主歫发使者往劳，举有功及死伤者数，使爵禄，守身尊宠，明白贵之，令其怨结于敌。

【注释】

〔1〕辟：同"避"，逃避。
〔2〕塞祷，为报答神灵福佑举行的祭典。塞，同"赛"。
〔3〕死事之后：牺牲者的遗属。

【译文】

若官员、兵士和百姓战死，招来死者家属，同司空一道将死者埋葬，不得久坐哭泣。重伤员让其治病，家中要妥善照料，官府供医送药，每天赏酒二升，肉二斤，派官员时常前往探望，如病情好转，就归队效力。故意自残以逃避战斗者，灭族。战死者埋葬以后，守城主将派官员亲自到死者家中，表示哀悼。敌人退走，战事结束，举行赛祷。守城主将下令奖赏城中力战有功的豪杰之士，并亲自到死伤者家中慰问吊唁，亲自探问牺牲者的遗属。城围解除之后，国君应迅速派使者前往慰劳，上报有功者及死伤者的名单，赐予爵禄，守城主将受到尊荣，公开彰显其尊贵，使其与敌人结下仇恨。

52.14 城上卒若吏各保其左右。若欲以城为外谋者，父母、妻子、同产皆断。左右知不捕告，皆与同罪。城下里中家人皆相葆，若城上之数。有能捕告之者，封之以千家之邑；若非其左右及他伍捕告者，封之二千家之邑。

【译文】

　　城上的士兵和官吏也互相担保。如果有人打算替敌人出谋划策，其父母、妻子、儿女、兄弟都要砍头。身边互相担保者知情不捉不报，与通敌者同罪。城内里巷居民也都互为担保，方法如城上。如有能够捉拿并向上报告者，赐封给他食邑千家；如果能举报捉拿到别的担保组的通敌犯，就赐封给他食邑两千家。

　　52.15 城禁：使、卒、民不欲寇微职和旌者[1]，断。不从令者，断。非擅出令者[2]，断。失令者，断。倚戟县下城[3]，上下不与众等者，断。无应而妄喧呼者，断。总失者[4]，断。誉客内毁者，断。离署而聚语者，断。闻城鼓声而伍后上署者，断。人自大书版，著之其署隔，守必自谋其先后，非其署而妄入之者，断。离署左右，共入他署，左右不捕，挟私书，行请谒及为行书者，释守事而治私家事，卒民相盗家室、婴儿，皆断，无赦；人举而藉之[5]。无符节而横行军中者，断。客在城下，因数易其署而无易其养。誉敌，少以为众，乱以为治，敌攻拙以为巧者，断。客、主人无得相与言及相藉。客射以书，无得誉[6]；外示内以善，无得应，不从令者，皆断。禁无得举矢书，若以书射寇，犯令者父母、妻子皆断，身枭城上。有能捕告之者，赏之黄金二十斤。非时而行者，唯守及操太守之节而使者。

【注释】

　　[1]使：当为"吏"字之误。 不：疑衍。 微职：当为"徽识"。 和

旌：军门大旗。

〔2〕非：疑衍。

〔3〕倚戟县下城：下城不走台阶，而是无视军纪，撑着戟杆纵身跳下。

〔4〕总：当为"纵"，放走。

〔5〕藉：抓捕家属，抄没家产。

〔6〕誉：当为"举"（俞樾说）。

【译文】

守城禁令：官吏、兵士和百姓仿制敌人徽识和军门旗帜者，斩。不服从军令者，斩。擅发号令者，斩。延误军令者，斩。无视军纪撑着战戟纵身下城，上下城不与众人配合者，斩。不应号令而且喧哗叫嚣者，斩。私纵罪犯、遗失公物者，斩。称誉敌寇毁谤我军者，斩。擅离职守、聚众交谈者，斩。听到城头鼓声却击鼓五次之后才到岗者，斩。每人都要将自己的姓名写在板上，挂在各自所属官署的墙上，守城主将必须亲自验看他们所到先后，非本署人员擅自进入者，斩。离开自己的官署，与左右共同进入别处，而该官署人员不予捉拿；挟带私信，替人请托或代人送信；私离岗位去干私家事务；军民诱骗他人妻儿，均杀无赦；一经举报即刻将其家属、家产尽数籍没。没有凭证却在军中乱闯者，斩。敌人逼近城下，我方应不时更换官吏的岗位，但不要更换后勤人员。赞美敌人，敌人兵少却说成多，军纪混乱却说整肃，敌人进攻策略愚蠢却说巧妙者，斩。敌我双方不得交谈或交换物品。敌人用箭射来书信，不得捡取；敌人向城内故示伪善，不得响应，不从禁令者，斩。禁令规定不得捡取敌人射来的信物，城内也不得将书信射给敌人，触犯禁令者，父母、妻儿全部砍头，尸体还要挂在城上示众。抓获并报告上述情况者，赏黄金二十斤。能在禁行时间内行走城内者，只有守城主将及持有主将授予符节的公差。

52.16 守入临城，必谨问父老、吏大夫、请有怨仇雠不相解者〔1〕，召其人，明白为之解之。守必自异其人而藉之，孤之，有以私怨害城若吏事者，父母、妻子皆断。其以城为外谋者，三族。有能得若捕告者，以其所守邑小大封之，守还授印，尊宠官之，令吏大夫及卒民皆明知之。豪杰之外多交诸侯者，常请之，令上通知之，善属之，所居之吏上数选具之，令无得擅出入，连质之〔2〕。术乡长者〔3〕、父老、豪杰之亲戚父母、妻子，必尊宠之，若贫人食不能自给食者，上食之。及勇士父母、亲戚、妻子，皆时酒肉，必敬之，舍之必近太守。守楼临质宫而善周，必密涂楼，令下无见上，上见下，下无知上有人无人。

【注释】

〔1〕请：当作"诸"（孙诒让说）。

〔2〕质：扣押为人质。

〔3〕术乡：遂乡，即今所谓"乡镇"（岑仲勉说）。 术：同"遂"。

【译文】

守将入城，一定要详细询问城中父老、官吏和大夫，所有有仇怨且无法解除之人，召见当事人双方，明确为之消除前嫌。城守一定要隔开互有仇怨之人，将他们的名字一一记下，不安排他们在一起共事。如有因私仇而妨碍守城公务者，父母、妻子和儿女全部处斩。有泄漏城中机密为城外敌军出谋划策者，灭三族。有能察觉上报或捉拿通敌者，以通敌者所有城邑同样大小的城邑赏赐他，守城主将还要授予官印，给他尊宠并加官，让官吏、士大夫、士兵、老百姓全都知晓。那些广泛结交诸侯的豪杰之士，要经常召请，使高级官吏都认识他们，妥善安抚他们，所居地方的官员要处处优待他们，让他们不得擅自出入，并取他们的亲属作为人质。乡镇中的长者、父老、豪杰之士的亲戚、妻儿一定要给予尊重和保护。若是他们贫苦难以维持生活，官方要给予粮食。对于勇士的父母、亲戚、妻子、儿女，要经常赐给酒肉，敬重他们，将他们的住宿安排在靠近城主官署的附近。城主的官署楼居高临下挨近人质居住的房舍，要周密防卫，楼上务必密密地涂上泥，使楼上看得清楼下，而楼下却看不见楼上，不知道楼上是否有人。

52.17 守之所亲，举吏贞廉、忠信、无害、可任事者，其饮食酒肉勿禁，钱金、布帛、财物各自守之，慎勿相盗。葆宫之墙必三重，墙之垣，守者皆累瓦釜墙上[1]。门有吏，主者门里[2]，筦闭必须太守之节[3]。葆卫必取成卒有重厚者[4]，请择吏之忠信者、无害可任事者。令将卫，自筑十尺之垣，周还墙，门、闺者非令卫司马门[5]。望气者舍必近太守，巫舍必近公社，必敬神之。巫祝史与望气者必以善言告民，以请上报守[6]，守独知其请而已。无与望气妄为不善言惊恐民[7]，断弗赦。

【注释】

〔1〕釜：一本作"涂"。

〔2〕者：通"诸"。 门里：即"里门"。

〔3〕筦：同"管"，锁。

〔4〕葆卫：守护葆宫的卫兵。

〔5〕非：疑当为"并"（孙诒让说）。 司马门：守将官署中最靠内的一道门（岑仲勉说）。

〔6〕请：通"情"，实情。下同。

〔7〕无：当为"巫"。

【译文】

守将身边亲信，要挑选正直廉洁、忠实诚信、对人无害并能胜任事务的官吏。不要限制他们的饮食酒肉，金钱、布匹等财物各自保管，谨防互相盗窃。葆宫的围墙一定要修三重，守卫要给外垣墙头苫瓦。城内诸门皆设官吏，负责各门，启闭门皆须有主将所发的凭证。葆宫的守卫一定要选拔家庭富贵的卫兵担当，官吏必须挑选忠实诚信、可靠而又能胜任的人。令与将一级的官属要独立护卫，官署四周要筑起十尺高的围墙，守大门和闺门的卫兵，同时也看护司马门。望气者居住的地方一定要靠近守城主将的住所，巫师住所一定要靠近神社，必须像神灵一样敬重他。巫、祝、史与望气者必须以吉善之语安抚全城百姓，把占得的实情报告给守城主将，守城主将一人知道就行了。巫师和望气者胆敢以不吉的言语惊扰百姓，杀无赦。

52.18 度食不足，食民各自占家五种石升数〔1〕，为期，其在蕈害〔2〕，吏与杂訾〔3〕。期尽匿不占，占不悉，令吏卒微得〔4〕，皆断。有能捕告，赐什三。收粟米、布帛、钱金，出内畜产，皆为平直其贾，与主券人书之。事已，皆各以其贾倍偿之。又用其贾贵贱、多少赐爵，欲为吏者许之，其不欲为吏而欲以受赐赏爵禄，若赎出亲戚、所知罪人者，以令许之。其受构赏者令葆宫见，以与其亲。欲以复佐上者，皆倍其爵赏。某县某里某子家食口二人，积粟六百石；某里某子家食口十人，积粟百石。出粟米有期日，过期不出者王公有之，有能得，若告之，赏之什三。慎无令民知吾粟米多少。

【注释】

〔1〕食：当为"令"。 五种：即五谷。
〔2〕蕈害：当作"簿书"。
〔3〕杂訾：钱或物。
〔4〕微得：通过秘密侦查获悉。

【译文】

估计粮食不足，就让百姓估算自家五谷存粮，规定缴纳日期，登簿记账，官吏偿付等值的钱物。过了期限隐藏不缴，或者还未全部上交，派小吏和士兵暗中侦查，搜出者处斩。有能知情举报者，官府赏赐缴获粮食的十分之三。征收粟米、布帛、金钱、牲畜，都要公正估价，给主人开具证明，写清征收的数量和价值。战事结束之后，一律按原价双倍偿付。或根据应征财物当时的价格和数量赐爵，愿意为官者给官做，不愿做官而希望以应得爵位官职赎出犯罪的亲戚、朋友者，依法可以允诺。那些接受赏赐者，让他们入葆宫进见，表示对他们的亲信爱护。愿意把所得财物再度捐献出来资助上级者，加倍赐予爵禄。账簿格式为：某县某里某人家里人口两人，存积粟米六百石；某里某人家人口十人，积存粟米百石。缴纳粟米财物有明确的日期，过期不纳者抄没归王公所有。有知情者，上报给官府，赏给查出粮食的十分之三。千万不可让百姓知道我军存积粮草的数量。

52.19 守入城，先以候为始[1]，得辄宫养之，勿令知吾守卫之备。候者为异宫，父母妻子皆同其宫，赐衣食酒肉，信吏善待之。候来若复，就间[2]。守宫三难[3]，外环隅为之楼，内环为楼，楼入葆宫丈五尺为复道。葆不得有室，三日一发席蓐，略视之，布茅宫中，厚三尺以上。发候，必使乡邑忠信善重士，有亲戚、妻子，厚奉资之。必重发候，为养其亲若妻子。为异舍，无与员同所，给食之酒肉。遣他候，奉资之如前候，反，相参审信，厚赐之。候三发三信，重赐之。不欲受赐而欲为吏者，许之二百石之吏，守珮授之印[4]。其不欲为吏而欲受构赏，禄皆如前。有能入深至主国者，问之审信，赏之倍他候。其不欲受赏而欲为吏者，许之三百石之吏者。扞士受赏赐者[5]，守必身自致之其亲之所，见其见守之任。其欲复以佐上者，其构赏、爵禄、罪人倍之。

【注释】

〔1〕候：斥候，侦察兵。

〔2〕间：当为"问"（岑仲勉说）。

〔3〕难：当为"杂"（孙诒让说），同"匝"。

〔4〕珮：同"佩"。

〔5〕扞士：捍卫城池有功的战士。

【译文】

守将入城，工作从挑选侦察兵开始。物色到合适之人就把他接到官署中养起来，但不能让他知道我方的守备情况。侦察兵之间要隔开居住，他们的父母、妻儿与之同住，赐给衣食酒肉等物，派人好好招待他们。侦察兵回来交差，要接受问询。守城主将的住处有三道围墙，最外层围墙的四角建楼，内层围墙也建楼，楼与葆宫相接一丈五尺建有复道。葆宫不得有内室。每隔三天发放一次草席，略作检查，把茅草铺在宫中，厚三尺以上。派侦察兵出城，一定要派乡镇中忠实可靠的稳重之士，家中有父母妻儿者要多予资助。侦察兵出城要发放足够的钱物，以便其安排好自己的家人。侦察兵要分开居住，不能与众人同住，供给饮食要有酒有肉。派遣别的侦察兵，给予的钱物须与前者相同。侦察兵回来之后，将二人的情报互相参照核实，确实可信的话要厚赏他们。三次派出侦察兵，如果所获情报确实没有出入，就要加重奖赏。不愿受赏而愿做官者，许诺他二百石的官阶，守城主将授予他官印。不愿做官而愿受赏者，爵禄同前。有能力深入敌国探察情报者，经过审查确实可信，对他的赏赐要加倍。若他不愿受赏而愿做官，许诺他三百石的官阶。保卫城池功劳卓著的受赏勇士，守城主将一定要亲自将赏赐送到勇士父母住的地方，让他们亲睹主将对他们儿子的恩宠。那些把赏赐再度捐献给国家以资助上级者，所给奖赏、爵禄或赎出罪人的数量分别加倍。

52.20 出候〔1〕无过十里。居高便所树表，表三人守之，比至城者三表，与城上烽燧相望，昼则举烽，夜则举火。闻寇所从来，审知寇形必攻，论小城不自守通者〔2〕，尽葆其老弱、粟米、畜产。遣卒候者无过五十人，客至堞，去之，慎无厌建〔3〕。候者曹无过三百人，日暮出之，为微职〔4〕。空队〔5〕、要塞之人所往来者。令可□迹者〔6〕，无下里三人，平而迹〔7〕；各立其表，城上应之。候出越陈表，遮坐郭门之外内〔8〕，立其表。令卒之半居门内，令其少多无可知也。即有惊，见寇越陈表，城上以麾指之，迹坐正期〔9〕，以战备从麾所指。望见寇，举一垂〔10〕；入竟，举二垂；狎郭，举三垂；入郭，举四垂；狎城，举五垂，夜以火，皆如此。

【注释】

〔1〕侯：指前沿哨兵。

〔2〕论：考虑，掂量。守通：守卫交通要道。

〔3〕建：疑为"逮"之形误。逮，古与"怠"通（孙诒让说）。

〔4〕微职：当为"徽识"，徽章标志。

〔5〕空队：当为"空隧"，幽僻小径。

〔6〕迹者：查勘行人踪迹的巡逻兵。

〔7〕平而迹：当为"平明而迹"（王引之说），清晨进行察看。

〔8〕遮：当为"斥"，指留守城内的哨兵。参见《杂守》篇注。

〔9〕迹坐击正期：当为"遮坐击鼓整旗"。

〔10〕垂：同"燧"，烽烟。

【译文】

前沿哨兵出城巡逻不能超出十里。在地势高而便利处设立标竿，每个标杆安排三人看守。从最远处到城邑共设三处标杆，与城上烽火相望，白天举烽烟，晚上烧烽火。弄清敌军所来的方向，查知敌军势必攻城，若考虑到城小无法守住交通要道，就将老人、孩子、粟米、牲畜尽数护送入城。派出的巡逻兵不超过五十人，当敌兵兵临城下，立刻撤回，不要滞留城外。巡逻兵人数不超过三百人，天黑出城，戴上徽章标志。派人到幽僻小径和要塞处察看敌人踪迹。派出善于察看行人踪迹的巡逻兵，一里地不少于三人，天未亮就出城查勘。每人都树起向城上传递信息的标杆，城上作出回应。巡逻兵出城设置标杆，城内哨兵坐于郭门内外，也树立标杆以与城外联络。命令士兵一半在郭门内，一半在郭门外，使敌人无从知道我军人数多少。一旦情况危急，看到敌军已越过城外标杆，城上就用旗号指挥士卒，哨兵击鼓整旗，跟随城上旗号的指挥作好战斗准备。望见敌军，燃起一堆烽烟；敌军入境，燃起两堆烽烟；敌军接近外城，燃起三堆烽烟；敌军攻入外城，燃起四堆烽烟；敌军逼近城墙，燃起五堆烽烟。夜间就燃烽火，其他全部相同。

52.21 去郭百步，墙垣、树木小大尽伐除之。外空井尽窒之，无令可得汲也。外空室尽发之，木尽伐之。诸可以攻城者尽内城中，令其人各有以记之，事以〔1〕，各以其记取之。事为之券，书其枚数。当遂材木不能尽内〔2〕，即烧之，无令客得而用之。

【注释】
〔1〕以：同"已"，完毕。
〔2〕遂：指大路。

【译文】
距离外城百步之内，墙与树木不论大小全部拆除、砍伐掉。城外空井全部填塞，使敌人无法打水。城外空屋全部拆毁，树木全部砍光。一切可以用来攻城的东西全部运进城内，让物主做好记号。战事结束，按各自的记号取回。事前写好收据，写清品种数量。当路木材不能全部运进城的，即刻烧掉，不要让敌军得以使用。

52.22 人自大书版，著之其署忠〔1〕。有司出其所治，则从淫之法〔2〕，其罪射〔3〕。务色谩正〔4〕，淫嚣不静，当路尼众〔5〕，舍事后就，逾时不宁，其罪射。喧嚣骇众，其罪杀。非上不谏，次主凶言〔6〕，其罪杀。无敢有乐器、弊骐军中〔7〕，有则其罪射。非有司之令，无敢有车驰、人趋，有则其罪射。无敢散牛马军中，有则其罪射。饮食不时，其罪射。无敢歌哭于军中，有则其罪射。令各执罚尽杀。有司见有罪而不诛，同罚；若或逃之，亦杀。凡将率斗其众失法，杀。凡有司不使去卒、吏民闻誓令〔8〕，代之服罪。凡戮人于市，死上目行〔9〕。

【注释】

〔1〕忠：同"中"。

〔2〕从：同"纵"。

〔3〕射：当为"躲"（孙诒让说），军中以箭矢穿耳的刑罚。

〔4〕务色：当为"矜色"（苏时学说）。

〔5〕尼：止，阻碍。

〔6〕次主：当为"恣出"之讹（岑仲勉说）。

〔7〕弊骐：当为"弈棋"（孙诒让说）。

〔8〕去：当作"士"。

〔9〕死：指死尸。上目行：当作"三日徇"（孙诒让说），示众三日。

【译文】

每个人写好自己的木牌，置于官署中。官方公布刑罚条例，包括惩治放纵淫欲之法，以箭穿耳；骄矜无礼、欺压良民，喧嚣不止的人，当路故意阻碍民众的人，就职到岗位迟到，过戒严时间还不安宁的人，其罪也当以箭穿耳。喧哗叫嚣惊扰百姓，当判死罪。非议上级而不是当面进谏的人，随意散布不利言论的人，当判死罪。军中不准私藏乐器，不准下棋，有此行为者以箭穿耳。没有上级命令，军中不准驾车奔驰或徒步奔跑，有此行为者以箭穿耳。不准在军中散放牛马，有此行为者以箭穿耳。不按时饮食者，以箭穿耳。军中不得唱歌、号哭，有者以箭穿耳。命令各级官吏按刑罚条规执行，该杀则杀。官吏见到有罪者而不诛杀，与罪犯同罚。如果让罪犯逃走，杀责任人。率兵作战不得要领的将领，杀。凡官吏不能使兵士、百姓知晓军中禁令者，有人犯法时官吏代为受罚。凡是斩首于市者，陈尸示众三天。

52.23 谒者侍令门外[1]，为二曹，夹门坐，铺食更[2]，无空。门下谒者一长，守数令入中视其亡者，以督门尉与其官长，及亡者入中报。四人夹令门内坐，二人夹散门外坐。客见，持兵立前，铺食更，上侍者名。守室下高楼候者，望见乘车若骑卒道外来者，及城中非常者，辄言之守。守以须城上候城门及邑吏来告其事者以验之，楼下人受候者言，以报守。中涓二人，夹散门内坐，门常闭，铺食更；中涓一长者。环守宫之术衢[3]，置屯道，各垣其两旁，高丈，为坤院[4]，立初鸡足置，夹挟视葆食[5]。而札书得必谨案视参食者[6]，即不法，正请之。屯陈、垣外术衢街皆楼，高临里中，楼一鼓、聋灶[7]；即有物故，鼓，吏至而止。夜以火指鼓所。城下五十步一厕，厕与上同圂，请有罪过而可无断者[8]，令杍厕利之[9]。

【注释】
〔1〕谒者：卫兵。令门：守将官署大门。
〔2〕铺：同"舖"。下同。
〔3〕术衢：四通八达的大街。
〔4〕坤院：城上有窥视孔的矮墙。
〔5〕夹挟视葆食：文有舛误，当为"卒夹视葆舍"（孙诒让说）。
〔6〕参食：当为"参验"（王念孙说）。
〔7〕聋：当作"垄"。

〔8〕请：为"诸"之误（孙诒让说）。
〔9〕杍：清扫。利：当为"罚"。

【译文】

主将门外的卫兵共两队，夹门而坐，轮班吃饭，不能使守卫出现空档。门卫有一名首领，守将经常命他到军中巡查脱逃士兵，以此督促门尉及其官长，并报告脱逃者的姓名。四个士兵夹坐于守将门内，二人夹坐于散门外。有客来见主将，卫兵手持兵器站在前方，吃饭时进行更换，要报告卫兵的姓名。守将堂下或高楼中观望敌情的人，一望见有乘车和骑兵从道外而来，以及城中有异常情况，立即报知守将。守将等候城门上观察兵和城邑官吏中来报告此事的，参验情况。主将楼下的人听取观察员的话，报给主将。任命两名中涓官，在散门内夹道而坐，门平时经常关闭，轮班吃饭。中涓官中要有一名年长者。环绕守将官室的大路修筑夹道，两边分别砌墙，高一丈，墙头女墙设置窥视孔，像鸡脚一样高立，以便监视葆舍。每收到文书都一定要认真与其他情况参验，不合军法之处立刻呈请上级。夹道、墙外大路、街道都建高楼，居高临下立于里中。楼上备有一面鼓、垄灶，有事击鼓，官吏全部赶到时停止。夜间用火把照亮鼓所在地点。城下每五十步建一个厕所，与城上相应位置的厕所共用一个粪池，让有过失又不至判刑的人去打扫，作为惩罚。

【评析】

墨翟善守，不仅表现在各种行之有效的防御战术和武器装备上，同时更体现在对战备工作的高度重视上，也就是墨子所说的"备不先具者无以安主"。墨子强调，无论在战前、战时和战后，都需要高效运转的指挥体系和严密的组织管理。同时，面对残酷的战争和复杂的人性，严酷的刑罚和丰厚的奖赏都是震慑异己者和意志薄弱者的有效手段。至于吊死扶伤，更是墨家兼爱思想中的应有之义。

《号令》篇着重构建的首先是一个能够高效运转的指挥体系。在墨子看来，一个高效的指挥体系必然是以守城主将为中心的权责明晰的人事体系。在这个体系中，每一个人都有自己的岗位和明确的职责，不能越俎代庖，更不能玩忽职守。不同于和平时期的国家管理，战时守城主将最关注的不是自己的副手，而是情报人员，所谓"守入城，先以候为始"。只有建立起完备的情报系统之后，主将才会考虑各级官吏的任免和权责的划分。墨子指出，官吏安排有一个基本原则："守之所亲，举失贞廉、忠信、无害可任事者。"墨家深谙用人之道，指出要用人不疑，"其饮食酒肉勿禁，钱金、布帛、财物各自守之"。当然，对于"有仇怨不相解者"，守将一定要事先为之调解，并把他们安排到互不隶属和相干的岗位上去。至于守城中的重要岗位，自然要从公正而有能力的人中挑选，但这些人必须是身家清白、毫无问题，原则上这些人要么是立过军功的勇士，要么是富家子弟中的佼佼者。

所谓号令，并不是指具体的军事口令，而是指各种军规军纪、战时管理条例和各种禁令。墨子的防御事实上是一种全民防御，即全民皆兵、共同参与。正如孟子所言："争地以战，杀人盈野；争城以战，杀人盈城。"（《孟子·离娄上》）在残酷的战争面前，没有性别、年龄的差别，一座城池就是一个命运共同体，所有人都被赋予天然的守城职责。对战斗人员而言，严肃的纪律是维持军队战斗力的基本要求，而在硝烟弥漫的战场上，严刑峻法更是震慑意志薄弱者的必要手段，可以将所有官兵凝结成一个最为坚固、最为高效的战斗集体。一盘散沙似的集体没有任何战斗力，更无法对抗强大的敌人，最后必然走向城毁人亡的悲惨结局。同样，对非战斗人员而言，既然是休戚与共，战时就有义务密切配合政府的管理，而政府也必须详细制定比平时更为严苛的战时管理条例和各种禁令，一方面可以最大限度地配合军队的各项军事行动，另一方面也能最大限度地降低奸细的渗透和变生肘腋的风险。有时候，内部悄无声息的渗透甚至比外部的猛烈进攻破坏力更强。所以，墨子才强调指出，战时建立一个覆盖全城的监控网络和快速反应机制是十分必要的，而最有效的方法莫过于人与人之间的互相监督和畅通无阻的汇报机制。这样，当有奸细出没或有人出现投敌倾向时便能尽早发觉，及时处理，将危险扼杀在萌芽状态之中。

当然，战争不是只有冲锋陷阵，还需要做好战后的善后工作。善后工作千头万绪，除了补偿战争中征调的民间物质之外，就是要处理好活人和死人的问题。对活着的人，要有功必赏，有过必罚。"命必足勇，赏必足利。"无论赏罚，都要充分体现政府号令应有的威严。在墨子来说，义就是利，正义就是对有功者予以物质和精神利益方面的奖赏，就是要给予他们财富、爵位和荣誉，"高予之爵，重予之禄，任之以事"（《尚贤》）。对于战争中死去的人，要做好抚恤工作，逝者已矣，要把死者应得的荣誉和奖赏留给还要继续活下去的亲属。这不仅是一种姿态，也是对号令威严的一种维护。

杂 守

【题解】

《杂守》篇内容比较驳杂，主要介绍进行城市防御战时需要注意的一些不成系统但又不可忽视的细节，可以看作是对其他专题战术的一种有益补充，部分章节的内容前面曾经出现过，可以互相参考。墨子师徒二人的对话内容主要包括如何应对羊坽之攻，如何设置侦察哨所，如何安置难民，如何燃举烽火传递战场信息，如何分配口粮，如何处理城外的军用物资以及一些零碎的备战知识等等。文章显得杂乱无章，却也能看出墨子的一番良苦用心。

53.1 禽子问曰："客众而勇，轻意见威[1]，以駭主人；薪土俱上，以为羊坽[2]，积土为高，以临民，蒙櫓俱前，遂属之城，兵弩俱上，为之奈何？"子墨子曰：子问羊坽之守邪？羊坽者，攻之拙者也，足以劳卒，不足以害城。羊坽之政[3]，远攻则远害，近城则近害，不至城[4]，矢石无休，左右趣射，兰为柱后[5]，望以固。厉吾锐卒，慎无使顾，守者重下，攻者轻去。养勇高奋，民心百倍，多执数少[6]，卒乃不怠。作士不休[7]，不能禁御，遂属之城，以御云梯之法应之。凡待烟、冲、云梯、临之法[8]，必应城以御之[9]，曰不足，则以木椁之[10]。左百步，右百步，繁下矢、石、沙、炭，以雨之，薪火、水汤以济之。选厉锐卒，慎无使顾，审赏行罚，以静为故，从之以急，无使生虑。恚癄高愤〔11〕，民心百倍，多执数赏，卒乃不怠。冲、临、梯皆以冲冲之。

【注释】

〔1〕意：当为"竟"（孙诒让说）。轻竟，即轻斗，视死如归。

〔2〕羊坽：用乱柴混合泥土堆积成通往高处（城头）的小道。

〔3〕政：当为"攻"字之误。

〔4〕不至城：当为"害不至城"，"害"字涉上而脱。

〔5〕兰为柱后："兰（蘭）"当为"藺"之误，即藺石，大石头。柱，同"拄"，撑持。柱后，犹后盾，谓碎石之后，继以大石也（岑仲勉说）。

〔6〕少：当为"赏"（王念孙说）。

〔7〕士：当作"土"。

〔8〕烟：通"堙"，填塞。

〔9〕应城：在城上临时加筑城墙。

〔10〕椁：当为"搒"（王引之说），撞击，敲打。

〔11〕癄：当为"愚"（毕沅说），意为"勇"。

【译文】

禽滑釐问道："敌军众多且勇猛，纵气逞威，用气势威吓守军；进攻时用乱柴泥土堆积成羊坽道，堆积土石筑成高台，居高临下威胁守军；手持大盾齐往前冲，迅速接近城头，兵器、弓弩一齐攻杀过来，该怎么应付呢？"墨子说：你是问应付以羊坽进攻的防御之法吧？羊坽攻城是一种笨拙的进攻法，只会令进攻一方的士卒疲惫不堪，不足以危害守方城池。对付羊坽进攻之法，敌人在远处时就在远处杀伤他们，在近处时就在近处杀伤他们，城池不会受到太大威胁。箭和雷石不停地投射，箭矢从左右两边交叉急速射击，小擂石之后又是大擂石，希望能以此固守。激励精兵，谨慎地不使他们心生顾虑，守城者有不能轻易被攻克的信念，而进攻者的心态还是比较容易选择撤退的。要培养士兵们的勇气和斗志，民心百倍加强，擒敌立功多的人要多次奖赏，士兵们就不会懈怠。若敌军无休止地堆土成台以进攻，无法有效地加以阻止，终于接近我城，我军就用防御云梯的办法来应对。凡是遇到敌人填塞护城河，冲车攻城、云梯爬城、筑土为山以高临下等进攻法，需要加高加固城池来抵御，如果来不及加固完善，就用打木桩的方法来提高防御力，范围为左边百步，右边百步。将弓箭、石块、沙、炭如暴雨般向敌兵倾洒，再用火把、开水加以辅助。挑选精兵，加以激励，千万注意不要使其有所顾虑。公正严明地执行赏罚，以平稳静定为常态，以雷厉风行为辅助手段，避免一切可虑之事。培养军士的同仇敌忾精神，使民心百倍增强，擒敌立功多的人要多次奖赏，士兵们便不致懈怠。对付冲车、高临、云梯等等，都可用冲机撞击以摧毁它们。

53.2 渠长丈五尺，其埋者三尺，矢长丈二尺。渠广丈六尺，其弟丈二尺〔1〕，渠之垂者四尺。树渠无傅叶五寸〔2〕，梯渠十丈一梯，渠、苔大数，里二百五十八〔3〕，渠、苔百二十九。诸外道可要塞以难寇，其甚害者为筑三亭，亭三隅，织女之〔4〕，令能相救。诸距阜、山林、沟渎、丘陵、阡陌、郭门若阎术〔5〕，可要塞及为微职〔6〕，可以迹知往来者少多即所伏藏之处。

【注释】
〔1〕弟：通“梯”。
〔2〕叶：通“堞”，女墙。
〔3〕句末当脱“步”字（孙诒让说）。
〔4〕织：当为“帜”。女：当为“如”。
〔5〕距：通“钜”，大。阎术：这里泛指里巷街道。
〔6〕职：通“帜”，这里指作为标志的旗帜。

【译文】
渠柱长一丈五尺，其下部三尺埋入地下，地面以上部分长一丈二尺。渠宽一丈六尺，梯子长一丈二尺，渠顶部下垂部分四尺。埋设渠柱时要和城堞保持五寸的距离。每十丈设一渠梯，渠和苔设置范围大约在一里二百五十八步内，共埋设一百二十九具。城外各个

要道可以筑起关隘，给敌人进攻设置障碍。在最要害的地方筑三个
瞭望亭，呈三角形分布，旗帜也根据亭子的位置布置，使彼此间可
以守望相助。在每处大土岗、山林、河沟、丘陵、田间小路、城郭
门户和里巷街道，凡是要塞地段皆设立旗帜，可借此侦伺敌人踪
迹，判断敌军人数多寡及隐蔽埋伏之处。

53.3 葆民[1]，先举城中官府、民宅、室署，大小调
处，葆者或欲从兄弟、知识者许之[2]。外宅粟米、畜产、
财物诸可以佐城者，送入城中，事即急，则使积门内。
民献粟米、布帛、金钱、牛马、畜产，皆为置平贾，与
主券书之。使人各得其所长，天下事当；钧其分职，天
下事得；皆其所喜，天下事备；强弱有数，天下事具矣。

【注释】
　〔1〕葆民：指为进入城中的各地百姓安排住所。
　〔2〕知识：相识之人。

【译文】
　妥善安置外地民众，先动用城中的官府、民宅、官署，根据
房屋大小分派百姓居住。被安置者如果有希望和兄弟、朋友同住者
可以获准。外面的粮食、牲畜、财物等一切有助于守城者，均运送
入城，一旦情况紧急，就堆在城门内。百姓献纳的粮食、布帛、金
钱、牛马、牲畜，全部公平核价，为其开具书券写清楚。如果能够
让人们发挥各自的特长，天下事就能处置妥当；各自尽其应尽的职
责，天下事就无不成功；每个人都喜欢自己的岗位，天下事就能样
样完备；强弱各有恰当的安置，天下就万事俱备了。

53.4 筑邮亭者圜之，高三丈以上，令侍杀[1]，为辟梯[2]。
梯两臂长三尺[3]，连门三尺[4]，报以绳连之。椠再[5]，

杂为县梁。聋灶[6]，亭一鼓。寇烽、惊烽、乱烽，传火以次应之，至主国止，其事急者引而上下之。烽火以举[7]，辄五鼓传，又以火属之，言寇所从来者少多，旦弇还。去来属次烽勿罢[8]。望见寇，举一烽；入境，举二烽；射妻[9]，举三烽一蓝[10]；郭会，举四烽二蓝；城会，举五烽五蓝；夜以火，如此数。守烽者事急。

【注释】

〔1〕侍：通“倚”，倾斜。杀：减。

〔2〕辟：通“臂”。

〔3〕三尺：当为“三丈”。

〔4〕连门：当为“连版”（孙诒让说），即梯臂之间连接木板为梯级。

〔5〕椠：通“堑”。

〔6〕聋：通“垄”。

〔7〕以：通“已”。

〔8〕弇：同“淹”，淹滞。

〔9〕射妻：应作“射要”，意为敌军快速进袭紧要之地。

〔10〕蓝：当为“鼓”（王引之说），击鼓。

【译文】

候望敌情的邮亭要建造成圆形，高度在三丈以上，上部砍削作倾斜状。设置有扶手的梯子，梯子两臂长三丈，梯板长三尺，将梯板和梯臂用绳子捆结。构筑内外两层堑壕，上面架起悬梁。砌好垄灶，每亭还要备一面鼓。烽火分三种：寇烽报告敌人来袭，惊烽意为形势紧急，乱烽预示将要全面崩溃。烽火次第相传，直至国都为止。情况紧急时牵引烽火一上一下滑动。烽火点燃后，就击鼓五通以传递军情，再以烽火的不同形态告知敌军的方向和人数多少，不可迟误。如敌军往复来去，烽火不可熄灭。初见敌兵入侵，燃起一堆烽烟；敌军已入境，燃起两堆烽烟；敌人突入紧要之地，燃起三堆烽烟，擂鼓一通；敌人攻至外城，燃起四堆烽烟，击鼓两通；敌军若聚集城下，则燃起五堆烽烟，击鼓五通。夜间以火光代替烽烟，数目照旧。守望烽火者掌管紧急情况。

53.5 候无过五十，寇至叶[1]，随去之，唯弇逮[2]。日暮出之，令皆为微职[3]。距阜、山林皆令可以迹[4]，平明而迹，无迹，各立其表，下城之应[5]。候出置田表，斥坐郭内外[6]，立旗帜。卒半在内，令多少无可知。即有惊，举孔表[7]；见寇，举牧表[8]。城上以麾指之，斥步鼓整旗，旗以备战从麾所指。田者男子以战备从斥，女子亟走入。即见放[9]，到传到城止[10]。守表者三人，更立捶表而望[11]，守数令骑若吏行旁视，有以知为所为。其曹一鼓，望见寇，鼓传到城止。

【注释】

〔1〕叶：当为“堞”。城墙上向外一侧的墙垛，其形如齿，中间留有孔洞，可用于瞭望和射箭，又称女墙。

〔2〕唯弇逮：当为“无厌逮”，“逮”通“怠”（孙诒让说）。

〔3〕职：通“帜”，标志。

〔4〕距：同“巨”，大。　迹：指侦查。

〔5〕这句话文有舛误，应作“平明而迹，迹者，无下里三人，各立其表，城上应之”（王引之说）。

〔6〕斥：指在城内策应侦察兵的巡逻兵。

〔7〕孔：当为“外”。

〔8〕牧：当为“次”。

〔9〕放：为“寇”字之误。

〔10〕前“到”字当为“鼓”（王引之说）。

〔11〕捶表：当为“邮表”（俞樾说），烽燧守望之所。

【译文】

侦察兵不超过五十人，若敌军已到城下，就迅速离开，切勿拖沓滞留。黄昏时分派遣出城，所有人都戴上徽章标志。大土山、山林等地设立哨位令其方便侦查，平明时分进行探察，每里派遣的侦察兵不少于三名，各自树立标记，城上根据标记作出连动反应。侦察兵到野外设立标记，巡逻兵在郭内外策应，竖起旗帜。将半数士卒留在郭内，使外敌无法得知我军的确切人数。一旦情况紧急，举起野外的标志；敌人进入视野，举距离近的旗帜。城上用旗帜指挥，巡逻兵击鼓竖旗，全军备战，一切行动听从城头旗帜的指挥。城外耕作的农夫要持武器跟随巡逻兵作战，女人赶快入城躲避。见到敌军就击鼓，警讯传到城上为止。派三人守标志，还要设立烽燧守望之所。守城主将时常派骑兵和官吏到各处巡视，以了解他们的行动。守标志者配备一面鼓，望见敌军，依次击鼓，直到警讯传到城上为止。

53.6 斗食[1]，终岁三十六石；参食[2]，终岁二十四石；四食，终岁十八石；五食，终岁十四石四斗；六食，终岁十二石。斗食食五升，参食食参升小半，四食食二升半，五食食二升，六食食一升大半，日再食。救死之时，日二升者二十日，日三升者三十日，日四升者四十日，如是而民免于九十日之约矣[3]。

【注释】

〔1〕斗食：每日食一斗之粮，一日两餐，一餐五斗，一年三十六石。

〔2〕参食：一斗三分，每日食三分之二，一日两餐，一餐三升小半，一年二十四石。以下诸标准依次类推。

〔3〕约：强行限制。

【译文】

每人每天分一斗粮，一年约三十六石；每人每天分三分之二斗粮，一年约二十四石；每人每天分四分之二斗粮，一年约十八石；每人每天分五分之二斗粮，一年分十四石四斗；每人每天分六分之二斗粮，一年约十二石。每天吃一斗，则平均每餐五升；每天吃三

分之二斗，则每餐吃三升又一小半升；每天吃四分之二斗，则平均
每餐吃二升半；每天吃五分之二斗，则平均每餐吃二升；每天吃六
分之二斗，则每餐平均吃一升另大半升；每日吃两餐。维持生存的
艰难时期，每人每天按二升吃二十天，每天三升吃三十天，每天四
升吃四十天，依靠这九十天的强行限制，百姓就能免于饿死。

53.7寇近，亟收诸杂乡金器若铜铁及他可以左守事
者[1]。先举县官室居、官府不急者，材之大小长短及凡
数，即急先发。寇薄[2]，发屋，伐木，虽有请谒，勿
听。入柴，勿积鱼鳞簪[3]，当队[4]，令易取也。材木不
能尽入者，燔之，无令寇得用之。积木，各以长短、大
小、恶美形相从。城四面外各积其内，诸木大者皆以为
关鼻[5]，乃积聚之。

【注释】
〔1〕左：通"佐"，辅助。
〔2〕薄：迫近。
〔3〕积鱼鳞簪：像鱼鳞一样交错散放。
〔4〕当队：当路。
〔5〕关鼻：可以穿绳拖拽的钮。

【译文】
敌兵迫近，紧急收集各乡铜铁类的金属器物以及其他可以用来
帮助守城的东西。先取用官吏家中、官府之中不急用之物，统计木
材大小、长短及总数，紧急先运上城。敌军迫近，就拆除房舍，伐
尽树木，即使有人求情，也不能批准。运入城的柴木，不能像鱼鳞
一样交错散乱堆置，要堆放在当路，方便取用。不能全部运进城的
木材，就地烧光，勿让敌军得以取用。堆放木材时，分别按照长
短、大小、材质好坏及形体大小来堆放。从城外四方运来的物品全
部堆放在城内，所有大木头都要安装环钮，然后堆放在一起。

53.8 城守司马以上，父母、昆弟、妻子有质在主所，乃可以坚守。署都司空，大城四人，候二人，县候面一，亭尉、次司空，亭一人。吏侍守所者财足廉信[1]。父母、昆弟、妻子有在葆宫中者，乃得为侍吏。诸吏必有质，乃得任事。守大门者二人，夹门而立，令行者趣其外[2]。各四戟，夹门立，而其人坐其下。吏日五阅之，上逋者名。

【注释】
〔1〕财：通"才"，才能。
〔2〕趣：疾行。

【译文】
守城官员职位在司马以上者，父母、兄弟、妻子和儿女中要有人在主帅处做人质，城池才能坚守。大城设置都司空四名，候二名，城池四面各设一名县候，每亭任命一名亭尉、一名次司空。在主将衙署中任职的官吏要才能足备、廉洁诚信。只有父母、兄弟、妻子、儿女在葆宫中的人，才能担任侍吏。所有官吏必须留下人质，才能获得委任。派两名卫士守卫衙署大门，分立门两侧，命令行人迅速离去。另有四名持戟武士，分列门两侧，而守门者坐于戟下。官吏每天巡检五次，上报逃跑卫兵的姓名。

53.9 池外廉有要有害[1]，必为疑人[2]，令往来行夜者射之，谋其疏者[3]。墙外水中为竹箭，箭尺广二步，箭下于水五寸，杂长短，前外廉三行，外外乡[4]，内亦内乡。三十步一弩庐，庐广十尺，袤丈二尺。队有急，极发其近者往佐[5]，其次袭其处[6]。守节出入使，主节必疏书，署其情，令若其事，而须其还报以剑验之[7]。

节出，使所出门者，辄言节出时、掺者名⁸⁾。百步一
队。閤通守舍⁹⁾，相错穿室。治复道，为筑墉¹⁰⁾，墉善
其上。

【注释】

〔1〕池外廉：护城河外沿，靠近敌军的一边。 有要有害：指要冲位
置要预设陷阱埋伏。

〔2〕疑人：指稻草人，远望之如人形，以为疑兵。

〔3〕谋：乃"诛"字之误（俞樾说）。

〔4〕乡：通"向"。

〔5〕极：通"亟"，急。

〔6〕袭：接应。

〔7〕须：等待。剑：当为"参"，参验。

〔8〕掺：通"操"。

〔9〕閤：旁门。

〔10〕墉：墙。

【译文】

护城河外沿要冲位置要预设埋伏，令设稻草人以为疑兵，命
令对往来的夜行者射杀勿论，疏忽怠慢者斩首。城外水中遍插竹
箭，竹箭间距为两步，箭尖在水面五寸以下，长短错杂，前排外边
三行，外围竹箭箭尖斜指向外，内围竹箭箭尖斜指向内。每隔三十
步设一座发射弩箭的小屋，小屋宽十尺，长一丈二尺。某一队伍形
势紧急，紧急派附近部队前往支援，稍近的部队前往接应。守将为
出入官吏发放符节，掌管符节的官吏须将敌情详情记录在案，使其
报告与实情相符，待其汇报时予以验证。符节发出，令持节出门的
使者上报凭证出门的时间和持节者的姓名。每隔一百步设置一支队
伍。守城主将衙门的边门通向其居舍，旁门相互错置。修建复道，
筑墙，墙顶苫瓦。

53.10 取疏⁽¹⁾，令民家有三年畜蔬食⁽²⁾，以备湛、旱、

岁不为[3]。常令边县豫种畜芫、芸、乌喙、袾叶[4]，外宅沟井可填塞，不可，置此其中。安则示以危，危示以安。寇至，诸门户令皆凿而类窍之，各为二类，一凿而属绳，绳长四尺，大如指。寇至，先杀牛、羊、鸡、狗、乌、雁[5]，收其皮革、筋、角、脂、蒩、羽[6]。毚皆剥之。吏樿桐亶[7]，为铁錍[8]，厚简为衡枉[9]。事急，卒不可远，令掘外宅林。谋多少[10]，若治城□为击，三隅之。重五斤已上，诸林木，渥水中，无过一茷[11]。涂茅屋若积薪者，厚五寸已上。吏各举其步界中财物可以左守备者[12]，上。

【注释】

〔1〕取：同"趣"督促。 疏：同"蔬"，蔬菜。

〔2〕畜：同"蓄"，积蓄。

〔3〕湛：水灾。 岁不为：年成不好，歉收。

〔4〕芫、芸、乌喙、袾叶：四者皆为有毒植物。 芸为香草，此处当为"芒"字之误。

〔5〕乌：当为"凫"。

〔6〕蒩：当为"脑"字之讹（毕沅说）。

〔7〕樿：疑当为"樻"字之误（孙诒让说），楸。 亶：未详。

〔8〕铁錍：铁制箭矢，较普通箭矢更长、扁平、锋利。

〔9〕枉：当为"柱"（孙诒让说）。

〔10〕谋：疑当为"课"（孙诒让说），征用。

〔11〕一茷：一排。

〔12〕左：同"佐"。

【译文】

督促百姓贮存蔬菜，使家家贮存足够吃三年的蔬菜和粮食，以防备水旱灾害和荒年。常年让边远县预种一些芫、芒草、乌头、椒叶等毒性植物，外宅的水沟、水井能填塞起来的就填塞起来，不能填塞的就将这些毒物投入其中。在和平安定时期，让百姓懂得存在战争的危险，战乱时期则要让百姓能够安心而不致恐慌。敌军来袭，每家门户都凿有两种孔洞，一种用以穿绳子。绳子长四尺，指头粗细。敌军到来，先杀掉牛、羊、鸡、狗、凫、雁等畜禽，收集它们的皮革、筋骨、角、油脂、脑、羽毛。猪全部剥皮。官吏负责选取楸木、桐木等制成铁錍，厚实的木料就用做横柱。若形势吃紧，等不及远方木材运到，就命令采伐外宅的林木。征用多少木材，要看修缮城楼和建造三角形"击"的用量大小。木材重五斤以上的，浸入水中，不要多于一排。用泥涂抹茅草屋顶以及堆积的柴草，厚度在五寸以上。官吏各自征收其辖区内可以辅助守御的财物，并上交。

53.11 有谗人，有利人，有恶人，有善人，有长人，有谋士，有勇士，有巧士，有使士，有内人者，外人者，有善人者，有善门人者[1]，守必察其所以然者，应名乃内之。民相恶，若议吏，吏所解，皆札书藏之，以须告之至以参验之。睆者小五尺不可卒者[2]，为署吏，令给事官府若舍。蔺石、厉矢诸材器用皆谨部，各有积分数。为解车以枱[3]，城矣以轺车[4]，轮轱广十尺[5]，辕长丈，为三辐，广六尺，为板箱，长与辕等，高四尺，善盖上，治中令可载矢。

【注释】

〔1〕门：当为"斗"（苏时学说）。
〔2〕睆者：年龄在十四岁以下的未成年人。
〔3〕枱：当为"梓"之误（苏时学说）。
〔4〕城矣：当为"载矢"二字之讹。
〔5〕此句疑有脱误。

【译文】

有谗佞之人，有贪利之人，有恶人，有善人，有身具特长之人，有谋士，有勇士，有巧士，有可奉使之士，有能容人的人，有不能容人的人，有与人为善的人，有好勇斗狠的人，守城主将一定要详细了解这些人之所以如此的原因，名实相符者便予以纳用。百姓间有纠纷，如果诉讼到官吏处，官吏为之开解，都要记录并存档，以备控告者前来查看时用以参考验证。身高低于五尺不能当兵的未成年人，就让他在官府或官员私宅中当差。礌石、利箭等守城之物都要谨慎部署，分别登记清楚存放的数目。用梓木制造装载弓箭的轺车，两轮之间宽十尺，车辕长一丈。三根条辐，直径六尺。用木板围成车厢，长度和车辕相当，高四尺，妥善为车厢加盖子，整理好内部，使其适于装载箭支。

53.12 子墨子曰：凡不守者有五：城大人少，一不守也；城小人众，二不守也；人众食寡，三不守也；市去城远，四不守也；畜积在外，富人在虚，五不守也。率万家而城方三里[1]。

【注释】

〔1〕率：大率，大约。

【译文】

墨子说：无法防守的情况有五种：城大而守城人数少，这是第一种情况；城小而人口太多，这是第二种情况；人口多而粮食少，这是第三种情况；集市离城太远，这是第四种情况；囤积的守城物品在城外，富人在乡下而不在城中，这是第五种情况。一般情况下城中居民一万家，城邑方圆三里属于比较合理的比例。

【评析】

《杂守》是介绍墨子守城思想的最后一篇。顾名思义，此篇涉及的内容比较复杂琐碎，虽然谈话内容都与守城有关，但却没有一个统一的主题，只是墨子师徒之间的一次谈话过程中随意谈到的一些话题，故名曰"杂守"。

倘若一定要给这些谈话内容进行归类的话，则前两章可归为"备高临"一类，三到十一章可归入"号令"一类，最后一章可视为墨子对自己兵学思想的一个总结。可以说，墨子名扬四海的"墨守"之所以能够独步天下，也正是体现在这些看似庞杂繁复、实则深刻详备的细节上。

细节决定品质，《杂守》篇所谈的正是这样一些对城市防御战具有重大意义的细节。前两章的内容与《备高临》篇内容有所重复，这里不再详谈。后九章是对《号令》篇的有益补充，内容主要涉及如下几个方面：首先是对难民的安置工作。这些难民都是城市周围村镇的农民，与城内居民有着千丝万缕的联系，战争期间不得不躲进城市。一个城市的吸纳能力是有限的，大量难民涌入后，不仅是对城内粮食供应能力的挑战，也会对城市管理工作造成很大压力，这是一个守城主将不得不认真思考的严峻问题。

其次，城市情报工作和报警系统也是一个非常重要的问题。情报制度主要包括情报人员的培训、情报工作的正常展开以及如何快速传递情报内容等，这些都是守城主将必须认真对待的问题。从某种程度上说，情报工作就是城市存亡的生命线。报警系统也是情报工作的一个分支，墨子根据敌情的紧急程度，将烽烟的等级分为"寇烽"、"惊烽"、"乱烽"三个等级，每种烽烟都有特定的燃放方法，代表不同紧急程度的敌情。

再次，战时属于非常时刻，用人制度也是一个非常严肃的问题。人的能力不但有高低，还各不相同，人性的善恶也很难辨清，在这种情况下，就要考验守城主将对人性的把握和用人的眼光了。如果说这些问题还属于主观性问题，跟主将个人能力相关，那么重要管理岗位上的官员就必须有一套严格的用人机制。墨子认为，司马以上的官员，必须要有家属抵押为人质，守城主将派专人看管。

最后，墨子的防御思想是一种居安思危、未雨绸缪的积极防御思想。墨子要求守城主将积极做好日常战备工作，"安示以危，危示以安"。具体而言，就是要求百姓们平时便有计划地为可能到来的战争做好准备，"令民家有三年畜蔬食，以备湛、旱、岁不为"。不但如此，边远的城邑还要种植一些有毒植物，以备不时之需。事实上，这一点也是墨子一贯的治国思想，"国无三年之食者，国非其国也"（《七患》）。

在墨子看来，治理国家，首先要有能力保卫自己的国家，所以墨子才会分出大部分精力研究城防之道，并且还一不小心成就了"墨翟之守"的美誉。但兵学显然不是墨子思考的重心，墨子研究兵法只是为了消弭战争。墨子真正关心的还是如何让天下人都能够"兼相爱，交相利"，用正义的力量守卫人间和平。

参考书目

［1］（清）毕沅撰、戴望校并跋、谭仪校：《墨子注》，清乾隆四十九年（1784）毕氏灵严山馆刻本，《墨子大全》，国家图书馆出版社，2004年版

［2］王念孙：《墨子杂志》，《读书杂志》，江苏古籍出版社，2000年版

［3］（清）张惠言撰、孙诒让校：《墨子经说解》，清抄本，《墨子大全》，国家图书馆出版社，2004年版

［4］（清）孙诒让：《墨子间诂》，中华书局，2001年版

［5］（清）俞樾：《墨子平议》，《春在堂全书》，凤凰出版社，2010年版

［6］（清）王闿运：《墨子注》，清光绪三十年（1904）江西官书局刻本，《墨子大全》，国家图书馆出版社，2004年版

［7］（清）苏时学：《墨子刊误》，民国十七年（1928）中华书局聚珍仿宋印本，《墨子大全》，国家图书馆出版社，2004年版

［8］（清）王树枏撰、吴汝纶勘正：《墨子勘注补正》，清光绪十三年（1887）文莫室刊本，《墨子大全》，国家图书馆出版社，2004年版

［9］（清）曹耀湘：《墨子笺》，清光绪三十二年（1906）湖南官书局排印本，《墨子大全》，国家图书馆出版社，2004年版

［10］（清）吴汝纶：《点勘墨子读本》，清宣统元年（1909）衍星社排印本，《墨子大全》，国家图书馆出版社，2002年版

［11］（清）王景曦：《墨商》，清宣统二年（1910）永嘉王氏刻本，《墨子大全》，国家图书馆出版社，2004年版

［12］（清）陶鸿庆：《读墨子札记》，民国六年（1917）文字同盟会排印本，《墨子大全》，国家图书馆出版社，2004年版

［13］尹桐阳：《墨子新释》，民国八年（1919）起圣斋丛书排印本，《墨子大全》，国家图书馆出版社，2004年版

［14］张纯一：《墨子集解》，民国二十五年（1936）排印本，《墨子大全》，国家图书馆出版社，2004年版

［15］李笠：《定本墨子间诂校补》，上海商务印书馆民国十四年（1925）排印本，《墨子大全》，国家图书馆出版社，2004年版

［16］刘昶：《续墨子间诂》，民国十四年（1925）扫叶山房石印本，《墨子大全》，国家图书馆出版社，2004年版

［17］沈有鼎：《墨经的逻辑学》，中国社会科学出版社，1980年版

［18］陈汉章：《墨子间诂识语》，《陈汉章全集》，浙江古籍出版社，2014年版

［19］梁启超：《子墨子学说》，中华书局民国二十五年（1936）排印本，《墨子大全》，国家图书馆出版社，2004年版

［20］张纯一：《增订墨子间诂笺》，民国二十六年（1937）排印本，《墨子大全》，国家图书馆出版社，2004年版

［21］范耕研：《墨辨疏证》，民国二十四年（1935）排印本，《墨子大全》，国家图书馆出版社，2004年版

［22］鲁大东：《墨辨新注》，民国二十五年（1936）中华书局排印本，《墨子大全》，国家图书馆出版社，2004年版

［23］吕思勉：《先秦学术概论》，上海古籍出版社，2005年版

［24］刘师培：《墨子拾补》，民国二十五年（1936）排印本，《墨子大全》，国家图书馆出版社，2004年版

［25］于省吾：《墨子新证》，民国二十七年（1938）排印本，《墨子大全》，国家图书馆出版社，2004年版

［26］郭沫若：《墨子的思想》，《青铜时代》，科学出版社，1957年版

［27］岑中勉：《墨子城守各篇简注》，中华书局，1958年版

［28］高亨：《墨子新笺》，山东人民出版社，1961年版

［29］吴毓江：《墨子校注》，中华书局，2006年版

［30］王焕镳：《墨子校释》，浙江人民出版社，1984年版

［31］王焕镳：《墨子集诂》，上海古籍出版社，2005年版

［32］蒋礼鸿：《墨子间诂述略》，《蒋礼鸿集》，浙江教育出版社，
2001年版

［33］方授楚：《墨学源流》，中华书局，1966年版

［34］谭家健：《墨子研究》，贵州教育出版社，1995年版

［35］谭戒甫：《墨经分类译注》，中华书局，1981年版

中国古代名著全本译注丛书

周易译注
尚书译注
诗经译注
周礼译注
仪礼译注
礼记译注
左传译注
春秋公羊传译注
春秋穀梁传译注
论语译注
孟子译注
孝经译注
尔雅译注
考工记译注

国语译注
战国策译注
贞观政要译注
晏子春秋译注

孔子家语译注
荀子译注
中说译注
老子译注
庄子译注
列子译注

孙子译注
六韬·三略译注
管子译注
韩非子译注
洗冤集录译注
齐民要术译注
农桑辑要译注
东鲁王氏农书译注
饮膳正要译注
金匮要略译注
食疗本草译注
救荒本草译注
周髀算经译注
九章算术译注
茶经译注
酒经译注
天工开物译注
墨子译注
尸子译注
淮南子译注
颜氏家训译注
人物志译注
梦溪笔谈全译
山海经译注
世说新语译注